Wilhelm Bauer

Einführung in das Studium der Geschichte

Verlag
der
Wissenschaften

Wilhelm Bauer

Einführung in das Studium der Geschichte

ISBN/EAN: 9783957004994

Auflage: 1

Erscheinungsjahr: 2015

Erscheinungsort: Norderstedt, Deutschland

Hergestellt in Europa, USA, Kanada, Australien, Japan
Verlag der Wissenschaften in Hansebooks GmbH, Norderstedt

EINFÜHRUNG
IN DAS
STUDIUM DER GESCHICHTE

VON

DR. WILHELM BAUER

A.O. PROFESSOR AN DER UNIVERSITÄT IN WIEN

TÜBINGEN

VERLAG VON J. C. B. MOHR (PAUL SIEBECK)

1921

DEM ANDENKEN

ENGELBERT MÜHLBACHERS.

Vorrede.

Dieses Buch will kein Kompendium sein. Es hat seinen vornehmsten Zweck erfüllt, wenn es den jungen Historiker anregt, über die grundlegenden Fragen seiner Wissenschaft nachzudenken, und wenn es ihm auf den ersten Wegen selbständiger Forschungsarbeit, die wichtigsten Hilfsmittel hiezu an die Hand gibt. Daß darin auch manches erörtert und berührt wird, das nur der voll zu erfassen in der Lage ist, der schon über ein gewisses Maß eigener Erfahrung verfügt, widerspricht jener Zielsetzung nicht. Gerade die besten unserer Schüler sind uns für das am dankbarsten, was sie über das rein schulmäßige Wissen hinausführt und sie über die ersten Gehversuche eigenen Schaffens ins Leben geleitet. Weniger denn je darf heute unser Wirken den Zusammenhang mit dem Leben verlieren. Unsere Gegenwart und unser Volk haben ein Recht darauf, von der Wissenschaft und vor allem von der Geschichtswissenschaft zu fordern, daß sie mit die Baumeister stelle, die aus den Trümmern unseres zerstörten staatlichen, sittlichen und völkischen Daseins wieder ein Ganzes und Großes zusammenfügen. Aus diesem Grunde wurden die geschichtsphilosophischen und gesellschaftswissenschaftlichen Erörterungen auch an die Spitze des Ganzen gestellt. Unser Volk kann sich heute nicht den Luxus erlauben, reine Spezialisten zu erziehen, die nur ihrem selbstischen Forschungsdrange folgen. Jeder von uns muß sich bei seiner Arbeit dessen bewußt sein, daß er im Dienste der Gesamtheit tätig ist und daß der Nutzen seines Schaffens auf kürzestem Wege seiner Nation zugute kommen soll. Dieses Hinarbeiten auf das Ganze erfordert aber auch schon einen tieferen Einblick in den Zusammenhang der in dem geschichtlichen Geschehen wirkenden Kräfte.

Geschichte ist aus eben diesen Ursachen jetzt weniger denn je eine Angelegenheit, die bloß den Historiker angeht. Wer die Erscheinungen des Tages beobachtet, dem wird es nicht entgehen, wie die modernen Propheten es lieben, ihre Weissagungen und Wünsche in das Kleid der Geschichtsphilosophie zu hüllen. Man treibt viel weniger Geschichte als deren Philosophie. Der künftige Fachhistoriker wird sich deshalb mit diesen Dingen besser vertraut machen müssen, als dies ehedem der Fall zu sein brauchte. Andererseits regt sich auch jenseits unserer engeren Fachgrenzen ein lebhaftes Interesse für alles Geschichtliche. Die Erforschung der eigenen Heimat erscheint heute vielen mit Recht als eine heilige Pflicht. Auch sie verlangt es nach einem Führer. Die Besten unter ihnen sind es, die den Zusammenhang mit der großen, ihnen vielfach unzugänglichen Wissenschaft anstreben, denen die umfangreichen Kompendien zu umfangreich sind, denen die knappen Auszüge

und kurzen Anleitungen zu wenig sagen. Darüber hinaus gewahren wir aber
wie die gewaltigen Errungenschaften, die der Ausbau der geschichtlichen
Methodik und die ihm folgende philosophische Fundierung im Laufe des neunzehnten Jahrhunderts gezeitigt haben, nun reichlich Zinsen tragen, wie fast
alle Nachbarwissenschaften sich an dem festen Stamme dieser Methodik empor-
zuranken suchen. Sprachwissenschaft, Völkerkunde, Volkswirtschaftslehre,
Kunst- und Rechtswissenschaft — sie alle, oder doch einflußreiche Schulen
unter ihnen zeigen deutlich ein Gefälle das zum Bette geschichtlicher Arbeitsweise hinleitet. Diesem weitgespannten Kreise historisch Interessierter ein
Bild von dem augenblicklichen Stand unserer Wissenschaft und von ihren
Arbeitsmitteln zu geben, habe ich ebenfalls als eine der Aufgaben betrachtet,
die dieses Buch zu erfüllen hat. In erster Linie wendet es sich freilich, wie
gesagt, an die eigentlichen Historiker. Doch auch da war ich bestrebt, alles
zu vermeiden, was ihr Blickfeld verengen und sie zu einem bloßen Zünftler-
tum hätte hinführen können. Gerade deshalb habe ich die für einen deutschen
Gelehrten nicht ungefährliche Last auf mich genommen, in den Bereich meiner
Darlegungen Gebiete einzubeziehen, auf denen ich mich keineswegs als Fachmann bezeichnen darf. Ich habe mich aber dessen trotzdem unterfangen, weil
ich niemals den Eindruck habe aufkommen lassen wollen, als sei Geschichte
des Altertums grundsätzlich etwas anderes als etwa Geschichte des Mittelalters, als brauche sich der Wirtschaftshistoriker nicht um die politische Geschichte zu kümmern, als sei die Urkunde eine Quelle für sich, die methodologisch ganz anders zu behandeln sei als ein Zeitungsartikel. Von diesem
Gesichtspunkte habe ich mich denn auch bei der Darstellung der Quellen
leiten lassen, indem ich versuchte, sie einer einheitlichen Systematik unterzuordnen. Wenn dabei den neuzeitlichen Geschichtsquellen ein
breiterer Raum zugestanden wurde als den anderen, so liegt dies nicht nur
darin begründet, daß die ursprünglichen Vorarbeiten einer „Quellenkunde der
Neuzeit“ galten, die ich auf Anregung des Verlages hätte schreiben sollen
es hat dies auch eine sachliche Berechtigung und diese ruht in der Vernachlässigung, die man sich bisher just nach dieser Richtung hin hat zuschulden
kommen lassen, und die einem üppig emporsprießenden Dilettantismus die
Tore öffnete.

Dieses Buch ist zum Teil aus Vorlesungen hervorgegangen, die ich nun
schon durch sechs Jahre hindurch an der hiesigen Universität gehalten habe.
Dem aufmerksamen Leser werden die Spuren dieser Herkunft nicht entgehen,
sie verraten sich in manchen Wendungen und Wiederholungen. Mit Absicht
habe ich diese Spuren nicht weiter zu verwischen gesucht. Den Lehrzwecken,
die dieses Werk verfolgt, entspricht es, daß man Dinge, die einem wichtig
scheinen, auch mehrmals sagt. Wenn ich bei Literaturangaben ebenfalls mit
Wiederholungen nicht sparsam war, so leitete mich hierbei die Erfahrung,
wie lästig die Hinweise auf vorhergegangene Erwähnungen dem Leser werden
und wieviel Zeit sie ihm rauben.

Mit Absicht habe ich mich in den Abschnitten über die allgemeinen
Regeln historischer Kritik so kurz als möglich gefaßt. Ich bin dabei von der
Ueberzeugung ausgegangen, daß sich Kritik nicht aus Büchern lernen lasse.
Die Anleitung hiezu gehört in praktische Uebungen. Wer freilich nicht von
Natur aus kritisch veranlagt ist, wird es auch durch Uebungen nicht werden.

Der **Bibliographie** habe ich in allen Teilen des Buches einen ziemlich großen Platz eingeräumt. Die Schwierigkeiten, denen ich dabei begegnete, vermag nur der voll zu ermessen, der die traurigen Bibliotheksverhältnisse kennt, unter denen die Wissenschaft in Wien gegenwärtig zu leiden hat. Unzulänglichkeiten, die sich gewiß allenthalben in dieser Hinsicht offenbaren werden, fallen nicht mir allein zur Last. Immerhin wird da an Literaturangaben eine solche Fülle geboten, daß sie, über die Bedürfnisse des Anfängers hinausgehend, die Anschaffung eines kostspieligen bibliographischen Handbuches für den ersten Augenblick entbehrlich machen. Mit Hilfe des **Registers** wird sich der Benützer leicht zurechtfinden. Leider mußte, um den Preis des Buches nicht allzu hoch werden zu lassen, das Register aufs Notwendigste beschränkt werden.

Ein Werk wie dieses kann ein einzelner allein ohne die tatkräftige Hilfe anderer unmöglich zustandebringen. So danke ich den Ratschlägen und Winken, die mir Herr Professor Dr. Theodor Mayer in freundschaftlichster Weise hat zuteil werden lassen, namentlich auf wirtschaftsgeschichtlichem Gebiete, manche Belehrung. Er hat es auch auf sich genommen die erste Korrektur mit mir zu lesen. Der Vorstand des Wiener Münzkabinetts, Kustos Dr. August Octav Loehr, hatte die Güte, den Abschnitt „Münzen" zu überprüfen und die von mir gebrachten Literaturangaben zu ergänzen. Herr Privatdozent Dr. Josef Keil bot sich mir in liebenswürdiger Weise an, die Literatur über das Inschriftenwesen der klassischen Antike einer Durchsicht zu unterziehen. Die Staatsarchivare im Wiener Kriegsarchiv, Dr. Alfred Mell und Oberstleutnant Edmund Glaise-Horstenau, hatten sich durch eine Zusammenstellung über kriegs- und militärgeschichtliche Bibliographie um mein Buch verdient gemacht. Ihnen, die ich hier namentlich aufgezählt habe, gesellt sich natürlich noch eine ganze Reihe von Fachgenossen zu, denen nicht weniger mein aufrichtigster Dank gebührt. Ich müßte mich des Undanks zeihen, würde ich nicht den opfervollen Anteil hervorheben, den der Verlag an dem Werdegang und der Vollendung dieses Buches genommen hat.

Schließlich sei des Mannes gedacht, dem dieses Werk gewidmet ist. Er war es, der die ersten Schritte meines eigenen Studiums mit seinem erfahrungsreichen Rate begleitete. Der warme Blick aus seinen treuen, guten Augen hatte dem Anfänger Mut gemacht, hatte den Weiterstrebenden befeuert. Was er in einer für meine Zukunft schicksalsreichen Stunde, meinem Vater einst geschrieben hatte, sei hier wiederholt: „Sind die Aussichten im ganzen bescheidene, so ist es doch wieder die Wissenschaft selbst, wenn man an ihr Freude hat, welche auch Befriedigung schafft und manche Entschädigung in sich birgt. Allerdings verlangt sie nicht nur Befähigung, sondern auch Fleiß, eisernen Fleiß ..."

Ich weiß den künftigen Geschlechtern, die sich der Wissenschaft weihen wollen, nichts Besseres mit auf den Weg zu geben als diese schlichten Worte eines schlichten, deutschen Gelehrten.

Wien, im September des Jahres 1921.

Wilhelm Bauer.

Verzeichnis der wichtigsten Abkürzungen.
Vgl. die Angaben über Abkürzungen auf S. 328.

A. = Archiv (bei Zeitschriftentitel); A.Bkde. = Allgemeine Bücherkunde (vgl. S. 363);
B. = Bischof; Bibl. = Bibliothek; DLZ. = Deutsche Literaturzeitung (vgl. S. 351); dt. =
deutsch; Dtld. = Deutschland; Dt. G.bll. = Deutsche Geschichtsblätter; Dict. = Dictionnaire;
Edd. = Eduard; f. = für oder folgende; Fch. — Friedrich; Ff. = Forschungen; Frh. = Frei-
herr; FRA. = Fontes Rerum Austriacarum (vgl. S. 212); Frz. = Franz; G. = Geschichte;
Ges. = Gesellschaft oder gesammelte; Gf. = Graf; Gg. = Georg; GGA. = Göttingische Ge-
lehrte Anzeigen; Ggw. = Gegenwart; g.lich = geschichtlich; Gr. = Grundriß; Gv. =
Gustav; G.w. = Geschichtswissenschaft; Hch. = Heinrich; Hdb. = Handbuch; Hdbb. =
Handbücher; hg. = herausgegeben; HJb. = Historisches Jahrbuch (vgl. S. 356); Hri. =
Henry; Hs. = Hans oder Handschrift; Hss. = Handschriften; HVjschr. = Historische Viertel-
jahrsschrift (vgl. S. 356); HZ. = Historische Zeitschrift (vgl 355 f.); Jb. = Jahrbuch;
Jbb. = Jahrbücher; Jber. = Jahresbericht; Jht. = Jahrhundert; Johs. = Johannes; -kde. =
-kunde; Ldw. = Ludwig; Lehrb. = Lehrbuch; M.bl. = Monatsblatt; MIOeG. = Mitteilungen
des Institutes für österreichische Geschichtsforschung (vgl. S. 356); MG. = Monumenta
Germaniae historica (vgl. S. 210); NA. = Neues Archiv (vgl. S. 210); Qu. = Quellen; RE =
Realenzyklopädie; Rev. = Revue; SA. = Sonderabdruck; Schr. = Schrift; Schrr. = Schriften;
Sp. = Spalte, Splt. = Supplement; SS. = Scriptores; Vjschr. = Vierteljahrsschrift; -w. =
-wissenschaft; Wb. = Wörterbuch; Wr.Akad. = Wiener Akademie (vgl. S. 212); Wm. =
Wilhelm, William; Zschr. = Zeitschrift.

Inhaltsverzeichnis.

I.

Allgemeine Richtlinien für das Studium der Geschichte.

§ 1. Die Eigenart des geschichtlichen Studiums.

Wenn hier von geschichtlichem Studium die Rede ist, so soll nicht die gedächtnismäßig gerichtete Aneignung von Daten, Namen, Ereignissen und ihre ursächliche Verknüpfung darunter verstanden werden. Dieser Teil des Studiums ist vielmehr die Voraussetzung jenes eigentlich wissenschaftlichen Studiums. Wissenschaft ist aber nicht bloß eine Anhäufung toten Wissensstoffes, ist nichts Ruhendes, Wissenschaft ist vielmehr in steter Bewegung und bedeutet soviel wie Vertiefung, Erweiterung und ständige Erneuerung unseres Wissens. Studium in unserem Sinne heißt also nicht die rein passive Aufnahme einer größeren oder kleineren Masse von dargereichten Kenntnissen, sondern die tätige Weiterarbeit, die sich nicht bei den Ergebnissen fremden Forschens und Mitteilens beruhigt. Wir sind nicht die gläubig aufhorchenden Zuhörer der Sagen und Mären und Nachrichten, die man uns zuträgt, wir kennen zu genau die Menschen, ihre Schwächen, geheimen Wünsche, versteckten Absichten, ihre ihnen oft selbst verborgen bleibenden Eigenarten. Wir hören auch zu genau auf ihre Worte, um nicht die Widersprüche in den verschiedenen Nachrichten zu bemerken. Und da regt sich denn sogleich in uns, was aller Wissenschaft Urtrieb und Anfang ist: der Zweifel.

Wem Geschichte nur das große Welttheater ist, an dessen buntem Wechsel der Gestalten und Schicksalsfügungen er sein Gefallen hat, wer ihre Aufgabe darin sieht, in ihr Beispiele für die Wirksamkeit bestimmter Sittengesetze oder für die Richtigkeit gewisser philosophischer und religiöser Lehrmeinungen zu sammeln, der treibt Geschichte nicht in dem Geiste, in dem wir sie hier vorgeführt wissen wollen. Mag der Politiker, Theologe oder Philosoph aus den Ergebnissen unserer Forschung Schlüsse ziehen, welche es auch seien, der Geschichtsforscher selbst muß die Geschichte zunächst so behandeln, als ob er sie nur um ihrer selbst willen behandelte. Sie muß ihm vorerst Selbstzweck sein. Die Wahrheit und nur die Wahrheit zu ergründen wird ihm als sein Ziel vor Augen stehen, selbst wenn er dessen inne wird, daß auch Wahrheit für verschiedene Zeiten und Völker verschieden sein kann. Wir bleiben uns dessen wohl bewußt, daß die Kenntnis der Geschichte für das praktische Leben von hohem Werte ist, doch für den Forscher steht diese Tatsache in zweiter Reihe. Die Hauptsache ist und bleibt das Erkennen und Verstehen an sich.

Im Grunde unterscheidet sich die geschichtliche Kritik nicht wesentlich von der geistigen Tätigkeit jedes aufmerksamen, seelen- und weltkundigen Beobachters der Zeitereignisse. Seelen- und Weltkunde, die den besonderen Bedürfnissen angepaßt sind, wie sie zur Prüfung fremder, zum guten Teil zeitferner Berichte notwendig sind, Sachkunde, die fremdes Leben, fremde Einrichtungen zu deuten weiß, das sind die Eigenschaften, die sich in der Person des Geschichtsforschers vereinigen müssen. Die angeborene Fähigkeit, sich in das Seelenleben anderer hineinzufühlen, der offene Blick für die Dinge der Umwelt, namentlich des öffentlichen Lebens und die durch eifriges Studium erworbene Kenntnis der natürlichen wie geschichtlichen Verhältnisse sind Voraussetzungen für erfolgreiches historisches Forschen (vgl. V § 5). Wie auf allen Gebieten menschlichen Schaffens muß auch hier derjenige, der über den Durchschnitt hinaus gelangen will, natürliche Anlagen mit Eifer und Arbeitsfreude in sich verschmelzen.

Die große Schwierigkeit, diese Eigenschaften zu vereinigen, liegt vor allem in dem Gegensatz zwischen der Weltläufigkeit, die von der Gegenwart die Brücke schlagen soll zur Vergangenheit, und der aller Wissenschaft notwendigen Konzentration, die den ganzen Menschen gefangen nimmt. Wer sich der Wissenschaft ergibt, muß sich ihr ungeteilt ergeben. Sie erkennt keine Götter neben sich an, sie fordert von ihrem Jünger die Anspannung aller geistigen wie Gemütskräfte und sie verlangt von ihm vor allem Gedankenzucht. Phantasten, Fanatiker haben in ihren Hallen keinen Platz. Wer studiert, nur um rasch sein Brot zu verdienen, wer Geschichte wählt, weil er damit einer politischen oder religiösen Partei Waffen zuführen will, der bleibe lieber fern. Wessen Sinnen nur Aeußerlichkeiten zufliegt, wer Vergnügungen und Lebensgenuß sucht, der taugt ebenfalls nicht für diesen Beruf. Wohl läßt sich innerer Ernst und gehaltene Weltauffassung mit Fröhlichkeit verbinden und mit einer Diesseitigkeit des Denkens, aber als Unterton muß sich doch stets eine gewisse Bedachtsamkeit geltend machen. Ein scharfer Blick, der auch im Alltag das Wesentliche vom Nebensächlichen, die Maske von dem wahren Antlitz zu scheiden versteht, sind Voraussetzung für den echten Geschichtsschreiber. Man ist nicht nur Historiker am Schreibpult, man muß es auch im Leben sein.

Der Zweifel ist Anfang und Antrieb zur Wissenschaft, aber nicht Selbstzweck. Zur kritischen Sichtung der Tatsachen und der Ueberlieferung muß sich der aufbauende Formwille gesellen, der die von der Kritik gegebenen Einzelergebnisse zu einem Ganzen gestaltet und die einzelnen Teile architektonisch zusammenfügt. Erst wo sich die mit der Liebe zu den Erscheinungen verbundene, phantasiebegabte Gestaltungskraft am Werke zeigt, kann Wissenschaft ihr Bestes erreichen und ihrem idealen Ziele nahekommen. Das gilt besonders von der Geschichtskunde.

Die geschichtlichen Veränderungen vollziehen sich in einem bestimmten Raum. Namentlich das staatliche Geschehen ist an die Bedingungen der Erdoberfläche gebunden. Deshalb waren, solange man vorzüglich die politischen Ereignisse ins Auge faßte, Geographie und Geschichte zu einer untrennbaren Einheit gepaart. Allmählich spaltete sich von der Erdkunde, wie sie früher betrieben wurde, der rein naturwissenschaftliche Teil ab und schien eine Zeitlang die anderen Teile zu beherrschen. Erst neuerdings findet die

Geographie den Weg zur Anerkennung menschlichen Wirkens und damit den Weg zur Geschichte zurück. In dieser Zwischenzeit erkannte aber die geschichtliche Forschung die Bedeutung der seelischen Kräfte für das historische Geschehen und rückte dadurch der Völkerpsychologie und Sprachwissenschaft näher. In Wirklichkeit sind aber sowohl Geographie wie auch die Kenntnis der psychischen und sprachlichen Grundtatsachen für den Historiker unerläßlich.

Die Mehrzahl aller Zeugnisse und Nachrichten, die uns das Wissen von den geschichtlichen Vorgängen übermitteln, sind uns durch die Sprache übermittelt. Natürlich muß sich Sprach- und Tatsachenkunde aufs engste verknüpfen und gegenseitig ergänzen. Die Sprache selbst gleicht einem Filter, der die auf verschiedenen Gesittungs- und Bildungsstufen eines Volkes erarbeiteten und sonst hinzugekommenen Vorstellungsinhalte und Gefühlssymbole zurückbehält. Ohne die genaue Kenntnis der entsprechenden Sprachen ist es natürlich unmöglich, die gedanklichen Aeußerungen, die in diesen Sprachen niedergelegt sind, auszuwerten und zu deuten. Hinter den einzelnen Wörtern stehen aber die Sachen. Ein großer Teil der strittigen Fragen, z. B. der Rechts- und der Kirchengeschichte, handelt von der Bedeutung bestimmter Ausdrücke und Wendungen. Ganz besonders ist dies aber der Fall bei der Geistesgeschichte — da genügt kein flüchtiges Wörterbuchwissen. Ja, man kann sagen, daß eindringendere Geschichtskenntnis nur so weit reicht als die philologische Durchforschung der in Frage kommenden Sprache. Das äußere Bild der Weltveränderungen läßt sich wohl auch ohne sie entwerfen, wem es aber darum zu tun ist, den geistigen Gehalt einer Zeit auszuschöpfen, wird ohne die Mittel der Sprachwissenschaft nicht auskommen.

Die Sprache spielt für den Geschichtsschreiber auch noch eine andere Rolle. Mehr als auf dem Gebiete einer anderen geistigen Fähigkeit unterscheidet sich auf dem der Geschichtskunde die Forschung von der Darstellung. Diese erfordert eine vertiefte Kenntnis und vollendete Beherrschung der eigenen Sprache. Nicht, weil es Uebung und Herkommen ist, daß man von Geschichtswerken künstlerische Formgebung verlangt, sondern weil sie das vergangene Leben in seiner Gesamtheit zu ihrem Gegenstande hat. Sie muß vor uns das wirtschaftliche Dasein, die geistigen Werte, aber auch die Leidenschaften und Strebungen der Menschen einer bestimmten Zeit wiedererstehen helfen. „Was einst Jubel und Jammer war, sagt *Jakob Burckhardt*, „muß nun Erkenntnis werden". Solange es nicht gelingt, diese Erkenntnis einer Systematik einzuordnen, wird es Aufgabe des Historikers sein, das was einst Jubel und Jammer war, zu einem anschaulichen Bild zu gestalten. Wir müssen in den Geschichtsbüchern miterleben, was andere vor uns erlebt haben. Das wird auch künftig, mag sich unsere Wissenschaft weiterbilden wie sie mag, eine wichtige Seite der Geschichtskunde sein. Dazu bedürfen wir aber der größtmöglichen Ausdrucksfähigkeit unserer sprachlichen Mittel.

§ 2. Praktische Winke für das Geschichtsstudium.

Wie für alles menschliche Schaffen höherer Ordnung, so gilt es auch für das des Geschichtsforschers: Seine Arbeit löst sich nicht in der Befolgung von ein paar Regeln und Vorschriften auf. Aus einer Anleitung erlernen

1*

läßt sich die Geschichtsschreibung nicht, höchstens gewisse Unterstützungen, eine gewisse Arbeitsersparung mag man daraus gewinnen können. Das Beste und Wertvollste ist und bleibt, was sich der werdende Gelehrte im Laufe seines Studiums und seiner Tätigkeit selbst erarbeitet hat.

Die wenigsten derer, die auf die Hochschule kommen und sich für das Studium der Geschichte entscheiden, haben eine Ahnung von den Aufgaben, die ihrer harren. Dafür bringen sie allerdings einen kostbaren Schatz mit: die Begeisterung. Ihre Begeisterung hat sich aber nicht an der Forschungsarbeit entzündet, sondern an der fertigen, glatten, ihnen meist in schöner Form dargebotenen Geschichtsdarstellung. Die befeuernde Art des Vortrags ihrer Lehrer, die Lektüre hat sie zu Freunden und Schülern der Geschichtskunde gemacht. Auf der Hochschule fesselt sie vielleicht zunächst ebenfalls die glänzende Außenseite wohl ausgearbeiteter Vorlesungen. Der künftige Forscher wird sich aber daran nicht genügen lassen, ihn wird von Anbeginn die Frage locken: Wie kommen die in den Büchern und Vorlesungen niedergelegten Ergebnisse zustande? Reicht die Begeisterung so weit, daß sie auch die Mühseligkeiten und Schwierigkeiten der Materialsammlung, langwieriger Abschreibetätigkeit, weiter Reisen, schriftlicher und mündlicher Umfragen, augentötender Schrift- und Bildvergleiche und noch vieler anderer Beweise der Selbstverleugnung auf sich nimmt? Und das alles, um vielleicht nur einer schwachen, entfernten Möglichkeit nachzujagen, die sich nach allen Kreuz- und Querzügen des Nachforschens als ein Nichts erweist! — Auch auf der Hochschule braucht der Lernbeflissene nicht immer gleich des Maßes an selbstloser Aufopferung inne zu werden, die vom Forscher später verlangt wird. Erst der Besuch der Seminare und seminaristischer Uebungen kann davon einen Begriff geben. Von ihrem Besuch, wofern er für Anfänger nicht ohnehin verboten ist, muß in den ersten zwei Semestern abgeraten werden. Um so dringender sei dort, wo solche abgehalten werden, auf die Teilnahme an einführenden Vorlesungen oder Proseminaren hingewiesen. In ihnen wird der Hörer mit den wichtigsten Hilfsmitteln und Methoden vertraut werden.

Im allgemeinen lasse man sich in den ersten Semestern Raum für Lektüre und allgemeine Bildungsmöglichkeiten und belege nicht allzuviel Fachkollegien, sehe aber auch bei diesen auf Mannigfaltigkeit. Daneben höre man je nach Neigung die eine oder andere geographische, sprachwissenschaftliche, philologische, literatur-, religions-, kunstgeschichtliche Vorlesung, versäume nicht, Philosophie zu treiben. Auch Rechts- und Staatswissenschaft, Volkswirtschaftslehre sind unerläßlich. Die für die einzelnen Staaten und Universitäten geltenden Prüfungsvorschriften werden die Wahl der Vorlesungen jedenfalls mitbestimmen, doch gelte auf jeden Fall, sowohl im Fache der Geschichte selbst wie auch in den Nachbarfächern möglichster Vielfältigkeit das Augenmerk zuzuwenden. Dies ist der sicherste Weg, auf dem der angehende Historiker, den nur ein allgemeines Gefühl zu dieser Wissenschaft geführt hat, sich selbst und das ihm passendste Arbeitsgebiet findet. Für den jungen Geschichtsfreund ist es nicht selten ein peinigendes Gefühl, wenn er noch fragend und ungewiß vor seiner Wissenschaft steht und ihm selbst verschlossen ist, für welchen Teil des Gesamtgebietes er sich entscheiden werde. Demgegenüber gibt es immer einzelne, die schon ein fest umgrenztes Ziel in Augen haben, die schon wissen, daß der griechischen Geschichte, der Numis-

matik oder der französischen Revolution ihre Arbeitskraft gehören werde.
Diese sind insofern im Vorteil, als sie sich manchen Umweg, manche Kraftvergeudung ersparen, aber dieser Gewinn wird meist durch die absichtliche
Einengung des Gesichtsfeldes ziemlich teuer erkauft. Gerade in den Ent-
wicklungsjahren des heranreifenden Wissenschafters ist ein geistiges Umher-
schweifen nicht von Schaden. Was augenblicklich als Verschwendung erscheint,
trägt nachher reichlich Zinsen. Die Geschichte wird, wie noch gezeigt werden
soll, nur der Uebersichtlichkeit und Uebersehbarkeit wegen nach zeitlichen,
räumlichen oder sachlichen Gesichtspunkten eingeteilt. In Wirklichkeit ist
sie ein einheitlich dahinströmender Fluß und es kann niemand auf wirkliche
Geschichtskenntnis Anspruch machen, wer nur einen Teil dieses Laufes oder
gar nur einen Seitenarm mit eigenen Augen gesehen hat. Pädagogisch ist
das Studium der Neuzeit das am wenigsten ergiebige. Es steht der Gegenwart zu nahe, als daß der Anfänger die nötige Unbefangenheit zur Scheidung
des Wichtigen vom Unwichtigen aufbrächte. Die leichte Art, noch unbekanntes
Material an den Tag zu bringen, verführt zur Ueberschätzung der eigenen
Leistung und zur Vernachlässigung der Gründlichkeit.

Für die Erwerbung methodischer Schulung sind Arbeiten auf dem Gebiete mittelalterlicher Geschichte am fruchtbarsten. Hier stehen ausgezeichnete Quellenausgaben zur Verfügung. Die Zahl der Quellen ist nicht
allzu groß. An den vielfach noch einfachen kulturellen Verhältnissen läßt
sich der Zusammenhang von Staat, Recht, Wirtschaft, Kirche verhältnismäßig
leicht nachweisen. Freilich ist uns andererseits das Mittelalter seiner Weltanschauung und Lebensauffassung nach eine vielfach fremde Welt, aber gerade
dadurch zwingt sie den Historiker zum Umdenken und bietet Gelegenheit,
sich in Verhältnisse und Stimmungen einzufühlen, die mit den unsern nur
wenig gemein haben. Dabei öffnet sich hier noch immer die Möglichkeit,
Neuland zu finden.

Gerade das ist bei der Beschäftigung mit Fragen aus der alten Geschichte für den Anfänger so gut wie ausgeschlossen. Dafür winkt ihm
da die Aussicht, eine in sich abgeschlossene Kultur in aller Leidenschaft-
losigkeit zu betrachten. Selbstverständlich ist hier philologische Vorbildung
notwendige Voraussetzung. Nur Scharfsinn und genaueste Zergliederung des
Quellenbestandes kann auf dem vielbearbeiteten Gebiete noch weiterführen.
Die Kenntnis aber der alten Geschichte ist für jeden Historiker unendlich
lehrreich. Wer nicht den Beruf in sich fühlt, als Forscher sich da zu betätigen, soll es wenigstens rezeptiv als Lernender tun.

Nicht eindringlich genug kann das Erlernen möglichst vieler fremder Sprachen
anempfohlen werden. Der Historiker kann ihrer nie genug beherrschen. Auch wer es
sich von Anbeginn zum Ziele gesetzt hat, nur deutsche Geschichte zu treiben, entgeht nicht
der Notwendigkeit, nichtdeutsche Texte und Werke zu lesen. Bei griechischen Schriftstellern findet sich die erste Kunde von Germanen, römischen Berichten verdanken wir
Nachricht über die ältesten Zeiten, Einrichtungen und Verhältnisse unseres Volkes. Die
Gelehrtensprache des Mittelalters, in der fast alle geschichtlichen Nachrichten erhalten
sind, war das Lateinische. Daneben ist natürlich manche wertvolle Quelle alt- und mittel-
hochdeutsch, angelsächsisch, gotisch abgefaßt. Die deutsche Geschichte bekommt aber erst
ihre innere Abrundung, wenn wir sie dort verfolgen, wo sie sich in fremder Betrachtung
widerspiegelt. Mit dem Ausgang des fünfzehnten Jahrhunderts schreiben die Deutschen
mit Vorliebe deutsch, die Franzosen französisch, die Italiener italienisch. Maximilian I.
empfing aus der Niederlande französische Berichte und schrieb in dieser Sprache seiner
Tochter Margarete. Sein Nachfolger Karl V. war des Deutschen nur in geringem Maße
mächtig. Er und seine Umgebung hinterließen eine Korrespondenz, in der Französisch und

Spanisch vorherrschen, daneben kommt wohl auch Holländisch vor. Die auch für die deutsche Geschichte wichtigen venetianischen Gesandtschaftsberichte sind italienisch. Später wird die Sprache der Diplomaten, auch die der deutschen, französisch. Will man die Türkenkriege, den Dreißigjährigen Krieg nicht einseitig nur mit deutschen Augen sehen, wird man auch türkische, schwedische, französische, spanische, italienische Berichte heranziehen müssen. Man bedenke stets, daß sich die Quellen nicht nach den Sprachkenntnissen der Historiker, sondern umgekehrt diese nach der Eigenart der Quellen richten müssen. Und das gleiche gilt von der Literatur. Die altgermanischen Zustände haben das Interesse englischer und französischer Gelehrter wachgerufen, Karl der Große gilt den Franzosen als Franzose, die nach dem Süden strebende Politik der deutschen Kaiser findet in der italienischen Geschichtsliteratur besondere Beachtung, die deutsche Kolonisierung im Osten wird von slawischen und ungarischen Historikern behandelt. In neuerer Zeit kommen wichtige russische Veröffentlichungen hinzu. Wer die Geschichte der deutschen Hansa sich zum Gegenstand erwählt, kommt ohne die nordischen Sprachen nicht aus, das Zeitalter der Entdeckung fordert Kenntnisse des Portugiesischen.

Der Althistoriker hinwiederum muß in den klassischen Sprachen mit den Philologen wetteifern, er bedarf der allergründlichsten philologischen Ausbildung des Lateinischen und Griechischen, beschäftigt er sich als selbständiger Forscher auch noch mit orientalischer Geschichte, so braucht er die Kenntnis des Hebräischen, des Aegyptischen, Koptischen, Assyrischen, eventuell des Persischen. Da aber Engländer, Amerikaner, Italiener, Franzosen, Griechen, Russen usw. in neuerer Zeit sich mit größter Regsamkeit an der Erforschung der alten Geschichte durch Ausgrabungen und kritische Studien beteiligt und in ihren Sprachen wichtige Beiträge geliefert haben, da hier die internationale Zusammenarbeit noch viel reicher ist als in der Erkundung der neueren Geschichte, so muß sich der Althistoriker neben den toten auch die wichtigsten modernen Sprachen anzueignen suchen, will er in den Kreis der Forscher treten, die da etwas mitzusprechen haben.

Derjenige Historiker, der von vornherein auf eine selbständige Quellenarbeit verzichtet, wird auf manche uns entferntere Sprache verzichten können, aber ohne Kenntnis des Französischen, Englischen und Italienischen ist ein erfolgreiches Studium kaum zu denken, hierbei ist die der klassischen Sprachen als selbstverständlich vorausgesetzt. Die in den ersten Semestern freibleibenden Stunden sind nicht besser als durch das Erlernen der Sprachen auszufüllen. Meist ist ja an der Hochschule selbst hiezu die günstigste Gelegenheit.

Für jeden, der es mit seinem wissenschaftlichen Berufe ernst nimmt, wird sich die Notwendigkeit p h i l o s o p h i s c h e r Begründung seines Wissens früher oder später aufdrängen. In unserer Zeit, die überall auf Zusammenfassung der Erkenntnisse zu einer einheitlich gefügten Weltanschauung hinarbeitet, ist philosophische Vorbildung ganz besonders wichtig. Man eigne sich zu diesem Zwecke vor allem die zwei Gedankenkreise von Platon und Aristoteles (wichtig auch für das Mittelalter) und Kant bis Hegel an. Ein Weg hiezu ist für die Philosophie des Altertums und es Mittelalters Otto W i l l m a n n. G. des Idealismus 1: Altertum, 2: Mittelalter ² 1907, für jene der Neuzeit Wm. W i n d e l b a n d, Die G. der neueren Philosophie in ihrem Zusammenhange mit der allg. Kultur u. den besonderen Wissenschaften I: Renaissance — Kant, 2: Kant — Hegel u. Herbart ⁵ 1911. Vor der Lektüre der Werke Platons und Aristoteles lese man Frz. B r e n t a n o, Aristoteles und seine Weltanschauung 1911. Als Vorbereitung für das Studium der neueren Philosophie kann Kuno F i s c h e r, G. der neueren Philosophie 10 B. Jub.-Ausg. 1897—1904 gelten. Sonst ziehe man auch noch Th. E l s e n h a n s, Psychologie u. Logik zur Einführung in die Philosophie = Sammlung Göschen 14 (⁴ 1898) und Otto W i l l m a n n, Die wichtigsten philos. Fachausdrücke in histor. Anwendung = Sammlung Kösel 28 (1909) zu Rate. Vor allem kommt es aber auf die Durcharbeitung einzelner bedeutender Werke der Philosophen selbst an. Nur dadurch gelangt man zu wirklicher philosophischer Bildung.

Im allgemeinen sind die hier gegebenen Ratschläge an den künftigen Forscher gerichtet, der später selbständig weiter zu arbeiten gedenkt. Auch sind diese Ratschläge nur für die ersten Semester bestimmt. Später wird ja jeder selbst den Weg zu finden wissen, wird erkennen, daß er ohne das Studium, sei es der klassischen oder orientalischen Philologie und Archäologie, Epigraphik usw., sei es der Paläographie, Diplomatik, Rechtsgeschichte nicht auskommt. Je weiter vorwärts er dringt, um so mehr wird er auch den Wert von Vorlesungen über Spezialgebiete zu ermessen wissen. Anders wird der Studienweg des Schulamtskandidaten gerichtet sein. Auch ihm ist die Kenntnis der Methodik und Forschungsarbeit notwendig, aber ihm kommt es mehr auf Zusammenfassung großer Tatsachenreihen an, auf ein mehr ausgedehntes als intensives Wissen. Ganz besonders wichtig ist es auch für ihn, daß er sich die Gabe aneignet, dieses Wissen in einer für seine Schüler vorteilhaften Weise mitzuteilen. Die formgewandte Schönheit des Vortrages spielt in dem Geschichtsunterricht eine viel bedeutendere Rolle als in irgendeinem anderen Fache. Deshalb wird der künftige Geschichtslehrer keine Gelegenheit vorübergehen lassen, die sich ihm zu Rede- und Vortragsübungen bietet. Das Ideal ist natürlich, daß sich mündliche Darstellungskunst und Forschergeist miteinander verbinden, denn die Schüler fühlen sich ganz besonders hingezogen, wenn sie merken, daß der Lehrer aus eigenem etwas zu bieten vermag. Freilich, auch dem Forscher steht es wohl an, sich in der Vortragskunst zu üben. Auch wenn er nicht Hochschullehrer wird, kann er in die Lage kommen, vor der Oeffentlichkeit die Ergebnisse seiner Arbeit darlegen zu müssen.

Die Fragen des Lehrplanes behandelt ausführlich Ernst Bernheim, Das akademische Studium der G.wissenschaft ³1909 (im allgemeinen mehr für Hochschullehrer als für Schüler berechnet). Vgl. auch O. Adamek, Die wissenschaftliche Heranbildung von Lehrern der G. für die österr. Mittelschulen 1902. Ueber dt. wie amerikanische u. französische Studieneinrichtungen (Seminare) auf dem Gebiete der Geschichte belehrt Herb. B. Adams, Methods of historical study = John Hopkins University Studies in hist. and political science 2. Serie 1 u. 2 (1884). — An Einführungen in das Studium der Geschichte ist kein Mangel. Das führende dt. Werk ist von Ernst Bernheim, Lehrb. der histor. Methode u. der Geschichtsphilosophie ⁶1908; für den Anfänger geeigneter, weil übersichtlicher, ist von demselben Einleitung in die G.wissenschaft = Sammlg. Göschen Nr. 270. Neudr. (1912) ²1920. Praktische Winke enthält Hch. Zurbonsen, Anleitung zum wissenschaftlichen Studium der G. ²1910. Einen lehrreichen Einblick in das Wesen des Geschichtsstudiums bietet das Schriftchen von Siegm. Hellmann, Wie studiert man Geschichte? 1911, ²1920. Mit guter Literaturauswahl als Anhang. — Die älteren Werke wie das von Fch. Rühs, Entwurf einer Propädeutik des histor. Studiums 1811 sind zumeist veraltet. — Eine vorzügliche Anweisung zur historischen Kritik ist Ch. V. Langlois u. Ch. Seignobos, Introduction aux études historiques, Paris ³1905; für den Historiker recht verwendbar von Ch. Seignobos, La méthode historique appliquée aux sciences sociales, Paris ²1909. Doch beschäftigen sich beide Werke weniger mit den Grundlagen unserer Wissenschaft als mit der Methodik. Vgl. noch den Vortrag von Edm. Rossier, Comment étudier l'histoire. Lausanne 1891. — Eine Art Grundlegung für eine historische Einführungsvorlesung mit mannigfachen, freilich nicht stets dem Stand der Wissenschaft entsprechenden Literaturangaben stellt das Werk von Jean Moeller, Traité des études historiques. Paris 1892 dar.

Besonderen Zwecken dient Kurt Wachsmuth, Einleitg. in das Studium der alten G. 1895. Eigentlich eine Quellenkunde. — Das Mittelalter berücksichtigt vor allem Aloys Meister, „Grundzüge der histor. Methode" in dem von ihm hg. Grundriß der G.wissenschaft. Zur Einführung in das Studium der dt. G. des Mittelalters und der Neuzeit 1. Bd. 6. Abt. ²1913. Ein zu kurzer Abriß. — Der Erforschung neuzeitlicher Geschichte dient Gv. Wolf, Einführung in das Studium der neueren G. 1910. — Vgl. hiezu Hch. v. Srbik MJOeG 31 (1910) 458 ff.; Wm. Bauer Dt. L.-Ztg. 1910, Nr. 23. Die verschiedenen Methodologien und allgemeinen Werke über die Geschichtswissenschaft wie von W. Wachsmuth, J. G. Droysen, Ldw. Rieß, P. Ch. de Smedt, E. A. Freemann u. a. sind an anderer Stelle angeführt.

§ 3. Praktische Winke für die Auswahl der Lektüre. Kenntnis der Gegenwart.

Für die Auswahl der Lektüre gilt womöglich noch in höherem Maße, was von der Wahl der Vorlesungen gesagt wurde. Der Rahmen kann nicht weit genug gespannt werden. Was zunächst die geschichtliche Fachliteratur betrifft, so pflege man da die Geschichte aller Zeiten in gleichem Maße und meide zunächst jedes Spezialisieren. Man lese neben den führenden Werken über die einzelnen Zeiten und Völker auch historische Fachzeitschriften.

Die Lektüre der darin enthaltenen kürzeren oder längeren Abhandlungen und Buchbesprechungen bietet nicht nur eine gewisse Abwechslung, sondern macht auch zwanglos mit den obschwebenden wissenschaftlichen Fragen und den Namen und der Stellung der lebenden Forscher bekannt. Dann wird es auch von Nutzen sein, Werke über historische Sondergebiete (Wirtschafts-, Rechts-, Religions-, Geistesgeschichte) heranzuziehen. Welches Werk der angehende Historiker auch zur Hand nimmt, stets mache er sich nicht bloß den sachlichen Inhalt zu eigen, sondern lenke sein Augenmerk auch auf die methodische und formale Seite. Auf Grund welchen Materials ist der Verfasser zu seinen Ergebnissen gelangt? Wie hat er den Stoff gemeistert?

Am sichersten dringt man in die Besonderheiten der Stoffbehandlung, wenn man zwei hervorragende Werke, die einen und denselben Gegenstand zum Inhalte haben, auf ihre ganze Anlage, auf die Charakterisierung der führenden Persönlichkeiten, auf die Motivierung (persönliche, politische, wirtschaftliche Begründung) und auf die Stoffverteilung untersucht und miteinander vergleicht. Man stelle z. B. die *Geschichte des Peloponnesischen Krieges* in der Darstellung von G. G r o t e, A History of Greece [5]1888, Ernst C u r t i u s, Griech. G. [6]1887/9 und Jul. B e l o c h, Griechische G. nebeneinander, oder J. G. D r o y s e n, G. des Hellenismus [4]1892 und Jul. K a e r s t, G. des hellenistischen Zeitalters 1901 ff. — Das *Charakterbild Ciceros* auf Grund der Darstellung M o m m s e n s Römische G. Bd. 3 und Th. Z i e l i ń s k i, Cicero im Wandel der Jhte. [2]1908. — Die Eigenart der *frühmittelalterlichen Kultur* nach Alb. E h r h a r d, Das Mittelalter in seiner kirchl. Entwicklung = Kultur u. Katholizismus 8 (1908), Karl M ü l l e r, Christentum u. Kirche im Mittelalter in Kultur der Ggw. 1, 4 ([2]1909), G. T y r e l l, Medievalism, London 1908 und Alf. D o p s c h, Wirtschaftliche u. soziale Grundlagen der europäischen Kulturentwicklg. aus der Zeit Cäsars bis auf Karl d. Gr. 1918, 1920. — *Karl der Große* in der Darstellung von Engelb. M ü h l b a c h e r, Dt. G. unter den Karolingern = Bibl. Dt. G. (1896). J. De la S e r v i è r e, Charlemagne et l'église, Paris 1904 und Alb. H a u c k, Kircheng. Dtlds. — Der *Investiturstreit* nach Wm. v. G i e s e b r e c h t, G. der dt. Kaiserzeit [5]1881/95, Karl L a m p r e c h t, Dt. Geschichte und Karl H a m p e, Dt. Kaiserg. in der Zeit der Salier und Staufer = Bibl. der G.wissenschaft [4]1919. — Eine Charakteristik *Kg. Alfreds d. Gr.* von England nach W. H. D r a p e r, Alfred the Great, London 1901, Ch P l u m m e r, The life and times of Alfred the Great, Oxford 1902 und J. R. G r e e n, The conquest of England, London 1883. — Das Verhältnis der *Reformation* zum Mittelalter auf Grund von Dietr. S c h ä f e r, Dt. Geschichte [4]1914, Johs. J a n s s e n, G. d. dt. Volkes seit dem Ausgang des Mittelalters 1897 ff., Paul W e r n l e, Renaissance u. Reformation 1912 und Gg. v. B e l o w, Die Ursachen der Reformation = Hist. Bibl. 38 (1917). — Inwieweit hat Leop. v. R a n k e in seiner Englischen G. vornehmlich im 17. Jh. 1859/67 (S. W. 14—23) *wirtschaftliche* Tatsachen zur Begründung herangezogen? — Man suche aus Jak. B u r c k h a r d t, Die Kultur der Renaissance in Italien, die zeitlich aufeinanderfolgenden Entwicklungsstufen der *Renaissance* zu bestimmen. — Man stelle aus Leop. v. R a n k e, Französische G. 1852/61 (= S. W. 8—13) die darin verstreuten allgemein-politischen Anschauungen Rankes zusammen. — Man suche sich die Stellung der *Fugger* im Wirtschaftsleben des 15. u. 16. Jh. zu vergegenwärtigen auf Grund von Rich. E h r e n b e r g, Das Zeitalter der Fugger 1896 u Aloys S c h u l t e, Die Fugger in Rom 1495—1516, 2 B. 1904 und Max J a n s e n, Die Anfänge der Fugger = Studien zur Fuggerg. 1 (1907). — Die Gestalt *Kaiser Leopolds I.* nach B. E r d m a n n s d ö r f f e r, Dt. G. vom westfäl. Frieden bis zum Regierungsantritt Friedrichs d. Gr. 1648 bis 1740 (= Allg. G. in Einzeldarstellungen hg. v. W. Oncken) 1892/3 nach der Einleitung zu „Privatbriefe Ks. Leopolds I. an den Gfen. F. E. Pötting 1662—73" hg. v. Alfr. Fr. P r i b r a m u. Mor. L a n d w e h r v. P r a g e n a u = Fontes rer. Austr. II 56 u. 57 (1903/4) und Osw. R e d l i c h, Gesch. Oesterreichs (6. Bd. zu Alf. Hubers G. Oesterreichs) 1921. — Die Vorgeschichte der *französischen Revolution* nach A. de T o c q u e v i l l e, L'ancien régime et la révolution, Paris 1856. Eug. G u g l i a, Die konservativen Elemente am Vorabend der Revolution 1890 und Adalb. W a h l, Vorgeschichte der französ. Revolution 2 B. 1905, 1907. — Wie stellt sich der *deutsche Macht-Staatsgedanke* dar bei Hch. v. T r e i t s c h k e, Dt. Gesch. im 19. Jh. 5 B. 1879/94 u. bei Fch. M e i n e c k e, Weltbürgertum u. Nationalstaat 1908, [5]1918. — Man vergleiche die verschiedenen Auffassungen über den werdenden *Bismarck* bei Paul M a t t e r, Bismarck et son temps 3 Bde. Paris 1905/8, Erich M a r c k s, Bismarck I (1909), Max L e n z, G. Bismarcks [3]1911 und E. L u d w i g, Bismarck 1912.

Außer auf die geschichtliche Fachliteratur richte man seine Aufmerksamkeit auf die wichtigsten Erscheinungen der wissenschaftlichen N a c h b a r gebiete. Neben die einzelnen Zweige der Geschichtskunde (Sprach-, Literatur-,

Religions-, Rechts-, Philosophiegeschichte usw.) trete Anthropogeographie, Völkerkunde, Volkswirtschaftslehre, Politik, Psychologie, Geschichtsphilosophie, Rechtslehre. Eine entsprechende Auswahl wird sich jeder durch das Verzeichnis der Lesesaalbibliothek seiner Universität zusammenstellen können. Dabei ist natürlich nicht gedacht, daß jeder alle diese Fächer und Werke durchstudiere, vielmehr lasse man sich bei seiner Wahl von der eigenen Anlage, Begabung und Neigung leiten. Einen recht verwendbaren Führer auf diesem Gebiete stellt *Vikt. Loewe, Krit. Bücherkde. der dt. Bildung* 1: *Geisteswissenschaften* 1912 dar. Hier findet man übrigens auch die wichtigsten geschichtlichen Darstellungswerke mit kurzen Charakterisierungen verzeichnet. Sonst sei auch auf die angeführten Realenzyklopädien und Nachschlagewerke verwiesen.

Mindestens ebenso wichtig wie das Bücherwissen ist für den Historiker die **Kenntnis der Gegenwart**. Da unter gleichen und ähnlichen Bedingungen zu allen Zeiten und bei allen Kulturen ähnliche Verhältnisse und in gegenseitiger Wechselwirkung damit ähnliche Meinungen und Meinungsäußerungen in Erscheinung treten, so ist die Erforschung des Lebens um uns die wichtigste Grundlage, von der aus wir auf das Leben der Vergangenheit schließen können. Hier lernen wir die lebenden Daseinsmächte in ihrer ganzen Schicksalshaftigkeit kennen. Vielleicht meinen viele, man brauche seine Gegenwart nur zu erleben und sonst weiter nichts dazutun zu müssen. Weit gefehlt! Die Mehrzahl der Menschen lebt in dem Dunstkreis anerzogener Ueberzeugungen, in den Geleisen eines mehr durch Gewohnheit als durch selbständige Prüfung geleiteten Denkens, in festen gesellschaftlichen, politischen, religiösen Anschauungen, die in ihrer scheinbaren Selbstverständlichkeit dem einzelnen den freien Blick für eine Kritik der Gegenwartserlebnisse ungemein erschweren. Sich nun zur Freiheit des geschichtlichen Urteils zu erziehen, dazu ist nichts so sehr geeignet wie eine richtige, von Vorurteilen möglichst wenig beschwerte Gegenwartskunde. Damit läßt sich eine feste Parteiüberzeugung, das Bekenntnis zu einer bestimmten religiösen oder politischen Lehre sehr wohl vereinigen.

Es ist offenbar kein Zufall, daß sich Männer wie Mommsen, v. Sybel, Ranke, Dove, Treitschke, Gibbon, Macaulay, Hanotaux, Hs. Delbrück, Gg. v. Below und so viele andere Historiker handelnd oder doch publizistisch am öffentlichen Leben beteiligt haben. Und damit kommen wir auf den wertvollsten Weg zur Kenntnis der Gegenwart, auf das kritische Studium der **Zeitungen** und **Zeitschriften**. (Vgl. IV § 5.) Hier ist das Kampffeld der Meinungen in unmittelbarster Nähe zu beobachten. Die wenigsten nehmen sich freilich die Mühe, über das Zustandekommen einer Zeitung sich Gedanken zu machen. Und doch könnte aus einem planvollen Vergleich der Art und Weise, wie Zeitungen verschiedener politischer und nationaler Herkunft über ein und dasselbe Ereignis berichten, wie politische Mächte (Regierungen, Parteien) in öffentlichen Kundgebungen ihre Ziele vertreten, wie sie sehr oft ihre letzten Absichten hinter schützenden Redensarten verdecken, könnte ein gutes Stück politischer Technik, ein Stück praktischer Massenpsychologie gelernt werden. Und nicht nur Politik. Auch die Kenntnis der tatsächlichen wie seelischen Grundlagen der wirtschaftlichen Verhältnisse läßt sich aus dem Studium der Zeitungen und Zeitschriften gewinnen. Dasselbe gilt von den übrigen Seiten des öffentlichen Lebens. Im allgemeinen bieten Zeitschriften allgemeinen Inhalts, Revuen, durch die größere Leidenschaftslosigkeit, mit der sie die Ereignisse begleiten, sachlichere Belehrung und größere Objektivität. Das Leben an seinen Pulsen zu erfassen, dazu sind die Tageszeitungen geeigneter. Freilich bedarf ihre Kritik schon sehr gereifter Lebenskenntnis selbst und der Einsicht, daß im geschichtlichen Dasein die in der Publizistik vorherrschende rationale Seite nicht die einzige und nicht immer die ausschlaggebende ist.

Eine Auswahl wichtiger Zeitschriften wäre: Die Dt. Rundschau 1874 von Jul. Rodenberg begr. (Diplomatenerinnerungen; abgeklärte Haltung). — Dt. Revue von Rich. Fischer 1877 ff. Grenzboten 1841 von Kuranda gegr. später von Gust. Freytag und Julian Schmidt geleitet. (Liberal). — Preußische Jbb. 1858 von Rud. Hagen, später von Hch. Treitschke u. Hs. Delbrück geführt. Stimmen aus Maria Laach 1871 ff., seit Bd. 45 (1914/15) u. d. T.: Stimmen der Zeit. (Organ der dt. Jesuiten). — Historischpolitische Blätter 1839 von Görres begr. vertritt süddt. Katholizismus. — Süddt. Monatshefte 1904 ff. hauptsächlich ästhetisch, im Kriege stärker politische Interessen u. allgemein dt. Richtung.

Oesterreichische Rundschau begr. von Baron Berger. Das Vorbild dieser Zeitschr. ist die Revue des deux mondes 1831 ff. führendes Akademikerorgan. — Revue de Paris (radikal). — Forthnightly Review 1865 ff. — The Nation. — In Nordamerika: Scribner's Magazine 1867 ff. — Catholic Fortnightly Review 1894 ff.

Außerdem findet jeder durch Teilnahme an öffentlichen Versammlungen Gelegenheit, sich mit der Naturgeschichte des Massenlebens und dadurch mit den wichtigsten Erscheinungsformen des geschichtlichen Geschehens überhaupt bekannt zu machen. Bedürfte die Nützlichkeit solcher Kenntnis noch eines Beweises, so sei etwa auf *Mommsens Römische Geschichte* verwiesen. Sie beruht zum guten Teil auf Quellen, die jeder von uns auf dem Gymnasium (wenigstens in Auswahl) selbst gelesen hat. Um wie viel lebendiger und lebenswahrer tritt uns nicht im Vergleich zu unseren einstigen Uebersetzungsversuchen der Inhalt dieser Quellen in der Verarbeitung Mommsens gegenüber! Das konnte dem Verfasser aber doch nur auf Grund seiner eigenen lebendigen Gegenwartserfahrung gelingen.

— —

II.

Die theoretischen Grundlagen der Geschichte.

§ 1. Das Wort „Geschichte“.

Das Wort *Geschichte* leitet sich von *geschehen* her. Ursprünglich gleichbedeutend mit Schickung, Zufall, wird Geschichte heute — und das kommt allein für uns hier in Betracht — in doppeltem Sinne gebraucht. Einmal objektiv, als das, was geschieht oder geschehen ist, und dann, subjektiv, die Kunde von dem Geschehen. Um sich den Unterschied beider Bedeutungen klar zu machen, genügt es, darauf hinzuweisen, daß z. B. unsere Kenntnis

von der Frühzeit der Russen, Ungarn, Serben, Kroaten und Bulgaren, wie
Gelzer, Byzantinische Kulturgeschichte 1909 S. 15 sich ausdrückt, „ein un-
beschriebenes Blatt" wäre, hätten nicht die oströmischen Schriftsteller für
ihre Nachbarn ein so lebhaftes Interesse gehegt. Vom Standpunkte des objektiven Geschehens, das sich unabhängig davon vollzieht, ob es von einem
Berichterstatter festgehalten worden und ob es in seinen Wirkungen noch
erkennbar ist, gibt es demnach keine „geschichtslosen" Völker.

Geschichte, als die Kunde von dem Geschehen, umfaßt nach unserem
Sprachgebrauch den Gesamtbegriff dessen, was wir auch mit „Geschichtswissenschaft" bezeichnen. Die Unterscheidung beider Verwendungsarten drückt
sich deutlich darin aus, daß wir von uns behaupten, wir e r l e b e n Geschichte,
vom Staatsmann aber sagen, er m a c h e Geschichte, indes der Historiker
Geschichte s c h r e i b t oder e r f o r s c h t. Trotzdem werden beide Anwen-
dungen des gleichen Wortes sehr häufig mißbräuchlich und gedankenlos für-
einander gesetzt und dadurch manchem Irrtum, jedenfalls aber der Undeutlichkeit Tür und Tor geöffnet. Die Unterscheidung wird von *Schiller* in *Was
heißt und zu welchem Ende studiert man Weltgeschichte?* glücklich angedeutet,
wenn er sagt: „So gleichförmig, notwendig und bestimmt sich die W e l t -
v e r ä n d e r u n g e n auseinander entwickeln, so unterbrochen und zufällig werden sie in der G e s c h i c h t e ineinander gefügt sein. Es ist daher zwischen
dem Gang der Welt und dem Gange der Weltgeschichte ein merkliches Mißverhältnis sichtbar. Jenen möchte man mit einem ununterbrochen fortfließen-
den Strom vergleichen, wovon aber in der Weltgeschichte nur hie und da
eine Welle beleuchtet wird."

Das griechische ἱστορία, das ebenso wie das lateinische *historia* gleich
dem deutschen *Geschichte* in doppeltem Sinne gebraucht wird, hat insofern
die umgekehrte Entwicklung durchgemacht, als es von der subjektiven Beurteilung ausgehend, zur objektiven gelangte. Ursprünglich das Erforschen,
Erkunden bezeichnend, wird es schließlich zum Ausdruck auch für den Gegenstand der Forschung, für das Geschehen. Für dieses letztere besaß man
freilich auch andere Formen (vgl. τὰ Ἑλληνικά, res gestae), doch wurden schon
früh beide Bedeutungen nebeneinander gebraucht. Von da aus ist dieser
Doppelsinn auch in die entsprechenden Ausdrücke des Französischen (*histoire*),
Englischen (*history*) gelangt.

G r i m m , Dt. Wb. s. v. „Geschichte".
Paul E. G e i g e r , Das Wort „Geschichte" und seine Zusammensetzungen. Diss.
Freiburg i. Br. 1908.
Jac. N. B o w m a n , On the use of the word „history" in Forsch. u. Versuche zur
Gesch. des Mittelalters u. d. Neuzeit. Fschr. Dietr. Schäfer zum 70. Geburtstag. 1915.
S. 797 ff. verfolgt den Gebrauch des Wortes bei amerikanischen Schriftstellern.

§ 2. Das geschichtliche Geschehen.

Im Worte *Geschehen* drückt sich ein Begriff der Bewegung aus. *Geschehen* heißt so viel wie *Sich verändern.* Die Lageveränderungen der
Planeten, das Rollen einer Kugel, der Wandel in der Gestaltung der Erdoberfläche und der klimatischen Verhältnisse, das alles sind ebenso ein Geschehen, wie das Werden und Vergehen von Völkern, Staaten, Kulturen,
Geburt und Tod jedes einzelnen Menschen, wie das Anschwellen einer Idee,

das Ersterben einer Leidenschaft. Ist nun aber die Tatsache allein, daß sich etwas verändert, genügend, um diesen Vorgang als „geschichtlich" zu bezeichnen? Dann wären die Drehung der Erde, die chemischen und physikalischen Prozesse ebenfalls historisch. Man spricht zwar von der Geschichte eines Moleküls, von der Geschichte eines Wassertropfens, wie man von der Biographie eines Sperlings spricht, aber hier ist der Begriff des Geschichtlichen schon überzerrt. Immerhin ruht in den diesen Beispielen zugrunde liegenden Tatsachenreihen ein historischer Untergrund. Nie und nimmer würde man aber in einer Geschichte der Erde die Umdrehungen als historische Fakten auffassen oder den Wechsel von Tag und Nacht als solche begreifen. Zieht man also den Kreis des Geschichtlichen auch noch so weit, so stoßen wir doch auf Dinge, die wir von vornherein daraus ausscheiden. Es sind dies jene Erscheinungen, für die in ihrer regelmäßigen Wiederkehr die Zeit nur als Maß in Betracht kommt, die also, historisch gesprochen, zeitlos sind.

Ihnen stehen die Erscheinungen gegenüber, die man in ihrer Aufeinanderfolge betrachtet und die dadurch bestimmt werden, daß man sie in Beziehung zu einem bestimmten Zeitpunkt und Raum bringt, in dem sie sich vollzogen haben oder noch vollziehen. Während die Tatsache, daß Frühling, Sommer, Herbst und Winter alljährlich sich wiederholen, nichts Historisches an sich hat, sind die aufeinanderfolgenden Umformungen der Erdoberfläche, ist die Reihe der Entwicklungsstufen der organischen Welt im weitesten Sinne wohl der Geschichte zugehörig, wenn auch Geologie oder Biologie die zeitliche Fixierung nur beiläufig zu liefern vermögen. Jedenfalls ist ihnen der historische Zeitbegriff im Sinne der Richtung, der *Nichtumkehrbarkeit* (*Osw. Spengler*) gemeinsam und so das Ausschlaggebende für die Kennzeichnung geschichtlichen Geschehens im weitesten Umfange. *Fch. Ratzel, Raum und Zeit in Geographie und Geologie = Natur- und Kulturphilosophische Bibliothek 5 (1907)* S. 53 schlägt deshalb vor, sie Entwicklungswissenschaften, Zeitwissenschaften oder geschichtliche Wissenschaft zu nennen.

Sehen wir aber ab von dieser über die Grenzen des gewöhnlichen Wortgebrauches hinauslangenden Fassung, so steht im Mittelpunkte historischen Geschehens der Mensch, sein Leben, wie es sich unter der Einwirkung von Naturvorgängen, im Wechsel der materiellen Daseinsbedingungen als Aeußerung geistigen Schaffens, als der Ausdruck des Wollens und Strebens und der damit innig verflochtenen Regungen des Empfindens und Fühlens darstellt. Zweierlei ergibt sich nun aus dieser Feststellung, fürs erste, daß die Geschichte im engeren Sinne es vorzüglich mit seelischen Erscheinungen zu tun hat, dann aber, daß es im Einzelfalle unmöglich ist, die Summe dieser wechselnden Erscheinungen in ihre Urteilchen aufzulösen und fein säuberlich zu scheiden. Sie treten stets als ein Ganzes auf, wie eben das Leben in seiner Fülle von Tatsachen und Einbildungen, von flüchtig dahinjagenden Vorstellungen und erdgebannten Wirklichkeiten als Einheit von uns betrachtet wird und doch in seiner Ruhelosigkeit und Buntheit niemals dauernd als eine Bestimmtheit gefaßt werden kann. Es ist, als ob wir am Ufer eines Stromes stünden, der sich in seinem Lauf und seinen Windungen deutlich von dem übrigen Landschaftsbilde abhebt und doch innerhalb seines Laufes oft die ungleichartigsten Bestandteile mit sich fortführt, an Wirbeln und Klippen selbst entgegengesetzte Strömungen aufweist und trotzdem als Ganzes nichts von seiner Besonderheit, an seiner Richtung, an seiner Farbe einbüßt.

Diese Fülle von Geschehen mit der Mannigfaltigkeit seiner inneren und äußeren Beziehungen und Verknüpfungen nennen wir *geschichtlich*, weil es sozusagen das Rohmaterial bildet, aus dem der Historiker die *Geschichte* (im subjektiven Sinne) erst herausschält und formt. Das Geschehen an sich ist eben noch nicht Geschichte selbst. Wenn wir von uns sagen, wir hätten ein Stück Geschichte erlebt, so wollen wir damit andeuten, daß wir Zeitgenossen von staatlichen oder anderen kulturellen Veränderungen gewesen sind, die in ihrer Wirkung für die Folge von bemerkenswerter Bedeutung sind. Die Tatsache, daß wir vielleicht einmal vor Gericht in einer für die Allgemeinheit nebensächlichen Diebstahlsangelegenheit haben Zeugenschaft ablegen müssen, werden wir nicht als geschichtliches Ereignis betrachten. Das gleiche gilt aber auch für den Historiker, auch er scheidet das für seine Zwecke Wesentliche vom Unwesentlichen, das Wichtige vom Unwichtigen aus. Wenn jedoch oben bemerkt wurde, er *formt* das Geschehen zur Geschichte, so soll damit nicht gesagt sein, daß bei diesem Vorgang inhaltlich etwas dazukommt, daß er den Tatsachen Gewalt antut, sondern daß er dem an sich formlosen Geschehen Gestalt und damit Anschaulichkeit verleiht. Dies geschieht durch die geschichtliche Auslese und diese wieder in der geschichtlichen Begriffsbildung.

A. D. X é n o p o l, La théorie de l'histoire, Paris 1908, 2. A. von Des principes fondamentaux de l'histoire. Ebda. 1894. Er unterscheidet zwischen den durch die Zuordnung zu einem bestimmten Zeitpunkt individualisierten Begebenheiten (faits de succession), mit denen es die Geschichte zu tun habe, und den immer wiederkehrenden Geschehnissen (faits de répétition) der Naturwissenschaft. Vgl. auch Gg. S i m m e l, Das Problem der histor. Zeit = Philosoph. Vortrr. 12 (1916).

§ 3. Die geschichtliche Begriffsbildung.

Die naive Meinung, als bestände Geschichte in der bloßen Abbildung geschichtlichen Geschehens, verkennt ganz und gar die eigentliche Aufgabe des Historikers. Wie jede Wissenschaft, Kunst, ja wie jede planmäßige Tätigkeit des Menschen überhaupt, muß auch die Historie ihren Stoff erst meistern, d. h. sie muß aus der unübersehbaren Masse des Gegebenen eine Auswahl treffen, ehe sie ihn zur Darstellung bringen kann. Diese Auslese findet statt:

a) In Beziehung auf die Wahl des T h e m a s. Jede Geschichtsdarstellung, auch die der sog. Weltgeschichte, bildet bloß einen mehr oder weniger willkürlich herausgehobenen Ausschnitt aus dem Gesamtgeschehen. Indem wir uns eine historische Aufgabe stellen, ziehen wir gewisse Grenzen, stellen das eine oder andere bewußt oder unbewußt in den Mittelpunkt. Auf die Wahl des Themas sind persönliche, politische, nationale, religiöse, allgemein kulturelle und zeitgeschichtliche Interessen nicht ohne Einfluß. Jede Nation wendet der eigenen Geschichte ihr Augenmerk zu. Jahrestage, die an große Persönlichkeiten oder Ereignisse erinnern, sind ebenso für die Wahl des Themas bestimmend wie Analogien zu Gegenwartsvorgängen. Aber auch ein und derselbe Gegenstand verändert sich je nach dem verschiedenen nationalen oder sonstigen Standpunkt die Auslese. Die Weltgeschichte, die ein Japaner schreibt, wird manches bringen, was einem Europäer als nebensächlich erscheint. Wählen wir die Geschichte des mittelalterlichen Zunftwesens in Deutschland zu unserem Gegenstand, so liegt dieses Thema fürs erste schon im Schnittpunkte dreier großer historischer Sammelbegriffe: Geschichte des europäischen

Mittelalters, Geschichte Deutschlands, Sozial- und Wirtschaftsgeschichte. Aber auch innerhalb dieser so gewonnenen äußeren Abgrenzung muß eine weitere Auslese getroffen werden.

b) In Beziehung auf die **Folgewirkung** der einzelnen Ereignisse des in Betracht kommenden Geschehens. Selbst wenn man annähme, daß uns alle Lebensdaten, Wünsche, Beschwerden, die wirtschaftliche Lage, die gesellschaftliche Stellung jedes einzelnen Zunftgenossen bekannt wäre, was in Wirklichkeit natürlich unmöglich ist, so würde die nackte Aufzählung dieser Dinge vielleicht eine ganz aufschlußreiche Stoffsammlung geben, aber eine **Geschichte** des Zunftwesens wäre dies nicht. Erst, indem wir das Nebeneinander der Einzeltatsachen zu einem harmonisch abgerundeten Ganzen formen, wird eine historische Darstellung daraus. Nicht alle Orte, in denen sich Zünfte gebildet haben, auch nicht die Namen jedes Zunftangehörigen werden wir aufzählen, sondern nur jene Orte, wo sich Bewegungen, Bildungen gezeigt haben, die entweder beispielgebend, gewirkt haben oder deren Einzigartigkeit sie aus der Zahl der übrigen heraushebt. Von den Persönlichkeiten werden bloß jene genannt werden, die im positiven oder negativen Sinn am Ausbau des Zunftwesens entscheidend mitgeschaffen, etwas Neues von Bedeutung hinzugefügt oder seine Entwicklung kraftvoll gehemmt haben.

Der Begriff des „historisch Wirksamen" oder, wie man kurz sagt, des „Historischen" ruht in den Dingen nicht als eine Eigenschaft ihres Wesens, ist kein absoluter, er ist vielmehr nur als ein Ausdruck für besondere Beziehungen zu den Folgeereignissen anzusehen. Ein Federstrich, das Wort „Meer", eine Ohrfeige sind an sich keine „historischen" Ereignisse, sie werden es aber, wenn mit diesem Federstrich Napoleon I. seinen Namen unter die Ausfertigung des Preßburger Friedens gesetzt hat. Der Ruf der zehntausend Griechen beim Anblick des Meeres, die tätliche Verletzung, die der Dei von Algerien 1827 dem französischen Konsul Déval versetzte, wurden von historischem Gewicht durch die tatsächliche oder ideelle Wirkung, die sie nach sich zogen. Je nach der Stärke dieser Wirkung werden sie bei der Auslese mehr oder weniger in Betracht kommen, wobei freilich die Weite bzw. Enge des Themas mitentscheidet. Es ist hier derselbe Vorgang wie etwa bei der Anfertigung einer Landkarte. Den Ural und die Alpen bringt selbst ein Handglobus, die kartographische Deutlichkeit des Landschaftsbildes nimmt mit der wachsenden Größe des Maßstabes zu, um dann, wenn der Maßstab ein bestimmtes Verhältnis überschreitet, an Uebersichtlichkeit in der gleichen Steigerung einzubüßen, in der sie an Einzelangaben reicher wird. Die Auslese, die der Historiker vornimmt, ist aber nicht allein von seiner Einschätzung abhängig, sondern auch von der Anzahl und dem Reichtum an Tatsachen, die ihm zu Gebote stehen. Die Fülle des Materials hinwiederum hängt vom Zufall ab, sie wächst im allgemeinen, je mehr sich das Material der Gegenwart nähert, doch spielen da unberechenbare Umstände mit, wie oft glückliche Funde erweisen. Je spärlicher die überlieferten Tatsachen sind, um so weniger wird der Geschichtsforscher ausscheiden. Schwillt ihre Menge an, so wird desto notwendiger die auch sonst zu übende Auslese. Die geschichtliche Wirksamkeit, durch die eine Tatsache überdies über „die Schwelle des historischen Bewußtseins" (*Simmel*) tritt, die sie sozusagen erst geschichtswürdig macht, ist bedingt 1. durch die äußeren Zeichen seiner Wirkung (Urteile der Zeitgenossen oder der Nachwelt), 2. durch den Einfluß, den sie auf andere Erscheinungen nachweisbar ausgeübt hat. — Diese Wirksamkeit muß keineswegs unmittelbar deutlich werden, kann Jahrhunderte hindurch gleichsam ruhen, um das Interesse der Geschichtswissenschaft in stärkerem Maße wieder anzuregen und für sie sogar Aktualitätswert zu erlangen und ihr Ausleseprinzip zu leiten.

c) In Beziehung auf die Gewinnung historischer Durchschnittswerte. Diese noch näher auszuführende Frage (vgl. V, § 2) soll hier nur kurz gestreift werden. Schon um der gleichmäßigen Verteilung und Anordnung des darzustellenden Stoffes willen ist es notwendig, jene Teile des geschichtlichen Geschehens herauszugreifen, an denen sich die Beispiele einer ganzen Tatsachenreihe am eindringlichsten aufzeigen lassen. Wie es im Tier- und Pflanzenreiche einzelne Erscheinungen gibt, die die Merkmale ihrer Gattung, Art oder Rasse ganz besonders in sich vereinigen, so findet sich Aehnliches im geschichtlichen Leben. Es handelt sich hier also weniger um scharf gezeichnete Individualitäten in ihrem Sonderleben, sondern in der Menge von Eigenschaften, die sie mit anderen ähnlichen gemein haben, wie etwa vielleicht die Verhältnisse einer griechischen Kleinstadt im 1. Jahrhundert n. Chr. (*Edd. Meyer, Kleine Schriften*, 1910, S. 164 ff.), von denen uns zufällig eine anziehende Schilderung erhalten geblieben ist, deren Tatsachenmaterial, mit anderen Belegen verglichen, als richtig befunden worden ist. Aus verschiedenen Ursachen dürfen wir annehmen, daß das bis in Einzelheiten zu gewinnende Bild in großen Zügen auch für andere griechische Städte jener Zeit gilt.

Andererseits wählen wir gerade bei stark hervortretenden Individualitäten die besonders grell hervorleuchtenden Tatsachen aus, um in ihnen gleichsam den Extrakt ihrer Besonderheit zu geben: markante Aussprüche einer Persönlichkeit, charakteristische Urteilsfällungen einer Behörde, bezeichnende Preisansätze einer bestimmten Wirtschaftsepoche u. ä. Wie bei aller Auslese wird auch hier — und hier ganz besonders — die Erfahrung und der Takt des Forschers die Wahl zu leiten haben, damit das Bild, das er zu liefern hat, nicht verzeichnet und dadurch ein falscher Eindruck hervorgerufen wird.

Die moderne Auffassung knüpft vor allem an Hch. R i c k e r t, Die Grenzen der naturwiss. Begriffsbildung. Eine logische Einleitung in die hist. Wissenschaften [4]—[5]1921 (kürzer gefaßt in Kulturwissenschaft u. Naturwissenschaft [4]—[5]1921, ferner im Artikel „Geschichtsphilosophie“ in Die Philosophie am Beginn des 20. Jhts. Festschr. f. Kuno Fischer [2]1907) an. Nach ihm unterscheidet sich die naturwissenschaftliche Begriffsbildung von der geschichtlichen, daß jene generalisierend vorgeht und wertfrei ist, indes die Geschichte individualisierend ist und sich auf Werte bezieht. Diese „Wertbeziehung“ ist bloß theoretisch, erklärt einen Gegenstand nicht für gut und böse, sondern nur für wesentlich. Geschichtliche Werte werden als Kulturwerte aufgefaßt. Der Auslesegrundsatz ist von einer Wert- und Zwecksetzung abhängig. In die geschichtlichen Begriffe gehört das, was sich durch Beziehung auf allgemein anerkannte Werte heraushebt und individuelle Einheiten bildet. — Rickert folgt hier dem, was Wm. W i n d e l b a n d, G. u. Naturwissenschaft. Straßburg, Rektoratsrede 1894, (auch in desselben „Präludien“) bereits angedeutet und zuletzt in Geschichtsphilosophie, hg. von Wolfg. Windelband u. Br. Bauch = Kantstudien Erghft. 38 (1916) in die Worte gefaßt hat: „Historisch bedeutsam also ist das Individuelle, dann, wenn es für ein übergeordnetes Ganzes in der menschlichen Gemeinschaft Bedeutung besitzt.“ Diese „Wertbeziehungslehre“, die gerade in den Kreisen der Geschichtsforscher Anklang fand, auch von Philosophen aufgegriffen wurde, z. B. von Horst E n g e r t, Teleologie und Kausalität 1911, traf auch verschiedentlich auf Widerspruch. Vgl. Kurt S t e r n b e r g, Zur Logik der G.wissenschaft = Philos. Vortrr. 7 (1914). — Ich habe statt Wertbeziehung lieber von „Folgewirkungen“ gesprochen, um der Mißdeutung des Wortes „Wert“, das leicht im moralischen Sinne betrachtet wird, auszuweichen. Zu vergleichen ist ferner Edd. S p r a n g e r, Die Grundlagen der G.wissenschaft, 1905, D y r o f f, Zur G.logik Hlb. 35 (1915) vor allem aber Max W e b e r. Krit. Studien auf dem Gebiete der kulturwiss. Logik in Arch. f. Sozialw. u. Sozialpol. 22 (1906) 188 ff.

Eine allgemeine Untersuchung über die Frage der Werte nach ihrer praktischen und methodischen Verwendung in der Geschichte bietet Arvid Grotenfelt, „Die Wertschätzung in der G." 1903 und „Geschichtliche Wertmaßstäbe in der G.philosophie, bei Historikern und im Volksbewußtsein", 1905. Man vgl. übrigens auch Julian Hirsch, Zur Genesis des Ruhmes, 1914; Benedetto Croce, Zur Theorie u. G. der Historiographie, dt. v. Enr. Pizzo 1915 S. 96 ff.

§ 4. Art und Ziel geschichtlichen Erkennens.

Um überhaupt eine Auswahl treffen zu können, muß sich der Historiker vorweg (und sei es auch nur mittels einer vorläufigen Hilfskonstruktion) ein ungefähres Bild bestimmter Tatsachenreihen entwerfen. Dann aber werden auf Grund genauer Feststellung des Tatsächlichen die Bedingungen zu erforschen sein, unter denen dieses zustande gekommen ist und welche weitere Wirkungen von ihm ausgegangen sind. Es gibt im geschichtlichen Geschehen wie auch in der Geschichtskunde kein Für-sich-Sein der Gegenstände, da alles, was der Historiker zu erforschen hat, im Flusse des Lebens steht und zu diesem Leben Beziehungen unterhält. Hiebei tritt er immer von außen an die Dinge heran, bemächtigt sich ihrer, indem er, auf die eigenen Erlebnisse zurückgreifend, die gegebenen Erscheinungen in sich selbst nachbildet und nachversteht. Nur, indem er das fremde, zumeist schon vergangene Leben in seinen mannigfachen Zusammenhängen und Beziehungen, wie sich diese von Individuum zu Individuum, vom einzelnen zur Gemeinschaft, von dieser zu anderen Gemeinschaften hin und widerspinnen, zu verstehen sucht und in sich selber nacherlebt, nur so vermag er es darstellend wiederzugeben.

Staat, Recht, Religion, Philosophie, aber auch die Stellung des einzelnen zu sich selber und der Außenwelt sind in jedem bestimmten Zeitpunkte Gegebenheiten, deren Werden zurückerlebt werden muß, will man seine augenblickliche Lage verstehen. Ein Ruhen gibt es für sie nicht, sie werden nur für unsere Zwecke als ruhend, als „Zustände" angenommen. Ebensowenig gibt es ein Recht, das nicht in einem inneren Zusammenhang mit dem staatlichen, wirtschaftlichen, religiösen Sein einer Zeit, eines Volkes in Zusammenhang stünde. Erst dadurch, daß der Historiker diese vielumfassenden Erscheinungen und „Wirkungszusammenhänge" (*Wm. Dilthey*), wie sie sich in ihren Leistungen realisieren, aussondert aus dem Gesamtgeschehen und im einzelnen zergliedert, mit anderem vergleicht, kann er sie verstehen. Handelt es sich bei den Untersuchungen des Zuständlichen eines gewissen Zeitpunktes gleichsam um Querschnitte, die meist ein Auf und Ab, eine Stufenfolge ergeben werden, so lassen sich durch Längsschnitte, die die Umrisse dieser Stufen verbinden, die Entwicklungslinien gewinnen und zeichnen.

Die Tatsache, daß der Geschichtsschreiber seiner Aufgabe nur auf dem Wege des Erlebens gerecht werden kann, zeigt schon, welche große Rolle in der Geschichte das Singuläre, das Einzighafte spielt. Ein Gesetz, eine Regel läßt sich nicht erleben, höchstens eine allgemeine Stimmung. Wohl können von den Erlebnissen Regeln abgeleitet oder diese Erlebnisse zu allgemeinen Begriffen verdichtet werden, wenn man das Zufällige und Nebensächliche an ihnen ausscheidet, aber dieses Zufällige ist meist gerade das, was die Besonderheit einer geschichtlichen Tatsache ausmacht. An dem, was sich freilich in den verschiedenen Wirkungszusammenhängen an Tatsächlichem offenbart, haben unzählige Einzelwesen mitgeschaffen und damit den Zwecken und Zielen des Ganzen ihre Kräfte geliehen, aber sie sind nicht darin aufgegangen. In jedem Individuum spielen daneben noch andere Sonderzwecke und Absichten mit, die sich ebenfalls irgendwie geltend machen. In einer Geschichte des Hauses Hohenzollern wird man die Einzeltatsachen und Ereignisse weder aus allgemeinen Begriffen ableiten (etwa die Weigerung Friedrich Wilhelms IV., die deutsche Kaiserkrone anzunehmen), noch auch aus der Verallgemeinerung der überlieferten Tatsachen einen solchen bilden können. Historische Begriffe gelangen höchstens zur Feststellung eines Typus, den man aus der Verschiedenartigkeit der Erscheinungen abstrahiert und als den idealen Fall setzt, von dem aus die Ablesung der individuellen Besonderheiten besonders deutlich und lehrreich wird.

Es ließe überdies, das Verständnis für die Mannigfaltigkeit des Lebens sich von vornherein versperren, sähe man das vornehmste Ziel des Historikers darin, den Inhalt dieses Lebens in Formeln und Gesetze zu gießen. Die geschichtliche Fragestellung richtet sich denn auch vorzüglich auf das Individuelle, nicht auf das Allgemeine. Nicht wie Revolutionen entstehen, ist ein geschichtliches Problem, sondern die speziellen Bedingungen, unter denen die englische, die französische Revolution zum Ausbruch kam, interessieren den Historiker. Wohl muß er zur Behandlung dieser Gegenstände einen allgemeinen Begriff vom Wesen der Revolution an sich haben, aber unser geschichtliches Wissen fördert gerade das Eingehen auf das einzelne, die Freude an den verschiedenen Blüten und Trieben, die das geschichtliche Leben zur Anschauung bringt. Im Gegensatz zu dem regelmäßig sich Wiederholenden kommt für die geschichtliche Erkenntnis vor allem das Individuelle und Singuläre in Betracht. Schon die Zugehörigkeit jedes Geschehens zu einem bestimmten Zeitpunkt individualisiert es gegenüber ähnlichen Erscheinungen, aber auch die Fragestellung des Historikers richtet sich vor allem auf das Besondere und nicht wie die der Naturwissenschaft auf das Allgemeine, weshalb *Windelband* geradezu von ideographischer (Ereignis-) Wissenschaft im Gegensatz zur nomothetischen, zur Gesetzeswissenschaft, spricht.

Weiterhin ist aber, wie schon angedeutet wurde, die Fragestellung wenigstens der modernen Geschichtswissenschaft darauf gerichtet, wie der zu behandelnde Gegenstand g e w o r d e n ist. Damit erfährt aber auch das Interesse am Singulären eine notwendige Einschränkung, denn die genetische Darstellung löst das Einzelne und Einzigartige aus seiner Vereinzelung aus und betrachtet es als Glied einer Kette einzelner Veränderungsfolgen.

Außer der in § 3 genannten Literatur: Karl M e n g e r. Untersuchungen über die Methode der Sozialwissenschaften 1883; Wm. D i l t h e y, Einleitung in die Geisteswissenschaften, 1883 u. vom selben Der Aufbau der g.lichen Welt in den Geistesw. Abhdlgen. d. preuß. Ak. phil.-hist. Kl. (1910) 3 ff.; F. G o t t l. Zur sozialwissenschaftl. Begriffsbildung. A. für Sozialw. u. Sozialpol. 23 (1906). 24 (1907). 28 (1911); A. D. X é n o p o l. La théorie; Hri. H e r r. La synthèse en histoire. 1911 S. 110 ff.; Paul B a r t h, Die Philosophie der G. als Soziologie 1 ² (1915).

§ 5. Das Wesen der Geschichte.

Ohne auf den Wert einer Definition des Begriffes „Geschichte" ein besonderes Gewicht zu legen, soll im Nachfolgenden auf Grund des bisher Gesagten eine solche versucht werden.

Geschichte ist die Wissenschaft, die die Erscheinungen des Lebens zu beschreiben und nachfühlend zu erklären sucht, soweit es sich um Veränderungen handelt, die das Verhältnis des Menschen zur menschlichen Gesellschaft mit sich bringt, indem sie diese vom Standpunkt ihrer Wirkung auf die Folgezeit oder mit Rücksicht auf ihre typischen Eigenschaften auswählt und ihr Hauptaugenmerk auf solche Veränderungen richtet, deren unwiederholbare Einmaligkeit dadurch gegeben ist, daß sie durch ihre Zuordnung zu einer bestimmten Zeit und zu einem bestimmten Raum gekennzeichnet sind.

Die Gültigkeit dieser Begriffsunterscheidung ruht auf der Anschauung, die wir oben über das Wesen der Geschichte ausgeführt haben. Gerade der Historiker wird sich stets gegenwärtig halten, daß man zu verschiedenen Zeiten Verschiedenes unter Geschichte verstanden hat. Erscheinungen, die wir heute der Naturwissenschaft, der Poesie, der Publizistik oder Metaphysik zuteilen würden, fielen zuzeiten in den Bereich der Geschichte. Dies deutet auch der ursprüngliche Sinn des Wortes ἱστορία an, das eigentlich soviel wie Forschung und Wissenschaft überhaupt hieß. Und gerade gegenwärtig steht Geschichte wieder inmitten eines Prinzipienstreites. Darum gilt die Bemerkung *Edd. Sprangers, Die Grundlagen, S. IX*: „So ist auch die Geschichte trotz ihrer begrifflich und kritisch zubereiteten Wissenschaftstechnik noch immer mit der ganzen Menschennatur verwoben; in e i n e r Formel läßt sich ihr Wesen nicht erschöpfen", nicht bloß für den jetzigen Stand der Geschichtskunde, sondern für alle Zeiten. Jede Zeit hat eben ihren besonderen Begriff vom Wesen und von den Aufgaben der Historie.

B e r n h e i m , Lehrbuch ⁵⁻⁶ 1908, S. 9 definiert: „Geschichtswissenschaft ist die Wissenschaft, welche die zeitlich und räumlich bestimmten Tatsachen der Entwicklung des Menschen in ihren (singulären, wie typischen und kollektiven) Betätigungen als soziale Wesen im Zusammenhange psycho-physischer Kausalität erforscht und darstellt " Vgl. hiezu Edd. M e y e r , Zur Theorie und Methodik der Geschichte in Kleine Schrr. 1910, S. 8 Anm., der hiezu — er bezieht sich freilich auf die in der 2. Auflage von Bernheims Lehrbuch gegebene Definition, die in Unwesentlichem von der neueren abweicht — bemerkt: „Ich sehe nicht ein, wie man unter eine solche Definition anders als durch Gewaltsamkeit etwa eine Geschichte des spanischen Erbfolgekrieges oder Napoleons subsumieren kann, von den kleinen und kleinsten Gegenständen eifriger historischer Forschung ganz zu schweigen. Gewiß handeln wie überall so auch hier die Menschen als soziale Wesen, so gut wie der Kaufmann, wenn er ein Geschäft abschließt: aber das ist für die Geschichte selbstverständliche Voraussetzung; und die ,Entwicklung‘ des Menschen ist in allen diesen Fällen keineswegs das Objekt historischer Forschung und des historischen Interesses." — Ottokar L o r e n z , Die Geschichtswissenschaft in ihren Hauptrichtungen, 1. S. 190 f., definiert die „eigentliche Geschichte" ist „jene Erfahrungswissenschaft, welche die auf unsere staatlichen und gesellschaftlichen Zustände in b e w u ß t e r Weise hinzielenden Handlungen der Menschen nach a l l e n ihren i n n e r e n und ä u ß e r e n Gründen i n z e i t l i c h e r A b f o l g e e n t w i c k e l t u n d d a r s t e l l t". — Walther S c h u l z e - S o e l d e , Geschichte als Wissenschaft, 1917, kommt S. 93 zu dem Schlusse: „Geschichte ist der durch die verknüpfende Einheitsraffung (Synthesis) in der regellosen Vereinzelung des Vernunftwesens frei erzeugte Gedanke, soweit er sich in einer in Raum und Zeit wahrnehmbaren Leistung niederschlägt."

Von älteren Definitionen sei jene von J. G. D r o y s e n , Grundzüge der Historik, ³1882, S. 37, erwähnt: „Geschichte ist das Wissen der Menschheit von sich, ihre Selbstgewißheit." Dieser einfachen Formel nähert sich Hri. B e r r , Synthèse, S. 1, der Geschichte als: l'étude des faits humains du passé bezeichnet. — Nach dem obigen wird man es begreiflich finden, daß es für das Wesen der Geschichte soviel Erklärungen gibt, als es verschiedene Richtungen geschichtsphilosophischer Anschauung gibt.

§ 6.　Geschichte als Wissenschaft.

Obwohl die Geschichtsschreibung — ursprünglich in den Begriffen von Wissenschaft und Forschung überhaupt aufgehend — zu jenen Gebieten menschlicher Betätigung gehört, die bereits in den ältesten Zeiten höherer Gesittung den Erkenntnistrieb auf sich lenkte, ward sie in ihrem Werte und in ihrer Bedeutung allezeit angefochten. Von *Sextus Empiricus*, der sie eine ἀμέθοδος ὕλη nannte, bis auf *Schopenhauer* und *Max Nordau, Der Sinn der*

Geschichte 1909 tauchen immer wieder Meinungen auf, die den Unwert geschichtlicher Erkenntnis nachzuweisen versuchen. Auf verschiedene Angriffe wider die Methodik, Wissenschaftlichkeit und Erkenntnissicherheit historischer Forschung weist *Hch. Wuttke, Ueber die Gewißheit der Geschichte, Leipziger Universitätsschr. 1865* hin. Auf der einen Seite als Lehrmeisterin des Lebens gepriesen, wird sie von anderen als nutzlos, ja geradezu als schädlich in Verruf gebracht. Heute mehr denn je ist die Frage, ob Geschichtskunde eine Wissenschaft ist, der Zielpunkt erregter methodologischer Diskussionen. Am folgereichsten war die Behauptung *Kants*, der freilich bloß mit Beziehung auf die Naturwissenschaft sich äußerte, nur da liege echte Wissenschaft vor, wo ein Zusammenhang mit der Mathematik vorhanden ist. Nun war freilich die historische Methodenlehre damals noch recht unausgebildet, das Interesse Kants an der Geschichte sehr gering, dagegen der Aufstieg naturwissenschaftlicher Erkenntnis so gewaltig, daß seine Vernachlässigung unseres Wissenszweiges aus mehr als einem Grunde durch die zeitlichen und persönlichen Umstände erklärlich ist. Schon *G. G. Gervinus, Grundzüge der Historik*, 1837, S. 63 behauptete von *Herder* und *Kant*, „daß sie das Alphabeth und Einmaleins aller Geschichtslehre nicht innegehabt haben". Das hindert freilich eifrige Kantianer nicht, der Geschichte die Wissenschaftlichkeit dadurch retten zu wollen, daß sie in der Historie krampfhaft nach quantitativ-mathematischer Objektbestimmung fahnden, wie solche z. B. darin zu finden sei, wenn der Geschichtsschreiber feststelle, daß 1809 die Schillsche Bewegung scheitern mußte, weil eine nicht genügende Anzahl von Leuten hinter ihr stand! *Karl Sternberg, Zur Logik der Geschichtswissenschaft* in *Philos. Vortrr.* 7 (1914) S. 16 f. Die Tatsache, daß die Geschichtskunde gleichsam im Schatten der die allgemeine Aufmerksamkeit auf sich ziehenden modernen Naturwissenschaften stehen mußte, brachte es mit sich, selbst Historiker an dem wissenschaftlichen Charakter ihres Tuns irre werden zu lassen. Auch sie maßen den Gegenstand ihres heißen Bemühens an den Fortschritten, den die Physik seit Newton, die Chemie seit Lavoisier, die Biologie seit Darwin aufweisen konnten. Das Vorrücken aus rein beschreibender Tätigkeit zur Höhe einer Gesetzeswissenschaft weckte in ihnen die Unzufriedenheit mit dem augenblicklichen Stande der Geschichte. Auch sie sollte den Sprung nach aufwärts tun, um an „Exaktheit" der Physik gleichzukommen, sollte mit der Biologie Schritt halten und z. B. an Stelle des Zweckbegriffes den der Entwicklung, an Stelle des bewußten Willens den der Anpassung und Auslese setzen. *L. M. Hartmann, Ueber historische Entwicklung*, S. 3.

Mit solchen Erwägungen traf dann auch noch das zeitgeschichtliche Erlebnis der sozialen Bewegung zusammen, das die Wirksamkeit der großen Masse als politisch wirksamen Faktors im öffentlichen Leben deutlicher als vorher zur Anschauung brachte. Da das Individuum in seinem zweckbewußten Handeln jeder sicheren Vorherbestimmung spottet, glaubte man in der Masse, also in den jeweiligen Kollektivelementen, das Material gefunden zu haben, das, bedingt durch seine vom Triebleben diktierten Impulse, in seinem Tun einer strengen Notwendigkeit gehorche, in deren Geheimnisse die eben aufkommende wissenschaftliche Statistik mit dem Gesetz der ‚großen Zahl' einzudringen vermöge.

Im allgemeinen lassen sich hier folgende Typen feststellen: 1. Die Verteidiger der Wissenschaftlichkeit des bisherigen Geschichtsbetriebes (*J. G. Droysen, Ernst Bernheim, Wm. Windelband, Hch. Rickert*). 2. Die Leugner der Wissenschaftlichkeit und des Nutzens der Geschichtskunde überhaupt (*d'Alembert, Schopenhauer, Du Bois-Reymond, Max Nordau*). 3. Die Vertreter der Meinung, Geschichte sei zwar keine Wissenschaft, sie sei aber trotzdem wertvoll. „Die Geschichtsschreibung hat sich .. immer zwischen Poesie und Philosophie entfaltet", wie *Gervinus* a. a. O. S. 89 in Anlehnung an Aristoteles behauptet, oder *Theodor Lessing, Geschichte als Sinngebung des Sinnlosen* (1919), nach welchem es erst die Historie ist, die dem an sich sinnlosen Geschehen einen Sinn unterlegt, weil ein solcher vom Illusionsbedürfnis der Menschen gefordert wird. 4. Die Meinung, Geschichte sei Kunst und Wissenschaft (*Leopold v. Ranke*). 5. Die Reformatoren, die den Wissenschaftscharakter der bisherigen Geschichtskunde leugnen, sie aber mittels einer verbesserten Methodik, entweder mit Zuhilfenahme der Statistik (*H. Bourdeau*) oder der Naturwissenschaften (*August Comte*) oder sonst verfeinerter sozialpsychologischer Untersuchungsmittel (*Karl Lamprecht*) zu einer Wissenschaft erheben wollen. Hieher gehört auch *Paul Barth*. Zu ihnen gesellen sich 6. jene, die nur für einen Teil des Geschichtsbetriebes Wissenschaftlichkeit in Anspruch nehmen, wie z. B. *Adolf v. Harnack*, der im Anschluß an *Edd. Meyer* die Biographie davon ausscheiden und sie der Kunst zuteilen möchte (vgl. IV, 9). Als Schöpfer einer neuen Geschichtslogik und Geschichtsmetaphysik fühlt sich schließlich *Oswald Spengler.*

Daß ein ähnliches Schicksal auch der Philosophie beschieden ist, erfährt man aus dem Aufsatze „*Was ist Philosophie?*" von *Wm. Windelband, Präludien* ⁵·⁸1911 S. 10, wo dargelegt wird, wie man auch sie zu einer Wissenschaft zu ‚erheben' suchte, und zwar ebenfalls durch Anwendung der mathematischen oder induktiv naturwissenschaftlichen Methode. Nun hat gerade der Streit um das Wesen und die Aufgaben der Geschichte in folgerichtiger Reaktion gegen die Uebergriffe der Naturwissenschaften die Aufmerksamkeit namhafter deutscher Philosophen auf die Untersuchung dieser Fragen hingelenkt. Neben *Edd. Spranger* und *Gg. Simmel* sind namentlich *Wm. Windelband* und *Hch. Rickert* der Geschichtskunde als Eideshelfer ihrer Wissenschaftlichkeit beigesprungen und eine Reihe jüngerer Denker wie *Walter Schultze-Soelde, Fritz Neeff, Gesetz und Geschichte* 1917 u. a. haben sich in gleichem Sinne geäußert. Da alle diese Auseinandersetzungen auf die Präzisierung des Verhältnisses zwischen Natur und Geschichte hinauslaufen, das im folgenden Abschnitt genauer behandelt werden soll, sei hier nur darauf hingewiesen, daß die theoretischen Forderungen, die an den Historiker gestellt werden, vielfach auf einen Mangel an näherer Vertrautheit mit geschichtlicher Forschungsarbeit zurückzuführen ist. Das erweist sich auch in der Tatsache, daß z. B. Geschichtsschreiber wie *Karl Lamprecht* und *L. M. Hartmann*, die grundsätzlich dem Reformprogramm zustimmen und ein eigenes aufgestellt haben, in ihren praktischen Leistungen sich nicht wesentlich von der älteren Vorstellungsweise unterscheiden, wie dies schon *Edd. Spranger* a. a. O. S. 43 und *Siegfried Herzberg-Fränkel* in seinem lesenswerten Aufsatze *Moderne Geschichtsauffassung* (Czernowitzer Universitätsschr. 1906 S. 39, Anm. 2) bemerkt haben. Andererseits mahnt das Scheitern *Buckles* ebenfalls zur Vorsicht.

Kaum ernstlich geleugnet wurde, daß die ernste historische F o r s c h u n g mit wissenschaftlichen Mitteln arbeite, gleicht sich doch z. B. Epigraphik, Palaeographie, Urkundenlehre usw. in ihrer induktiven Methodik stark den Naturwissenschaften an. Bekämpft wird vor allem die geschichtliche Fragestellung, beziehungsweise das Erkenntnisziel der Geschichte. Diesen Einwänden darf man eben erwidern, daß die Festsetzungen dessen, was Wissenschaft sei, zu verschiedenen Zeiten und von verschiedenen Lehrmeinungen verschieden beantwortet worden ist. Es ist überhaupt zweifelhaft, ob eine Definition des Begriffes „Wissenschaft" zulässig ist, die aus dem Bereiche dieses Begriffes ein Glied abtrennt, das in jahrtausendalter Uebung als Wissenschaft angenommen und bezeichnet wurde.

Andererseits wäre es natürlich Irrtum, alle geschichtliche Arbeit als ‚wissenschaftlich' erkennen zu wollen, vielmehr trägt die Geschichte wie jedes andere Wissensgebiet den Maßstab ihres jeweiligen Standes der Methodik in sich. Was zu einem bestimmten Zeitpunkt dem zugeordneten Stande der Methodik entspricht, ist Wissenschaft. So spitzt sich die ganze Frage schließlich auf einen Streit um unsere Methodenlehre zu, in dem es sich darum handelt, ob die naturwissenschaftliche Erkenntnisweise auf die Geschichte angewendet werden kann oder nicht.

Die Handhabung der wissenschaftlichen Technik ist natürlich nicht der einzige Prüfstein für den Wert einer historischen Leistung. Wie auf anderen Wissensgebieten kann auch in der Geschichte oft von dilettantischer Hervorbringung ein mächtiger Impuls ausgehen. Die bewußt als Wissenschaft mit eigenen Regeln arbeitende Geschichte ist im Abendlande erst mit dem Humanismus aufgetreten. — Literatur über diese Fragen im nächsten Abschnitt. — Wissenschaftliche Technik ohne wahrhaft historisches Verständnis ist auch nicht Wissenschaft, höchstens Routine. Auf dem Umweg über die geschichtliche Kritik, durch Aufstellung einer Anzahl „historisch-kritischer Axiome" gelangt Adolf R h o m b e r g , Die Erhebung der G. zum Range einer Wissenschaft 1883 zu dem Ergebnisse, daß Geschichte Wissenschaft ist. Nach seiner Definition S. 12 ist Wissenschaft „jener intellektuelle Berufszweig", welcher die Gegenstände seiner Untersuchung g e w i ß macht, d. h. auch überzeugen kann, daß es so ist und nicht anders sein kann (wenigstens unter den gegebenen Umständen). Vgl. Enrico de M i c h e l i s , Il problema delle scienze storiche, Turin 1915 S. 35—90.

§ 7. Geschichte und Natur.

Das geschichtliche Geschehen ist zugleich Naturgeschehen. Alles Denken, Fühlen, Wollen des Menschen ist eine Summe chemisch-physikalischer Vorgänge in den beiden Halbkugeln seines Großhirns und in den Leitungsbahnen. So kann auch alles, was in der Geschichte sich vollzieht, Gegenstand naturwissenschaftlicher Betrachtung werden. Wäre die Leiche Mozarts oder Schillers seziert worden, so hätte der Physiologe, der Anatom, der Chemiker und Physiologe an ihr Forschungen anstellen können. Die Präparate, die man dabei gewonnen und aufbewahrt hätte, trügen dann wohl die Bezeichnungen der betreffenden Körperteile. Nur wenn bei dem einen die Schläfen-, bei dem anderen vielleicht die Stirnwindungen des Großhirns als über alle Maßen stark und fein entwickelt erkannt worden wären, hätte sich der Forscher erkundigt, was denn die Besitzer dieser Abnormitäten im Leben gewesen seien. Im übrigen dürften ihn vermutlich die Lungenbläschen Newtons oder Bismarcks weniger interessieren als vielleicht die Krebszellen eines Dorftrottels, der gestern im Armenhause verschied.

Die Naturwissenschaft strebt in der Vereinfachung ihrer Begriffsbildung immer mehr vom Leben weg, indem sie die Einzeltatsachen unter große

Allgemeinbegriffe unterordnet, während Geschichtskunde durch ihre Lebensnähe charakterisiert ist, infolgedessen sie am liebsten bei der Mannigfaltigkeit der Erscheinungen verweilt und sie gerade in ihrer Einzigkeit und in Einmaligkeit betrachtet. Die Naturwissenschaft hat ihr höchstes Ziel erreicht, wenn sie die festen Beziehungen, die zwischen den Elementen der Wirklichkeit bestehen, in Formeln faßt, die Welt also erst atomisiert und dann in ein mathematisches, von der Notwendigkeit beherrschtes Schema (Gesetz) bringt. Ihr Ziel ist deshalb das Erkennen, dasjenige der Historie ist das V e r s t e h e n, ein Verstehen, das das Leben in seiner ganzen Fülle von Beziehungen und Zusammenhängen vor uns wieder erstehen lassen will (vgl. IV § 9).

Naturwissenschaft und Geschichtswissenschaft im weitesten Sinn haben an sich die gleichen Erscheinungen zum Gegenstand, doch unterscheiden sie sich in der Fragestellung, oder, um mit *H. Steinthal, Allgemeine Ethik* 1885 S. 78 zu sprechen: „Natur und Geschichte sind die beiden Hauptformen, unter denen wir das Unendliche fassen." Geht der Historiker mit dem Naturwissenschaftler in eine Parlamentssitzung, in der über das Schicksal des Staates entscheidende Beschlüsse gefaßt werden, so löst sich die Rede des Staatsmannes, die eben alle Herzen erschüttert, als Natur betrachtet, in Gehöreindrücke, Muskel- und Nervenbewegungen auf. Schreitet diese Zergliederung noch weiter fort, so gelangt man schließlich zu einer Kette von Molekül-, Aether- und Elektronenveränderungen. Je tiefer die Naturerkenntnis eben dringt, je überzeugender sie die Erscheinungen der Wirklichkeit in ein Archiv toter Notwendigkeiten einsperrt, um so unanschaulicher wird sie, in um so größere Lebensferne rückt sie. Für die Naturkunde ist der Inhalt der Rede nichts oder doch Nebensache. Gerade auf den Inhalt, auf die Wirkungen, die er auf das Leben ausübt, kommt es aber dem Historiker an. Deshalb fehlt ihm auch die Möglichkeit, durch das E x p e r i m e n t die Richtigkeit jener Aufstellungen zu bestätigen und sichtbar zu machen. Steht das ja auch dem Naturforscher nur bei verhältnismäßig einfachen und leicht isolierbaren Vorgängen, deren Bedingungen sich genau feststellen lassen, zur Verfügung, so versagt es überall dort, wo die Erscheinungen verwickelter sind, wie in der Astronomie, oder es bleibt, wie in der physikalischen Geographie die mathematische Formulierung unmöglich. Das Experiment ist eben nur bei Wissenschaften von kurzzeitigen Erscheinungen, also bei Physik, Chemie und Physiologie anwendbar. *Fch. Ratzel, Raum und Zeit* S. 50.

Auch sonst weisen Naturwissenschaften und Historie mancherlei Aehnlichkeiten, ja selbst Berührungspunkte auf. Dies ist vor allem in der vorbereitenden Forschung d. h. in der Sammlung und Sichtung und genauen Prüfung der Tatsachen der Fall. In einzelnen Teilgebieten der historischen Quellenkunde, wo das immer Wiederkehrende in den äußeren und inneren Merkmalen die Aufstellung bestimmter Regeln zuläßt, wo aus Allgemeinbegriffen auf den Einzelfall geschlossen werden kann, wird die Geschichtswissenschaft zur Gesetzeswissenschaft. Hier kann sogar so etwas Aehnliches wie ein Experiment eintreten, nicht im Sinne einer willkürlichen Wiederholung eines Vorganges, wohl aber im Sinne exakter Bestätigung gemachter Schlüsse und Kombinationen, wenn sich nämlich durch Erweiterung unserer Erkenntnisse, durch neue Funde usw. die bisherigen hypothetischen Behauptungen ihre Richtigkeit erweisen läßt. Vgl. *Edd. Meyer, Die Bedeutung der Er-*

schließung des alten Orients für die geschichtliche Methode, Sitzungsber. Berliner Akademie phil.-hist. Kl. 1908 S. 648 ff. (wieder abgedr. in dessen *Kleine Schriften* 1910 S. 68 ff.).

Die moderne Naturforschung hat aber andererseits gerade durch die Einführung des Entwickelungsgedankens, d. i. durch die Anwendung der Zeit im historischen Sinn, das Bestreben sich zu vergeschichtlichen, wenn sie auch der Wissenschaft von den Erscheinungen (Physik, Chemie, Physiologie) und der Systematik (Mineralogie, Botanik, Zoologie) nicht entraten kann, ja diese die Voraussetzung der genetischen sind. Während für den Systematiker der früheren Zeit alle Wesen einer Schöpfungsepoche gleichalterig waren, kann sie der Vertreter der Entwickelungslehre „nur noch perspektivisch sehen; sie ordnen sich nach ihrer geschichtlichen Stellung hintereinander, sie gruppieren sich weiter nach Zweigen und Aesten". *Fch. Ratzel* a. a. O. S. 42.

Entwickelung ist der Ausdruck für ein fortlaufendes allmähliches Geschehen. Die faktische Entwicklung — zum Unterschied von der logischen z. B. eines Gedankens — unterscheidet man in die echte oder wahre, wie es jene vom Keim zum Huhn ist, „ein auf inneren Potenzen des sich Entwickelnden beruhendes, gesetzmäßig fortschreitendes, einem bestimmten Ziele zustrebendes Werden eines im ganzen Verlaufe der Veränderungen individuell begrenzten Wesens" und in die Scheinentwickelung (Kumulation), die wie das Werden einer Düne, einer Gebirgskette nur die zufällige Anhäufung aufeinanderfolgender Phasen darstellt. Hier ist die spätere Phase ohne die frühere unmöglich, aber nicht die Ursache der folgenden, ihr Verlauf ist kein gesetzmäßiger, sondern ein zufälliger. Vgl. *Edd. Castle MIÖG.* 38 (1918) S. 136 ff. gelegentlich der Besprechung von *Jul. v. Wiesner, Erschaffung, Entstehung, Entwicklung* 1916. — Jedenfalls war der Entwicklungsgedanke auch für die Betrachtung des geschichtlichen Geschehens fruchtbar, nur muß man sich stets gegenwärtig halten, daß auf dem Baume der Entwicklung Früchte hangen, die für sich selbst Endzweck sind und die untereinander in mannigfachen Abstufungen sich darstellen. Das einzelne Lebewesen ist als etwas Werdendes entwicklungsgeschichtlich nur Vorstufe für ein folgendes, aber es ist als Gewordenes etwas in sich Fertiges, ist Selbstzweck. Innerhalb der Spezies kann das Individuum hinwiederum eine Vollkommenheit erreichen, die über sich selbst hinauszuwachsen scheint und nicht leicht wieder erreicht wird. An der oberflächlichen Anwendung der evolutionistischen Vorstellungen scheitern ja, wie *Adolf v. Harnack, Ueber die Sicherheit und die Grenzen geschichtlicher Erkenntnis* 1917 S. 6 gezeigt hat, die Versuche, die Geschichte der Menschheit als ein einfaches Fortschreiten zu schildern, bei dem die später Eintretenden stets höher gestanden hätten als die früheren. So laufen neben, beziehungsweise innerhalb der Entwicklung des Menschen als einer natürlichen Art noch besondere Entwickelungsreihen, die als Kultureinheiten ihrem eigenen „Gesetz" folgen und in ihren Einzelerscheinungen Höhepunkte (Homer, Plato, Entdeckung des Stellenwertes, Dante, Michelangelo, Napoleon, Goethe, Kant) erreichen, die das schematische Bild einer ruhig auf- oder absteigenden Linie jedesmal durchbrechen und den Historiker immer wieder zur Betrachtung des Singulären hinleiten. Muß sich schon die Biologie mit äußeren, veränderlichen, zufälligen d. h. noch nicht erklärbaren Einflüssen auf die Entwicklung zufriedengeben, so spielt für die Geschichtskunde noch die Kürze der Zeit-

räume, mit denen sie rechnet, eine bestimmende Rolle. Diese Kürze gewährt
ihr nicht den überschauenden Rundblick. Andererseits umfaßt aber das
geschichtliche Werden — von anderen Vorbedingungen abgesehen — zu lange
Fristen, um isoliert und als Experiment veranschaulicht oder wiederholt werden zu können.

§ 8. Geschichtliche Verursachung. Geschichte als Gesetzeswissenschaft.

Die Suche nach historischen Gesetzen, d. h. das Streben aus dem wirren
Verlauf des geschichtlichen Geschehens gleichartiges herauszuheben und daraus
eine Regel abzuleiten, die einzelnen Ereignisreihen in ihrer Notwendigkeit darzustellen, dieses Verlangen steht in engem Zusammenhange mit der Frage nach
der Wissenschaftlichkeit der Geschichte und ihrem Verhältnisse zur Naturwissenschaft. Sie ist aber auch begründet in dem Wunsche des höherstehenden
Menschen, fremdes und eigenes Tun verstandesmäßig zu begreifen, worin sich
unversehens das Bedürfnis mischt, in dieses Tun einen vernünftigen Sinn
hineinzulegen. Schließlich will man aus der Kenntnis des Geschehens praktische Folgerungen für das eigene Handeln und aus dem Wissen von Ver-
gangenem und Gegenwärtigem Schlüsse für die Zukunft ziehen können.

Als bewußtes oder unbewußtes Vorbild und als letztes Ziel wäre die
Unterordnung alles Geschichtlichen unter das Naturgesetz anzusehen, die Einreihung des historischen Geschehens in die mechanische Beziehung von Ursache und Wirkung, die Ausschaltung alles Zufälligen. Die rohe, kausale
Geschichtsbetrachtung legt deshalb den Hebel bei dem Individuellen an. Das
Individuum, als das Unteilbare, demnach Unberechenbare, soll aus der Historie
ganz oder doch möglichst ausgeschaltet werden. Ein Alexander der Große
stört den Grundsatz der Gesetzmäßigkeit. Also weg mit ihm! Da er aber
als Sondererscheinung der griechisch-orientalischen Geschichte schlechterdings
nicht verschwinden kann, so erklärt man ihn als die Wirkung der damals
herrschenden wirtschaftlichen, bestenfalls der politischen, religiösen, allgemein-
kulturellen Bedingungen. Das Ausschlaggebende sei die in seinem Welt-
herrschaftsgedanken ruhende Kraft des Hellenismus gewesen und die hätte
sich ausgewirkt, wenn auch der junge Makedonierkönig nicht jene Feldherrn-
fähigkeiten in sich vereinigt, auch dann, wenn er gar nicht existiert hätte. In
diesem Falle wäre dieser geschichtliche Vorgang auf anderen Wegen verwirklicht worden. Das sei eben der Irrtum der Historiker, daß sie meinten just
diese oder jene bestimmte Persönlichkeit hätte es sein müssen. So sagt über
die Geschichte des Kapitalismus *Frz. Eulenburg, Ueber Gesetzmäßigkeiten in
der Geschichte, Arch. f. Sozialwissenschaft u. Sozialpolitik* 25 (1912) 314: „Gerade
die hervorragenden Persönlichkeiten haben durchaus etwas Unpersönliches an
sich. Sie benutzen vorhandene Möglichkeiten, Einrichtungen, Organisationen
des Wirtschaftslebens und bewegen sich innerhalb geschaffener Möglichkeiten.
Ob der eingeschlagene Weg der eine oder andere ist, bleibt durchaus
sekundären Charakters und übt auf die Ausbildung der kapitalistischen Wirtschaft nur geringe Modifikationen". Folgerichtig gönnt man dem Zufall und
der Spontaneität, also der Willensfreiheit der Individuen „nur ein kleines Be-
tätigungsfeld".

Nun fällt es gewiß auch dem Individualhistoriker nicht ein, die geschichtlichen Erscheinungen als ursachelos zu betrachten. Auch er bestrebt sich, sie kausal zu erklären, nur darf nicht übersehen werden, daß die Ursachendeutung keineswegs etwas über Zeitpunkt oder Zahl der Wiederholung der Erscheinung aussagt. Sie schildert einen Vorgang, der sich unter gewissen Bedingungen vollzogen hat, als etwas Notwendiges. Wann und wie oft jedoch diese Bedingungen eintreten, das entzieht sich dem Kausalgesetz. Es schließt also auch das Singuläre in sich ein. Nun sind alle geschichtlichen Vorgänge sehr komplexe Erscheinungen, in die das Psychische wie auch das Physische mit hinein als Ursachen spielen kann. Wäre es uns gegeben, aus den verschlungenen Ursachenzusammenhängen durch immer weiter vordringende Zergliederung jene Ursachen herauszulösen, die die geschichtliche Erscheinung eines Alexander des Großen kausal bedingt haben, dann hätten wir das Objekt logisch so genau bestimmt, daß wir mit absoluter Gewißheit beweisen könnten, nur Alexander der Große und kein anderer konnte damals bis Indien vordringen, die hellenische Weltherrschaft zu begründen suchen usw.

In Wirklichkeit läßt sich aber diese exakte Ursachenerforschung höchstens bei ganz einfachen Vorgängen anstellen und selbst da nur mit gewissen Einschränkungen. Dagegen tritt bei verwickelteren Abhängigkeitsverhältnissen dort, wo unsere Kausalerkenntnis ihre Grenze findet, der Z u f a l l an die Stelle der ursächlichen Erklärung. Wer nicht dem Wunder einen Platz in der Wissenschaft einräumen will, wird zwar an der allgemeinen Erkenntnis festhalten, daß nichts willkürlich und ohne Ursache geschieht, weil die Kausalität für uns einfach eine Denknotwendigkeit ist. Da wir aber nicht in der Lage sind, bis zu den letzten konkreten Zusammenhängen vorzudringen, sind für uns einstweilen alle Vorgänge, für die wir nicht e i n bestimmtes Kausalverhältnis feststellen können „zufällig". Es gibt aber auch in der Natur kein System allgemeiner Begriffe, das jede Einzeltatsache vollständig in sich einzuschließen vermöchte, vielmehr steht jede im Schnittpunkt mehrerer Kausalreihen. Daß der Blitz gerade an dieser oder jener Stelle einen Baum getroffen, daß er nicht in den Nachbarbaum eingeschlagen hat, ist ebenso ein Zufall wie die Tatsache, daß Alexander der Große im Jahre 356 v. Chr. geboren wurde, daß er nicht gleich nach der Geburt starb usw. Auch jedes Einzelereignis in der Physik ist „zufällig". Und nur dann, wenn sich unter gleichbleibenden äußeren Bedingungen eine große Zahl zufälliger Einzelereignisse abspielt und zwar in so rascher Folge, daß wir nur ihren Durchschnittswert beobachten können, nur dann vermögen wir zur Erkenntnis der Gesetzmäßigkeit oder eines exakten Gesetzes zu gelangen. „Wären wir imstande, die Molekularbewegung so ungeheuer zu verlangsamen, daß wir den einzelnen molekularen Vorgängen folgen könnten, so würden wir nichts wahrnehmen als ein Chaos zufälliger Ereignisse, in dem wir vergeblich nach einer Gesetzmäßigkeit suchen würden; Aeonen von Jahren müßten wir warten, bevor unter diesen Verhältnissen der Körper seinen wahrscheinlichsten Zustand erreicht hätte, jenen Zustand, der sich normalerweise in verschwindend kleinen Bruchteilen einer Sekunde einstellt, und so ist es klar und muß besonders betont werden, daß wo die zufälligen Ereignisse zu langsam aufeinanderfolgen, auch von einem Gesetz nicht die Rede sein kann" (*Frz. Exner*).

Zu strengen Naturgesetzen im Sinne der Physik — vom Standpunkte der Mathematik sind auch die der Physik nur Wahrscheinlichkeitsgesetze —

vermag die Geschichtswissenschaft jedenfalls nicht zu gelangen. Immerhin wird man zugeben müssen, daß aber auch das Reich des Zufalls in dem historischen Geschehen seine Grenzen hat und zwar in den naturgegebenen Bedingungen der Erdoberfläche und in der Eigenart des menschlichen Wesens. Die Möglichkeiten der Variationen ist bei aller Unberechenbarkeit des Einzelfalls ebenso beschränkt, wie bei dem in diesem Zusammenhange stets angeführten Beispiele des Würfelspiels. Mag aber auch das „ganze Grundgerüst der Völker- und Kulturentwicklung" eine „psychologisch-soziologische Konstante" sein, „deren Gestaltung und Wirkungsweise zwar immer durch den Zufall modifiziert wird, die aber als solche feststeht" *(Frdr. Jodl)*, so wird man vom Standpunkte des Historikers fragen müssen, inwieweit diese Erkenntnis zu praktischen Folgerungen führen kann.

Den Versuch, die Bedeutung des Zufalls für das geschichtliche Geschehen zu veranschaulichen, hat *Charles Renouvier* in seinem geschichtsphilosophischen Roman *Uchronie* (*L'utopie dans l'Histoire*), *esquisse historique, apocryphe du développement de la civilisation européenne, tel qu'il n'a pas été, tel qu'il aurait pu être* [1] *1876* [2] *1901 Paris Alcan* unternommen. Er dichtet darin den Gang der europäischen Geschichte in dem Sinne um, daß Marc Aurel und Avidius Cassius dem Westen des Reiches eine neue Verfassung gegeben und die freien Bewohner Galliens, Spaniens, Italiens und Griechenlands zu Bürgern gemacht hatten. Eine Art Repräsentativverfassung, Zerschlagung des Großgrundbesitzes, Reformation der Religion im Sinne des Stoizismus würden das Reich gefestigt und gegen die staatsfeindliche Gesinnung der Christen geschützt haben. So blieb Europa vom Mittelalter und von den Religionskriegen verschont und die Zivilisation hätte einen Vorsprung von 1000 Jahren gewonnen. Das Christentum wäre aber auf den Osten beschränkt geblieben und in innerer Uneinigkeit zerfallen. Vgl. *P. Barth, Die Philosophie der Geschichte* [2] 1 S. 20 und *J. Segond* in *Revue de synthèse hist.* 4 (1902) 115 ff.

Es ist vielleicht hier nicht unangebracht, darauf hinzuweisen, daß gerade die Naturforschung, je mehr sie sich vergeschichtlicht, je mehr sie die Entwicklungsgeschichte in den Vordergrund ihres Interesses schiebt, sie dem Zufallsbegriff einen umso größeren Spielraum gewährt. Die Frage der Variationen, die Ueberproduktion an Möglichkeiten, z. B. bei den Geschlechtszellen vieler niederen Tiere u. ä. hat sehr viel Zufälliges in seinem Bereich. Das erklärt auch, warum *L. M. Hartmann* in seinem stark biologisch instrumentierten Werke „*Ueber historische Entwicklung*" (1905) dem Zufall eine so bedeutende Rolle im Geschichtsgeschehen zuschreibt. In Wirklichkeit scheint aber der größte Teil historischen Werdens nicht echte Entwicklung zu sein, sondern, wie *Hs. Driesch, Wirklichkeitslehre* 1917 dies nennt, eben „Kumulation", bei der das eine Stadium nur die Vorbedingung für das nächste bildet (vgl. II § 7).

Aber noch einen Begriff haben Biologie und Geschichte gemeinsam, jenen des Z w e c k e s. Ist Entwicklung ein gesetzmäßig fortschreitendes Werden, so wird das Gewordene als das Ziel, der Zweck, bezeichnet. Im Kampfe ums Dasein und in der Anpassung hat der Begriff des Zweckmäßigen seinen Platz, freilich stets nur in bezug auf ein bestimmtes Werden. Er ruht nicht in den Dingen selbst, denn, da alles in ständiger Umwandlung sich befindet, so kann das, was für die Gestaltung einer Sache zweckmäßig ist, höchst zweckwidrig für etwas anderes sein, das auf Kosten des ersteren zugrunde gehen mußte. Aus der Betrachtung der Geschichte können wir aber erst recht nicht die Herrschaft der Zwecke entfernen, wir müssen hier den Menschen in seinen Wollungen und Handlungen als ein Wesen betrachten, das sich Zwecke setzt. Der Versuch *Lacombes* nur die Triebfedern menschlichen Handelns (*bésoins*) nach ihrer Dringlichkeit (*théorie d'urgence*) gegeneinander abzuwägen, eine

Rangliste herzustellen und daraus ein Gesetz für das menschliche Handeln abzuleiten, wird der Vielgestaltigkeit der Tatsachen nicht gerecht. An erster Stelle setzt er dabei die wirtschaftlichen, dann die geschlechtlichen Bedürfnisse, dann folgt der Ehrtrieb usw. Aus der Verbindung dieser durch verschiedene Bedürfnisse erwachsenen Triebe entstehen die menschlichen Einrichtungen, Ehe, Recht, Staat, Moral. Man hat mit Recht gegen seine Behauptung von der beherrschenden Gewalt des ökonomischen Bedürfnisses auf unser Wollen eingewandt, daß religiöse Begeisterung, Künstleridealismus u. ä. das wirtschaftliche Interesse nicht selten beiseite gestellt, gegen den eigenen Vorteil sogar grundsätzlich angekämpft haben (Franz von Assisi!). Ausnahmslosigkeit hat *Lacombe* nun freilich selbst nicht für seine Aufstellung gefordert. Jedenfalls hat sein Versuch das Gute, den Zweckbegriff im Historischen zum Gegenstand eingehender Betrachtung gemacht zu haben. Vgl. *Elimar Klebs, Eine französische Geschichtstheorie H.Z. 78* (1897) S. 403 ff.

Hier sei auch des Problems der Willensfreiheit gedacht. Ob man sie vom Standpunkt einer einheitlichen Weltregierung (Calvins Prädestinationslehre) oder aus Gründen einer in sich geschlossenen Naturkausalität aus dem Weg zu räumen sucht, die Beziehung von Ursache auf Wirkung braucht nicht durchbrochen zu werden, wenn wir den handelnden Menschen als „frei"-handelnd betrachten. Und das müssen wir, wenn wir das Leben und die Menschen in ihrem Tun überhaupt zu verstehen suchen, denn gibt es auch keinen freien Willen, so läßt sich doch das Gefühl des freien Willens nicht in Abrede stellen. Gesetzt, wir wollten diese Freiheit leugnen, sie nur in unser Bewußtsein verlegen, so bestände sie doch als subjektiver Faktor fort, als Tatsache unserer täglichen Erfahrung, mindestens so lange, als uns nicht die Möglichkeit aufgezeigt wird, die Willensakte der Menschen in ein System von Gesetzmäßigkeiten einzuordnen. Dabei lassen wir nicht aus dem Auge, daß der Spielraum in der Freiheit des Wählens mannigfach eingeengt ist, durch das Temperament des Wählenden, durch die auf ihn einwirkenden Einflüsse der Umgebung, des Herkommens, der Sitte, der öffentlichen Meinung usw. Immerhin bleibt ein Etwas übrig. Manche Entschlüsse „liegen in der Luft". So mag vom Standpunkte der Folgeereignisse die Konvention von Tauroggen, die 1812 der preußische General York mit den Russen abschloß, ganz in der Linie liegen, die die spätere Folge der Dinge genommen, aber wer könnte beweisen, daß York gerade diesen Weg einschlagen mußte? Gäbe es die Möglichkeit der „Spannung" beim Lesen eines Romans oder beim Verfolgen geschichtlicher Ereignisse, wenn sich nicht die Menschen in ein und derselben Lage verschieden entschließen könnten? Die Vorgänge, auch die scheinbar einfachsten, sind im geschichtlichen Geschehen so kompliziert, daß immer einzelne Bestandteile darin unerklärt bleiben und infolgedessen gerade diese Teile einer rein kausalen Betrachtung sich entziehen. Wir denken und schließen da vielfach ex eventu.

Ürch. Thomas Buckle, der in seiner *History of civilisation in England* 1 (1857), 2 (1861) der folgerichtigste Vertreter des Determinismus wurde, glaubte in der Statistik den Beweis erbringen zu können, die aufeinanderfolgenden Erscheinungen des Geistes in ihrer Gesetzmäßigkeit darzustellen. Auf Quételets u. a. Rechnungen fußend, weist er auf die verhältnismäßig gleichbleibende Zahl der Morde, der falsch adressierten Briefe, der Eheschließungen, des Zusammenhangs zwischen der Zahl der Eheschließungen und der Höhe der Kornpreise hin. Aber bei allen diesen Beispielen dreht es sich um Durchschnittshandlungen von verhältnismäßig großer Häufigkeit, je größer die Zahl der beobachteten Einzelfälle und je größer der Zeitraum, den sie umfassen, um so mehr gleicht sich das Willkürliche und Zufällige aus. Ueberdies wird die Exaktheit solcher Ergebnisse beeinträchtigt durch das stark subjektive Element, das der Statistiker bei der Formulierung seiner Begriffe anwendet, sobald es sich um verwickelte Tatsachenbestände handelt, überdies das stark Subjektive, das in der Tatbestandsaufnahme selbst ruht. Die Entscheidung darüber, ob etwas als Mord, Totschlag, Notwehr, oder als fahrlässige Tötung anzusehen ist, hängt doch sehr oft von der persönlichen Ueberzeugung der Richter ab. Wie will man jedesmal feststellen, daß hier Selbstmord oder Mord oder ein unglücklicher Zufall mitspielt? Noch bedenklicher sind die Schlußfolgerungen, die aus solchen Ziffern gezogen werden, wenn man etwa den Kulturfortschritt aus dem Verbrauch von Seife, die Höhe der Bildung aus der Verbreitung der Lese- und Schreibkunst oder des Buchhandels herauszufinden versucht. Gibt es für den Begriff „Bildung" eine festumschriebene Definition? — Ohne den Wert der Statistik als unterstützendes Hilfsmittel bestreiten zu wollen, muß doch davor gewarnt werden, ihren Ergebnissen für den Historiker allzugroßes Gewicht beizulegen. Was will uns etwa eine Verbrecherstatistik aus dem alten Rom bedeuten, wenn wir die Gründe für die Ermordung Caesars zu erforschen haben? Die Weltgeschichte würde zu einem Marionettentheater und die Auffassung des statistischen Historikers unterschiede sich kaum von der des mittelalterlichen Chronikenschreibers, der in jeder Handlung nur den Finger Gottes sieht und sich damit den Weg zum Leben, zur psychologischen Vertiefung seiner Erklärung verriegelt.

Gesetze sind in Wahrheit nichts anderes als abgekürzte Bezeichnungen für eine Menge gleicher Erscheinungen. Gegenüber einer Aufzählung aller aus Krankenregistern und Obduktionsbefunden sich ergebenden Fälle von Tuberkulose bedeutet es eine erhebliche Vereinfachung, wenn man als statistisches Gesetz gefunden hat, daß von je 100 Tuberkuloseerkrankungen 75 die Lunge ergreifen. Das Gesetz ist komprimiertes Wissen und als solches für die Oekonomie des Denkens von hohem Wert, aber nur dort mit Erfolg zu gewinnen, wo es sich um eine entsprechend große Anzahl von Daten handelt, nur dort lohnend, wo die einzelnen Erscheinungen große Häufigkeit aufweisen. Wäre Tuberkulose so selten, wie die Kriege im Europa der Neuzeit es sind, ein Gesetz, auch wenn man es festsetzen könnte, wäre ziemlich nutzlos. So wertvoll aber auch derartige zahlenmäßig niedergelegten Erfahrungen sein mögen, für den Einzelfall haben sie wenig Gewicht. Dem Arzt am Krankenbett kann die Kenntnis dieser Statistik ja zu Hilfe kommen, aber sie kann ebenso von schädlicher Wirkung auf ihn sein, sie kann in ihm eine Voreingenommenheit wecken, die ihn im Einzelfall irreführt. Jedenfalls besagt sie für das Singuläre gar nichts. In ähnlicher Lage wie der Arzt befindet sich aber auch der Historiker. Dankbar wird er derartige Durchschnittserfahrungen und Wahrscheinlichkeiten zur Kenntnis nehmen und gelegentlich verwenden, doch, wo das Einzigartige in Frage kommt, versagt diese Kenntnis den Dienst. Der einzelne Fall läßt sich nicht errechnen wie in der Mathematik. Sind von 100 Tuberkulosekranken dreiviertel bereits an Lungenleiden gestorben, so

besagt die obige Angabe nicht, daß bei den übrigen nun andere Organe
ergriffen sein m ü s s e n, denn das statistische Ergebnis ist von Tausenden von
Beobachtungen abgezogen worden und erfüllt sich nur in Tausenden von Fällen.
Frz. Exner hat in seiner geistvollen, von Historikern bisher noch wenig ge-
würdigten Wiener Rektorratsrede *„Ueber Gesetze in Naturwissenschaft und
Humanistik“* (1909) darauf hingewiesen, daß bei einem Spiel mit zwei Würfeln
die Lage des einzelnen Würfels eine vollkommene zufällige ist, daß aber von
allen Möglichkeiten die Zahl sieben die größte Wahrscheinlichkeit für sich
hat. Setzte man das Spiel unendlich lange fort, so könnten wir mit Sicherheit rechnen, im Durchschnitte die Zahl sieben zu werfen. Das nennten wir
noch nicht „Gesetz“, höchstens „Gesetzmäßigkeit“ oder „Wahrscheinlichkeit“.
Könnten wir aber die Würfe viele millionenmal in der Sekunde bewerkstelligen
— wie dies für die Molekularbewegungen gilt —, so könnten wir die einzelnen
Momente des Vorganges nicht verfolgen, sondern nur den durchschnittlichen
Erfolg des Ganzen und wir könnten es dann als ein Gesetz im strengsten
Sinne des Wortes aussprechen, daß man mit zwei Würfeln die Zahl sieben
wirft. „So also entstehen Naturgesetze; ein System, das aus an sich vollkommen zufälligen Ereignissen besteht. wird je nach den Bedingungen, unter
denen es entsteht, einem bestimmten wahrscheinlichsten und damit gesetz-
mäßigen Zustande zustreben. Diese Wahrscheinlichkeit wächst mit der Häufigkeit der Ereignisse, mit der sie sich in der Zeit zusammendrängen.“ Von diesem
Gesichtspunkte aus braucht man demnach Natur und Geschichte nicht als
zwei verschiedene Erscheinungs w e i s e n zu betrachten und, um mit *Wm.
Windelband* zu sprechen, die nomothetische und ideographische Betrachtungsart als im innersten Wesen der beiden begründet zu sehen. Im übrigen
wandelt unsere Alltagserfahrung ebenfalls beide Anschauungsarten ab. Blickt
einer im Alter auf sein Leben zurück, so dünkt es ihn bisweilen, die Dinge
hätten gar nicht anders kommen können. Als Strebender und Wirkender
hingegen schien ihm alles von Zufällen, freien Willensentscheiden, eigenen wie
fremden, abhängig.

Theoretisch ließe es sich sehr wohl denken, daß man historische Gesetze
aus den Geschehnissen abstrahierte. Auch der Einwand *Xénopols*, daß jedes
Ereignis durch seine Zuordnung zu einem bestimmten Zeitpunkt individualisiert ist, hält nicht Stand, da man ja erst beweisen müßte, ob nicht Gleiches
zu verschiedenen Zeiten eintreten könnte. Ganz richtig bemerkt *Herm. Paul*
S. 14, es seien wohl zwei geschichtliche Vorgänge niemals real identisch, dies
schließe aber nicht aus, daß sie qualitativ identisch sein können. Erst aus
dem Vergleiche mit dem Zustandekommen des Naturgesetzes ergibt es sich,
daß es für den Historiker praktisch unmöglich ist, auf Grund der bisherigen
Erfahrungen zu wirklichen Gesetzen zu gelangen.

Die aus dem Verlaufe eines kaum sechstausendjährigen, örtlich engum-
schränkten Geschehens abstrahierten Grundsätze, die man in die Form von
Gesetzen zu gießen pflegt (*K. Breysig!*), entbehren unter Umständen nicht
eines Erkenntniswertes, doch fehlt ihnen zur Gesetzeskraft die Unveränderlich-
keit in den Beziehungen der ihnen zugrunde liegenden Tatumstände. Die
menschliche Gesellschaft ist aber zu veränderlich, um die notwendige Stetigkeit
für die Zukunft zu gewährleisten, andererseits bewegen sich die Veränderungen
doch wieder in zu wenig rascher Folge, als daß sie, wie bei den Molekular-

bewegungen, die Zufallsbilder auszuscheiden und nur den Zustand der größten
Wahrscheinlichkeit zu zeigen imstande wären. Abgesehen von allen statistischen Aufstellungen, die, soweit es sich um sichere Angaben handelt, meist
nur auf jüngere Verhältnisse bezug nehmen können, weil für die älteren Zeiten
in der Regel das Material fehlt, so fußen auch die soziologischen „Gesetze“
auf den kleinen Ausschnitt, der uns von der Entwicklung der menschlichen
Gesellschaft (und da in der Regel bloß von der Gesellschaft der Kulturvölker)
zugänglich ist. Sowohl nach der zeitlichen, wie auch nach der stofflichen
Umgrenzung reicht unsere Erfahrung eben nicht aus, sie zur Grundlage von
Gesetzen zu machen, hier handelt es sich, um mit Spinoza zu reden, um keine
unendliche, sondern um eine „endliche Kausalität“. Hat man z. B. den Gang
der Zivilisation vom Osten nach dem Westen feststellen zu können gemeint,
so hatte man bloß das Altertum im Auge. In den neueren Jahrhunderten
macht sich eher eine rückläufige Bewegung bemerkbar, wenn man den Einfluß
Frankreichs, Deutschlands, Oesterreichs auf die Ost- und Südostvölker Europas
betrachtet. Ueberdies hat dies nur für die abendländische Kultur seine Richtigkeit.

Hält man sich nun vor Augen, wie jede einzelne geschichtliche Tatsache
eine Verflechtung von Erscheinungen verschiedenartigster Herkunft darstellt,
so wird man die Schwierigkeit inne, die sich dem Auffinden eines historischen
Gesetzes entgegenstellt. Der Inhalt des geschichtlichen Geschehens wird sowohl durch materielle wie psychische Einwirkungen bestimmt und es kommen
infolgedessen naturwissenschaftliche wie seelische Gesetzmäßigkeiten in Betracht,
aber auch jene, die zwischen diesen beiden (psychophysische) bestehen, daneben die statistischen usw. Ja die statistischen überwiegen sogar. Gerade
diese statistischen Gesetzmäßigkeiten umfassen aber Einzelfälle, die die verschiedensten Gründe haben können und denen deshalb die zwingende Notwendigkeit fehlt, die den Naturgesetzen eigen ist, vgl. *Th. Haering* S. 185 f.
Damit entfällt aber auch der große Erkenntniswert, wie er etwa der Physik
durch die Bestimmung der Schwerkraft zuteil wurde. Nicht nur, daß es bei
dem Stand unserer jetzigen Erfahrungen auch für die weitere Zukunft nicht
zu erwarten ist, in den Besitz exakter historischer Gesetze zu gelangen, ist von
ihnen nicht viel zu erwarten. Ihre Bedeutung liegt nicht so sehr auf dem
Gebiete der wissenschaftlichen Erkenntnis als auf dem der praktischen
Zielsetzung des geschichtlich handelnden Menschen. Der Religionsstifter
und Politiker bedarf ihrer. Das angebliche Gesetz von der Konzentration
der Produktion, von der Verelendung der Massen, war einer der kräftigsten
Hebel marxistischer Lehren. Jede soziale, politische, religiöse Utopie mündet
letzten Endes in ein geschichtliches Gesetz aus.

Soweit die Wissenschaft jedoch diese Aufstellungen unbefangen bisher
geprüft hat, zeigte es sich jedesmal, daß es sich um zeitgeschichtlich bedingte,
nicht für alle Zeiten gültige Behauptungen handelt. Mit „Gesetzen“ aber,
die nicht „in allen Zeiten wiederkehrende oder herstellbare Erscheinungen“
zur Voraussetzung haben, von denen man allenfalls sagen kann, daß sie mit
der Wiederkunft der gleichen Voraussetzungen zur Geltung kommen werden,
ist der Wissenschaft wenig gedient. Ist sich ihr Entdecker des rein hypothetischen, zeitlich begrenzten Wertes seiner Sätze bewußt und formuliert er
sie entsprechend vorsichtig, so bricht er ihnen von vornherein gleichsam die

Spitze ab. Gesetze auf Zeit sind keine eigentlichen Gesetze. Uebersieht er
aber diese Schranken, oder gibt er seinen Geschichtsregeln eine Fassung, als
ob sie für alle Ewigkeit zu Recht bestünden, dann verbaut er nachgerade
freier Erkenntnis die Wege für die Zukunft und stiftet damit wirklichen
Schaden. Wohl aber können wir auf Grund unserer historischen Erfahrung
im gesellschaftlichen Leben und innerhalb gewisser Kulturkreise bestimmte
„Gestaltungstendenzen" (*Sombart*), gewisse Richtlinien und einen bestimmten
Rhythmus der Veränderungsvorgänge feststellen, das sind „die aus einer
seitherigen gleichförmigen Entwicklung sozialer Phänomene abgeleitete Ge-
neigtheit zu deren gleichartigem Fortgange". *Max Rosenthal, „Tendenzen"
der Entwicklung und „Gesetze" in Vjsch. für wissenschaftl. Philos. und Soziologie* 34 (1910) 148. — Diese Tendenzen kommen und gehen im Verlaufe
des geschichtlichen Geschehens und stehen in ihrer Anschmiegsamkeit an die
Veränderungen des historischen Lebens diesem Leben ungleich näher als Abstraktionen in Gesetzesform, denen das Streben innewohnt, normative Geltung
zu fordern. Ohne solche rein empirisch gewonnene Einsicht in eine, wenn
auch nur beschränkte und bedingte Regelhaftigkeit historischen Werdens kommt
die Geschichte nicht aus. Sie leitet den Forscher und führt ihn dazu, sobald
er daran geht, historische Typen zu bilden und größere Zusammenhänge zu
gewinnen, Lücken auszufüllen, Zeugnisse der Vergangenheit richtig zu werten.
Immer aber muß er sich dessen bewußt bleiben, daß Tendenzen etwas Vor-
übergehendes sind, sich vor allem auf Massenerscheinungen beziehen und ihre
Geltung davon abhängt, je nachdem die klimatischen, wirtschaftlichen oder
sozialen Voraussetzungen die gleichen bleiben. Daraus ergibt sich aber auch,
daß zwischen Tendenz und Gesetz logisch nicht scharf getrennt werden kann
und sich beide nur in der Stetigkeit der Bedingungen unterscheiden. Sie
nähern sich deshalb dem Charakter der Norm viel leichter, wo das geistige
Beharrungsstreben. namentlich wo die Masse stärker in Betracht kommt. Dies
ist vor allem in der Sprach- und Wirtschaftsgeschichte der Fall, in der Kunstgeschichte, soweit sie von den Einzelschöpfungen mehr absieht und ihr Hauptaugenmerk auf die Entwickelung und die Aeußerungen des künstlerischen Ge-
schmackes richtet. Hier spricht man, wenn auch nicht streng korrekt, von
Laut-, Produktions-, Stil-„Gesetzen".

Unter die Rubrik „Tendenz" fällt denn auch, wenn *Walter Goetz H.Z. 113
(1914) 211* von dem Verhältnis der Antike zur mittelalterlichen Kultur behauptet: „Wie die neuen Kulturen zum Teil noch direkt an die Antike an-
knüpften oder doch mit ihren Breiten sich ständig berührten, so war es wie
ein Naturgesetz, daß bei einer gewissen Reihe der neuen Kulturen das
Altertum in sich aufgenommen werden mußte — jede höhere Kultur zwingt
sich den niederen auf und vermittelt ihnen, führend und zeitersparend, Kenntnisse, die nicht noch einmal neu aus eigener Kraft, und deshalb weit lang-
samer, erworben werden müssen."

Immerhin ist es bezeichnend, daß es in der Mehrzahl Nicht-Historiker
sind, die sich bemühen, die Geschichte zur Gesetzeswissenschaft zu machen;
Philosophen, Soziologen, Naturwissenschaftler, Dilettanten und nur ganz wenige
Männer vom Fach. Namentlich jene Forscher, deren Blickfeld vor allem die
politischen Veränderungen umfaßt, wo im Spiel der Kräfte die großen Persönlichkeiten stärker denn anderswo hervortreten, wenden sich mit Absicht

oder triebmäßig davon ab, dem bunten Bild des Lebens durch kalte Abstraktion die Anschaulichkeit zu rauben. Freilich ohne die Bildung von Allgemeinbegriffen kommen auch sie nicht aus, wie dies noch ausführlicher dort zu erörtern sein wird, wo von den historischen Typen und der Periodisierung die Rede ist, V. § 4.

Den Gesetzen der Naturwissenschaften glaubt nun *A. D. Xénopol* etwas Gleichwertiges entgegenzusetzen in den „historischen Reihen" (les séries historiques), in denen er das organisatorische Prinzip der Geschichtswissenschaft erblickt. Diese Reihen bilden eine Verkettung aufeinanderfolgender Tatsachen, die, ohne untereinander ähnlich zu sein, durch das Band der Kausalität miteinander verbunden sind, wenn auch die einzelnen Ursachen auf dem Wege des Zufalls herbeigeführt werden. In jeder solchen Reihe ist die Macht der Entwicklung, die Einwirkung der Umgebung und die Gewalt der Individualität am Werke. Unter wechselnden Bedingungen, qualitativ und quantitativ verschieden, wirken sie zusammen, setzen neue Reihen ab, kreuzen und trennen sich und bilden gleichsam die Fäden, aus denen das Gewebe der Weltgeschichte gesponnen ist.

Für den Historiker ist es jedenfalls heilsam, seine Aufmerksamkeit nach dieser Richtung hinzuwenden. In mancher Beziehung deckt sich der Begriff der Reihen mit jenem der historischen Ideen und hat, wie gesagt, für die Praxis sicher seine Geltung, denn nichts ist für eine genetische Geschichtsauffassung wichtiger als die einzelnen Kausalketten zu verfolgen und aufzuzeigen. Mit historischen Gesetzen allerdings haben sie nichts gemein. Man kann an der theoretischen Forderung nach Aufstellung von Gesetzen festhalten und die Notwendigkeit, diese Reihen zu beachten, trotzdem anerkennen. — Die Tatsachenreihen mehr im Sinne von Verallgemeinerungen zu verwenden, schlägt *Alex. Brückner, Ueber Tatsachenreihen in der Geschichte, Festrede Univ. Dorpat 1886* vor und lenkt hiebei besonders auf statistisch zu erfassende Massenerscheinungen seine Aufmerksamkeit, z. B. auf den Fortschritt des Gesundheitswesens in Rußland, der sich in der seit dem 16. Jht. zunehmenden Zahl von Aerzten ausdrückt usw.

An Versuchen, historische Gesetze aufzustellen hat es nicht gefehlt. Als ein solches darf man des Aristoteles Grundsatz ansehen, wonach auf Monarchie Aristokratie und Oligarchie, Tyrannis und Demokratie bzw. Ochlokratie aufeinander folge. Dieses auf das griechische Staatsleben und selbst auf dieses nicht ganz passende Schema hängt in seiner Richtigkeit davon ab, was man eben unter Tyrannis oder Aristokratie versteht. Ueberdies gilt seine Behauptung schon für Sparta nicht. Monarchie und Monarchie, Tyrannis und Tyrannis können etwas sehr verschiedenes sein.

Im 18. Jht. hat der Vorläufer der modernen Völkerpsychologie *Giambattista Vico* in seinen *Principi di scienza nuova d'intorno alla comune natura delle nazioni (1725)* u. a. folgende Grundsätze aufgestellt: „die Menschen empfinden zuerst das Notwendige; dann achten sie auf das Nützliche; darauf bemerken sie das Bequeme, weiterhin erfreuen sie sich des Gefälligen; alsdann schweifen sie zum Luxus aus und zuletzt verfallen sie in wahnsinnigen Mißbrauch der Dinge" oder „die Natur des Volkes ist erst roh, dann streng, darauf mild, hernach weichlich, zuletzt ausgelassen". Er lehrte die „Wiederkehr menschlicher Dinge in dem Auferstehen, das die Nationen erleben". So wichtig es war, daß Vico den Blick auf Beziehungen und Analogien lenkte, die man bisher übersehen, deren man gar nicht recht Acht hatte, so läßt sich praktisch für die historische Erkenntnis mit solchen Wahrnehmungen nicht viel anfangen. Abgesehen davon, daß z. B. die Aufeinanderfolge vom Notwendigen, Nützlichen, Bequemen usw. als den Zielpunkten menschlichen Strebens sich durch das tatsächliche Geschehen nicht rechtfertigen läßt, so ist ja auch hier die Terminologie noch ungemein schwebend und schwankend. Nicht uninteressant ist seine Beobachtung von den corsi und ricorsi, von den Anläufen und Rückläufen in der Geschichte der Völker, die sie nach einem bestimmten Kulturaufstieg in eine zweite Barbarei versinken lasse.

In gewisser Hinsicht höher steht die geschichtsphilosophische Betrachtung des berühmten Mathematikers *Condorcet* (1743—1794) in dem nach seinem Tode erschienenen *Esquisse d'un tableau historique des progrès des l'esprit humain (1796)*. Er setzt die Entwicklung der menschlichen Vorstellungen, die Fähigkeit, Eindrücke, Empfindungen, Gefühle zu Ideen zu formen, der geschichtlichen Entwicklung gleich. „Untersucht man diese Entwicklung in ihren Ergebnissen, soweit sie sich auf die Masse der gleichzeitig in einem bestimmten Zeitraum lebenden Individuen bezieht, und verfolgt man sie von Geschlechtern zu Geschlechtern, so stellt dies das Bild vom Fortschritt des menschlichen Geistes dar. Dieser Fortschritt ist denselben allgemeinen Gesetzen unterworfen, die sich in der individuellen Entwicklung unserer Fähigkeiten offenbart, denn sie ist das Resultat dieser Entwicklung, die zu gleicher Zeit bei einer großen Zahl in Gesellschaft vereinter Individuen beobachtet wird. Aber das Resultat, das jeder Augenblick darbietet, hängt von dem ab, was die vorhergehenden Augenblicke boten, und nimmt Einfluß auf die folgenden Zeiten." Im Grunde gibt Condorcet das Rezept für eine Beobachtungsweise, die im Zeitalter einer vervollkommneteren Psychologie und geläuterten Geschichtskenntnis den hier gestellten Aufgabenkreis nur weiter verfolgte und ausbaute. Noch ganz im Banne der Aufklärerideen, löst sich bei Condorcet das Geschehen in einem Kampf der fortschreitenden Vernunft mit den Vorurteilen auf. Doch wagt er noch einen Schritt weiter als die meisten Verfechter historischer Gesetze. S'il existe une science de p r é v o i r les progrès de l'espèce humaine, de les diriger, de les accélérer, l'histoire de ceux qu'elle a faits en doit être la base première. Er versucht in der Tat zum Schlusse seiner Ausführungen ein Bild vom zukünftigen Fortschritt des menschlichen Geistes zu entwerfen.

Diese Gedanken, die z. T. schon Gf. *St. Simon* ausgeführt hat, führt der Begründer der positivistischen Philosophie und Soziologie *Auguste Comte* weiter, der es als Aufgabe der Gesellschaftswissenschaft betrachtet: „savoir pour prévoir, afin de pouvoir". Den Spuren *Turgots, Histoire du progrès de l'esprit humain (1750)* folgend, stellt er als Entwicklungsgesetz des Fortschrittes die Aufeinanderfolge der theologischen (phantasiebeherrschten) metaphysischen (abstrakten) und positiven wissenschaftlichen Denkart auf. Als einer der ersten geht er über den Staatsbegriff hinaus zu dem der „Gesellschaft", die er als einen entwicklungsfähigen Organismus auffaßt. „Der Geist der geschichtlichen Methode liegt in der Benutzung der sozialen Reihen d. h. in einer Prüfung der verschiedenen Zustände der Menschheit, welche in der Gesamtheit der geschichtlichen Tatsachen die stete Zunahme jeder physischen, geistigen, moralischen und politischen Anlage in Verbindung bringt mit der entsprechenden Abnahme der entgegengesetzten Anlage." Man lerne, behauptet er, sicherlich in jeder Wissenschaft das Kommende nur voraussagen, wenn man in gewisser Weise die Vergangenheit vorausgesagt hat. Comte übersieht nur, daß es hiezu einer tiefgründigeren Kenntnis der Gesamtheit der Tatsachen bedürfte, als sie ihm und, man kann sagen, auch dem heutigen Stande der Geschichtswissenschaft entspricht.

Aufgabe der ‚histoire sans noms‘ soll nicht die Darstellung der individuellen Einzelheiten sein, sondern die Gewinnung von Bildungs- und Bewegungsgesetzen, die abgezogen sind aus den Tatsachen. Es handelt sich einerseits um die Statik (Struktur) und Dynamik (Weiterentwicklung) der Kulturgesellschaft. Vgl. *Ernst Troeltsch, Die Dynamik der G. nach der G.philosophie des Positivismus = Philos. Vortrr. 23 (1919).* Ganz ähnlich ist die Philosophie *Hegels,* dem das stufenweise Wachsen der Menschheit aus der Unfreiheit zur Freiheit, zum Gesetz der Geschichte wird. Diese Entwicklung vollzieht sich ebenfalls in drei Abwandlungen: These, Antithese und Synthese. Alles Neue enthält in sich auch die Negation dieses Neuen, aus deren Kampf dann die Vermittlung entsteht. Nicht minder willkürlich als Comte sucht auch Hegel seine Lehre an der Geschichte der abendländischen Menschheit aufzuzeigen. Und ebenso wie Comte sind auch seine Gesetze nicht allgemein gültig, sondern aus den subjektiven Erfahrungen seiner Zeit und aus deren Stimmungen heraus erklärlich. Vgl. *Paul Barth, Die G.philosophie Hegels und der Hegelianer bis auf Marx und Hartmann. 1890.*

Comtes Schüler *Hr. Thom. Buckle* krankt ähnlich wie Comte selbst und wohl auch Hegel an dem Mangel der Kritik. Mit der Selbstgerechtigkeit des Autodidakten glaubt er aus der beschränkten Stoffmasse, die ihm zu Gebote stand, und aus der Enge des Gesichtskreises — er blickt nicht über Europa hinaus — die Gesetze für alles menschliche Geschehen gefunden zu haben und zwar für die menschlichen Handlungen in der Unerbittlichkeit des statistischen Gesetzes, für den Fortschritt aber in drei Dingen, 1. im Umfang des Wissens der ausgezeichnetsten Männer eines Volkes, 2. in der Richtung, die dieses Wissen nimmt, 3. in der Ausdehnung, in der dieses Wissen verbreitet ist und in der Freiheit, womit es alle Klassen der Gesellschaft durchdringt.

Bei aller Oberflächlichkeit, die dieser Aufstellung von historischen Gesetzen eignete, ging doch eine reiche Anregung von jenen Schriften aus. Gerade Comte besaß dieses Verständnis für das geschichtliche Werden, wollte seine âges de civilisation, diese drei Zivilisationsstufen, nicht etwa für die gesamte Menschheit als gleichzeitig angesehen wissen und betrachtete seine Entdeckung der Gesetze vorzüglich vom Standpunkte der Gesellschaftswissenschaft.

Mit diesen Gedanken berührt sich *Karl Lamprecht* in mehr als einer Hinsicht, fallen doch auch seine „historischen Gesetze" mit bestimmten Zivilisationsstufen, oder, wie er sie nannte, mit bestimmten „Kulturzeitaltern" zusammen. Es handelt sich also um eine Periodisierung, die er zunächst am Verlaufe der deutschen Geschichte zu erkennen und späterhin für die gesamte Menschheitsgeschichte überhaupt verwenden zu können glaubte. Freilich sollte die Aufeinanderfolge dieser Stufen auch nach seiner Ansicht nicht für alle Völker zu gleicher Zeit eingetreten sein und eintreten, vielmehr befinde sich ein Volk noch auf einer niedrigeren, ein anderes bereits auf einer höheren. Den Ausgang nahm Lamprecht von der Psychologie und zwar — und darin gleicht er ebenfalls Comte — von der Sozialpsychologie, einem Gebiete, das in der deutschen Wissenschaft bisher stark vernachlässigt worden ist. Vgl. III, § 5 b. Sichtbarlich beeinflußt wurde er dabei von Wundt, dessen Terminologie er sich auch vielfach aneignete, später von Lipps. In seiner Deutschen Geschichte, deren erster Band 1891 erschien, suchte er seine Ideen zu verwirklichen und glaubte in den sechs Kulturzeitaltern, die er in ihrer zeitlichen Abfolge Animismus, Symbolismus, Typismus, Konventionalismus, Individualismus, Subjektivismus nannte, zunächst für die geistige Kultur die verschiedenen Entwicklungsstufen gefunden zu haben, die die soziale Psyche des deutschen Volkes nacheinander durchgelaufen hat. Ohne daß sich „die Notwendigkeit der absoluten Koinzidenz gewisser Stufen der materiellen und geistigen Kultur logisch nachweisen oder psychologisch anschaulich machen ließe" (*Annalen der Naturphilosophie 3 [1904] 446*) rundeten sich ihm aber auch nach der wirtschaftsgeschichtlichen Seite hin diese Kulturzeitalter zu Einheiten ab, der Animismus zu einer solchen zusammen mit der kollektivistisch-okkupatorischen Wirtschaft usw. Vgl. V § 6. Die mächtigste „sozialnatürliche" Bildung ist nach ihm die Nation, in der drei Entwicklungsfaktoren wirken, die natürlichen und die eigentlich geschichtlichen, nämlich die sozialpsychischen und die individuellen. Von diesen beiden ist aber für die Erkenntnis der Gesetzmäßigkeiten geschichtlichen Lebens nur die Masse verwendbar, die sich in ihrem Gesamtwollen und Gesamtfühlen triebmäßig auslebt, während das Individuum infolge der relativen Freiheit seines Handelns irgendeiner rationalistischen Deutung nicht fähig ist. Ohne das Singuläre aus der Geschichte grundsätzlich ausmerzen zu wollen, legt Lamprecht deshalb das Hauptgewicht auf die „Regelmäßigkeit der typischen Völkerentwicklung".

In seine eigenen Anschauungen langsam hineinwachsend, hat Lamprechts Auftreten zunächst durch die streitbare Form, mit der er seine Ueberzeugung als eine ganz neue Methode vortrug, viel Staub aufgewirbelt, zu verschiedenen Gegenschriften Anlaß gegeben, seine Meinungen andererseits im Laufe der Zeit abgestuft und verändert, so daß sie nur sehr schwer in Kürze wiederzugeben sind. Auf verschiedene Einzelfragen wird noch zurückzukommen sein. Jedenfalls muß anerkannt werden, daß die schwungvolle Art, mit der er seine Lehren zum besten gab, die werbetätige Kraft, die er an die Vertretung seiner Ideen wandte, auch bei seinen Gegnern eine Revision ihrer bisherigen Ansichten veranlaßte und das Interesse auf Arbeitsgebiete lenkte, die der herrschenden Schule vielfach entgangen waren. Freilich hatte sich gerade jene Entdeckung, auf die er das Hauptgewicht gelegt hatte, nämlich die von der typischen Reihenfolge der Kulturzeitalter nicht durchzusetzen vermocht. Die Einseitigkeit, mit der er aus der Fülle geschichtlicher Faktoren den sozialpsychischen zum Paradigma alles historischen Geschehens, mit der er selbst für das Mittelalter die Nation zum konstitutiven Element geschichtlicher Erkenntnis machte, nötigt ihn, die Erscheinungen künstlich in jene Einheiten einzuordnen, zwängt die Mannigfaltigkeit der Zusammenhänge in Formeln, die der Buntheit der Bilder nicht gerecht zu werden vermögen und bedingt Scheidungen, die sich sachlich nicht immer vertreten lassen. Es ist das ein Fehler, an dem bisher alle Versuche, historische Gesetze zu finden, scheiterten. Zudem ist sein Einteilungsprinzip allzusehr von unserer gegenwärtigen Anschauung bedingt, als daß es Gesetzeswert erhalten könnte. Was uns heute ‚subjektivistisch' oder ‚reizsam' erscheint, werden vielleicht künftige Zeiten ‚typisch' oder ‚konventionell' bezeichnen.

Die wichtigsten seiner theoretischen Schriften: *Alte und neue Richtungen in der G.w.* 1896; *Was ist Kulturgeschichte?* in Dt. Zschr. f. G.w. N.F. 1 (1896/7) 75 ff.; *Das Arbeitsgebiet geschichtlicher Forschung* in „Zukunft" (4. April 1896) Nr. 27; *Die geschichtswissenschaftlichen Probleme der Ggw.* ebda (7. und 14. November 1896); *Zum Unterschied der älteren und jüngeren Richtungen der G.w.* H.Z. 77 (1896); *Individualität, Idee und sozialpsychische Kraft in der Geschichte* in Jbb. für Nationalökon. und Statistik 3. F. 13 (1897) 880 ff.; *Ueber die Entwicklungsstufen der deutschen Geschichtsw.* in Zschr. f. Kulturg. N.F. 5 (1898) 385 ff., 6 (1899) 1 ff.; *Die historische Methode des Herrn von Below* 1900; *Ueber den Begriff der Geschichte und der historischen und psychologischen Gesetze* in Annalen der Naturphilosophie 2 (1903) 255 ff.; *Moderne G.w.* [1]1904, [2]1909; *Zur universalgeschichtlichen Methodenlehre* in Abhdlgen der philol.-hist. Kl. der kgl. sächs. Ges. der Wissenschaften 27 (1909) 35 ff.; *Historische Methode und historisch-akademischer Unterricht* 1910; *Eine kurze Zusammenstellung und Anwendung seiner geschichtsphilos. Ansichten* in *Einführung in das histor. Denken* = Ordentl. Veröff. der pädagog. Literaturgesellschaft Neue Bahnen 1912.

Gegenschriften: *G. v. Below, Die neue historische Methode* H.Z. 81 (1898) 193 ff.; *Fel.*

Rachfahl, *Ueber die Theorie einer kollektivistischen G.w.* in *Jbb. f. Nationalökonomie und Statistik* 3. F. (1897) 659 ff.; *Hch. Finke, Die Kirchenpolit. und kirchlichen Verhältnisse zu Ende des Mittelalters nach der Darstellung K. Lamprechts* Röm. Quartalschr. 7. Supl.-Heft (1896) u. a. Vgl. *Karl Brandi* in GGA. 1912 S. 652 ff.

Allgemeine Würdigung: *Otto Hintze, Ueber individualistische und kollektivistische Geschichtsschreibung* H.Z. 78 (1897) 60 ff. vermittelnder Standpunkt; *Erich Rothacker, Ueber die Möglichkeit und den Ertrag einer genetischen Geschichtsschreibung im Sinne K. Lamprechts* in den von Lamprecht selbst herausgegebenen Beitr. zur Kultur- und Universalgesch. 20 (1912), bedingungslos zustimmend.

Der von *Kurt Breysig, Der Stufen-Bau und die Gesetze der Welt-Geschichte* 1905 unternommene Versuch, zunächst 24 historische Gesetze aufzustellen, wie z. B.: „aus der Vielgötterei des älteren Glaubens muß sich bei den Völkern starker und ausgedehnter Königsherrschaft die Verehrung weniger, zuletzt eines höchsten oder gar eines einzigen Gottes entwickeln" (Nr. 12) oder „auf die Zeit geringer Betätigung des Staates nach außen, die sich mit der Adelsherrschaft und ihren häufigen inneren Zwisten verbindet, muß mit dem engeren Zusammenschluß der Verfassung eine Zeit auffällig gemehrter Staats- und Eroberungskriege folgen" (Nr. 17), geht über Erfahrungssätze, die bloß in die Form von Gesetzen gepreßt wurden, nicht hinaus und besitzen kaum mehr als fraglichen Wert. Vgl. *Edd. Meyer* Kleine Schrr. 1910 S. 82. Auch er konstruiert eine Stufenleiter Urzeit, Altertum, Mittelalter, Neuzeit und dementsprechend: 1. Häuptlingstum, 2. Königtum, 3. Adelsherrschaft, 4. Republik als Uebergangsstadium, die in regelmäßiger Wiederkehr ganz oder teilweise bei allen Völkern zu beobachten sei.

Neben diesen Versuchen, von denen einige noch zu erwähnen sein werden, mögen noch erwähnt werden, daß man a n t h r o p o g e o g r a p h i s c h e Erfahrungen für die Geschichte zu verwerten bestrebt war. so *Herder*, der die Zivilisation im umgekehrten Sinne der Erdbewegung vom Osten nach Westen fortschreiten läßt, was aber für die neuere Zeit keineswegs gilt. Nach dem extremen Milieuhistoriker *P. Mougeolle, Les problèmes de l'histoire* 1886 geht die Zivilisation von den Bergen nach den Ebenen, schreitet vom Aequator zu den Polen vor, wobei er z. B. die Entwicklung Ostasiens übersieht. Vgl. *A. D. Xénopol, la Théorie* 196 ff. Trotzdem können die mit Kritik verwerteten Beobachtungen auf diesem Gebiete, wie sie z. B. *Fch. Ratzel* in seiner *Anthropogeographie* = Bibl. geogr. Hdbb. [1] 1899 zu besten gibt, das Verständnis für manche geschichtliche Vorgänge nur unterstützen. Aehnliches läßt sich von den s o z i o l o g i s c h e n Gesetzen sagen. In ähnlicher Linie wie das Gesetz der wachsenden Agglomeration, das *Ludw. Gumplowicz, Sociologie und Politik* 1892 S. 70 entdeckt zu haben glaubt, bewegt sich etwa der von der marxistichen Auffassung beeinflußte *L. M. Hartmann, Ueber historische Entwicklung* 1905 S. 62: „In dieser Dreieinigkeit: Fortschreitende Vergesellschaftung, fortschreitende Produktivität, fortschreitende Differenzierung, muß der gesamte Inhalt der historischen Entwicklung enthalten sein, während ihre Form durch direkte Anpassung und Auslese bedingt ist." Andere Aufstellungen in dieser Hinsicht führt *A. D. Xénopol, La Théorie* S. 332 ff. an. — Historische Gesetze enthält die R a s s e n l e h r e *Gobineaus* (s. u.), vor allem aber die m a r x i s t i s c h e (materialistische) Geschichtsauffassung (s. III § 9), die ja den Gang der Geschichte vorherzubestimmen unternimmt. Vorherzubestimmen sucht neuerdings auf Grund von Jahreszahlenstatistik das künftige Geschehen *Fch. S t r o m e r - R e i c h e n b a c h, Was ist Weltgeschichte?* 1919. *Was wird?* 1919.

Ueber den Z u f a l l: *Wm. W i n d e l b a n d, Die Lehre vom Zufall* 1870; *Hch. R i c k e r t, Die Grenzen* [2] S. 373 ff. Die neuere französische Literatur bei *Hri. B e r r, La synthèse en histoire* Paris 1911 S. 55 f. Sonst *Fch. J o d l, Zufall, Gesetzmäßigkeit, Zweckmäßigkeit* 1911. Das geschichtliche Geschehen berücksichtigt im besonderen *Frz. H e i l s b e r g, Die Bedeutung des Zufallsbegriffes in der G.wissenschaft.* Progr. Realsch.-Plan 1909. Vgl. *Ludo M. H a r t m a n n, Ueber histor. Entwickelung* 1905 S. 15—25. *P. L a c o m b e, De l'histoire, considérée comme science* Paris 1894.

Ueber W i l l e n s f r e i h e i t: *Wm. W i n d e l b a n d, Ueber Willensfreiheit* 1904; *Max W e b e r, Krit. Studien auf dem Gebiete der kulturwissenschaftl. Logik.* A. f. Sozw. u. Sozialpol. 22 (1906) 143 ff.; *Edd. M e y e r, Zur Theorie u. Methodik d. G.* Kl. Schrr. 1910 S. 1 ff.

Ueber K a u s a l i t ä t: *Hch. R i c k e r t, Die Grenzen* [2] S. 367 ff.; *Otto R i t s c h l, Die Kausalitätsbetrachtungen in den Geisteswissenschaften.* Univ.-Schr. Bonn 1901; *Herm. P a u l, Aufgabe u. Methode der G.wissenschaften* 1920. *Ernst T r o e l t s c h, Der histor. Entwicklungsbegriff in der modernen Geistes- u. Lebensphilosophie* HZ 122 (1920) 377—453.

Ueber h i s t o r i c h e G e s e t z e: *G. R ü m e l i n, Ueber den Begriff eines sozialen Gesetzes* in Reden u. Aufsätze 1875 S. 1 ff.; *Hch. v. S y b e l, Ueber die Gesetze des historischen Wissens* 1864, auch in Vortrr. u. Aufsätze [3] 1885, berührt mehr die geschichtliche Kritik; *Paul H i n n e b e r g, Die philosoph. Grundlagen der G.w.* Diss. Berlin 1888; *Edd. S p r a n g e r, Die Grundlagen der G.w.* 1905; *Ferd. E r h a r d t, Ueber historisches Erkennen* 1906 S. 69 ff.; *Gg. S i m m e l, Probleme der G.philos.* [3] 1907 S. 91; *Hch. R i c k e r t,*

Die Grenzen [2] S. 169; Hri B e r r, La synthèse s. o.; Wm. W u n d t, Logik 2/2 [2] 1895
S. 129, ferner dessen Philos. Studien [3] (1886) 195 ff.; Chr. S i g w a r t, Logik [4] 1912. Einen
guten Ueberblick über die Fragen der historischen Gesetzmäßigkeit: Gv. S c h m o l l e r
im Hdwb. d. Staatswiss. [3] 8 (1911) 426 ff. besonders 481—90, wo auch reiche Literaturangaben zu finden sind. — Eine gute Materialsammlung bietet Paul B a r t h, Die Philos.
der G. als Soziologie [2] 1 (1915); vgl. sonst Fritz N e e f f, Gesetz u. G. 1917. Neuestens
Theod. L. H a e r i n g, Die Struktur der Weltg. Philos. Grundlegungen zu einer jeden
G.philosophie 1921. — Einzelne Fragen behandelt Karl M a r b e, Die Gleichförmigkeit in der
Welt 1916, ferner Frz. E u l e n b u r g, Naturgesetze u. soziale Gesetze. A. f. Soz. u. Sozialpol. 32 (1911) 689 ff.; Émile B o u t r o u x, Ueber den Begriff des Naturgesetzes in der
Wissenschaft u. in der Philos der Ggw., dt. 1907 S. 113 ff.; Jul. K a e r s t, HZ. 111 (1913)
303 ff.

　　　Die Beziehungen der G. zur V ö l k e r p s y c h o l o g i e, die in die Frage nach geschichtlichen Gesetzen hineinspielen, behandelt Carlo S g a n z i n i, Die Fortschritte der
Völkerpsychol. von Lazarus bis Wundt = Berner Abhdlgen. z. Philos. u. ihrer G. 2 (1913).

§ 9. Geschichte und Soziologie.

　　　Das Wort „Soziologie" wie die ganze Gesellschaftswissenschaft stammt
von *Comte* her. Er hat nicht allein dieses Wort als erster geprägt, er hat
ihm gleich auch einen Inhalt zu geben versucht, der die Neigung hat, ins
Historische überzugreifen, ja die Geschichtswissenschaft als Ganzes in sich
aufzunehmen. Alles menschliche Tun, also auch alles historische Geschehen,
bewegt sich innerhalb der Gesellschaft, steht mit ihr in Beziehung, wirkt auf
sie ein oder empfängt von ihr Antriebe. Wo sind also die Grenzen der Soziologie? Der Mangel einer festen Umschreibung sollte ihr zunächst selbst zum
Verhängnis werden. Nicht nur Historiker und Volkswirtschaftler, Philosophen
und Psychologen, auch Hygieniker, Irrenärzte, Anthropologen, Kriminalisten
und Weltverbesserer aller Art tummelten sich auf dem Felde dieser Wissenschaft, so daß ein Franzose mit Recht von dem „babylonischen Turm der
Soziologie" (*Hri Berr*) sprechen konnte. Noch fehlt es dieser Disziplin an
festen Grundsätzen und sicheren Scheidelinien, so daß fast jeder, der sich
mit ihr beschäftigt, von neuem zu bauen anhebt und in ihr seine Spekulationen
erproben zu können glaubt. Immerhin kann man auch der leider noch so
wenig organisierten reichen Arbeit, die an diesen Gegenstand gewendet worden
ist, doch schon Tendenz und Umfang einigermaßen bestimmen.

　　　Wenn man sich vor Augen hält, daß das menschliche Tun in seiner
Notwendigkeit wie auch in seiner Freiheit betrachtet werden kann, in seiner
Regelhaftigkeit nicht minder als in der Form individueller Besonderheit, so
zeigt sich bereits, wo die Wege der Soziologie und der Geschichte auseinandergehen. „Eine soziale Tatsache (fait social) ist", sagt *Émile Durkheim, Les
règles de la méthode sociologique 1895* S. 19, „jede Art zu handeln, die im
Bereich einer gegebenen Gesellschaft allgemein ist und, unabhängig von ihren
individuellen Manifestationen, ein eigenes Dasein besitzt." Die Soziologie
lenkt also ihr Augenmerk vor allem auf das Allgemeine, sie behandelt wie
die Nationalökonomie die Tatsachen des menschlichen Lebens im Gegensatz
zur Geschichte in Form der Systematik. Als soziale S t a t i k beschäftigt sie
sich mit der Beschreibung der Gesellschaftsformen, den Aeußerungen des
sozialen Lebens (Sprache, Sitte, Recht, Mode), mit den Gesellschaftstypen und
G r u p p e n, als soziale D y n a m i k sucht sie aus den Gegebenheiten Regeln,
womöglich allgemein gültige Gesetze zu gewinnen, die das künftige Geschehen
ihrem Imperativ unterzuordnen bestrebt ist oder doch dieses vorauszusehen

hofft. So bekennt sich *Ldw. Gumplowicz, Soziologie und Politik* 1892 zur
„soziologischen Prognose“, nicht nur theoretisch, sondern auch praktisch, indem er Zukunftsbilder entwirft, die ja, wie man heute sagen kann, in vielem
das Richtige getroffen, in manchem aber auch sehr weit daneben geschossen
haben, so, wenn sich S. 120 als Ergebnis seiner Prüfung „die größte Unwahr-
scheinlichkeit eines deutsch-französischen Krieges“ herausstellt.

Diese Wege konnte die Soziologie nur einschlagen, wenn sie die naturwissenschaftliche Methode mit herübernahm. Nicht immer zu ihrem Vorteil,
denn bald glaubte man sie auch im Felde der sozialen Statik nicht mehr
entbehren zu können und entwickelte, an *Herbert Spencer, Principles of Socio-
logy* ³ London 1886 anknüpfend, die sog. „organische Theorie“, die die Gesellschaft als einen Organismus betrachtet und sie zum Gegenstande biogene-
tischer Forschungsweise macht. So vor allem bei *Alb. Schäffle, Bau und Leben
des sozialen Körpers,* 4 Bde. 1875/78, ² 1896 (2 Bde.) und *Paul v. Lilienfeld,
Gedanken über eine Sozialwissenschaft der Zukunft* 1873 ff., wo von sozialen
Zellen, Geweben, Knochen die Rede ist, die Menschheit als ein „organisches
Wesen“ erklärt wird. Die unter Umständen glückliche Analogie zwischen
Gesellschaft und Organismus nahm man im Sinne eines modernen Begriffs-
realismus für Wirklichkeit und folgerte daraus wichtige Gesetze. Vgl. III § 3.

Trotz diesen Verirrungen und Grenzstreitigkeiten hat die soziologische
Betrachtungsweise in mehr als einer Hinsicht befruchtend auf die Geschichtswissenschaft gewirkt. Die Erkenntnis der Gesellschaft als eines wichtigen
Kollektivelementes historischen Geschehens hat allein schon unsere geschichtliche Erkenntnis wesentlich vertieft. Noch bis ins 18. Jht. hinein hatte man,
wie *Gg. Simmel* einmal betont, Erscheinungen wie Sprache, Religion, Staaten-
bildung wesentlich bloß auf die „Erfindung“ einzelner Persönlichkeiten zurückführen zu können gemeint oder auf überirdische Mächte, die Religion nur als
Erfindung schlauer Priester oder als göttlichen Willen angesehen. Daß die
religiösen, rechtlichen, ethischen usw. Anschauungen sich in der Wechselwirkung zwischen dem Individuum und der es umschließenden Menschheits-
gruppe und schließlich in der gegenseitigen Beeinflussung der einzelnen Gruppen
untereinander bilden und fortentwickeln, das hat uns so recht erst die Gesellschaftswissenschaft gezeigt. Indem so die Soziologie in ihrer auf das Allgemeine gerichteten Fragestellung (z. B. Welche gesellschaftlichen Verhältnisse
bedingen die monarchische Regierungsform? Wie entstehen Revolutionen? Worin
besteht Autorität? u. ä.) Durchschnitte durch das Ganze der geschichtlichen
Erfahrung machen mußte, hat sie auch den Historiker auf Beziehungen und
Abhängigkeiten aufmerksam gemacht, die sonst nicht in seinem Arbeitsbereich
eingeschlossen waren. Die Neigungen auf spekulativem Wege, wo der geschichtliche Tatsachenstoff nicht ausreicht, durch Konstruktionen und Kombinationen willkürlich Zusammenhänge herzustellen, die Tatsachenfülle auf
eine oder nur wenige Formeln zu bringen und sie einem vorweg aufgestelltem
System zwangsweise einzuordnen, diese Neigung macht sich auf soziologischem
Gebiete noch recht unangenehm bemerkbar und ist eine der Ursachen, daß
wahrhaft historisch denkende Forscher der neuen Wissenschaft mit unver-
holenem Mißtrauen begegnen. Doch das ist noch eine ihrer Kinderkrank-
heiten. Man sollte darüber die Anregungen und Vorteile nicht vergessen,

die wir ihrer Betrachtungsart doch verdanken. Sie ist vielleicht in gewissem Sinne wirklich berufen, die „Grammatik der Geschichte" zu werden.

Die beste, knappe Orientierung über die einzelnen Richtungen der Soziologie samt Literaturangaben bei Othmar S p a n n, Kurzgef. System der Gesellschaftslehre 1914. Eine ausführlichere Uebersicht, aber stark persönlich gefärbt in Ldw. G u m p l o w i c z, Grundr. der Soziologie 1885 S. 3 ff. u. 231 ff. Einseitig aber stoffreich: Paul B a r t h, Philosophie der G. als Soziologie ¹ 1897 ⁸ 1916. Fausto S q u i l l a c e, Die soziologischen Theorien = Philos.-soziol. Bücherei 23 (1911). — Den historischen Standpunkt vertritt Ldw. R i e ß. Historik 1 (1912) 82 ff., den soziologischen Ferd. T ö n n i e s, Soziologie u. G. in Die Geisteswissenschaften 1 (1913) 57 ff., D e r s e l b e, Entwicklung der Soziologie in Dtld. im 19. Jht. in Die Entwicklung der dt. Volkswirtschaftslehre im 19. Jht. Gv. Schmoller gewidmet 1 (1908) Nr. 14. Einzelfragen behandelt Ldw. S t e i n, Wesen und Aufgabe der Soziologie 1898 (SA. a. Arch. f. system. Philosophie 6), Hri. B e r r, La synthèse S. 114 ff.; Ferd. T ö n n i e s. Wege und Ziele der Soziologie in Schrr. d. dt. Gesellsch. f. Soziol. 1/1 (1912) 17 ff. L. B r i n k m a n n, Versuch einer Gesellschaftswissenschaft 1919.

§ 10. Geschichte und Politik.

Das Wort ‚Politik' teilt mit dem Wort ‚Geschichte' im Deutschen den Doppelsinn der objektiven und subjektiven Bedeutung, indem darunter ebenso die Lehre vom politischen Handeln wie dieses selbst verstanden werden kann. Um nun das Verhältnis von Geschichte und Politik entsprechend beurteilen zu können, muß man sie auf den gleichen Nenner bringen. Wenn deshalb *Ranke* in seiner sonst so lesenswerten Berliner Antrittsvorlesung *Ueber die Verwandtschaft und den Unterschied der Historie und der Politik* (SW. 24, S. 289) die Unterscheidung beider als Wissenschaft und Kunst betont, so hat er nicht ganz das Richtige getroffen, was schon daraus hervorgeht, daß er behauptet: „Weit mehr unterscheiden sie sich in Beziehung auf Kunst. Die Historik bezieht sich ganz auf die Literatur ... Die Politik aber bezieht sich ganz auf das Handeln." Die Historik ist vielmehr selbst Literatur und nimmt Bezug auf das geschichtliche Geschehen, von dem das politische Handeln ein Teil ist. *Gg. Winter* hinwiederum, der in seinem Aufsatze *Geschichte und Politik* in *Vjschr. f. Volksw., Polit. u. Kulturg.*, 26. Jg. (1889) 3. Bd., S. 172 ff., die beiden Bedeutungen sonst schärfer auseinandergehalten hat, geht zu weit, wenn er bemerkt: „Die Geschichte ist die Politik der Vergangenheit, die Politik die Geschichte der Gegenwart". Wenn Ravenna heute, der Küstenlagune entrückt, eine Binnenstadt darstellt, so bildet dieser Wandel seiner Lage unzweifelhaft ein Stück seiner Geschichte, für die Politik Ravennas macht er aber höchstens eine Voraussetzung aus. Politik im objektiven Sinn ist die Summe der auf die Gestaltung des öffentlichen Lebens sich beziehenden Handlungen, Geschichte hingegen das Weitere, das nicht nur den schaffenden, tätigen, sondern auch den leidenden Menschen in sich einbezieht. Deshalb ist etwa die Politik Augsburgs etwas anderes als die Geschichte Augsburgs. Von seiner Politik kann man nur so lange reden, als es ein mehr oder weniger selbständiger, handlungsfähiger Teil des Deutschen Reiches war. Heutzutage, da die Stadt dem Staate Bayern eingeordnet ist, darf man allenfalls von seiner Gemeindepolitik sprechen, denn nur so weit reicht die Möglichkeit freier Betätigung. Anders die Geschichte Augsburgs. Da sind die geographischen, baulichen und persönlichen Veränderungen ' nicht nur Voraussetzung, sondern Gegenstand selbst.

Von der praktischen Politik schlingen sich jedoch mannigfache Fäden zur Geschichtsschreibung hinüber. Gerade aus den Reihen der Staatsmänner erstanden der Historie hervorragende Vertreter. Thukydides, Polybios, Caesar, Tacitus, Liutprand von Cremona, Otto von Freising, Macchiavelli, Guicciardini, Hugo Grotius, Macaulay, Sybel — zu allen Zeiten haben Männer der Tat in ihren Mußestunden zur Feder gegriffen und die geschichtlichen Veränderungen, an denen sie mitgewirkt haben, zu schildern versucht. Vielfach ist ihnen ihre Betätigung als Historiker nur eine andere Form ihres praktischen Schaffens, die notwendige Fortsetzung (Bismarck!) oder doch Ergänzung dessen, was sie draußen im Leben geleistet. In diesem Rahmen bedeutet Geschichtsschreibung nicht Fachkönnen, sondern eine Art Publizistik, eine geistige, mehr oder minder glücklich verhüllte Waffe im Kampfe wider politische Gegner, zur Verteidigung oder Rechtfertigung der eigenen Handlungen. Inzwischen hat sich die Historie immer mehr verwissenschaftlicht, ihre methodischen Grundsätze weiter ausgebildet, so daß geschichtsschreibende Politiker sich in ihr heute mehr und mehr als Fremdlinge, bestenfalls als Dilettanten fühlen.

Ein Staatsmann, der Dauerndes wirken will, muß sich in seinem Schaffen notwendigerweise von einem stark betonten geschichtlichen Gefühl tragen lassen. Er hat vor dem Nur-Historiker die Kenntnis der lebenden Kräfte voraus, die in jedem Gemeinwesen zur Geltung kommen. Es ist deshalb kein Zufall, daß der Begründer der modernen historischen Kritik, *Barth. Gg. Niebuhr*, sich als Finanzmann und Diplomat in der Oeffentlichkeit betätigt hatte. Umgekehrt hatten Politiker von jeher in der Historie ihre Lehrmeisterin erblickt. Im Altertum betonte unter dem Einfluß der Stoiker namentlich *Diodoros* aus Sizilien diesen Standpunkt und der erste große Theoretiker der Regierungskunst der Neuzeit, *Niccolò Macchiavelli*, hat, von gleichen Gedanken getragen, nicht ohne Grund aus Livius die Grundsätze seiner Anweisungen abgezogen. Geschichtskunde und Politik, als Kunst wie als Wissenschaft, können einander nicht entraten, jede von ihnen bedeutet für die andere eine Hilfswissenschaft.

Will aber Politik mehr sein als Beschreibung der öffentlichen Verhältnisse und Zustände, muß sie ihr Antlitz der Zukunft zuwenden. Vom genialen Staatsmann fordern wir die historische Prognose. Unter der Voraussetzung einer gewissen Gleichförmigkeit in der Abwickelung öffentlicher Vorgänge, gestützt auf die Kenntnis der in der Statistik als meßbar sich erweisenden Stärke und Richtung der menschlichen Gruppenhandlungen und sozialen Kräfte, gestützt auf die völkerpsychologische Erfassung der herrschenden Tendenzen, geleitet endlich von einer intuitiven Anwendung geschichtlicher Analogien, läßt sich die Voraussicht des Kommenden wohl erklären, zu einer exakten Wissenschaft fehlen ihr freilich einstweilen noch die Mittel. Allerdings eine politische Regelkunde, eine Grammatik der Staatsweisheit, wie man angenommen hat, ist die Historie nicht. Meint aber *Hegel*: „Was die Erfahrung aber und die Geschichte lehren ist dieses, daß Völker und Regierungen niemals etwas aus der Geschichte gelernt und nach Lehren, die aus derselben zu ziehen gewesen wären, gehandelt hätten", so widerspricht dies offenkundig den Tatsachen, vielmehr sehen wir, wie z. B. jahrhundertelang unterdrückt gewesene oder in Unselbständigkeit gehaltene Nationen (Serben, Bulgaren, Tschechen) gerade aus der Geschichte den besten Teil ihrer Kraft gewonnen haben. Nicht weniger verfehlt ist hingegen die Ansicht von *J. R. Seeley*, *Introduction to political science*, London 1908 und *The expansion of England*,

London 1899, der Geschichte nur um ihres politischen Nutzens studiert wissen will, von ihr hofft, daß sie sich allmählich zur *political science* entwickeln werde. Vgl. *E. A. Freeman, The Method*, S. 44. — *Ernst Troeltsch, Die Bedeutung des Protestantismus für die Entstehung der modernen Welt = Hist.-Bibl. 24* (1911) sagt S. 6: „So ist das Verständnis der Gegenwart immer das letzte Ziel aller Historie; sie ist eben die Gesamtlebenserfahrung unseres Geschlechtes, so gut und so weit wir uns ihrer zu erinnern und so gut und so nah wir sie auf unser eigenes Dasein zu beziehen vermögen"; ferner neuestens *Ad. v. Harnack, Ueber die Sicherheit und die Grenzen geschichtlicher Erkenntnis* 1917. — Jedenfalls ergibt sich aber aus diesen innigen Beziehungen, die die Geschichtskunde mit der Wissenschaft und Praxis des politischen Handelns verbinden, daß es für den Historiker ungemein wichtig ist, sich mit der Technik und Organisation des öffentlichen Lebens zumindestens theoretisch bekannt zu machen. Dies um so mehr, je stärker die Historie auf reine Gelehrtenweisheit sich zurückzuziehen begonnen hat.

Außer der oben genannten Literatur: Wm. Maurenbrecher, G. u. Politik 1884; Ottok. Lorenz, Die Politik als histor. Wissenschaft in Die G.wissenschaft in Hauptrichtung u. Aufgaben 1 (1886) 199 ff.; ferner Ldw. Stein, Arch. f. system. Philosophie 14 (1908) 313 ff. Vgl. Arvid Grotenfelt, Die Wertschätzung in der G. S. 85 ff.

Vorwiegend staatsrechtlicher Natur sind Joh. Kasp. Bluntschli, Die Lehre vom modernen Staat 3 (1876): Politik als Wissenschaft; Frz. v. Holtzendorff, Prinzipien der P. ²1879; Joh. Jak. Schollenberger, P. in systemat. Darstellung 1903. Eine gute, auch dem Historiker wertvolle kurze Uebersicht Fch. Stier-Somlo, P. in Wissenschaft u. Bildung 4 (1907); sonst noch das Sammelwerk: Hdb. der Politik ¹1912/3 ²1914.

Den soziologischen Standpunkt vertritt Ratzenhofer, Wesen u. Zweck der P. als Teil der Soziologie u. Grundlage der Staatswissenschaften 1893 f., den psychologischen Th. Funck-Brentano, La Politique, Paris 1829; historisch gerichtet: Hch. Treitschke, Politik ⁴1918 u. Wm. Roscher, Politik, geschichtliche Naturlehre der Monarchie, Aristokratie u. Demokratie ³1908. Eine gute politisch ausgewertete geschichtliche Beispielsammlung. Vgl. Joh. Kasp. Bluntschli, G. des allgem. Staatsrechts u. der Politik seit dem 16. Jh. bis zur Ggw. = G. der Wissenschaften ¹1864, ²1881 unter dem Titel G. der neueren Staatswissenschaft. Herm. Rehm, G. der Staatsrechtsw. = Hdb. des öff. Rechts der Ggw. 1 (1896).

§ 11. Geschichte und Philologie.

Ein Nachbar, mit dem die Geschichtskunde ebenfalls im Grenzstreit lebt, ist die Sprachwissenschaft, beziehungsweise jener Teil von ihr, der es mit den Sprachinhalten zu tun hat, also die Philologie und im besondern die klassische Philologie. Seitdem *Aug. Boeckh, Encyklopaedie und Methodologie der philologischen Wissenschaften*, hsg. v. *E. Bratuscheck* 1877, ²1886 für die Philologie die „Wiedererkenntnis und Darstellung des ganzen vorhandenen Wissens" in Anspruch genommen hat, ihr Ziel als „rein historisch" darstellte („sie stellt die Erkenntnis des Erkannten objektiv für sich hin"), seitdem wollte die Fehde über das, was der Philologie, was der Historie angehört, nicht zur Ruhe kommen. Einer der erfolgreichsten der modernen Philologen *Ulr. von Wilamowitz-Moellendorff* behauptet denn auch in seiner temperamentvollen Art: „Die Partikel ἄν und die Entelechie des Aristoteles, die heiligen Grotten Apollons und der Götze Besas, das Lied der Sappho und die Predigt der heiligen Thekla, die Metrik Pindars und der Maßtisch von Pompeji, die Fratzen der Dipylonvasen und die Thermen Caracallas, die Taten des göttlichen Augustus, die Kegelschnitte des Apollonius und die Astrologie des Petosiris: alles, alles gehört zur Philologie, denn es gehört zu dem Objekt, das sie verstehen will, auch nicht eines kann sie missen“ (zitiert von *W. W. Jaeger*). Dieser weitausgreifenden Zielsetzung ist nur insoweit zuzustimmen, als klassische Philologie und Geschichte der Griechen und Römer aus dem gleichen Quellenschatz ihre wissenschaftlichen Erkenntnisse schöpfen und bei dem engumzirkten Umfang dieses Stoffes vielfach auch die gleichen Gegenstände behandeln. Hingegen unterscheiden sich beide wesentlich nach ihrem Ursprung wie nach den letzten Zielen.

Ihrer Herkunft nach richtet die Philologie das Hauptaugenmerk „auf die Literatur und ihr sprachlich-künstlerisches Verständnis“. Das hindert nicht, *Herm. Paul, Prinzipien der Sprachgeschichte* ⁴ 1909 darin beizupflichten, daß er grundsätzlich Sprachwissenschaft als Sprachgeschichte aufgefaßt wissen will und S. 20 behauptet: „Sobald man über das bloße Konstatieren von Einzelheiten hinausgeht, sobald man versucht, den Zusammenhang zu erfassen, die Erscheinungen zu begreifen, so betritt man auch den geschichtlichen Boden, wenn auch vielleicht ohne sich klar darüber zu sein.“ Falsch wäre es aber, die Geschichte der Sprache als die Geschichte überhaupt zu bezeichnen, wenn auch Wörter und Sachen, gedanklicher Ausdruck und das darin Ausgedrückte in engem Verhältnis zueinander stehen.

Mit Recht hat man eingewandt, daß die Geschichte nach dem, was sie erstrebt, gegenüber der Philologie das Weitere ist. Ist Historie mehr als die Sammlung von Einzelheiten, so muß sie die von ihr behandelten Erscheinungen in einen größeren Zusammenhang bringen. Die Kultur der Griechen und Römer ist für sie nur eine Etappe im großen Weltgeschehen. Irgendeine Doktorarbeit oder Sonderarbeit auf diesem Gebiete mag dies nicht immer klar zum Ausdruck bringen, Männer wie *Niebuhr, Grote, Mommsen* u. a. haben aber in ihren Werken wie in ihrem Leben den Zusammenhang der antiken Geschichte mit der modernen nie ganz außer acht gelassen, *Rob. Pöhlmann* hat den Weg von der florentinischen Wirtschaftsgeschichte zur alten Geschichte gefunden. Sehr eindringlich hat dies auch der bekannte Althistoriker *Jul. Kaerst II. Z. 106 (1911) 530* dargetan: „Es ist gewiß eine wichtige Aufgabe, daß das, was die Alten von sich selbst dachten und aussagten, klar erkannt und festgestellt wird. Aber ebenso ist klar, daß diese Betrachtungsweise von einer universalgeschichtlichen wesentlich verschieden ist. Die philologische Erkenntnis des Altertums kann nicht zugleich eine universalhistorische sein.“ Diese Enge des philologischen Interessenkreises macht sich aber auch noch in anderer Hinsicht bemerkbar.

„Philologie“, sagt W. W. *Jaeger*, „geht nicht auf das Geschehen, sondern in erster Linie aufs Geschaffene, auf die niemals vorgehende, weil in deutlicher Gestalt — „wie am ersten Tag“ — vor der Nachwelt stehenden Werke der Alten“ und er zieht in feinsinniger Nuancierung die Scheidelinie, indem er bemerkt, die Geschichte suche nur zu verstehen, nie zu erkennen, die Philologie hinwieder erkenne, um zu verstehen, um gewisse unvergängliche Werte der alten Kultur zu verstehen. Unschwer bemerkt man übrigens den Unterschied, wenn man die antike Kultur in ihre einzelnen Erscheinungsgebiete auflöst, staatliche Veränderungen, Philosophie, Recht, Astronomie, Kunst usw. Ein Philologe mag diese im Rahmen des klassischen Altertums sehr wohl behandeln können, was ja auch geschehen ist, aber die in diesen Bereichen eingeschlossenen Leistungen sind ebenso Stufen im Werdegange der Staaten-, Philosophie-, Rechts- und Kunstentwicklung überhaupt.

Lassen sich somit die Ansprüche der Philologen unschwer zurückweisen, so kann uns das nicht hindern, in dem Uebergreifen der beiden Wissenschaften von einem Gebiet ins andere doch das Symptom für die nachgerade ideale Bewältigung des antiken Quellenmaterials zu erblicken. Die Verknüpfung sprachlich-gedanklicher Ausdeutung mit eindringendster Realienkunde ist und muß das Ziel jeglicher geschichtlichen Erkenntnis sein.

Vgl. die oben angeführte Literatur und noch Jul. Kaerst HZ. 111 (1913) 303. Neuerdings setzt Paul Lehmann, Aufgaben u. Anregungen der latein. Philologie des Mittelalters SB. philog.-phil. u. hist. Kl. München 1908 Nr. 8 für die mittellateinische Philologie in ähnlicher Weise wie für das Altertum die klassischen Philologen als Ziel, „eine große Geschichte des gesamten mittelalterlichen Geisteslebens" zu schaffen. Er übersieht hierbei nur, daß für das Mittelalter mindestens auch die Philologie der Volkssprachen hinzukommen müßte.

§ 12. Geschichte und Geschichtsphilosophie.

Die Geschichtsphilosophie wirkt sich nach zwei Richtungen aus, 1. nach der formalen Seite hin. Da untersucht sie die Begriffsbildung und die Möglichkeit historischer Erkenntnis (Logik, Erkenntnistheorie, Geschichtpsychologie), 2. nach der inhaltlichen Seite hin strebt sie darnach, das geschichtliche Geschehen unter einem einheitlichen Gesichtspunkte zu ordnen und zu begreifen (Geschichtsphilosophie im engeren Sinne). Die eine Betätigungsart bezieht sich auf die Geschichte als Wissenschaft, die andere auf die Geschichte als auf das objektive Geschehen. Da sich nun die Historie erst ziemlich spät nach der methodologisch-technischen Seite hin verwissenschaftlicht hat, haben auch Geschichtslogik und Erkenntniskritik erst in neuerer und neuester Zeit eingesetzt, während das Bedürfnis nach einer sinnvollen Auslegung der geschichtlichen Ereignisfolgen so alt wie die menschliche Kultur selbst ist. Die Warte aber, von der es möglich wurde, den großen Strom der Begebenheiten mit einem Blicke zu umfassen, bot erst das Christentum, das seiner Idee nach die bis dahin für sich dahinlebenden Völker in eine Herde zusammenschloß, sie nach der Stammsage des hebräischen Volkes auf ein erstes Elternpaar zurückführte und sie auf einem gleichen überirdischen Ziele hinstreben ließ.

So weist denn die Geschichtsphilosophie, die der Wortprägung nach von *Voltaire, La philosophie de l'histoire* (1765) herzurühren scheint, auf *Augustinus* zurück, der in seinem *De civitate Dei*, die Tragik des Weltgeschehens in dem Bilde des Kampfes erfaßt, den die himmlischen und teuflischen Mächte auf Erden ausfechten. Seitdem hat jede bedeutendere philosophische Gedankenrichtung sich des in dem Geschichtsverlauf dargebotenen Stoffes zu bemächtigen und ihn nach ihrer Art verständlich zu machen oder sich seiner als Exemplifikation ihrer Lehren zu bedienen versucht. Es ist hierbei gleichgültig, ob man in diesem Geschehen ein „Gedicht Gottes", das Wirken eines überirdischen, als persönlich gedachten Wesens zu erkennen glaubte oder wie *Fichte* und *Hegel* das notwendige Fortschreiten der Menschheit im Bewußtsein der Freiheit von triebmäßiger Unbewußtheit zu völlig vernunftmäßiger Beherrschung des Daseins, — stets suchte man, aus einem zentralen Punkte eines Denksystems heraus, den historischen Werdeprozeß zu veranschaulichen und das Wissen davon zu vereinheitlichen. Und alle diese Ausdeutungsversuche, die mechanisch-materialistischen nicht ausgenommen, pochen in ihren letzten Voraussetzungen und Folgerungen an die Pforte, die uns vermutlich auf ewig verschlossen bleiben wird.

Betrachtet man Philosophie als das zu einem System zusammengefaßte Denken einer Zeit, einer Menschengruppe, dann arbeitet jeder oder doch jeder halbwegs selbständig denkende Mensch an dem jeweiligen Aufbau der Philosophie mit. Verborgen, dem einzelnen selbst oft gar nicht erkennbar, ruht der Niederschlag philosophischer Lehre in seinen geistigen Leistungen. In der Art, wie Griechen, wie Römer das geschichtliche Geschehen gesehen, die Voraussetzungen, von denen sie bei ihren Schilderungen ausgegangen sind — das alles ist ein Stück Geschichtsphilosophie: die auf die Geschichtsbetrachtung angewandte Philosophie. Das geistige Verhältnis, in dem ein Volk, ein Kulturkreis zu seiner Vergangenheit steht, zu der Vergangenheit der anderen Völker, ob sie darin ein gesetzmäßig bedingtes Fortschreiten erblicken oder ob sie sich nur jeweils dem Augenblicke hingeben, in welches Verhältnis das Geschehen des eigenen Volkes zu dem der übrigen gesetzt wird, ob sie den allen Völkern übergeordneten Begriff „Menschheit" anerkennen, ob und wie sie den Begriff von „Nation" oder „Gesellschaft" aus der Flucht der Erscheinungen entwickeln, diese Fragen fordern von jedem Geschichtsschreiber und forderten von ihm zu allen Zeiten Beantwortung. Die Antwort gibt nur meist nicht der Historiker selbst, sondern die Weltanschauung, die aus ihm spricht und die er, wie gesagt, bewußt und zusammenhängend gar nicht erfaßt zu haben braucht.

Im Gegensatze zu dieser allen geschichtlichen Darstellungen innewohnenden Geschichtsphilosophie, die wie ein himmlisches Licht aus allem historischen Denken hervorleuchtet, hat sie sich erst in der neuesten Zeit zu einem eigenen Wissenszweig verselbständigt. *Hegel* und *Comte* stehen am Eingang dieser Periode, die uns herabführt bis auf die erkenntnistheoretischen Forschungen von *Heb. Rickert*, auf die geschichtspsychologischen Untersuchungen und Zergliederungen von *Wm. Dilthey*, auf die geschichtsphilosophische Fragestellung von *Gg. Simmel*, *Benedetto Croce* und *Bergson*.

Wem es nur auf praktisch-geschichtsforschende oder darstellende Tätigkeit ankommt, der wird auch ohne eindringendes Studium der Geschichtsphilosophie sein Auslangen finden, doch je näher er an dem Kern der Probleme streift, um so mehr wird er die innere Notwendigkeit fühlen, sich über sein eigenes Tun und über das Wesen des geschichtlichen Geschehens Rechenschaft zu legen. Auf der einen Seite die Zweifel an dem Werte unsres Schaffens, an der Gewißheit unserer Ergebnisse (Zweifel, die jeden ehrlichen Arbeiter in bangen Stunden der Selbstprüfung überkommen), auf der anderen Seite das sehnsüchtige Verlangen, die Splitter und Scherben, die unser und der anderen armseliges Wirken aus dem Wuste der Ueberlieferungen ins Licht der Wissenschaft zu bringen vermag, zu einem Ganzen zu vereinigen und von einem höheren Standpunkte zu überblicken, als es aus unserer Alltagswerkstätte möglich ist, das zusammengenommen ist die Wurzel aller Geschichtsphilosophie. Hier liegt auch die Brücke, die vom Geschichtsforscher zur Geschichtsphilosophie hinüberführt. Der Anfänger übersieht dies leicht. Ihm reizt vor allem das Stoffliche an der Historie und er glaubt deshalb an dem rein Gedanklichen vorübergehen zu können. Erst allmählich steigen ihm die

Zweifel aus der Versenkung empor, erst allmählich kommt er dazu, die Werkzeuge seiner Arbeit zu prüfen. Dann ist es vielfach zu spät, die ungewohnte Mühe ermüdet und ein Gefühl des Unbefriedigtseins bleibt als Neige im Kelche unseres Wissens und Forschens zurück. Uns dünkt es, wir hätten bisher gebaut, aber unserem Baue fehlten die Grundmauern. Gerade deshalb wird es auch für den Neuling wichtig sein, sich mit den theoretischen Fragen der Geschichtsphilosophie zu beschäftigen. Auch ruhen sie, vielfach unausgesprochen, im Hintergrunde der praktischen Erörterungen, so daß diese gar nicht recht versteht, wer jene unbeachtet ließ.

Ernst Bernheim; Gg. Mehlis, Lehrb. der G.philosophie 1905 (an Hch. Rickerts Geschichtsphilosophie orientiert, doch ohne straffe Gedankenführung und Tiefe); Rud. Eucken in Kultur der Ggw. ²I, 6 (1908); eine ganz bestimmte, schon durch den Titel des Werkes gekennzeichnete Stellung nimmt Paul Barth, Die Philosophie der G. als Soziologie ²1915 ein, indem er Geschichtsphilosophie und Gesellschaftswissenschaft gleichsetzt. Theod. Lindner, G.philosophie ²1904. Als Einführung wertvoll: Frz. Sawicki, G.philosophie = Philot Hdbibliothek 2 (1920), kathol. Standpunkt. Uebersichten über die bisherige Geschichtsphilosophie: R. Flint, Th. philosophy of history in Europa 1874 Bd. 1: Frankreich u. Dtland. Derselbe, Historical philosophy in France und French Belgium and Switzerland 1893. Rich. Mayr, Die philos. G.auffassung der Neuzeit (—1700) 1897; Otto Braun, G.philosophie in Meisters Grundr. ² 1. Abt. 6 (1913) S. 35 ff. (inhaltlich dürftig, doch wertvoll durch ausgiebige Literaturnachweise).
Einzelne wichtige Fragen findet man in den unten § 8 angeführten Literaturangaben behandelt, so bei A. D. Xénopol, Edd. Spranger, Wm. Dilthey, Gg. Simmel, Hri. Berr u. a., ferner bei Wm. Wundt, Logik 2/2 u. 3, bei Sigwart, Logik ⁴1911.

III.

Das geschichtliche Geschehen in seinen Elementen.

§ 1. Allgemeines.

Wenn es im folgenden versucht werden soll, das geschichtliche Geschehen in seinen Wirkungseinheiten aufzulösen, so geschieht dies nur, um in der Vereinzelung der verschiedenen Elemente sie anschaulicher schildern zu können. Zwar strebt der menschliche Geist immer wieder dahin, die ganze Mannigfaltigkeit der Erscheinungen auf die Wirksamkeit eines einzigen dieser Elemente zurückzuführen, doch mußte jede dieser Vereinheitlichung schließlich scheitern. Man vermag weder aus den klimatisch-geographischen Verhältnissen allein noch aus den Rasseeigentümlichkeiten, weder einzig aus wirtschaftlichen Tatsachen und Klassengegensätzen noch auch aus sittlichen oder geistigen Entwicklungen die historischen Ereignisfolgen zureichend zu erklären. Immer und überall schließen sie sich alle zusammen. Wohl kann in einem besonderen Fall die eine oder andere Richtungslinie stärker oder schwächer hervortreten, sieht man aber näher zu, so greifen die verschiedenen Kräfte wie die Räder eines mechanischen Kunstwerks ineinander. Gerade, weil sie stets alle gleichzeitig, wenn auch, wie gesagt, nicht jede in gleicher Stärke, wirksam sind, gerade deshalb wird es jenen einseitig gerichteten Beobachtern möglich, die geschichtlichen Einzelheiten in irgendeiner Weise in ihr wirtschaftlich, rassenbiologisch oder sonstwie orientiertes Denksystem einzuordnen. Meist nicht ohne Zwang und künstliche Umdeutung, aber doch ohne Verleugnung logischer Voraussetzungen. Indes das geschichtliche Denken versagt sich nun einmal grundsätzlich jeglicher Spekulation. In der Historie haben die T a t s a c h e n das Wort.

Adolf v. H a r n a c k, Ueber die Sicherheit S. 9 ff. unterscheidet den elementaren, den kulturellen und individuellen Faktor. Die Zuordnung der Wirtschaft zum elementaren Faktor scheint mir nicht eben glücklich. Die Mängel dieser Einteilung zeigen sich in der näheren Ausführung, wo die massenpsychologischen Tatsachen, die doch im kulturellen Faktor wirksam sind, von ihm und dem individuellen zusammen behandelt werden.

§ 2. Die Natur.

Klima, Boden und Raumgestaltung sind Voraussetzungen für die Eigenart geschichtlichen Geschehens, sie sind von Bedeutung für das körperliche und geistige Wachstum der Menschen, wirken nicht bloß auf die räumliche Ausdehnung, sondern auch auf die Art der Verteilung und Verbreitung der Menschheitsgruppen und nehmen auf die wirtschaftlichen und kulturellen Verhältnisse Einfluß. In klassischer Weise hat *Fch. Ratzel, Anthropogeographie* gezeigt, wie ein Raum, der für die Bevölkerung zu weit ist, sie zu stärkerer militärischer Organisation nötigt, indes seine Enge zu inneren sozialen Kämpfen, Kolonialgründungen und Ueberseeunternehmungen Anlaß gibt. *Otto Hintze HZ 88* (1902) 12 f. glaubt in dem Mißverhältnis zwischen der Größe des zu beherrschenden Raumes und den einer noch unentwickelten Zivilisation zu Gebote stehenden Herrschaftsmitteln eine Hauptursache für den Ursprung von Lehensverfassungen zu erblicken. — Daß die Lage am Meere (Phönikier, Griechen, Venezianer, Spanier, Briten!) oder an Flüssen (Aegypter, Assyrer Babylonier) für das Schicksal von Staaten und Völkern nicht gleichgültig ist, braucht nicht erst bewiesen zu werden, daß Gliederung und Lage und die dadurch bedingte Fruchtbarkeit der Festlandsgebiete in den geschichtlichen Werdegang mächtig hineinspielt, daß die Absonderung durch Wasser oder Gebirge den Charakter der Völker ebenso mitbeeinflussen kann wie die Verteilung von Wärme, Feuchtigkeit, Licht und Luft, darf als erwiesen gelten. Unsere tägliche Erfahrung rechnet mit diesen Tatsachen wie mit Selbstverständlichkeiten. Eine vertiefte Erkenntnis der Dinge wird sich aber hüten, aus diesen naturgegebenen Bedingungen, die übrigens ebenfalls dem Wandel der Zeit unterliegen können, das Werden der kulturellen Verhältnisse mechanisch entstehen zu lassen, den Nil zum Schöpfer der ägyptischen Kultur zu machen, in der Küstengliederung Griechenlands d i e Ursache der Ausbreitung hellenischen Wesens am Mittelmeer zu erblicken. Selbst, wenn man die in geschichtlicher Zeit eintretenden geographischen Veränderungen nur gering anschlüge, so bleiben doch verschiedene andere unbeantwortbare Fragen übrig. Dasselbe Klima wirkt auf verschiedene Menschen verschieden, warum sollte dies nicht auch bei verschiedenen Völkern der Fall sein? Und ebenso individuell ist auch der Einfluß, den der Boden. auf die wirtschaftliche Betätigung der einzelnen wie der Gesamtheiten ausübt. Das Klima modelt einerseits die Art, Denkungsweise und Physis des Menschen, der Mensch weiß sich

ihr umgekehrt auch anzupassen, kann durch Hygiene, entsprechende Vor-
kehrungen den Hindernissen, die es ihm entgegenstellt absichtsvoll begegnen.
Es ist deshalb eine unerlaubte Verallgemeinerung, wenn *Hippolyte Taine* den
britischen Nationalcharakter aus der Feuchtigkeit des englischen Klimas her-
zuleiten sucht. Die Zusammenhänge sind eben auch hier viel zu verwickelt,
als daß sie sich auf e i n e Ursachenkette zurückführen ließen.

Neuerdings taucht gerade unter Historikern, die der politischen Geschichte ihr Hauptaugenmerk zuwenden, die Ueberschätzung des geographischen Einflusses auf die Form geschichtlichen Geschehens wieder auf. So bei Mart. S p a h n, Die Großmächte 1918. Von
anderer Seite bestrebt man sich unter dem Einfluß der Gegenwartserlebnisse der ursächlichen Verflechtung zwischen Natur- und Sozialerscheinungen nachzugehen. Hs. v. H e n t i g,
Ueber den Zusammenhang von kosmischen, biologischen und sozialen Krisen 1920. — In ori-
gineller Weise sucht die *Politische G. der Deutschen* von Albert v. H o f m a n n 1 (1921) das
Geographische für die Deutung geschichtlicher Tatsachen heranzuziehen.
Uebrigens hat schon F. C. D a h l m a n n, G. von Dänemark 5 Bde. 1840 ff. die Bedeutung der Raumgestaltung für die politische Geschichte gebührend hervorgehoben.

Auf die Bedeutung des K l i m a s für die Verhältnisse der einzelnen
wie der Völker und Staaten hat zuerst nachweislich der als Arzt berühmte
Hippokrates aufmerksam gemacht. *Aristoteles* hebt diesen Faden wieder auf,
Bodin in seiner geschichtsmethodischen Anweisung (1566) läßt die menschliche
Entwicklung durch die Religion und die geographischen Verhältnisse bedingt
sein, *Montesquieu* sucht die Gesetze auch durch das Klima zu erklären, *Voltaire*
geht ähnliche Wege, tiefer blickt bereits *Kant*, der in den Natureinflüssen
nur Gelegenheitsursachen erkennt. Besonders wirksam für die Vorbereitung
solcher Anschauungen war es, als *Herder* in seinen *Ideen zur Philosophie der
G. der Menschheit* (1784/7) die klimatische Abhängigkeit des Völkergeschehens
in den Vordergrund schob. Geographisch vertieft, aber mit noch unklaren
Vorstellungen hat dann *Karl Ritter* den Zusammenhang zwischen Boden und
geschichtlichem Schicksal aufgezeigt. Auf eine wissenschaftliche Stufe gehoben
ward dieser Einblick erst von *Fch. Ratzel, Anthropogeographie* [2] 1 (1899) 2, 1891 [2]
= *Bibl. geogr. Hdbb. 1 u. 9.* Wie sehr aber auch Ratzels Aufstellungen bisweilen der nötigen Vorsicht entbehren, zeigt neuerdings *Willy Hellpach, Die
geopsychischen Erscheinungen* 1911 [2] 1914; vgl. *Jean Brunhes, La géographie
humaine* [2] Paris 1912. — Ging auch *Hume, Of national characters* in *Essays* 1
zu weit, wenn er dem Klima jede Wirkung auf den Nationalcharakter abzusprechen geneigt ist, so zeigt eine eindringende psychologische Forschung, daß
die wenigsten bisherigen Beobachtungen vor ihr standhalten. Behauptungen
wie die von dem stärkenden Einfluß des Nordens auf die dort wohnenden
Völker, die gleichsam zu Eroberern vorherbestimmt seien, sind, wie *Hellpach*
S. 160 richtig bemerkt, als Allgemeingrundsätze unhaltbar, da es früher gerade
umgekehrt war (Römer!) und in subtropischen Gegenden die ersten Gipfel
menschlicher Kultur erreicht worden sind. Auch die Verknüpfung der L a n d-
s c h a f t mit dem Volkscharakter ist nur von Fall zu Fall feststellbar und
verschieden je nach der geistigen Höhe der Bewohner. Immerhin wirkt auf
Volksbrauch und Volksgeschmack die Landschaft stärker ein als das Klima,
doch bedarf das alles einer sehr besonnenen Einschätzung. Vgl. *Rob. Grad-
mann, Das mitteleuropäische Landschaftsbild nach seiner geschichtlichen Entwicklung, Geogr. Zsch. 7,* S. 361 ff. Allgemeine Orientierung vom Standpunkt des Geographen bietet *O. Schlüter, ›Die Stellung der Geographie in der
erdkundlichen Wissenschaft = Geographische Abende im Zentralinst. f. Erz. und
Unterricht* 5 (1919). Sonst noch VII § 5.

Ein Begriff, der neuestens bestimmend für die Geschichtsbetrachtung in die Historie eingeführt worden ist, ist der der R a s s e. Die Bedeutung, die die darwinistische Theorie auf allen Wissenschaftsgebieten gewonnen hat, macht sich auch in der biologischen Erfassung der einzelnen Menschheitsgruppen geltend. Die abstammungsgemäße Einteilung der Menschen nach ihrer morphologischen, gestaltlichen und nach ihrer physiologischen und funktionellen Zusammengehörigkeit (Körperähnlichkeit) stellt in dem Sinne der Rassentheoretiker die sog. biologische Rasse als die „Erhaltungseinheit des Lebens" dar. Es ist dies ein „Kreis von ähnlichen Lebewesen, die ähnlicher Abstammung sind und ähnliche Nachkommen liefern, die wegen ihrer Aehnlichkeit sich deshalb gegenüber zerstörender Gewalten gegenseitig ersetzen können und die durch alles dahin zusammenwirken, den gesonderten Lebensstrom, den sie miteinander bilden, dauernd zu erhalten". Die Rasse bleibt als solche bestehen, wenn sie sich auch im Laufe der Zeiten entwicklungsmäßig verändert.

So unbestreitbar es ist, daß sich auf Grund ähnlicher Abstammungsverhältnisse und gleicher Natureinflüsse sich innerhalb gewisser Menschheitsgruppen bestimmte gemeinsame körperliche und geistige Merkmale zeigen und erhalten, so hat die Rassenforschung bisher noch zu keiner exakten Begründung ihrer Behauptungen vorzudringen vermocht. Tatsache ist es, daß sich in geschichtlicher Zeit überhaupt keine reinrassigen Völker nachweisen lassen, so handelt es sich bei den Griechen um semitische u. a. Blutzuschüsse, bei den Römern um etruskische Einschübe, bei den Engländern um keltischsächsisch-romanische Kreuzungen usf. Auch alle somatischen Einteilungsgründe, die auf Schädelmessungen beruhen, haben nur begrenzten Wert, da die Bildungen von Lang- oder Kurzschädeln Zufallseinflüssen unterliegen und ihre erbliche Stetigkeit sich nicht erweisen läßt. Einstweilen kann man Rassenmerkmale höchstens als Grenzwerte betrachten, die nur in Extremfällen Geltung besitzen und höchstens als unterstützende Beweisstücke in Betracht kommen. Vor allem müßte erst erwiesen werden, ob die historisch kulturellen Errungenschaften, die für die Entwicklungsgeschichte von Bedeutung sind, vererbt werden können. — Immerhin brachte das Rassenprinzip gegenüber der Vorherrschaft der materialistisch ökonomischen Geschichtsauffassung einen neuen Gesichtspunkt zur Diskussion, indem es die Unterschiede der Völkereigentümlichkeiten nicht auf äußere Lebensbedingungen, sondern auf biologische innerhalb der einzelnen Völker sich vollziehende Veränderungen zurückführt.

Am geistreichsten hat der Rassenbegriff Verwendung gefunden durch *A. de Gobineau, Essai sur l'inégalité des races humaines* [1] Paris 1853, [2] 1884, dt. 1898 und *Houston Stewart Chamberlain, Die Grundlagen des 19. Jhts.* 1903 (in vielen Auflagen erschienen). Soweit sie auch sonst auseinandergehen, treffen sich beide in der Ueberzeugung vom Vorrang der arischen über die anderen Rassen. Nach *Gobineau* dreht es sich in der Weltgeschichte um die Reinheit und Mischung, d. i. um den Kampf zwischen minderwertigen und edlen Rassen. Er unterscheidet dabei die schwarze, gelbe und weiße Rasse, welch letztere die Schöpferin jeglicher Kultur ist. Die höchststehende ist die weiße, die der Germanen. An dem Blutanteil, den sie an den modernen abendländischen Völkern abgegeben haben, mißt sich der Kulturwert dieser Völker. Aber in dem Kampfe der Rassen finden die edlen als die staatsbildenden Schichten schließlich den Untergang, indem sie sich mit unedlem Blute vermischen und sich in den heranwachsenden Bastarden Führer der Massen züchten, die ihrer Herrschaft gefährlich werden. Andererseits sind sie als die kriegstüchtigeren ungleich mehr von Vernichtung bedroht als die minderwertige Rasse. Reinheit oder Vermischung (alliage) des Blutes geben den Ausschlag für Einheit oder Vielfältigkeit der Meinungen. In diesem Sinne erläutert er denn auch mit großer Selbstsicherheit die geschichtlichen Verhältnisse. — Für *Chamberlain* hingegen sind seit dem Untergang der Antike neben dem Völkerchaos die zwei reinen Rassen die Juden und die langköpfigen Nordarier (Germanen) die Träger der Weltgeschichte. Die Antike reicht nach ihm bis 1200, an die sich die Neuzeit anschließt. Selbständiges hat das Altertum hervorgebracht in der Kunst und Philosophie der Hellenen, im Recht und in der Staatsidee der Römer und schließlich im Judentum und in der Lehre Christi. Das römische Reich geht später in das Völkerchaos auf und darin unter. Erst mit dem 13. Jht. beginnt der Neuaufbau der Kultur und dieser ist das Werk der Germanen. Ueberhaupt fällt alles Licht auf die Arier. Seine auf Instinkt und Intuition ruhende Bestimmung der Rasse entzieht sich z. B. absichtlich jeder wissenschaftlichen Begründung. Aber auch die anderen auf Rassenbiologie abgestimmten Geschichtsphilosophen wie *Ludw. Woltmann, Vacher de Lapouge* usw. lassen sich in ihren vereinheitlichenden Anschauungen stark von unbeweisbaren Voreingenommenheiten leiten. — Die Rassentheorie streifend, hat *Otto Seeck, G. des Untergangs der antiken Welt* [2] 1917 ff. das Absterben der Antike durch die in Bürgerkriegen, Christenverfolgungen, Hinrichtungen bewirkte „Ausrottung der Besten" zu erklären versucht, ohne freilich sich den übrigen Dogmen anzuschließen. Die Anwendung der Theorien Darwins und Weismanns sucht im geschichtlichen Geschehen die Verwirklichung der Vererbung, Auslese, Anpassung zu sehen, sie führt zur „sozialbiologischen" Anschauung *Schallmayers* und zur Auswertung für die Gegenwart, zur Rassenhygiene. Andererseits sieht eine solche Betrachtungsart die geschichtlichen Veränderungen im Bilde des „Kampfes ums Dasein". Doch alle diese aus der modernen Entwicklungslehre gewonnenen Vorstellungen haben für uns höchstens die Bedeutung eines Gleichnisses, aus dem nicht Tatsachenfolgerungen gezogen werden dürfen.

Klima- und Rassentheorie kreuzen sich, wenn das natürliche Milieu für die Entstehung und Eigenart der Rassen verantwortlich gemacht wird: Ueber die Bedeutung des Milieus s. u. § 3. Die Gegebenheiten und Veränderungen des Naturdaseins sind aber nicht bloß Voraussetzungen und Vorbedingungen historischen Geschehens, sie können ein Teil dieses Geschehens selbst werden. Klimaschwankungen, Erdbeben, Vulkanausbrüche, Seuchen unterscheiden sich nach ihrer Stellung innerhalb der Geschichte, sofern sie in das Schicksal von Völkern und Individuen eingreifen, in nichts von wirtschaftlichen Krisen, sozialen Umschichtungen, Kriegen, Revolutionen und anderen Massenerscheinungen, denen man niemals die Eigenschaft historischer Gegenständlichkeit abzusprechen versucht hat. Freilich Naturtatsachen können Objekt geschichtlicher Betrachtung werden, müssen es aber nicht, sie werden es eben nur dadurch, daß sie entscheidenden Einfluß gewinnen auf bestimmte

Ereignisse im Leben der Menschen und Menschengruppen, indem sie zu diesen
in eine individuelle, zeitliche und örtliche Beziehung treten.

Außer den schon oben angeführten Werken als Vertreter der Rassentheorie: G. Vacher de
La p o u g e, Race et milieu social Paris 1910; Ldw. W o l t m a n n, Politische Anthropologie 1903; Ldw. W i l s e r, Rassen und Völker 1912. P o l i t i s c h - a n t h r o p o-
l o g i s c h e R e v u e 1902 ff. von Ldw. Woltmann begründet. Stärkere Verwissenschaftlichung der Rassentheorie fordert Wm. S c h a l l m a y e r, Vererbung u. Auslese ² 1910;
A r c h i v f. Rassen- u. Gesellschaftsbiologie 1905 ff. — Kritik an der Rassentheorie üben:
S. R. S t e i n m e t z, Der erbliche Rassen- u. Volkscharakter in Vjschr. f. wissensch. Philosophie u. Soziologie 26 (1902) 77 ff.; Fch. H e r t z, Moderne Rassentheorien 1904, 2. Aufl.
unter dem Titel: Rasse u. Kultur 1915 (ziemlich oberflächlich); Frz. O p p e n h e i m e r,
Die rassentheoretische Geschichtsphilosophie in Verhdlgen. des 2. dt. Soziologentages 1912
(1913) S. 98 ff. (verlangt Klassen-, nicht Rassenpsychologie); Karl T e c h e t. Vaterländer,
Völker und Fürsten 1913; Frz. B o a s, Kultur u. Rasse 1914.

§ 3. Die Kollektiverscheinungen.

Es unterliegt heute keinem Zweifel, daß das geschichtliche Geschehen
in seinem überwiegend größeren Teile ein Massengeschehen ist. Dem Worte
des *Aristoteles*, daß der Mensch ein ζῷον πολιτικόν sei, hat die fortschreitende
Erfahrung einen tieferen und umfassenderen Sinn beizulegen vermocht. Der
einzelne erkennt sich in seiner körperlichen Erscheinung, in der ununterbrochenen Folge seiner seelischen Erlebnisse als eine in sich geschlossene
Einheit, die, in seinem engumgrenzten Ich ruhend, dieses Ich zum Träger bestimmter Eigenschaften macht. Aber ebenso sicher ist es, daß sich sein Ich
in seinem Selbstbewußtsein viel schärfer von der Umgebung abhebt, als dies
in Wirklichkeit der Fall ist. Nicht nur daß er seinem physischen Dasein nach
als Glied einer gewissen Abstammungsreihe, als Bestandteil biologisch bestimmter Einheiten in diesen viel mehr aufgeht als ihm selbst deutlich wird,
so löst sich auch sein Fühlen und Denken zum großen Teile in das Fühlen
und Denken sozialer Gruppen auf. Die Frage ist nur, ob dem einzelnen
überhaupt ein Bewegungsraum für die Betätigung seiner Individualität zu-
zugestehen ist oder nicht. Wie alle neu aufstrebenden Richtungen, hat auch
die an die Erkenntnis der Massenerscheinungen anknüpfende Erfahrung gleich
auch die letzten Folgerungen aus ihrem neu gewonnenen Wissen zu ziehen
versucht, ja der Masse die Alleinherrschaft im menschlichen Geschehen überhaupt zugeschrieben. Gefördert ward dieses Bestreben durch den Einfluß,
den die naturwissenschaftliche Begriffsbildung allerorten gewann. In sie paßt
das Individuum als für sich denkendes und handelndes Wesen nun einmal
schwer hinein, um so besser jedoch die mehr vegetativ dahinlebende, ihren
Instinktantrieben gehorchende Masse, die sich sowohl zum Gegenstande bio-
logischer wie statistischer Untersuchungen eignet und die in den damit er-
zielten Durchschnittswerten jene Konstanz zu bieten scheint, wie sie zur Ge-
setzesbildung notwendig ist.

Die letzten Bestandteile aller gesellschaftlichen Erscheinungen sind einerseits seelische Akte (Sinnesempfindungen, Gedanken, Gefühle, Willensakte),
dann aber das zur Verwirklichung einer Gemeinschaft dienende Handeln.
Die Gemeinschaft ist somit kein bloßes Nebeneinander von Sinnes-, Denk-
oder Gefühlsäußerungen, sondern ein gegenseitiges Aufeinanderwirken, das erst
seinen wahren Inhalt bekommt, indem sich das Denken und Fühlen des einen
im Denken und Fühlen des anderen bespiegelt, aus ihm Anregungen holt und

damit gestaltend auf dieses Einfluß übt, Farbe und Anstoß zu neuem Handeln
erhält. Das Ursprüngliche ist das Denken, Empfinden, Fühlen. In ihnen liegt
auch die Ursache für die Veränderungen innerhalb der Gemeinschaft, indem
nämlich Gedanken und Empfindungen zu Antrieben, zu Bedürfnissen werden,
die nach Verwirklichung verlangen. Dies aber geschieht durch das Handeln.

Othmar Spann, der in seinem Buche *Kurzgefaßtes System der Gesellschaftslehre* (1914) zum ersten Male diese Beziehungen in ihrem logischen Verhältnisse zueinander dargestellt hat, nennt die Verbindung der seelischen Akte
„Vergemeinschaftung“, die des Handelns „Vergenossenschaftung“, die entweder
arbeitsteiliges (verkettetes), verbündetes oder gegensätzliches Handeln sein
kann. Was aus der Vergemeinschaftung des Denkens, Fühlens, Empfindens
hervorgeht ist die „Gemeinschaft“. Solche Gemeinschaften sind die Wissenschaft, die Kunst, die Religion und Philosophie. Das Handeln ist seinen Inhalten nach entweder ein Zweckhandeln (Wirtschaft im weitesten Begriffe)
oder ein gleichartiges Handeln (der Berufstände, Besitzklassen, Gesellschafts-
und Bildungsschichten, Familienzusammengehörigkeit), oder das verbündete
Handeln zum Zweck gemeinsamer Interessenvertretung oder zur Verfolgung
gleicher politischer Ziele, das Handeln kann aber auch gegensätzlich sein wie
beim Wettbewerb, in der Politik und in dessen letzter Konsequenz, im Kriege.

Das Zustandekommen dieser Erscheinungen und Vorgänge wird ermöglicht
durch die Uebermittlung unseres Denkens und Fühlens durch Zeichen, wie
es die Gebärde, die Sprache, Schrift und wie es Bilder sind. Unterstützt
wird die Bildung von Gemeinschaft und Genossenschaft durch das organisatorische Handeln, das Organisationen hervorbringt (Verein, Familie, Kirche,
Presse, Armee, Kartelle usw.). Aus dem Zusammenwirken und der Aus-
gleichung der hier wirkenden Gruppen kommen als Einheitserscheinungen der
Gesellschaft zustande, das Recht, der Staat, die Nation.

a) Das **R e c h t**. Es dient zur Regelung des organisierenden Handelns
wie die Moral, die Konvention, der Brauch, die Sitte und es unterscheidet
sich von diesen nur dadurch, daß es staatliche Satzung ist.

Die vielumstrittenen Fragen über das Wesen des Rechtes gehören nicht
in diesen Zusammenhang. Eher noch die völkerpsychologische Seite des
Rechtes.

b) Der **S t a a t**. Er ist die ideelle Summe alles organisatorischen Handelns, doch ist die staatliche Organisation selbst nichts Starres, sondern je
nach den inneren oder äußeren Bedingungen dieses Handelns in stetem Wechsel
und in steter Veränderung. Deshalb bezeichnet ihn *Othmar Spann*, *Kurzgefaßtes System* S. 186 als einen Gradbegriff. Er ist in dieser Eigenschaft eins
mit der Nation. Deshalb auch die vergeblichen Versuche, von einem festen
dogmatischen Schema aus dem Wesen des Staates gerecht zu werden. Ganz
besonders fällt dies natürlich bei der geschichtlichen Betrachtung staatlicher
Verhältnisse ins Gewicht und es ist deshalb auch der Zweifel begreiflich, mit
dem man bisweilen dem Begriff Staat begegnet ist. „Mit einem so kalten
Abstraktum wie Staat darf man eigentlich an das warme Leben gar nicht
herantreten. Die Römer haben auch kein Wort dafür und wir nur ein
denaturiertes lateinisches“ *(Ulr. v. Wilamowitz-Moellendorff)*.

Ob man ihn wie *Ldw. Gumplowicz*, *Grundriß der Soziologie* 1885, S. 116,
als „eine Organisation der Herrschaft einer Minorität über eine Majorität“

definiert, oder ihn zu einem bloßen Rechtsbegriff stempeln will, ist für den
Historiker von geringem Belang. Wie fast alle Kollektiverscheinungen des
menschlichen Lebens, Volk, Nation, Gesellschaft, glaubte man auch den Staat
als ein biologisch bestimmbares Lebewesen, als einen Organismus bezeichnen
zu sollen. So neuerdings besonders *Rud. Kjellén, Der Staat als Lebensform*
1917. Vgl. auch *Er. Kaufmann, Ueber den Begriff des Organismus in der
Staatslehre des 19. Jhs.* 1908. In der Tat vermag man sich manche Erscheinungsformen (Wachsen, Blüte, Absterben) durch den bildhaften Vergleich
mit organischen Lebenseinheiten glücklich zu deuten, niemals darf man jedoch
aus dem Auge verlieren, daß es sich nur um Analogien handelt. Der einzelne
Mensch als Mitglied und Angehöriger einer Gesellschaft, einer Nation, eines
Staates ist in dem „Körper" dieser Gesellschaft, dieser Nation, dieses Staates
nicht etwa so eingeschlossen wie die Zelle in dem Körper eines Lebewesens.
Das Individuum, das sich Zwecke setzt, nimmt bewußt Teil an den Zwecken
des Staates und folgt nicht wie die Zelle nur dem mechanischen Druck. Der
Staat, die Gesellschaft oder die Nation ist eben kein Organismus, sondern
eine Organisation. Vgl. II. § 9. Das gleiche läßt sich von den übrigen
Gruppen behaupten, in die diese großen Gesamtheiten zerfallen, von der Horde,
dem Stamm, den Ständen, Klassen, politischen Parteien, Berufs- und Wirtschafts-
vereinigungen, Zünften, Genossenschaften. Sie alle bilden nicht bloße An-
einanderreihungen von Individuum an Individuum, in sie gliedert sich vielmehr
der einzelne als in ein Ganzes ein, in dem er nicht bloß Teil, sondern auch
Träger einer bestimmten Funktion ist. Andererseits wächst dieses Ganze
hinaus über eine reine Addition von Individuen, über ein bloßes Aggregat
und folgt schließlich seinen eigenen Gesetzen. Es wird zum Selbstzweck.
Am sichtbarsten wird dies in der Gegenwart bei politischen Parteien, die
ursprünglich als Vereinigung von Menschen behufs Verwirklichung bestimmter
staatlicher Ziele ins Leben gerufen werden, mit ihrem Anwachsen über die
Zusammenfassung der Zwecke, die ihre Mitglieder mit ihrer Gründung verfolgt haben. sich erheben, eine eigene Taktik sich zurechtlegen, den Sonder-
interessen ihrer Führer sich unterordnen, kurz ihr eigenes Leben führen.
Vgl. *Gg. Jellinek, Allg. Staatslehre* [3] 1914. S. 113 ff.

Es handelt sich für die Geschichtsauffassung darum, wo man die Antriebe
sucht, die diese Massen in Bewegung setzt. Im allgemeinen lassen sich hiebei
nun zwei Betrachtungsweisen unterscheiden, einmal die m a r x i s t i s c h e
(m a t e r i a l i s t i s c h e) und zweitens die s o z i a l p s y c h o l o g i s c h e.

c) Die N a t i o n. Das Wesen der Nation liegt in der Kulturgemeinschaft
begründet. Doch ist sie in bezug auf ihre Einheit ebenso wie der Staat ein
Gradbegriff, da das Ziel völkischer Vereinheitlichung zu verschiedenen Zeiten
und auf verschiedenen Gebieten (in Betracht kommen Wissenschaft, Kunst,
Religion, Sitte) nicht mit gleicher Stärke erreicht wird, auch die Teilnahme
an den Kulturgütern von seiten der Massen nicht zu demselben Grad vor-
dringt und sich in dem Verhältnis zu diesen Gütern einerseits eine schöpferische Mitwirkung oder bloß eine rezeptive unterscheiden läßt.

Zum Unterschied von der Nation ist Volk ein statistischer Begriff, deshalb wird Volk auch der großen Menge gleichgesetzt und geradezu in weg-
werfendem Ton (Pöbel) gebraucht. Der Begriff Volk (Bevölkerung) schichtet
sich ab nach männlichen und weiblichen Teilnehmern, die in einem festen,

beharrenden Gegensatz zueinander stehen und die in ihrer gegenseitigen Ergänzung erst die Einheit abgeben; dann nach den Altersabstufungen als der abtretenden, auf dem Höhepunkt stehenden und der heranwachsenden Generation. Drückt sich in dieser Dreieinigkeit das gegenwärtige Volk aus, so umfaßt der geschichtliche Begriff „Volk" die Toten, Lebenden und Nachkommen und bedingt in dieser Geschlechterfolge die Stetigkeit der Kultur, der Meinungen und des Handelns. Schließlich teilt sich das Volk nach der Anteilnahme an den geistigen Gütern in Gebildete und Ungebildete, ein Unterschied, der uns bereits wieder hinüberführt zum Begriff „Nation".

Gerade dieser setzte aber bisher jeder wissenschaftlichen Behandlung den schärfsten Widerstand entgegen. Die auf Vereinheitlichung der Begriffe hinstrebende Gesellschaftslehre bot ein Beispiel innerer Zerfahrenheit und der Unfähigkeit, durch Verallgemeinerungen so verwickelter Tatsachen, wie es das Volkstum eins ist, Herr zu werden. Zugleich waren alle diese Versuche freilich zeitgeschichtlich und politisch bedingt. So wurde von den deutschen Staatsrechtslehrern (*Mohl*) und mit diesen von neueren deutschen Kulturgeographen der Staat als das die Nation bildende Element betrachtet. Unter dem Einfluß der Romantik hat man vom sprachwissenschaftlichen und völkerpsychologischen Standpunkt aus in der Sprache allein das Kennzeichen der Zugehörigkeit zu einer Nation zu erkennen geglaubt. Die durch Darwin auf die Bahn geführten entwicklungsgeschichtlichen Zusammenhänge drängten gemeinsame Abstammung und Rasse in den Vordergrund. Die moderne Anthropogeographie legt auf Boden und Klima das Hauptgewicht. Daß Religion, gemeinsame geschichtliche Ueberlieferungen und Erlebnisse, gemeinsame Kultur nationsbildend sind, ward ebenfalls von vielen erkannt und es war deshalb ein Verlegenheitsausweg, als man, um die Gegensätze zwischen den Forderungen des national nicht geeinten oder doch nicht ganz einheitlichen Staates mit den unbestreitbaren Merkmalen des Nationalbegriffes zu versöhnen eine Staats- und eine Kulturnation nebeneinander aufstellte (*Kirchhoff* und *Fch. Meinecke*). Dem Schwankenden in der Festsetzung des Begriffes Nation suchte *Kurt Riezler* dadurch beizukommen, daß er als Wege zur Bildung der Nation die Einheit des Raumes, der Rasse, der Kultur und des Staates bezeichnete. Doch fügte er hinzu, es sei nur die Einheit der Kultur oder wenigstens der Ansatz zu ihr unerläßlich. Bei so systemloser Betrachtung zerfließen im einzelnen alle Merkmale und geben den Zweiflern und Freunden von Paradoxen Gelegenheit, mit dem Begriff „Nation" Fangball zu spielen.

Sind die Juden eine Nation, so widerspricht dies der Forderung nach Gemeinsamkeit der Wohnsitze. Das Kennzeichen gleicher Sprache muß nichts über die Abstammung aussagen, die finnisch-ugrischen Bulgaren haben ein slawisches Idiom angenommen, während das Italienische, Spanische, Rumänische zur Muttersprache für ethnisch in sich sehr verschiedene Völker geworden ist. Andererseits können Mundarten innerhalb einer Sprache zu Scheidewänden werden, die so trennend wirken wie nur eigentliche Sprachverschiedenheiten (Kastilier und Katalanen). Als Triebkraft von nationalisierender Bedeutung erscheint bisweilen die Religion entscheidend. So hat die Anhänglichkeit zum Christentum die Balkanvölker vor der Vertürkung bewahrt. Indes die katholischen Iren trotz Sprachgemeinschaft mit den Engländern sich nicht als Engländer fühlen, ist dies bei den anderssprechenden Walisern der Fall. Vielfach scheinen gemeinsame geschichtlich-politische Erlebnisse den Ausschlag zu geben, doch können noch andere Tatsachen von Einfluß werden. So sah die Spätantike vielfach im Ausschluß von dem ihr eigenen Bildungsideal das Entscheidende für die Zugehörigkeit zum Barbarentum. In neuester Zeit spielen kapitalistische Erwerbsinteressen und andere materielle Rücksichten mit hinein. Die Presse und Literatur wird zum Hebel für die Pflege und Erhaltung der Volkssprache, wird aber ebenso Gegenstand gewinnbringenden Gewerbes. In mehrsprachigen Ländern bleibt überdies der Wettbewerb um Aemter und Anstellungen nicht ohne Einfluß auf die Verteilung der nationalen Kräfte.

Der Historiker wird nie vergessen dürfen, daß die nationale Idee von den verschiedensten Denkbestandteilen durchsetzt ist und sich in den einzelnen Völkern und Zeiten unter den verschiedensten Formen in Erscheinung tritt, bald als Herold einer Stammesgottheit, bald als Symbol staatlicher Machtgelüste oder als Trägerin sozialer Forderungen. Auch war das nationale Bewußtsein nicht immer und überall von gleicher Stärke. Verschiedene Völker sind im Zusammenstoß mit anderen zugrunde gegangen oder von den Siegern aufgesaugt worden. Die Tatsache, daß z. B. die Avaren nach ihrer Niederlage dem Gesichtskreis der Geschichte entschwinden konnten, oder, daß zwei Fünftel des von Deutschen heute besiedelten Gebietes den Slaven abgerungen wurde, beweist zur Genüge, daß die Wiederstandsfähigkeit des Volkstums nicht immer und bei allen gleichmäßig entwickelt war. Andere Völker, wie die alten Aegypter, Griechen, Römer usw., starben allmählich ab. Man wird sich also hüten müssen, die Verhältnisse der Gegenwart unbesehen bei solchen der Vergangenheit vorauszusetzen. Eine der Wurzeln des modernen politisch instrumentierten Nationalgedankens liegt in der Abkehr von der mittelalterlichen Universalidee, deren Träger die Kurie war. Deshalb verschwistern sich an der Wende der neuen Zeit ganz deutlich religiöse Vorstellungen mit nationalen (Wiclef, Hus, Luther). Getränkt mit ästhetischen Bestrebungen hat dann die Romantik die Aufmerksamkeit auf die geistigen Sonderleistungen eigenen wie fremden Volkstums hingelenkt und damit dem Liberalismus vorgearbeitet, der die Freiheiten, die er für die Individuen forderte, ausgedehnt wissen wollte auf die der nationalen Volksindividualitäten. Seit den 30er Jahren des 19. Jhts. tritt der Gedanke, daß jede Nation das natürliche Recht besitze, alle ihre Angehörige in einem Staate zu vereinigen, mit wachsender Gewalt in die politische Arena. Zunächst als ein Element des Umsturzes, dann aber durch Napoleon III. gleichsam zum legitimen Grundsatz der europäischen Politik erhoben. Neuerdings schattet sich die nationale Idee im Sinne stärkerer Betonung demokratischer Lebensformen ab, indem sie nicht allein in der zahlenmäßigen Zusammenfassung aller Volksgenossen in einem Staate ihre Verwirklichung erblickt, vielmehr auch die Anteilnahme aller an der Gewaltausübung dieses Staates verlangt.

Für den modernen Historiker liegt die Gefahr nahe, sich das Verständnis für Erscheinungen der Vergangenheit zu versperren, wenn er unsere Zeit zum Maßstab für die Betrachtung nationaler Tatsachen macht. Das ist natürlich bei einem Begriffe wie dem des Staates nicht minder der Fall, ist hier aber noch um einiges gefährlicher, als das Wort „Nation" eben seit Napoleon III. zum Schlagwort geworden ist. Vgl. darüber *Wm. Bauer, Das Schlagwort als sozialpsychische und geistesgeschichtliche Erscheinung. HZ. 122*

(1920) 189—240. Damit hat es zu allem Ueberfluß außer dem Ungewissen seines sachlichen Inhalts auch noch die schillernde und flimmernde Farbengebung jener halb absichtlich, halb unabsichtlich gewählten Undeutlichkeit der Ausdrucksweise angenommen und ist zum Symbol der verschiedensten Strebungen und Ideen geworden.

Das Wesen der Nation hat zum ersen Male *Othmar Spann, Kurzgefaßtes System der Gesellschaftslehre* (1914) 195 ff. klargelegt. Gemeinsame Sprache, gemeinsamer Staat, gleicher Raum, gleiche Rasse usw. sind als Gemeinsamkeiten nur Bedingungen, unter denen sie entstehen kann. Nation ist echte geistige Gemeinschaft, die in der Anteilnahme an der gleichen Kultur (Wissenschaft, Philosophie, Religion, Moral, Sitte, Brauch, Kunst) beruhte und in der organischen Einheit der Kulturgemeinschaften. Aber diese Einheit ist niemals vollständig und Nation ist infolgedessen ein Gradbegriff und Nation reicht nur so weit als die Kulturfähigkeit der Massen reicht. Nicht bloß, daß die Glieder einer Nation in schaffende und empfangende zerfallen, so kennt die völkische Gemeinschaft verschiedene Grade hinsichtlich des geistigen Inhalts und der Innigkeit des Verbundenseins, hinsichtlich des Raumes, den sie einnimmt, ja ihres ganzen Gefüges. Die Grenzen sind nach jeder Richtung hin verschieblich. Deshalb auch die verschiedenen Bilder, unter denen sie dem Soziologen wie dem Geschichtsschreiber erscheint.

Aus der ganz unübersehbaren Fülle von Literatur, deren Haupterscheinungen *O. Spann* (s. o.) übersichtlich angeordnet hat, sei hier das wichtigste mitgeteilt. Das Allgemeine behandeln: Walter B a g e h o t, Der Ursprung der Nationen, = Internat. wissensch. Bibl. 4 (1874); Rich. B o e c k h, Die statistische Bedeutung der Volkssprache als Kennzeichen der Nationalität in Zschr. f. Völkerpsychol. und Sprachwissenschaft 4 (1866) S. 259—402; Mor. L a z a r u s, Was heißt national? 1880; Hch. Jul. N e u m a n n, Volk und Nation 1888; Celso F e r r a r i, La nationalità e la vita sociale, Palermo 1896; Alfr. K i r c h h o f f, Was ist national? 1902; D e r s e l b e, Zur Verständigung über den Begriff Nation und Nationalität (1905); Fch. M e i n e c k e, Weltbürgertum und Nationalstaat ⁵1919; Vhdlgen. des 2. deutschen Soziologentages 1912 in Berlin (1913); eine Philosophie des modernen nationalen Gedankens gibt Kurt R i e z l e r, Die Erforderlichkeit des Unmöglichen 1913, von welchem Gesichtspunkt aus er unter dem Decknamen J. J. R u e d o r f f e r, Grundzüge der Weltpolitik in der Gegenwart = Das Weltbild der Gegenwart 2 (1914) einen Rundblick über die Gegenwartsgeschichte zu geben suchte; die Widersprüche, die jeder dogmatisch-einseitigen Behandlung des Nationsproblems entgegenstehen, hebt Karl T e c h e t, Völker, Vaterländer und Fürsten 1913 hervor. Vom katholischen Standpunkt: Ign. S e i p e l, Nation u. Staat, 1916.

Von den Fragen, die dem Historiker nahegehen, stehen zwei im Vordergrunde: einmal die, worin sich die einzelnen Nationen voneinander unterscheiden und zweitens die Frage der Entwicklung beziehungsweise des geschichtlich feststellbaren Standes des jeweiligen Nationalbewußtseins.

Die Nationalcharaktere behandeln: Jean Louis C a s t i l h o n, Considérations sur les causes physiques et morales de la diversité du genie des nations Bouillon 1769; deutsch Leipzig 1770; Aug. Hch. M a t t h i a e, Versuch über die Ursachen der Verschiedenheiten in den Nationalcharakteren, Leipzig 1802. Ueber die Engländer: Hch. von L a n g w e r t h-S i m m e r n, Der englische Nationalcharakter = England in deutscher Beleuchtung 7 (1906). Ueber die Franzosen: Rob. H a r v e y, The French mind, London 1870. Zur Geschichte des Nationalbewußtseins: Paul J o a c h i m s e n, Vom dt. Volk zum dt. Staat = Aus Natur u. Geisteswelt Nr. 511 (1916), ²1920; F. W. B e h r e n s, Dt. Ehr- und Nationalgefühl in seiner Entwicklung bei Philosophen und Dichtern (1600—1815), Diss. Leipzig 1891; Hch. F i n k e, Weltimperialismus und nationale Regungen im späteren Mittelalter, Freiburger wissenschaftl. Gesellschaft 4 (1916); Emil Hch. D u B o i s R e y m o n d, Ueber das Nationalgefühl 1879. Nicht historisch ist Edm. B e r n a t z i k, Die Ausgestaltung des Nationalgefühls im 19. Jht. = Beitrr. zur staats- und rechtswiss. Fortbildung 6 (1912). Er kommt zum Schluß: „Die Nationalität im subjektiven Sinn ist ein höchst persönlich freier Besitz des Individuums."

§ 4. Die sozialpsychischen Tatsachen.

Die sozialpsychologische Betrachtungsweise geht von der Voraussetzung aus, daß alle Geschichte letzten Endes Geschichte der geistigen Funktionen ist und daß die Erscheinungen des Massendaseins auf bestimmte seelische Tatsachen zurückgehen, die in dem Gemeinschaftsleben der Menschen ihre Ursache haben. Zwei Fragen heischen hiebei zuvörderst Antwort. Fürs erste gibt es Erscheinungen auf dem Gebiete des Geistigen, die nur durch das Zusammenwirken vieler denkbar sind? Zweitens. Wie unterscheidet sich das Denken, Handeln und Fühlen der Massen von dem des einzelnen?

Zum Teil fällt die Beantwortung dieser Fragen in das Gebiet der Völkerpsychologie, doch hat sich von ihr die Sozialpsychologie als etwas Selbständiges abgezweigt, besonders seit *Wm. Wundt* das Arbeitsgebiet der Völkerpsychologie nur auf rassische oder völkische Gemeinschaftsarten beschränkt und nur Sprache, Mythus, Sitte als Untersuchungsgegenstand aufgenommen hat. Die sozialpsychologische Forschung hat nicht nur ihr Tätigkeitsfeld erweitert und alle seelischen Beziehungen zwischen Menschen herangezogen, sondern auch ihre Grundlagen geändert.

Die Völkerpsychologie, die eben in *Wm. Wundt* ihren hervorragendsten Vertreter und Bearbeiter gefunden hat, steht auf dem Standpunkte, daß Sprache, Mythus, Sitte als Erzeugnisse der Volksgemeinschaft anzusehen und nicht aus den Eigenschaften des einzelnen Bewußtseins zu erklären sind. Man stellt deshalb nicht allein die Völkerpsychologie in einen gewissen Gegensatz zur Individualpsychologie, man stellt vielmehr als Urheber dieser Erzeugnisse den Volksgeist oder die Volksseele auf. Nach *Wundt* zeigt sich diese „Volksseele" in der Kontinuität psychischer Entwickelungen bei fortwährendem Untergang ihrer individuellen Träger und das „Gesamtbewußtsein" als den Zusammenhang ihrer Vorstellungen und Gefühle innerhalb der Volksgemeinschaft. Solange man in diesen Bezeichnungen nur Abstraktionen gewisser Eigentümlichkeiten einzelner Gesamtheiten erblickt, wird man sie der Kürze halber allenfalls gebrauchen dürfen, sobald man aber, wie *Wundt* dies tut, der Volksseele eine konkrete Existenz zuschreibt, wirkt eine solche Aufstellung (z. B. für die Erklärung, wie Mundarten entstehen) nachgerade hemmend. In Wirklichkeit können alle Hervorbringungen auf dem Felde der Sprache, des Mythus oder der Sitte nur das Werk einzelner sein, wie es eben auch nur Einzelseelen geben kann. Der Widersinn springt in die Augen, sobald man sich gegenwärtig hält, daß eine solche reale Gemeinschaftsseele nicht beim Volke Halt zu machen braucht, daß sie sich überall, wo Menschen zusammenwirken, bilden und sich im einzelnen überschneiden kann. Man kann den Spott verstehen, wenn *Karl Marbe, Die Gleichförmigkeit in der Welt.* 1916, S. 113 ff. fragt: „An wie viel realen Seelen muß wohl ein Mensch teilhaben, der ein Schneider, ein eifriger Protestant, ein guter Deutscher und ein eifriges Mitglied des Hausbesitzervereins ist?" Abgesehen von diesen allgemein psychologischen Betrachtungen gibt die Verwendung des Begriffs „Volksgeist" oder „Zeitgeist" besonders vom geschichtlichen Standpunkte zu den schwersten Bedenken Anlaß. So übersieht z. B. eine Auffassung, die den Zeitgeist zum Urheber gewisser Erscheinungen macht, allzu leicht die Tatsache, daß zu gleicher Zeit die Men-

schen verschiedenster Epochen nebeneinander leben. So herrscht unter weiten
Teilen unserer bäuerlichen Bevölkerung ein gutes Stück „Mittelalter“. Vgl.
Borée, Mittelalterliche Menschen, Preuß. Jbb. 113 (1903) S. 113 ff. Gewiß ist
für alle Angehörigen einer Zeit oder eines Volkes die Wirtschaftsstufe und
literarisch-künstlerische Entwicklung nicht die gleiche. Der moderne Mensch
läßt sich aber durch die Resonanz, die das Großstadtdasein gewährt, verführen, die in diesem zutage tretenden Erscheinungen als das Allgemeingültige
und allein Maßgebende zu betrachten.

Entspricht die ‚Volksseele‘ den seelischen Kollektiverscheinungen in ihrem
historischen Längsschnitte als das Dauernde im Wechsel der Individualäuße-
rungen, so hat man für die Erklärung der vorübergehenden Massentatsachen
des Augenblicks eine Massenseele konstruiert. Nach *Le Bon* bildet sich unter
bestimmten Umständen nach dem Gesetz der l'unité mentale des foules die
sog. psychologische Masse mit seelischen Eigenschaften, die vollständig verschieden sind von jenen der Individuen, aus denen sie besteht. Bei aller ihrer
Unfertigkeit sind die Beobachtungen *Le Bons* von grundlegender Bedeutung
und trotz der etwas unklaren Bedeutung des Begriffes „Kollektivseele“ vorsichtiger gefaßt als *Wundts* Volksseele, die als etwas Bleibendes, an ein Volk
Gebundenes gedacht werden muß. Jedenfalls beruhen die Aufstellungen des
französischen Forschers auf gut gesehenen Beobachtungen, die sehr wohl zur
Grundlage weiterer Erkenntnisse gemacht werden können.

„Masse“ in dem hier gebrauchten Sinne ist jede größere Menge von
Menschen, seien sie räumlich oder geistig in näherer Verbindung miteinander,
die unter dem Eindruck der gleichen gefühlsbetonten Vorstellungen steht.
Diese Vorstellungen sind es, die den Antrieb zu den Handlungen der Masse
darstellen. Nicht Vernunftgründe reißen die Menge mit sich fort, sondern
auf die Einbildungskraft wirkende Bilder und Erlebnisse. Prüft man nun die
Eigenart, die das Denken und Handeln der Masse kennzeichnen, so ist a) das
Anschwellen der Affekte, die in ihrer Stärke mit der Zahl der Individuen
anwächst, woraus sich auch die Unberechenbarkeit des Endeffekts erklärt
(Luthers Thesenanschlag!); b) im selben Maße schwindet das individuelle
Bewußtsein in den einzelnen Teilnehmern. Ihre Durchschnittswerte, geistige
wie moralische, gewinnen die Oberhand, zumal es auch gefährlich scheinen
kann, sich von seinen Nachbarn abzuheben. Damit nimmt c) die Gewalt des
Nachahmungstriebes zu, auf den *Gabriel Tarde, Les lois de l' imitation* ³ 1900
alle Veränderungen des gesellschaftlichen Daseins zurückzuführen sucht. Erfindung *(invention)* und Nachahmung sind nach ihm die zwei Momente sozialen Geschehens, die der Vererbung in der organischen Welt entsprechen. Der Nachahmung (= Wiederholung) stellt sich die *contre-répétition*, der Gegensatz, ergänzend zur Seite. Ist die Nachahmung das Element des Beharrens, so die
Erfindung das Bewegende in der Gesellschaft und das Entscheidende in der
Geschichte. Es liegt auf der Hand, daß *Tarde* den Begriff „Nachahmung“
überspannt und unzulässig ausweitet, immerhin zeigt die Macht des Beispiels
(Märtyrertod), aber auch die Stärke der Gedankenträgheit (Mode, Sitte, Einfluß der Presse), welche wichtige Rolle die Nachahmung spielt. Sie kann,
mit religiösen, politischen, wirtschaftlichen und andern Momenten gepaart,
geradezu krankhafte Formen annehmen (Tanzepidemien, Kinderkreuzzüge,
Geißlerfahrten, Noyaden, Spekulationswut, Tulpenmanie usw.) und sich dem

induzierten Irrsinn, der folie à deux nähern, besonders wo Mangel an Bildung, meteorologische Erscheinungen (Erdbeben) und soziale Mißstände, Teuerung und Seuchen die Prädisposition abgeben. Von besonderer Wichtigkeit sind schließlich d) die unter dem Namen Suggestion zusammengefaßten Formen der Beeinflussung von Mensch zu Mensch. Neben der an den Verstand sich wendenden Einredung (Beredsamkeit) wirkt noch viel stärker als diese, namentlich auf Menschen primitiver seelischer Verfassung die Einfühlung, das elementare Mit- oder Nacherleben fremder Seelenzustände. Die eigentliche Suggestion oder Eingebung, d. h. die Uebertragung einer gefühlsstarken Vorstellung in das Gehirn anderer, die sich bei kräftiger Phantasie bis zu halluzinatorischer Kraft steigern kann, spielt gerade bei den Massen eine große Rolle (der hl. Georg erscheint den Kreuzfahrern auf den Mauern Jerusalems).

Man begreift aus diesen Tatsachen, wieso sich seit jeher fast alle Erfahrungen über den moralischen und intellektuellen Charakter von Massenhandlungen in dem Urteile eins wissen, daß der einzelne die Masse an Verantwortlichkeitsgefühl, Stärke des Bewußtseins, klarem Denken im allgemeinen übertrifft. Senatores boni viri, senatus mala bestia. Ist das aber ein Beweis für die Existenz einer Kollektivseele? Streng genommen gibt es psychologisch überhaupt keine Masse, sondern immer nur einzelne, die innerhalb ihrer zur Masse zusammengedrängten Umgebung denken, schreien, Steine schleudern, Häuser niederreißen oder Barrikaden errichten. Genau besehen setzt sich das Johlen der Menge aus hundert, zweihundert oder mehr unartikulierten Lauten zusammen, von denen jeder eine individuelle Klangfarbe an sich trägt, je nach den verschiedenen Kehlen, denen sie sich entringen. Was kann sicherer in den Bereich der Massenerscheinung fallen als die Welle von Menschen, die beim ersten Brandgeruch sich aus dem Theater wälzt, - als ein verängstigtes, geschlagenes Heer auf der Flucht! Aller Hemmungen anerzogener Rücksichten bar, in ihrer Sinnlosigkeit oft gerade sich selber feind und schädlich — das ist das Kennzeichen der von Panik ergriffenen Masse. Zergliedert man freilich diese Erscheinung, so zerfällt sie in ein Nebeneinander von Einzelhandlungen. Das sauve qui peut heißt nichts anderes als die Flucht des Individuums aus der Masse heraus. Weh dem, der auf der Flucht zusammenbricht, er wird erbarmungslos niedergetreten. Jeder will nur sich selbst erhalten. Vgl. *Eberhard Gothein, Soziologie der Panik. Verhandlungen des 1. dt. Soziologentages* (1911) S. 216 ff. Es gibt also auch hier im seelischen Sinne keine Masse. Wenn man aber doch von ihrer psychischen Eigenart spricht, so hat das nur insofern eine Berechtigung, als in der Tat eine qualitative Umformung der Gefühle, des Denkens und Handelns vor sich geht, sobald sich der einzelne unter dem Einflusse der Masse befindet. Wer hätte solche Einwirkungen nicht schon an sich selber erfahren. Der Ungebildete, der Phantasiemensch, das Weib erliegt ihnen leichter als der Verstandesmensch, die Jugend ist ihnen zugänglicher als das Alter, die lateinische Rasse eher von ihnen erfaßt als ein Angelsachse. aber gefeit ist davor keiner.

Die Kenntnis dieser Tatsachen ist für den Historiker nicht ohne Bedeutung, wirken sich doch in den mannigfachsten Erscheinungen des öffentlichen Lebens solche massenpsychologische — um der Kürze halber diesen Ausdruck doch zu gebrauchen — Vorgänge aus. Wer ihrer nicht achtet und nur überall nach Vernunftgründen sucht, wird nie und nimmer verstehen, wieso es glänzenden Rednern bisweilen nur durch ihre Rednergabe so leicht gelingt, Anhänger zu sammeln, wie sich die mit den Mitteln der Suggestion und Phantasieerregung arbeitende Werbetätigkeit der Massen bemächtigt und Menschen zu Mehrheiten zusammenballt, die, ihren Einzelüberzeugungen folgend, das Gegenteil von dem beschlossen hätten, was sie unter dem Einflusse einer plangemäßen Bearbeitung in der Masse tatsächlich beschlossen haben. Wie will man sonst das Wesen des Schlagwortes begreifen, das desto wirkungsvoller wird, je unbestimmter sein Inhalt ist, je größeren Spielraum es der Einbildungskraft gewährt? Gerade das Schlagwort ist eines der wichtigsten Hilfsmittel, die getrennt marschierenden Meinungen zu großen Einheiten zusammenzufassen. Sind Wörter an und für sich soziale Zeichen, in denen sich ein Gemeinschaftswille kundtut, die nicht verstanden würden, gingen sie nicht aus einem gemeinsamen Denksystem hervor, so werden sie zu Schlagwörtern, indem ihnen ein symbolischer Nebensinn unterlegt wird. Vgl. *Ferd. Tönnies, Philosophische Terminologie in psychologisch-soziologischer Ansicht* 1906. In ihnen kristallisiert sich am klarsten, was man unter „öffentliche Meinung" versteht. Sie ist die teils rational erfaßte, teils auf Ueberlieferungen und auf das Herkommen sich stützende Massenmeinung, die, zugleich Willenskundgebung, auf das politische wie das soziale Leben Einfluß nimmt, bisweilen mit imperativer Kraft in dieses eingreift. In den Tagen der Aufklärung als soziale Macht erkannt, verstärkte sich diese mit dem Fortschreiten des demokratischen Gedankens. Natürlich gab es ebenso in der Antike wie im Mittelalter eine öffentliche Meinung, wenn man sie auch mangels richtiger psychologischer Erkenntnis noch nicht als eine soziale Erscheinung für sich zu isolieren verstand. Vgl. *Wm. Bauer, Die öffentliche Meinung und ihre geschichtl. Grundlagen* 1907 und *Derselbe* in *Geisteswissenschaften* 1 (1913/14) Sp. 1022 ff.

Aus dem, was die Psychologie in der Erforschung von Massenerscheinungen geleistet hat, mag der Historiker vor allem lernen, welche Rolle das Irrationale im geschichtlichen Geschehen spielt. Ist es schon irrig, vom Individuum anzunehmen, es folge in seinen Entschlüssen und Denkakten stets vernunftgemäßen Erwägungen, so zeigt die Masse sich erst recht dem Triebmäßigen, dem rein vom Gefühl, von „Stimmungen" eingegebenen Handeln zugeneigt. *Graham Wallas, Politik und menschliche Natur*. Uebers. 1911 (*Polit. Bibl.*) S. 57 spricht von der „Tatsache, daß die meisten politischen Meinungen der meisten Menschen, nicht das Ergebnis eines durch die Erfahrung erprobten Denkens, sondern durch die Gewohnheit fixierter, unbewußter oder halbbewußter Folgerungen sind. Die Gewohnheit zeigt ihre Macht in der Politik vornehmlich in der Bildung von Denkpfaden". Und er meint, „die meisten Menschen scheinen gerade jene ihrer Meinungen am meisten zu verehren, die mit bestimmtem Denken am wenigsten zu tun haben".

Solches erweist sich mit Deutlichkeit z. B. in allen Fragen des Prestiges, das im Gegensatz zur Autorität, die in der auf Grund tatsächlicher Leistungen ruhenden Ueberzeugung der Ueberlegenheit besteht, auf allgemeine Eindrücke zurückgeht, die keiner sachgemäßen rationalen Kritik standhalten. *George Cornewall Lewis, An Essay on the Influence of Authority in Matters of Opinion* London ² 1875, *Ldw. Leopold, Prestige 1916*; vgl. hiezu *Alfr. Vierkandt* in *Jb. f. Gesetzg., Verwaltung und Volkswirtsch.* 41 (1917) S. 1681 ff.

Es spielen in die Urteile der Menschen ziemlich stark Illusionen und

Symbolik hinein und ganz besonders stark in das Denken der Massen. „Die Erforderlichkeit des Unmöglichen“, die *Kurt Riezler* in seinem gleichnamigen Buche (1913) für den nationalen Gedanken als lebensnotwendig hinzustellen sucht, sie ist für die Menge so wichtig wie die Luft zum atmen. Alle politischen, religiösen und sozialen Denkrichtungen laufen schließlich in eine Utopie aus, denn die Menschen brauchen, um das Mögliche zu erreichen. etwas Unmögliches als letztes Ziel. Das Wirkliche bedeutet in der Geschichte nicht immer das Ausschlaggebende. Man mag haargenau feststellen können, daß in weiten Schichten der deutschen Bevölkerung zu Beginn des 16. Jhts. große Anhänglichkeit an die katholischen Heilslehren geherrscht habe, die von der Illusion beherrschte Denkrichtung, daß nur eine Erneuerung des sittlichen Lebens die religiöse Wiedergeburt ermöglichen könne, war stärker als die nackte Tatsächlichkeit. Und dasselbe gilt von den Zuständen vor der französischen Revolution, von den Anlässen zur Arbeiterbewegung im 19. Jht., von den zum Kriege führenden Abneigungen der Völker. Immer verbinden sich Tatsachen mit Illusionen. Das Wirksame, das, was dem Willen der Massen den letzten Anstoß gibt, ist aber die Illusion, sei sie verklärend oder verzerrend, erhebend oder niederreißend. „Auf Poesie“, sagt *Gneisenau*, „ist die Sicherheit der Throne gegründet. Wie so mancher von uns, der mit Bekümmernis auf den wankenden Thron blickt, würde eine ruhige, glückliche Lage in stiller Abgezogenheit finden können, wie mancher dürfte selbst eine glänzende erwarten dürfen, wenn er statt zu fühlen berechnen wollte.“ Das Gefühl erhebt sich eben über die Forderungen der Wirklichkeit und es kommt darum für die historische Beurteilung nicht allein darauf an, wie die Zustände und Vorgänge in der Tat sich befanden oder verliefen, sondern ebenso — in erregten Zeiten fast allein — wie die Zustände und Vorgänge von der Menge empfunden wurden. Auf dem Zwiespalt zwischen Tatsächlichkeit und Illusion, die sich, wie gesagt, niemals vollständig decken, die zumeist in Widerspruch miteinander stehen, beruhen vielfach die sog. „Rettungen“ bestimmter Persönlichkeiten oder Verhältnisse und Einrichtungen. Hierauf beruht sehr oft die Ursache für die quellenmäßig belegten verschiedenen Auffassungen der in der Geschichte „schwankenden“ Persönlichkeiten und Zustände, je nachdem man sie aus den Stimmungen der Zeit, aus den publizistischen Quellen, oder aus den urkundlich feststellbaren Tatsachen heraus beurteilt. Vgl. oben III. § 5. Aufgabe der Geschichtswissenschaft ist es beides festzustellen, die Grundlagen des Wirklichen wie auch den Schein, das Licht, in dem dieses Wirkliche den Zeitgenossen und den späteren erschien, denn Illusionen haben ebenfalls ihre Geschichte. Im Wechsel der Zeiten wandeln sich auch die Meinungen und Urteile ab. Hieher gehört z. B. die Tatsache des ‚Ruhmes‘, der, abgesehen von gewissen Leistungen, durch das Medium der Tagesströmungen, Moden usw. geht und Veränderungen erleidet. Wie verschiedene Beurteilung hat z. B. Schillers Bedeutung erfahren. Die Kurven seines Ruhmes fallen freilich mit den wechselnden literarischen und ästhetischen Tendenzen der Zeit zusammen und sind insofern für die Beurteilung der letzteren eine Quelle der Erkenntnis. Vgl. *Julian Hirsch, Die Genesis des Ruhmes* 1914.

Eng verwandt mit dem Illusionismus ist die Symbolik. Auch sie erhebt sich kühn über das Wirkliche, nur knüpft sie bewußt an ein bestimmtes

Merkzeichen, dem sie einen geheimen, tieferen Sinn verleiht. Illusion wie Symbol verlangen eine vom Willen nicht ganz unabhängige Hingabe an allgemeine Vorstellungsreihen. Haben sie aber einmal Fuß gefaßt, so verstärken und verklammern sie die Einzelwillen um so gewisser, als ihr Gefühlsinhalt, das Dunkle und Unausgesprochene in ihrem Wesen auch den Ungebildeten zu fassen imstande ist, und sie finden auch dorthin den Weg, wo das verstandesgemäße Denken nie ganz hingelangt. An einem bunten Stück Tuch hängt die Ehre eines Regiments, eines Staates, an einer Krone die Majestät eines Volkes. Farbige Abzeichen bezeichnen zunächst nur die Angehörigkeit zu einer Partei, bald werden sie zu einem Heiligtum selbst, um das man kämpft und sein Herzblut verliert. In dieser, jenseits des Rationalen liegenden Symbolik liegt auch die Gewalt des Schlagwortes.

§ 5. Die sozialpsychologische Geschichtsauffassung.

a) Die historischen Ideen. Das Streben, das Kollektive im geschichtlichen Geschehen von der psychologischen Seite her zu fassen, weist bereits auf *Giambattista Vico* hin, bei dem Geschichte und Geschichtspsychologie in eins zusammenfallen. Sie ist ihm die *storia dell' idee umane*. Fördernd trat dann die Aufklärungsphilosophie hinzu, die in der Zunahme an Wissen und Bildung („Humanität") den eigentlichen Sauerteig historischen Werdens erblickte. Nach *Voltaire* sind die Veränderungen der Meinungen als das gestaltende Prinzip aller Kulturformen anzusehen. Aber das Erlebnis der großen französischen Revolution brachte auf dem Festlande erst die entscheidenden Erfahrungen zur Anschauung. Hier konnte man den Einfluß, den der Kampf der geistigen Kräfte auf die Formung des öffentlichen Lebens ausübte, mit Händen greifen. Zugleich lernte man die Mechanik des Massenlebens in seinen politischen Auswirkungen nach allen Richtungen hin aus nächster Nähe kennen. Aus dem Dunstkreis dieser Erscheinungen löste sich z. B. die Erkenntnis der öffentlichen Meinung zu konkreter Wirklichkeit aus und erhielt damals ihren Namen. Durch die Schule dieser Erfahrungen war auch *Wm. von Humboldt* gegangen, als er (am vollendetsten in „*Ueber die Aufgaben des Geschichtsschreibers* Abb. d. Berliner Ak. 1820/1, 1822 abgedr. in *Wm. v. Humboldts ausgew. philos. Schr.* = *Philosoph. Bibl.* 123 (1910) 80—99) die Ergründung des historischen Geschehens hauptsächlich darin suchte, daß der Zusammenhang der wirkenden Kräfte, ihre Richtung und gegenseitige Abhängigkeit aufgezeigt werde und wie sich diese Kräfte gegenseitig ablösen und miteinander verbinden. Im Kreise dieser Kräfte, dieser „Ideen", die außerhalb der allgemeinen Kausalität stehen, ist auch der anscheinend freie Wille der Individuen beschlossen. Diese von *Humboldt* nur theoretisch aufgestellten Grundsätze bedeuteten trotz des Geheimnisvollen, das in ihnen ruht und das jeder wissenschaftlichen Erfassung Widerstand leisten muß, doch insofern eine wertvolle Grundlage für die Geschichtswissenschaft, als sie auf der Bühne der Staatenhistorie nicht mehr bloß Könige und Päpste, Parteien und Städtebünde agieren ließ, nicht mehr nur den Machtkitzel des einen oder die Schwachmütigkeit des anderen aufzeigte, sondern hinter all diesen Erscheinungen den Einfluß der geistigen Mächte suchte. Auch darin näherte sich diese Lehre dem praktischen Bedürfnis der Geschichtsschreibung, daß

sie nicht wie die Romantiker einen außerhalb der Dinge wirkenden Welt-
oder Volksgeist annahm, sondern die Ideen in den Begebenheiten und in den
handelnden Menschen selbst zu erkennen strebte. Gegenüber der Hegelschen
Spekulation aber, die in der Geschichte die Selbstentwicklung der Idee sehen
wollte, war es kein geringer Vorzug, daß hier die Konstruktion, als ob sich
die Weltgeschichte auf e i n Schema zurückführen lasse, vermieden und gerade
in der Aufeinanderfolge, in dem Kampfe der Ideen das Wesen des historischen Werdeganges erblickt wurde.

An diese Gedankenkreise knüpfte der Altmeister der neueren deutschen
Geschichtswissenschaft, *Leopold von Ranke* an. „Ich kann also“, sagt er
einmal, „unter leitenden Ideen nichts anderes verstehen, als daß sie die
herrschenden Tendenzen in jedem Jahrhundert sind. Diese Tendenzen können
indessen nur beschrieben, nicht aber in letzter Instanz in einen Begriff
summiert werden . . .“ Und er fügt hinzu: „der Historiker hat nun die
großen Tendenzen der Jahrhunderte auseinanderzunehmen und die große
Geschichte der Menschheit aufzurollen, welche eben der Komplex dieser verschiedenen Tendenzen ist. Vom Standpunkte der göttlichen Idee kann ich
mir die Sache nicht anders denken, als daß die Menschheit eine unendliche
Mannigfaltigkeit von Entwicklungen in sich birgt, welche nach und nach zum
Vorschein kommt und zwar nach Gesetzen, die uns unbekannt sind, geheimnis-
voller und größer, als man denkt.“ — *Fch. Meinecke,* der gerade nach der
Ideenlehre hin die Gedanken *Rankes* am treuesten fortgeführt hat, bemerkt
HZ 111 (1913) S. 585: „Historische Ideen sind nicht bloße Gedanken, sind
in erster Linie vielmehr Tendenzen, an denen die Bedürfnisse des Willens
und Gefühle mehr Anteil haben als der Intellekt.“

Bei allen Vorzügen, die der Lehre von den historischen Ideen zueigen
sind, konnte sie der Gefahr nicht ganz entgehen, geistige Mächte zu suchen
und zu finden, wo es sich um materielle Kräfte handelt und die Tatsachen
der natürlichen, wirtschaftlichen und sozialen Grundlagen etwas zu vernachlässigen. Sie bildet in dieser Hinsicht den geraden Gegensatz zu *Marx,* der
alles historisch Wirksame in die ‚reale Basis‘ verlegt und die Ideen nur als
„Ueberbau“ gelten lassen will. Vgl. S. 71 ff.

J. G o l d f r i e d r i c h, Die historische Ideenlehre in Dtld. 1902 (als Zitatensammlung
wertvoll, aber ohne geistige Durcharbeitung des Stoffes); wichtiger Edd. F u e t e r, G. der
neueren Historiographie 1911 S. 423 ff. und 474 ff., der auch die wichtigere Spezialliteratur
verzeichnet.

b) S o z i a l p s y c h o l o g i s c h e G e s c h i c h t s a u f f a s s u n g. Wie
II § 8 gezeigt wurde, führt der Weg zu *Lamprecht* über *Turgot. Condorcet* und
namentlich über *Comte. Lamprecht* findet in dem sozialpsychischen Element
das Konstitutive, wie er in Anlehnung an *Wundt* die Psychologie überhaupt
als Grundlage der Geschichte betrachtet. „Das geschichtliche Leben läßt sich
nur als eins fassen und sein Inhalt wird durch das Seelenleben der menschlichen Gemeinschaften und der Individuen einer bestimmten Zeit als ein
schlechthin Ganzes gebildet“ *(Beil. zur Allg. Zeitung* 1898, 15. April Nr. 83). Er
sucht nach Zeitaltern in der Entwicklung des Seelenlebens. *Wundts* „schöpferische Synthese“, wonach psychische Gebilde niemals durch die Eigenschaften
der psychischen Elemente erschöpft werden, in die sie eingehen, sondern infolge
der Verbindung der Elemente immer neue Eigenschaften hinzutreten, die diese
Gebilde erst charakterisieren, macht er zur Grundlage seiner Betrachtungen

über Gesamtwillen, Gesamtbewußtsein der sozialen Bildungen. Abgesehen davon aber, daß mit dieser schöpferischen Synthese und der Annahme einer Sozialpsyche etwas Geheimnisvoll-Unerklärbares zur Erklärung herangezogen wird, ging *Lamprecht* mit der Vereinheitlichung der sozialpsychischen Tatsachen, allzu rasch vor, indem er meinte ganze „Kulturzeitalter“ mit einer solchen seelischen Etikette kennzeichnen zu können. Was seine theoretische Grundauffassung sonst betrifft, so nimmt er natürlich stark Partei für den überragenden Einfluß des Kollektiven über das Individuelle. Personengeschichte wird in die Nähe des Romans gerückt, dagegen der Geschichte der „Zustände“ als der Erzeugnisse sozialen Denkens und Fühlens das Hauptgewicht beigelegt. Nicht um die begriffliche Ableitung späterer Zustände aus früheren handle es sich aber, sondern darum, die in allen kulturellen Einrichtungen innewohnenden Entwicklungstendenzen zu leiten. Er bekennt sich zu einer genetischen Darstellungsweise, die die Richtung *Rankes* übertreffen will. Ueber die alte Heldenbiographie hinaus, sei fürderhin das große Individuum aus den Zuständen zu erklären und andererseits aufzuzeigen, wie es auf die Zustände wirke, indem es dank seiner Eminenz besser als die Durchschnittsmenschen die in der Zeit sich andeutenden Richtungen erkenne. Vgl. *P. Barth, Die Philosophie der Geschichte*² 502 ff. Bildete so historisch seine vorschnelle Generalisation, die, um die Richtigkeit seines Schemas zu erweisen, den Wirklichkeiten nicht selten Zwang antat, gegenüber der Ideenlehre einen Rückschritt, so ist ihm gutzuschreiben, daß er auf die Massenerscheinungen in der Geschichte überhaupt das Interesse hinlenkte und die Entwicklung des Wirtschaftslebens mit in seinen Bereich zog. So stellte sein Auftreten die Verbindungslinie her zwischen der extremen Nur-Ideenforschung auf der einen, der Nur-Wirtschaftsgeschichte in Deutschland auf der andern Seite. Trotz seinem wohleingerichteten, 1909 eröffneten Kgl. sächsischen „Institut für Kultur- und Universalgeschichte bei der Universität in Leipzig“ und einer großen Anzahl von Schülern, die ihre Arbeiten in den „Beiträgen zur Kultur- und Universalgeschichte“ niedergelegt haben, vermochte er nicht eine „Schule“ zu gründen.

§ 6. Das Individuum.

Das Individuum als seelische Einheit ist die wahre Crux der modernen Geschichtstheorie. Sein Dasein zu leugnen, geht nicht an, denn das hieße nichts anderes als sein eigenes Selbst verleugnen. Vor noch gar nicht allzu langer Zeit war für den weitaus größten Teil der Historiker und Geschichtsphilosophen die Frage von der Bedeutung des Individuums überhaupt noch keine Frage. Die Geschichte löste sich auf in eine Summe von Einzelhandlungen und diese Einzelhandlungen hatten eben Individuen zu Urhebern. Freilich war damals der Ausschnitt aus dem Geschehen, das man gemeinhin zum Gegenstande historischer Betrachtung machte, ein ungleich engerer. Man verlegte das Schwergewicht auf die Vorgänge und Aeußerungen des staatlichen Daseins. Kirchengeschichte war Sache der Theologen, Rechtsgeschichte Aufgabe der Juristen, um die Entwicklung der wirtschaftlichen Verhältnisse kümmerte sich gelegentlich ein Außenseiter, die einzelnen Seiten des kulturellen Lebens als ein Ganzes zusammenzufassen und in die historische Betrachtung einzuordnen, daran hatte vor *Voltaire* kaum jemand ernstlich gedacht. Und auch *Voltaire* hatte nicht sogleich Nachfolger gefunden. Ohne Zweifel versetzte die Revolution der rein individualistischen Betrachtungsweise einen schweren Stoß. Freilich hat hierin bereits *Montesquieu* in seinem *Esprit des lois* eine Bresche geschlagen, da er nicht mehr die Allmacht eines Gesetzgebers anerkennt, sondern die Gesetze gegenseitig bedingt sein läßt. Aber diese Erfahrung anschaulich gemacht zu haben, war doch eine Errungenschaft der Revolution. Was waren Könige, was waren Minister! Die Erfahrung des Augenblicks warf ihre Lichter auch auf die Vergangenheit. Indem einmal die Decke von den bisher sorglich gehüteten Regierungsarcana weggerissen war, sah man plötzlich, wie da wirtschaftliche, soziale, geistige Kräfte am Werke sind, denen der einzelne machtlos gegenübersteht, und sei er gefürstet oder beamtet, hoch oder nieder. Man hatte allmählich den Begriff der „Gesellschaft" entdeckt, *Darwins* Entwicklungsgedanke legte den Hauptton auf das Wesen der Arten, gleichzeitig kam die Statistik zu Ansehen mit ihrem Gesetz der großen Zahl, das den einzelnen untergehen ließ in der Masse. Ein neuer Idealismus rang sich empor, der den Unsterblichkeitsglauben in dem Sinne variierte, daß an Stelle eines persönlichen Weiterlebens nach dem Tode dasjenige der Gattung trat.

Von solchen Einflüssen getragen war ganz besonders die soziologisch gerichtete Geschichtsschreibung. *Ldw. Gumplowicz, Soziologie und Politik* 1892, S. 54, konnte behaupten: „Auf dem Altar ihrer Erkenntnis opfert die Soziologie — den Menschen! Er, der Herr der Schöpfung, der Urheber historischer Ereignisse nach der Meinung der Historiker, der als Monarch oder Minister die Geschicke der Völker nach seinem Willen lenkt, der vor dem Richterstuhl der Geschichte die volle Verantwortung für seine Handlungen zu tragen hat und dem der Historiker nach Umständen Lob oder Tadel zuteil werden läßt — er sinkt in der Soziologie zu einer bedeutungslosen N u l l herab. Ganz im Gegensatz zu den Schilderungen der Historiker ist für die Betrachtungsweise der Soziologen auch der mächtigste Staatsmann nur ein blindes Werkzeug in der unsichtbaren, aber übermächtigen Hand seiner sozialen Gruppe, die selber wieder nur einem unwiderstehlichen sozialen Naturgesetze folgt." Nicht alle haben so utopisch radikal in dieser Frage gedacht wie *Gumplowicz,* aber unzweifelhaft sind auch Historiker in ihrer Beurteilung des Individuellen dadurch nicht unangefochten geblieben.

Gegenüber dem mehr naiven Glauben an das Wirken des Individuums fehlte es freilich auch nicht an theoretisch bewußten Verfechtern des Individualismus, die in ihren letzten Folgerungen nicht weniger weit gingen als etwa *Gumplowicz* auf der soziologischen Seite. *Carlyle* behauptete, Geschichte sei die „Quintessenz unzähliger Biographien", wobei *Carlyle* wohl wußte, daß in Zukunft die historische Fragestellung sich weniger nach den Regierungs- und Staatshandlungen richten werde als vordem. „Nicht unsere Regierung bloß oder das Haus, in welchem unser Leben geführt wird, sondern das L e b e n selbst, welches wir darin führten, wird erforscht werden." *Ausgew. Schrr., dtsch. von A. Kretzschmar (Boswells Lebensgeschichte Johnsons)* 3 (1855) S. 107. Im übrigen war er ausgesprochener Individualist und eines Sinnes mit *Nietzsche,* der einmal sagt, „die Geschichte wird nur von starken Persönlichkeiten getragen, die schwachen löscht sie vollends aus".

Zwischen diesen beiden Polen hin- und herschwankend, hatte ihrem ganzen

Wesen nach die Geschichtsschreibung ihre Vorliebe für das einzelne und
Einzigartige nie ganz eingebüßt, konnte es auch gar nicht, wollte sie nicht auf
ihre Besonderheit verzichten, auf die Erfassung der Zusammenhänge des Lebens
und die Wirklichkeitsnähe ihrer Beobachtungen. Hilfe kam ihr von einer
Seite, von der man eher das Gegenteil erwartet hätte, nämlich von der psychologischen Erforschung der Massenerscheinungen. Je tiefer man drang, um so
klarer wurde es, daß alles das, was man von Kollektivtatsachen feststellte,
schließlich nichts anderes war als Handlungen von Individuen, die durch ihre
Umgebung bloß in bestimmtem Sinne beeinflußt worden sind. *Gg. Simmel,
Arch. f. Sozialw. u. Sozialpolit.* 26 (1908) 285 ff. Praktische wie wissenschaftliche Erfahrungen kamen ferner zu dem Ergebnis, daß im Gruppendasein der
Menschen, ihre Beeinflußbarkeit mächtig zunimmt, daß die Masse aus sich
unfähig ist, Entschlüsse zu fassen, Pläne auszusinnen, daß sie ihre Lenkung
stets einzelnen anvertrauen muß, handle es sich jetzt um eine Horde oder um
eine moderne politische Partei. Vgl. *Rob. Michels, Zur Soziologie des Partei-
wesens in der modernen Demokratie* 1911.

   Zum einen Tor hinausgewiesen, kehrte so das Individuum beim anderen
Tor wieder zurück, als der legitime „Führer" der Gruppe, als der Träger all
der Gedanken, Entschlüsse, Erfindungen und Entdeckungen, die eine neue
Mystik in das Volk, die Nation, Gesellschaft zu verlegen gesucht hatte, ohne uns je
begreiflich machen zu können, daß sich der Psychologie jenseits des individuellen Bewußtseins ein Erfahrungsbereich überhaupt erschließen lasse. Nun könnte
man freilich einwenden, daß dieser „Führer" nur der menschgewordene Sammel-
punkt der auf ihn einwirkenden Kräfte sei, wie sie von der Umwelt und der
ihn emporhebenden Gruppe hervorgebracht würden. Aber ist denn das menschliche Individuum wirklich ein Massenartikel, wie ihn etwa eine moderne Maschine zu Tausenden in der Minute hinausspeit? Abgesehen davon, daß auch bei
der Maschine nicht jedes Fabrikat dem andern gleicht, handelt es sich doch
beim Menschen um einen körperlichen und geistigen Organismus, der bereits
in dem Augenblick, da er ins Leben tritt, nach seiner biologischen Herkunft
her nicht allein erst etwas Werdendes, sondern auch schon etwas Gewordenes ist, der auf Eindrücke und Einwirkungen von außen in individuell
bestimmter Weise antwortet. Wäre das Individuum nichts weiter als das
Produkt seiner Umgebung, als das „blinde Werkzeug" der sozialen Gruppe,
bliebe es unerklärlich, wieso das gleiche Milieu, die gleiche Gesellschaft verschiedene Individuen verschieden beeinflussen kann.

   Daß es vermutlich nie gelingen wird, ein Individuum aus diesen Tatsachen heraus restlos zu erklären, namentlich nicht schöpferische Persönlichkeiten von dem Formate eines Plato, Dante, Kant, Napoleon, fällt noch weniger
ins Gewicht als die Erfahrung, daß der Anpassung und Anformung an die
Kollektiveinwirkungen Grenzen gezogen sind. Das Individuum vermag unter
Umständen diesen Einwirkungen erfolgreich Widerstand zu leisten. Wäre es
sonst denkbar, daß ein Minorit, *Samuel de Cassinis*, bereits 1505 wider den
Hexenglauben auftrat, indes noch zweihundert Jahre später Wasserprobe und
Scheiterhaufe im Flor standen! Hat es nicht immer Eigenbrötler gegeben,
die bis zur Aufopferung ihrer persönlichen Existenz sich der „kompakten
Majorität" entgegengestemmt haben?
   Noch deutlicher wird die Bedeutung des Individuums, wenn man es sich

aus der Geschichte wegdenkt. Löschen wir Napoleons Dasein aus und es ist,
als ob man auf einem Gruppenbilde die Respektsperson abdeckte. Alle blicken
sie auf einen leeren Fleck. Gewiß, die revolutionierten Massen brauchten 1796
einen militärischen Führer, das Bürgertum sehnte sich nach einer starken Hand.
Für einen ehrgeizigen General gab es der Lockungen genug. Pichegru und
Hoche neigten den Bourbons zu. Vielleicht wäre es zu blutigen Bürgerkriegen
gekommen, vielleicht wäre es schon zehn Jahre vor dem Pariser Frieden den
konservativen Mächten Europas gelungen, die alte Königsdynastie zurückzuführen, vielleicht wäre es auch zu einer vorübergehenden Militärdespotie gekommen. Vielleicht. Jedenfalls hätte die französische, ja die europäische
Geschichte einen anderen Gang genommen. Andere Persönlichkeiten, andere
Kriegsschauplätze, andere Kombinationen der Gegner. War aber Napoleon
nur das Werk seiner sozialen Gruppe? Hat sein Dasein nicht umgekehrt
auch wichtige psychologische Auswirkungen auf die Massen zur Folge? Als
er aber die hundert Tage auf Elba verschwand, wo waren Macdonald, Oudinot,
Massena, Ney und die anderen, um seine Stelle einzunehmen?

Man streiche die Namen Homer, Caesar, Goethe aus der Geschichte
der Menschheit. Will man glauben, daß ihre Werke zu ungefähr gleicher
Zeit irgendwie anders zustande gekommen wären? In der Entwicklungslehre
nennt man die Tatsache, daß jede embryonale Zelle die ganze Mannigfaltigkeit
möglicher Formschicksale in sich trägt und bei Verlust der einen Zelle für
die andere einspringen kann, „evolutive Regulation". *Hs. Driesch, Wirklichkeitslehre* 1917 S. 200 wirft tatsächlich die Frage auf, ob man den Gedanken
einer evolutiven Regulation auf das Geschichtliche übertragen dürfe. „Ihn
übertragen, würde heißen, ‚dem' Ueberpersönlichen als Einem eine ganz unbekannte Art tatsächlicher Leistung oder Wirkung zuschreiben; aber die
Philosophie darf auch bloße Möglichkeiten wenigstens erwägen. Ihn übertragen würde nämlich dieses heißen: Gesetzt, Alexander oder Beethoven oder
Newton sei als kleines Kind oder als junger Mann gestorben; gut, dann wäre
eben kraft des überpersönlich Einen das wahrhaft Evolutive an den Leistungen
Beethovens oder Newtons in einer anderen Person zutage getreten; diese
andere Person wäre ‚Beethoven' oder ‚Newton' geworden in regulatorischer
Weise, während sie, weil Beethoven und Newton am Leben blieben, ein beliebiger
Durchschnittsmensch geblieben ist. Denn ‚Beethoven' und ‚Newton' lag in der
Entwicklungslinie des werdenden Ueberpersönlichen und mußte in irgendeiner
Person sich entfalten; die Grundlage für die Entfaltung konnte jede beliebige
Person abgeben, wenigstens innerhalb jener ‚Generation'. — „Ich setze",
fügt *Driesch* bei, „absichtlich nur den Gedanken hin, ohne jede Erläuterung
oder Erörterung und nur mit dem Zusatze, daß es meiner Ansicht nach keine
Sachverhalte gibt, die dazu bewegen könnten, ihn anzunehmen." Das Wirken
aller großen Denker, Dichter, Erfinder, deren Name mit „bahnbrechenden"
Aenderungen des Bestehenden verbunden ist, beweist, daß sie sich nur im
Kampfe mit dem Alten durchgesetzt haben. Das Alte das ist aber die ‚Konvention', an der die Masse so lange festhält, bis wieder ein Umstürzler das
Bisherige in neue Wege leitet. Nicht die Massenstimmungen, -gefühle und
-meinungen geben den Anstoß, sondern immer einzelne. Die Menge folgt
zunächst nur widerwillig den persönlichen Antrieben größerer oder kleinerer

Individuen (Sokrates, Richard Wagner), formt dann diese Anregungen um und gestaltet sie wieder zu einer Konvention.

Nun ist es gewiß richtig, daß es Gebiete gibt innerhalb des geschichtlichen Geschehens, wo die Persönlichkeit eine geringfügigere Rolle spielt, wie in der Sprach-, in der Wirtschaftsgeschichte, in dem Bereiche der Rechtsentwicklung, aber alle, die dem Ursprunge der Dinge näher getreten sind, stießen schließlich immer wieder auf individuelles Wirken und Tun, das den Ausschlag gab. An allen Kehren und Wendungen steht eine Persönlichkeit. Nun wirft uns freilich eine soziologisch gerichtete Geschichtsphilosophie vor, wir Historiker seien von dem Irrtum befangen in der Tatsache, daß dieses oder jenes Individuum für irgendein Ereignis oder einen Entschluß den Namen hergegeben habe, das Entscheidende zu erblicken, während seine Teilnahme nur von sekundärer Wichtigkeit sei. In der Tat ist es für uns von Wichtigkeit. Wie es auch im Leben von Bedeutung bleibt, daß der A und nicht der B an die Spitze eines Staates, eines Amtes tritt, so gilt das gleiche auch für den Geschichtsschreiber, der das Leben in seinen inneren Zusammenhängen wieder aufbauen will. Dabei wissen wir wohl, wie groß die Abstriche sind, die Rasse, Umwelt, Massenstimmungen und andere Einflüsse an der Wirkungsmöglichkeit des einzelnen vornehmen. Solange es aber keine Wissenschaft gibt, die das Schaffen des Individuums einer geschlossenen Kausalität, einem System von Notwendigkeiten einzufügen imstande ist, betrachten wir dieses Schaffen, müssen es betrachten vom Standpunkte der Freiheit.

Neuerdings hat Rich. M ü l l e r - F r e i e n f e l s die namentlich von Wm. S t e r n begangenen Wege auf dem Gebiete der differentiellen (Individual-)Psychologie für die geschichtliche Betrachtung von Religion, Kunst und Philosophie weiter auszubauen versucht. Er geht davon aus, daß die Gesamtheit der Erlebnisse für das einzelne Ich nichts rein Zufälliges ist, sondern bedingt ist durch die Eigenart des Ichs. Aber auch diese Eigenart, die Zusammensetzung der seelischen Eigenschaften eines Ichs sind nicht unbegrenzt veränderlich, es lassen sich vielmehr bestimmte Eigenschaftsgruppen, die zu allen Zeiten in den verschiedenen Persönlichkeiten wiederkehren, zu bestimmten Typen zusammenfassen. Diese Typen beruhen auf dauernden Anlagen (Dispositionen) die im Gefühls- oder Geistesleben des einzelnen vorherrschen, die aber keineswegs fest umgrenzt sind. Der einzelne kann je nach seinen seelischen Beziehungen verschiedenen Typen zuzurechnen sein, er kann durch bestimmte Erlebnisse den Typus ändern. Jeder Typus umfaßt im einzelnen Menschen auch nur einen Teil seines individuellen Lebens. Müller-Freienfels unterscheidet zwei große Typengruppen, einmal die des Affektlebens und dann die des Intellektlebens. Die ersteren zerfallen in Typen des herabgesetzten und in jene des gesteigerten Ichgefühls, in solche der negativen (aggressiven) sozialen und der positiven (sympathischen) sozialen Affekte und der erotischen Gefühle. Die Auseinandersetzung des Gefühls und Intellekts in der einzelnen Persönlichkeit bringt die Typen des Gefühls, des Willens- und des Verstandesmenschen hervor. Das Intellektleben kennt Statiker und Dynamiker, Sinnes-, Phantasiemenschen und abstrakte Denker, Speziell- und Typendenker, Pluralisten und Vereinheitlicher, Augen-, Ohrenmenschen, Motoriker, Mystiker usw. — Hiemit ist der Versuch gemacht, bei aller Anerkennung irrationaler Elemente innerhalb der Mannigfaltigkeit persönlicher Erscheinungen eine gewisse Regelmäßigkeit festzustellen, dann aber diese Erscheinungen nicht nur als geschichtlich bedingte Tatsachen aus der Aufeinanderfolge der Daten zu erklären, sondern auch auf ihre Beziehung zu der psychologischen Eigenart der denkenden, fühlenden und handelnden Persönlichkeiten zurückzuführen. Hienach müßte also eine Erscheinung wie die Philosophie Schopenhauers nicht bloß auf die geschichtliche Abhängigkeit Schopenhauers von Kant, Spinoza usw. zurückgeführt werden, sondern auch auf das herabgesetzte Ichgefühl dieses Philosophen, der gerade nach dieser Richtung hin mit indischen Denkern gemeinsame typische Eigenschaften besitzt. — So wertvoll diese Betrachtungsart ist, so fehlt ihr noch die sichere wissenschaftliche Grundlage.

Darin besteht die Schwierigkeit, daß die Individualpsychologie zu keinen zwingenden Schlüssen führt. Das Wollen und Denken des einzelnen durchbricht alle Gesetzlichkeit, läßt sich nicht errechnen. Mit ihm zieht das

Singuläre, das „Unwissenschaftliche“ ein in unsere Wissenschaft, aber auch das Farbige. Es gibt ja auch namenlose Gebiete der Historie. Die Urgeschichte menschlicher Kultur knüpft ihre Epochen nicht an bestimmte Persönlichkeiten. Wer als erster ein Rad erbaut, die Pflugschar in die Erde gesenkt hat — wir wissen es nicht. Auch die Kunstgeschichte kann eine Reihe von Objekten keinem bestimmten Urheber zuordnen, weiß höchstens seinen Namen. Und nun denke man sich eine Analyse der Werke Dürers oder Lionardos, die von der individualpsychologischen Erfassung dieser Männer absähe. Sie wird nach mancher Hinsicht gewiß wertvoll und lehrreich sein, aber um wieviel reicher wird unsere Beobachtung werden, wenn wir auch dem hinter den Werken stehenden, aus ihnen sprechenden Menschen Einlaß gewähren.

Spricht man von der Persönlichkeit in der Geschichte, dann tauchen immer wieder die großen Namen auf, Homer, Alexander, Caesar, Shakespeare, Goethe. Ihr hohes Lied haben auch jene gesungen, die sonst grundsätzlich auf dem Boden des Kollektivismus stehen. „Die Eminenz“, sagt *Lamprecht*, „ist eine Persönlichkeit mit besonders scharfem Verständnis für die sich andeutenden Richtungen des Gesamtwillens, Gesamtvorstellens ausgestattet, sowie mit der Kraft, dieses Verständnis in Taten umzusetzen.“ Nicht wenig, was er hier zugesteht. Es wäre aber verfehlt, beim großen Individuum stehen zu bleiben. Für den Historiker kommt alles Individuelle in Betracht, der Unterschied zwischen Shakespeare und Zacharias Werner ist bloß ein gradueller. Jedes von ihnen, ob groß oder klein, hat an dem Gesamtleben der Geschichte seinen besonderen Anteil. Für den Historiker kommt noch dazu, daß es unendlich schwer ist, solche Gesamtwillen und Gesamtvorstellungen sicher festzustellen. Sie werden schließlich nur aus Abstraktionen von Individualerscheinungen gewonnen und im Zirkelschluß wieder auf die Individuen angewandt, von deren Lebensäußerungen sie ursprünglich abgelesen wurden. Nun kommen wir in der Geschichte ohne diese Beweisführung nicht ganz aus, doch müssen wir uns stets die Herkunft unserer Erkenntnis klar vor Augen halten. Leo X. wird von uns zum Urbilde eines Renaissancepapstes gestempelt, nicht weil wir etwa von außen her erweisen könnten, er sei das unvermischte Destillat der damals vorwiegenden Geistesströmungen, so und nicht anders habe ein typischer Vertreter seiner Zeit auf dem heiligen Stuhle handeln m ü s s e n, sondern umgekehrt, weil aus seinem Pontifikat uns die bedeutendsten Ueberreste und Quellennachweise aus dem Rom der Renaissance erhalten geblieben sind. So geht letzten Endes alle unsere geschichtliche Erfahrung zum guten Teil auf das Individuum und seine Daseinswirkungen zurück.

John Stuart M i l l, System der deduktiven und induktiven Logik 3 (Ges. Ww. übers. v. Theod. Gomperz 4) 1873 S. 352 ff.; Th. K i s t i a k o w s k i, Gesellschaft und Einzelwesen 1899; Joh. V o l k e l t, Das Recht des Individualismus, Z. f. Philos. u. philos. Kritik N.F. 111 (1897,8) S. 1 ff; Hs. T i e t z e, Die Methode der Kunstgeschichte 1913 S. 411 und 453; Walter G o e t z, Die Bedeutung von Persönlichkeit und Gemeinschaft in der G. = G.liche Abende im Zentralinstitut f. Erz. und Unterricht 1 (1918); Rich. M ü l l e r - F r e i e n f e l s, Persönlichkeit und Weltanschauung 1919; d e r s e l b e, Philosophie der Individualität 1921 — An Simmel und Dilthey orientiert: Theod. L i t t., Individuum und Gesellschaft 1919.

§ 7. Individualismus und Kollektivismus in der Geschichtsschreibung.

Die Bedeutung dieser beiden Auffassungsarten wurde bereits in den vorhergehenden Abschnitten erörtert. Hier gilt es bloß sie zusammenzufassen und gegenseitig abzuwägen. Aus dem Gesagten geht es wohl schon deutlich hervor, daß man zwar methodologisch Massen- und Individualerscheinung trennen kann, aber nicht praktisch. Wegweisend für die Geschichtskunde muß immer das Leben bleiben und in diesem sind beide Elemente bis zur Unentwirrbarkeit ineinander verstrickt. Die letzten Einheiten, auf die wir stoßen, sind stets Individuen, fühlende, denkende, schaffende Individuen. Freilich haben neben und über ihnen Kollektiverscheinungen ihre eigenen Daseinsgesetze, die sich vom Individuellen unter Umständen loslösen können. Sitten, Gebräuche, politische Vorstellungen, Institutionen vermögen lange Zeit ihre eigenen Wege zu gehen, unabhängig von dem individuellen Bewußtsein der unter der Herrschaft dieser Sitten, Vorstellungen usw. Stehenden. Deshalb sind Kollektiverscheinungen der Kausalerklärung ungleich zugänglicher als Individualtatsachen. Warum Philipp II. seinen Sohn Don Carlos ins Gefängnis werfen ließ, läßt sich allenfalls begründen oder doch erklären, warum aber der Prinz sich nicht dem Willen seines Vaters unterordnete, warum er anders wurde als spanische Königssöhne zu werden pflegten, warum sich sein Charakter gerade so und nicht anders entwickelte, entzieht sich bereits mehr oder weniger unserer Kausalerklärung. Warum aber die spanische Weltmacht zugrunde ging, warum sie im Kampfe mit England und Frankreich den Kürzeren zog, das, glauben wir, erklären zu können. Jedenfalls ist es leichter, für den Untergang Roms Gründe zu finden als dafür, warum Antonius in Aegypten blieb und nach dem Tode Caesars nicht nach Rom eilte, wenigstens trauen wir uns zu, für das eine viel stichhältigere Antwort zu finden als für das andere, denn dort ruht unsere Ursachenforschung auf der breiteren Grundlage von Massenerscheinungen, des Typischen und Zuständlichen, hier auf dem unsicheren Pfade der Individualpsychologie. Darum hat *Edd. Meyer* und nach ihm *Adolf Harnack* die Biographie als ein historisch-künstlerisches Mischgebiet aus der Geschichtswissenschaft überhaupt ausscheiden wollen. Der Erfolg einer solchen Trennung entspräche aber sicher nicht den Erwartungen, denn auch aus der Geschichte der Völker und Staaten, der Institutionen und Ideen läßt sich das Individuum nicht hinaustreiben. Ebensowenig läßt sich, wie *K. Lamprecht* will, für die sozialpsychische Erscheinungsformen die Nation als Entwicklungseinheit konstruieren und gegenüber dem Staat in feste Grenzen bannen. Es wirken vielmehr Staat und Nation in der verschiedensten Weise aufeinander, ja die geschichtliche Entwicklung kehrt sich bisweilen blutwenig an diese Einheiten, greift über sie hinaus, erfaßt ganze Kulturkreise und strebt nach Universalität. Man denke an die merkantilistische oder imperialistische Tendenzen.

Wird eine vorsichtige und unvoreingenommene Geschichtsauffassung dem Individuum immer wieder einen vornehmen Platz in der Deutung historischer Vorgänge einräumen und auf den Traum voreiliger Theoretiker verzichten müssen, das Rätselhafte und Unergründbare im Denken und Handeln der Einzelmenschen umgehen zu können, so bedeutet die starke Betonung der Massenerscheinungen als eines wichtigen Faktors geschichtlichen Geschehens einen der bedeutendsten Fortschritte, den unsere Wissenschaft im letzten Jahrhundert aufzuweisen hat. Das Bild des historischen Lebens bekam durch diese Erkenntnis erst die rechte Plastik, vermag erst dadurch perspektivisch eingestellt zu werden. Ja, man kann sagen, daß jetzt das Individuum noch gewonnen hat. War ihm vordem die Last von Verantwortungen aufgebürdet, die wir heute der Rasse, dem Milieu, den wirtschaftlichen und geistigen Entwicklungsrichtungen zuweisen dürfen, so ist ihm jetzt seine Bewegungsfreiheit klarer umgrenzt und damit auch seine Stellung eine gewissere geworden. Ein Augustus oder Cromwell ist deshalb nicht abgesetzt von der historischen Schaubühne, weil wir wissen, daß im Hintergrunde ihres Schaffens soziale und wirtschaftliche Kräfte tätig waren, daß sie ihre Leistungen nur vollbringen konnten, wenn sie die wirtschaftlichen, geistigen und Stimmungsmomente der Massen in Berechnung zogen und daß sie selbst unter dem Einflusse dieser Momente gestanden haben. Ihr Bild ist dadurch nur noch voller geworden.

Otto Hintze, Ueber individualistische und kollektivistische G.auffassung, HZ. 78 (1897) S. 60 ff.; Paul Barth, Fragen der G.w., Vjschr. f. wissensch. Philosophie 24 (1900) S. 69 ff.; Fch. Meinecke, HZ. 111 (1913) S. 585 ff.

§ 8. Politische und kulturgeschichtliche Auffassung.

In den achtziger und neunziger Jahren des 19. Jhts. wogte der Streit hin und her, was das eigentliche Arbeitsgebiet der Geschichte wäre. Die führenden Geister, *Ottokar Lorenz* und *Dietrich Schäfer*, fanden sich in der Ueberzeugung, daß das besondere Gebiet des Historikers der Staat sei. Seinen Ursprung, sein Werden, die Bedingungen seines Seins, seine Aufgaben aufzuzeigen, sollte die Aufgabe des Geschichtsschreibers bilden. Gegen die Kulturgeschichte wandte man ein, daß sich der Begriff der ‚Kultur‘ gar nicht richtig feststellen lasse, daß die bisherigen Leistungen dessen, was sich als Kulturgeschichte gab, nicht eben erfolgversprechend wären, und daß deren Arbeitsgebiet viel zu umfangreich sei, als daß es aus den Quellen selbst bewältigt werden könnte. Alle diese Einwürfe halten der Kritik nicht Stand. Die Schwierigkeit der Definition besteht bei der Geschichte selbst, bei Recht und Wissenschaft und anderen ähnlichen Begriffen. Die gerügten Mängel kehren bei jedem neuen Zweig unseres Wissens wieder und, was den Umfang betrifft, so ist dies der letzte Grund, der einer Disziplin den Boden entzöge. Im Gegenteil. Er lockt nur um so stärker an, kann doch alle Forschung nur durch das arbeitsteilige Zusammenwirken vieler mit Erfolg geleistet werden. Wenn aber Vertreter der „politischen“ Geschichtsauffassung die Geschichte des Christentums, der Renaissance, der Entdeckungen, der Aufklärung nur insoweit historisch belangreich finden, als diese Tatsachenreihen auf den Staat gewirkt und in ihm in Erscheinung getreten sind, so verfallen sie in den gleichen Fehler wie etwa die Marxisten, die auch aus einem Punkte die Welt kurieren und die Geschichte verstehen wollen.

Ein eigentümliches, wenn auch nicht ganz zufälliges Zusammentreffen ist es, wenn die politische Geschichtsauffassung vielfach mit der streng individualgeschichtlichen Hand in Hand geht. Es verknüpft sie beide das Band jahrhundertealter Gemeinsamkeit. Dem naiven Beobachter erscheint zunächst stets der einzelne als der eigentliche Urheber geschichtlicher Veränderungen, als der Held oder als der Verbrecher. Dies hängt mit dem natürlichen Bedürfnisse der Massen zusammen, sich leiten zu lassen. Im Kampfe um politische Güter ist diese volkstümliche Anschauung begreiflicherweise die ausschlaggebende und sie war es durch die Länge der Zeiten auch für die

Mehrzahl der Geschichtsschreiber. Daher die noch heute fortwirkende Vorliebe unserer Wissenschaft für Fragen staatlicher Veränderungen und für die Taten hervorragender Persönlichkeiten, deren Wollen und Entscheiden als die wichtigsten treibenden Kräfte dargestellt werden.

Trotz allen Bedenken hat sich in der letzten Zeit, namentlich durch die Anregungen, die von *Karl Lamprecht* ausgingen, auch in Deutschland die Geschichtsschreibung mehr und mehr von der engen Begrenzung ihres bisherigen Arbeitsfeldes entfernt und sich mit Erfolg weiteren Aufgaben zugewandt. Sie war damit nur dem Beispiele gefolgt, das die alte Geschichte schon längst gab, wo Sprachen-, Realien- und Geschichtskunde in eins zusammenklingen. Dieser schon von *Walter Goetz* ins Feld geführte Beweisgrund wird dadurch nicht entkräftet, daß der Altertumswissenschaft eine leicht übersehbare Zahl von Quellen zur Verfügung stehe und infolgedessen auch eine wissenschaftliche Verarbeitung ermögliche, indes dies für spätere Zeitalter nicht der Fall sei. Wie sollte es da noch einer wagen, eine Weltgeschichte oder selbst nur die Geschichte eines Landes zu schreiben!

In Wahrheit scheint der ganze Streit, der inzwischen schon längst zuungunsten der rein politischen Geschichtsschreibung ausgefallen ist, zu verkennen, daß es sich hier nicht allein um die Bestellung eines bestimmten Arbeitsgebietes handelt, nicht nur um das Objekt, sondern vielmehr um die Art, wie es bearbeitet wird, um das Wie, also um eine bestimmte geschichtliche Auffassung. Von dieser Erkenntnis heraus ist es erst begreiflich, daß der Kulturgeschichtsschreiber *Kurt Breysig* seinen weltgeschichtlichen Stufenbau auf den Grundfesten der staatlichen Weiterbildung aufrichtet und auch *Walter Goetz* nicht ansteht, den Staat „als den wesentlichen Mittelpunkt" des geschichtlichen Lebens zu erklären. Man kann eben auch Staatengeschichte von kulturhistorischem Gesichtspunkte aus treiben. In diesem Sinne sind politische und Kulturgeschichte nicht Gegensätze, sie werden es erst, wenn man Staat und Kultur als zwei voneinander getrennte Erscheinungsformen des menschlichen Gemeinschaftslebens betrachtet.

Gg. Simmel hat in einer Gelegenheitsschrift (*Der Krieg und die geistigen Entscheidungen* 1917 S. 45) „Kultur" definiert als „diejenige Vollendung der Seele, die sie nicht unmittelbar von sich selbst her erreicht, wie es in ihrer religiösen Vertiefung, sittlichen Reinheit, primärem Schöpfertum geschieht, sondern indem sie den Umweg über die Gebilde der geistig-geschichtlichen Gattungsarbeit nimmt; durch Wissenschaft und Lebensformen, Kunst und Staat, Beruf und Weltkenntnis geht der Kulturweg des subjektiven Geistes, auf dem er zu sich selbst, als einem nun höheren und vollendeteren zurückkehrt". Was hier einseitig von der geistigen Kultur gesagt wird, gilt sinngemäß auch von der materiellen. Auch hier steht die geschichtlich gewordene „Gattungsarbeit" im Vordergrund, deren Gebilde bald hemmend, bald fördernd dem Wirken des einzelnen entgegentreten. — Es war die große Tat der Aufklärung (*Voltaire*), die Aufmerksamkeit der Geschichtsschreibung auf diese Tatsachenreihen gelenkt zu haben. Freilich boten erst die auf das Volkhafte und Nationale gerichteten Interessen der Romantiker und die von ihnen ins Leben gerufenen Wissenschaftszweige der Sprach-, der Rechts-, Kunstgeschichte usw. Voraussetzungen für eine höheren Anforderungen genügende Kulturgeschichtsschreibung. Diesen Weg bezeichnen die Namen *Voltaire, Robertson,*

Gibbon, Justus Möser, Herder, Guizot und *Treitschke*. Er endet nach der
einen Seite hin bei *W. H. Riehl, Gustav Freytag* und *Johannes Janssen*.
Nach der anderen Richtung schreitet er über die Anhänger der positivistischen naturwissenschaftlichen Geschichtsbetrachtung eines *Buckle, Lecky* zu
Hippolyte Taine hin und endet mit *Karl Lamprecht*, bzw. *Kurt Breysig*. Eine
Sonderstellung nimmt *Jakob Burckhardt* ein. Keine Erwähnung finden in
dieser Zusammenstellung jene „Kulturhistoriker“, die in dilettantischer Weise
nur antiquarische Interessen verfolgen, Kuriositäten sammeln und Pikanterien
mehr oder weniger zusammenhanglos aneinanderreihen wie die *Hellwalds,
Hennes am Rhyn* usw. Dem alten eingebürgerten Begriff dieser Art Kulturgeschichte neues wissenschaftliches Leben einzuflößen, hat *Gg. Steinhausen*
nicht ohne Geschick und Erfolg unternommen, indem er ihr als Aufgabe zuweist, „aus dem ganzen für die geschichtliche Erkenntnis einer bestimmten
Zeit vorhandenen Material das für deren Gesamtkultur und Gesamtgeist Bezeichnende festzustellen unter Berücksichtigung der Haltung des Durchschnittsmenschen“. Doch bietet auch dessen Versuch für den allgemeinen Fortschritt
unserer Wissenschaft nichts Entscheidendes. Wichtiger als diese Einkreisung
der Kulturgeschichte auf die Beschreibung von Sitten und Gebräuchen ist
die Darstellung der wirtschaftlichen, rechtlichen, religiösen und geistigen Verhältnisse einer Zeit im Zusammenhang mit den in ihr wirkenden ökonomischen
und geistigen Kräfte. Besonders die letzteren kommen stark in Betracht.
Eine auf historisch-kritischer Grundlage ruhende geistesgeschichtliche Forschung ist berufen, der Kulturgeschichte das wissenschaftliche Rückgrat zu
verleihen, das die voreiligen Verallgemeinerungen der Positivisten und naturwissenschaftlichen Dilettanten ihr zu brechen drohten. In dieser Richtung ist
in Deutschland vor allem *Walter Goetz* tätig. Es ist vermutlich kein Zufall,
daß er mit seinen Forschungen an die Leistungen *Jakob Burckhardt*s anknüpft. — Jedenfalls würde die kulturgeschichtliche Auffassung ihr ideales
Ziel erreichen, wenn sie so allgemein würde, daß jeder Historiker, welche
Frage er auch behandle, stets bestrebt wäre, seinen Gegenstand in den Kreis
der allgemeinen kulturellen Wirkungszusammenhänge hineinzustellen.

Fch. J o d l , Die Kulturgeschichtsschreibung, ihre Entwicklung u. ihr Problem 1878;
Jak. B u r c k h a r d t , Griechische Kulturg. ³1 (1898) Einleitung; Ernst S c h a u m k e l l,
G. der dt. Kulturgeschichtsschreibung von der Mitte des 18. Jhts. bis zur Romantik =
Preisschrr. der Jablonowskischen Gesellschaft 39 (1905), zum Teil Plagiat. Vgl. Ff. zur
brand. u. preuß. G. 19 (1906) S. 608—13; Edd. F u e t e r, Historiographie a. a. O.; Gg. v. B e l o w,
Die dt. Geschichtsschreibung von den Befreiungskriegen bis zu unseren Tagen. Ge-
schichte u. Kulturgeschichte 1916. Vgl. hiezu Karl Joh. N e u m a n n, Dt. Lit.-Zeitung
1917 Sp. 3 ff., 35 ff., 67 ff. u. Hch. v. S r b i k in MJOeG. 38 (1920) 326 ff.
Streitschriften g e g e n die Kulturgeschichte: Dietr. S c h ä f e r, Das eigentliche
Arbeitsgebiet der G. 1881; D e r s e l b e, Geschichte und Kulturg. 1891. F ü r die Kulturg.:
Eberh. G o t h e i n, Die Aufgaben der Kulturgeschichte 1889.
Vermittelnd: Mor. R i t t e r in Beil. Nr. 212 zur Allg. Z. Nr. 262 (1893).
Programmatisch: Karl L a m p r e c h t, Was ist Kulturg.? Dt. Zschr. f. G.w. NF. 1
(1897) 75 ff.; D e r s e l b e, Die Kulturhistorische Methode 1900; wichtig: Walter G o e t z,
G. u. Kulturg. im A. f. Kulturg. 8 (1910) 4 ff., vgl. hiezu Gg. v. B e l o w HZ. 106 (1911)
96 ff. u. Gerh. S e e l i g e r HVjschr. 13 (1910) 257 ff.
Eine Aufzählung kulturgeschichtlicher Werke V § 13, 14.

§ 9. Die marxistische („materialistische“) Geschichtsauffassung.

Die von *Karl Marx* formulierte klassische Fassung der materialistisch-
ökonomischen Geschichtsauffassung gipfelt in der vielzitierten Aeußerung, wie

er sie im Vorworte seiner Schrift *Zur Kritik der politischen Oekonomie*, (1859 zum erstenmal erschienen) hg. von *Karl Kautsky* 1897, S. XI zum besten gibt: „In der gesellschaftlichen Produktion ihres Lebens gehen die Menschen bestimmte, notwendige, von ihrem Willen unabhängige Verhältnisse ein, Produktionsverhältnisse, die einer bestimmten Entwicklungsstufe ihrer materiellen Produktivkräfte entsprechen. Die Gesamtheit dieser Produktionsverhältnisse bildet die ökonomische Struktur der Gesellschaft, die reale Basis, worauf sich ein juristischer und politischer Ueberbau erhebt, und welcher bestimmte gesellschaftliche Bewußtseinsformen entsprechen. Es ist nicht das Bewußtsein der Menschen, das ihr Sein, sondern umgekehrt ihr gesellschaftliches Sein, das ihr Bewußtsein bestimmt." — Schon vorher, in dem 1847 verfaßten *Elend der Philosophie* heißt es: „Die Handmühle ergibt eine Gesellschaft mit Feudalherren, die Dampfmühle eine Gesellschaft mit industriellen Kapitalisten" oder im *Kommunistischen Manifest* (1848 von ihm mit *Fch. Engels* verfaßt): „Man spricht von Ideen, welche eine ganze Gesellschaft revolutionieren; man spricht damit nur die Tatsache aus, daß sich innerhalb der alten Gesellschaft die Elemente einer neuen gebildet haben, daß mit der Auflösung der alten Lebensverhältnisse die Auflösung der alten Ideen gleichen Schritt hält." Im *Kapital* (1867 erschienen) 1³ S. 375 heißt es: „Die Technologie enthüllt das aktive Verhalten des Menschen zur Natur, den unmittelbaren Produktionsprozeß seines Lebens, damit auch seine gesellschaftlichen Lebensverhältnisse und der ihnen entquellenden geistigen Vorstellungen." *Fch. Engels* aber faßt das Bild des geschichtlichen Geschehens in die Worte zusammen: „die ganze bisherige Geschichte läßt sich bezeichnen als Geschichte des Zeitraumes von der praktischen Entdeckung der Verwandlung mechanischer Bewegung in Wärme bis zu derjenigen der Verwandlung von Wärme in mechanische Bewegung."

Die Vorbedingungen und Möglichkeiten menschlicher Arbeit liefert die Natur, sie hält den Menschen, wie *Marx* im *Kapital* behauptet, „wie ein Kind am Gängelband". „Es ist nicht die absolute Fruchtbarkeit des Lebens, sondern seine Differenzierung, die Mannigfaltigkeit seiner natürlichen Produkte, welche die Naturgrundlage der gesellschaftlichen Teilung der Arbeit bildet und den Menschen durch den Wechsel der Naturumstände, innerhalb deren er haust, zur Vermannigfachung seiner eigenen Bedürfnisse, Fähigkeiten, Arbeitsmittel und Arbeitsweisen spornt."

Die wirtschaftlichen Bedürfnisse und Interessen, auch wenn sie als solche von den Beteiligten gar nicht erkannt werden, sind das Vorwärtsbewegende. Aus der Gemeinsamkeit dieser Interessen entstehen die Klassen. „Die Geschichte der ganzen bisherigen Gesellschaft bewegte sich in Klassengegensätzen, die in den verschiedenen Epochen verschieden gestaltet waren. Welche Form sie aber auch immer angenommen, die Ausbeutung des einen Teiles der Gesellschaft durch den anderen ist eine allen Jahrhunderten gemeinsame Tatsache. Kein Wunder daher, daß das gesellschaftliche Bewußtsein aller Jahrhunderte aller Mannigfaltigkeit und Verschiedenheit zum Trotz in gewissen gemeinsamen Formen sich bewegt, in Bewußtseinsformen, die nur mit dem gänzlichen Verschwinden des Klassengegensatzes sich vollständig auflösen." Alles geschichtliche Geschehen geht sohin auf die durch die Natur bedingten Veränderungen des Wirtschaftlichen zurück. Den „Unterbau" bildet die Produktivkraft (Technik und Arbeitsteilung), die Produktionsverhältnisse, die Formen des Austausches und der Verteilung der Güter. Darüber erheben sich als „Ueberbau" die rechtlichen und staatlichen Verhältnisse und die ihnen entsprechenden Bewußtseinsformen (Ideologien), sowohl wirtschaftliche, juristische, politische, moralische, philosophische, künstlerische und religiöse. Mit diesem Aufbau ist ungefähr das Zuständliche gezeichnet, das sich in jedem Augenblick geschichtlichen Geschehens nach *Marx* darstellen soll. Will man also etwa die Geschichte der Reformation in Deutschland schreiben, so muß die erste Frage sein, welches waren die wirtschaftlichen Ursachen dieser Bewegung. Die Menschen selbst, die die Reformation mitgemacht haben, mögen keine Ahnung gehabt haben, daß ihre Gedanken und Wünsche in letzter Linie wirtschaftlich verursacht waren, denn der Lauf der Geschichte wird durch innere allgemeine Gesetze bestimmt, an dem die Bewußtseinsvorgänge in den Gehirnen der Menschen nichts zu ändern vermögen. Man müsse deshalb stets unterscheiden zwischen der „materiellen, naturwissenschaftlich treu zu konstatierenden Umwälzung in den ökonomischen Produktionsbedingungen und den juristischen, politischen, religiösen, künstlerischen oder philosophischen, kurz ideologischen Formen, worin sich die Menschen dieses Konflikts bewußt werden und ihn ausfechten". Infolgedessen haben Moral, Recht, Kunst keine selbständige Entwicklung, sie sind nur die verschiedenen Formen, in denen sich die jeweilige Art der Gütererzeugung im Bewußtsein der Zeitgenossen widerspiegelt.

Die in dem geschichtlichen Werden sich vollziehende Bewegung denkt sich *Marx* durch ein ständiges Steigen der Produktionskräfte bedingt. Dies bedingt hinwiederum das Eintreten neuer Produktionsverhältnisse, in deren Gefolge sich der ideologische Ueberbau ebenfalls verändert. Da zunächst die alten Eigentumsumstände die gleichen bleiben und die herrschenden Klassen an ihnen festhalten, kommt es zum Kampf, der sich auch auf dem Gebiete der entsprechenden Ideologien (Gesetze, Verfassung, Weltanschauungen) entspinnt. Nach dem Gesetz der logischen und sittlichen Widerspruchsentwickelung schlägt die Lage in ihr Gegenteil um, die bisher unterdrückte, zur Verelendung verdammte Klasse trägt den Sieg davon.

Das ist, in groben Umrissen gezeichnet, der für die Geschichtsauffassung wichtigste Teil der marxistischen Lehre. Die Bedeutung des Wirtschaftlichen in der Historie haben andere vorher gleichfalls hervorgehoben, der italienische Volkswirtschaftler *Giuseppe Pecchio* und andere. Aber den ganzen Geschichtsverlauf mit unerbittlicher Folgerichtigkeit als ökonomisch verursacht darzustellen, ist doch das Werk von *Karl Marx* und *Fch. Engels*. Die Einseitigkeit ihrer Anschauung zu erkennen, fällt dem unvoreingenommenen Geschichtsbetrachter nicht schwer. Sieht man auch ab von jenen Individuen, wie sie religiöse Begeisterung (Franz von Assisi!), wie sie gerade die moderne Arbeiterbewegung selbst hervorgebracht hat, von jenen Individuen, die ihr Tun losgelöst haben von allen wirtschaftlichen Zwecken und Ursachen, so zeigt die Prüfung der historischen Tatsachen, daß die gleichen Produktionsverhältnisse in verschiedenen Ländern nicht nur nach ihrer besonderen Wirtschaftslage, sondern auch je nach ihren Ueberlieferungen und ihren geschichtlichen Erlebnissen einen verschiedenen Gesellschaftsaufbau zur Folge habe. Es fehlt nicht an Beispielen, die zeigen, daß eine Klasse jahrhundertelang dem Staate die Verfassung diktieren kann, obwohl sie aus ganz anderen Produktionsverhältnissen hervorgegangen ist. Der staatsrechtliche Aufbau eines Landes kann bei gleichen wirtschaftlichen Vorbedingungen sehr verschieden sein. Man gehe die geschichtlichen Erscheinungen von Monarchie, Aristokratie, Demokratie durch und prüfe sie, inwieweit sie jeweils mit der wirtschaftlichen Gestaltung der Dinge zusammenhängen. Eine sichere Zuordnung der einzelnen Staatsformen zu bestimmten Produktionsverhältnissen wird sich nicht gewinnen lassen. Demokratie kann ebenso auf vorwiegend landwirtschaftlicher Grundlage (Eidgenossenschaft) sich aufbauen wie die moderne auf der der Industrie. Ebenso verfehlt ist es, religiöse Erscheinungen mit bestimmten Produktionsbedingungen oder Klasseninteressen in ursächliche Verbindung zu bringen. So hat *Max Weber* darauf aufmerksam gemacht, daß die reformatorische Bewegung in Deutschland durch alle gesellschaftliche Schichten hindurchgegangen sei und sie sich erst später mit denen der Stände verknüpft habe. Doch wird man den Auszug der Exulanten, die lieber Grund und Boden in Stich ließen, als dem Evangelium abzuschwören, kaum auf wirtschaftliche Notwendigkeiten zurückführen können.

Umgekehrt können politische Verhältnisse und Ideologien wirtschaftliche Veränderungen hervorrufen. Die von politischen Rücksichten bestimmte Maßnahme der sog. Kontinentalsperre durch Napoleon I. hat in Italien die Töpferei zu einer einheimischen Industrie gemacht und in ganz Deutschland Rübenzuckerfabriken entstehen lassen. Religiöse Ideologien waren es hinwiederum, die die Juden aus Spanien vertrieben und damit das Wirtschaftsleben dieses Landes aufs tiefste beeinflußten. Aehnliche Folgen für Frankreich hatte die Vertreibung der Hugenotten durch Ludwig XIV. (*Rob. Michels*). Mögen auch, wie *Marx* sagt, Revolutionen die Lokomotiven der Geschichte sein, so stellt sich seine Auffassung das historische Sein viel zu schematisch vor. Veränderungen der Produktionsbedingungen sind nie so durchgreifend, daß sie wirklich die gesamte Technik von Grund aus mit sich zögen. Wir sehen vielmehr, daß sich auf eben der Kulturstufe, der Dampfkraft und Elektrizität zu Diensten steht, noch immer die Töpferscheibe dreht wie im alten Aegypten.

Die Vorstellung der unmittelbaren Abhängigkeit des ideologischen Ueberbaus von den Produktionsverhältnissen übersieht völlig das Beharrungsvermögen, das den Erscheinungen des geistigen und sittlichen Lebens innewohnt. Es übersieht, daß dieses seine eigenen Daseinsbedingungen besitzt und seinen eigenen Gesetzen folgt. Wir nennen das Produkt dieses Beharrungsvermögens „Tradition“. Auch die am stürmischesten vordringenden „Lokomotiven der Geschichte“ werden durch die Kraft der Ueberlieferungen in ihrer Fahrt gebremst. Wie wäre es nach der marxistischen Geschichtsbetrachtung möglich, daß sich trotz allen Veränderungen, die die wirtschaftlichen Umstände durchgemacht haben, Sitten und Gebräuche Jahrhunderte lang lebendig erhalten haben, daß es innerhalb unserer Gesellschaft gläubige Katholiken gibt, deren Glaube sich seit den Tagen Gregors VII. in seinen Grundfesten nicht geändert hat? Das in der Tat vorhandene Nebeneinander verschiedener Kulturen innerhalb einer unter denselben Wirtschaftsbedingungen stehenden Gesellschaft wäre nach *Marx* also unerklärbar, vgl. III § 4. Das Bestreben, die Entwicklung der Gesellschaft als etwas Zwangsläufiges, als ein Naturgesetz darzustellen, war für ihn offenbar der äußere Anlaß, den Ideologien eine so nebensächliche als mögliche Rolle zuzuweisen. In seinem Innersten entsprang aber dieses Streben der mangelhaften psychologischen, dafür aber um so mehr rationalistischen Durchbilduug, die seine gewaltige Gedankenarbeit kennzeichnet.

Man muß es dem Urheber der ökonomischen Geschichtsauffassung zugute halten, daß er nicht Historiker war und nicht Historiker sein wollte. Seine von *Hegel* und *Feuerbach* stark beeinflußte Lehre war vor allem Philosophie, die revolutionäre Philosophie, die den gesellschaftlich Unterdrückten in der Form hegelianischer Dialektik (These = Urkommunismus, Antithese = Kapitalismus, Synthese = Sozialismus) den Weg nach der Zukunft offenbarte. Sie war aus seiner theoretisch gewonnenen Ueberzeugung heraus von der Dynamik des wirtschaftlich-gesellschaftlichen Lebens entstanden und zog geschichtliche Erfahrungstatsachen nur als Beispiele und Beweisstücke heran. Vieles darin ist nur aus der Zeit zu erklären, in der *Marx* seine Erfahrungen gesammelt hat. Die sozialen Verhältnisse innerhalb der damaligen englischen Baumwollindustrie waren der lebendige Anschauungsunterricht, der ihm die Anregungen gab, sein Evangelium der Welt zu verkünden. Gleichzeitig war dies aber auch die Epoche unerhörter technischer Fortschritte, die jene maßlose Ueberschätzung des Technischen begreiflich machen. Nirgends hatte er und *Engels* seine, erst von letzterem 1878 „materialistisch“ benannte Geschichtsauffassung systematisch ausgebaut. Nur in mehr oder weniger ausführlichen Andeutungen sind die Grundsätze dieser Theorie niedergelegt. Die großartige Auswirkung seiner Lehren ins Praktische brachte es mit sich, daß sich in der Folge an sie eine wahrhafte Marx-Philologie knüpfte, die jedes seiner Worte wendete und drehte und sie schließlich bisweilen in ihr Gegenteil kehrte. Die parteimäßige Auswertung führte außerdem zur Verflachung, Veräußerlichung und Verallgemeinerung seiner Aufstellungen. Freunde und Gegner, Jünger und Bekämpfer des Marxismus woben um den Verfasser des *Kapitals* einen wahren Mythus, der es unendlich erschwert, bis an den Kern seiner Anschauungen vorzudringen. In späteren Aeußerungen hat *Marx* auch die Rückwirkung der Ideologen auf den „Unterbau“ zugegeben. Und *Fch. Engels* ist darin noch weiter gegangen. Aber ein solches gelegentliches Zurückweichen besagt nichts gegenüber der Gesamthaltung und der ganzen Linienführung ihrer Theorie. Diese allein kann für ihre Beurteilung maßgebend sein.

Die Schwäche der streng marxistischen Auffassung liegt in der Ausschaltung der seelischen Kräfte als Ursachen geschichtlicher Veränderungen und in der einseitigen Betonung, daß die Ideologien ohne jeden Einfluß auf die Produktionsverhältnisse seien. Diese Schwäche wurde von den Anhängern Marxens bald erkannt und von jüngeren seiner Anhänger auch durch neue Formulierungen zu beseitigen gesucht. *Edd. Bernstein* behauptet deshalb: „Die rein ökonomischen Ursachen schaffen zunächst nur die Anlage zur Aufnahme bestimmter Ideen; wie aber diese dann aufkommen und welche Form sie annehmen, hängt von der Mitwirkung einer ganzen Reihe von Einflüssen ab.“ Und in ähnlicher ethisch gerichteter Form hat *Max Adler*, der das soziale Einheitsstreben der Menschen zum Maßstabe ihres sittlichen Empfindens macht, sich ausgedrückt, wenn er sagt: „Die materiellen Bedingungen schaffen also nicht das sittliche Ideal, sondern sie geben ihm nur den geschichtlichen Inhalt, sie entscheiden über die Art seiner Realisierung.“ Durch

solche Abänderungen nähert sich allerdings der Marxismus den allgemein als
wissenschaftlich erkannten Grundlagen der Geschichtsbetrachtung, er bezahlt
aber diese Annäherung mit einer Einbuße an Größe, Einheitlichkeit und All-
gemeinverständlichkeit und deckt vor allem selbst die Blöße seiner Lehre auf.

Von seiten der zünftigen Historiker ist der marxistischen Geschichtsauffassung bisher wenig Beachtung geschenkt worden. Kein Wunder. Sie ist
allenfalls eine Geschichtsphilosophie oder, wie „Neomarxisten" behaupten, ein
„heuristisches Prinzip", aber sie bleibt eine einseitige Konstruktion, die die
geschichtliche Erkenntnis selbst nicht weiterzuführen vermag. Der beste Beweis hiefür ist wohl, daß auf diesen Grundlagen auch nicht ein Geschichtswerk
entstanden ist, das sich die Anerkennung der wissenschaftlichen Welt er-
zwungen hätte. Die Versuche von *Fr. Mehring, Cunow, Edd. Bernstein* u. a.
tragen entweder so sehr die parteimäßige Abstempelung an der Stirne oder
verraten ein derartig krampfhaftes Bemühen, die Vielfältigkeit der Ursachen
und Motive im menschlichen Leben auf das Eine, Wirtschaftliche, zurückzuführen, daß kein Unvoreingenommener auf die Dauer mit ihnen Schritt halten
kann. Dabei soll nicht verschwiegen werden, daß ihre Anschauungsweise auch
ab und zu lehr- und aufschlußreich auch für die Geschichtswissenschaft werden kann. Wie oben (III § 1) ausgeführt wurde, machte sich ja in den Ursachen und Antrieben zum Handeln der Menschen immer auch irgendwo Ma-
terielles und Wirtschaftliches geltend, wenn auch bisweilen nur entfernt und
mittelbar und oft auch nur als Material, nicht als Ursache. So wurde durch
die „materialistische" Geschichtsauffassung das Interesse an der Wirtschafts-
und Sozialgeschichte wach erhalten, wenn auch festgestellt werden muß, daß
die Wirtschaftsgeschichte dieses Antriebes nicht erst bedurft hätte.

Kritische Betrachtungen: Thom. Masaryk, Die philos. u. soziolog. Grundlagen
des Marxismus 1899. Emil Hammacher, Das philosophisch-ökonomische System des
Marxismus 1909, Rud. Stammler, Recht und Wirtschaft nach der materialistischen Geschichtsauffassung ²1906. Paul Barth, Die Philosophie der G. als Soziologie ²¹ (1915).
Eine knappe kritische Einführung in ihr Wesen: Er. Brandenburg, Die materialistische G.auffassung, ihr Wesen u. ihre Wandlungen 1920. Lehrreich: Gv. Schmoller
im Hdb. f. Staatsw. ³8 (1911) 426 ff. s. v. „Volkswirtschaftslehre". Ernst Troeltsch, Ueber
den Begriff einer historischen Dialektik, 3. Der Marxismus. HZ. 120 (1919) 393—451. Vom
volkswirtschaftlichen Standpunkte übt Kritik Eug. v. Böhm-Bawerk, Kapital u. Kapital-
zins ²1900—2, vom soziologischen Othm. Spann, Der wahre Staat 1921.

Einzelne Fragen greift heraus Rob. Michels, Probleme der Sozialphilosophie =
Wissenschaft u. Hypothese 18 (1914) 188 ff., Gg. v. Below, Die dt. G.schreibung von den
Befreiungskriegen bis auf unsere Tage 1916, Wm. Sulzbach, Die Anfänge der mate-
rialistischen G.auffassung 1911.

———

IV.

Die seelischen Grundlagen der Geschichtsforschung.

§ 1. Das geschichtliche Verstehen im allgemeinen (vgl. II § 4).

Während der Naturforscher den Gegenstand seiner Wissenschaft in der
Regel vor sich hat oder willkürlich erzeugen, mit seinen Sinnen wahrnehmen
kann, muß die Geschichtskunde in ihren Erkenntnissen fast stets einen in-

direkten Weg einschlagen, denn alles, was sie erkundet, gehört der Vergangenheit an — auch die Geschichte der „Gegenwart"! — und spielte sich, von dem kleinen Ausschnitt eigenen Erlebens abgesehen, in der Psyche anderer Menschen ab. Nun steht aber jeder für sich abgeschlossen in sich da als ein Fremder unter Fremden. Uns ist kein Organ gegeben, in die Bewußtseinsvorgänge des Nächsten selbst hineinzublicken, sie werden uns nur aus den Reflexen deutlich, die sie auf ihren Träger oder auf seine Umgebung werfen. Die Schenkungsurkunde eines Karolingers, die vor uns liegt, läßt nicht unmittelbar erkennen, welche geistige oder Gemütsverfassung, welche eigentlichen Absichten die Seele des Ausstellers beherrscht haben, als er den Befehl zur Fertigung dieses Stückes gab. Wir sind nicht in der Lage, seine Aussage auf direktem Wege als wahr oder falsch zu bezeichnen. Wir können aus den gegebenen Tatsachen immer nur Schlüsse ziehen, wie wir auch im täglichen Umgang mit Menschen aus ihren Mienen, Gebärden, aus ihren Worten und Taten auf ihre Stimmung, ihre Gesinnung und Absichten Schlüsse ziehen. Diese Schlüsse sind nicht Syllogismen, sondern Synthesen der Phantasie, Analogieschlüsse, die zur Voraussetzung haben, daß die Seele aller Menschen auf bestimmte Eindrücke mit gleichen oder ähnlichen Vorstellungen antwortet. Als Historiker müssen wir ferner voraussetzen, daß innerhalb der Jahrhunderte, die wir die „geschichtlichen" nennen, sich diese Gleichheit oder Aehnlichkeit der Reaktionen nicht wesentlich verändert hat und daß sie bei allen uns bekannten Völkern in großen Umrissen Geltung besitzt.

Nur unter der Annahme also, daß die Vorgänge im Bewußtsein der Menschen unter gleichen oder ähnlichen äußeren und inneren Bedingungen sich gleich oder ähnlich abspielen und sich zu allen Zeiten der Geschichte gleich oder ähnlich abgespielt haben, nur unter dieser Annahme ist es uns möglich, zu historischen Ergebnissen zu gelangen. Diese Prämisse ist notwendig, weil alles geschichtliche Geschehen sich uns nicht unmittelbar, sondern nur aus seinen Wirkungen offenbart. Sofern es sich um sichtbare Wirkungen handelt, sprechen diese Wirkungen nur in Symbolen zu uns. Die historische, ja alle geisteswissenschaftliche Ursachenforschung überhaupt muß nun diesen Weg von der Wirkung auf die Ursache zurücklegen, indem wir in uns selbst in unserem Innern diesen Weg gehen, d. h. indem wir dieses vergangene Leben in uns nochmals zu erleben suchen. Wir können dies nur vermittels der uns gewahr werdenden Aeußerungen dieses Lebens. Nicht einmal uns selbst vermögen wir direkt zu erkennen, sondern immer erst, indem wir aus unseren Handlungen, aus den Wirkungen, die unser Tun auf andere ausgeübt hat, aus Urteilen anderer ein Ganzes aufbauen. Aus Erfolgen oder Mißerfolgen, die wir gehabt, aus Plänen, die wir einst geschmiedet, aus Streichen, die wir ausgeführt, aus kleinen, einzelnen Zügen fügen wir das Bild unserer Jugend zusammen. Kein direktes Erkennen ist somit dem Historiker möglich, sondern nur ein Verstehen, das darin besteht, daß er die einzelnen Aeußerungen und Wirkungen des entschwundenen Daseins nacherlebt, daß er selbsterlebte Innenereignisse in die Seele der anderen, oder in die ihm schon fremd gewordene eigene hineinverlegt.

Das historische Verstehen hat sein ideales Ziel erreicht, wenn es ihm gelingt, die vergangene Welt als etwas allmählich Gewordenes in allen ihren Wirklichkeitszusammenhängen so treu als möglich zu rekonstruieren. Das

Mittel hiezu liegt in der Interpretation, d. h. in der Deutung des dem Historiker überlieferten Tatsächlichen, indem er auf Grund des Einfühlens und mit Hilfe der Phantasie und persönlichen Erfahrung die Verbindungslinien zwischen den einzelnen Tatsachen herstellt. Aus dem Wust des Ueberlieferten aber das Tatsächliche herauszuholen und festzustellen ist Aufgabe der Kritik. In der Praxis freilich ist die Reihenfolge umgekehrt. Sie beginnt mit der Kritik, diese führt zur Feststellung der Tatsachen, die erst die Grundlage für ihre Interpretation abgeben, um von da aus zur Rekonstruktion des entschwundenen Lebens zu führen.

Edd. Spranger, Die Grundlagen der Geschichtswissenschaft 1905; Gg. Simmel, Die Probleme d. G.philosophie ³ 1907; Max Weber, A. f. Sozialw. u. Sozialpol. 22 (1906) S. 143 ff.; Hch. Maier, Das g.liche Erkennen. Göttinger Univ.Schr. 1914; Gg. Simmel, Vom Wesen des historischen Verstehens = G.liche Abende im Zentralinst. f. Erz. u. Unterricht 5 (1918).

§ 2. Der Anteil des Intellekts.

Der gedankliche Vorgang bei der historischen Begriffsbildung (II § 3) hat bereits genügsam dargetan, wie stark und in welcher Richtung die logische Durchdringung des Stoffes für den Historiker gegeben ist. Die Auslese, die er vornimmt, um das geschichtliche Geschehen nach bestimmten Gesichtspunkten zu ordnen, die Bildung von Typen, das sind ebenso logische Denkoperationen wie das Nach-Denken des von anderen Gedachten, die Schlüsse, die daraus gezogen werden, die Zergliederung und Ueberprüfung der Ideengänge historischer Persönlichkeiten und früherer Forscher. Eine der Hauptaufgaben geschichtlichen Verstehens ruht ja darin, die überlieferten Tatsachen in die allgemeinen Denkrichtungen einer bestimmten Zeit, eines bestimmten Volkes oder einer Partei einzugliedern, beziehungsweise sie aus ihnen zu erklären, die geistigen Zusammenhänge aufzudecken, die heute nicht mehr ganz sichtbar an der Oberfläche liegen.

Ganz besonders ist aber der Intellekt an den Vorarbeiten beteiligt, die das gegebene Rohmaterial für den Geschichtsschreiber formen und verwendbar machen. Nicht weniger Scharfsinn kostet es bisweilen, dieses Rohmaterial zustande zu bringen, es aufzufinden. Diese Herbeischaffung, Zurichtung und Vorbereitung des Quellenstoffes, mit anderen Worten die Aufgaben der Kritik, (s. Kap. VIII u. X) stellen an unsere intellektuellen Kräfte nicht geringe Anforderungen. Der Zweifel, der der Vater alles geistigen Fortschrittes ist, muß auch den modernen Historiker leiten, sobald er irgendwie verdächtigen Zeugenaussagen begegnet, sobald er Aufstellungen früherer Forscher trifft, die ihm nicht gegründet scheinen. Das gläubige Nachschreiben vorliegender Nachsichten, das blinde Vertrauen auf Autoritäten, das äußerliche Verkleben gegensätzlicher, widersprechender Aussagen ist für unsere heutige Wissenschaft ein überwundener Standpunkt. Insofern bedeutete die in der Renaissance anhebende und im Zeitalter der Aufklärung mit Gewalt sich durchsetzende Skepsis eine wichtige Vorstufe für die Ausgestaltung der modernen Methodik (vgl. I § 1). Trotz dem bloß negativen Gehalt der Skepsis war sie zur Ueberwindung des unfruchtbaren Autoritätenglaubens und der rein antiquarischen Nachrichtensammlung von nicht gering anzuschlagender Bedeutung. C. F. Volney, Leçons d'histoire Paris an VIII S. V, einer der Hauptvertreter

aufklärerischer Skepsis, konnte deshalb mit einem gewissen Recht von sich
behaupten: „Je croirais donc avoir rendu un service éminent, si mon livre pou-
vait ébranler le „respect pour l'histoire", passé en dogme dans le système
d'éducation de l'Europe'.

§ 3. Der Anteil des Gefühls.

Das historische Verstehen ist keineswegs eine rein verstandesmäßige Auflösung des Geschehens in zweckbewußte Handlungen und kann es nicht sein,
weil dieses Geschehen selbst, wie wir gesehen haben (III § 3), nicht bloß auf
rationaler Grundlage ruht. Es bleibt also immer ein größerer oder geringerer
Rest von Gefühlsmäßigem, Irrationalem übrig, dessen Erdeutung nur mit Zuhilfenahme ähnlicher Seelenkräfte erreichbar ist, als es die waren, denen dieser
Rest seine Existenz verdankt. Der Spielraum des Möglichen ist freilich auch
da nicht unbegrenzt. Die moderne Wissenschaft hat z. B., einer Anregung
von *John St. Mill* folgend, sich mit Charakterkunde (*J. St. Mill* wollte
sie *Ethologie* nennen) befaßt, die gewisse Typen aufstellt, wobei es sich freilich
nicht um Gesetze von zwingender Gewalt handeln kann, wohl aber die Neigung
zu bestimmten Handlungen vorauszubestimmen möglich werden soll. *Alfr.
Fouillée, Tempérament et caractère* Paris 1904. Diese Typen sind nichts Starres,
sie sind je nach den Geschlechtern, nach Rassen und Völkern verschieden
und liegen — wenn auch als recht unsichere Erfahrungsregeln unseren Urteilen vielfach zugrunde. Sie sind als Erkenntnismittel für uns unerläßlich.
Deshalb ist auch der Versuch von *Rich. Müller-Freienfels* (s. III § 6), die
Typen in ein System einzuordnen, als ein Fortschritt für das Verständnis des
Geschichtlichen zu erkennen. Immer noch bleibt nicht wenig einer rein ge-
fühlsmäßigen Erfassung der Tatsachen zu tun übrig. Freilich schränkt die
Erkenntnis der Massenvorgänge und ihrer seelischen Einwirkungen auch den
Kreis dieser scheinbar ‚sinnlosen' Handlungen ein, aber sie vermag uns nicht
alles zu erklären. Alles Geschehen, alle menschlichen Handlungen sind irgend-
wie in das Fluidum des moralischen Empfindens getaucht, vieles, was scheinbar rein rationalen Erwägungen entsprießt, hat seine Wurzeln im Religiösen.
Nur ein kongeniales, freilich von verstandesmäßiger Kritik geleitetes Mit-
empfinden wird der mehr flächenhaften, um nicht zu sagen, flachen rationalen
Deutung der Erscheinungen inneres Leben einzuhauchen vermögen und der
Rekonstruktion dieser Erscheinungen die nötige Rundung verleihen. So wichtig
für den Historiker verstandesmäßige Kritik ist, das Gefühl, das Mitfühlen mit
dem, was es schildert, bleibt fast wichtiger. Die Wege zu richtiger Erkenntnis
weist bisweilen der Instinkt gewisser als die grübelnde Vernunft. Das entspricht eben auch der Tatsache, daß das Irrationale im geschichtlichen Leben
eine oft entscheidende Rolle spielt. Vgl. III § 4.

§ 4. Der Anteil der Phantasie.

Wer irgendwie ein Kapitel aus *Mommsens Römischer Geschichte* je mit
Verständnis gelesen hat, wer da aus den Schilderungen des römischen Lebens
den antiken Menschen förmlich in Atemnähe kennen gelernt hat, der wird
das Wort dieses Meisters, daß die Phantasie, wie aller Poesie, so auch aller

Historie Mutter ist, wohl zu würdigen wissen. Alle Phantasie, auch die tollste Märchenphantasie ist nicht uneingeschränkt frei, sondern arbeitet mit dem Material, das uns in unseren Erinnerungsbildern aufgestapelt ist. Nur in der Verflechtung und Verknüpfung dieses Materials ist uns Freiheit gewährt, so viel Freiheit, als die dem geistigen Leben innewohnenden Gesetze Spielraum lassen. Phantasie ist es, die uns die Pest von Athen, wie sie *Thukydides* mit unvergleichlicher Anschaulichkeit schildert, nachbildend nochmals sehen läßt, Phantasie ist es aber auch, die einem Augustus vorschauend das Bild eingab von der Gestaltung des Orbis terrarum unter der Herrschaftsform des Prinzipats. Das ist die auf die Zukunft gerichtete Phantasie der Schaffenden, die man deshalb auch gern die ‚schöpferische‘ nennt.

Neben diese gedankenverbindende tritt nun die unsere Wahrnehmungen ergänzende Phantasie. Sie ist so recht die Grundlage alles Verstehens. Aus den Bruchstücken der lebenden oder einer vergangenen Welt, aus flüchtigen Andeutungen, aus Gebärden, aus dem Tonfall eines Wortes, aus einem Händedruck, aus Inschriftenresten oder unscheinbaren Redewendungen eines Schriftstückes formen wir ein Ganzes, indem unsere Einbildungskraft die fehlenden Zwischenglieder einfügt. Sie ist für den Historiker um so wichtiger, als er das Vergangene, das er zu rekonstruieren sucht, nicht oder niemals im Gesamtumfang, nie in allen seinen Beziehungen erlebt hat. Auf dem Gebiete der Forschung nennen wir dieses Ergänzen, das Einsetzen fehlender Mittelstücke: Kombination. Sie muß, wie alle wissenschaftliche Phantasie gedanklich oder urteilsmäßig bestimmt sein, muß stets von den Tatsachen ausgehen und zu den Tatsachen zurückkehren. Darin unterscheidet sie sich vor allem von der künstlerischen Phantasietätigkeit. Nun ist unser Denken nicht immer ein durch die Sprache ausdrückbares, vielmehr wird dieses durchkreuzt und begleitet von Bewußtseinsinhalten, die aus dem Unterbewußtsein in uns auftauchen, ja von völlig Unbewußtem, das „in uns denkt". In diesem Sinne ist es die Einbildungskraft in ihren verschiedenen Formen, die das Gebiet der wissenschaftlich tätigen Geister absteckt. Auf der einen Seite die kritischen Köpfe, verstandesmäßig stärker ausgebildet, die vorsichtig Schritt für Schritt vorwärts schreiten, verläßlich, nüchtern ihren Weg auf sicherem Grunde suchen. Ihnen gegenüber stehen die vorausahnenden Geister, die tiefer als jene schürfen. Zu großen Gedankenentwürfen geneigt, gleiten sie bei unzureichendem Intellekt leicht von den Bahnen sicherer Erkenntnis ab, da ihnen die nackte Tatsächlichkeit zu leer und farblos erscheint. Wo sich aber beides, Tiefe und Klarheit, in einer Persönlichkeit paart, da erreicht das historische Verstehen jene geheimnisvolle, für wirklich große Leistungen unersetzliche Gabe der Intuition, auf die wir nie werden völlig verzichten dürfen. Wenn *Ranke* auf Grund recht mangelhafter und zum Teil recht parteiischer Quellenüberlieferung (Venetianische Gesandtschaftsberichte!) mit schlafwandlerischer Sicherheit die Umrisse von geschichtlichen Entwicklungen, handelnden Persönlichkeiten, wirkenden Gedankenrichtungen, zu entwerfen imstande war, in die die glücklichen Benützer reicher Archive späterhin nur einzelne Züge, nur Schattierungen einfügen konnten, so zeigt sich in ihm eben jenes heimliche Licht einer genialen Schöpferkraft. Ein völliges Sich-Hineinversenken, ein Sich-Hineinleben in entfernte Zeiten und darüber hinaus ein Ahnungsvermögen, das sich über sich selbst nicht Rechnung geben kann und doch viel heller in

das Dunkel wirrer Fragen hineinleuchtet als alle Vernunft der Vernünftigen.
Es bedarf wohl nicht einer besonderen Versicherung, daß diese Intuition nichts
Außerirdisches zu sein braucht und kein Forscher sich von vornherein auf die
Kraft seiner Intuition wird verlassen dürfen, daß ihm die kritische Sichtung
der Ueberlieferung und des Tatsachenstoffes die sichere Grundlage geben muß,
wie dem gewissenhaften Arzte das Mikroskop und die chemische Reaktion stets
als Prüfstein seiner Diagnose gelten wird. Andererseits, an dem „Ahndungs-
vermögen“ und der „Verknüpfungsgabe“, wie *Wm. v. Humboldt* es nannte, an
diesem Vorrechte auserlesener Geister wenigstens in bescheidenem Maße teil-
zuhaben, muß wohl jedem Geschichtsforscher gegeben sein, will er Dauerndes
und Größeres schaffen. Er bleibt sonst „eine Art historischer Subaltern-
beamter“.

Benno E r d m a n n, Die Funktionen der Phantasie im wissenschaftl. Denken 1913.
Vgl. Arvid G r o t e n f e l t, Die Wertschätzung in der Geschichte 1903 S. 52 f., der Phan-
tasie u. Intuition nur sehr bedingt gelten lassen will. Rich. M ü l l e r - F r e i e n f e l s,
Psychologie des Denkens u. der Phantasie 1916.

§ 5.   Die historische Erfahrung.

Alles wissenschaftliche Forschen ist im Grunde ein W e i t e r forschen,
ein Anknüpfen an schon Begonnenes, ein Bauen auf vorgebautem Grunde.
Niemand wird glauben, daß einer auf mathematischem Gebiete etwas Neues
wird zu leisten imstande sein, der nicht schon in die Mathematik als Ganzes
eingeführt ist, ihre Anschauungsweise, Methodik und bisherigen Erkenntnisse
wenigstens in Umrissen sich zu eigen gemacht· hat. Für die Geschichtskunde
gilt das gleiche. Auch sie kann nur mit Erfolg betreiben, wer einen Ueberblick über die Gesamtheit des bisher Geleisteten erworben hat. Das ist an
und für sich eine Selbstverständlichkeit. Ueber die Wege, wie man sich einen
solchen Ueberblick verschaffen kann, war bereits (I § 3) die Rede, ist doch
diese Frage schon eine rein praktische und in gewissem Sinne eine allgemein
wissenschaftliche. Doch die historische Erfahrung hat noch eine andere Seite.
Dem Mathematiker oder Naturforscher mag die Kenntnis seines Fachgebietes
(Fachgebiet im weitesten Umfang genommen) im allgemeinen genügen. Hier
ist der innere Zusammenhang zwischen den Grundtatsachen ziemlich enge
verknüpft. Nicht so für den Geschichtsschreiber. Seine Wissenschaft, das
muß immer wieder gesagt werden, ist Lebenswissenschaft und er muß deshalb
vorerst das Leben kennen, ehe er Geschichte verstehen kann. Das Leben
aber kennt nur, wer die G e g e n w a r t kennt. Von ihr muß alle Historie
ausgehen. (Vgl. I § 3.)
Wir haben gesehen, wie in der geschichtsschreibenden Tätigkeit, Intellekt,
Gefühl und Phantasie innig miteinander verwoben sind. Unsere Phantasie ist
aber nicht etwas unbedingt freies. Sie vermag nur mit Erinnerungsbildern zu
arbeiten, die unser Geist irgendwie in sich aufgenommen hat. Unser Gefühl
aber muß moralisch irgendwo verankert, unser Intellekt geschult an der Beurteilung des Wirklichen sein. Woher sollen wir nun all diese sittlichen und geistigen Kräfte nehmen, woher die nötige Erfahrung gewinnen, wenn nicht aus den
eigenen Erlebnissen? Als bloße Stubengelehrte aber, aus bloßem Bücherwissen
kann uns dies nie und nimmer gelingen. Wer wollte die Geschichte des Kapitalismus im 16. Jahrhundert verstehen, wer die Agrarverhältnisse des Mittelalters

deuten können, der nicht eine lebendige Anschauung besitzt von den wirtschaftlichen Kräften, die im modernen Geldhandel wirksam sind, der nicht die Eigenart der ländlichen Verhältnisse kennt, wie sie noch jetzt die Agrarproduktion bestimmen! Nicht nur zur Aufhellung des Unterschiedes zwischen heute und damals ist dies notwendig, sondern auch zum Eindringen in das Wesen der vergangenen Erscheinungen überhaupt. Die „Beglaubigung" dazu, meint *Schiller* in seiner Antrittsvorlesung, „liegt in der Gleichförmigkeit und unveränderlichen Einheit der Naturgesetze und des menschlichen Gemüts, welche Einheit Ursache ist, daß die Ereignisse des entferntesten Altertums unter den Zusammenfluß ähnlicher Umstände von außen in den neuesten Zeitläuften wiederkehren, daß also von den neuesten Erscheinungen, die im Kreis unserer Beobachtung liegen, auf diejenigen, welche sich in geschichtlosen Zeiten verlieren, rückwärts ein Schluß gezogen und einiges Licht verbreitet werden kann." Im politischen, wirtschaftlichen und geistigen Leben war zu allen Zeiten eine gewisse Beständigkeit in den Wechselwirkungen der staatlichen und ökonomischen Daseinsbedingungen. Der Typus der Despoten, des Parteiführers, des Großkaufmanns, der Typus der Massenherrschaft und des Religionskrieges haben sich stets in ähnlichen Formen ausgewirkt, das Hofleben am Sitz eines assyrischen Großkönigs und das zu Paris eines Ludwig XIV. hat überraschende Analogien. Die Einzelerfahrungen nun aus ihrer Vereinzelung herauszuheben und sie in das Gefüge des Weltgeschehens einzuordnen, wird nur imstande sein, wer den augenblicklichen Endpunkt dieser Entwicklung kennt. Je genauer ihm die Gegenwart bekannt ist, um so leichter wird er einer anderen Gefahr entrinnen, die in der oberflächlichen Gleichsetzung vergangener und moderner Erscheinungen besteht. Es ist ja eine wohlfeile Art, auf das Publikum Eindruck zu machen, wenn man Perikles einen Altliberalen, Horaz einen Großstadtfeuilletonisten nennt, aber man streift mit solchen halbwahren Analogien oft gerade das Feinste ab, was uns die Geschichte bietet. „Flüchtige Aehnlichkeiten", sagt *Ranke* SW. 14, S. X, „mißleiten häufig, wie den Politiker, der auf die Vergangenheit, so den Historiker, der auf die Gegenwart fußen will." Anders, wenn ein so ausgezeichneter Fachmann auf dem Felde neuester Kriegskunst wie der ehemalige Chef des deutschen Generalstabes, *Alfr. Graf von Schlieffen*, in seinem Buche *Die Schlacht von Cannae*, die Technik des Vernichtungskrieges bei Hannibal, Friedrich dem Großen, Napoleon und Moltke untersucht und in kriegsgeschichtlichen Parallelen zur Darstellung bringt. Also nur, wo sich wahre Kenntnis der Gegenwart und tiefgründige historische Erfahrung kreuzen, kann sich richtiges geschichtliches Verstehen offenbaren. Vgl. V § 4.

Um aber zu jener Weltläufigkeit zu gelangen, die allein uns Lebens- und Menschenkunde verbürgt, müssen wir an den politischen, wirtschaftlichen und ideellen Strömungen unserer Zeit teilnehmen. Wir müssen möglichst unvoreingenommen die Aeußerungen der verschiedensten Parteien und Richtungen auf uns wirken lassen und namentlich den Blick für das schärfere, was sich im Hintergrunde des öffentlichen Lebens abspielt. Nicht so sehr darauf muß es uns bei diesem Studium ankommen, was die Wortführer der einzelnen Tendenzen vorbringen, sondern w i e sie dies vorbringen, in welche Redewendungen und Schlagworte sie ihre Absichten kleiden oder hinter welchen Redewendungen sie diese verbergen. Die Menschen und Augenblicksziele sind gestern andere gewesen als sie heute sind, auch die Mittel sind jeweils andere geworden, aber die Technik und Methode ist vielfach die gleiche geblieben. So muß vor allem unser Streben darauf gerichtet sein, das Formelhafte in unserer Gegenwart von dem Inhalte zu scheiden, hinter der deckenden Phrase die wahren Beweggründe zu suchen. Das ist heutzutage gar nicht so schwer, denn die überreiche Entfaltung der Publizistik auf allen Gebieten des öffentlichen Daseins sorgt dafür, daß keine staatliche oder religiöse, keine soziale oder wirtschaftliche Richtung auf den Markt des Lebens treten kann, ohne von Gegnern Kritik zu erfahren. Diese Kritik wird oft einseitig und ungerecht übers Ziel schießen, aber auch das kann lehrreich werden und den Historiker schulen. Da sich auf allen Gebieten des Schaffens die Menschen unter ähnlichen Verhältnissen ähnlich verhalten, wird bloß der sachkundig urteilen können, der eine l e b e n d i g e Anschauung von den Dingen sich erwirbt. Diese aber ist nur dem erreichbar, der die entsprechenden Kenntnisse aus dem Leben der Gegenwart besitzt. Das gilt auch von t e c h n i s c h e n Fähigkeiten und Erfahrungen. Dem Kunsthistoriker wird es nützlich sein, wenn er selbst Kunst auszuüben weiß, wer Wirtschaftsgeschichte treibt, ohne von den wirtschaftlichen Kräften, Richtungen und Möglichkeiten eine greifbare Vorstellung zu haben, wird leicht in die Irre gehen. Vgl. unten VII § 3. Darin liegt ja ein Grund für die große Schwierigkeit geschichtlicher Arbeit. Die Fachleute, die aus dem Leben kommen und die Geschichte ihres Faches schreiben, handle es sich um Post- oder Wirtschafts- oder Bergbau- oder Zeitungsgeschichte, verfügen nicht über die Quellenkunde und historische Technik. Die Historiker aber ermangeln zumeist des wirksamen Zusammenhangs mit den Daseinsbedingungen, den technischen Feinheiten, Gewohnheiten und inneren Widerständen, die bei diesen Betätigungen zutage treten. Der ideale Fall ist es, wenn beide Fähigkeiten sich in ein und derselben Person vereinigen.

Die auf Grund geschichtlichen Studiums und Gegenwartskenntnis aufgebaute historische Erfahrung schützt auch allein vor vorschnellen Urteilen, vor raschem Aburteilen. Wie lächerlich klingt es nicht, wenn in Doktorarbeiten junger Anfänger über die Politik eines Papstes schulmeisterlich abgeurteilt, die Handlungsweise eines Staatsmannes mit Lob oder Tadel bedacht und zu zeigen versucht wird, wie er es eigentlich hätte tun sollen, um zu Erfolg zu kommen! Historische Erfahrung, je tiefer sie schürft, lehrt um so mehr Bescheidenheit und jene Vorsicht im Urteil, die den Weg weist zur Objektivität.

Ist es richtig, wenn *Ernst Troeltsch* als letztes Ziel aller Historie das Verständnis der Gegenwart bezeichnet, oder, wie *Adolf v. Harnack* behauptet: „Um in den Gang der Geschichte einzugreifen, deshalb treiben wir Geschichte", dann ist der innere Zusammenhang des Historikers mit seiner Gegenwart selbstverständlich Vorbedingung. Es bleibt deshalb kein Zufall, daß der erste, der den Schritt der historischen Skepsis zum historischen Aufbau altrömischer Geschichte unternahm, daß *Barthold Gg. Niebuhr* aus dem tätigen Leben hergekommen war. Sehr gut sagt dies von ihm *Kurt Wachsmuth* in der *Einleitung in das Studium der Alten Geschichte* (1895) S. 27, der zunächst betont, wie viel bei diesem „Historiker von Gottes Gnaden" zusammentreffen mußte, um seine Leistung zu ermöglichen: „umfassendste Gelehrsamkeit, deren Schätze ein ihm nie versagendes Gedächtnis stets zur Verfügung hielt, sowie reiche praktische Erfahrung und Einsicht, die er sich in politischen und rechtlichen, auch finanziellen und wirtschaftlichen, selbst in militärischen Fragen erworben; genaue Kenntnis von Rom und Italien, Land und Leuten, auch Gewohnheit des Verkehrs mit den verschiedenen Nationalitäten, wie er auf seinen Reisen und in seinen diplomatischen Stellungen sie geübt: und über alles hinaus die glänzende Kombinationsgabe, die auf Analogien gestützt, wie sie ihm sein Wissen und seine Erfahrung zu Gebote stellte, trümmerhafte und arg entstellte Bausteine zu einem Ganzen zusammenfügte und der echt historische Blick, der die Wahrheit durch alle Verhüllungen hindurch mit intuitiver Sicherheit erkannte."

Ebensowenig ist es ein Zufall, daß ein Jurist am tiefsten in die Heimlichkeiten des römischen Staatslebens eingedrungen ist: *Theodor Mommsen.* Und diesen Tatsachen fügt es sich wohl ein, daß ein Londoner Bankier, *George Grote*, als erster *Niebuhrs* Grundsätze auf die Geschichte Griechenlands anwandte, jener *Grote*, der sich 1847 beim Ausbruch des Sonderbundskrieges eigens in die Schweiz begab, um aus den Kämpfen der Kantone untereinander eine lebendige Analogie zu den Kämpfen Altgriechenlands zu gewinnen. *Karl Joh. Neumann, Entwicklung und Aufgaben der Alten Geschichte, Straßburg i. E. Universitätsschr. 1910, S. 29, 68.* — Mit Absicht sind hier Beispiele angeführt, die die Vertreter der Alten Geschichte betreffen, weil die Zeitdistanz, die zwischen Altertum und Gegenwart aufklafft, deutlicher als anderswo den Ring kennzeichnet, der Vergangenes und Gegenwärtiges verbindet und die Doppelnatur geschichtsschreibender Tätigkeit kennzeichnet: in der eigenen Zeit mit Bewußtsein leben und der vergangenen seine wissenschaftliche Aufmerksamkeit zuwenden.

Es ist oben erwähnt worden, daß die Kenntnis der Gegenwart erleichtert werde durch die Entfaltung der Publizistik, die jetzt in alles und jedes hineinleuchtet. Freilich bedarf es dabei einer gewissen Vorsicht. Das fast zum Selbstzweck werdende Schrifttum bläht sich derart auf, daß es heute nicht leicht ist, sich von dem Einflusse papierener Meinungen freizuhalten. Oft könnte es scheinen, als ob es sich in der Gesellschaft und im Staate nur um das Auf und Ab eines Advokatenprozesses handle, als ob nicht das Blut, das wirkliche, pulsierende Leben, mächtige Schicksalskräfte, gewaltige Wirklichkeiten den Ausschlag gäben, als ob das historische Sein und Werden nichts anderes wäre als — Literatur. Als ob die schicksalshaften Eigenschaften einer Nation, eines Staates sich wegdisputieren ließen. Man sieht bloß die an der Oberfläche sich verknüpfenden äußeren Beziehungen und verwechselt sie mit dem in der Tiefe ruhenden Wesen der Dinge und Menschen, merkt nur die schwankenden, im Gehirn verankerten Regungen und Tendenzen und übersieht die festen Grundpfeiler der Tatsachen.

§ 6. Geschichtliche Objektivität.

In der Naturwissenschaft spielt die Forderung nach Objektivität keine Rolle, denn da steht der Forscher, wie wir gezeigt haben (vgl. V § 1), dem Objekt als etwas Unmittelbarem, als etwas in der Regel sinnlich Wahrnehmbarem gegenüber. Dort ist Objektivität etwas Selbstverständliches. Da überdies dort alle Erscheinungen vom Standpunkte der Notwendigkeit und Gesetzmäßigkeit aus betrachtet werden, scheidet von vornherein jeder Versuch aus, dem Objekt irgendeine seelische Selbständigkeit zuzuschreiben. Ganz anders in der Geschichte. Da wir die menschlichen Handlungen als relativ frei ansehen, dem bewußten Willen der Menschen einen gewissen Spielraum zugestehen und zur Erklärung dieser Handlungen nur auf dem Umweg über unser eigenes Inneres, nur in Analogien zu unseren eigenen Bewußtseinsvorgängen gelangen, so ist hier der Subjektivität allerorten der Weg offen. Da wir außerdem bei der Reproduktion der Vergangenheit die Vorgänge früherer Zeiten, die in ihren Wirkungen heute noch fühlbar sind, uns möglichst nahe zu bringen suchen, liegt es nahe, daß wir zu ihnen wie zu etwas Gegenwärtigem Stellung nehmen. Aus alledem geht hervor, daß die Forderung nach Objektivität nicht so sehr ein positives Verlangen darstellt als vielmehr ein negatives. Die Objektivität des Geschichtsschreibers besteht in der möglichsten Ausscheidung aller subjektiven Elemente aus seiner Betrachtung. Eine vollständige Ausscheidung ist freilich unmöglich, denn diese widerspräche ja dem Wesen des historischen Verstehens. Jedes Wort einer Urkunde, jeder Ziegelstein eines antiken Gebäudes ist für uns bloß Symbol, das der Ergänzung aus unserem Innern bedarf. Zum geistigen Wiederaufbau braucht es ferner noch unseres Nachfühlens mittels unserer Phantasie. Schließlich tritt unser Subjektivismus bereits bei der Auswahl des Stoffes in seine Rechte, bei der Wahl des Gegenstandes, bei der Gruppierung.

Dem Willen nach Objektivität steht schließlich die subjektive Färbung der meisten Quellen hindernd entgegen. Verteidigungs-, Streitschriften, Rechtfertigungen, Anpreisungen, Werke der Agitation, Werke einer Augenblicksstimmung, an sich oft voll wertvollen Tatsacheninhalts, aber voll verwirrender Meinungsfängerei, fordern den Scharfsinn und die kühle Sachlichkeit des späteren Benützers heraus. Sie üben ihre Wirkung auch über Jahrhunderte hinaus auf die Menschen aus, besonders wenn hinter ihnen die Autorität eines berühmten Mannes steht oder wenn die Form jener Zeugnisse durch die Anmut der Diktion zur Lektüre (besonders in der Schule) in weiteren Kreisen einlädt. Nicht zuletzt wirkt die durch Zufall oder Absicht bewirkte Auslese mit, die den Ueberresten einer bestimmten Partei- oder Gedankenrichtung die Erhaltung in der Folgezeit gesichert hat. So sind wir, wo nicht inschriftliche Quellen ergänzend einsetzen, gezwungen, große Teile der griechischen Geschichte durch die Brille athenischer Betrachtungsweise zu beurteilen.

Wie gelangen wir dennoch zu historischer Objektivität und auf welchen sachlichen und persönlichen Voraussetzungen beruht sie?

Es bedeutete für die Geschichtswissenschaft ein Stück Notwendigkeit, daß sie sich bewußt wurde, die Bande der von außen in die Historie hineingetragenen Beurteilungsmaßstäbe zu sprengen. Mögen nun diese Maßstäbe religiös oder moralisch orientiert und als etwas Festes und für alle Zeiten Gültiges gedacht sein oder nur in der zufälligen Eigenart des Geschichtsschreibers ruhen, das „Richteramt“ der Geschichte hat seine Grundlagen verändert. Die Deutung des Weltgeschehens im Sinne ewiger Sittengesetze hat sich in den Bereich der Erbauungsbücher zurückgezogen, wie andererseits der politische Doktrinarismus eines *Guizot* oder *Rotteck*, die Leidenschaftlichkeit *Treitschkes* heute mehr als politische Publizistik denn als Wissenschaft empfunden wird. Niemandem kann der stets räsonierende Ton eines *Johs. Scherr* genügen.

Auf der einen Seite steht also das rein rationale Denken mit seinen an absoluten Werten gemessenen Urteilen, die in ihrer Zeitlosigkeit für alle Erscheinungen seit Weltbeginn die Zensuren von Gut und Böse verteilen. Demgegenüber bemüht sich die moderne Geschichtskunde um die Auffindung relativer Werte, d. h. sie will eine Epoche „an ihrem eigenen, wenn auch noch so komplizierten Wesen und Ideal messen" (*Troeltsch*). Das kann nur geschehen, indem sie das geschichtliche Geschehen innerhalb eines gewissen Zeitraumes als Gesamtheit auffaßt, als ein Ganzes, das sich merkbar abhebt von anderen früheren oder späteren solcher Gesamtheiten. Wir formulieren uns aus den überlieferten Einzelzügen die griechische Anschauungswelt zu einer Totalität und suchen dann neu auftauchende Züge in diese Totalität organisch einzuordnen. Aus diesem Ganzen heraus streben wir das einzelne zu verstehen. Warnend erhebt deshalb *Konr. Burdach, Vom Mittelalter zur Reformation*, 2. Bd., 1. (1913) S. 174 die Stimme: „Ueber die psychischen Vorgänge, über die logischen Akte der Menschen des Mittelalters und der Renaissance sollte man endlich aufhören zu urteilen, indem man sie stillschweigend gleichsetzt mit den modernen, von denen sie in Wirklichkeit durch eine unausfüllbare Kluft getrennt sind. Wir lachen über die naive Gläubigkeit der Propheten post eventum und ihrer Proselyten. Aber tut die moderne Geschichtswissenschaft, wenn sie moderne Begriffe ohne Beweis in das mittelalterliche Geistesleben proijziert und dann über Wert und Unwert mittelalterlicher Gedanken, Meinungen und Handlungen richtet, etwas Klügeres?"

Daß uns beim Vergleichen der zeitlich aufeinanderfolgenden Epochen innere Zusammenhänge aufstoßen, die sich in charakteristischen feststehenden Tatsachenreihen als Totalitäten absondern, muß hier ebenfalls erwähnt werden. Solche sind z. B. die einzelnen Kulturkreise, die sich nicht bloß zeitlich, sondern auch geographisch abrunden, der kleinasiatische, der abendländische usw. Auch innerhalb dieser folgen die historischen Werte in besonderer Schichtung, die nur auf diese Lebensbezirke Bezug haben. Trotz mancherlei Uebertreibungen bietet nach dieser Hinsicht *Osw. Spengler, Der Untergang des Abendlandes* 1. (1918) Anregungen, indem er selbst so grundlegende Tatsachen wie den Zeit- oder Zahlbegriff, die Art des Wollens je nach dem ägyptischen, indischen, antikgriechischen und abendländischen Kulturkreis relativiert und in dieser Beziehung überhaupt keine oder fast keine absoluten Werte gelten lassen will. Seine Auffassung in dieser Hinsicht ist offenbar das zeitgeschichtlich bestimmte Seitenstück zu dem Relativismus *Einsteins*. Sie geht in der Verselbständigung der einzelnen, als Organismen aufgefaßten Kulturen, zwischen denen es angeblich gar keine Brücken gegenseitigen Verstehens gibt, ohne Zweifel viel zu weit. Vgl. *E. Troeltsch*, HZ. 120 (1919) 281 ff.; *E. Brandenburg*, Hist. Vjschr. 20 (1920) 1 ff. Gegenschriften: *Fel. Emmel, Der Tod des Abendlandes* 1920; *Uch. Scholz, Zum »Untergang« des Abendlandes* 1921; *Theod. L. Haering, Die Struktur der Welt*. 1921.

Ottokar Lorenz, Die Geschichtswissenschaft in Hauptrichtungen und Aufgaben 1 (1886) S. 77 hat nachgerade gefordert, die „Forschung nach den Werten", um sie der Laune und Willkür des einzelnen möglichst zu entziehen, systematisch und methodisch nach logischen Gesetzen geordnet zu einem gesicherten Zweig der Wissenschaft zu machen. Ohne Zweifel könnte auf diesem

Gebiete noch sehr viel geschehen. Eine nach Epochen und Kultureinheiten geordnete Erforschung des Rechts- oder Sittlichkeitsideals, die Feststellung, was zu bestimmten Zeiten und bestimmten Gebieten als fromm, als wahr, als reich, als großmütig, freigebig gegolten hat, wie sich diese Anschauungen zeitlich und örtlich veränderten, kurz eine auf Grund eingehender, quellen- und sprachkritisch gegründeter Einzelarbeiten gewonnenen Darstellung der Moralvorstellungen wäre eine wichtige Vorarbeit zur wissenschaftlichen und methodischen Begründung historischer Objektivität. Auf dieser Linie die Forschung weitergeführt zu haben, ist das Verdienst *Ernst Bernheims*, der in seinem Buche *Mittelalterliche Zeitanschauungen in ihrem Einfluß auf Politik und G.-schreibung* 1. 1918 und schon vorher in dem Aufsatze *Politische Begriffe des Mittelalters im Lichte der Anschauungen Augustins in Dt. Zschr. f. Gw. 7 (1896/7) 1 ff.* wichtige Beiträge zum Verständnis der politischen Terminologie des Mittelalters geliefert und überdies seine Schüler nach dieser Richtung hin angespornt hat. Greifswalder Dissertationen, wie die von *O. Meine, Gregors VII. Auffassung vom Fürstenamte im Verhältnis zu den Fürsten seiner Zeit* 1907, *G. Herzfeld, Papst Gregors VII. Begriff der bösen Obrigkeit im Sinne der Anschauungen Augustinus und Papst Nikolaus I.* 1914, *F. Radecke, Die eschatologischen Anschauungen Bernhards von Clairvaux* 1915, *Joh. Lange, Das Staatensystem Gregors VII. auf Grund des augustinischen Begriffes von der ‚Libertas ecclesiae'* 1915 u. a. bieten in dieser Hinsicht Ansätze zum Ausbau dieser geistesgeschichtlich orientierten Anschauungslehre. — Außerdem betätigen sich auf diesem Gebiete Arbeiten wie die von *A. Greinacher, Die Anschauungen des Papstes Nikolaus I. über das Verhältnis von Staat und Kirche,* Diss. Freiburg i. Br. 1919, *H. Lilienfein, Die Anschauungen von Staat und Kirche im Reiche der Karolinger,* in Heidelberger Abh. zur mittl. und neueren G. 1 (1912), *G. Ellinger, Das Verhältnis der öffentlichen Meinung zu Wahrheit und Lüge im 10., 11. und 12. Jht.* 1884, *A. Kühne, Das Herrscherideal des Mittelalters und Kaiser Friedrich I.,* in Leipziger Studien aus dem Gebiete der Gesch. 5, 2 (1898), *P. Hermant, Le sentiment amoureux dans la littérature mediérale* Rev. de synth. hist. 12 (1906) S. 156 ff.; *Frh. v. Bezold, Die armen Leute und die deutsche Literatur des späteren Mittelalters,* in Hist. Zsch. 41 (1879) 1 ff.

Man darf wohl behaupten, daß die Forderung nach Objektivität zu den allergrößten Errungenschaften der Geschichtswissenschaft zählt, die sie in ihrem ganzen Entwicklungsgang aufzuweisen hat, ja, sie stellt einen mächtigen Schritt dar, den der menschliche Geist überhaupt in den letzten hundert Jahren nach vorwärts getan hat. So gefährlich es ist, auf den „Zeit"- oder „Volksgeist" für die Erklärung geschichtlicher Vorgänge und Tatsachen zurückzugehen, so wertvoll mußten diese Begriffe als Hilfskonstruktionen werden, um den geistigen Inhalt einer Zeit oder eines Kulturkreises in seiner Gesamtheit zu erfassen. Erst auf diese Weise wurde es z. B. in Sachen der sittlichen Werte möglich, das dogmatische Nebeneinander absoluter Größen in das geschichtliche Nacheinander zeitlich bedingter Anschauungen aufzulösen. Was einem antiken Geschichtsschreiber nie und nimmer beigefallen wäre, was sich dem mittelalterlichen Gesichtskreis von selbst verschlossen hatte, ward erst nach Ueberwindung der Aufklärung dem modernen Menschen offenbar. Die Lehre *Hegels* von der relativen Vernünftigkeit alles geschichtlichen Geschehens, eine

Lehre, die bereits *Herder* vorgetragen hat, erst sie verhalf dieser Erkenntnis zum Durchbruch. Vielleicht geht man nicht zu weit, wenn man diesen Fortschritt der Historie jenem gleichsetzt, den die Naturwissenschaft einem *Darwin* verdankt. Bei näherem Zusehen ist der Gleichlauf beider Erkenntnisvorgänge geradezu überraschend. Hier wie dort werden die Erscheinungen, die man vordem als zeitlos betrachtet hatte, in „Entwicklungsstufen" zusammengefaßt und nach Epochen gegeneinander abgegrenzt.

Noch ist auf diesem Gebiete vieles zu leisten. Wir stecken noch allerwärts in den Anfängen. Solange eine systematische und umfassende Behandlung dieser Fragen fehlt, ist die Objektivität des Historikers auf seinen Takt angewiesen, d. h. auf eine durch Leidenschaftlichkeit ungetrübte Gerechtigkeitsliebe, die in genauer Kenntnis des Tatsächlichen und eines umfangreichen Allgemeinwissens beruht. Natürlich könnte auch eine auf dem von *O. Lorenz* gewiesenen Wege gewonnene Darstellung historischer Werte die subjektiven Elemente der Geschichtserkenntnis nur vermindern und zurückdrängen, nicht völlig ausscheiden. Aber auch unabhängig davon hat unsere Wissenschaft darin Fortschritte aufzuweisen.

Es ist kein Zufall, daß die bewußte Forderung nach Objektivität zeitlich zusammenfällt mit der Erkenntnis, daß die historische Fragestellung darauf gerichtet sein muß, wie die Dinge g e w o r d e n sind. Gerade die genetische Geschichtsdarstellung ist ein Weg zur Sachlichkeit, denn, indem sie ihren Gegenstand vom Gesichtspunkte des allmählichen Werdens betrachtet, setzt sie ihn notwendig in Beziehung zu vorhergehenden und späteren Verhältnissen und Umständen und muß ihn im Wandel der verschiedenen Werte zeigen. Nichts ist einer objektiven Auffassung schädlicher als die Vereinzelung des Objekts, die es aus dem Lebenszusammenhang herausreißt und als ein Ding für sich behandelt. Die genetische Darstellung zeigt nun wenigstens die Beziehungen in ihrem zeitlichen Längsschnitte auf. Es ist etwas anderes, Napoleons Erscheinung aufblitzen zu lassen wie einen Meteor, und etwas anderes, die sozialen Verhältnisse Frankreichs nach dem Thermidor, die politische Entwicklung Europas in der zweiten Hälfte des 18. Jhts., den Werdegang der Kriegskunst seit Friedrich dem Großen vorsichtig in Betracht zu ziehen. Immer mehr fallen hier die absoluten Werte ab, die einen zeitgenössischen Beobachter, der diese Wirkungszusammenhänge nicht so erkennen konnte, zu abgöttischer Bewunderung oder zu tiefster Verachtung verleiten können.

Wie das bei jedem Prinzip der Fall ist, das auf die Spitze getrieben wird, lauern auch im Schatten der Objektivität mancherlei Gefahren für den Historiker. Sich jeder eigenen Stellungnahme enthalten, führt leicht zu einer Unübersichtlichkeit des Gebotenen, denn selbstverständlich beruht schon in der Auswahl des Materials, in der Anordnung des Ganzen, in der Unterscheidung zwischen Wichtigem und Unwichtigem der stark persönliche Anteil an dem Geschilderten. Nun gar bei der Bildung von übergeordneten Begriffen. Schon indem ich etwa einen Abschnitt unter dem Gesamttitel „Zeitalter Friedrichs des Großen" zusammenfasse oder ihn „Zeitalter des aufgeklärten Absolutismus" nenne, ist damit das Ergebnis subjektiver Wertung gegeben. Nun wird aber eine allzu ängstliche Objektivität leicht zu sklavischer Abhängigkeit von der Ueberlieferung führen und sich über den Wortlaut der Quellen zu erheben Bedenken tragen, vor dem Einsetzen fehlender Mittelglieder, von auch noch so vorsichtigen Schlußfolgerungen zurückschrecken und infolgedessen wohl Material, aber nicht Verarbeitung des Materials bringen. Das kann an und für sich sehr wertvoll sein, wenn eine Forschernatur vom Range eines *Gg. Waitz* dieses Material, in kritischer Weise gesichtet, darbietet, aber das Ideal der Geschichts s c h r e i b u n g ist damit nicht erreicht. Sie ist auf halbem Wege stehengeblieben, denn ihr Ziel ist die Rekonstruktion vergangenen Lebens. Bietet man also nur Bruchstücke des Gebäudes statt das Gebäude selbst, so überläßt man es eben dem Beschauer, die geistigen Verbindungslinien herzustellen. Da ist es nun unwahrscheinlich, daß diese Rekonstruktionsarbeit von einem anderen besser geleistet werden könnte als von dem Historiker, der sich mit dem Gegenstande aufs intensivste beschäftigt hat.

Trotz alledem ist freilich auch übertriebene Objektivität vom Standpunkte der Wissenschaftlichkeit weniger gefährlich als das Gegenteil. Sie ist sich der sittlichen Pflicht strenger Unparteilichkeit bewußt und läßt das Tatsächliche gelten. Auch *Ranke*, der als das Urbild eines objektiven Historikers angesehen werden darf, entging der Kritik nicht. Man tadelte seine kühle Zurückhaltung, das bloß ästhetische Interesse an dem Spiel des Lebens, das entschiedenen Urteilen aus dem Wege ging und die allzu starke Vergeistigung des materiellen Daseins, die für ihn ein Mittel war, das Allzumenschliche in der Geschichte zurückzudrängen. Es ist klar, daß jeder Vorzug mit einem Nachteil bezahlt werden muß. Doch auch einer seiner Kritiker muß gestehen: „Dem Ideale des Geschichtsschreibers ist niemand so nahe gekommen wie er." Anders ist es mit manchem seiner Schüler. Da hat sich das oft einseitig aufgefaßte Streben nach Objektivität in Unklarheiten kundgetan, in einem Mangel an deutlicher Herausarbeitung des Wichtigen und scharfen Umrissen, in der Scheu, feste Begriffe zu formulieren. Auf diese Weise kann der Grundsatz der Objektivität, wenn er falsch verstanden wird oder in geistlose Routine ausartet, zur Stütze geistiger Mittelmäßigkeit werden. Es ist ja ungemein bequem, sich hinter diesem Schlagworte zu verschanzen und damit jeder bestimmten Stellungnahme zu den Dingen der Welt entgehen. Für schwache Persönlichkeiten ein wunderbares Rezept, ihre Blöße mit dem Aushängeschild der „Wissenschaftlichkeit" zu verdecken. Damit gerät die Wissenschaft in das gleiche Fahrwasser wie die Kunst, die dem l'art pour l'art-Standpunkte huldigt. Es wird ein schwächliches Aesthetentum gezüchtet, das sich von dem Leben abschließt und nur in der Treibhausluft der Stubengelehrsamkeit zu gedeihen vermag. Der Geschichtsschreibung schlägt das übler an als irgendeiner anderen Wissenschaft. Sie kommt vom Leben her und strebt zum Leben hin.

Zwischen Farblosigkeit und Charakterblöße einer jeden Standpunktes baren Geschichtsbehandlung einerseits und der tendenziösen Darstellung auf der anderen Seite liegt in wohlabgewogener Mitte das Ideal historischer Auffassung. Sie wird die Maßstäbe ihres Urteils stets in der Zeit und in den Dingen selbst zu suchen haben, nie aber ganz die Distanz vergessen lassen, die zwischen der Vergangenheit und dem Heute liegen, denn nur in der Aufhellung des Unterschieds, der das Gewesene von der Gegenwart scheidet, liegt der innere Wert der Wissenschaft, der ja doch auch ein praktischer sein soll. Es wird schließlich keineswegs schaden, wenn hinter der Schilderung vergangener Dinge eine scharf umrissene Persönlichkeit hindurchleuchtet, die von festen Gesichtspunkten aus Menschen und Welt betrachtet. Hauptsache dabei ist nur, daß dadurch die Wahrheitsliebe nicht zu kurz kommt und wir von Anbeginn über die Weltanschauung des Verfassers nicht in Zweifel gelassen werden. Sobald er freilich uns auf dem Umweg über die Geschichte seine Gedankenrichtung aufdrängen will, wird er notwendig die Tatsachen vergewaltigen und Tendenz treiben.

Im letzten Grunde ist die Forderung nach Objektivität zugleich der Kampf gegen den Anachronismus. Anachronismus im weitesten Sinne ist aber Versündigung an der historischen Echtheit, mit der Verhältnisse, Ereignisse und Stimmungen einer vergangenen Zeit geschildert werden. Mit der Zunahme und Vertiefung geschichtlicher Bildung sind auch weitere Kreise in dieser Hinsicht empfindlich geworden. Umgekehrt aber wird der Historiker, der jeder Zeit gibt, was ihr an sittlichen, rechtlichen und religiösen Werten zukommt, auch seiner eigenen Gegenwart gerecht zu werden versuchen. So führt die Objektivität, richtig begriffen, aus ödem Buchstabenwissen zur Wirklichkeit, aus mechanischer Regelanwendung zur Persönlichkeit, aus blinder Anbetung des Vergangenen zu lebendigem Mitfühlen mit der Gegenwart und dem Leben.

Ottokar L o r e n z, Die Geschichtswissenschaft 1 (1886); Arvid G r o t e n f e l t, Die Wertschätzung in der Geschichte 1903; Gg. S i m m e l, Die Probleme der Geschichtsphilosophie ³ 1907; Raoul de la G r a s s e r i e, De l'objectif et du subjectif dans la société. Paris 1910. Ernst T r o e l t s c h, Ueber Maßstäbe zur Beurteilung historischer Dinge. Berliner Universitätsschr. 1910.

§ 7. Unhistorisches Denken.

Wissenschaft kann nur in wohltemperierter Luft gedeihen. Jedes Zuviel ist für sie von Uebel. Das gilt auch für die Geschichte. Eine so bedeutende Stelle der Intellekt einnimmt in der Geistestätigkeit des Historikers, dient er nur der Kritik um der Kritik willen, so bringt er sich um das Verständnis der Vergangenheit und reißt die Brücken ab, die ihn zur Erkenntnis der Dinge führen können. Denn nur gefühlsmäßige Anteilnahme kann manche Rätsel lösen. Verbindet sich der Intellekt mit der Einbildungskraft zur Spekulation, so mißhandelt er die Tatsachen und erhebt sich über sie, indem er das Gesetz des Denkens zum alleinigen Maßstabe seiner Konstruktionen macht. Es ist dies der Fehler, in den besonders leicht philosophisch oder juristisch geschulte Menschen verfallen. Aus einem festen Gedankensystem heraus, von einer vorgefaßten Idee, von einem streng logisch aufgebauten Schema herkommend, suchen sie das geschichtliche Geschehen zu deuten.

Ein Beispiel unhistorischer Darstellungsweise, die ihre Werte einem bestimmten philosophischen System entnommen hat und, von diesem ausgehend, stets nur absolute Urteile fällt, ist *Fch. Christoph Schlosser*, namentlich in seiner *G. des 18. Jhts. und des 19. Jhts. bis zum Sturz des französischen Kaiserreichs* (1836—49). Seine Geschichtsauffassung ist die reine Anwendung der Philosophie *Kants*. Der kategorische Imperativ ist es, an dem er Menschen, Staaten und Politik mißt und der ihm immer wieder Richtsprüche fällen läßt. Er zwängt nicht das Geschehen in ein festes Schema, sondern sein Denken ist in ein solches eingespannt. Anders liegen die Ver-

hältnisse bei *Hegel*. Auch er hat sich auf ein starres System festgelegt.
Die Weltgeschichte ist ihm ein dialektischer Prozeß, der von der These zur
Antithese und von da zur Synthese fortschreitet. Indem er so eine innerlich
notwendige Entwicklung des ganzen Weltgeschehens voraussetzt, sucht er nun
in der Darstellung des Geschehens diese Entwicklung zu erweisen. Dies geschieht natürlich nicht ohne Zwang, nicht ohne Konstruktion. Nur indem er
die Geschichte unserer abendländischen Kultur an den Endpunkt, die orientalische an den Anfang setzte, konnte dieser Plan des Weltgeistes an ihr
exemplifiziert werden. Die Geschichte Ostasiens würde dem schon widerstreben.

Neben der Konstruktion ist es besonders die t e n d e n z i ö s e Geschichtsschreibung, die den Anforderungen der Objektivität widerspricht. Die Tendenz
trägt aus Absicht, auch ohne sich deren bewußt zu werden, fremde Wertmaßstäbe in die historische Auffassung hinein und zwar zumeist um damit
auf die Gegenwart zu wirken. Sie hat sehr oft einen publizistischen Charakter.
Man will eine Person oder Partei oder ein Ideal erhöhen, verteidigen bzw.
verketzern. Oft schwingen auch noch andere Saiten mit.

Steigert sich nämlich die gefühlsmäßige Teilnahme des Historikers zur
Leidenschaft, und versteift sich diese Leidenschaft im Sinne einer bestimmten
politischen, sozialen oder religiösen Weltanschauung, so wird sie zum Fanatismus. Die Tendenz w i l l die Schattenseiten, bzw. Lichtseiten des behandelten
Gegenstandes nicht sehen, der Fanatismus k a n n es nicht. Der Fanatiker
ist gerechtigkeitsblind und infolgedessen seiner Anlage nach zum Historiker
völlig ungeeignet, wenn sich auch der Fanatismus oft nur auf ein bestimmtes
engumgrenztes Beobachtungsfeld bezieht.

Als Beispiel für ein Tendenzwerk mag *Paul Majunke, Luthers Lebensende* [3] 1890 an-
geführt werden, das nachweisen will, daß Luther durch Selbstmord geendet habe. M. tut
dies, indem er die gleichzeitige von Luthers Freunden verfaßte „*Historia*“, eine Art
Zeitungsbericht, als Schönfärberei verdächtigt, da einer ihrer Autoren, Coelius, in der
Leichenpredigt vom 20. Februar 1546 sich gegen schlimme Gerüchte über des Reformators
Lebensende wendet. Die erste „authentische“ Nachricht meint er bei dem Minoriten
Sedulius zu finden und zwar in dessen 1606 erschienenem Buche *Praescriptiones adversus hae-
reses, Antwerpiae*, der sich auf das Zeugnis eines angeblichen Dieners Luthers stützt.
Dieser Diener erzählt, daß man Luther, am Bette hängend, erwürgt aufgefunden habe. Daß
sich Luther erhängt habe, bemerkt bereits der Oratorianer *Thomas Bozius* vom Hören-
sagen 1591. — Prüft man diese Beweisführung nach, wie *Nik. Paulus, Luthers Lebensende*
1898 == *Erll. u. Ergg. zu Janssen G. des dt. Volkes* 1. Bd. 1. Heft, so zeigt sich fürs erste,
daß es im 16. Jht. Sitte wurde, daß man hervorragenden Glaubensgegnern von beiden
Parteien eine schreckliche Todesart als Gottesgericht nachsagte. Hiemit wird also schon
ein in der Zeitrichtung liegender Wertmaßstab für die Glaubwürdigkeit solcher Gerüchte
gewonnen. Nun zeigt sich an *Bozius* wie *Sedulius*, daß sie sich auch in bezug auf andere
Nachrichten sehr leichtgläubig verhalten. Erst 45 Jahre nach Luthers Tod verdichtet sich
das Gerücht von seinem Selbstmord zur Todesart des Erhängens. Der angebliche Diener
des Reformators wird nicht mit Namen genannt, ein Vorgang, der an ähnliche Verleum-
dungen protestantischer Schriftsteller über das Ende Ecks, Kaspar Francks u. a. erinnert.
Während *Majunke* ohne einen Beweis dafür erbringen zu können, voraussetzt, daß zu
Eisleben ein Papist „gar keinen Atem mehr holen konnte“ und aus dieser unbewiesenen
Annahme folgert, die gleichzeitigen Verbreiter schlimmer Gerüchte über Dr. Martins Tod
müßten von seinen Anhängern ausgegangen sein, zeigt es sich erstens, daß solche Nach-
rede geradezu typisch dem Hinscheiden eines derartigen Mannes damals folgte. Zweitens
erbringt aber *Paulus* den Nachweis, daß der Apotheker zu Eisleben, der Luther die letzte
Klystiere verabreichte, Katholik war und daß gerade dessen Mitteilungen für den natürlichen Tod Luthers Zeugnis abgeben. — Als Beispiel für tendenziöse Darstellung prüfe man
Franz Mehring, Deutsche Geschichte vom Ausgang des Mittelalters [1] 1910, [2] 1911; bezeichnend
darin S. 123, wo als „Quellen“ für die Darstellung der französichen Revolution bloß drei
Werke sozialdemokratischer Schriftsteller angegeben werden und bemerkt wird: „Wer
diese Schriften eingehend studiert, kann sich die bürgerliche Literatur über die französische Revolution schenken.“ — Daß Tendenz übrigens nicht notwendigerweise von mo-

dernen politischen, sozialen oder religiösen Gesichtspunkten ausgeben müsse, dafür bietet *J. Schvarcz, Die Demokratie,* 1: *Die Demokratie von Athen* 1882, ein Beispiel. Darin wird die griechische Kultur in der leidenschaftlichsten Weise zugunsten der ägyptischen, beziehungsweise der persischen herabgesetzt und die Staatsordnung auf Sizilien gegen die Demokratie in Athen parteiisch ausgespielt.

Dem historischen Erkennen wirkt schließlich auch ein Uebermaß von Phantasie entgegen, das leicht zur Phantastik wird und diese macht sich ebenso in der Motivenforschung wie in der Kombination überhaupt geltend. Der Phantast sucht hinter den Handlungen der Menschen leicht geheime Gründe und Hintergründe, die aller Tatsächlichkeit spotten, aber seinem reichen Vorstellungsbedürfnis allein genügen. Und aus eben diesem Grunde sieht er in der Ueberlieferung Lücken, wo gar keine sind, weil ihm eben auch da das schmucklos Gegebene zu arm und unansehnlich ist. Oder es sind wirklich Lücken vorhanden, die er in einer Weise ausfüllt, die allen tatsächlichen Grundlagen entbehren, deren Materie aus dem luftigen Reiche seiner Phantasie entlehnt ist. Wie der Philosoph und Soziologe sein System, der Jurist und Theologe sein Dogma, macht der Phantast das Fabelreich seiner Einbildungskraft zum Käfig, in den er die Geschichte zu sperren sucht. Doch auch hier handelt es sich im Grunde um eine Vergewaltigung der historischen Wirklichkeit. So stellt es *Konrad Celtis* als wahrscheinlich hin, daß die alten Germanen, wenn sie nicht schon griechisch sprachen, von den „griechisch lebenden" Druiden, die Tiberius aus Gallien vertrieben hat, höhere Bildung empfingen. Ihre Nachfolger seien die Mönche gewesen, deren Klöster in den Tiefen der Wälder an Stelle der alten Orakelstätten errichtet worden seien. Eine noch unsicher tastende Kritik sucht hier in phantastischer Kombination nach Unterstützung vorgefaßter Ansichten. Vgl. *Paul Joachimsen, Geschichtsauffassung und Geschichtsschreibung in Dtld. unter dem Einfluß des Humanismus,* in *Beitr. zur Kulturg. des Mittelalters und der Renaissance* 6 (1910) S. 111.

Nicht verschwiegen soll freilich werden, daß alle diese in der menschlichen Natur tief begründeten Ausschreitungen einzelner Geisteskräfte trotz dem Schaden, den sie im allgemeinen anrichten, doch der Wissenschaft bisweilen zum Nutzen anschlagen. Die Konstruktion *Hegels* von These, Antithese, Synthese hatte einen tiefen Blick in die Zusammenhänge der historischen Entwicklung tun lassen. Auch dort, wo man vorher nur Widerstrebendes und Gegensätze sah, fand man jetzt die Verbindungslinien, die zur Einheit führen. Die katholische Tendenz aber, die z. B. *Janssens G. des dt. Volkes* 1878 ff., besonders in einzelnen Abschnitten, unverkennbar in seine Darstellung hineinbringt, hat den Fortschritt in der Erkenntnis des 16. Jhts. mächtig gefördert. Manche einseitige protestantische Auffassung wurde getilgt, katholische wie andere Forscher wurden zur Nachprüfung der bisherigen Annahmen angeregt, kurz, die Wissenschaft hatte aus dem Streit für und wider *Janssen* — dieser Streit war offenkundig ein Nachzügler des Kulturkampfes — reichen Gewinn gezogen.

§ 8. Geschichte und Kunst.

Karl Joh. Neumann hat einmal (D. L.Z. 38 [1917] 865) behauptet, die eingehendste Charakteristik Hadrians finde sich in dem Roman *Antinous* von *Hausrath-Taylor.* Wer möchte sich vermessen, das Klosterleben des 10. Jhs. mit jener Anschaulichkeit zu schildern, mit der *Viktor von Scheffel* im *Ekke-*

hard uns die Gestalten jener Zeit vor Augen führt, und vergeblich wird sich ein Geschichtsschreiber bemühen, durch langatmige Beschreibungen mit *Emil Praetorius* in Wettbewerb zu treten, wenn dieser mit dem köstlichen Bildschmuck, den er zu *Heh. Boos, G. der rheinischen Städtekultur* 1807—1901 geliefert hat, seinen Zeichenstift der Kulturgeschichtsschreibung widmet. Ja es ist ohne Zweifel, daß die historische Dichtung, Epos oder Roman oder Drama vielen einen gewissen Ersatz für die Lektüre eigentlicher Geschichtswerke bietet. *Shakespeare, Jean Jacques Barthélemy, Walter Scott; Bulwer, Konr. Ferd. Meyer, Gr. Freytag, Dahn* waren und sind die „Quellen", aus denen der Durchschnitt der Gebildeten und bisweilen auch der Fachmann jene Anschaulichkeit geschichtlichen Lebens gewinnt, die ihm die wissenschaftliche Literatur nicht gibt, nicht geben kann oder auch nicht geben will. Es wäre übrigens einer eigenen Untersuchung wert, das Verhältnis zwischen Geschichtskunde und geschichtlicher Dichtung zu verfolgen, wie beide in ihrer gegenseitigen Befruchtung und gegenseitigen Vertretung aufeinander wirken und wie beide, zum Teil unter den gleichen Lebensbedingungen stehend, zu gleicher oder ähnlicher formaler Entwicklung gelangen. Natürlich muß es nicht die geschichtliche Dichtung sein. Die Dichtung einer Zeit an sich bringt schon Vergleichspunkte genug. Die epischen Stilmittel sind für den Dichter und für den Geschichtsschreiber die gleichen und die Anpassung an den Geschmack der Leser macht sich auch bei dem Wissenschafter geltend. Der rhetorische Schwulst humanistischer Dichtungen kehrt in den Geschichtswerken jener Zeit wieder und es ist gewiß nicht erst, wie *Edd. Fueter, Geschichte der neueren Historiographie* S. 444 meint, die Romantik, in der sich die Geschichtsschreibung dem Einflusse der zeitgenössischen Literaturrichtung ergibt. Mag die Wirkung *Chauteaubriands* auf *Thierry*, jene *Walter Scotts* auf *Ranke* deutlicher hervortreten als anderwärts, wer möchte nicht auch heutzutage in der Komposition, in der Stoffauswahl und in den Sprachmitteln den Zusammenhang wahrnehmen, der zwischen Kunst und Geschichtsdarstellung besteht? Andererseits hat die künstlerische Darstellung geschichtlicher Stoffe ihre Naivität abgestreift und muß sich, um für „wahr" gehalten zu werden, vor Anachronismen hüten, die bei dem Mangel historischer Bildung vordem bedenkenlos hingenommen wurden.

Dieses Aufeinanderwirken von Kunst auf Geschichte, von Geschichte auf Kunst ist aber nur die natürliche Folge jener geistigen Einheitlichkeit, die das Denken und Fühlen der Gesellschaft einer Zeit und Kultur zusammenfaßt und in der die Geschichtsschreibung bloß eine Kulturäußerung neben den anderen Kulturäußerungen darstellt. In dieser Tatsache liegt jedoch nicht der Kernpunkt des Problems. Die Frage nach dem Verhältnisse der Historie zur Kunst zielt vielmehr dahin, zu entscheiden, ob Geschichte eigentlich Wissenschaft, ob sie nicht überhaupt Kunst ist. Ohne Zweifel stehen sich ja beide Betätigungsarten näher als andere. Die Aufgabe historischen Schaffens ruht letzten Endes in der Vergegenwärtigung entschwundenen Lebens, in der geistigen Rekonstruktion dieses Lebens. Wie will man zum Baumeister dieses Werkes der Neuaufrichtung werden, verfügt man nicht über die inneren Kräfte der Formgebung, über die Fähigkeit des Geistes, die Vergangenheit bildhaft zu schauen und anschaulich wiederzugeben. Wie jeder Baumeister muß man freilich auch Richtscheid und Rechenstift zu handhaben verstehen und mit dem gemeinen Handwerkzeug umzugehen wissen, aber es bleibt doch zeitlebens nur

Gehilfe, wer sich nicht an größere Entwürfe wagt und es nicht unternimmt, die handwerksgerecht behauenen Steine zu einem Gebäude zusammenzufügen.

Man wendet zwar mit Recht ein, Gestaltungskraft und Phantasie gehöre zu jeglicher Wissenschaft und ein astronomisches oder physikalisches Werk gewinne ebenfalls, wenn es in anmutiger Form und fließender Sprache niedergeschrieben sei. Andererseits werde niemand verlangen, daß eine Abhandlung über die Quellen der sizilischen Geschichte bei Diodor oder eine Untersuchung über die Kanzleivermerke auf den Urkunden des 15. Jhs. künstlerisches Gepräge an sich habe. Hier würde es sogar störend wirken und uns unwillkürlich gegen den Verfasser einnehmen. Doch der Vergleich mit den Naturwissenschaften stimmt nicht ganz. Wenn *Alex. v. Humboldt, Brehm, Helmholtz* oder *Liebig* sich eine geradezu klassische Ausdrucksweise geschaffen haben, um ihre botanischen, zoologischen, physikalischen oder chemischen Probleme vorzutragen, so stehen da Form und Inhalt nicht in jener innigen und notwendigen Wechselbeziehung, wie dies bei der Geschichtskunde der Fall ist. *Helmholtz* wäre der größte Physiker geblieben, auch wenn er in platter, alltäglicher Form die Ergebnisse seiner Forschungen über Muskelmechanik, Optik und Akustik verfaßt hätte. Die Erfindung des Augenspiegels allein hätte ihn zu einem Naturforscher allerersten Ranges abgestempelt. Und gerade da zeigt sich der grundlegende Unterschied. Die Berechnung einer Planetenbahn, die Entdeckung neuer Strahlen, die Auffindung eines bisher noch unbekannten Urstoffes läßt sich auch in ganz formlosen Formeln verständlich machen, die schöne vollendete Sprache ist bloß das Gedankenkleid, eine wertvolle Hilfe, aber doch nur etwas Aeußerliches. Anders beim Historiker. Angenommen, das Finderglück oder sonst günstige Umstände lassen ihn Quellen entdecken, die ein ungeahntes helles Licht auf bisher im Schatten liegende Teile unseres Wissens zu werfen in der Lage sind, und angenommen, er veröffentlicht diese Quellen, — was hat er der Historie geleistet? Hilfsdienste. Sonst müßten ja jene Humanisten wie *Poggio*, die aus verstaubten Klosterbibliotheken einen Quintilianus, einen Ammianus Marcellinus ans Licht gezogen und herausgegeben haben, die größten Historiker aller Zeiten genannt werden. Der erreicht das Letzte und Größte auf unserem Gebiete nicht, der dem Material nicht auch Gestalt gibt. Damit soll nicht gesagt sein, daß es stets eine künstlerische Sprache sein muß, der er sich zu bedienen hat, aber seine Sprache muß zum Ausdruck bringen können, daß er in das Denken vergangener Zeiten sich einzudenken, in das vergangene Fühlen sich einzufühlen fähig ist. Der seelische Vorgang ist somit beim Schaffen des Künstlers und bei der Darstellung des Historikers eine lange Strecke Weges der gleiche.

Wir haben des Anteils der Phantasie am historischen Verstehen oben (IV § 6) bereits gedacht. Künstler und Historiker folgen da derselben Spur. Kombination und Intuition haben in der Kunst ihre Gegenstücke, nur daß der Geschichtsschreiber ungleich stärker an die Wirklichkeit gebunden ist, daß er sich nicht über sie willkürlich erheben, sich nicht von ihr entfernen darf. Bis zu jenem Punkte geht demnach die seelische Arbeit des Künstlers und Geschichtsschreibers Hand in Hand. In dem Verhältnisse zur Tatsächlichkeit trennen sie sich. Sie unterscheiden sich noch mehr darin, daß im Gegensatz zur Kunst die Geschichtskunde das Begriffliche an den ersten, das Bildhafte erst an den zweiten Platz stellt. Die Kunst strebt ferner das Allgemeine, das Typische in den besonderen Gestalten und Verhältnissen, die sie

dargestellt, zur Anschauung zu bringen, die Geschichte hingegen hat ihren
Stoff in dem unwiederholbar Einzelnen. Das Allgemeine ist nicht völlig aus
ihr ausgeschlossen, aber es spielt in der Geschichte bloß die Rolle einer Hilfs-
konstruktion oder ist doch stets mehr oder weniger streng individualisiert (V § 2).
Vgl. *Otto Ritschl, Die Kausalbetrachtung in den Geisteswissenschaften*, Bonn
Univ. 1901 S. 14 ff.

Damit ist aber festgestellt, daß Geschichtskunde **nicht** Kunst ist. Wir
halten daran fest (vgl. II § 6), daß sie unter die Wissenschaften zu zählen sei.
Vielleicht hat *Thom. Carlyle* doch recht, wenn er behauptet: „Die Geschichte
ist ebenso wie die Wurzel aller Wissenschaft auch das erste bestimmte Produkt der geistigen Natur des Menschen, sein frühester Ausdruck dessen, was
man Denken nennen kann." Aber sei dem wie immer, mögen *Kant* und
Schopenhauer uns für immer den Eintritt in das Reich der Wissenschaft ver-
weigern, mögen uns andere einstweilen noch in der Vorhölle gleichsam des
Augenblicks harren lassen, da wir, von allen Schlacken gereinigt, zur Wissenschaft erst erhoben wurden, eine Kunst ist es jedenfalls nicht, was wir betreiben, obgleich manch Künstlerisches in unserem Schaffen stecken mag.
Wiewohl in keinem Wissen einer das Höchste erreicht, dem nicht ein Quent-
chen Künstlertum im Blute pulst, so muß in der Historie auch dem Durch-
schnittsarbeiter davon sein Teil zugewiesen sein. Das ward auch stets gefühlt
und führte denn auch zu der Behauptung *Rankes*, die Geschichte sei Kunst
u n d Wissenschaft, wobei stillschweigend die Forschung der Wissenschaft, die
Darstellung der Kunst zugewiesen wird. Das drückt sich auch in dem Titel
von *Ldw. Wachlers* „*G. der historischen Forschung und Kunst* usw. (1812/16)
aus. Man beachte etwa, wenn *Rich. Fester* in seinem *Machiavelli* 1900 S. 204
von dem Werke *Oreste Tommasini, La vita e gli scritti di N. Machiavelli*
(Torino 1883) bemerkt, es fehle ihm die „künslerische Abklärung".

Scheinbar kommt nun die Geschichtskunde der Kunst am nächsten, wo
sie es versucht, das Seelenleben vergangener Persönlichkeiten zu deuten, zu
untersuchen, dessen Triebfedern klarzulegen und die Persönlichkeiten selbst
als fühlende, als frei entscheidende, als suchende oder irrende Menschen uns
handelnd vor Augen zu stellen. Darum verweist *Adolf v. Harnack, Ueber die
Sicherheit und die Grenzen geschichtlicher Erkenntnis* 1917, der die Bedeutung
größer Individuen nicht unterschätzt, unsere Aufmerksamkeit auf die Werke,
die diese Individuen hinterlassen haben. „Aber wo bleibt die Motivforschung,
wo bleiben die Untersuchungen über die Seelenzustände des Helden, wo seine
Entwicklung und sein Werden, wo die sich kreuzenden Spannungen in seinem
Wirken?" Auf diese Frage gibt *Harnack* als Antwort S. 23: „Das alles
gehört nicht in die Geschichte; es gehört in die Biographie. Geschichte aber
und Biographie sind wohl zusammenhängende, aber verschiedene Aufgaben.
Der Biograph muß zwar in erster Linie Historiker sein, aber für ihn ist es
ebenso notwendig, Psychologe und K ü n s t l e r zu sein. Das Gemälde, welches
er entwirft, ist ein Seelengemälde, ähnlich dem des Romandichters, nur daß
er sich an den gegebenen Stoff zu halten hat." Im gleichen Sinne drückt
sich *Edd. Fueter, G. der Neueren Historiographie* S. 604 aus, der mit dem
Ueberwiegen wissenschaftlicher (soziologischer) Kriterien über subjektive Werturteile hofft, daß es die Geschichte nicht nötig haben werde, „den Kampf
mit dem Roman aufzunehmen". Und auch in seiner *G. des europ. Staatensystems von 1492—1559, Hdb. der Mittelalt. und Neueren G.* 1919 S. XX warnt

er vor der „psychologischen Rekonstruktion" als vor einem zwar für künstlerische Naturen sehr anziehendem Spiel, gegen das sich aber schwere wissenschaftliche Bedenken nicht unterdrücken ließen. Aehnlich *L. M. Hartmann, Ueber historische Entwickelung* S. 8 ff., wenn auch von anderen Gesichtspunkten ausgehend. Dagegen muß eingewandt werden (vgl. X, § 1 ff.), daß schon bei der Quellenanalyse diese „psychologische Rekonstruktion" nicht zu vermeiden ist. Das ist eine Schwierigkeit, um die wir nun einmal nicht herumkommen. Man kann sie auf ein Kleinstes eindämmen, man kann ihr durch die Wahl entsprechender Themen mehr oder weniger ausweichen, aber ganz von ihr loszukommen, ist schlechterdings unmöglich. Ueberdies wäre es ein Irrtum, zu glauben, der Versuch, die Beweggründe und seelischen Vorgänge im Denken und Handeln geschichtlich wirksamer Persönlichkeiten auszudeuten, sei allein das Kunsthafte im Wesen der Geschichte. Es kommt vielmehr darauf an, ob wir auch da auf dem Boden der Wirklichkeit bleiben. Und das allein ist das Entscheidende. Gibt es eine historisch brauchbare Individualpsychologie oder nicht, davon hängt es ab, ob *Fueter* recht hat oder nicht. Andererseits ist eine so schätzenswerte Leistung wie *Der moderne Kapitalismus* [3] 1920 von *Werner Sombart*, die nach ihrer methodologischen Seite hin ein Schulbeispiel dafür ist, wie es der Geschichtsforscher n i c h t machen soll, sicherlich als Kunstwerk zu bezeichnen, obwohl individualpsychologische Motivenforschung darin keine erhebliche Rolle spielt. Ein Kunstwerk ist es aber durch die eigenwillige Art, wie *Sombart* die überlieferten Tatsachen umformt. Ihm ist es nicht um die geschichtliche Wahrheit, also nicht um Uebereinstimmung mit der Wirklichkeit zu tun, sondern vielmehr darum, ein Bild, ein grell (weil künstlich) beleuchtetes Bild von einer bestimmten Gruppe wirtschaftsgeschichtlicher Erscheinungen zu geben. Wem dies gelingt, der treibt nicht Wissenschaft, der treibt Kunst, wenn auch in wissenschaftlichen Formen.

Geschichtskunde und Kunst wurden immer wieder gegeneinander ausgespielt, wo man sie auf ihren Wert fürs Leben hin prüft, und immer wieder bekommt man den Ausspruch des *Aristoteles* zu hören, daß die Dichtung philosophischer sei als die Geschichte. Neuerdings wiederholen es Zweifler wie *M. Nordau, Der Sinn der G.* 1909, die uns vorrücken, daß die Figuren eines shakespeareschen Dramas für uns mindestens ebenso wahr sind wie geschichtlich beglaubigte Gestalten. Wozu also Geschichte? Zu einem ähnlichen Ergebnis gelangt *Theodor Lessing*, der in seinem Buche *G. als Sinngebung des Sinnlosen* 1919 die Tatsache, daß sich geschichtliche Ereignisse und Persönlichkeiten zu verschiedenen Zeiten verschieden in dem Interesse und der Anschauung der Menschen Widerhall finden, maßlos übertreibt, alle historische Wirklichkeit leugnet und nur die jeweils herrschende Auffassung als ‚wahr' (relativ wahr) anerkennt. Die Welt der Erscheinungen ist ein wirres Durcheinander, in das Ordnung und einen Sinn zu bringen dem Menschen ein seelisches Bedürfnis ist. Diese Vision, die das Chaos in Wertzusammenhänge bringt, die uns hinwegtäuscht über die Wirr- und Irrsale des Lebens, die bietet uns die Geschichte. Sie steht nach ihm mit Musik, Dichtung und anderen Betäubungsmitteln des Lebens auf einer Linie. — Aber in größerem oder geringerem Grade ist jede Wissenschaft jeweils das Spiegelbild der Strebungen und Ideale ihrer Zeit. Der Vorwurf, Historie sei Kunst, ist solange kein Vorwurf, als die Historiker sich vor Augen halten, daß Tatsachenkunde ihre Hauptaufgabe bildet. Die Gewinnung des Tatsächlichen und nur dieses soll ihr Ziel sein.

Gg. M e h l i s , Lehrb. der G.philosophie 1915 S. 73 ff.

§ 9. Die Grenzen und die Sicherheit des geschichtlichen Erkennens.

Der geschichtlichen Erkenntnis sind nach zwei Richtungen hin Grenzen gesetzt: einmal durch das Objekt und dann durch die subjektive Eigenart des Erkennens überhaupt.

Wir vermögen nur zu einer historischen Erkenntnis zu gelangen, wo uns wahrnehmbare Wirkungen des geschichtlichen Geschehens erhalten geblieben sind. Von manchen Völkern und Staaten, von denen uns kaum mehr als die Namen und oft vielleicht auch diese nicht überliefert sind, läßt uns also alles im Stich, was uns ein Erkennen ermöglichte. Von anderen wären uns wohl unmittelbare Zeugnisse erhalten, aber sie verschließen sich unserer Deutung, da ihre Sprache und Schrift noch ganz oder so gut wie ganz unenträtselt sind wie z. B. bei den Etruskern und Hethitern, wie es bis zu Beginn des 19. Jhts. bei den Aegyptern und Assyrern der Fall war. Soweit es sich also um das Verhältnis zum Objekt betrifft, ist die Möglichkeit historischer Erkenntnis vom Zufall abhängig (vgl. II § 1), insofern überhaupt Zeugnisse angefertigt worden sind und diese vor dem Untergange oder, wo mündliche in Betracht kommen, vor dem Vergessenwerden sich gerettet haben. Der Zufall spielt auch insofern eine Rolle, als der Scharfsinn der Enträtselung, das Finderglück usw. nicht willkürlich bestimmbar sind. — Inwieweit die Art der Zeugnisse, ihr Charakter die in ihnen mittelbar oder unmittelbar zum Ausdruck kommenden Absichten die Geschichtserkenntnis erweitern oder erschweren, das wird in der Quellenkunde des näheren ausgeführt werden.

Die zweite Grenze der Erkenntnis liegt in uns. Wie wir oben (IV § 1) gesehen haben, können wir nur immer aus unserem Eigenen schöpfen, wollen wir anderer, sei es vergangener oder lebender Menschen, Tun und Gedanken verstehen. Und damit kommen wir auch schon zur Frage der S i c h e r h e i t unserer Erkenntnis. Man hat die Geschichte, an der Naturforschung gemessen, in dieser Hinsicht recht ungünstig gewertet und immer wieder betont, daß sie im Hintertreffen stehe. Das ist aber nur zum Teile richtig.

Was kann für sich historische Gewißheit in Anspruch nehmen? Das große Tatsachengerüst des geschichtlichen Geschehens und die einzelnen unzweifelhaft bezeugten Ereignisse. Die Tatsache der ägyptischen Kultur, des Einfalls der Hyksos, der Schlacht bei Gaugamela, die Tatsache, daß am 31. März 1848 das deutsche Vorparlament zu Frankfurt zusammentrat usw., die geisterbeherrschende Macht des Christentums, die wirtschaftlichen Wandlungen Europas im Anschluß an die Entdeckung des Seeweges nach Ostindien, die Bedeutung der modernen Presse für die Gestaltung des öffentlichen Lebens im Sinne der Demokratie, das sind durchwegs (als Ganzes genommen) unumstößlich feststehende Erscheinungen. Also nicht allein die einzelnen Ereignisse und Ereignisreihen, sondern auch die von diesen ausgegangenen Wirkungen sind in ihren großen Umrissen unbezweifelbar festzustellen. Diesen Tatsachen sind auch die großen führenden Persönlichkeiten, die persönlichen Träger der Ideen und Massentendenzen beizuzählen, auch ihr Platz ist mit Sicherheit zu bestimmen. Sokrates, Caesar, Thomas von Aquin, Luther,

Napoleon, Cecil Rhodes u. a. Wir wissen von jedem von ihnen wichtige Dinge auszusagen, die absolute historische Gewißheit für sich in Anspruch nehmen können, die gleiche Gewißheit wie ein Naturgesetz.

Diese Sicherheit schwindet, sobald wir nach den Beweggründen forschen, die das Handeln der Persönlichkeiten beherrscht hat. *Gr. Droysen, Ber. über die Vhdlg.en der sächs. Ges. d. Wiss.* 5 (1853) S. 168 sagt deshalb: „Wenn man überhaupt aus dem großen Gang der augenfälligen Tatsachen in die musivische Buntheit ihres Werdens hinabsteigen will, so sind erst diese feinsten und letzten Motive diejenigen, die eine Art Befriedigung gewähren, wenn auch immerhin die Geschichte um so unsicherer wird, je detaillierter man sie behandelt, es bleibt statt der objektiven Wahrheit schließlich nur die Richtigkeit der unzähligen subjektiven Standpunkte, allenfalls die psychologische Probabilität in dem Verfahren der handelnden Persönlichkeiten." Gewiß, sobald ich begründen will, warum Sokrates es verschmäht hat, seine Richter weinend um Gnade anzuflehen, vermag ich keine exakte Gewißheit dafür vorzubringen. Errechnen läßt sich dies nicht wie das Datum einer Sonnenfinsternis. Aus diesen Gründen hat, wie schon vorher *Edd. Meyer*, neuerdings *Adolf v. Harnack*, die Untersuchungen über die Seelenzustände des Helden, seine Entwicklung und sein Werden aus der Geschichte ausscheiden und der Biographie als einem eigenen, von der Historie losgetrennten Gebiete zuteilen wollen, wobei er wohl zugibt, daß der Biograph in erster Linie Historiker sein müßte, dann aber ebenso Künstler als Psychologe. Dieses Ausweichen vor den Schwierigkeiten und Unsicherheiten der Motivenforschung, die nicht gelehrt, die nur nacherlebt werden kann, bringt aber der Geschichte keinen Vorteil. Mit diesem Zugeständnis an die Naturwissenschaften raubt man ihr mehr als man ihr gibt. Auch bei Erforschung der Naturvorgänge stößt man auf letzte Fragen, die vermutlich ewig unbeantwortet bleiben werden. Was die Möglichkeit betrifft, Gesetze zu finden, so ist dies auch dort nicht immer und überall möglich, und Gesetze sind schließlich nur Formeln der Erkenntnis, Feststellungen über etwas, das zu geschehen pflegt (vgl. II § 8). Warum es aber in dieser Regelhaftigkeit geschieht, darüber sagt das Gesetz nichts aus. In jenem so umschriebenen Kreise vermag die Naturwissenschaft allerdings unbedingte Gewißheit zu erreichen. Sobald sie jedoch darüber hinausschreitet, stößt sie auf ein viel unbefriedigenderes Nichtwissen als die Geschichtskunde. Die psychologische Interpretation, die uns zu Gebote steht, vermag ebensowenig wie die Physik den letzten Schleier von den Dingen zu reißen, aber, indem die Geschichte in ihrer Deutung fremder Seelenvorgänge unser eigenes Ich, unser eigenes Erleben zum Zeugen aufruft, sagt sie uns trotz ihrer schwankenden Unsicherheit unendlich mehr, als es ein bloß mechanischer Erklärungsversuch je vermöchte. — Ueberdies hat auch die psychologische Deutung der Quellen wie der überlieferten Tatsachen gewisse, auf Erfahrung und logischer Ueberlegung beruhende Grundlagen, die praktisch von unumstößlicher Sicherheit sind oder es an Bestimmtheit doch mit vielen naturwissenschaftlichen Hypothesen aufnehmen können. Vgl. z. B. die „historisch-kritischen Axiome" bei *Ad. Rhomberg.*

Hch. Wuttke, Ueber die Gewißheit der G., Leipziger Universitätsschr. 1865 sucht die Möglichkeit geschichtlicher Erkenntnis überhaupt zu erweisen; Adolf Rhomberg, Die Erhebung der G. zum Range einer Wissenschaft 1883; Ferd. Erhardt, Ueber historisches Erkennen 1906; Adolf v. Harnack, Ueber die Sicherheit und die Grenzen geschichtlicher Erkenntnis 1917.

V.

Die Gestaltung und Gliederung des Stoffes.

§ 1. Allgemeines.

Wir haben bereits früher (II § 2 u. 3) die Unübersehbarkeit dargetan, in der sich die Fülle der Lebensbeziehungen zum geschichtlichen Geschehen zusammenordnet. Nur eine naive Vorstellung von dem Wesen dieser Beziehungen und Abhängigkeiten kann der Meinung sein, Geschichte bestünde in der reinen Abbildung dessen, was gewesen ist. Die seelische Zergliederung jenes Reproduktionsvorganges allein schon erweist zur Genüge, daß der Historiker das Bild fremden Geschehens, das er aus der Ueberlieferung gewinnt, in sich erst aufnehmen und verarbeiten muß, um sich schließlich eine eigene Welt zu schaffen und zu erbauen, die zwar auf den Grundfesten der Tatsachen ruhen, aber doch nur zeigen kann, wie er die Dinge gesehen hat. Ein anderer hätte sie anders gesehen und anders gestaltet. „Gestalten" heißt aber formen. Die an sich formlose Masse der Wirklichkeitszusammenhänge, die Ereignisse und Handlungen zu ergreifen, zu ordnen und darstellbar zu machen, ist eine der wichtigsten Vorarbeiten des Geschichtsschreibers. Dann erst kommt in Betracht, auf welche Weise die so gewonnene Form zur Wiedergabe gelangt. Auch das ist auf verschiedene Art möglich, eine Frage, die von den verschiedenen Historikern und zu verschiedenen Zeiten verschiedene Antwort fand.

Für die Einteilung und Gliederung des geschichtlichen Stoffes bildet eine wichtige Vorbedingung die Art der historischen Begriffsbildung. Die gedankliche Ordnung, die wir in das Chaos zu bringen suchen, besteht eben in der Einbeziehung der Einzeltatsachen in mehr oder minder willkürlich geschaffene Tatsachenumkreise, die nicht etwas von der Natur Gegebenes sind, sondern von uns aus praktischen Zwecken gesetzt oder von bestimmten geistigen Voraussetzungen abgeleitet sind. So gehen wir von der Bildung geschichtlicher Typen aus, gelangen von da zur zeitlichen oder sachlichen Einteilung des Stoffes, um dann seine formale Wiedergabe zu behandeln.

§ 2. Die Bildung geschichtlicher Typen und Allgemeinbegriffe.

Keine Wissenschaft kann ohne Hilfskonstruktionen bestehen. Auch die Geschichtsschreibung muß die Fülle der Eigenschaften, die sie an den Erscheinungen vorfindet, irgendwie zusammenfassen und auf einen gemeinsamen Nenner bringen, selbst wenn sie weiß, daß diese Eigenschaften an keiner der geschichtlichen Besonderheiten sich jemals zur selben Zeit vollständig vorgefunden hat oder an ein und demselben Gegenstande je vereinigt war. So spricht man vom *homerischen Königtum*, vom *italienischen Condottiere*, von der *mykänischen Kultur* oder vom *Zeitalter Ludwigs XIV.* Das sind durchwegs Typen, das heißt, man hat aus der großen Zahl uns überlieferter Tatsachen eine zeitlich oder örtlich umgrenzte Auswahl vorgenommen und diese nach ihrer Gleichartigkeit mit einer bestimmten Etikette versehen. Die homerischen Könige jeder für sich, die Menschen, ihre Schicksale und Anschau-

7*

ungen zur Zeit des Sonnenkönigs mögen im einzelnen so verschieden wie möglich gewesen sein, in gewissen Eigenschaften gleichen sie einander derart, daß sie sich von denen früherer oder späterer Zeiten deutlich scheiden.

Der geschichtliche Typus ist aber zum Unterschiede vom soziologischen, volkswirtschaftlichen oder philosophischen stets ein individueller Typus, der so wie er sich gebildet und ausgelebt hat, etwas Einmaliges darstellt. *Hauswirtschaft, Bedarfs-* und *Erwerbswirtschaft, Merkantilismus; Staat, Nation, Imperialismus* das sind an sich ebenfalls Typen, aber solche, die in der einen und anderen Form immer wiederkehren können. Der geschichtliche Typus muß zeitlich und örtlich umrissen sein. Natürlich ist auch der Historiker gezwungen, sich mit volkswirtschaftlichen, juristischen und soziologischen Begriffsbildungen auseinanderzusetzen, aber sobald er dies tut, begibt er sich auf Nachbargebiete, die streng genommen, nicht seine eigenen sind. Freilich soll mit dieser Behauptung vor Grenzüberschreitungen keineswegs ängstlich gewarnt sein. Im Gegenteil wirken solche gegenseitige Uebergriffe sehr oft befruchtend für alle Teile. Man lese z. B. den Abschnitt „Staat und Wirtschaft" von *Edd. Meyer* in dem Sammelbuche *Vom Altertum zur Gegenwart* (1919), wo er den Gleichlauf der wirtschaftlichen Erscheinungen (sog. mittelalterliche Gebundenheit — Emanzipation des Landvolkes — Sklaverei bzw. Bildung einer eigenen Arbeiterklasse) im Altertum und in der Geschichte des Abendlandes (nach dem Untergange der Antike) nachweist. Hier handelt es sich um die Feststellung der Aufeinanderfolge einer bestimmten Reihe wirtschaftsgeschichtlicher Typen, wie sie sich im Ablaufe des Geschehens uns darstellen. Als Historiker hütet er sich, darin eine Gesetzmäßigkeit zu erblicken. Solche Schlußfolgerungen muß er dem Volkswirtschafter oder Soziologen überlassen.

Jeder geschichtliche Typus kommt durch Abstraktion zustande, indem aus den Merkmalen der Einzelerscheinungen etwas Gemeinsames abgezogen und dieses Gemeinsame mit einem besonderen Namen bezeichnet wird *(Renaissance, Aufklärung, Weltwirtschaft).* Nun liegt nicht nur in der zeitlichen und örtlichen Wahl der Erscheinungen etwas Willkürliches, sondern es können sich auf verschiedenen Gebieten Gemeinsamkeiten zeigen, von denen ein Typus nur eine bestimmte Gemeinsamkeit berücksichtigt. So hat man im Anschluß an *Gg. Voigt, Die Wiederbelebung des klassischen Altertums* (1859, ³ 1893), der seinerseits wiederum den humanistischen Anschauungen selbst gefolgt ist, das bestimmende Merkmal für die Renaissance in der Wiederaufnahme und Pflege klassischer Literatur und Kunst zu erblicken gemeint. Tatsächlich spielen in ihr jedoch noch manche andere Kräfte mit. — Andererseits läuft man Gefahr, dem durch Abstraktion gewonnenen Typus mehr zuzumuten, als man hiezu ein Recht besitzt. Man vergißt eben zu gern, daß er aus der Beobachtung der Einzelfälle gewonnen wurde, und verwendet ihn dann zur Erklärung dieser Einzelfälle. Woher kennt man den Typus der klassischen Kunst Griechenlands? Aus der Vergleichung aller uns zugänglichen Denkmäler und aus der Heraushebung des Gleichartigen. Es geht demnach nicht an, den Typus als etwas an sich Feststehendes, als etwas Für-Sich-Seiendes zu betrachten und — ohne uns seiner Herkunft zu erinnern — in ihn etwas hineinzugeheimnissen, was nicht in ihm sein kann. Viel Unfug in dieser Hinsicht wird mit dem hauptsächlich durch *Hegel* in Schwung gelangten Begriff des „Volksgeistes" getrieben. Vgl. S. 55 u. 87. Wie überhaupt die Typisierung der einzelnen Nationen, denen wir oft willkürlich gute oder schlechte Eigenschaften beilegen, zu Fehlurteilen Anlaß gibt, indem wir aus dem also mangelhaft zustandegekommenen Begriff Folgerungen ziehen, die zu Zirkelschlüssen werden müssen. Eine große Gefahr liegt schon darin, daß wir mangels geschärften Unterscheidungsvermögens oder, beeinflußt durch Zeitstimmungen, Merkmale gleichsetzen, die nicht gleich sind, oder daß wir nur einer bestimmten Gruppe von Merkmalen Beachtung schenken und andere ebenso wichtige vernachlässigen. So will es der hergebrachte Typus des Hellenentums, daß wir uns die alten Griechen als ein bloß dem Diesseits lebendes, sinnenfrohes, schönheitsdurstiges Volk vorstellen sollen. Platos asketische Weltabgewandtheit kommt in diesem Typus ebensowenig zur Geltung wie etwa die Orphik des 6. Jh. v. Chr., die in ihrem Erlösungsgedanken, in ihrer aus dem Orient stammenden Mystik, in ihren religiösen Sakramenten dem Christentum die Wege bereitet hat. Vgl. *Konrad Burdach*. *Dt. Rschau* 158 (1914 I) S. 211.

Einseitigkeit in der Wahl der Merkmale ist es z. B., wenn der Typus *Reformation* einzig durch religiöse Interessen bestimmt wird oder, wenn er, wie es andere Gedankenrichtungen wollen, allein auf Eigenschaften wirtschaftlicher Natur zurückgeführt erscheint. Es wird durch solche auf falsche Verallgemeinerungen beruhende Typisierung die Vorstellung erweckt, als ob die Menschen im Reformationszeitalter nur von religiösen Ideen beherrscht worden seien, als ob das Denken der Griechen nur auf ein Leben in Schönheit und Sinnengenuß gerichtet gewesen wäre. Nirgends sind leichtfertig gefällte Allgemeinurteile so schädlich wie auf dem Gebiete der Geschichtswissenschaft, sie werden gerade den individuellen Gestaltungen des historischen Lebens nicht gerecht und versperren den Weg zu weiterer, genauerer Erkenntnis der Dinge. — Der Typus des „mittelalterlichen Menschen", wie ihn *Jak. Burckhardt, Die Kultur der Renaissance in Italien* 1⁸ S. 141 ff. dargestellt, als ob die nach der Welt und nach dem eigenen Inneren gerichteten Seiten seines Bewußtseins „wie unter einem gemeinsamen Schleier träumend oder halbwach" gelegen hätten und daß er nur durch diesen aus „Glauben, Kindesbefangenheit und Wahn" gewobenen Schleier, sich selbst bloß als „Rasse, Volk, Partei, Korporation, Familie oder sonst in irgendeiner Form des Allgemeinen" erkannt hätte, dieser Typus der „seelisch gebundenen" Menschen hat bei allen Vorzügen, durch seine Einseitigkeit, schlimme Folgen gezeitigt. Man glaubte eine Zeitlang wirklich, in diesem Bilde das Konterfei des nur in und durch seine Korporation lebenden, mehr oder minder unpersönlichen Individuums zu erkennen, das in den mittleren Jahrhunderten die Regel gewesen sein soll. Daß ein Karl der Große, die ganze Reihe der Ottonen und Staufer, daß ein Nithard, Luidprand von Cremona, Reinald von Dassel, daß das Nibelungenlied, Wolfram und Walther von der Vogelweide in eben diesen Typus eingeschlossen würde, trat unter der blendenden Einwirkung des *Burckhardt*schen Wortes selbst für Vertreter der Geschichtswissenschaft in den Hintergrund. Doch zeigt sich hinwieder in der Bildung des Typus „Renaissance" als einer über die Kunst hinausgehender Kulturerscheinung, die erst von *Jak. Burckhardt* erkannt wurde, wie wichtig Typenbildung sein, wie sie einen Fortschritt selbst in der Individualisierung unseres geschichtlichen Wissens bedeuten kann.

Zusammenfassend läßt sich also ungefähr folgendes feststellen:

1. Die Bildung von geschichtlichen Typen ist für den Geschichtsschreiber ein unerläßliches Hilfsmittel zur Bewältigung des sich ihm darbietenden Stoffes.

2. Die Typen selbst sind nichts Wirkliches, nicht Realitäten, denen man, wie dies nicht selten geschieht, gar „Kräfte" zuschreiben darf. Sie sind vielmehr, aus der Abstraktion entstanden, nichts anderes als Arbeitshypothesen, die nur bis zu dem Zeitpunkte Wert haben, bis durch eindringende Einzelforschung und Erweiterung unserer Sonderkenntnisse die Eigenschaften an den historischen Erscheinungen genauer differenziert und infolgedessen neue, dem individuellen Leben besser angepaßte Typen gebildet werden können.

3. Wir dürfen nie außer acht lassen, daß bei der Bildung von Typen subjektive und zeitgeschichtlich bedingte Gedankenkräfte mitspielen, indem jedem Forscher und jeder Zeit die ihnen entsprechenden Merkmale, sei es im positiven, sei es im negativen Sinne, als die hervorstechendsten erscheinen. Oft kann dabei auch der Einfluß literarischer Erscheinungen eine Rolle spielen, so hat z. B. *Winckelmann* für die Beurteilung des Typus „Griechische Kunst" die folgende Geschichtsbetrachtung wesentlich beeinflußt.

4. Ein richtiger Typus kann nur auf Grund eindringender Einzelforschung gebildet werden und muß auch stets nach den Ergebnissen dieser Forschung korrigiert werden. Das ist deshalb so wichtig, weil jeder Typus ein natürliches Beharrungsvermögen besitzt und als die Abbreviatur umfangreichen Sonderwissens sich in den Gehirnen der Menschen viel leichter und dauernder festsetzt als die mehr individuelle Gestaltung des historischen Stoffes.

Diese Grundsätze machen es begreiflich, wenn vorsichtige Forscher vor dem Typisieren überhaupt abraten. Als erstes Hindernis tritt uns ja schon die Sprache entgegen, die der Vielgestaltigkeit der Erscheinungen nicht gerecht zu werden vermag. Freilich ist es aber gerade dieses Unvermögen der Sprache als Ausdrucksmittel der Geschichtsschreibung, das uns zwingt, Typen zu verwenden. Ist der Typus einmal gebildet, und findet er Eingang in der Literatur, besonders in der volkstümlichen Literatur, dann lebt er auch schon sein eigenes Leben. Manche moderne Richtung ist darin besonders eilfertig. „Man trifft hier auf eine starke Neigung, große Kulturerscheinungen zu stilisieren und auf überraschende und einheitliche Formeln zu bringen, zwar pflegt man dabei ursprünglich auszugehen von einer oft bohrenden Analyse ihrer besonderen Einzelzüge, von einer beinahe ungeduldigen Durchwühlung und Zerfaserung ihres komplizierten Inhalts, aber die Ungeduld treibt dann auch zu raschen Resultaten, zu starken, übertreibenden Umrissen, die den verwickelten Inhalt wieder zu packender und einheitlicher Anschauung bringen sollen und zur Ignorierung dessen, was den einmal gewonnenen Eindruck stören könnte", *Fch. Meinecke, HZ. 111* (1913) S. 583. Sehr lehrreiche Beobachtungen finden sich von *Meinecke* auch in dem Aufsatze *Germanischer und romanischer Geist im Wandel der deutschen G.auffassung, HZ. 115* (1916) S. 516 ff. Es bewegt sich somit die Bildung geschichtlicher Typen zwischen zwei Gegensätzen. Auf der einen Seite steht die Notwendigkeit, um der Denkökonomie willen und aus sprachlichen Gründen feste Gesamtbegriffe zu bilden, auf der anderen die Unmöglichkeit, daß festumschriebene Begriffe, die etwas Starres, Schematisches an sich haben, der Mannigfaltigkeit der Besonderheiten gerecht würden. Diese können der Rechtskunde wertvolle Dienste leisten und überall dort, wo die Systematik im Vordergrunde steht, also der Gesellschafts- und

Volkswirtschaftslehre, aber nicht der aufs Individuelle gerichteten Historie. Vgl. *Walter Goetz, Mittelalter und Renaissance, HZ. 98* (1897) 30 f. Die ältere Literatur bei *Edd. Spranger. Die Grundlagen der G.wissenschaft* 1905, S. 92 ff. — *Gg. Mehlis, Lehrb. der G.philosophie* 1915, S. 84 ff.

§ 3. Die Einteilung nach dem Geschichtsstoffe.

Ohne Willkür und gewaltsamen Zerreißungen geht es bei der Gliederung und Einteilung des Geschichtsstoffes nicht ab. Das geschichtliche Leben — das kann nicht genug oft wiederholt werden — bildet eine derart innige Verflechtung und Verknüpfung mannigfachster Beziehungen, von denen jede auf die andere übergreift, daß sich auch die Einteilungsgründe nirgends reinlich scheiden lassen. Raum und Zeit langen ineinander, Geistiges und Körperliches sind ineinander verwoben: es können also stets nur ganz im Groben Trennungslinien gezogen werden.

Am verhältnismäßig leichtesten fällt noch die z e i t l i c h e Scheidung. Sie ist ja auch die naheliegendste und wichtigste. Wir nennen den Vorgang dieser Scheidung: P e r i o d i s i e r u n g, die dadurch abgegrenzten Zeit-„Räume": Perioden.

Schwieriger ist die g e g e n s t ä n d l i c h e Einteilung. Eine Trennung nach bloß räumlichen Gesichtspunkten versagt und man muß neben der räumlichen auch noch eine Scheidung nach den verschiedenen menschlichen Beziehungen vornehmen. Diese kann sich in ihrer Gliederung im allgemeinen der Einteilung der Quellen (s. VII § 2) anschließen, doch kommen hier wohl auch noch andere Gesichtspunkte in Betracht. Man wird hier die *Welt- oder Universalgeschichte* als ein Besonderes auffassen dürfen. Dann kommt die Einteilung nach den zu behandelnden Sondergebieten, also nach 1. vorwiegend räumlichen Gesichtspunkten, 2. nach vorwiegend politischer Begrenzung, 3. nach den sozialen Gruppenbildern, 4. nach den persönlichen Abstammungsverhältnissen, 5. nach den Erscheinungen des praktischen Lebens, 6. nach den der Willenssphäre angehörigen Erscheinungen und 7. nach denen des geistigen Lebens. — Es kann hier nicht Aufgabe sein, alle diese Sonder- und Fachgeschichten in aller Ausführlichkeit zu behandeln. Aus jeder Gruppe soll vielmehr nur das Wichtigste herausgehoben und charakterisiert und die Eigenart der Stoffbehandlung aufgezeigt werden.

§ 4. Periodisierung (im allgemeinen).

Alle Periodisierung ist zugleich Bildung bestimmter geschichtlicher Typen. Diese sind in diesem Falle vorzüglich nach ihrer zeitlichen Begrenzung bestimmt, doch kommen hierfür auch noch andere, ausgesprochen oder unausgesprochen, räumliche Merkmale, ferner sachliche und Nützlichkeitsgesichtspunkte in Betracht. Ueberdies spielen religiöse, politische und kulturelle Auffassungen mit.

Am klarsten wird uns dies werden, wenn wir die heute allerwärts angefeindete und doch stets wieder gebrauchte Einteilung in Altertum, Mittelalter und Neuzeit näher betrachten. Sie ist entstanden aus dem Geiste des Humanismus, der in Anknüpfung an die klassischen Studien und in der Wiederbelebung der Antike eine neue Zeit heraufzuführen sich berufen fühlte. Die Zerstörung und der Untergang des Römischen Reiches war ihm das Werk der Barbarei und die folgenden „mittleren" Jahrhunderte ein Zeitraum des Ver-

falls und der Unwissenheit. In diesem Sinne haben protestantische Schulmänner des 17. Jhts. aus praktischen Gründen zunächst die Literatur in dieser
Weise eingeteilt und *Christoph Cellarius* (*Keller* 1638—1707), Professor in
Halle, diese Anordnung in seiner für Philologen bestimmten *Historia antiqua*
(1685) auf die Geschichte überhaupt übertragen. Nach ihm reichte die *Historia
antiqua* bis zu Konstantin dem Großen, die *Historia medii aevi* bis zum Falle
Konstantinopels (1453), an die sich die *Historia nova* anschließt. Ohne daß
diese Festsetzung zunächst allgemeine Anerkennung errungen hatte, ward sie
erst wieder von *Gatterer* aufgenommen, wobei die Grenzen im einzelnen zwar
verrückt wurden, das Altertum ward bis 476 ausgedehnt und bei Beginn der
Neuzeit auf 1492 oder 1517 angesetzt, aber im großen und ganzen an dieser
Trilogie festgehalten. Sie hatte sich nun einmal im Bewußtsein der meisten
von der Schule her festgeklammert und kam einer gedächtnismäßigen Ein-
prägung des Wissensstoffes entgegen. Zudem entsprach sie auch den Gedankenkreisen der Aufklärung, der sich die Jahrhunderte der alleinherrschenden
Römischen Kirche als eine Zeit dunklen, finsteren Aberglaubens darstellten.
Doch auch die folgende Romantik, der das Mittelalter wohl eine Nacht, aber
eine sternenhelle war, fand sich mit jenem Begriffe ab, den sie in wunder-
barer Weise idealisierte. Erst in neuerer Zeit lehnte sich die Wissenschaft
nachdrücklicher gegen eine solche Einteilung auf. Zunächst gegen die Jahreszahlen. Mit Recht hatte sich *Ottokar Lorenz, Die G.-wissenschaft in Hauptrichtungen und Aufgaben* 1 S. 258 darüber lustig gemacht, daß mit dem Kanonen-
donner, mit dem Columbus am 12. Oktober 1492 den ersehnten Anblick festen
Landes begrüßte, der Geburtstag einer neuen Zeit gefeiert würde. Für das
Gedächtnis der Schüler mag es vorteilhaft sein, an den Anfang und an das
Ende einer Periode bestimmte Jahreszahlen aufzustellen, für das geschichtliche
Verständnis ist dies sicherlich nicht der Fall. Eine solche Uebung erweckt
notwendig die Vorstellung, als ob sich der kulturelle Werdegang der Menschheit in plötzlichen Kehren und raschen Wendungen bewegte, er täuscht überdies eine Einheitlichkeit des geistigen, politischen und wirtschaftlichen Lebens
vor, die nie vorhanden ist und sein kann. Wie wenn die Menschen von 1492
an zu ganz anderen geworden wären, als sie vordem waren! Nichts bezeichnender, als daß *Ranke* in seiner *Weltgeschichte* dieser Einteilung — sicher
nicht ohne Absicht — aus dem Wege gegangen ist.

　　Keine ernste, auf Wissenschaftlichkeit Anspruch machende Darstellung
wird heute an diesen Jahreszahlen festhalten. Man spricht allenfalls vom
15. Jht. als vom Beginn der Neuzeit. Das ist immerhin korrekter und
irrtumsfreier als die Jahre 1453 oder 1492. Aber die Einwände greifen noch
tiefer. Für wen gilt denn diese ganze Einteilung? Das Jahr 1492 kann
allenfalls für Amerika einen Einschnitt bedeuten, und das nur für einen
winzigen Teil Amerikas, aber sicher nicht für Ostasien, für den größten Teil
Afrikas usw. Und selbst wenn wir von diesem Jahr absehen, und bloß vom
15. Jht. sprechen, bleibt die Geschichte Japans, Chinas, Indiens davon un-
berührt. Wir sehen, wie im Hintergrunde unseres Denkens diese Periodisierung an die Geschichte unseres engeren Kulturkreises gebunden ist: sie hat
nicht einmal für den Werdegang Rußlands Geltung. Nur die alte Mittelmeer-
kultur und, daran anschließend, die Geschichte der romanisch-germanischen
Völker sind in diese Einteilung einbezogen.

Aber der Name „Mittelalter" selbst fand verschiedene Gegner. Er schien das Ergebnis der Verlegenheit, in die man versetzt war, als man den leeren Raum zwischen der zugrundegehenden Antike und dem Wiederaufbau der alten Kultur irgendwie zu bezeichnen suchte. Er ist nicht aus den vorgeschichtlichen Verhältnissen der in dieser Periode eingeschlossenen Zeiten selbst genommen, sondern verrät deutlich den Standpunkt nachgeborener Betrachtung und einer nicht eben sehr sachlichen, sondern einer bloß aus dem Zufall des Nacheinanders gewonnenen Betrachtungsweise. Dabei wird freilich selbst von *Alfr. Dove, Der Streit um das Mittelalter, HZ. 116* (1916) 209 ff., der gegen den Begriff Mittelalter treffende Einwände erhebt, die mit diesem Namen belegte weltgeschichtliche Periode als eine „von ungewöhnlich einheitlichem Charakter" genannt. *Dove* wendet sich namentlich auch gegen die unzulässige Verschiebung des Einteilungsgrundes. Während nämlich der Untergang der Antike innerhalb unseres Kulturkreises eine völlig neue nationalpolitische Ordnung der Dinge heraufführt, sind es im 15. Jht. wesentlich geistige, wenn auch von innerpolitischen, der Verfassungs- und Verwaltungsgeschichte angehörigen Wandlungen begleitete Neugestaltungen des Lebens. Es fallen somit die Gesichtspunkte für die Gewinnung des einen und des anderen Einschnittes nicht in die gleiche Kategorie. Aber auch vom geistesgeschichtlichen Standpunkt, der für die Wahl des 15. Jhts. maßgebend ist, hat man schwerwiegende Einwände gegen den Ansatz der Neuzeit, wie er jetzt üblich ist, vorgebracht. Hiebei handelt es sich um die Stellung, die man der Reformation in dem Kampf um das Werden der modernen Welt einräumt. Die herkömmliche Geschichtsbetrachtung ist ja geneigt, der Tat Luthers hiebei eine entscheidende Rolle zuzuweisen. Um so bedeutsamer ist es, wenn ein protestantischer Theologe, *Ernst Troeltsch*, behauptet: „Das 16. und 17. Jht. sind nicht mehr Mittelalter, aber sie sind auch nicht Neuzeit; sie sind das konfessionelle Zeitalter der europäischen Geschichte, und erst aus der gegenseitigen, freilich nur relativen Zerreibung dieser drei Uebernatürlichkeiten [Katholizismus, Luthertum, Calvinismus] ist die moderne Welt entstanden, die zwar wohl das Uebersinnliche, aber nicht mehr das mittelalterlich Uebernatürliche kennt." Damit wäre als unterste Grenze für die Neuzeit das Zeitalter der Aufklärung gegeben. Die Für und Wider hat dann *Gg. v. Below, Die Ursachen der Reformation = Hist. Bibl. 38* (1917), S. 108 ff., mit Anführung der einschlägigen Literatur aufs ausführlichste behandelt. Hiebei kommt er namentlich auf Grund verfassungs-, wirtschafts- und verwaltungsgeschichtlicher Tatsachen zu dem Ergebnis, daß die Reformation einen neuen weltgeschichtlichen Zeitabschnitt einleitet. Zu ähnlichen Schlußfolgerungen gelangt *Fel. Stieve, Die Perioden der Weltg. in Vortrr. und Reden* 1900, S. 1 ff., der das Jahr 1450 als Epochenjahr gelten lassen will und zwar mit Hinblick auf die Erfindung der Buchdruckerkunst.

Man mag aus diesen Ausführungen bereits ersehen, wie sehr die Fragen der Periodisierung von der Weltanschauung des Historikers bedingt sind. Der gläubige Katholik wird schwer zu überzeugen sein, daß mit Luther die Weltgeschichte in eine neue Phase geleitet worden ist. So möchte *Gv. Schnürer, Ueber Periodisierung der Weltg., Universitätsschr. Freiburg in der Schw.* (1900) nur zwei Perioden anerkennen, Altertum und Neuzeit. Als Markstein zwischen beiden erblickt er Christus, doch will er die ersten sechs nachchristlichen

Jahrhunderte als Uebergangszeit dem Altertum beirechnen. Das 7.—19. Jht. bezeichnet er als das abendländische Zeitalter, das in die Epoche der Weltkultur auszumünden beginnt, das 7.—16. Jht. nennt er die kirchliche, das 16.—19. Jht. die politische, das 19. Jht. selbst die soziale Periode. In gewissem Sinne trifft sich diese Einteilung mit der Meinung, die *Alfr. von Gutschmid* von rein geschichtlichem Standpunkte aus vorgebracht hat, wenn er in seinem Aufsatze *Die Grenze zwischen Altertum und Mittelalter, Grenzboten 22* (1863) I; jetzt in dessen *Kleinen Schrr. hg. v. Fr. Rühl 5* (1894) 395 bemerkt: „Das Mittelalter ist nichts als die Vorhalle der neuen Geschichte, wie sich schon daraus entnehmen läßt, daß der in staatlicher Beziehung so angemessene Abschnitt zwischen beiden für die Literatur so gut wie gar keine Bedeutung hat.“

Der vielumstrittene Begriff des Mittelalters vereinigt trotzdem solche bezeichnende Merkmale in sich, daß er nicht bloß für den entsprechenden Zeitraum in der Geschichte der germanisch-romanischen Völker gebraucht wird. *Hch. Leo* spricht in seinem *Lehrb. der Universalg. 1* (1835) bei der Geschichte Althellas von „Griechenlands Altertum“, „Griechenlands Mittelalter“ (das mit den Perserkriegen beginnt) und von „Griechenlands späterer Zeit“ (beginnt mit der makedonischen Monarchie). Und ebenso kennt er ein Mittelalter Altroms, das von den punischen Kriegen bis zu Caesars Tod reicht. Diese Terminologie hat sich übrigens auch *Edd. Meyer* für die Geschichte Griechenlands zu eigen gemacht. Etwas anderes ist es, wenn man die Aufeinanderfolge von Altertum, Mittelalter, Neuzeit als etwas in dem Leben der verschiedenen Kulturen gesetzmäßig Wiederkehrendes betrachtet. So namentlich *Kurt Breysig, Der Stufen-Bau und die Gesetze der Welt-Geschichte* (1905), der nachfolgendes Schema entwirft:

Entwicklungsstufen	Griechenland-Athen	Rom	Germanisch-roman. Völker
Urzeit . .	—	—	bis vor 400
Altertum . . .	(1500?)—1000	—	vor 400—900
frühes Mittelalter	1000—750	(755)—500	900—1150
spätes Mittelalter .	750—500	500—330	1150—1494
neuere Zeit .	500—400	330—133	1494—1789
neueste Zeit .	400—30	133 v.—476 n. Chr.	seit 1789

Sieht man hiebei von den grundsätzlichen Voraussetzungen ab, so wird man gegen seine Ansätze nicht mehr einwenden können als gegen jede andere Periodisierung. Ungleich bedenklicher ist die ebenfalls auf gesetzmäßiger Wiederkehr beruhende, für alle Nationalgeschichten gültige Einteilung, die *Karl Lamprecht* gibt, der den völkerpsychologischen und den wirtschaftlichen Gesichtskreis in eins zusammenzwängt und für die deutsche Geschichte zu folgender Periodisierung (vgl. *K. Lamprecht, Völkerpsychologische Probleme, Annalen der Naturphilosophie 3* [1904] S. 442) gelangte:

Geistige	Animismus Urzeit	Symbolismus vor s. X	Typismus s. X—XIII	Konventionalismus s. XIII—XV	Individualismus v. s. XV-XVIII	Subjektivismus s. XIX
Materielle Kultur	Kollektivistisch-okkupatorische Wirtschaft	Individualistisch-okkupatorische Wirtschaft	Naturalwirtschaft mit kollektivistischem Vorgehen	Naturalwirtschaft mit individualist. Vorgehen	Geldwirtschaft mit gemeinschaftlicher Bewältigung des Handels	Geldwirtschaft auf individualistischer Basis

Offenbar in Anlehnung an *K. Breysig* hat *Osw. Spengler, Der Untergang des Abendlandes* (1918) „gleichzeitige" Geistesepochen, „gleichzeitige" Kunstepochen usw. für die indische, antike, arabische, abendländische Kultur konstruiert, die er im Geiste seiner Gedankenführung nach dem jedesmaligen Emporsprießen, Wachsen, Gedeihen, Absterben der Kulturen als deren Jahreszeiten, Frühling, Sommer usw. einteilt. „Gleichzeitig" heißt in seiner Ausdrucksweise die Gleichheit der entsprechenden Kulturstufe. So sind nach ihm Plato-Avicenna-Goethe gleichzeitige Erscheinungen (vgl. V § 7).

Die Periodisierung der „Weltgeschichte" war erst in einem Zeitpunkt möglich, da man, über die Grenzen des eigenen Volkes hinausblickend, das Geschehen des gesamten Kulturkreises als ein zusammenhängendes Ganzes erkannte, da man eben zu einer Weltgeschichte überhaupt gelangt ist. Die historischen Voraussetzungen hiezu bot das zeitgeschichtliche Erlebnis des Eroberungszuges Alexanders des Großen. Dem hellenistischen Kosmopolitismus fehlte immerhin noch das Verständnis für den Zusammenhang der Gegenwart mit dem Vorangehenden. Dieser Ring schloß sich aber in dem Schicksal des jüdischen Volkes. Dieses Schicksal nun ist der Gegenstand, den das Buch *Daniel* (vermutlich 145 v. Chr. zur Zeit Antiochos Epiphanes entstanden) in anschaulich bewegter Form darstellt. Nebukadnezar-Belsazar, das assyrisch-babylonische Weltreich, Darius-Cyrus, das medopersische Reich, die griechisch-mazedonische Weltmonarchie, dem dann das Reich der Verheißung für das Judentum folgen werde. *Franz Düsterwald, Die Weltreiche und das Gottesreich* 1890; *Franz Kampers, Die Idee von der Ablösung der Weltreiche in eschatologischer Beleuchtung* in *Hist. Jb. 19* (1898) S. 423 ff. Der Kosmopolitismus der Stoa brachte zwar in *Diodorus Siculus*, dessen βιβλιοθήκη ἱστορική zwischen ca. 43 und 21 v. Chr. verfaßt wurde, einen Geschichtsschreiber hervor, der die Historie der nichtgriechischen wie der griechischen Völker umfassen wollte. Aber die Ungeschicklichkeit seiner Anordnung ließ ihn des Stoffes nicht recht Herr werden. Nur ganz verschwommen leuchtet auch aus seiner Gliederung die Aufeinanderfolge der einander abwechselnden Weltreiche hervor. Die geistigen Voraussetzungen für eine über alle nationalen Voreingenommenheiten stehende weltgeschichtliche Betrachtung bot eben doch zuerst das Christentum. In seinem Sinne hat *B. Eusebios von Kaisarea* († 340) seine Weltchronik (χρονικά), die bis 325 reicht, verfaßt. Sie trägt im Keime bereits die durch das Mittelalter hindurch üblichen theologischen Geschichtseinteilungen in sich. Enthält deren erster Teil eine fortlaufende Darstellung, die mit Chaldäern und Assyrern beginnt, zu den Medern, Lydern und Persern übergeht, Israeliten und Aegypter behandelt, die Griechen und schließlich die Römer in chronologischen Reihen anführt, so geben die im zweiten Teil enthaltenen parallellaufenden (synchronistischen) Tabellen einen Ueberblick über das gesamte Weltgeschehen seit Abrahams Geburt. Diese letztere ist auch der Zeitpunkt, von dem an er rechnet, nur setzt er späterhin daneben auch die Olympiadenjahre und Gründungsjahre Roms. Vgl. *Kurt Wachsmuth, Einleitung in das Studium der alten G.* (1895) S. 163 ff. — Die lateinische Welt wurde mit dem Werk des *Eusebios* bekanntgemacht durch die erweiterte Uebersetzung, die *Hieronymus* dem zweiten Teil der χρονικά zuteil werden ließ, wobei er die Tabellen bis zum Tode des Valens (378) weiterführte.

Für die Geschichtsschreibung der ganzen folgenden Zeit war es bedeutsam, daß die vielbenützte Chronik *Isidors von Sevilla* die Periodisierung nach Zeitaltern (*aetates*) aus den Schriften des *Augustinus* herübernahm und praktisch anwendete. Und zwar sind es sechs Abschnitte, die, wie das schon im Barnabasbrief ausgesprochen wird, den sechs Schöpfungstagen entspricht, wobei man wieder an die Worte des Psalmes dachte: „Tausend Jahre sind vor dir wie ein Tag." Ueber den Gebrauch des Wortes *aetas* läßt sich *Isidor* selbst folgendermaßen aus: „Aetas autem proprie duobus modis dicitur: aut enim hominis, sicut infantia, juventus, senectus aut mundi, cujus prima aetas est ab Adam usque ad Noë; secunda a Noë usque ad Abraham; tertia ab Abraham usque ad David; quarta a David usque ad transmigrationem Judae in Babyloniam; quinta inde usque ad adventum Salvatoris in carne; sexta, quae nunc agitur, usque quo mundus iste finietur." *Augustinus* folgte in der Feststellung der zwei ersten Epochen den Angaben des *Origines* und *Hieronymus*, um sich von da an das bei *Matthaei* 1, 17 gebotene Geschlechtsregister Christi zu halten und je vierzehn Generationen zu einem aetas zusammenzuschließen. *H. Hertzberg, Ueber die Chroniken des Isidors von Sevilla*, Ff. z. dt. G. 15 (1875) S. 324 ff.

Diese auch von *Beda* in seinem *Chronicon sive de sex aetatibus mundi* übernommene Einteilung behauptete sich neben der von den vier Weltmonarchien über das ganze Mittelalter hinaus. Hiebei wurde die vierte Monarchie, das römische Weltreich, stillschweigend als weiter fortbestehend gedacht. Selbst ein protestantischer Geschichtsschreiber des 16. Jhts., *Sleidanus*, kann sich von dieser Vorstellung nicht losmachen und bezeichnet seine Chronik „*De quattuor monarchiis*". Nicht, als ob in einzelnen Köpfen nicht ein leiser Zweifel aufgetaucht wäre, aber die Idee von dem politischen Erbe, das man aus der Hand der Antike empfangen und das die Weihe religiöser Heiligung erhalten hatte, hielt die Menschen stärker in ihrem Bann als die nackte Tatsächlichkeit. Außer diesen aus dem geschichtlichen Geschehen selbst gewonnenen Zeiteinteilungen hat man versucht, die Periodisierung nach dauernden, unvergänglichen Maßstäben vorzunehmen. In diesem Sinne hat *Ottok. Lorenz* die Generation als geschichtliche Zeiteinheit gewählt und zwar nimmt er dabei nicht die Durchschnittsziffer der Lebensdauer des Menschen zur Grundlage, sondern die Zeit seiner gesetzlichen Wirksamkeit. „Das historische Leben beginnt durchschnittlich mit dem 30. und endet zwischen dem 60. und 70. Jahre. Gäbe es nur Kinder und beschäftigungslose Greise, so hätte die Geschichte kein Objekt, sie bestände überhaupt nicht. Indem sie sich aber an das arbeitende und für die Oeffentlichkeit und Nachkommenschaft tätige Leben hält, macht sie die Erfahrung, daß immer drei solche Lebenswirksamkeiten auf ein Jahrhundert fallen. Was ich das Gesetz der drei Generationen nenne, ist nichts als eine tatsächliche Beobachtung der Genealogie, wonach die faktisch ausgeübte Lebenswirksamkeit des Menschen sich mit erstaunlicher Regelmäßigkeit durchschnittlich auf 30—35 (man sagt also mit Recht 33⅓) Jahre beziffert." *Die G.wissenschaft in Hauptrichtungen und Aufgaben* 2 (1891) 177 f. Die auf diesem „objektiv begründeten" Zeitmaß aufgebaute Geschichtsbetrachtung, die für größere Entwicklungsreihen zu einer 300 bis 600 jährigen Periodizität fortschreitet, soll nicht nur für die politischen, sondern auch für die geistigen Verhältnisse und Leistungen als einen gesetzmäßig sich abspielender Rhythmus nachzuweisen sein.

In ähnlicher Weise, doch auf Beobachtungen fußend, die einen Zusammenhang zwischen Erdelektrizität, Erdmagnetismus und Kulturwanderung herstellen wollen, hat ein belgischer Offizier *Ernest Millard, Une loi historique 1* Brüssel 1903 einen 1250jährigen Zyklus (génération) von fünf Abschnitten zu je 250 Jahren ausgerechnet, der sich in der gleichen Reihenfolge gesetzmäßig wiederhole. Jeder dieser 250jährigen Abschnitte bedeutet eine bestimmte Kulturstufe innerhalb eines und desselben Volkes oder eines Kulturkreises. In dieselbe Kerbe trifft *Gv. Strakosch-Grassmann*, der in seinen *Ernteaussichten von 1918 bis 1922* (1918) auf Grund des Kanons der Finsternisse einen 242jährigen Zyklus gleichartiger Ernteerträge und Wetteraussichten errechnet haben will und diese seine Entdeckung durch geschichtliche Belege zu erhärten sucht. Schlußfolgerungen weitergehender Art zieht er nicht.

§ 5. Periodisierung (im besonderen).

Die Geschichte der Periodisierung ist ein Stück Geschichte der Geschichtswissenschaft selbst. Jede neue Epoche, die als solche erkannt wird, bedeutet die Aussonderung, d. h. die Verselbständigung eines geschichtlichen Typus. Dies bedeutet aber nicht weniger und nicht mehr, als daß aus der unübersehbaren Menge von Wirkungszusammenhängen, die in ihrer Gesamtheit das geschichtliche Geschehen darstellen, eine Gruppe in ihrer Besonderheit festgestellt und zeitlich wie räumlich genauer abgegrenzt wird. Wo früher ein graues, unterschiedsloses Einerlei war, werden immer mehr Flecken, schärfer oder weniger scharf umrandet, daraus herausgehoben, gegen ihre Umgebung geschieden, mit Namen versehen, und damit in ihrem ganzen Wesen deutlicher, farbiger und gestaltungskräftiger. Dabei macht es nichts aus, woher der erste Anstoß zur Erkenntnis kam. Jede glückliche Namengebung ist eine Art Entdeckung, die uns ein bisher unbekanntes oder auch wenig bekanntes geistiges Gebiet zugänglich macht. Es ist ein ähnlicher Vorgang wie in der Erdkunde, wo jede erfolgreiche Entdeckerfahrt die Landkarten plastischer und anschaulicher werden läßt. So bedurfte es des genialen geschichtlichen Entdeckerblicks eines *Thukydides*, um bereits als Zeitgenosse das Ringen zwischen Athen und Sparta von 431 bis 404 als eine Einheit zu erkennen, die durch die sieben Jahre eines nominellen Friedens nicht durchbrochen wurde.

Bis in die 50er Jahre des 19. Jhts. war z. B. für die Historiker jener Zeitabschnitt, den wir heute mit dem Worte *Renaissance* bezeichnen, noch nicht als eine eigene Kulturperiode gegeben, hob sich nur schwach ab von den benachbarten Zeitabschnitten. Erst *Jules Michelet* nimmt im 7. Bande (1855 erschienen) seiner *Histoire de France* den von der kunstwissenschaftlichen Literatur und namentlich von den Architekten gebrauchten Ausdruck auf und verwendet ihn für die Gesamtheit geistiger Beziehungen, doch ist es *Jak. Burckhardt* in seinem Werke *Die Cultur der Renaissance in Italien* (1860 zum erstenmal erschienen), der diesem Begriff den wahren Inhalt gibt. Vgl. *Walter Goetz, Mittelalter und Renaissance, HZ. 98* (1907) 30 ff., *Karl Brandi, Das Werden der Renaissance, Göttinger Universitätsschr.* 1908, *Adolf Philippi Begriff der Renaissance* 1912.

An der Geschichte dieses Ausdrucks läßt sich übrigens zeigen, wie so in den Streit der Meinungen hineingezerrte Bezeichnungen leicht zu wissenschaftlichen Schlagworten werden können. Vgl. *Wm. Bauer, Das Schlagwort als sozialpsychische und geistesgeschichtliche Erscheinung. HZ. 122 (1920) 189 ff.* Das heißt, der Gewinn einer schärfer umrissenen Zeitepoche geht dadurch verloren, daß man durch den suggestiven Einfluß, den ein solcher neuer Name ausübt, dazu verleitet wird, in den Begriff immer mehr hineinzulegen, mehr, als er schließlich verträgt. Indem man nach den Vorläufern und Wurzeln der mit dem Wort bezeichneten Periode (besonders bei Epochen, die im Geistigen verankert sind) fahndet, werden die Grenzen immer weiter nach vorwärts gerückt, man glaubt da und dort in der Vorzeit Spuren gefunden zu haben und läuft Gefahr, die ganze Periodisierung ad absurdum zu führen. Man vergißt hiebei, daß jede geschichtliche Einteilung letzten Endes etwas Willkürliches ist und sich an gewisse selbstgegebene Grenzen halten muß. Diese Grenzen drohen die sonst so überaus wertvollen und aufschlußreichen Arbeiten auf diesem Gebiet, die *Konrad Burdach* in der letzten Zeit veröffentlicht hat, und in denen er dem Begriff *Renaissance* einen religiösen Charakter beilegt, zu überschreiten. *K. Burdach, Sinn und Ursprung der Worte „Renaissance" und „Reformation". S.B. Berliner Akad. 1910 S. 594 ff., Vom Mittelalter zur Reformation 2, 1 (1913), Ueber den Ursprung des Humanismus in Dt. R.schau 158, 159 (1914).*

Aus rein geschichtlicher, kulturgeschichtlicher Anschauung heraus hat *Joh. Gu. Droysen* 1833 das Wort *Hellenismus* geschaffen und damit einer bestimmten Periode der griechischen Geschichte den Namen gegeben. Mehr noch. Wie jegliche solche Bezeichnung, bildete sie gleichzeitig ein Programm, die Aufforderung zur Ueberprüfung aller speziellen Beziehungen und besonderen Zusammenhänge und bot damit Anlaß, Licht in verschiedene, bisher nicht beachtete Gebiete geschichtlichen Lebens zu bringen.

Wie *Alb. Elkan, Entstehung und Entwicklung des Begriffs ‚Gegenreformation', HZ. 112 (1914) S. 473 ff.* nachweist, kommt das Wort *Gegenreformation* aus dem deutschen Reichsrecht. In den 70er Jahren des 18. Jhts. gebrauchte man es als Bezeichnung für die einzelnen Fälle von Rückführung protestantisch gewordener Gebiete zur katholischen Religionsübung und sprach deshalb meist von ‚Gegenreformationen'. Daß die Zeit vom Augsburger Religionsfrieden bis ungefähr zum Westfälischen Frieden eine geistige Eigenart aufweise, die auch nach besonderer Namengebung verlange, hat sich nur Schritt für Schritt zur Erkenntnis der Geschichtsschreiber durchgerungen. *Ranke*, selbst noch langehin schwankend und allmählich vorfühlend, spricht am Ende seiner *Deutschen Geschichte im Zeitalter der Reformation* zum erstenmal von der ‚Gegenreformation' als von einem Zeitalter. Aber — und das ist ebenfalls bezeichnend für das Wesen solcher Periodisierungsbezeichnungen — der Name Gegenreformation, für den man das französische contreréforme, das englische counterreformation kennt, hat sich vorzüglich in der deutschen Geschichtsschreibung festgesetzt. Die anderen sprechen vom Zeitalter der Religionskriege. In Deutschland selbst leisten jedoch die katholischen Kreise die auch das Wort ‚Reformation' nicht anerkennen, einen gewissen Widerstand.

Der Einschub aus der Kunstgeschichte, dem wir den Ausdruck *Renais-*

sance zu danken haben, hat Schule gemacht. *Rokoko* wird jetzt schon im Sinne allgemeiner Periodisierung gebraucht. Ja man spricht vom Rokoko Hadrians, setzt den damit gemeinten Typus in die spätrömische Zeit. Vgl. *Renaissance und Rococo in der römischen Literatur* von *Mart. Hertz* (1865). Aus den Bezirken der Literatur stammt *Romantik*, doch greift dieser Name zusehends weiter. Vom Schrifttum zur Kunst, von der Kunst zur Philosophie und allgemeinen Lebenshaltung vorwärtsschreitend, ist man jetzt glücklich dabei gelandet, von *romantischer* Politik zu sprechen. *Romantik* ist eben auch zum Schlagworte geworden.

Andere Periodenbezeichnungen kommen aus dem Verfassungsrecht (Zeitalter des Absolutismus, Zeitalter der griechischen Demokratie), andere hinwiederum aus der Wirtschaftsgeschichte (Zeitalter des Merkantilismus, der Weltwirtschaft) usw. Vgl. V § 6 und XII.

§ 6. Periodisierung (Anleitung).

„Alle Periodisierungen und Begrenzungen im Verlaufe der Weltgeschichte sind lediglich konventionell und darum völlig willkürlich. Die Geschichte selbst, in der jedes Ereignis mit dem vorangehenden und folgenden in ursächlichem Zusammenhang steht, macht keinen Abschnitt; sie ist ein fortlaufendes Kontinuum." — Diese von *Karl Joh. Neumann, Perioden römischer Kaiserg., HZ. 117* (1917) 377 ff. zitierten Worte *Heh. Gelzers* stimmen zusammen mit der Scheu gerade der besten unserer Historiker vor Bildung allgemeiner Begriffe. Es wirkt darin die triebmäßig empfundene Furcht, das lebendige Leben des geschichtlichen Geschehens in ein starres Begriffs- oder Jahrzahlengefängnis einzusperren. Als ein Beispiel für die Vorsicht in der Abgrenzung nach Epochen kann jedenfalls das Vorgehen *Rankes* in seiner *Weltgeschichte* gelten.

Aber wie sehr man sich auch sträuben mag, das geschichtliche Sein und Werden durch mehr oder weniger willkürlich gewonnene Einschnitte in Teile aufzulösen und vor jeden Einschnitt gleichsam als Schildwache eine Jahreszahl hinzustellen, so kann man doch solcher Ruhepunkte niemals ganz entraten. Die Notwendigkeit, in das dunkle Gewirr historischer Erscheinungen Licht, in das Geflecht der verschiedenen Lebensbeziehungen Uebersicht und Ordnung zu bringen, diese Notwendigkeit zwingt uns zur Periodisierung. Sie entspringt dem Bedürfnisse, die einzelnen Ursachefolgeketten in ihrer Besonderheit herauszuheben; sie entspringt der vertieften Erkenntnis von den Zusammenhängen des geschichtlichen Werdens. Alle Zusammenhänge offenbaren ja auch das Unterscheidende der Teile. Ein *Herodot*, selbst ein *Thukydides* ist zu solchem Ueberblick nicht vorgedrungen. Auch die Jahrbuchform der Annalen kann man an sich nicht Periodisierung heißen. Ihre Durchführung erfordert Einblick in das Einzelne wie in das Ganze, deshalb verrät sich nirgends so sehr das historische Verständnis wie gerade in der Wahl der Zeiteinschnitte, nirgends vermag der Geschichtsschreiber wie hier zu beweisen, ob er an den Aeußerlichkeiten und an der Oberfläche des Geschehens haften blieb oder tiefer in das Wesen einer Zeit eingedrungen ist. Er mag hier zeigen, ob er bloß Pedant, Schulfuchs, Bureaukrat der Geschichte oder ob er wirklich Historiker ist. Man untersuche doch die trockenen Zeitangaben im *Wer ist's?*.

Die Daten der verschiedenen Schulprüfungen, der Erinnerungen und Vorrückungen, Reisen, der Todesfälle naher Verwandter usw., die Erscheinungsjahre und Vollendungsjahre literarischer oder sonstiger Werke geben immerhin ein chronologisches Gerüst für die Einreihung der Schicksale eines Menschen in bestimmte Stockwerke, aber sie bleiben ein Gerüst an der Außenseite des Hauses. Wie sich der einzelne in seinem Innern entwickelt hat, davon braucht in diesen Zeitangaben nicht das Mindeste zu stecken. Sollen wir darum von solchen Daten ganz absehen? Nein. Selbst eine ganz nüchterne Ernennungsurkunde kann für uns zum Symbol einer Schicksalswende werden, indem sie unseren Eintritt in neue Verhältnisse, in einen größeren Wirkungskreis und damit die Neueinrichtung unserer seelischen, geistigen und materiellen Verhältnisse anzeigt.

Das gleiche gilt aber auch für die Beurteilung geschichtlicher Tatsachenreihen. Auch hier kann ein einzelnes Jahr zum Sinnbild für den Anbruch neuer Entwicklungen werden. Es muß dies aber nicht der Fall sein. Und stets wird man es sich vor Augen zu halten haben, daß ein solches ‚Epochenjahr‘ nur für die Abgrenzung bestimmter Richtungen und Inhalte menschlichen Denkens und Handelns Geltung hat und haben kann. Und ebenso wird man nicht vergessen dürfen, daß die Ansetzung eines solchen Jahres nicht der tatsächliche Anfang zu sein braucht, daß er zumeist nur das Sinnbild dafür ist. Das wird besonders bei allen geistigen Tendenzen der Fall sein. Wenn es den Anschein hat, daß man seit *Alexander von Humboldt* das moderne Naturempfinden von der Besteigung des Mont Ventoux durch Petrarca (im Jahre 1336) her datieren möchte, so wird man diesen Zeitansatz nicht mit der gleichen Genauigkeit in Rechnung ziehen dürfen wie etwa der Astronom das Sichtbarwerden eines Gestirnes. Petrarcas Naturentzücken ist nur das laut zum Ausdruck gebrachte Zeichen für den Gefühlswandel einer neuen Zeit.

Würde es sich überdies in der Geschichte nur um die Verzeichnung fertiger Tatsachen handeln, die Periodisierung würde um vieles leichter fallen. So aber spielt in die feinere historische Betrachtung immer wieder das Werden der Erscheinungen hinein und stellt uns damit vor Aufgaben, die der subjektiven Schätzung größeren Spielraum lassen. Die rein staatsrechtliche Einteilung kann an formalen Gesichtspunkten ihr Genüge finden und insofern hat es die politische Geschichtsschreibung einfacher als die geistesgeschichtliche. *K. J. Neumann* hat in dem oben angezogenen Aufsatze gezeigt, wie *Mommsen* die römische Kaisergeschichte zeitlich eingeteilt hätte, wäre sein Werk weiter fortgeschritten. Von Augustus bis zum Regierungsantritt Diokletians reicht die Periode des Principats, mit Diokletian beginnt die unumschränkte Monarchie, das Dominat. Dieses verfassungsgeschichtliche Schema hätte er sich auf jeden Fall zu eigen gemacht. Aber *Neumann* wendet mit Recht dagegen ein, daß es vom weltgeschichtlichen Standpunkt weniger auf die Stellung ankomme, die der Princeps damals eingenommen hat, als vielmehr auf den Kampf der Religionen. Da ist aber Diokletian noch der älteren Periode zuzuzählen: die neue beginnt erst mit Konstantins Alleinherrschaft und dem Konzil von Nicaea. Die politische Geschichtsschreibung hat den Vorteil, daß sie sich der Aufeinanderfolge der Herrscher anpassen kann. Anklänge daran kann man noch bei *Ranke* finden, wenn er im dritten Buch seiner *Römischen Päpste* nach einzelnen Päpsten, ‚Paul III.‘, ‚Julius III.‘ usw. einteilt.

Als die wichtigsten Grundsätze für richtige Periodisierung dürfen demnach ungefähr folgende gelten:

1. Jede Periode muß objektiv, d. h. aus den geschichtlichen Tatsachen oder Anschauungen der Zeit selbst gewonnen sein, die sie umspannt. Mit anderen Worten, wir dürfen nicht nur unsere Auffassung in die Charakterisierung einer historischen Periode hineintragen. Die Zeitgenossen müssen wenigstens eine Ahnung davon gehabt haben, daß sie in gewisser Beziehung am Wendepunkt ihrer bisherigen Lebensbedingungen stehen und daß diese nun nach einer anderen Richtung hinsteuern werden.

2. Jede Periode muß ein in sich natürliches, wohlabgerundetes und abgegrenztes Ganzes bilden, das sich deutlich von dem unterscheidet, was ihr vorangegangen und dem, was sich an sie anschließt. *K. J. Neumann* kennzeichnet dies treffend, wenn er die Sonderung der Perioden in der Zeit mit der Scheidung nach Ländern im Raum vergleicht und Länder als „gut individualisierte Teile der Erde“ bezeichnet.

3. Die Gesichtspunkte für die Scheidung nach Perioden müssen einheitlicher Natur sein. Es darf die Begründung für den einen Einschnitt nicht aus staatsrechtlichen Tatsachen und der andere aus wirtschafts- oder geistesgeschichtlichen Veränderungen hergeholt werden, sie müssen beide der gleichen Kategorie entstammen.

Diese Grundsätze sollen aber nicht zur Annahme verleiten, es gäbe stets nur eine Periodisierungsmöglichkeit. Dagegen spricht ja schon die Tatsache, daß in ihr neben der Zweckmäßigkeit auch die Auffassung, Weltanschauung usw. mitspricht. Selbst in der staatsrechtlich-politisch gerichteten Zeiteinteilung kann der Standpunkt ein sehr verschiedener sein. So war man in deutschen Werken gewohnt, das Zeitalter der Gegenreformation mit dem Abschluß des Westfälischen Friedens zu beenden. Mit guten Gründen hat aber für die politische Geschichte Europas *Max Immich* in seiner *Geschichte des Europäischen Staatensystems von 1660 bis 1789 im Handbuch der Mittelalterl. u. Neueren Gesch.* (1905) für 1660 als Epochenjahr gestimmt, indem der Kampf zwischen den Häusern Bourbon und Habsburg erst mit dem Pyrenäenfrieden 1659 zum Austrag gekommen sei. Ein Jahr später schafft aber der Vertrag von Oliva in Nord- und Osteuropa neue Verhältnisse, während auch für England mit diesem Jahr eine politisch neue Zeit anbricht.

Eine etwas allzuweit ausgesponnene Behandlung dieses Gegenstandes bietet Rich. M. Meyer, Prinzipien der wissenschaftl. Periodenbildung mit bes. Rücksicht auf die Literaturgesch., Euphorion 8 (1901) 1—42. Im übrigen Ottok. Lorenz, Die G.wissenschaft in Hauptrichtungen u. Aufgaben kritisch erörtert 2 Bd. 1886, 1891; K. J. Neumann s. o. ferner Alb. Elkan, HZ. 112 (1914) 473 ff. u. Fritz Friedrich, Versuch über die Perioden der Ideengeschichte der Neuzeit u. ihr Verhältnis zur Gegenwart. Ebenda 122 (1920) 1—43.

§ 7. Weltgeschichte.

Allgemeine, Universal-, Welt-Menschheitsgeschichte werden vielfach und im Laufe der Zeiten mit wechselnder Vorliebe für die eine oder andere Bezeichnung als gleichbedeutend verwendet. Natürlich spiegelt sich in dieser verschiedenen Gebrauchsform der Wandel der historischen Anschauungen wider und es wäre an der Zeit, einmal eine Geschichte der Weltgeschichtsschreibung zu verfassen. Seiner Herkunft nach stammt das Wort aus dem

Mittelalter, wo „Welt“-Chroniken (*chronicon universale, chronicon mundi*) nichts Seltenes waren. Der Begriff selbst reicht (vgl. V § 4) ins Altertum hinauf, und bereits *Polybios* hatte die Absicht, eine „Weltgeschichte“ (ἱστορία κοινή, καθολική) zu schreiben. Vgl. *Rich. Laqueur, Polybios* 1913. Es war dies offenbar unter dem Einfluß der stoischen Philosophie geschehen. Freilich hat erst das Christentum den Blick für die geschichtlichen Zusammenhänge derart geweitet, um dieser Aufgabe gerecht zu werden. Es wäre ein Irrtum, unter Weltgeschichte — wenigstens nach der jetzt herrschenden Auffassung — die Summe aller Einzelgeschichten zu verstehen. Sie ist insofern mehr, als wir gewohnt sind, in ihr ein einheitlich gebildetes, zusammenhängendes Ganzes zu erblicken. In unserem Begriffe Weltgeschichte wirkt noch die Definition *Aug. Ldw. Schlözers* nach, der nicht vergeblich in die Schule des ersten modernen Universalhistorikers, *Voltaire*, gegangen ist. „Weltgeschichte“ ist nach *Schlözer* eine „systematische Sammlung von Tatsätzen, vermittels deren sich der gegenwärtige Zustand der Erde und des Menschengeschlechts aus Gründen verstehen läßt“. Damit ist aber die Stilisierung angedeutet, die der Darstellung mit ihrer Richtung auf die Gegenwart und auf unseren Kulturkreis gegeben wird.

Weltgeschichte ist aber eben deshalb auch weniger als die Summe aller Einzelgeschichten. Da sie keine lose Aneinanderreihung von Tatsachen sein will, sondern vielmehr auf das zeitlich-räumlich begrenzte Ziel unserer Gegenwartskultur hinsteuert, muß sie auf vieles verzichten, was ebenfalls Geschichte ist, aber für uns keinen oder bloß nebensächlichen Wert hat. Nach *Rankes* Wort in der Vorrede seiner eigenen *Weltgeschichte* 1 (1881) soll diese nicht eine Sammlung der Völkergeschichten in engerem oder weiterem Rahmen sein, da sie sonst den Zusammenhang der Dinge aus dem Auge verlöre. „Eben darin besteht die Aufgabe der welthistorischen Wissenschaft, diesen Zusammenhang zu bringen, den Rahmen der großen Begebenheiten, welche alle Völker verbindet, nachzuweisen.“ Und indem er bekennt: „Es gibt ein historisches Leben, welches sich fortschreitend von einer Nation zur anderen, von einem Völkerkreis zum anderen bewegt. Eben in dem Kampfe der verschiedenen Völkersysteme ist die allgemeine Geschichte entsprungen, sind die Nationalitäten zum Bewußtsein ihrer selbst gekommen“, hat er die Leitsätze für die gegenwärtige Weltgeschichtsschreibung entworfen. Hierin liegt auch der stark subjektive Tonfall, der ihr eigen ist, die Einstellung auf unsere eigene Kultur.

In diesem Sinne aufgefaßt, gewinnt Weltgeschichte an Einheitlichkeit und innerer Abgeschlossenheit, was sie an Vollständigkeit einbüßt. Zwar nennen wir jene Kompendien, die sich bemühen, das Gesamtgebiet der Historie zu schildern und alles mögliche geschichtliche Wissen zusammentragen, ebenfalls Welt-(Universal-)Geschichte, aber das Ideal liegt doch in der von *Ranke* vorgezeichneten Form. *Ranke* selbst ist über der Vollendung seines Werkes gestorben, das Geschlecht der Polyhistoren ist ausgestorben, und so müssen wir uns heute vielfach mit dem Ersatz begnügen, der in der Teilarbeit mehrerer an einem weltgeschichtlichen Gesamtwerk besteht. Zum Teil beruht dies freilich auch in der Ueberschätzung der Fachgelehrsamkeit. Die richtige Weltgeschichte soll das Bild unserer Kultur und ihres Werdeganges in großen Zügen entwerfen, stets nur am Wesentlichen haften bleiben, unser Interesse am einzelnen aber soweit wach erhalten, daß wir dort, wo wir besonders gefesselt werden, uns angespornt fühlen, weiter zu forschen und uns näher zu unterrichten.

Diese Abgrenzung der modernen Weltgeschichtschreibung ging Hand in Hand mit der Verselbständigung unserer Wissenschaft. „Universalhistorie", sagt *Aug. Ldw. Schlözer*, „war weiland nichts als ein Gemengsel von einigen historischen Datis, die der Theolog zum Verständnisse der Bibel und der Philolog zur Erklärung der alten griechischen und römischen Schriftsteller und Denkmäler nötig hatte, war nichts als eine Hilfswissenschaft der biblischen und sogenannten klassischen Philologie". Infolgedessen hing die Darstellung der Weltgeschichte, wenn man von *Marcantonio Coccio*, als *Sabellicus* bekannt, und seinen *Enneades sive Rhapsodia historiarum* (1504) absieht, noch immer im Rahmen der Vier-Monarchien-Lehre. Erst *An Universal history from the earliest account of time to the present*, London 1736—65, 26 Bde., eine von *John Campbell* geleitete Sammelarbeit griff stofflich darüber hinaus, ward in Auszügen, die *John Gray* und *William Guthrie* anfertigten, als *History of the World* und durch Uebersetzungen ins Deutsche durch *Siegm. Jak. Baumgarten*, Halle, 1744 ff. als *Allgemeine Welthistorie* weiter verbreitet. Gegenüber der äußerlichen Aneinanderreihung der Tatsachen bedeutet *Voltaires Essai sur les mœurs* den ersten Versuch, weltgeschichtliche Betrachtungsweise auf moderne, von keiner Theologie beengte Grundlagen zu stellen. Unter dem Einflusse der Aufklärung stand *Aug. Ldw. Schlözer* mit seiner *Vorstellung der Universalhistorie* 1772, seiner *Weltgeschichte nach ihren Hauptteilen im Auszug und Zusammenhang* 1785, ² 1792, die alle „bloß zum Leitfaden beim Unterrichte eigentlicher Studierenden" gedacht sind und auch die Geschichte der Erde mit einbegreifen. Unselbständiger als Schlözer und ebenfalls bloß pädagogisch interessiert sind die verschiedenen weltgeschichtlichen Werke von *Joh. Christoph Gatterer*. Wertvoll für ihre Zeit war als Weltgeschichte *Johannes v. Müller, Vierundzwanzig Bücher allgemeiner G., besonders der europäischen Menschheit*. 2 Bde., Tübingen 1810. Einflußreich für die Geschichtsauffassung weiter Kreise wurde die *Weltgeschichte* des jung gestorbenen *Karl Fch. Becker* (1777—1806), die in Berlin 1801—1805 erschien und viele Auflagen erlebte. Im Banne der Aufklärung, aber noch mehr im Banne Kants steht *Fch. Christoph Schlosser*, dessen populär geschriebene *Weltgeschichte für das deutsche Volk* 1844 ff. in vielen Auflagen noch immer ihren Reiz auf die Leser ausübt. Die schulmeisterliche Art, mit der *Schlosser* Fürsten und Minister vor den Richterstuhl kantscher Moral zitiert, entspricht nicht den Forderungen, die wir heute an ein wissenschaftliches Geschichtswerk stellen. Der politische Liberalismus mit allen seinen Schwächen und Vorzügen fand sein Spiegelbild in *Karl von Rotteck, Allgemeine G. vom Anfang der histor. Kenntnis bis auf unsere Zeit*, 10 Bde., Freiburg und Konstanz 1813—1827. Trotz den Altersspuren ist die leider unvollendet gebliebene *Weltgeschichte Rankes* (1881 ff.) das Ausgezeichnetste ihrer Art. Als 85jähriger Greis begann er zur Krönung seiner eigenen Leistung und zur Krönung der ganzen Gattung dieses Werk.

Die neueren, auf wissenschaftlichen Wert Anspruch machenden Weltgeschichten sind der Mehrzahl nach Sammelarbeiten, die in ihrer Anlage und Organisation etwas Besonderes darstellen. Im einzelnen sind die verschiedenen Beiträge natürlich sehr verschiedenen Wertes.

Die Bezeichnung „Weltgeschichte" betrifft in erster Linie die umfassend zeitlich wie räumlich umfassende einheitliche Anordnung. Man kann deshalb wie *Karl Joh. Neumann* von *Weltgeschichte des Altertums* sprechen. „Vor allem ist nur bei vollster Beherrschung des gesamten Stoffes die universalhistorische Verknüpfung zu erreichen, wie sie nicht Orient. Griechentum, Hellenismus und Römertum für sich behandelt, sondern miteinander verbindet, was in Wechselwirkung steht." Und *Neumann* macht dies für *Edd. Meyer, G. des Altertums* 1 (1884), 2 (1893), 3—5 (1901, 1902), ²1 u. 2 (1907, 1909), wenigstens vom 2. Band an, geltend.

Andererseits vertritt *Dietr. Schäfer, Weltg. der Neuzeit* °1919 die Anschauung, daß man bis zum Ausgange des Mittelalters nicht eigentlich von „Weltgeschichte" sprechen könne. Erst unsere Zeit sei in der Lage und habe auch Anlaß dem Begriff Weltgeschichte einen weiteren Inhalt zu geben. Die Verflechtung der Geschicke der Völker sei weiter fortgeschritten, als dies je der Fall gewesen sei. „Es gibt heute, was es bislang nicht gegeben hat und nicht geben konnte, eine geschichtliche Gesamtentwicklung der Menschheit. eine wirkliche Weltgeschichte." — Hier wird wohl auf die äußeren Beziehungen der Völker, wie sie die Ausbildung der modernen Verkehrsmittel mit sich gebracht haben, größeres Gewicht gelegt, als der inneren Verbundenheit äußerer Kultur entspricht.

Allgemeine Betrachtungen über Begriff, Wesen und *Psychologie der Weltg.* von *Thos. Achelis* in *Helmolt, Weltg.* 9 (1907) S. 285 ff.

Aber auch einzelne Tatsachenreihen und gesellschaftliche Beziehungen können weltgeschichtlicher Behandlung unterzogen werden. So gibt es für die Kriegsgeschichte von *Herm. Frobenius* eine *Weltg. des Krieges* 1903 von *Otto Hauser* eine *Weltg. der Literatur* 1910. Universalhistorischen Charakter trägt das Büchlein *Der Kampf um die Herrschaft im Mittelmeer* in *Wissenschaft u. Bildung* Nr. 46 (1909) von *Paul Herre*. Geschichtsphilosophische Aphorismen tiefen Gehalts bietet *Jak. Burckhardt, Weltgeschichtliche Betrachtungen* hg. v. J. Oeri 1905, ²1910. Vgl. Lord *James Bryce, World history* in *Proceedings of the British academy*, London u. Oxford 1920.

Die wichtigsten weltgeschichtlichen Werke der Gegenwart sind: *Allg. G. in Einzeldarstellungen* hg. v. *Wm. Oncken* 1879—94 in 4 Abteilungen (Altertum, Mittelalter, Neuere. Neueste Zeit) u. 33 Werken von verschiedenen Verfassern. Insgesamt 50 Bde.; *Allgem. Weltg.* v. F l a t h e , H e r t z b e r g , J u s t i , P r u t z 1884—92, 12 Bde.; S p a m e r s illustr. Weltg. hg. v. O. Kaemmel ⁴1902 10 Bde. (populär); H. S c h i l l e r Weltg. 1900/1 4 Bde. (pädagogische Gesichtspunkte); als Lehrbuch geschützt: Gg. W e b e r , Lehr- u. Hdb. der Weltg. hg. v. A. B a l d a m u s ²²1911 ff. 4 Bde.; Gg. W e b e r , Weltg. hg. v. Ldw. Rieß 2 Bde. 1918. — Nach territorialen Gesichtspunkten, die ganze Erde umfassend: W e l t g. hg. v. H. F. H e l m o l t 9 Bde. 1899—1907, 1: Allgemeines, Vorg. Amerika. Der Stille Ozean. 2: Ostasien, Ozeanien, Indischer Ozean. 3: Westasien, Afrika. 4: Die Randländer des Mittelmeeres. 5: Südosteuropa u. Osteuropa. 6: Mittel- u. Nordeuropa. 7 u. 8: Westeuropa. 9: Nachtrr. ²hg. v. A. T i l l e 1913 ff. — W e l t g., Die Entwicklung des Menschen in Staat u. Gesellschaft, in Kultur u. Geistesleben hg. v. H. v. P f l u g k - H a r t t u n g 6 Bde. 1908—10. — Eine vermittelnde Stellung in der Einteilung nimmt die von L. M. H a r t m a n n hg. Weltg. in gemeinverst. Darstellung ein: I. Abt. G. des vorderasiatisch-europäischen Kulturkreises. 1: Einleitung u. G. des alten Orients. 2: Griech. G 3: Röm. G. 4: Mittelalter bis zum Ausgang der Kreuzzüge. 5: Späteres Mittelalter. 6, 7, 8: Neuzeit. II. Abt. G. des ostasiat. Kulturkreises. III. Abt. Amerika. — Weltgeschichten, die das Altertum ausscheiden, sind: H i s t o i r e g é n é r a l e du 4e siècle à nos jours hg. v. Ernest L a v i s s e u. Alfr. R a m b a u d 12 Bde. (teilw. *) Paris 1894—1901 (Sammelwerk mit Literaturangaben); Theod. L i n d n e r , Weltg. seit der Völkerwanderung 10 Bde. 1901—20, von ihr ist jetzt auch für das Altertum ein Nachtrag erschienen; The C a m b r i d g e M e d i e v a l H i s t o r y hg. v. J. B. B u r g u. A. M. G w a t k i n Cambridge 1911 ff. u. The C a m b r i d g e M o d e r n H i s t o r y hg. v. Lord A c t o n u. A. W. W a r d 13 Bde. Cambridge 1902 ff. (beides Sammelwerke); Dietr. S c h ä f e r , Weltg. der Neuzeit 2 Bde. 1907, °1919; Alex. C a r t e l l i e r i , Grundzüge der Weltg. 378—1914 (1919).

§ 8. Die geschichtliche Darstellung von Sondergebieten.

Die notwendige Voraussetzung einer Spezialgeschichte ist die Kenntnis der Fachgebiete, die hier in Betracht kommen. Landeskunde erfordert Vertrautheit mit den Verhältnissen des betreffenden Landes, die Geschichte technischer, wirtschaftlicher, rechtlicher, religiöser Tatsachen verlangt ein eindringendes Wissen dieser Zweige. (Vgl. VII § 3.) Das ist die sozusagen technische Voraussetzung, ohne die von vornherein nicht leicht einer sich an derartige Aufgaben heranwagen darf und wird. Viel öfter wird von solchen Fachhistorikern übersehen, daß sie im gleichen Maß die historische Methode innehaben müssen, sollen ihre Arbeiten auf wirklich wissenschaftlichen Wert Anspruch zu machen ein Recht haben und ihre Sonderkenntnisse den richtigen Ertrag zeitigen.

Sind aber auch diese beiden Bedingungen erfüllt, so steht als schwierigste Pflicht dem Fachhistoriker bevor: das Gleichgewicht herzustellen zwischen der Geschichte des Ganzen und der Geschichte des Teiles, als welcher sich das behandelte Fach darstellt. Wer die Geschichte der Provence schreibt, kommt vielleicht in Versuchung über die Grenzen des ihm gesteckten Gebietes hinüberzulangen. Er gerät etwa an manchen Partien dazu statt der Geschichte der Provence eine solche Frankreichs oder der Kreuzzüge oder des Ketzertums im Mittelalter zu verfassen. Eine Biographie Karls des Großen wird zu einem Stück Weltgeschichte, eine Geschichte Sachsens zu einem Stück Reichsgeschichte. Aber auch nach der anderen Seite drohen Gefahren. Der Verfasser engt sein Gebiet allzu stark ein. Er reißt es allzu gewalttätig aus dem Zusammenhang heraus. Er vergißt, wenn er etwa die Geschichte des Eisenbahnwesens zum Gegenstand hat, daß ihre Entwicklung einerseits durch die wirtschaftlichen Verhältnisse unserer Zeit bedingt und außerdem von mächtiger Wirkung auf Wirtschaft und Kultur der Gegenwart geworden ist. Er stellt sie vielleicht bloß in ihren rein eisenbahntechnischen und personalen Veränderungen dar, nicht aber in ihrer Bedeutung für das gesamte öffentliche Leben und für die Beziehungen der Staaten, Länder und Völker untereinander.

Wer also eine Spezialgeschichte verfaßt — und das tut ja die überwiegende Mehrzahl aller Historiker — für den ist es einmal Voraussetzung, sich mit den dafür nötigen Fachkenntnissen bekannt zu machen, dann aber in der Behandlung des Stoffes jenen Kräfteausgleich walten zu lassen, der den Gegenstand weder allzu stark vereinzelt, noch auch ihm einen zu breiten Raum in dem Gesamtgeschehen zuweist.

§ 9.   Die Einteilung der Geschichte nach vorwiegend räumlichen Gesichtspunkten.

Wir haben es hier mit der Geschichte einzelner Weltteile, einzelner Länder, Landesteile, Gebiete, Städte und Oertlichkeiten zu tun, wobei nicht die politischen Gesichtspunkte den Ausschlag geben, sondern die durch die räumliche Begrenzung bedingte Eigenentwicklung. Am wichtigsten hievon ist die sog. L a n d e s g e s c h i c h t e, mit der eng verbunden, von ihr oft gar nicht recht unterschieden, die geschichtliche L a n d e s k u n d e einhergeht. In diesem Namen drückt sich aus, daß es sich hier nicht immer um rein geschichtliche Forschung handelt, sondern daß zuweilen geographische, meteorologische, volkstümliche, ja rein ästhetische Interessen mit hineinspielen können.

Die geschichtliche Landeskunde geht vom menschlich Naheliegendsten, vom geistigen Anteil an dem Werden und Sein der eigenen Heimat aus. Dieser Anteil ist nicht nur dem Fachgelehrten eigen, er beseelt jeden, der mit Liebe und Verständnis seine Umwelt betrachtet und dem hiebei immer wieder die Frage aufstößt, wie ist mein Geburtsort, mein engeres Vaterland zu dem geworden, was es jetzt ist, wozu diente dieses oder jenes nun verfallene Bauwerk, woher stammt dieser oder jener Name, die eine oder andere mundartliche Wendung, ein als Wahrzeichen bekanntes Bildwerk, sei es eine Säule, ein Turm oder eine Medaille. In solcher Fragestellung erneuert sich da in Tausenden von Menschen der Ursprung aller historischen Forschung. Diesem mit erfreulicher Unermüdetheit immer wieder erwachenden, freilich zunächst nur antiquarischen Geschichtsinteresse steht freilich eine oft recht bedauerliche Kräfteverschwendung gegenüber, mit der Laien ohne alle Kenntnis fremder Vorarbeiten Aufgaben auf sich nehmen, die schon längst erfüllt, Einzelfragen anschneiden, die in ihrer Gesamtheit schon gelöst sind.

Andererseits zeigt aber gerade die Landeskunde, wie der unverbildete, natürliche Anteil des Menschen an allem Geschichtlichen sich nicht zuerst der Staatengeschichte zuwendet, sondern sich mindestens im gleichen Maße wie dem Politischen auf alle Zweige menschlicher Beziehungen richtet, Landeskunde ist in erster Linie kulturgeschichtlich interessiert. Die großen staatlichen Wandlungen bleiben natürlich nicht ohne Einfluß und Wirkung auf das Schicksal der Territorien, aber es sind im allgemeinen doch nur Schatten, die sie auf die Landesgeschichte werfen. Nicht zufällig also ist es, daß der erste moderne Landeshistoriker in Deutschland zugleich auch der Begründer der Verwaltungs- und Verfassungsgeschichte ist. *Justus Möser* hat in seiner *Osnabrückischen Geschichte* 1768 ff. in glücklicher Verteilung und in weisem Ausgleich das Einzelne mit dem Allgemeinen zu verbinden gewußt, jedem seinen natürlichen Bereich gelassen, der Reichsgeschichte keinen größeren Raum gewährt, als ihr gebührt, und andererseits die Entwicklung des von ihm behandelten Gebietes keineswegs vereinzelt und aus dem natürlichen Zusammenhang gewaltsam herausgerissen. Ebenso wendet sich auch *Ldw. Timotheus Spittler* in seiner *Geschichte des Fürstentums Hannover seit den Zeiten der Reformation bis zu Ende des 17. Jh.* Göttingen 1786 von der politischen Geschichte ab, den Bahnen *Voltaires* nachfolgend. Von den Schülern *Rankes* aber ist es just der Verfasser der *Dt. Verfassungsg., Gg. Waitz*, der sich in seinem unvollendet gebliebenen Werke, *Schleswig Holsteins G.* 1851 f., der Landesgeschichte zuwendet.

Der Zusammenhang ist klar. Die wissenschaftlich behandelte Landeskunde gab wichtige Antriebe für die moderne Auffassung vom Wesen der Geschichte. Auf engem Gebiete zeigte sie die Verschränkung geographischer, wirtschaftlicher, verfassungs- und verwaltungsgeschichtlicher Gesichtspunkte mit solchen der Technik, Kunst, der Sitten, Gebräuche, volkskundlichen Tatsachen und sprachlichen Eigenheiten. Landeskunde liegt im Schnittpunkte all dieser Interessen. So unterscheidet sich die Landeskunde von der Landesgeschichte darin, daß sie, die geschichtlich gewordenen Dinge beschreibend, den Ton auf das jetzt Seiende legt, indes die Geschichte mehr auf das Werden sieht.

In Verruf ist sie durch das Dilettantische gekommen, das vielfach in der Art ihres Betriebes lag. Seitdem sich aber anerkannte Forscher um sie bemühen, rückt sie im Range immer mehr hinauf. Schon in der Antike fehlt es nicht an landeskundlichem, zum Teil mit Volkskundlichem vermischten Schrifttum. Vgl. *Karl Trüdinger, Studien zur Geschichte der griechisch-römischen Ethnographie,* Basel 1918. Das individualistisch gerichtete Interesse an der eigenen Heimat und dem einzelnen Land, das Ruhmbedürfnis der Herrscher wie der Einwohner ließen mit dem Aufkommen des Humanismus die mittelalterliche Weltchronik immer mehr in den Hintergrund treten und bevorzugten die Geschichte des eigenen Landes. In diesem Sinne schrieb *Leonardo Bruni* seine *Historiarum Florentinarum libri XII* und gab damit Anstoß zu einer lebhaften Betätigung auf dem Gebiete dieser Art Geschichtsschreibung. Es ist bezeichnend, daß ein italienischer Humanist, *Enea Silvio*, der erste ist, der eine landeskundliche Arbeit über Deutschland veröffentlicht in dem Werke *De situ, ritu, moribus et conditione Teutoniae descriptio*, 1496 zu Leipzig gedruckt. In größerem Stile plante solches *Conrad Celtis* in seiner *Germania illustrata*. Werke dieser Art sind die Scholien zur Germania des Tacitus von *Andreas Althamer* (1529), die *Germaniae descriptio* von *Sebast. Münster*, die *Germaniae explicatio* von *Willib. Pirckheimer* (1571) und von *Matth. Quad. Deutscher Nation Herrlichkeit* (1609). Das 17. Jht. brachte Werke unermüdeter Sammlertätigkeit. In neuer Zeit hat dann die Organisation der verschiedenen Geschichtsvereine die Aufgabe landeskundlicher Geschichtsforschung und Stoffveröffentlichung in die Hand genommen.

Beispiele moderner landeskundlicher Darstellungen aus dem Gebiete der alten Geschichte sind Ernst C u r t i u s, Peloponnesos. Eine hist.-geogr. Beschreibung 2 Bde. 1851/2; Hch. N i s s e n, Italische Landeskunde 1: Land u. Leute (1883), 2: Die Städte (1902) — Ueber die deutsche Landesgeschichte findet man bibliographische Nachweise bei D.-W.⁵ S. 94 ff besonders auch bei Rob. F. A r n o l d, Dt. Territorialg. in Dt. G.bll. 13 (1912) 239—61.

Aehnliche Probleme wie die Landesgeschichte bietet die Geschichte kleinerer territorialer Einheiten wie von Bezirken, Kreisen usw. und ganz besonders die der S t ä d t e. Sie kann 1. reine Territorialgeschichte sein, die nur oder fast nur die Schicksale jenes Gebietes, seine räumlichen oder baulichen Veränderungen berücksichtigt. Vgl. *Kurt Wachsmuth, Die Stadt Athen im Altertum*, 2 Bde., 1874, 1889, *Ernst Curtius, Die Stadtgeschichte von Athen* 1891, *Christian Hülsen, Topographie der Stadt Rom im Altertum* 1907.

Sie kann 2. das Hauptgewicht auf den Vorgang legen, der eine Stadt erst zur Stadt gemacht hat, also auf den rechtsgeschichtlichen Ursprung. Dies ist die jetzt im Vordergrunde stehende Fragestellung. *G. L. v. Maurer, G. der Städteverfassung in Dtld.*, 4 Bde., 1869—71, *Wm. Arnold, Verfassungsg. der dt. Freistädte im Anschluß an die Verfassungsg. der Stadt Worms*, 2 Bde., 1854 und *Andr. Heusler, Der Ursprung der dt. Stadtverfassung* 1872 waren die Wegbereiter für die von *Gg. v. Below, Rud. Sohm* u. a. betriebene städtegeschichtliche Forschung.

Man kann 3. die politischen Schicksale einer Stadt in ihrer Verflechtung mit den politischen Vorgängen des Landes, oder je nach dem Wirkungskreise einer Stadt, mit den weltgeschichtlichen Ereignissen aufzuzeigen suchen. Vgl. *Ferd. Gregorovius, G. der Stadt Rom im Mittelalter*, 8 Bde., 1859 ff., ⁵ 1903 ff.; *Rob. Davidsohn, G. von Florenz*. 3 Bde.. 1896—1912.

4. kann die Geschichte einer Stadt e n z y k l o p ä d i s c h behandelt werden. Dies geschieht z. B. in der noch nicht vollendeten *G. der Stadt Wien*, hg. vom Altertumsverein zu Wien, geleitet von *Hch. Zimmermann. Alb. Starzer* und *Ant. Mayer* 1897 ff. (reicht bis 1740).

Daneben können freilich auch einzelne Seiten der Städtegeschichte, politische, soziale, geistige, künstlerische Beziehungen herausgehoben und behandelt werden. Als Beispiele hiefür seien angemerkt: Er. Z i e b a r t h. Kulturbilder aus griech. Städten = Aus Natur u. Geistesw. 131 (1907); Hch. B o o s, G. der rheinischen Städtekultur 4 Bde. 1897—1901. Einzelne Fragen erörtert Gv B a u c h, Die Rezeption des Humanismus in Wien 1903;

Karl Brandi, Renaissance in Florenz und Rom ⁴1913 (ausgezeichnetes Werk!); Rud. Wustmann. Weimar und Dtld. 1815—1915 (1915). — In das Gebiet der Städtegeschichte fallen aber auch die Darstellungen einzelner Episoden und Kapitel aus dem Leben einzelner Städte wie Städtebünde. Jul. Weizsäcker, Der rheinische Bund 1254 (1879); Osw. Redlich, Wien in den Jahren 1276—1278 u. Kg. Rudolfs Stadtrechtsprivil. in MJOeG. 12 (1891) 55 ff.; Kurt Kaser. Politische u. soziale Bewegungen im dt. Bürgertum zu Beginn des 16. Jhts. mit bes. Rücksicht auf den Speyerer Aufstand 1512 (1899); Rich. Ehrenberg, Hamburg und England im Zeitalter der Kaiserin Elisabeth 1895; Paul Sander, Die reichsstädtische Haushaltung Nürnbergs 1431—40 2 Bde. 1902.

Aehnlich wie die Geschichte der Städte, geht auch jene der ländlichen Verhältnisse zunächst auf Darstellung der Rechtszustände zurück. Die an sich heute überholten Werke von *G. L. v. Maurer, Einleitung zur G. der Mark-, Hof-, Dorf- und Stadtverfassung und der öffentlichen Gewalt* 1854 ²1896, von *Aug. Meitzen, Der Boden und die landwirtschaftl. Verhältnisse des preußischen Staates*, 8 Bde., 1868—1908 berühren die für die mittelalterliche Geschichte wichtigen Abschnitte. Die noch ungemein strittigen Fragen behandelt an einzelnen Beispielen *Rud. Kötzschke, Studien zur Verwaltungsg. der Grundherrschaft Werden a. d. Ruhr* 1900, *Rud. Brinkmann, Studien zur Verfassung der Meiergüter im Fürstentum Paderborn* = Münster. Beitrr. NF. 16 (1907). Allgemeinere Ausblicke gewähren Arbeiten wie *Alfr. Hagelstange, Süddt. Bauernleben im Mittelalter* 1898; *Hch. Möller, Die Bauern in der dt. Literatur des 16. Jhts.* Diss. Berlin 1902; *Theod. Ludwig, Der badische Bauer im 18. Jht.* = Abhdl. aus dem staatsw. Seminar zu Straßburg 15 (1896); *Hendr. Blink, Geschiedenis van den boerenstand en den landbouw en Nederland.* 2 Bde., Groningen 1902, 1904.

§ 10. Die Einteilung nach vorwiegend politisch-räumlicher Begrenzung.

Hier kommt Staatengeschichte in weitestem Umfang in Betracht, sowohl die Geschichte der zu einem förmlichen System ineinander verflochtenen Beziehungen verschiedener Staaten (Staatensysteme), vgl. *Fel. Kuberka, Ueber das Wesen der polit. Systeme in der G.* 1913, wie auch jene nur vorübergehender, flüchtiger Beziehungen. Von der Geschichte eines einzelnen Staates und der einer staatlichen Provinz herab bis zu einem Einzelerlebnis im Dasein eines Staates — das alles fällt in dieses Gebiet. Auch hier ist es eine der schwierigsten Aufgaben, den Werdegang des einzelnen Staates ins richtige Verhältnis zu dem allgemeineren Geschichtsgeschehen zu bringen.

Für die historische Behandlung eines ‚Staatensystems' hat neuerdings *Edd. Fueter, Geschichte des europäischen Staatensystems von 1492—1559* (Handb. der Mittelalterl. und Neueren Gesch.) 1919 neue Bahnen einzuschlagen gesucht. Er zerlegte den Stoff in zwei Teile. Im ersten bietet er eine historisch-politische Beschreibung des Staatensystems jener Zeit, im zweiten stellt er die also beschriebenen Kräfte in ihrer Bewegung dar, bringt somit hier jene Veränderungen und Vorgänge, die man gemeinbin als den eigentlichen Gegenstand der Geschichte zu betrachten pflegt. Der erste, der beschreibende Teil, zerfällt wieder in zwei Abschnitte, von dem der eine die in jener Epoche in Betracht kommenden politischen, militärischen und wirtschaftlichen Kampfmittel, die innerpolitischen Einflüsse und geistigen Tendenzen behandelt, während im nächsten Abschnitt die einzelnen Glieder dieses Staatensystems durchgenommen und auf ihre geographisch-volkskundlichen Verhält-

nisse, ihre innerpolitische Organisation, ihre außenpolitischen Beziehungen und
Strebungen untersucht werden. Und erst nach dieser weitläufigen statistisch-
geschichtlichen Beschreibung des Zuständlichen geht er an die Erzählung der
Ereignisse.

Ohne Zweifel enthält diese Anlage viel Nachahmenswertes, wenn man
auch dem individualpsychologischen Einflusse einen größeren Spielraum gewähren wird dürfen, als dies bei *Fueter* geschieht, der als Urheber von Staatshandlungen nie eine einzelne Persönlichkeit, sondern immer nur den Begriff
‚Regierung‘ setzt. Als ob damit nicht wieder ein geheimnisvoll Unbestimmtes
und dazu ein mit den Anschauungen der beschriebenen Zeit nicht ganz
übereinstimmendes Etwas herangezogen würde! Insofern hat der Versuch
Fueters den Vorzug, indem er ein Beispiel dafür gibt, wie man Staatengeschichte schreiben kann, ohne in individualistische Einseitigkeit zu verfallen.
Und damit berühren wir eine der wichtigsten Aufgaben. Sie besteht darin,
daß die natürlichen (elementaren), wirtschaftlichen und kollektiven Kräfte
und Richtungen und die persönlichen Antriebe der Herrscher, Minister, Beamten gegeneinander richtig abgewogen und in ihrer gegenseitigen Abhängigkeit vorsichtig aufgezeigt werden.

Bei dem oft eigenartigen Werdegang und Zuwachs der verschiedenen
Staaten ist es nicht leicht, die Entwicklung der später hinzugekommenen Teile
in die des Ganzen einzuordnen. Es gehört Sinn für gute und übersichtliche
Gliederung dazu. Will man die Geschichte des Russischen Reiches oder die
Geschichte Oesterreich-Ungarns verfassen, muß man sich von vornherein klar
sein, ob man die Gesamtgeschichte aller der auf dem Boden dieser Reiche
erwachsenen Staaten (Polens!) miteinbeziehen will oder nur von jenem Zeitpunkt an deren Geschichte berücksichtigt, da sie ein Bestandteil des Russischen oder des Habsburgerreiches wurden.

Die von *Arnold Heeren* und *A. Uckert* 1829 begründete *Geschichte der
europäischen Staaten*, fortgesetzt von *W. v. Giesebrecht*, wurde von *Karl Lamprecht*
zur *Allgemeinen Staatengeschichte*, jetzt von *Herm. Oncken* geleitet, ausgeweitet
und gliedert sich nun in drei Abteilungen: 1. Geschichte der europäischen
Staaten, 2. Geschichte der außereuropäischen Staaten und 3. in Deutsche
Landesgeschichte (hg. von *Armin Tille*).

I. G e s c h i c h t e d e r e u r o p ä i s c h e n S t a a t e n: Bayern von Sigm. Riezler.
1. Bd. (— 1180) 1878, 2. Bd. (— 1347) 1880, 3. Bd. (— 1508) 1889, 4. Bd. (— 1597) 1899, 5. Bd.
(— 1651) 1903, 6. Bd. (— 1651) 1903, 7. Bd. (— 1704) 1913, 8. Bd. (— 1726) 1914. — Belgien
von Hri. Pirenne. 1. Bd. (— 1319) 1899, 2. Bd. (—1477) 1902, 3. Bd. (— 1567) 1907, 4. Bd.
(— 1648) 1913. — Böhmen von Adolf Bachmann. 1. Bd. (— 1400) 1899, 2. Bd. (— 1526)
1905. — Böhmen, Neuere Geschichte von Bert. Bretholz. 1. Halbband (— 1576) 1920. —
Dänemark von F. C. Dahlmann (Bd. 1—3) und Dietrich Schäfer (Bd. 4 u. 5). 1. Bd.
(— 1360) 1840, 2. Bd. (— 1397) 1841, 3. Bd. (— 1523) 1843, 4. Bd. (— 1559) 1893, 5. Bd.
(— 1648) 1902. — Deutschland von J. C. v. Pfister (Bd. 1—5) und Friedrich Bülau (Bd. 6).
1. Bd. (— 911) 1829, 2. Bd. (— 1273) 1829, 3. Bd. (— 1519) 1831, 4. Bd. (— 1648) 1833,
5. Bd. (— 1806) 1835, 6. Bd. (— 1830) 1842. — Von Fel. Dahn (Bd. 1) und Alfred Dove
(Bd. 6). 1. Bd., 1 Hälfte (— 476) 1883, 1. Bd., 2. Hälfte (— 814) 1888, Register, 6. Bd.,
1. Hälfte (1740—1745) 1883. — England von J. M. Lappenberg (Bd. 1 u. 2), Reinhold Pauli
(Bd. 3—5) und Moritz Brosch (Bd. 6—10). 1. Bd. (— 1066) 1831, 2. Bd. (— 1154) 1837,
3. Bd. (—1272) 1853, 4. Bd. (— 1399) 1855, 5. Bd. (— 1509) 1858, 6. Bd. (— 1603) 1890, 7. Bd.
(— 1688) 1892, 8. Bd. (— 1783) 1893, 9. Bd. (—1815) 1895, 10. Bd. (— 1850) 1897, Register
zu Bd. 6—10, 1898. — Finnland von M. G. Schybergson (— 1894) 1896. — Frankreich von
Ernst Alex. Schmidt. 1. Bd. (— 1328) 1835, 2. Bd. (— 1559) 1840, 3. Bd. (— 1643) 1846,
4. Bd. (— 1774) 1848. — Von Wm. Wachsmuth. 1. (1774—1792) 1840, 2. (— 1798) 1842,
3. (— 1811) 1843. 4. (— 1830) 1844 — Von Karl Hillebrand. 1: (1830—1835) ²1881, 2.
(— 1848) ²1882, Register 1898. — Griechenland von Gust. Fch. Hertzberg. 1. (395—1204)

1876, 2. (—1470) 1877, 3. (—1821) 1878, 4. (—1878) 1879, Register. — Italien von Hch. Leo. 1. (568—1125) 1829, 2. (—1268) 1829, 3. (—1492) 1829, 4. (—1492) 1830, 5: (—1830) 1832. — Italien im Mittelalter von Ludo Mor. Hartmann. 1. Bd. (476—ca. 568) 1897, 2 Bd. 1. Hälfte (—ca. 680) 1900, 2. Bd. 2. Hälfte (—800) 1903, 3. Bd. 1. Hälfte (—875) 1908, 3. Bd. 2. Hälfte (—962) 1911, 4. Bd. 1. Hälfte (Die Ottonische Herrschaft) 1915. — Kirchenstaat von Mor. Brosch. 1. Bd. (16. u. 17. Jh.) 1880, 2. Bd. (1700—1870) 1882. Register. — Niederlande von K. Th. Wenzelburger. 1. Bd. (—1556) 1879, 2. Bd. (—1648). — Von P. J. Blok. 1. Bd. (—1300) 1902, 2. Bd. (—1559) 1905, 3. Bd. (—1609) 1907, 4. Bd. (—1648) 1910, 5. Bd. (—1702) 1912, 6. Bd. (—1795) 1918, 7. Bd. (—1889) unter der Presse. — Osmanisches Reich von Joh. Wm. Zinkeisen. 1. (—1453) 1840, 2. (—1574) 1854, 3. (—1623) 1855, 4. (—1669) 1856, 5. (—1774) 1857, 6. (—1802) 1859, 7. (—1812) 1863. — Von N. Jorga. 1. Bd. (—1451) 1908, 2. Bd. (—1538) 1909, 3. Bd. (—1640) 1910, 4. Bd. (—1774) 1911, 5. Bd. (—1912) 1913. — Oesterreich von Joh. Grafen Mailáth. 1. Bd. (1218—1526) 1834, 2. Bd. (—1619) 1837, 3. Bd. (—1648) 1842, 4. Bd. (—1740) 1848, 5. Bd. (—1849) 1850. — Von Alf. Huber. 1. Bd. (—1279) 1885, 2. Bd. (—1487) 1885, 3. Bd. (—1527) 1888, 4. Bd. (—1609) 1892, 5. Bd. (—1648) 1896, 6. Bd. (—1700) von Osw. Redlich 1921. — Polen von Rich. Roepell (Teil 1) und Jakob Caro (Teil 2—5). 1. (850—1300) 1840, 2. (—1386) 1863, 3. (—1430) 1869, 4. (—1455) 1875, 5. Teil 1. Hälfte (—1480) 1886, 5. Teil 2. Hälfte (—1560) 1888. — Polen, Neuere Geschichte von E. Zivier. Die zwei letzten Jagellonen 1506—1572, 1915. — Portugal von Hch. Schäfer. 1. Bd. (—1383) 1836, 2. Bd. (—1495) 1839, 3. Bd. (—1580) 1850, 4. Bd. (—1667) 1852, 5. Bd. (—1820) 1854. — Preußen von Gust. Adolf Harald Stenzel. 1. (—1640) 1830, 2. (—1688) 1837, 3. (—1739) 1841, 4. (—1756) 1851, 5. (—1763) 1854. — Von E. Reimann. 1. Bd. (1763—1772) 1882, 2. Bd. (—1786) 1888. — Rumänien von N. Jorga. 1. Bd. (—ca. 1550) 1905, 2. Bd. (—1905) 1905. — Rußland von Philipp Strahl (Bd. 1 u. 2) und Ernst Herrmann (Bd. 3—7). 1. Bd. (—1224) 1832, 2. Bd. (—1505) 1838, 3. Bd (—1682) 1846, 4. Bd. (—1741) 1849, 5. Bd. (—1775) 1853, 6. Bd. (—1792) 1860, 7. Bd. (Ergänzungsband, 1791—1797) 1866. — Von Alex. Brückner (Bd. 1) und C. Mettig (Bd. 2). 1. Bd. (—1725) 1896, 2. Bd. (—1800) 1913. — Sachsen von C. W. Böttiger (Bd. 1 u. 2; 2. Aufl. von Th. Flathe) und Th. Flathe (Bd. 3). 1. Bd. (—1555) ²1867, 2. Bd. (—1806) ²1870, 3. Bd. (—1866) 1873. — Schweden von Erik Gust. Geijer (Bd. 1—3), Fch. Ferd. Carlson (Bd. 4—6) u. Ludwig Stavenow (Bd. 7). 1. Bd. (—1520) 1832, 2. Bd. (—1611) 1834, 3. Bd. (—1654) 1836, 4. Bd. (—1680) 1855, 5. Bd. (—1697) 1875, 6. Bd. (—1706) 1887, 7. Bd. (1718—1772) 1908. — Schweiz von Joh. Dierauer. 1 Bd. (—1415) ³1919, 2. Bd. (—1516) ³1920, 3. Bd. (—1648) ²unter der Presse. 4. Bd. (—1798) 1912, 5. Bd. (—1848) 1917. — Serbien von Konst. Jireček. 1. Bd. (—1371) 1911, 2. Bd., 1. Halbband (1371—1537) 1918. — Spanien von Fch. Wm. Lembke (Bd. 1). Hch. Schäfer (Bd. 2 u. 3) und Fch. Wm. Schirrmacher (Bd. 4—7). 1. Bd. (—ca. 850) 1831, 2. Bd. (—1109) 1844, 3. Bd. (—ca. 1500) 1861, 4. Bd. (1108—1295) 1881, 5. Bd. (—1369) 1890. 6. Bd. (1369—1492) 1893, 7. Bd. (—1516) 1902. — Spanien unter den Habsburgern von Konr. Häbler. 1. Bd. (1516—1556) 1907. — Toscana von Alfr. v. Reumont. 1. Bd. (1530—1737) 1876, 2. Bd. (—1859) 1877. — Venedig von Hch. Kretschmayr. 1. Bd. (—1205) 1905, 2. Bd. (—1516) 1920. — Westfalen von Arth. Kleinschmidt 1893. — Württemberg von Paul Fch. Stälin. 1. Bd., 1. Hälfte (—1268) 1882, 1. Bd., 2. Hälfte (—1496) 1887.

II. Geschichte der außereuropäischen Staaten: Japan von O. Nachod. 1. Bd. (—645) 1906.

III. Deutsche Landesgeschichten: Braunschweig und Hannover von O. v. Heinemann. 1. Bd. 1882, 2. Bd. 1886, 3. Bd. 1892. — Hamburg, Neuere Geschichte von A. Wohlwill. (1789—1815) 1914. — Karpathenländer von R. F. Kaindl. 1. Bd. (Galizien —1772) 1907, 2. Bd. (Ungarn, Walachei und Moldau — 1774) 1907, 3. Bd. (Galizien, Ungarn, Bukowina und Rumänien — 1911) 1911. — Livland von E. Seraphim. 1. Bd. (—1582) 1906. — Mecklenburg von Otto Vitense. 1920. — Nieder- und Oberösterreich von Max Vancsa. 1. Bd. (—1283) 1905. — Ost- und Westpreußen von K. Lohmeyer. Bd. ² 1 (—1411) 1908. — Pommern von M. Wehrmann. 1. Bd. (—1523) ²1919, 2. Bd. (—1900) 1906. — Die in der preußischen Provinz Sachsen vereinigten Gebiete von E. Jacobs 1883. — Salzburg von H. Widmann. 1. Bd. (—1270) 1907, 2. Bd. (—1519) 1909, 3. Bd. (—1805) 1914. — Schlesien von C. Grünhagen. 1. Bd. (—1527) 1884, 2. Bd. (—1740) 1886. — Steiermark von Karl Pirchegger. Bd. 1 (—1282) 1920.

Aber die Geschichte braucht sich nicht bloß auf die Ereignisse eines bestimmten räumlich begrenzten Gebietes zu beschränken, sie kann sich auch **politische Erscheinungsformen als solche** zum Gegenstande wählen. Sie kann wie *R. de Maulde-La-Clavière, La diplomatie au temps de Machiavel* 3 Bde., Paris 1892—93 die Diplomatie eines bestimmten Zeitraums geschichtlich zu erfassen suchen. Aber auch politische Systeme wie das des europäischen Gleichgewichtes lenken die Aufmerksamkeit des Geschichtsschreibers auf sich: *Ernst Kaeber, Die Idee des europ. Gleichgewichtes in der publizist. Literatur vom 16. Jht. bis zur Mitte des 18. Jhts.* 1907, *Ch. Dupuis, Le principe d'équilibre et le concert européen. De la paix de Westphalie à l'acte d'Algéciras* Paris 1909. Das Wesen der Großmacht hat geschichtlich zergliedert *Leop. v. Ranke* in *Die großen Mächte* SW. 24 (1873), *Max Lenz, Die großen Mächte. Ein Rückblick auf unser Jht.* 1900, neuerdings *Mart. Spahn* (vgl. III § 2). Ueber den territorialen Rahmen geben politisch-geschichtliche, wie *Alb. Sorel, La question d'Orient au 18e siècle* [3] Paris 1902 oder *P. Leroy-Beaulieu, De la colonisation chez les peuples modernes*, 2 Bde., [5] Paris 1902, hinaus. Hieher gehört auch die Geschichte politischer **Parteien**. Nach der persönlichen Seite hat in beispielgebender Weise dieses Problem *Herm. Oncken, Rudolf v. Bennigsen, ein dt. liberaler Politiker*, 2 Bde. 1910, gelöst. Vgl. auch *Mart. Spahn, Das dt. Zentrum = Kultur u. Katholizismus* 5 (1908).

Eine politische Erscheinungsform ganz besonderer Art bildet der Krieg und damit auch die **Kriegsgeschichte**. Ein großer Teil der politischen Geschichte überhaupt wird von ihr verschlungen. Daneben bildet sie als Mittel der Ausbildung für Militärs eine wichtige pädagogische Stütze. Vgl. *Thilo v. Trotha. Kriegsg.* 1907 und *Militär. Wochenblatt, Beihefte* 1909 und 1912. In diesem Sinne haben die modernen Generalstäbe beziehungsweise Kriegsarchive es sich angelegen sein lassen, aktenmäßig belegte Darstellungen der neueren Kriegshandlungen ihrer Armeen anzufertigen. Das österreichisch-ungarische Kriegsarchiv griff in *Feldzüge des Prinzen von Savoyen*, 21 Bde., 1896—1905 am weitesten zurück. Mit *Die Kriege Friedrichs des Gr.* 1890 ff. beginnen die Veröffentlichungen des Großen Generalstabes. Der schleswig-holsteinische Krieg fand in *Den Dansk-tydske krig* 1864, 3 Bde., Nyborg 1890/2 eine Darstellung von seiten des dänischen Generalstabes. Vorher wurde er schon vom Großen Generalstab *Der dt.-dänische Krieg 1864*, 2 Bde., 1886/7 bearbeitet. Für die vom État-Major de l'armée in Frankreich veranlaßten Kriegsgeschichten bildete *Paul Foucart, Campagne de Prusse 1806, 7*. 2 Bde., Paris 1887/90 zunächst das Vorbild. Seit 1901 erscheint *La guerre de 1870, 71*. Für die Mehrzahl dieser offiziellen Darstellungen gilt das Wort *Moltkes*, daß sie nach dem Erfolg appretiert seien, daß sie die Prestiges gewisser Persönlichkeiten schonen und auf das vaterländische Gefühl Rücksicht nehmen müssen. Im besten Falle reihen sie sich unter die pragmatische Geschichtsschreibung ein und sollen dem Offizier als Behelf für seine künftige Tätigkeit im Felde dienen. Von dieser mehr militärisch als geschichtlich gerichteten Darstellungsart löst sich neuerdings die rein-historische Kriegsgeschichtsforschung als solche ab. *Hs. Delbrück* hat die Kriegsgeschichte auf eigene Füße gestellt: *Die Perserkriege und die Burgunderkriege* 1887, *Die Strategie des Perikles, erläutert durch die Strategie Friedrichs d. Gr.* 1890 waren die Vorläufer seiner *G. der Kriegskunst im Rahmen der polit. G.* 1 (1900, [2] 1908), 2 (1902, [2] 1909), 3 (1906) 4 (1920), die zwar nicht ohne Widerspruch blieb, aber die wissenschaftliche Verselbständigung dieses Geschichtszweiges besiegelte. Schon früher war natürlich die antike Kriegsgeschichte Gegenstand philologischer und historischer Untersuchungen. Neuerdings hat besonders *Johs. Kromayer, Antike Schlachtfelder* 1 (1902), 2 (1907): *Griechenland und Kleinasien*, 3.: *Italien und Afrika* (1911) diesen Zweig gepflegt. Umgekehrt haben mit mehr oder weniger Erfolg militärische Fachmänner sich dem Studium auch entlegenerer Zeiten der Kriegsgeschichte zugewendet, so *G. Köhler, Die Schlacht auf dem Marchfelde am 26. August 1278*, in Ff. z. dt. G. 19 (1879), 20 (1880) 216 ff., 19 (1879) 307 ff., 21 (1881), vgl. MJÖG. 3 (1882), 162, *Gg. Veith, G. der Feldzüge C. Julius Caesars* 1906, *Der Feldzug von Dyrrhachium zw. Caesar und Pompejus* 1920. Der größeren Fachkenntnis des Technischen steht wie bei *Köhler* die geringere Gabe und Ausbildung in der Quellenverwertung gegenüber. Dem Historiker steht zwar in letzterer Hinsicht reichere Erfahrung zu Gebote, doch fehlt ihm dafür das eigentlich Fachliche des Offiziers, das er vielfach erst mühsam nachholen muß. Immerhin haben in dieser Hinsicht Forscher wie *Th. Mommsen* und *Aug. Fournier* Erhebliches geleistet. Jedenfalls ist es möglich, sich gewisse Grundbegriffe anzueignen. Wer sich mit Fragen aus der Kriegsgeschichte beschäftigt, wird dies als Voraussetzung betrachten müssen.

§ 11. Volk, Geschlecht, Familie, Individuum als Einteilungsgrund.

Volk, Nation, Stamm, Geschlecht, Familie bis herab zur Einzelpersönlichkeit, sie alle können Gegenstand monographischer Geschichtsdarstellung sein. Es liegt auf der Hand, daß eine Geschichte der Deutschen etwas anderes ist als eine Geschichte Deutschlands, und *P. J. Blok* hat gewiß nicht ohne Grund für sein Werk den Titel: *Geschiedenis van het Nederlandsche volk* gewählt. Aber auch hier ruhen solche Bezeichnungen auf dem Untergrunde der Anschauung, je nachdem man etwa gewillt ist, Staat und Nation (s. III § 3) gleichzusetzen oder nicht. Die eigentliche Geschichte der N a t i o n e n steckt nicht in der Darstellung der politischen Veränderungen allein, sie ist — soweit es sich namentlich um moderne Nationen handelt — noch viel mehr in der Betrachtung der kulturellen Beziehungen verankert. In diesem Sinne hat *John Richard Green* in seiner *History of the english people* (— 1815) London 1877 bis 1880 es mit Geschick versucht, die Geschichte des englischen V o l k e s zu schreiben und darin auch den auf diesem Gebiete wichtigen Gleichgewichtszustand zwischen den Führern und den Geführten, zwischen den Massen- und den Individualhandlungen herzustellen, verstanden. Hieher wird man auch den feinsinnigen Schilderer des völkischen Stillebens zählen dürfen, *Wm. Hch. Riehl*, der in seinen *Kulturstudien aus drei Jahrhunderten* 1862, ⁷ 1910, in *Die bürgerliche Gesellschaft* 1851, *Land und Leute* 1853, *Die Familie* 1855 das deutsche Volk jenseits des Staates in seiner gesellschaftlichen und nationalen Eigenart aufsucht. Das Ineinanderfließen der verschiedensten, mit dem Staate gar nicht oder nur sehr lose zusammenhängenden Lebensbeziehungen, die sich aber ohne jeden Zwang zu einer Geschichte des Volkes zusammenschließen, dieses Ineinanderfließen wird namentlich dann offenbar, wenn man sich den ältesten Zeiten nähert oder noch nicht sehr entwickelte Kulturen zum Gegenstand der Darstellung wählt. Das Wissen davon formt sich da von selbst zu einer Geschichte der Hethiter, der Lykier, der Phönizier, der Indogermanen, der Etrusker, der Iberer, der Kelten usw.

Die Begriffe „Volk" und „Nation" werden hiebei (vgl. III § 3) nicht immer genau geschieden. Es zeigt sich aber, daß — soweit es sich um Nationales handelt — der Hauptton auf dem Kulturellen liegt. Das gleiche gilt natürlich für die Unterteilung der Nation in S t ä m m e, obwohl hier politische .

Gegensätze nicht ausgeschlossen zu sein brauchen. Andererseits reichen die geschichtlichen Tatsachen des Stammesdaseins in das Volkskundliche hinüber und werden vielfach von diesem Standpunkt behandelt. Auch hier spielen zumeist in den ältesten Zeiten, da aus den einzelnen Gliedern erst allmählich Nationen werden, die Stämme eine größere Rolle als in der späteren Entwicklung. Auch ist bei verschiedenen Nationen der stammesgeschichtliche Einfluß verschieden, bei Juden, Griechen und Deutschen mehr als etwa bei Römern oder Franzosen.

Beispiele für Arbeiten auf diesem Gebiete sind *Edd. Meyer, Die Israeliten und ihre Nachbarstämme* 1906; *Karl Otfr. Müller, G. der hellenischen Stämme und Städte* ² 1844; *Ferd. Hch. Müller, Die dt. Stämme und ihre Fürsten,* 5 Bde., 1840—52, 1858; *Osk. Weise. Die dt. Volksstämme und Landschaften* = Aus Nat.- und Geistesw. Nr. 16 (⁵ 1917). Neuerdings hat die Geschichte der deutschen Stämme, bezeichnend genug, von der Literaturgeschichte her Anregungen empfangen. *Josef Nadler* hat in seiner *Literaturg. der dt. Stämme und Landschaften* 1912 ff. nach dieser Richtung hin verschiedene, auch rein geschichtliche Zusammenhänge aufgedeckt, die neue Ausblicke für die künftige Forschung gewähren.

Die **Familiengeschichte** hängt aufs engste mit der genealogischen Forschung zusammen und hat ihren Ursprung in dem Interesse regierender und hervorragender Familien, an der Vergangenheit des eigenen ‚Hauses'. Insofern ragt dieser Zweig geschichtlicher Forschung in die Uranfänge alles historischen Denkens überhaupt hinüber (vgl. V § 12). Zugleich geht aber das Interesse an familiengeschichtlichen Fragen selbander mit dem jeweiligen Stande sozialen Bewußtseins und der Achtung, die man vor der ständischen Abstufung und Einreihung in diese hat. So steigt mit der zunehmenden Demokratisierung des Denkens die Familiengeschichte auf dieser Stufenleiter immer mehr herab und ist bereits bei der Darstellung rein bürgerlicher Familien angelangt. Natürlich sind ihr die Traditionen als der durch den Stoff selbstgezogene Grenzen gegeben, denn nur jene Familien eignen sich als Gegenstand historischer Darstellung, die durch die Leistungen und Stellung ihrer Mitglieder und durch die Pflege der Ueberlieferung sich von flüchtig auftauchenden und wieder verschwindenden Familien abheben. In der letzten Zeit erwuchsen der Familienforschung in den Vertretern der Vererbungslehre neue Eideshelfer. *Aug. Brachet, Pathologie mentale des rois de France. Louis XI. et ses ascendants. Une vie humaine étudiée à travers ses siècles d'hérédité* (852 bis 1483) Paris 1903 versuchte sich in dieser Hinsicht, *Rob. Sommer* beleuchtete in *Familienforschung und Vererbungslehre* 1907 theoretisch, was er praktisch in *Goethes Wetzlarer Verwandtschaft* 1908 und *Goethe im Lichte der Vererbungslehre* 1908 versuchte. In Deutschland organisierte sich überdies im Jahre 1904 eine *Zentralstelle für deutsche Personen- und Familiengeschichte,* die eigene *Mitteilungen* herausgibt. Außerdem erscheinen seit 1902 *Familiengeschichtl. Bll.*

Als Beispiele neuerer familiengeschichtlicher Monographien sei vor allem *Justus Hashagen, G. der Familie Hoesch* 1. 1911 und *Ernst Devrient, Das Geschlecht von Arnim* 1914 f. erwähnt. Seit 1919 erscheint von *Rich. Rose* eine *Familiengeschichtliche Bibliographie.*

Die Geschichte von **Einzelpersönlichkeiten** erfährt eine ver-

schiedene Einstellung, je nachdem man nur eine schlichte Erzählung der Veränderungen, Handlungen und Willensakte geben will als deren Urheber dieser
einzelne gilt und die sonst mit dessen Lebensschicksalen in engerem Zu·
sammenhang stehen, oder ob man in ihm den Träger zeitlich bedingter,
typischer Merkmale erblickt, die einen Stand, den Vertreter einer bestimmten
Geistesrichtung usw. kennzeichnen. Ein anderes ist es schließlich, wenn es
sich um Persönlichkeiten handelt, die als Führer gewirkt, ihrer Zeit nach
irgendeiner Richtung hin den Stempel aufgedrückt haben, deren Eigenart
die Eigenart ihrer Zeit war und die man nun in dieser, ihrer Gegenwart beherrschenden Besonderheit zu schildern sucht.

Von den zwei Arten der Lebensbeschreibung, die noch *D. Jenisch*,
Theorie der Lebensbeschreibung, Berlin 1802 anführt, von der „schlicht-bio-
graphischen“ und der „pragmatischen“, welch letztere das Leben des zu Beschreibenden „nach Ursache und Wirkung“ zu entwickeln habe, die er einer
„psychologischen Entwicklungsgeschichte“ nachgerade gleichgestellt, von diesen
zwei Arten gilt für den heutigen Geschichtsschreiber nur die zweite Form.
Freilich hat das Herausschneiden einer Persönlichkeit aus ihrer Verwobenheit
mit dem sie umgebenden Leben stets etwas Mißliches und Gewaltsames, etwas
Unhistorisches. Im selben Maße steigt andererseits das menschliche Interesse
und kann sich zum Künstlerischen steigern, wofern es gelingt, im Bilde des
behandelnden Einzellebens das Allgemeine zum Ausdruck zu bringen. Hier
stellt sich im Rahmen eines Lebenslaufes die Tatsache einer echten Entwicklung
dar. Das Leben des einzelnen ist ein sich ständig veränderndes Ganzes.
Diese Veränderungen aber sind nichts anderes als die Resultante aus der
Besonderheit des Individuums (seiner Individualität) und den Einwirkungen
der Umwelt auf diese. In den Handlungen und Erlebnissen spiegeln sich die
verschiedenen Entwickelungszustände wider, die der Träger der Individualität
durchmacht und die in ihrer Gesamtheit eben den Lebenslauf bilden.

So führt jede Biographie, die mehr sein will als eine Aneinanderreihung
von Daten, ebenso ins Weite (Milieuschilderung), wie sie notgedrungen wieder
in die Enge persönlichen Wirkens und Erlebens zurückleiten muß. Für eine
Forschernatur wie *Ranke*, der sich stets den Blick fürs Ganze zu bewahren
strebte, war deshalb Biographik etwas, dem er ängstlich aus dem Wege ging,
wenn er dieses Gebiet auch streifte und sich darin versuchte. „Wie ein edler
Mensch sich entwickelt, wie der Keim des eingeborenen Antriebes sich zu
einer großartigen Tätigkeit ausbildet; wie der Geist von schüchternen Anfängen aus immer sicherer wird, bis er die Welt ungetäuscht in ihrer rechten
Gestalt anschaut; wie endlich die Seele, das eine ergreifend, dem anderen
entsagend, zu Harmonie und Schönheit gedeiht — dies zu betrachten, ist
gewiß ein erhebendes Geschäft und zugleich einer der größten Genüsse.“
Diese Worte *Rankes*, die er seiner Lebensbeschreibung des Don Carlos voran-
stellt, deuten auf das Aesthetische hin, das in aller Menschenschilderung den
Ton angibt. Und doch läßt sie sich von der Geschichtserzählung nicht trennen.
Auch bei *Ranke* nicht. Immer wieder tauchen wenigstens Bruchteile von
Biographien darin auf, verschwinden, um dann wieder an einer Stelle
emporzukommen. Maximilian I., Luther, Cromwell, Katharina de Medici.
Dort, wo er's braucht, stellt *Ranke* diese Gestalten ins Blendlicht seiner
scharfen Beobachtung. Nicht minder *Mommsen*, der mit ungleich leiden-·

schaftlicherer, oft eigenwilliger Betonung Gestalten herausgreift und in festen Linien umreißt: Pompeius, Caesar, Cicero, Cato. Es handelt sich hier allerdings nicht um Biographien, sondern mehr um „literarische Porträts".

Die Aufgabe des Biographen ist es, die Schicksale und Eigenschaften der von ihm behandelten Persönlichkeit ins richtige Verhältnis zu setzen zu den Zuständen, zu den wirtschaftlichen, politischen, gesellschaftlichen oder künstlerischen Verhältnissen der Zeit, aus der jene Persönlichkeit hervorgegangen ist. In diesem — modernen — Sinne handelt *Pasquale Villari*, wenn er in seinem Werke *Niccolò Machiavelli und seine Zeit* (dt. 1877 bis 1883, 3 Bde.) 1. S. IX bekennt: „Ich habe mich bemüht, zu erforschen wie in jenem Jahrhundert — wenn man so sagen darf —, der Geist des Machiavellismus entstand, ehe Machiavelli selbst auf die Bühne trat, um ihm das eigentümliche Gepräge seines politischen Genies zu geben und ihn wissenschaftlich zu formulieren. Und nachdem ich so gewissermaßen Machiavelli vor Machiavelli erforscht habe, komme ich zu ihm selbst, sobald er in der Geschichte sichtbar wird und suche so genau als möglich seine Leidenschaften und seine Gedanken aus seinen eigenen Schriften und auch denen seiner nächsten Freunde kennen zu lernen." Das ist das Programm jedes neueren Biographen. Er muß den Menschen aus seiner Umgebung zu erklären suchen, er muß nicht nur die Genealogie seiner körperlichen Abkunft geben, sondern auch die geistige Ahnenreihe herzustellen sich bemühen. Und er muß schließlich den Menschen in seinem Verhältnis zu seiner Gegenwart und sozialen Umgebung darstellen. Hiebei darf er nie vergessen, daß jeder Beruf, jeder Stand, jede Religion eine eigene, von den Zeitbedingnissen verhältnismäßig unabhängige Psychologie aufweist. Der Priester, der Militär, der Staatsmann denkt anders als der Schulmeister, Kaufmann, Künstler oder Gelehrte und hat sich in allen Jahrhunderten durch seine Denkungsart geschieden von dem anderen.

Die zeitgeschichtliche Einordnung des einzelnen in seine Zeit kann nun verschieden sein, je nachdem man diese Persönlichkeit als richtunggebend betrachtet oder ob man sie nur als empfangend erkennt. Aber auch in letzterer Hinsicht gibt es eine Art der Vollendung, die der einzelne erreichen kann, indem er eben die Eigenart dieser zeitbedingten Merkmale in solcher Vollkommenheit in sich vereinigt, daß er eben zum ,Typus' wird. So betitelt und hier ist schon der Titel charakteristisch! — *Gustave Schlumberger* sein Buch *Un empereur byzantin au dixième siècle. Nicéphore Phocas.* Paris 1890 und begründet die Wahl seines Stoffes, indem er seinen Helden kennzeichnet: „A demi soldat audacieux, d'une énergie extraordinaire, à demi dévot rigide et mystique, il résume mieux peut-être que tout autre le t y p e de ces étranges Basileis d'Orient, moitié rois, moitié papes." — Es ist ein Unterschied, ob man eine Biographie Karls des Großen als schlichte Lebensbeschreibung verfaßt oder ob man das Werk ,Karl der Große und seine Zeit' nennt und damit andeutet, daß man über das Leben des Mannes hinaus auch die Umstände beschreiben will, die ihn als Sohn und zugleich als den Gestalter seiner Gegenwart erscheinen lassen. Hiebei wird in diesem Fall das Gewicht auf „seine" liegen, indes bei untergeordneten Persönlichkeiten das Wort ,Zeit' betont ist. Die „schlicht-biographische" Leistung ist freilich nur von untergeordneter Bedeutung und hat auch wissenschaftlich nur den Wert eines Behelfes.

Eine wirklich gute Biographie gehört zu den allerschwierigsten Aufgaben, die einem Historiker gestellt werden können. Die Verbindung herzustellen zwischen der familiengeschichtlichen Abstammung und der geistesgeschichtlichen Herkunft, zwischen dem, was die geschilderte Persönlichkeit seiner Umwelt (Gesellschaft, Familie, Schule, Zeitströmung, Nation) schuldet und dem, was die Umwelt ihr verdankt, stellt an die Darstellungskraft des Biographen die höchsten Anforderungen. Zu alledem kommt noch, daß der Biograph jene Persönlichkeit auf ihrem Werdegang begleiten muß, daß er sie abzuzeichnen hat nicht als etwas Fertiges, sondern als ein Werdendes. Der junge Bismarck ist ein anderer als der Bismarck in Frankfurt, ein anderer als der auf dem Berliner Kongreß. Zu dem Bilde, das wir von dem Gegenstande einer Biographie fordern, gehört auch die Körperlichkeit des Geschilderten. Oft ist ein Zug seines Gesichtes, seiner Gestalt, sein Gang, ein Gebrechen seines Leibes bezeichnender auch für sein geistiges Wesen als eine langatmige Inhaltsangabe seiner Werke. Selbst in einer nichtbiographischen Studie unterstreicht oft eine körperliche Charakteristik in glücklichster Weise den Ausdruck des Geistigen .. „Es war das eigenste Wesen“, bemerkt *Wm. Dilthey* von Erasmus, „des zarten, kleinen, immer kränkelnden Mannes mit den halbgeschlossenen blauen, beobachtenden Augen, als einzige Waffe, im religiösen Streite das Wort anzuerkennen.“ Jedenfalls haben wir einen Anspruch darauf, daß uns der Biograph auch nach dieser Hinsicht hin uns seinen Helden abschildert, sofern er selbst beglaubigte Nachrichten darüber sein eigen nennt. Man kann sich in Goethes Werken ganz wohl zurechtfinden, ohne daß man sein Bild auf dem Eise kennt oder ihn gegenwärtig hat als den Weltweisen von Weimar, aber in eine Biographie gehört diese Einzelheit hinein. Auch kleine Züge der Alltäglichkeit, wo sie charakteristisch sind, wollen wir nicht missen. *Mich. Bernays* hat recht, wenn er in dem Artikel *Gottsched* (*Allg. Dt. Biogr.* 9 [1879] 504) die Schilderung von Gottscheds Gattin einflicht, die, wenn ihr Mann Vorlesungen hielt oder Uebungen leitete, an der Türe ihres dem Hörsaal benachbarten Zimmers saß und sich alles aneignete, was von den Lippen des Meisters und der Schüler floß. „Denke man sich als Gegenbild Meta Klopstock, wie sie, etwa 20 Jahre später, ehrfurchtsvoll auf das in heiliger Begeisterung erglänzende Antlitz ihres am Messias arbeitenden Gemahls blickt! Wir gewahren hier gleichsam die beiden äußersten Endpunkte, zwischen denen sich damals das Leben der geistig angeregten Frauenwelt Deutschlands bewegte.“ Wir sehen darin ebenso den Unterschied zwischen dem vernünftelnden Geist Gottscheds und der nach Freiheit ringenden Atmosphäre, in der die klassische Dichtung lebte.

Es sind also vor allem künstlerische Fähigkeiten, die neben historischer Auffassung und Fachkenntnis dem Biographen eignen müssen. Die Gabe der Disposition, die Gabe, den zu schildernden Menschen in greifbare Nähe zu rücken, ihn uns plastisch vor Augen zu führen mit richtiger Verteilung von Licht und Schatten, diese Gabe geht über das Maß der reinen Wissenschaftlichkeit hinaus. Während einem *Karl Justi* in dem Werke *Diego Velasquez und sein Jahrhundert* ² 1903 oder *Paul Sabatier* in *Vie de St. François d'Assise* Paris 1894 ²⁴ 1899 dieses Sich-Einfühlen in eine große fremde Persönlichkeit gelingt, bleibt etwa *Uch. Ulmann, Kaiser Maximilian I.*, 2 Bde., 1884, 1891 in der um den Mittelpunkt dieses Habsburgers gruppierten Staatsgeschichte stecken. Die individualpsychologische Motivierung spielt nun freilich in der Lebensbeschreibung eine größere Rolle als anderswo, aber sie unterscheidet sich von der allgemeinen Geschichtsschreibung nicht grundsätzlich, sondern nur dem Grade nach. Insofern ist es wohl eine Uebertreibung, wenn *Edd. Meyer* und *Adolf v. Harnack* diese allein der Biographik zuschreiben und die Biographik selbst von der Geschichte abtrennen wollen. — In witziger Weise kennzeichnet *Thos. Carlyle*, wo er von Jean Paul und dessen Biographen *Döring* spricht (*Ausgew. Schr.*, dt. von *A. Kretzschmar* 3. [1885] S. 2 ff.), die Geistlosigkeit mancher handwerksmäßig arbeitenden Schriftsteller auf diesem Gebiete. Sie entnahmen erst dem Konversationslexikon oder sonstigen Nachschlagewerken Zeit und Ort der Geburt, Herkunft, Erwerbszweig und Titel der Werke des Helden. „Den Tag des Todes weiß man aus der Zeitung und dies Zusammengenommene bildet die Grundlage des Gebäudes. Dann geht man seine Schriften und alle anderen Schriften durch, in denen von ihm und seinen Werken gesprochen wird, und überall, wo man eine Stelle findet, in der sein Name vorkommt, schneidet man diese heraus und legt sie zur Seite. Auf diese Weise wird eine Masse Material zusammengebracht und das Bauen kann dann losgehen. Ein Stein wird auf den anderen gelegt, gerade wie er in die Hände fällt; hier und da wirft man ein paar Kellen biographischen Mörtels als Kitt dazwischen und so steigt das seltsame Gebäude plötzlich in die Höhe. Gestaltlos ragt es nach allen Richtungen hin, nur nicht nach dem Himmel empor. Hier liegt ein Granitblock, dort eine Masse Pfeifenton und, wenn das Material alle ist, so hört der Bau auf und bleibt als ein architektonisches Rätsel für die Nachwelt stehen." — Ein glänzender Fingerzeig, wie eine Biographie n i c h t gemacht werden soll.

Nur wer sich der Kraft hiezu ganz sicher fühlt, wage sich an eine biographische Leistung. Bei Persönlichkeiten mittleren Ranges, deren Leben vielleicht stark bewegt war, die an vielem teilgenommen, doch niemals etwas zur Entscheidung gebracht haben, kommt als weitere Schwierigkeit hinzu, daß das Material, die Bausteine für die Reproduktion dieses Lebensgebäudes, sehr weit verstreut auseinander liegen, die Quellen in vielen Bibliotheken und Archiven aufgesucht werden müssen und das Ergebnis des Ganzen nicht im Einklang mit der aufgewandten Mühe steht.

Als eine Ergänzung zur Lebensbeschreibung jeder bedeutenderen Persönlichkeit hat neuerdings *Julian Hirsch, Die Genesis des Ruhmes* 1914 die Forderung aufgestellt, man solle diese Persönlichkeit im Wandel der Bewertung zeigen, die sie zu verschiedenen Zeiten erfahren hat. Diese Forderung ist für einzelne bereits erfüllt. Vgl. das grundlegende Werk von *Tadeusz Zielihski, Cicero im Wandel der Jahrhunderte* [1] 1897, [2] 1908, ferner *Domenico Comparetti, Virgilio nel medio evo* [2] Florenz 1896 und *Albert Ludwig, Schiller und die deutsche Nachwelt* 1909.

Beispiele biographischer Werke aus neuer Zeit wären außer den oben angeführten: Osw. R e d l i c h, Rudolf von Habsburg. Das dt. Reich nach dem Untergange des Kaisertums 1903; Émile D o u m e r g u e, Jean Calvin. Les hommes et les choses de son temps 3 Bde. Lausanne 1899—1905; Gabr. H a n o t a u x, Histoire de cardinal de Richelieu 2 Bde. Paris 1893/6; Aug. F o u r n i e r, Napoleon 3 Bde. [3] 1913; Max L e h m a n n, Scharnhorst 2 Bde. 1886 7; Rud. H a y m, Wilhelm v. Humboldt. Lebensbild u. Charakteristik 1856; Fch. M e i n e c k e, Das Leben des Generalfeldmarschalls Herm. v. Boyen 2 Bde. 1896/9; Er. M a r c k s, Bismarck. Eine Biographie Bd. 1: B.s Jugend 1815—48 (1909).

Theorie und Methodik der Lebensbeschreibung behandeln: D. Jenisch (s. o.); Edd. Platzhoff-Lejeune, Werk und Persönlichkeit 1903; Ldw. Stein, Zur Methodenlehre der Biographik in Biograph. Bll. 1 (1895) 22 ff.; Alfr. Dove, Rankes Verhältnis zur Biographie ebda. S. 1 ff.; Erich Rothacker, Ueber die Möglichkeit u. den Ertrag einer genetischen Geschichtsschreibung im Sinne Karl Lamprechts = Beitrr. zur Kultur- u. Universalg. 20 (1912).

Die biographische Literatur der Griechen erwacht in der Zeit nach Alexander den Großen und wendet sich da vor allem berühmten Schriftstellern zu, um sich dann erst Persönlichkeiten wie Lykurg, Staatsmännern und Herrschern zu widmen. Historische Treue und Kritik ist leider nicht Sache dieses Zweiges geschichtlichen Schrifttums, es mangelt ihm auch an nötigem Ernst, um Anekdotenkram und Klatschgeschichten zu meiden. Eine an weitere Kreise sich richtende Sammlung von Lebensbeschreibungen berühmter Römer und Nichtrömer hat Cornelius Nepos in seinem nur teilweise erhalten gebliebenen de illustribus viris verfaßt. Mehr Künstler als Historiker ist schließlich Plutarch, dessen Biographien vielfach jedes Streben nach geschichtlicher Kritik vermissen lassen. Ein Meister der Persönlichkeitsschilderung war Sallust, in dessen Spuren auch Tacitus wandelt, wenn er seinem Schwiegervater Agricola eine Lebensbeschreibung widmet. Von maßgebendem Einfluß für die Folgezeit bis hinein ins Mittelalter blieben die 8 Bücher de vita caesarum, die C. Suetonius Tranquillus, Mitglied der kaiserlichen Kanzlei unter Hadrian, in denen er die Biographien der zwölf Herrscher von Caesar bis Domitian lieferte. Die dort verwandte Disposition wurde zum starren Schema für seine Nachfolger wie Marius Maximus und seine späteren Nachahmer. In die Vitenliteratur der Scriptores historiae Augustae, einer Reihe nicht eben sehr verläßlicher Kaiserbiographien mündet die römische Historiographie überhaupt aus. Es hängt dies mit dem höfischen Charakter des Schrifttums jener Zeit vielfach zusammen. Vgl. Kurt Wachsmuth, Einleitung in das Studium der alten G. 1895.

Dem Beispiele Suetons war der hl. Hieronymus mit seinen De viris illustribus (392 verfaßt) gefolgt, nur hat er darin nicht Lebensbeschreibungen von Kaisern, sondern von Kirchenschriftstellern geliefert, wie dann späterhin auch Einhard mit seiner Biograpie Karls des Großen ganz und gar in den Geleisen Suetons wandelt. Hieronymus war aber noch in anderer Hinsicht ebenfalls richtunggebend für die Folgezeit und zwar durch die Abfassung von Heiligenleben. Unter allen Arten mittelalterlicher Geschichtsdarstellungen nimmt die Beschreibung und die an das Wirken der Heiligen (vor und nach ihrem Tode) anknüpfende Literatur und alles, was mit ihrer Verehrung zusammenhängt, einen ungemein breiten Raum ein. Man besehe daraufhin etwa das unter „Viten" in einem engeren Abschnitt zusammengefaßte Verzeichnis dieser Quellen bei A. Potthast, Bibliotheca historica medii aevi ² 2 (1896), das fast ein Drittel des ganzen Werkes ausmacht. Es handelt sich hiebei, wie schon angedeutet, freilich nicht immer nur um abgerundete Biographien, sondern auch um die den ganzen Kult des aus der Märtyrerverehrung hervorgegangenen Heiligenwesens,. um Beschreibung von Wundern, Auffindung (inventio), Uebertragung (translatio) von Reliquien, Weissagungen, Lobgedichte, Akten usw. Doch nehmen die Lebensbeschreibungen selbst keinen geringen Raum ein. In ihnen wirkt aber das Beispiel der antiken Rhetorik, das wieder seinerseits durch das Muster, das Hieronymus gegeben, in oft unheilvoller Weise nach und trägt vielfach an dem Unpersönlichen Schuld, das man irrtümlich für einen besonderen Charakterzug der mittelalterlichen Beobachtungsweise genommen hat.

Der in den Bahnen der antiken Rhetorik laufenden Lebensbeschreibung verbot es sich von selbst, daß sie etwa körperliche Eigenschaften des Helden, oder kleine persönliche Züge, oder sein Verhältnis zu Fragen der inneren Politik gebracht hätte. Höchstens als Anekdote gewährt sie mittelbar Einblick in die Verhältnisse des Alltags. Sonst wird alles vermieden, was das Bild abzöge von dem Ideale, das man in dem Helden darzustellen beabsichtigt. Die Abhängigkeit offenbart sich schon darin, daß selbst in Heiligenleben mythologische Vorstellungen und sonstige antike Ausdrücke (Lethe, Gott = höchster Donnerer, Erinyen, klösterliches Gymnasion u. ä) vorkommen. Auch sind die einzelnen Viten stets lehrhaften, bisweilen aber sogar materiellen Zwecken untertan, um das Alter eines Bischofsitzes nachzuweisen, um die Immunität eines Klosters gegenüber dem Bistum festzustellen, zur Unterstützung urkundlicher Belege, zur Vertretung bestimmter kirchlicher und politischer Absichten. Vgl. Ldw. Zott, Das Heiligenleben im 10. Jht. = Beitrr. zur Kulturgesch. des Mittelalters u. der Renaissance 1 (1908) und Rud. Teuffel, Individuelle Persönlichkeitsschilderung in den dt. G.werken des 10. u. 11. Jhts. Ebda. 12 (1914).

Im Vergleich zu den Heiligenleben nehmen die Biographien weltlicher Persönlichkeiten einen verhältnismäßig schmalen Raum ein. Immerhin handelt es sich da zum Teil um ganz hervorragende Leistungen, so um Einhards Vita Karoli Magni imperatoris oder um Wipos Vita Cuonradi. Auch die Historia de vita Henrici IV. imperatoris ist von Wert. Im allgemeinen aber spielt die Kunst der Biographie keine sehr große Rolle in der Geschichtsschreibung. Um so stärker wurde sie in der Zeit des Humanismus ge-.

pflegt, ohne jedoch einer freien psychologischen Lebensbeschreibung Raum zu geben. Wir finden vielmehr einerseits die an Sueton geschulte, offiziöse Biographik, die es sich zur Aufgabe macht, eine bestimmte Persönlichkeit zu verherrlichen oder eine Anzahl von „viri illustres" als Beispielsammlung heranzuziehen, und auf der anderen Seite derlei Reihen von Lebensbeschreibungen, die als Ersatz für eine Kunst- oder Literaturgeschichte anzusehen sind, wie Gg. Vasari, Le vite de' più eccellenti pittori, scultori ed architetti (1550). Die durch den Humanismus bedingte verhängnisvolle Vorherrschaft des Stils, der Form über den Inhalt, wurde nur selten durchbrochen. Peter Ribadeneira mit seiner scharf charakterisierenden Vita Loiolae (1572) bildet darin eine Ausnahme.

Vgl. Edd. Fueter, G. der neueren Historiographie 1911. — In der neueren Zeit fällt es schwer, eine bestimmte Entwickelungslinie in der Geschichte der Biographik festzulegen. Es fehlt hiezu noch an den entsprechenden Vorarbeiten.

§ 12.　Genealogie.

Die Genealogie weist dem einzelnen innerhalb seiner Abstammungsreihe mit besonderer Berücksichtigung der sich daraus ergebenden biologischen und rechtlichen Beziehungen den ihm gebührenden Platz an. Sie stellt ihn einerseits als Erzeuger bzw. Gebärerin, andererseits als Erzeugten bzw. Geborenen dar. Mit Beziehung auf diese zweigeteilte Richtung unterscheidet man auch die zwei Formen, in denen das Ergebnis genealogischer Forschung zum Ausdruck kommt, nämlich die Ahnentafel (Ascentorium), die von dem zeitlich jüngsten Mitglied ausgeht und rückschreitend dessen Eltern, die Eltern dieser Eltern usf. verfolgt, und die eigentliche Stammtafel, die alle Nachkommen einer Person umfaßt. Der Ahnentafel ist damit ein ganz bestimmtes Gerüst vorgeschrieben, sie baut sich ganz regelmäßig auf:

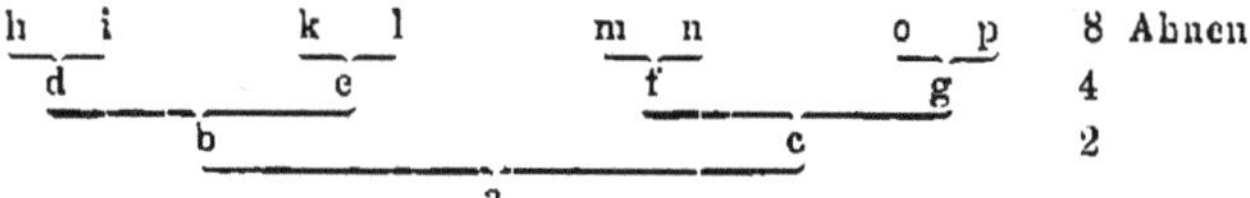

Dagegen zeigt begreiflicherweise die Stammtafel je nach der Zufälligkeit der individuellen Nachkommenschaftsverhältnisse ein ungleich regelloseres Bild. Sie ist es, die für die praktischen Zwecke der Geschichtskunde vor allem in Betracht kommt.

Die anderen Fragen wie *Ahnenverlust* (Implex), der durch die geschlechtliche Verbindung von zwei Nachkommen des gleichen Stammvaters hervorgerufen wird und dadurch die theoretisch errechenbare Zahl der Ahnen entsprechend mindert, die Fragen der *Ahnenprobe* usw. gehören in das Sondergebiet der Genealogie, die ja zum Teil auch noch andere als rein historische Zwecke verfolgt. Diese wurzeln in praktischen, in rassehygienischen, soziologischen, biologischen, psychiatrischen, politisch-anthropologischen u. a. Interessen, doch bietet die Geschichte der Genealogie nicht weniger, als sie von ihr empfängt.

Die wichtigste Aufgabe der Genealogie, die Filiation und die Feststellung der personalgeschichtlichen Merkmale der in die Filiation einbezogenen Individuen, kann nur mit den Mitteln der Geschichtswissenschaft gelöst werden. Mit besserem Rechte, als man bisher Genealogie unter die historischen Hilfswissenschaften einreihte, könnte man Geschichte eine Hilfswissenschaft der Genealogie nennen, zumal sich diese seit *Ottokar Lorenz* als eine eigene Wissenschaft für sich betrachtet.

Die Ergebnisse genealogischer Forschung sind für die Geschichte des Altertums nicht weniger wertvoll als für die des Mittelalters und der Neuzeit. Für das Altertum vgl. als Beispiel *E. A. Stückelberg, Die Thronfolge von Augustus bis Constantin. Jb. der k. k. herald. Ges. Adler NF. 7 (1897) 5 ff.* Natürlich ist die genealogische Forschung bedingt durch die Art und die Erhaltung der einschlägigen Quellen und das Verhältnis, in dem die Menschen einer bestimmten Zeit oder gesellschaftlichen Schichte zur Pflege und zur Kenntnis ihrer familien- und einzelgeschichtlichen Ueberlieferungen und Kennzeichnung ihrer sozialen Individualität gestanden haben. Hinweise für die besondere Stellung, die in dieser Hinsicht das frühere Mittelalter im Vergleich zum späteren einnimmt, gibt *Harold Steinacker, Zur Herkunft des Hauses Habsburg* in *Zschr. f. d. Gsch. des Oberrheins NF. 19 (1904) 181 ff.* An Anregungen reich und weiterführend ist besonders der Aufsatz von *Adolf Hofmeister, Genealogie und Familienforschung als Hilfswissenschaft der G.* in *H. Vjschr. 15 (1912) 457 ff.*, der mit Recht betont, daß die von *Ottokar Lorenz, Lehrbuch der gesamten wissenschaftlichen Genealogie (1898)* und *Ernst Bernheim* ausgegebene Parole nach stärkerer Berücksichtigung genealogischer Betrachtungsweise bisher nicht den richtigen Widerhall gefunden hat. Und doch haben gerade auf dem Gebiete der deutschen Verfassungsgeschichte die Arbeiten von *Aloys Schulte, Der Adel und die deutsche Kirche im Mittelalter = Kirchenrechtl. Abh.*, hg. von *Ulr. Stutz 63/4 (1910)*, ferner jene von *Otto Freih. von Dungern, Das Problem der Ebenbürtigkeit, eine rechtsgeschichtl. und genealog. Studie 1905* u. a. gezeigt, daß die Durchsicht der Quellen nach dieser Richtung hin ganz neue Ausblicke zu eröffnen imstande ist. Beziehungen und Kausalverhältnisse zwischen gesellschaftlichen, kirchlichen und Standesverhältnissen wurden da offenbar, die man erst auf diesem Wege in ihrem Zusammenhang erkannte und erkennen konnte.

Aus den genealogischen Tabellen, die sich oft gerade dort aufstellen lassen, wo für eine zusammenhängende Darstellung die Quellen versagen, kann aber auch Einblick in politische und kulturelle, wirtschaftliche Verbindungen gewonnen werden, bisweilen gewinnt aber durch die Kenntnis der Abstammungsverhältnisse die Eigenart einer Einzelpersönlichkeit erst ihren rechten Hintergrund. In dieser Hinsicht sei als Beispiel auf *Erich Marcks, Bismarck 1 (1919)* verwiesen. Doch ist es eine Verirrung, wenn man auf dem Wege der genealogischen Forschung zum Geheimnis des Individuums vorzudringen hofft. Ebenso muß davor gewarnt werden, aus den Eheverbindungen von Fürsten auch immer auf parallellaufende kulturelle Verbindungen zu schließen. Vgl. *Fritz Kern, HZ. 111 (1913) 600 ff.*

Eine kritische Uebersicht über die bisherigen Leistungen auf dem Gebiete der Genealogie mit Beispielen für ihre praktische Verwertung bringt Adolf H o f m e i s t e r, a. a. O.; Reiche Literaturangaben bei Otto F o r s t - B a t t a g l i a. Genealogie in Al. Meister, Grundr. der G.w. 1, 4a (1913). Dort auch S. 1—5 eine Geschichte der Genealogie. Die folgenden Literaturangaben sind ihr zum Teil entnommen. Am ausführlichsten: Edd. H e y d e n r e i c h, Hdb der praktischen Genealogie (2. Aufl. von Die familiengeschichtliche Quellenkunde 1919) 2 Bde. 1913, in Verbindung mit Otto Frh. v. Dungern, Otto Forst-Battaglia, Karge, Mucke, Rob. Sommer, Arm. Tille bearbeitet, umfassenden Inhalts über alle einschlägigen Fragen wissenschaftlichen wie praktischen Belanges. Eine gute Einführung bietet Ernst D e v r i e n t, Familienforschung = Aus Natur u. Geistesw. Nr. 350 (1911) ²1909; Osk. de P o l i, Essai d'introduction à l'histoire généalogique 1887; R. S i m s, A manual for the genealogist ²1888. Genealogische Zeitschriften: H e r a l d i s c h - g e n e a l o g i s c h e Zschr. der k. k. Gesellschaft „A d l e r" Wien 1871—73, von da an

Jb. der Gesellschaft. Seit 1891 eine neue Folge. Seit 1881 außerdem ein Monatsblatt der Gesellschaft „Adler". Der deutsche Herold. Z. für Wappen-, Siegel- u. Familienkunde Berlin 1869—1912. Mitteilungen der Zentralstelle für deutsche Personen- u. Familieng. 1906 ff. Familiengliche Bll. 1903 ff. A. f. Stamm- u. Wappenkunde 1905 ff. Nederlands Familiearchief Rotterdam 1878 ff. Personalhistorisk Tidskrift udg. af Samfundet vor Dansk-Norsk Genealogie og Personalhistorie Kopenhagen u. Christiania 1881 ff. Schweizer Archiv für Heraldik 1887 ff. Révue héraldique Paris 1862 ff.; Bulletin héraldique de la France 1912 ff. Giornale araldico-genealogico-diplomatico Pisa 1874 ff. Bolletino araldico storico genealogico Florenz 1911 ff. The New York Genealogical and Biographical Record New York 1864 ff.

Genealogische Tabellen: Für den Handgebrauch des Historikers unentbehrlich Ottok. Lorenz, Genealogischer Hand- u. Schulatlas ³ 1908, hg. von Ernst Devrient, nur das Wichtigste enthaltend; A. M. H. S. Stokvis, Manuel d'histoire, de généalogie et de chronologie 3 Bde. 1888—1891, stoffreiche Zusammenstellung; am zuverlässigsten: Herm. Grote, Stammtafeln 1877 u. K. v. Behr, Genealogie der in Europa regierenden Fürstenhäuser ² 1870, Suppl. 1890; T. G. Voigtel, Stammtafeln zur Geschichte der europäischen Staaten, hg. von L. A. Cohn ² 1871, nur Bd. 1: Die deutschen Staaten und die Niederlande erschienen; für das Mittelalter: Fch. Brömmel, Genealogische Tabelle zur G. des Mittelalters 1846; für das 19. Jht. F. M. Oertel, Genealogische Tabellen der germanischen u. slavischen Völker im 19. Jht., hg. F. Th. Richter ³ 1877; durch Angaben über Bastarde u. morganatische Ehen ausgezeichnet: Hs. Rud. Hiort-Lorenzen, Livre d'or des souverains 1895. Genealogische Tabellen bringt auch Joh. Siebmacher, Großes allg. Wappenbuch hg. v. O. T. Hefner 1853 ff. Für das deutsche Sprachgebiet: Gabr. Bucelinus, Germania topochrono-stemmatographica 4 Bde. 1655—1672 (Index dazu Jb. Adler [1878] 69 ff.); O. T. Hefner, Stammbuch des blühenden u. abgestorbenen Adels in Deutschld. 4 Bde. 1860—66; für Frankreich: Dayre de Mailhol, Dict. hist. et hérald. de la noblesse française 3 Bde. 1895/8; Garnier, Tableaux généalogiques des souverains de la France et de ses grands feudatairs 1863. Für Italien: Pompeo Litta, Famiglie celebri italiane 1819—85, Neue Reihe 1902—12, umfangreichste nationale Genealogie. Giov. B. de Crollalauza, Dizionario storico-blasonico delle famiglie italiane 3 Bde. Pisa 1886—1890. Für Spanien: Pifferer, Nobiliario de España 6 Bde. 1857—1860; Don Francesco Fernandez de Béthencourt, Historia genealogica de la monarquia española Madrid 1897—1912 (noch nicht abgeschlossen). Für England: G. E. C[okayne], Complete peerage of England, Scotland, Ireland, Great Britain, and United Kingdom 8 Bde. 1887—1898, seit 1910 in 2. Aufl. erscheinend. J. E. Doyle, The Official baronage of England showing the succession, dignities and offices of every peer from 1066 to 1885, 3 Bde. 1886; Wm. Dugdale, The baronage of England 2 Bde.; Sir Bernard u. Ashworth P. Burke, A genealogical and heraldic history of the Peerage and Baronetage, the Privy Council, Knightage and Companionage London 1914. Für Dänemark: Anders Thiset und P. L. Wittrup, Nyt dansk Adelslexikon 1904. Für Schweden: G. Anrep, Svenska Adelns ättartaflor 4 Bde. 1858—64; Svenska Adelns attar-taflor 1897—1900; Sverigs Ridderskaps och Adels Kalender 1914 utg. af Adam Lewenhaupt. Stockholm 1914. Für Polen: A. Boniecki, Herbarz polski 1899 ff. (noch nicht abgeschlossen). Für Ungarn: Joh. Karácsonyi, A magyar nemzetségek a XIV század közepéig 3 Bde. 1900—1904.

Genealogische Almanache: Vgl. Forst S. 49; Itzherrschendes Europa 1697; Die durchlauchtige Welt 1698 ff.; Das durchlauchtige Europa 1699 ff.: [Krebels] Europäisches genealog. Hdb 1737—1792; Genealogisches Staatshb. 1742—1839; Gothaischer Hofkalender 1763 ff.; Almanach de Gotha 1763 ff. Für Deutschland: Gothaisches genealog. Taschenb. der gräfl. Häuser 1828 ff.; Gothaischer genealog. Taschenb. der freiherrl. Häuser 1848 ff.; Gothaisches genealog. Taschenb. der briefadligen Häuser 1907 ff.

§ 13. Einteilung nach den Erscheinungen des praktischen Lebens.

Die Kunst der Bodenbearbeitung in ihren verschiedenen Entwickelungsgängen zu verfolgen, wird für den Geschichtsschreiber der wirtschaftlichen und rechtlichen Verhältnisse zur Vorbedingung, namentlich dann, wenn er Zeiten primitiver Kulturen behandelt. Bis jetzt sind es vor allem Fachmänner der Landwirtschaftskunde und der Sprachwissenschaft, die sich mit diesem Zweige der Geschichtswissenschaft beschäftigt haben, doch dringen allmählich auch Historiker vom Fach hier ein.

Für die Urgeschichte: Karl B ü c h e r, Die Wirtschaft der Naturvölker 1898; Hch. S c h u r t z, Urg. der Kultur 1900; Otto S c h r a d e r, Sprachvergleichung u. Urg. ³1907: Johs. H o o p s, Waldbäume und Kulturpflanzen im german. Altertum 1905 (grundlegend für die Geschichte der Indogermanen). Eine richtunggebende kritische Uebersicht über das auf diesem Gebiete bisher Geleistete bietet Wm. K o p p e r s, Die ethnologische Wirtschaftsforschung, Anthropos 10/11 (1915/6) S. 611—51 u. 971—1079.

Für das Altertum: Albr. T h a e r, Die altägyptische Landwirtschaft 1881; Frz. W o e n i g, Die Pflanzen der alten Aegypter 1897; Viktor H e h n, Kulturpflanzen und Haustiere in ihrem Uebergang aus Asien nach Griechenland u. Italien, sowie in das übrige Europa. Historisch linguistische Skizzen hg. v. O. Schrader ⁶1912 (wichtiges Werk); Rob. G r a d m a n n, Der Getreidebau im deutschen und römischen Altertum 1909; B i l l i a r d, La vigne dans l'antiquité 1913; Hch. B e h l e n, Der Pflug u. das Pflügen bei den Römern u. in Mitteleuropa in vorgeschichtlicher Zeit 1904; Aug. de C a n d o l l e, L'origine des plantes cultivées Paris 1883, Uebers. = Intern. wissensch. Bibl. 64 (1884).

Für Mittelalter und Neuzeit: Karl Gottlob v. A n t o n, Geschichte der teutschen Landwirtschaft von den ältesten Zeiten bis zum Ende des 15. Jhts. 2 Bde. Görlitz 1799— 1802; Christian Edd. L a n g e t h a l, Geschichte der dt. Landwirtschaft, Jena 1847—56, ⁵1890; Theod. von der G o l t z, Geschichte der dt. Landwirtschaft 1 (1902): — 1800, 2 (1903): —1880 (kurze Darstellung von demselben im Hdwb. der Staatsw. ³4 [1909] S. 55 ff.); Rud. v. F i s c h e r - B e n z o n, Altdt. Gartenflora, 1894; d e r s., „Zur Geschichte unseres Beerenobstes" im Botan. Zbl. 64 (1895); Fch. B a s s e r m a n n - J o r d a n, G. des Weinbaues 1907; J. E. T. R o g e r s, History of agriculture and prices in England from 1259 to 1793 7 Bde. 1866—1902; D. M'D o n a l d, Agriculture writers from Sir Walter of Henly to Arthur Young (1290—1800) London 1908.

Der Anstoß, die t e c h n i s c h e n F e r t i g k e i t e n und die Erzeugnisse dieser Fertigkeiten in ihrer Geschichte zu verfolgen, ging von der klassischen Philologie aus. Sie brauchte zur Erklärung des antiken Schrifttums die sog. Realienkunde. Diese ist freilich zunächst nur Erklärung des Sachenhintergrundes, aber, da für den modernen Forscher das Altertum nichts Flächenhaftes ist, sondern sich in verschiedenen Entwicklungsstufen absetzt, wird sie von selbst allmählich zur Geschichte dieser Techniken. Die Erkenntnis, daß Worterklärung ohne Sacherklärung in der Luft hinge, macht denn auch begreiflich, daß es ein Anglist ist, *Johannes Hoops*, der durch das von ihm herausgegebene *Reallexikon der Germanischen Altertumskunde*, 4 B., 1911—19 die Aufmerksamkeit auf das bisher nirgends in seiner Zusammensetzung dargestellte Gebiet mittelalterlicher Technik gelenkt hat. Die Schwierigkeit liegt hier vor allem darin, daß zur Bewältigung technischer und historischer Fragen eine Vereinigung von geistigen Fähigkeiten gehört, die aus zwei ganz verschiedenen Anschauungswelten herkommen, in ihrer Fragestellung und in ihren Zielen so getrennt wie nur möglich sind und sich in der Regel auch durch den Bildungsgang ihrer Vertreter scheiden. Jedenfalls bildet es eine seltene Ausnahme, wenn ein Industrieller wie *Edm. v. Lippmann*, der Direktor einer Zuckerraffinerie, eine *Geschichte des Zuckers* 1890 geschrieben hat, über *Chemische Papyri des 3. Jhts.* in der Chemiker-Zeitung (1913) S. 933 ff. abhandeln kann.

Literatur im allgemeinen: Fr. M. F e l d h a u s, Lexikon der Erfindungen u. Entdeckungen 1904; D a s B u c h d e r E r f i n d u n g e n, Gewerbe und Industrien ⁹1896—1910: Br. B u c h e r, G. der technischen Künste 1875—1893; N o i r é, Das Werkzeug u. seine Bedeutung für die Entwicklungsg. der Menschheit 1880. Für die Urzeit vgl. Rob. F o r r e r, Reallex. des prähist. Klass. u. frühchristl. Altertums 1908; Jul. S c h l e m m, Wb. zur Vorg. 1908; Hannah L e w i n - D o r s c h, Die Technik der Urzeit = Kl. Bibl. 18, 20, 24 (1912) 1912.

Für die Antike als zusammenfassendes Werk: Albert N e u b u r g e r, Die Technik des Altertums 1919; Herm. D i e l s, Antike Technik 1914, ²1920. Nur auf Griechen und Römer bezüglich: Hugo B l ü m n e r, Technische Probleme aus Kunst u. Handwerk der Alten 1877, H. B l ü m n e r, Technologie u. Terminologie der Gewerbe u. Künste bei den

Griechen u. Römern 4 Bde. 1875—88, ² 1912; M a u s c h, Antike technische Probleme in Kunst u. Handwerk in Die Welt der Technik (1904) 213 ff.; P r e g é l, Die Technik im Altertum. Jber. der techn. Staatslehranstalten zu Chemnitz, ebda. 1896; S c h m i d t, Aus der antiken Mechanik in N Jbb. f. das klass. Altertum (1904) 329 ff.

Für das Mittelalter: Johs. H o o p s, Reallex. (s. o.); Karl G. S t e p h a n i, Der älteste deutsche Wohnbau u. seine Einrichtung 2 Bde. 1902, 1903 (bis Ende des 11. Jhts.); O. E b e r b a c h, Die deutsche Höhenburg des Mittelalters in ihrer baulichen Anlage, Entwicklung u. Konstruktion, Diss. Stuttgart 1903; J. F. G m e l i n, Beyträge zur Geschichte des teutschen Bergbaus, 1783; A. Q u i q u e r e z, Notices sur les forges primitives dans le Jura Bernois = Mitt. d. antiqu. Ges. Zürich 17 (1871); Ingvald U n d s e t, Das erste Auftreten des Eisens in Nordeuropa, dt. v. J. Mestorf 1882. Für die neuere Zeit: Karl K a r m a r s c h, G. der Technik seit der Mitte des 18. Jhts. 1871; Karl K e l l e r, Der Charakter der technischen Umwälzungen des 19. Jhts., Schr. der techn. Hochsch. Karlsruhe 1893.

Einzelne Gebiete der Technik behandeln: J. D u r m, Die Baukunst der Griechen 1912; ders., Die Baukunst der Etrusker u. Römer 1912; H i r s c h f e l d, Die Entwicklung des Städtebaus, Zschr. der Ges. f. Erdkunde 1890; Ldw. B e c k, Die G. des Eisens in technischer u. kulturg. Beziehung 5 Bde. 1884—1893, 1 ² 1901, 2.—5. Bd. der Neuzeit gewidmet; K. B. H o f m a n n, Das Blei bei den Völkern des Altertums 1885; Rich. F i s c h, Die Walker oder Leben u. Treiben in altrömischen Wäschereien 1891; Ernest P a r i s e t, Histoire de la Soie, Paris 1862: H. S i l b e r m a n n, Die Seide, ihre G., Gewinnung u. Verbreitung 2. Bd. 1: Die G. der Seidenkultur, des Seidenhandels (1897) 1897; Kurt M e r c k e l, Die Ingenieurtechnik im Altertum 1899; W i e d e m a n n, Beitrr. zur G. der Naturwissenschaften u. der Technik bei den Arabern. SB. der phys.-mediz. Sozietät in Erlangen 38 (1906); Emil L u e b e c k, Das Seewesen der Griechen und Römer, Progr. Hamburg Johanneum 1890. 1891; Aug. K ö s t e r, Die Nautik im Altertum = Meereskunde 88 (1914); Konr. M a t s c h o ß, G. der Dampfmaschine 1901; Karl R a d u n z, 100 Jahre Dampfschiffahrt 1907; G. S t ü r m e r, G. der Eisenbahnen 1 (1872). 2 (1876): Art. v. M a y e r, G. und Geographie der dt. Eisenbahnen von ihrer Entstehung bis auf die Ggw. 2 Bde. 1891; K. E. Z e t z s c h e, G. der elektr. Telegraphie 1877.

Die W i r t s c h a f t s g e s c h i c h t e macht es sich zur Aufgabe, die Veränderungen der wirtschaftlichen Verhältnisse im Laufe der Zeit im ursächlichen Zusammenhang mit den übrigen geschichtlichen Wandlungen darzustellen, sowohl nach der Richtung hin, wie die wirtschaftlichen Umstände auf Politik und Gesellschaft gewirkt haben und umgekehrt, wie diese auf die Wirtschaft es taten. Während die besonders in Amerika und Oesterreich („Wiener Schule", *Karl Menger, Eug. Böhm-Bawerk, Fch. Wieser*) gepflegte theoretische Volkswirtschaftslehre die ökonomischen Tatsachen in ihrer Gesetzmäßigkeit aufsucht, während die von *Wm. Roscher, Karl Knies* und *Schmoller* begründete historische Schule der Nationalökonomie den jeweiligen Stand der Volkswirtschaft als historisch bedingt ansieht und weniger nach rein ökonomischen als nach geschichtlichen Gesetzen fahndet, geht die Wirtschaftsgeschichte auf die gegenseitige Wechselwirkung von Wirtschaft, Staat und Gesellschaft aus und betrachtet diese Wechselwirkung als einen Teil des großen geschichtlichen Gesamtgeschehens. Dabei sind natürlich Grenzüberschreitungen und auch Reibungen nicht zu vermeiden. Strebt der Nationalökonom (auch der der historischen Schule) nach Systematik, d. h. nach strenger Ein- und Unterordnung der Tatsachen unter Allgemeinbegriffe und Gesetze, so will der Wirtschaftshistoriker von diesen Generalisationen weg zur Schilderung des Besonderen und Einzelnen. Wie auf allen ähnlichen Gebieten muß auch hier zunächst in der Person des Forschers selbst der Ausgleich stattgefunden haben zwischen der theoretisch-systematischen Anschauungsweise, die die Grundlagen der Volkswirtschaft als solcher betrifft, und der Kenntnis der historischen Methodik, denn nur die auf sorgsamer Quellenheranziehung und Quellenbenutzung ruhende Feststellung der Tatsachen kann zu einem wissenschaftlich gesicherten Ergebnisse führen. Es wird keinem Widerspruch begegnen, wenn man die Forderung aufstellt, daß der

Wirtschaftshistoriker sich womöglich eine lebendige Anschauung von der
Wirtschaft der Gegenwart zu verschaffen suchen muß, daß er in gleichem
Maße dann mit den Theorien der Volkswirtschaftslehre sich vertraut machen
soll, daß ihm aber alle diese Erfahrungen und all dieses Wissen nur Hilfe
sein darf bei der quellenmäßig begründeten Tatsachenerkundung. Nur der ist
wirklich Historiker, der von den Tatsachen ausgeht, nicht von einer vorgefaßten
Theorie, in die er dann jene hineinzwängt.

Von der Wirtschaftsgeschichte zweigen ab, die Geschichte l a n d w i r t -
s c h a f t l i c h e r Verhältnisse, die Geschichte des H a n d e l s, des G e w e r b e s,
der I n d u s t r i e, des V e r k e h r s, der K o l o n i s i e r u n g und die F i -
n a n z g e s c h i c h t e. — Sie ist übrigens infolge der bisherigen Forschungsrichtung eng verschwistert mit der Rechts- und Verfassungsgeschichte. Dies
besonders für die Zeit des Mittelalters.

Wenn auch bereits *Thukydides* zum Bewußtsein wirtschaftlicher Einflüsse
auf das geschichtliche Geschehen gelangt ist, so hat sich diese Erkenntnis doch
sehr spät durchgerungen und ist in der Geschichtsschreibung selbst nicht vor
Voltaire programmatisch zum Ausdruck gelangt. Bei den Humanisten finden
sich Ansätze hierzu und erst *Montesquieus Esprit des lois*, wo gezeigt wird,
daß die Gesetze in wichtiger Beziehung zu der Art und Weise stehen, wie
sich die verschiedenen Völker ihren Unterhalt verschaffen, brach den Bann,
in dem alles Wirtschaftliche bei den vor allem rhetorisch gebildeten Historikern
bisher gestanden hat. Doch zu einem selbständigen Zweig der Geschichtsschreibung wurde sie noch viel später. Erst 1853 läßt sich das Wort *Wirtschaftsgeschichte* in der deutschen Sprache nachweisen und 1879 war *Karl Theod.
v. Inama-Sternegg* der erste, der es auf den Titel eines Buches setzte. Vgl.
*Gg. v. Below, Die dt. G.-Schreibung von den Befreiungskriegen bis zu unseren
Tagen* (1916) 131. Von maßgebender Bedeutung für die Verselbständigung
dieser Disziplin war ohne Zweifel die Werbekraft, die das von *Karl Marx*
und *Fch. Engels* im *Kommunistischen Manifest* (1848) niedergelegte Programm
ihrer Geschichtsauffassung auf weite Kreise ausübte. Freilich war die Zeit sozusagen reif für diese Art der Betrachtung. Wie es scheint war unabhängig
davon *Gg. Wm. v. Raumer* nicht viel später zu ganz ähnlichen Ueberzeugungen
gelangt, daß nämlich „alle politischen Veränderungen nur Folgen der veränderten Erwerbs- und Lebensweise der Menschen und der durch umgestaltete
Verkehrsverhältnisse anders gewordenen Stellung der verschiedenen Klassen
sind". Vor *Raumer* hatte bereits *Arnold F. L. Heeren*, den Gedankengängen
von *Montesquieu* und *Adam Smiths* folgend, in seinen *Ideen über die Politik,
den Verkehr und den Handel der vornehmsten Völker der alten Welt*, Göttingen
1793 ff., diese Fragen geschichtlich aufgegriffen.

Hat schon *Joh. Aug. Droysen* behauptet, es gäbe im Bereiche der sittlichen Welt nichts, das nicht mittelbar oder unmittelbar materiell bedingt wäre,
so wurden nun unter dem Eindruck der marxistischen Lehren und den Erfolgen der jungen Disziplin Meinungen laut, die überhaupt keine andere
Geschichtsschreibung anerkennen wollten als die Wirtschaftsgeschichtsschreibung
vgl. III § 9. Auf der anderen Seite glaubte man diese damit abtun zu können,
daß man sie aus der Historie auswies und der geschichtlichen Volkswirtschaftslehre zuzuweisen suchte. In Wahrheit bedeutet die Wirtschaftsgeschichte eine
wertvolle Bereicherung unseres geschichtlichen Wissens und ein weiterer Aus-

bau unseres Wissenschaftsgebietes. Vgl. *Theo Sommerlad, Ueber Wesen u. Auf-*
gaben der Wirtschaftsg. 1893. Die beste Einführung und Uebersicht bietet
Rud. Kötzschke, Grundzüge der dt. Wirtschaftsg. bis zum 17. Jh. in *Meisters*
Grundriß 2/1 ²1921. Wertvolle Winke bei *Gg. v. Below, Probleme der Wirt-*
schaftsg. 1920.

Wenn auch der Gegensatz zwischen individueller und kollektiver Auffassung hier weniger zutage tritt, weil das Kollektive da unbestritten den
Vorrang hat, so kann doch auch Wirtschaftsgeschichte von diesen beiden
Seiten her beleuchtet werden. Gerade in Zeiten kapitalistischer Produktions-
form knüpfen die Fortschritte und Veränderungen des wirtschaftlichen Lebens
mehr als anderswo an starke, große, führende Persönlichkeiten. Hier kann
mindestens die ganze Entwicklungsrichtung in dem Wirken eines Mannes
(Fugger, Rothschild, Krupp, Cecil Rhodes) oder einiger weniger klar zum
Ausdruck kommen. *Rich. Ehrenberg, Das Zeitalter der Fugger Geldkapital u.*
Kreditverkehr im 16. Jh.. 2 Bde., 1896, *Max Jansen, Jakob Fugger der*
Reiche = Studien z. Fuggerg. 3 (1910) mögen als Beispiele für diese Darstellungsweise genannt werden. Doch fällt diese Art der Betrachtung viel weniger
ins Gewicht. Wichtiger ist die Unterscheidung zwischen rechtsgeschichtlicher,
kulturgeschichtlicher und eigentlich wirtschaftsgeschichtlicher Einstellung. Ein
großer Teil der bisherigen Beiträge zur Wirtschaftsgeschichte des Mittelalters
war stark vom rechtsgeschichtlichen Standpunkt aus behandelt worden. Damit
hängt vielleicht auch das Bestreben, das von *Karl Bücher, Entstehung der Volks-*
wirtschaft, 2 Bde. ¹⁵1, ⁴2 (1920), in dem Versuche, konstruktiv für die ganze
wirtschaftliche Entwickelung eine bestimmte Stufenfolge zu konstruieren, wieder
aufgenommen wurde, zusammen.

Gesamtdarstellungen der Wirtschaftsgeschichte tragen alle Vorzüge und Mängel,
die solche Zusammenfassungen notwendig haben müssen. Vgl. Frz. E u l e n b u r g, Ideen
u. Probleme in der dt. Handelsgeschichtsschreibung in Die Entwicklung der dt. Volkswirtschaftslehre im 19. Jht. Gv. Schmoller zur 70. Wiederkehr seines Geburtstages 2
(1908). Zu nennen wären von älteren Darstellungen Gv. v. G ü l i c h, Geschichtliche Darstellung des Handels, der Gewerbe u. des Ackerbaus der bedeutendsten Staaten unserer
Zeit 5 Bde. 1830—45; Adolf L a f a u r i e, G. des Handels in Beziehung auf die polit.
Oekonomie u. öffentliche Ethik 1848 oder Herm. S c h e r e r, Allg. G. des Welthandels 2 Tle.
1852/3. In neuerer Zeit ist erschienen Adolf B e e r, Allg. G. des Welthandels 4 Bde.
1860—84 und Oct. N o ë l, Histoire du commerce du monde 2 Bde. Paris 1891, 1894.
Vgl. Levin G o l d s c h m i d t, Universalg. des Handelsrechts = dessen Hdb. des Handelsrechts ³ 1/1 (1891).

Im übrigen lösen sich die wirtschaftsgeschichtlichen Darstellungen nach räumlich,
zeitlich bestimmten Einteilungsgrundsätzen auf. Eine unter einheitlichem Gesichtspunkte
betrachtete Zusammenfassung für einen großen Zeitraum bietet Edd. M e y e r, Die Wirtschaftsentwicklung des Altertums 1895. Ernst S p e c k, Handelsg. des Altertums 3 Bde.
1900/6. Erwähnt sei ferner Adolf S c h a u b e, Handelsg. der romanischen Völker im
Mittelalter (= Hdb. d. Mittelalt. u. Neuere G.) 1906, die auf streng geschichtlicher Methodik
aufgebauten Werke von Alf. D o p s c h, Wirtschaftliche u. soziale Grundlagen der europäischen Kultur 2 Bde. 1918 19 u. Die Wirtschaftentwicklung der Karolingerzeit 2 Bde.
¹ 1912/3, ² 1921. Wirtschaftsgeschichten einzelner Länder: Theod. v. I n a m a - S t e r n e g g,
Dt. Wirtschaftsg. Bd. 1—3/2 (1879—1901); W. J. A s h l e y, An introduction to english
economic history and theory, London 1888|93, dt. v. Oppenheim; Engl. Wirtschaftsg. 1896;
neuerdings Gg. B r o d n i t z, Engl. Wirtschaftsg. 1 (1918); H. P i g e o n n e a u, Histoire
du commerce de la France, Paris 1885 ff.; Émile L e v a s s e u r, Histoire du commerce de
la France, Paris 1911/2.

Ein Muster für die Darstellung der Geschichte bestimmter wirtschaftlicher Erscheinungen ist *Herm. Bächtold, Der norddt. Handel im 12. u. beg.*
13. Jht. = Abh. z. mittleren u. neueren G. 21 (1910), *Al. Schulte, G. des mittel-*
alterlichen Handels- u. Verkehrs zwischen Westdtld. u. Italien 2 Bde. 1900,

Jak. Strieder, Studien zur G. kapitalistischer Organisationsformen 1914. Ueber *Werner Sombart, Der moderne Kapitalismus.* 2 Bde. [1] 1902 [3] 1919 vgl. IV § 8 S. 96. Wie sich im Bilde räumlich bedingter Wirtschaftsbildung die ganze Richtung des Wirtschaftslebens eines Kulturkreises schildern läßt, zeigt *Hch. v. Srbik. Der staatliche Exporthandel Oesterreichs unter Leopold I. bis Maria Theresia. Untersuchungen zur Wirtschaftsg. Oesterreichs im Zeitalter des Merkantilismus* 1907. Lehrreiche Monographien von weiterem Gesichtskreise sind *Wm. v. Heyd, G. des Levantehandels im Mittelalter* 1879, *Gg. Schanz, Englische Handelspolitik gegen Ende des Mittelalters* 1881, *W. Cunningham, Growth of English industry and commerce during the early and middle ages,* Cambridge 1890, oder das in den Tatsachen überholte, aber für seine Zeit wertvolle Werk von *Karl Lamprecht, Deutsches Wirtschaftsleben im Mittelalter,* 3 Bde. 1886, *Ernst Rob. Dänell, Die Blütezeit der dt. Hanse* 1906, *Theod. Mayer, Wesen und Entstehung des Kapitalismus,* Zschr. f. Volksw. u. Sozialpol. NF. 1 (1921) 5—33.

In der Mitte zwischen Handels- und Finanzgeschichte bewegt sich die historische Darstellung der Preisverhältnisse. Für die Antike knüpft die Darstellung besonders an das Höchstpreisedikt Diokletians vom J. 301.

K. Bücher, Zsch. f. Staatswissenschaften (1894) S. 189 u. 672. Für das Mittelalter: Const. Leber, Essay sur l'appréciation de la fortune privée au moyen âge relativement aux variations des valeurs monétaires et du pouvoire commercial de l'argent [2] Paris 1847, besonders aber Vte d'Avenel, Histoire économique de la propriété, des salaires, des denrées et de tous les prix en général depuis l'an 1200 jusqu' en l'an 1800, 5 Bde. Paris 1894—1909; Stef. Beissel, Geldwert u. Arbeitslohn im Mittelalter in Stimmen aus Maria Laach, Ergh. 27 (1884); Gg. Wiebe, Zur G. der Preisrevolution des 16. u. 17. Jhs = Staats- u. sozialw. Beitrr. 2/2 (1895); F. Kral, Geldwert u. Preisbewegung im Dt. Reich 1871—1884 (1887). Zur Methodologie preisgeschichtlicher Arbeiten ziehe man Andr. Walther, Geldwert in der G. in Vjschr. f. Soz. u. Wirtschaftsg. 10 (1912) 1 ff. heran.

Die Finanzgeschichte behandelt Finanzpolitik, allgemeine Finanzverhältnisse, Organisationsformen, bestimmte Institute, Einrichtungen usw., wobei die Verschlingung mit den übrigen politischen, wirtschaftlichen und gesellschaftlichen Zuständen ins Auge zu fassen sein wird. Neuerdings hat man den Finanzverhältnissen im Altertum größere Aufmerksamkeit zugewandt.

Edd. Meyer, Zur G. der attischen Finanzen in Ff. z. alten G. 2 (1899); Kurt Riezler, Ueber Finanzen und Monopole im alten Griechenland 1907; Gv. Billeter, G. des Zinsfußes im griechisch-röm. Altertum bis auf Justinian 1898; Mich. Jw. Rostowzew, Studien zur G. des röm. Kolonats, A. f. Papyrusf. Berheft 1 (1910); Antonin Deloume, Les manieurs d'argent à Rome [1] 1890, [2] 1892; Fch. Preisigke, Girowesen im griech. Aegypten 1910. Für das europäische Mittelalter: Karl Dietr. Hüllmann. Dt. Finanzg. des Mittelalters, Berlin 1805; Karl Zeumer, Zur G. der Reichssteuern im früheren Mittelalter HZ. 81 (1898); Ant. v. Kostanecki, Der öffentl. Kredit im Mittelalter = Staats- u. sozialw. Ff. 9/1 (1889); Paul Sander, Die reichsstädtische Haushaltung Nürnbergs 1902; Ant. Bailly, Histoire financière de la France depuis l'origine de la monarchie jusqu'à la fin de 1786 2 Bde. Paris 1830; A. Wuhrer, Histoire de la dette publique en France 2 Bde. Paris 1886. Den neueren Jahrhunderten wendet sich zu Gv. v. Schmoller, Die Epochen der preuß. Finanzpolitik, Jhb. f. Ges. u. Verw. 1 (1877); Thom. Doubleday, A financial, monetary and statistical history of England from the revolution of 1688 to the present time, London 1847; John B. Sinclair, History of the public revenue of the British empire 2 Bde. London 1785, [3] 1803. R. Stourm, Les finances de l'ancien régime et de la révolution, origines du système, fin, actuel 2 Bde. Paris 1885; Ch. Gomel, Les causes financières de la révolution française, Paris 1892. Einzelne Fragen behandelt Frz. Frh. v. Mensi, Die Finanzen Oesterreichs von 1701—1740 (1890); H. Limburg, Die königliche Bank in Nürnberg in ihrer Entwickelung (1780—1900) 1903; H. Warren, The story of the bank of England, London 1903.

Auf dem Gebiete der Verkehrsgeschichte handelt über die allgemeinen (soziologischen) Fragen: *F. C. Huber, Die g.liche Entwicklung des* ·

modernen Verkehrs 1893. Für die antike Verkehrsgeschichte: *Wolfg. Riepl,
Das Nachrichtenwesen im Altertum* 1913. Als Beispiel für die neuere Zeit:
Fritz Ohmann, Die Anfänge des Postwesens u. die Taxis 1909. Vgl. IX § 27.

§ 14. Die Einteilung nach den Erscheinungen der Willenssphäre.

Recht, Sitte, Moral. Religion stehen hier im Mittelpunkt des Interesses.
Mehr als andere Erscheinungen sind diese im Geistigen verankert, wirken sich
aber unter Umständen stark im Praktischen aus. Das wird am klarsten bei
der Behandlung der R e c h t s g e s c h i c h t e. Man kann auf die Schilderung
der Rechtsverhältnisse oder man kann auf die der Rechtsanschauungen das
Hauptgewicht legen, man kann sie rein um ihrer selbst willen behandeln als
einen besonderen Teil der Geschichte oder aber vom Fachstandpunkte der
Juristen als die notwendige Ergänzung ihrer Systematik. Die Notwendigkeit,
zwischen System und geschichtlichem Werdegang Kompromisse zu schließen,
führt leicht dazu, daß diese zwei gegensätzlichen Standpunkte einander Schaden
zufügen. Der Systematiker im Rechtsgeschichtler führt zu Konstruktionen,
die dem geschichtlichen Werden Gewalt antun, der Historiker in ihm läuft
Gefahr, die der Rechtslehre so notwendige Bildung scharfer Begriffsgrenzen
zu verhindern, indem er diese Grenzen verwischt.

Die Ursprünge der Rechtsgeschichte gehen auf praktische Bedürfnisse
zurück. Jeder Rechtsstreit, der auf zeitlich weiter zurückreichende Ansprüche
sich beruft, schneidet die Rechtsgeschichte an. Hier setzen die Reichsjuristen
des 17. Jhs. ein wie *Herm. Conring* mit seiner Schrift *De origine juris
Germanici.* Helmstedt 1643. Vergeistigt hat die gesamte Anschauung vom
Wesen des Rechts *Montesquieu* mit seinem *Esprit des lois* (1748), doch konnte
gerade der Rechtsgeschichte die naturrechtliche Auffassung der Aufklärung
ungleich weniger bieten als die Romantik. Indem diese in Sprache, Verfassung, Recht und Sitte organische Bildungen erblickte von pflanzenhaftem
Wachsen und Gedeihen, die nur innerhalb bestimmter völkischer Kulturgemeinschaften so und nicht anders sich entwickeln, ward erst der Grund für eine
geschichtswissenschaftliche Betrachtung der Rechtsverhältnisse gelegt und diese
Betrachtung losgelöst von praktischen Nebenzwecken. Unter dem Einflusse
dieser Anschauungen hat *Karl Frdr. Eichhorn* durch seine *Dt. Staats- u.
Rechtsg.* (1808—23) die Bahn gebrochen; zu einem System hat *Karl v. Savigny*
diese Theorie in der Schrift *Ueber den Beruf unserer Zeit zur Gesetzgebung u.
Rechtswissenschaft* (1814) zusammengefaßt. Seither gehört Rechtsgeschichte
zu einem vielbearbeiteten Zweig der Geschichtswissenschaft überhaupt, aus
ihrem Werdegang ist es auch zu verstehen, daß die Behandlung der nationalen
Rechtsentwickelungen jener der Antike vorangegangen ist. Der Einfluß *Savignys*
machte sich jedoch auch da geltend. *Theod. Mommsen,* von Haus aus Jurist,
lenkte sein Augenmerk auf die Geschichte des römischen Rechtes, das man
bisher vor allem dogmatisch und weniger historisch untersuchte. Die von ihm
im *Corpus inscriptionum* bearbeiteten Inschriften boten eine willkommene Grundlage. Sein *Römisches Staatsrecht* Bd. 1, 2/1, 2/2, 3/1, 3/2 (1871—88), ²1—2
(1887) = *Systemat. Hdb. der dt. Rechtsw.,* hg. v. *C. Binding* I/3, brachte zum
ersten Male die Normen des römischen Staates in ein System, 1899 kam
ebenda sein *Römisches Strafrecht* heraus. Auch die griechische Rechtsgeschichte

hängt eng mit der Ausgabe der Inschriftenfunde zusammen. Es ist kein Zufall, daß *Phil. Aug. Boeckh*, der 1815 bei der Berliner Akademie das *Corpus inscriptionum Graecarum* angeregt hatte, 1817 mit dem grundlegenden Werke *Die Staatshaushaltung der Athener (jetzt [3] hg. v. M. Fränkel* 1886) herauskam. Inzwischen haben *J. H. Lipsius, Das attische Recht und Rechtsverfahren mit Benutzung des Attischen Prozesses von M. H. E. Meier und G. F. Schoemann* 1905 ff. und *Hch. Swoboda, Beitrr. z. griechischen Rechtsg.* 1905 dieses Gebiet weiter ausgebaut. Die stärksten Antriebe zur Darstellung der antiken Rechtsgeschichte empfing man aber durch die neuen Funde der Papyri. Sie erst boten einen Einblick in das Rechtsleben und in die Rechtsanwendung, in das Verhältnis zwischen Norm und Verwirklichung der Norm, in den Zusammenhang zwischen griechischem und römischem Rechte. Vgl. *Leop. Wenger, Röm. und antike Rechtsg.* 1905. Bahnbrechend wirkte in der Verwertung der Papyrusrollen für die Rechtsgeschichte *Ldw. Mitteis, Reichsrecht u. Volksrecht in den östlichen Provinzen des röm. Kaiserreichs* 1891 und dessen *G. der Erbpacht im Altertum* 1901. Ihm folgten *Leop. Wenger, Mor. Wlassak* und *Paul Koschaker*, welch letzterer sich mit seinem Buche *Babylon.-assyr. Bürgschaftsrecht* 1911, der Darstellung altorientalischer Rechtszustände zuwandte.

Die Geschichte des Rechtes hat für Deutschland in *Rich. Schröder, Lehrb. der dt. Rechtsg.*, [6] hg. v. *Küntzberg*, eine enzyklopädische Zusammenfassung gefunden. Eigenartiger behandelt *Hch. Brunner, Dt. Rechtsg.*, 2 B. 1887—92 = *Bindings System. Hdb. der dt. Rechtsw.* II/1 diesen Stoff, von dem er in *Grundzüge der dt. Rechtsg.* [6] 1913 eine knappe übersichtliche Darstellung gibt. Für die österreichische Reichsgeschichte ist die mehr juristische Behandlung durch *Arnold Luschin v. Ebengreuth, Oesterr. Reichsg.* [1] 1895—96 und die stärker geschichtlich betonte von *Alf. Huber, Oesterr. Reichsg.* [2] bearb. v. *Alf. Dopsch* 1901 charakteristisch. Für England *Ernest Glasson, Histoire du droit et des institutions politiques, civiles et judiciaires de l'Angleterre comparés au droit et aux institutions de la France depuis leur origine jusqu à nos jours*, 6 Bde., Paris 1881/8, *Jul. Hatschek, Englische Verfassungsg.* = *Hdb. der mitt. und neueren G.* 1913, *J. W. Maitland, The constitutional history of England*, Cambridge 1908. Für Frankreich: *Paul Viollet, Histoire du droit civil français* [3] Paris 1905, *Rob. Holtzmann, Französ. Verfassungsg. von der Mitte des 9. Jhs. bis zur Revolution* im *Hdb. d. Mitt. u. Neueren G.* 1910, *Ernst Mayer, Dt. u. französ. Verfassungsg. vom 9.—11. Jh.*, 2 Bde., 1899 und derselbe *Italien, Verfassungsg. von der Gothenzeit bis zur Zunftherrschaft*, 2 Bde., 1909, *Ant. Pertile, Storia del diritto italiano dalla caduta dell impero Romana alla codificazione*, 6 Bde., [1] Padua 1873—87, [2] Turin 1892 ff. — Als Beispiele für die Behandlung einzelner Rechtserscheinungen sei an *Karl v. Amira, Der Stab in der german. Rechtssymbolik* in Abh. der bayer. Ak. 25 (1909) oder an das richtunggebende Werk von *Otto Gierke, Das dt. Genossenschaftsrecht*, 3 Bde., 1868—81 erinnert oder an *Jul. v. Ficker, Vom Reichsfürstenstande*, 2 Bde., 1861, 1911. Natürlich teilt sich die Rechtsgeschichte nicht bloß nach Nationen und Machtbereichen, sondern auch nach allen anderen Belangen (öffentliches, Privatrecht, und da wieder nach den Unterabteilungen Sachen- und Familien-, Erb-, Handelsrecht, ferner Zivilprozeß, Straf-, Staats-, Verwaltungs-, Kirchenrecht). Jedes dieser Gebiete verdient geschichtliche Würdigung und wird auch berücksichtigt. Vgl. *Karl v. Amira,*

Ueber Zweck und Mittel der german. Rechtsg. 1876. Eine kritische Uebersicht der wichtigsten Strömungen in der neueren Rechtsgeschichte findet man bei *Alf. Dopsch, Wirtschaftl. u. soziale Grundlagen der europ. Kulturentwicklung* 1 (1918) 1—51, ausführlich bei *R. v. Stintzing* u. *E. Landsberg, G. d. dt. Rechtswissenschaft* 1880—1910. Vgl. S. 145. Für die spanische Rechtsgeschichte *D. Rafael de Ureña y Semenjaud, Historia de la literatura juridica española,* Madrid (Universidad central) 1906.

Das Problem der Rechtsgeschichtsschreibung liegt, wie wir schon angedeutet haben, in der Ueberbrückung der natürlichen Gegensätze, die zwischen Rechts- und Geschichtswissenschaft bestehen. Beruht diese auf der Erforschung der Tatsachen, so strebt der dogmatisch gebildete Jurist nach Bildung scharfumrissener Begriffe, die sich in ein festgefügtes System einordnen lassen. Weicht somit der Historiker (vgl. z. B. *Gg. Waitz, Dt. Verfassungsg.*. 8 Bde., [1]1844—78, Bd. 1 6 [3]1880—96) aus Achtung vor dem quellenmäßig Feststellbaren allen weiteren Schlußfolgerungen aus, so setzt sich der von einem vorgefaßten Urteil befangene Rechtswissenschaftler unter Umständen über die Quellen hinweg. Eine juristisch-historische Personalunion wie *Th. Mommsen* bleibt ein glücklicher Ausnahmefall. Hiezu kommt, daß die Rechtsentwicklung mit der Tatsachenentwicklung nicht den gleichen Schritt zu gehen braucht. Juristische Form und wirkliche Macht brauchen sich nicht zu decken, das geschichtliche Leben gibt dieser Form oft erst den wahren Inhalt. Ueberdies kann zwischen Rechtsanschauung und Rechtsausübung eine ziemliche Spannung bestehen. Alle diese verschiedenen Gesichtspunkte zu vereinigen und zu berücksichtigen bietet für den Rechtsgeschichtler eine überaus schwierige Aufgabe.

Die Geschichte der S i t t e n, wenn sie mehr sein wollte als eine Schilderung von Absonderlichkeiten, konnte erst seit der Aufklärung wissenschaftlich behandelt werden. *Voltaires Essai sur les moeurs et l'esprit des nations, et sur les principaux faits de l'histoire, depuis Charlemagne jusqu'à Louis XIII.* (1744 bzw. 1754) gibt da den Ton an. Noch ist freilich die Auffassung ohne inneren Halt. Erst *Herder* zeigte den Zusammenhang zwischen Sitten, Gebräuchen, Rechtsformen und Volkstum. Von anderer Quelle wurde in *Wm. Edw. H. Lecky* der Gedanke gespeist, eine *History of European morals from Augustus to Charlemagne* (1869) zu schreiben. *Lecky* war ein Schüler *Buckles* beziehungsweise *Comtes.* Dagegen war *Wm. Wachsmuth,* der eine *Europäische Sitteng. vom Ursprung volkstümlicher Gestaltungen bis auf unsere Zeit,* 6 Bde., 1831—9, schrieb, im Banne romantischer Ideen. Alle diese Versuche, dem Problem der Sittengeschichte nahezukommen, fließen in neuerer Zeit in den Bestrebungen der modernen Völkerpsychologie (*Wm. Wundt*) zusammen und finden sich da im Vereine mit der Ethnologie (*J. Lubbock, The origin of civilisation and primitive condition of man,* [5]London 1889, *Rich. Hildebrand, Recht u. Sitte auf den primitiven wirtschaftl. Kulturstufen,* [2]1907), mit Philologie, Volkskunde und Soziologie. Parallel mit diesen Versuchen, der Sittengeschichte eine philosophisch-psychologische Grundlage zu geben, geht durch alle Zeiten hindurch die Freude an der Schilderung des in der Geschichte sich darbietenden Bekannten, Merkwürdigen und Ungewöhnlichen. Will die wissenschaftlich betriebene Sittengeschichte Gebräuche und Moralbegriffe aus der geistig-sittlichen Gesamthaltung einer Zeit oder eines Volkes erklären, so gestaltet sich die unwissenschaftliche Art der sog. „Kulturgeschichtsschreibung", die einzelnen

Erscheinungen des Morallebens herauszuheben, zu vereinzeln und in Gegensatz zu bringen mit unserem modernen Empfinden.

Eine Gesamtdarstellung bietet Edw. We s t e r m a r c k, Ursprung u. Entwickelung der Moralbegriffe. dt. Uebers 2 Bde. 1907/9. Einzelne Gebiete behandelt Ldw. F r i e d l a e n d e r, Darstellungen aus der Sitteng. Roms in der Zeit von Augustus bis zum Ausgang der Antonine 4 Bde. [9] 1919/20; Gg. G r u p p, Kulturg. des Mittelalters 2 Bde. [2] 1907 (katholisch); Joh. H a n s e n, Zauberwahn, Inquisition und Hexenprozeß im Mittelalter u. die Entstehung der großen Hexenverfolgung 1909; Alw. S c h u l t z, Das häusliche Leben des europäischen Volkes vom Mittelalter bis zur 2. Hälfte des 18. Jhs. 1903; Bert. H a e n d c k e, Dt. Kultur im Zeitalter des 30j. Krieges 1906; P. G. M o l m e n t i, La storia di Venezia nella vita privata 3 Bde. [3] Bergamo 1903/8; Ch. V. L a n g l o i s, La vie en France au moyen âge d'après quelques moralistes du temps, Paris 1908; J. R. G r e e n, Town life in the 15th century 2 Bde. London 1894; E. W e s t e r m a r c k, G. der menschlichen Ehe 1893; Wm. H. R i e h l, Die Naturg. des Volkes 1859—89.

Die R e l i g i o n s g e s c h i c h t e teilt mit der Sittengeschichte die Nachbarschaft und Mitarbeit der Völkerpsychologie, Ethnologie, Philologie und Volkskunde. Liegt es im Wesen jeder höherstehenden Religion nach Absolutheit ihrer Werte zu verlangen, also ihre Lehren als für alle Zeiten und Menschen verbindlich zu erachten, so ist es Aufgabe des Geschichtschreibers, die Erscheinungen, die sich ihm darbieten, in ihrer zeitlich-räumlichen und ihrer seelischen Bedingtheit darzustellen. Hiezu kommt die besondere Begabung und Willens- bzw. Gefühlsrichtung, die dem Religionshistoriker eigen sein muß, um den ihm sich darbietenden Problemen gerecht zu werden. Ueberdies stehen der Religionsgeschichte die Bedenken der orthodoxen Theologie entgegen.

Vereinzelt hat man sich schon bisher mit der Religion als geschichtlicher Erscheinung beschäftigt, besonders seit dem Augenblick, da man sich bewußt wurde, daß sie nicht bloß das Werk einzelner Stifter ist. So *Otto Pfleiderer, Die Religion, ihr Wesen und ihre G.* 1869, *Herm. Usener, Religionsg.liche Untersuchungen* 2 Bde. 1889. Philologie und Ethnologie haben das Geistesfeld noch erweitert. Vgl. *Erw. Rohde, Psyche. Seelenkult u. Unsterblichkeitsglaube der Griechen* [1] 1891/4 [7.8] 1921; *Albr. Dieterich, Mutter Erde. Ein Vers. über Volksreligion* 1905, *Nekyia* [2] 1913; *Rich. Reitzenstein, Die hellenistische Mysterienreligion* 1910.

Dem Interesse, das Holland (1876) und die Schweiz (1877) durch Errichtung religionsgeschichtlicher Lehrkanzeln bezeugte, verdankt dieser Wissenszweig neue Anregungen. So entstand *P. D. Chantepie de La Saussaye, Lehrb. der Religionsg.* [4] bearb. v. *Edv. Lehmann* (im Erscheinen) = *Sammlung theolog. Lehrbb.* 3/1 u. 2, neben dem *C. P. Thiele, Kompendium der Religionsg.* [3] dt. 1903 und *C. v. Orelli, Allg. Religionsg.* = *Sammlung theol. Hdbb.* 1/2 (1899) zu nennen sind. — Gegenüber der rein philologisch-historischen Kritik, wie sie *Wellhausen* und z. T. *Adolf Harnack* trieben, haben *Herm. Gunkel, Schöpfung u. Chaos in der Urzeit u. Endzeit* 1895, *Johs. Weiß, Die Predigt Jesu vom Reiche Gottes* 1892, *Wm. Bousset, Der Antichrist in der Auffassung des Judentums, des Neuen Testaments u. der alten Kirche* 1895 die Grundlagen der Forschung weiter ausgedehnt, so daß sich jetzt eine auf eigenen Füßen stehende Religionsgeschichte bilden konnte. Deren hervorragendste Vertreter sind gegenwärtig *Lars Olof Jon Söderblom, Die Religion u. die soziale Entwicklung* 1898, *Das Werden des Gottesglaubens* 1916 und *Edvard Lehmann, Zarathustra, en bog om Persernes gamle tro* 2 Bde. 1899, 1902, *Der Buddhismus* 1911. — In eigentümlicher Weise hat *Ernst Troeltsch. Die Soziallehren der christlichen Kirchen* 1912 die Religionsgeschichte befruchtet.

Eine gut orientierende Einführung in die religionsgeschichtliche Fragestellung und die in Betracht kommenden Richtungen in *Die Religion in G. und Gegenwart* 4 (1912) 2183—2200. Vgl. *Ggr. Foucart, La méthode comparative dans l'histoire des religions,* Paris 1909.

Ungleich älter als die Religionsgeschichte ist die K i r c h e n g e s c h i c h t e, wenn es auch freilich lange gedauert hat, ehe sie sich zur Höhe wissenschaftlicher Betrachtungsweise erhoben hat. Seit *Eusebios* war sie das ganze Mittelalter hindurch nur bestrebt, die Erscheinung des Göttlichen in der Geschichte darzustellen, ohne die für Kritik nötige geistige Entfernung und Unbefangenheit aufzubringen. Der erste, der in dieser Hinsicht Anregungen gab, war *Erasmus von Rotterdam,* aber wie so vieles, was der Humanismus säte, trieb erst in der Aufklärung Blüten. *Voltaires* geschichtsphilosophische Betrachtung der Dinge, die Ueberwindung des strengen Supranaturalismus, die Erkenntnis des Ideengehaltes im geschichtlichen Geschehen, das alles ermöglichte erst eine unseren Ansprüchen genügende Kirchengeschichtsschreibung. Ihr tritt freilich seit der Reformation in Deutschland die Glaubensspaltung hinderlich in den Weg und erschwert die der Wissenschaftlichkeit unerläßliche Objektivität.

Die Kirchengeschichte brachte in *Aug. Neander* einen Vorläufer *Rankes* hervor, der die Macht der Ideen, wenn auch noch stark supranaturalistisch befangen, innerhalb der christlichen Kirche und deren Kämpfen zu schildern suchte. So in *Kaiser Julianus u. sein Zeitalter, ein histor. Gemälde* 1813, *Der hl. Bernhard u. sein Zeitalter* 1813 [2] hg. v. *S. M. Deutsch* = *Bibl. theol. Klassiker* Bd. 22/3 (1889) und *Allg. G. der christl. Religion u. Kirche* 1825—52. Sonst spiegeln sich in der Behandlung der Kirchengeschichte nicht bloß die konfessionellen, sondern auch die andern geistigen Richtungen. Von protestantischen Historikern sei *Adolf Harnack, Ausbreitung des Christentums in den ersten 3 Jhtn.* 2 Bde. [2] 1906, *W. M. Ramsey, The church in the Roman empire before a. d. 170* [5] London 1898, *E. W. Möller Lehrb. der Kircheng.* 2 Bde. [2] v. *Hs. v. Schubert* 1897, 1902 = *Sammlung theol. Lehrbb.* 4/1—3, *Karl Müller, Kircheng.* = *Grundr. der theol. Wissenschaften* 1. Reihe 4 (1892 ff.); *Hs. v. Schubert. Die G. der Kirche im frühen Mittelalter* 1 (1917), 2/1 (1920) und besonders *Alb. Hauck, Kircheng. Dtlds.* 1887 ff. [2] 1904 ff. (vorzügliches Werk!) genannt. Auf katholischer Seite stehen die Werke von *Ign. v. Döllinger, Die Reformation. Ihre neuere Entwicklung u. ihre Wirkungen im Umfange des lutherischen Bekenntnisses* 3 Bde. 1846/8, *Hch. Denifle, Luther u. Luthertum in der ersten Entwicklung* 2 Bde. 1904/9, *Jos. v. Hergenröther, Hdb. der allgem. Kircheng.* 3 Bde. [4] bearb. v. *J. P. Kirsch* 1902/7, Die Lehrbücher der Kirchengeschichte von *Frz. X. Kraus* [6] 1909, *Frz. X. Funk* [5] 1906, *Al. Knöpfler* [4] 1906, *Karl Jos. v. Hefele, Konzilieng.* 7 Bde. 1855 ff. [2] 9 Bde. 1887/90.

Die Kirchengeschichte gliedert sich, wie aus einzelnen hier angeführten Titeln schon hervorgeht, auch räumlich. Es gibt von *W. R. W. Stephens* und *W. Hunt* herausgegeben *A History of the english church* 7 Bde. London 1899 bis 1906, von *P. B. Gams, Die Kircheng. von Spanien* 3 Bde. 1862/79, von *Philaret, G. der Kirche Rußlands* dt. v. *Blumenthal* 2 Bde. 1872, von *Edd. Fueter, Religion u. Kirche in England* 1904, *Hauck* (s. o.) u. a. An bedeutende Persönlichkeiten knüpft *Jos. v. Hergenröther, Photius, Patriarch von Konstantinopel, sein Leben, seine Schriften u. das griech. Schisma* 3 Bde. 1867/9, *Paul Sabatier, Vie de saint François d'Assise* [1] Paris 1894 [24] 1899, *Wm. Kampschulte, Johann Calvin* 1 (1869) [2] bearb. v. *W. Götz* 1899; *Emil Doumergue, Jean Calvin* 3 Bde. Lausanne 1899—1905 an. Einzelne kirchliche Erscheinungen behandelt *Adolf v. Harnack, Das Mönchstum* 1907; *Wm. Preger, G. der dt. Mystik im Mittelalter* 3 Bde. 1874/93; *H. Ch. Lea, A History of the inquisition of Spain* 4 Bde. New York 1906/7, *Ulr. Stutz, Die Eigenkirche als Element des mittelalterlich-german. Kirchenrechts* 1895.

Methodologisches über Kirchengeschichtsschreibung findet man von *W. Köhler* in *Die Religion in G. u. Ggw.* 3 (1912) 1260/75. Dort auch weitere Literaturangaben. Vgl. *R. F. Arnold, Bücherkde.* [2] S. 277/87.

§ 15. Die Einteilung nach den Erscheinungen des Geistigen.

Der Gedanke, G e i s t e s g e s c h i c h t e zu treiben, fällt eigentlich mit der Entwicklung zusammen, daß als Beweger in der Mechanik des geschichtlichen Lebens die Ideen eine entscheidende Rolle spielen können. In gewissem Sinne könnte man *Rankes* Schaffen geistesgeschichtlich nennen, insofern nämlich als er in der Darstellung auch politischer Vorgänge die Auswirkung geistiger Kräfte erblickte. Verfeinert hat sich diese Anschauung noch in *Fch. Meinecke*, besonders in dessen *Weltbürgertum u. Nationalstaat. Studien zur Genesis des dt. Nationalstaates* [5] 1919, wo das Materielle des historischen Lebens so durchgesiebt erscheint, daß nur die zarten geistigen Verbindungslinien zwischen Ursache und Wirkung übrig bleiben, diese aber in meisterhafter Weise klargelegt werden. Im übrigen ist Geistesgeschichte nicht so sehr stofflich bedingt als vielmehr eine bestimmte Betrachtungsart der Geschichte, die auf die meisten Gebiete der historischen Erscheinungswelt (Politik, Krieg, Nation, Persönlichkeit, Religion usw.) anwendbar ist. Sonst kommen hier vor allem S p r a c h e , L i t e r a t u r , K u n s t , W i s s e n s c h a f t und B i l d u n g s w e s e n in Betracht. Ueber die Geschichtsschreibung von Sprache, Literatur und Kunst zu sprechen, erübrigt es sich, da diese so eng verknüpft mit den ihnen zugrundeliegenden Sondergebieten sind oder sich, wie die Kunstgeschichte, so verselbständigt haben, daß sich ihrer Aufgaben nur ein mit besonderen Fachkenntnissen ausgestatteter Fachmann unterfangen wird. Dies gilt vor allem für die Sprache. Näher steht uns schon die L i t e r a t u r g e s c h i c h t e . Diese ringt sich ebenso wie die K u n s t g e s c h i c h t e erst zu einer sicheren Methodik durch. Ueber die Literaturgeschichte vgl. *Harry Maync, Literaturg. als Wissenschaft* in *DLZtg.* 36 (1905) S. 5—9, wo über verschiedene Schriften zu dieser Frage berichtet und Stellung genommen wird. Nach dem Muster *Bernheims* hat *Hs. Tietze* in seinem Werke *Die Methode der Kunstg.* 1913 die wissenschaftlichen Grundlegungen dieser Wissenschaft zusammengefaßt.

Auf diesen Gebieten, wie auch auf den der W i s s e n s c h a f t s g e s c h i c h t e suchen zwei Anschauungsarten nach einem inneren Ausgleich: man kann Literatur, Kunst, Wissenschaft biographisch behandeln oder man kann in ihnen den Ausdruck bestimmter in der Zeit liegender Geistesrichtungen, Ideen erblicken und in diesem verschiedenen Sinne einseitig zur Darstellung betrachten. Im allgemeinen ist die letztere die ursprüngliche Auffassung und hat sich erst unter dem Einflusse der Romantik zugunsten der organischen gewandelt, wonach diese Erscheinungen einem inneren Gesetze folgen. Für die Wissenschaftsgeschichte mögen als Muster dieser zwei Darstellungsmöglichkeiten einerseits *Theodor Gomperz, Griechische Denker. Eine G. der antiken Philosophie* 3 Bde. 1896–1909 ² 1903 ff. und *Wm. Windelband, G. der alten Philosophie = Hdb. d. klass. Altertums* 5/1 (1912) miteinander verglichen werden.

Unter dem Titel *G. der Wissenschaften in Dtld.* hat die Historische Kommission in München 1864 die Geschichte der einzelnen Wissenschaftsgebiete auf deutschem Boden seit der Renaissance in Einzeldarstellungen von berufenen Fachmännern herausgegeben. Davon sei genannt: *Karl Werner, G. der kathol. Theologie seit dem Trienter Konzil* 6 (1868, ² 1889); *Herm. Lotze, G. der Aesthetik* 7 (1868, ² 1913); *Theod. Benfey, G. der Sprachwissenschaft u. oriental. Philologie in Dtld.* 8 (1869); *R. H. G. v. Raumer, G. der german. Philologie* 9 (1870); *Konr. Bursian, G. der klass. Philologie in Dtld.* 19 (1883); *F. X. Wegele, G. d. dt. Historiographie seit dem Humanismus* 20 (1885); *D. F. Peschel, G. der Erdkunde* 4 (1865); *J A Rod. v. Stintzing, G. der dt. Rechtswissenschaft* 18 (1880—1910, 3 Bde. 1: — 1650, 2: — 1700, 3/1: — 1800, 3/2: — 1870, davon 2 u. 3 hg. von Ernst Landsberg); *Herm. Kopp, G. der Chemie* 10 (1873); *Rud. Wolf, G. der Astronomie* 16 (1877); *C. J. Gerhardt, G. der Mathematik in Dtld.* 17 (1877); *Aug Hirsch, G. der medizinischen Wissenschaften in Dtld.* 22 (1893); *Karl Karmarsch, G. der Technologie seit der Mitte des 18. Jhts.* 11 (1872). — Diesen in der Mehrzahl sich bloß auf Deutschland beschränkenden Gesamtdarstellungen stehen solche über das deutsche Kulturgebiet hinaus wie von *Hch. Suter, G. der mathematischen Wissenschaften* 2 Bde. ² 1873/5 oder das *Hdb. der G. der Medizin* von *Theod. Puschmann,* hg. von *Max Neuburger* und *Jul. L. Pagel* 3 Bde. 1902—05. National bzw. zeitlich abgegrenzt ist z. B. *Ch. Virolleaud, L'astrologie chaldéenne,* Paris 1903 ff., *Paul Jörs, Römische Rechtswissenschaft zur Zeit der Republik* 1888. Einzelne wissenschaftliche Fragen behandelt historisch: *Ernst Cassirer, Das Erkenntnisproblem in der Philosophie u. Wissenschaft der neueren Zeit* 2 Bde. 1906/7 oder *Wm. Endemann, Studien in der romanistisch-kanonistischen Wirtschafts- u. Rechtslehre* 2 Bde. 1874/83. Um führende Persönlichkeiten gruppieren sich Darstellungen wie *Herm. Siebeck. Aristoteles* (in Frommanns Klassiker der Philosophie) ² 1902, *Ernest Renan, Averros et l'Averroïsme,* Paris ² 1866; *Pierre Duhem, Études sur Léonard da Vinci ceux qu'il a lus et ceux qui l'ont lu,* Paris 1906.

Als ein eigener Zweig sondert sich die Geschichte der **Erziehung** und des **Bildungswesens** ab. Ein ausgezeichnetes Werk in dieser Hinsicht ist *Fch. Paulsen, G. des gelehrten Unterrichts auf den dt. Schulen und Universitäten vom Ausgang des Mittelalters bis zur Gegenwart* ¹ 1885 ² 2 Bde. 1896/7. Sonst noch *Hch. Jul. Kämmel, G. des dt. Schulwesens vom Ausgang des Mittelalters zur neueren Zeit* 1882, *Hastings Rashdall, The universities of Europe in the middle ages* 2 Bde. Oxford 1895, *Louis Liard, L'enseignement supérieur en France* 1789—1892 2 Bde. Paris 1889/94, *Edwin Grant Dexter, A history of education in the United States,* New York 1904.

Den Ring zwischen rein Geistigem und rein Politischem schließt die Behandlung der **Geschichte des Zeitungswesens** (vgl. IX § 27). Auch hier wiederholt sich die Tatsache, die auf allen Gebieten zu bemerken ist, daß die Interessen der beruflich an diesen Erscheinungen Beteiligten zunächst im Vordergrunde stehen und erst allmählich von den Fachhistorikern abgelöst werden. Es handelt sich da vorzüglich für den Zeitungshistoriker, die einzelne Zeitung nicht als etwas Für-Sich-Stehendes darzustellen, sondern im Zusammenhang mit der politischen und geistigen Gesamthaltung einer bestimmten Zeit oder eines bestimmten Territoriums. Vgl. S. 116 f. Eine ähnliche Aufgabe obliegt den Darstellungen, die etwa die politische Lyrik einer Zeit oder den Ideengehalt der Dichtungsart einer bestimmten Epoche zu schildern haben. Diese Aufgaben können sich mit biographischen kreuzen, wenn etwa Untersuchungen angestellt werden wie von *Ch. H. Firth, Milton us an historian* = *Papers read at the Milton tercentenary* 3 (1908), *Ferd. Toennies, Schiller als Zeitbürger und Politiker* 1905, *Karl Rieger, Schillers Verhältnis zur französischen Revolution* 1885 oder von *Frz. X. Wegele, Goethe als Historiker* 1876.

VI.

Einteilung der Geschichtswissenschaft nach der Darstellungsart.

§ 1.　Allgemeines.

Die Geschehnisreihen, die uns die Geschichtswissenschaft zur Darstellung bringt, können von verschiedenen Gesichtspunkten aus betrachtet werden. Man kann sie in einzelne Ereignisse auflösen, von denen jedes als für sich bestehend angesehen wird ohne inneren Zusammenhang. Man kann die Glieder einer Geschehnisreihe als ein Ganzes und sie in ihrer gegenseitigen Abhängigkeit voneinander zu erkennen und diese Erkenntnis nach der einen oder anderen Seite hin zu verwerfen suchen. Man kann das historische Geschehen als Gesamtheit überhaupt als ein in sich zusammenhängendes Ganzes überblicken, indem jede Geschehnisreihe und jedes Glied einer solchen Reihe aus dem Zusammenwirken vorhergehender Reihen und Glieder entstanden ist. Ein weiterer Schritt nach vorwärts wäre es noch, dieses Entstehen in seiner Notwendigkeit aufzuzeigen und die Bedingungen des geschichtlichen Werdens aus bestimmten Gesetzen abzuleiten. Darnach unterscheiden wir

1. die r e f e r i e r e n d e Geschichtsschreibung, die sich begnügt das Tatsächliche des geschichtlichen Geschehens mitzuteilen,

2. die sog. p r a g m a t i s c h e Geschichtsschreibung, die sich bestrebt, den Verlauf des Geschehens nach Ursache und Wirkung zu erfassen und aus der so gewonnenen Begründung unter Umständen Folgerungen für das Leben, den Staat, die Partei, Schule usw. zu ziehen,

3. die g e n e t i s c h e Geschichtsschreibung, die jede geschichtliche Erscheinung als etwas allmählich Gewordenes, als den Endpunkt dieses Werdens auffaßt und das Hauptgewicht auf die verschiedenen Stufen des Zustandekommens dieser Erscheinung legt,

4. die s o z i o l o g i s c h e Geschichtsschreibung, die in dem geschichtlichen Geschehen nur eine Abwandlung von Erscheinungen sieht, in denen die hinter den Erscheinungen wirkenden historischen Gesetze zum Ausdruck kommen.

Diese vier Darstellungsarten bestehen heute nebeneinander. Ihren Ursprung verdankt jede von ihnen einer bestimmten Kulturhöhe und einer bestimmten psychologischen Einstellung bzw. dem Verhältnis, in dem die herrschenden Gedankenrichtungen zu der Welt stehen und wie sie das sich ihnen darbietende geschichtliche Weltbild zu begreifen suchen. Freilich haben aber gerade die referierende und die pragmatische Geschichtsschreibung (vgl. IX § 20) zeitlich in ihren Ursprüngen nicht immer einen Vorrang aufzuweisen, treten vielmehr sehr oft gleichzeitig bei einem und demselben Volke auf.

§ 2. Die referierende Geschichtsschreibung.

749. *Burghardus Wirzeburgensis episcopus et Folradus capellanus missi fuerunt ad Zachariam papam, interrogando de regibus in Francia, qui illis temporibus non habentes regalem potestatem, si bene fuisset an non. Et Zacharias papa mandavit Pippino, ut melius esset illum regem vocari, qui potestatem haberet, quam illum, qui sine reguli potestate manebat; ut non conturbaretur ordo, per auctoritatem apostolicam iussit Pippinum regem fieri.*

750. *Pippinus secundum morem Francorum electus est ad regem et unctus per manum sanctae memoriae Bonefacii archiepiscopi et elevatus a Francis in regno in Suessionis civitate. Hildericus vero qui false rex vocabatur, tonsuratus est in monasterium missus.* Aus *Annales regni Francorum*, MG. SS. in usum scolarum (1895) S. 8—10.

Dies als Beispiel referierender Geschichtserzählung. Vielleicht ist diese abgehackte nur in Aussagesätzen sich bewegende Darstellung ganz besonders charakteristisch, wenn man bedenkt, wie hier von Mitlebenden ein weltgeschichtliches Ereignis, der Aufstieg der Karolinger, die Entfernung der Merowinger vom Throne, behandelt wird. Man denke, wie jeder Zeitungsartikel heute bei jedem ungleich nebensächlicheren Geschehnis nach den tieferen Ursachen zu schürfen sucht. Hier die nackte Tatsachenmitteilung, die der Zeitungsdepesche entspricht.

Mit der Poesie verbindet die Geschichtsschreibung die Freude am Erzählen denkwürdiger Begebenheiten, aber parallel damit verläuft ein in öffentlichen Inschriften und amtlichen Eintragungen sich auswirkendes Streben des Menschen, sein flüchtiges Ich zu verlängern und zwar zunächst in der Richtung nach der Zukunft hin, die eigene Gegenwart den künftigen Geschlechtern in der Erinnerung zu bewahren. Als älteste Denkmäler der Geschichtsschreibung finden sich dementsprechend auch 1. Tatsachenaufzeichnungen in Inschriften, in Kalendern (die Tempelinschriften Thutmosis III zu Karnak, die auf den Eintragungen in die Pontificaltafeln beruhenden Annales maximi) u. ä. 2. Zusammenhängende Erzählungen, die, reiner Erzählerfreude entsprungen, höchstens allgemein menschliche, aber nicht eigentlich geschichtliche Ursachenforschung bieten (Herodot, Heldengesänge, Die Mehrzahl der mittelalterlichen Chroniken).

Beispiele referierender Geschichtsschreibung aus der Gegenwart sind die verschiedenen Jahreszahlentabellen für den Geschichtsunterricht, *Schulthess, Europäischer Geschichtskalender* 1860 ff., das *Annuaire* in der *Revue des deux mondes*.

§ 3. Die pragmatische Geschichtsschreibung.

„Für den Hörer wird vielleicht mein Werk durch den Umstand, daß es nichts Sagenhaftes enthält, weniger genußreich sein; es genügt mir aber, wenn der, der zu klarer Erkenntnis der vergangenen Ereignisse gelangen und dadurch auch diejenigen Vorgänge richtig auffassen will, die sich nach dem Laufe der menschlichen Dinge in Zukunft einmal wieder so oder ähnlich zutragen werden, das Werk als nützlich anerkennt." Mit diesen Worten kennzeichnet *Thukydides* den Abstand seiner Geschichtsbehandlung von der seiner Vorgänger, den Unterschied zwischen dem bloß Erzählerischen eines *Herodot* und der Erforschung jener Kräfte, die in dem geschichtlichen Geschehen wirksam sind. Er betrachtet die zu schildernden Ereignisse unter einem einheitlichen Gesichtspunkt und will, daß seine geschichtlichen Erkenntnisse zur Erkundung der Zukunft führen sollen. Ein lehrhafter Zug geht durch sein Werk. Und das gleiche beobachten wir an *Polybios*, aus dessen Wortschatz auch der Ausdruck πραγματική ἱστορία — wenn auch in anderer Ausdeutung — entlehnt ist. „Pragmatisch" heißt seit *Joh. Dav. Köler, De historia pragmatica* Altdorf 1741 hier so viel wie „für das Handeln und die Geschäftsführung anwendbar".

Damit ist freilich nur die e i n e Seite dieser Darstellungsart gekennzeichnet, die lehrhafte, praktische, die der Geschichte den Titel einer magistra vitae eintrug und die unter dem Einfluß der Stoa die Historie zu einer „Philosophie in Beispielen" (vgl. die *Facta ac dicta memorabilia* des *Valerius Maximus*) zu machen suchte. Diese Art besteht in der „patriotischen" Geschichtsschreibung, in den Memoiren, die ein Staatsmann oder Feldherr zu Nutzen seiner Enkelkinder, seiner Nachfolger oder Schüler verfaßt, heute ebenso weiter, wie sie in den Werken *Macchiavellis* und *Guicciardinis* bestanden hat. Die a n d e r e Seite erkennt man in dem Bestreben der inneren Verknüpfung und Ursachenergründung aller überkommenen Tatsachen. In diesem Streben ist der Weg zur Verwissenschaftlichung der Geschichtskunde vorgezeichnet. Vertieft wurde nach dieser Richtung die pragmatische Geschichtsschreibung erst durch *Montesquieu, Considérations sur les causes de la grandeur des Romains et de leur décadence* (1734). Bisher nur den Diensten des Alltags und der politischen Geschäftskunde gewidmet, wurde hier an einem gewaltigen Vorwurf nach den tieferen Ursachen des Geschehens gefragt und von einer höheren Warte aus das Praktische der Historie gewertet. Das Moralisieren, das Vernünfteln, der Blick für das Nützliche lag ohnehin in der Linie des Aufklärertums. Nun kam der Sinn für rationalistische Kritik hinzu. Aber schon in den Versuchen allein, große wissenschaftliche Fragen aufzuwerfen, lag zum Teil ein Ueberwinden des Pragmatismus. Freilich zu einer eigentlich geschichtlichen Auffassung kam man im Banne der „historischen Katastrophentheorie" noch nicht. Aehnlich wie man sich die Kriege und Völkerschicksale auf Willenshandlungen einzelner zurückgeführt dachte, so suchte man auch für geistige Bewegungen nur in den großen Katastrophen die Ursache. Von *Voltaires Jahrhundert Ludwigs XIV* kann darum *Moritz Ritter* sagen: „Das Ganze der Geschichte wird in Epochen zerlegt, die wie innerlich unverbundene Schichten sich übereinander legen".

Ed. M e y e r , Thukydides u. die Entstehung der wissenschaftlichen G.schreibung in Mitt. des Wiener Vereins der Freunde des human. Gymn. 1913; Mor. R i t t e r , Die Entwicklung der G.w. 1919; Jul. K a e r s t HZ. 106 (1911) 476 f.

§ 4. Die genetische Geschichtsschreibung.

Genetisch und *organisch* sind Lieblingsausdrücke *Herders*. An der Wegscheide zwischen Aufklärung und Romantik wies er die Richtung nach einer neuen Geschichtsauffassung. Das kulturelle Leben (zunächst innerhalb der einzelnen Nation) betrachtete man als etwas pflanzenhaft Wachsendes. Recht, Sitte, Schrifttum sind nicht das Werk eines Gesetzgebers, Priesters, Dichters, sondern etwas Natürliches, das nicht willkürlich geschaffen werden kann, das man vielmehr nur mit Ehrfurcht in seinem triebmäßigen Werden verfolgen dürfe. Daß in dieser neuen Betrachtungsweise, die noch durch die Erkenntnis der in der Geschichte wirkenden geistigen Kräfte („Ideen“) vertieft wurde, die Wurzeln einer geläuterten Kunde vom Wesen der Geschichte lagen, braucht nicht erst unterstrichen zu werden.

Die unfruchtbare Skepsis der Aufklärung zu überwinden, ihren Rationalismus aber in den Dienst einer positiven Quellenkritik zu stellen, sollte *Niebuhr* vorbehalten bleiben. Für die sog. genetische Geschichtsschreibung, die dann in *Ranke* ihren größten Vollbringer fand, ist das Verhältnis zu den Quellen ganz besonders kennzeichnend. Die Pragmatik legt in ihrer Lehrhaftigkeit auf die Sichtung der Quellen kein sehr großes Gewicht. Lehrhaftigkeit ist eben etwas Unsachliches. Wem es aber, unabhängig von Gut und Böse, darum zu tun ist, die Dinge zu schildern wie sie gewesen sind, für den ist die methodische Durchsiebung der Quellen ungleich wichtiger. Er sucht nach dem Tatsächlichen in ihnen und scheidet das aus, was an stimmungsmäßigen, ästhetischen, rhetorischen Verzerrungen die Wirklichkeit der überlieferten Tatsachen verwischt und umfärbt.

Je näher man so der Wirklichkeit kommt, um so mehr stellt sich das Geschichtliche als ein ständiges Werden dar. Es wird klar, daß alles Seiende aus etwas anderem, früherem hervorgegangen ist. Die scharfen Kehren und Sprünge, wie sie die Aufklärung annahm, verschwinden. An ihrer Stelle, zeigen sich allenthalben Uebergänge, Zwischenformen, Ansätze. Nicht alle Ansätze brauchen sofort ihre volle Ausbildung gefunden zu haben, aber es geht auch im Geistigen nichts an Kraft verloren. Und bald konzentriert sich die Teilnahme der Historiker mit unverhohlener Vorliebe mehr auf das Werden der Dinge als auf das Gewordene. Das überträgt sich wieder auf die Kritik der Quellen. Auch an ihnen sucht man die verschiedenen Phasen ihres Werdeganges festzustellen. *Julius v. Ficker* zeigte dies an den Urkunden des Mittelalters. Nicht ganz ohne Einfluß darauf mag späterhin die Analogie mit den Erfahrungen der modernen Biologie geworden sein, freilich war diese noch fruchtbarer für die Soziologie und die soziologische Geschichtsschreibung. Voraussetzung für die genetische Geschichtsbetrachtung bildet sonach die Erkenntnis von dem inneren Zusammenhang alles geschichtlichen Lebens.

§ 5. Die soziologische Geschichtsschreibung.

Hat die pragmatische Geschichtsschreibung die ursächliche Verkettung der dargestellten Ereignisse und die praktische Zielsetzung der geschichtlichen Erkenntnisse verfolgt, hat die genetische Betrachtung das Organische, also ein in sich Gesetzmäßiges in den historischen Gebilden gesucht, so war in der Verbindung beider Richtungen dem herrschenden Geiste unserer Zeit weiter Vorschub geleistet. Dieser verlangt ja allenthalben nach Zusammenfassung und praktischer Auswertung des Wissens. Der große Schrittmacher ist auch da die Naturwissenschaft und in ihrem Gefolge die Technik. Die philologische Kritik, auf der *Ranke* fußte, führte nur zu Einzelheiten und zu Vereinzelungen, jetzt aber wünschte man zu Allgemeinheiten und allgemein Gültigem zu gelangen, aus dem man allenfalls Schlußfolgerungen auf Künftiges zu ziehen imstande war. Es ist dies, wenn man will, eine Pragmatik höherer Ordnung, aus der das Subjektive und Gefühlsmäßige entfernt ist. In diesem Sinne gingen die Anregungen *Comtes*, in diesem Sinne arbeitete die *marxistische* Theorie, diese Richtung schlug *Karl Lamprecht*, *Kurt Breysig* und neuerdings, wenn auch mit ganz anderen Mitteln, *Osw. Spengler* ein. Aber auch *Adolf v. Harnack* zielt mit seinen theoretischen Forderungen auf Aehnliches hin. Ausschaltung der Individualpsychologie, Betonung des Zuständlichen, das Interesse für die großen Linien mit Hintansetzung alles Zufälligen — das sind die Hauptmerkmale der soziologischen Geschichtsschreibung. So wenig es die Soziologie zu einer einheitlichen Methodik gebracht, so wenig kann sich deren die in ihrem Geiste gehaltene Geschichtsschreibung berühmen. Ueberall noch tastende Versuche. Aber das Unfertige an ihr darf uns nicht darüber täuschen, daß sie eine, zeitgeschichtlich bedingte Berechtigung besitzt. Leistungen von dauerndem Wert hat sie bisher noch nicht hervorzubringen vermocht, aber wir verdanken ihr mannigfache neue Gesichtspunkte. Noch können wir heute gar nicht ermessen, wie sehr sie an dem Ausbau unserer Wissenschaft beteiligt ist, wieviel Neuland durch sie erobert worden ist.

Schon die Lehre von den historischen Ideen drängte die Rolle des Individuums in den Hintergrund. Die Ergebnisse der Naturwissenschaften forderten dazu heraus, die so erfolgverheißende mathematisch-physikalische Methode auch auf die geschichtliche Betrachtungsweise anzuwenden. Es fehlt nicht an Philosophen und einzelnen Historikern, die die Vielfältigkeit der geschichtlichen Erscheinungen auf einige wenige gesetzmäßig wiederkehrende Ursachen zurückzuführen bestrebt sind (vgl. II § 8). Neue Nahrung bekam diese Art der Fragestellung durch die fortschreitenden Erkenntnisse der Biologie. Der Zusammenhang alles Lebenden von der Urzelle bis zu dem zu höchster Form gediehenen Organismus, die Auflösung starrer Systeme in das bewegliche kulissenähnliche Nacheinander verschiedener Entwicklungsstufen legte die Analogie zu dem Geschichtlichen nahe.

So wurde von verschiedenen Angriffspunkten aus versucht, die naturwissenschaftlichen Methoden auf die Historie anzuwenden. Am vielversprechensten schien die biologische, zumal die Theoretiker der genetischen Geschichtsschreibung (z. B. *Bernheim*) den Begriff der Entwicklung auch für diese in Anspruch nahmen. In Wirklichkeit ist aber die Frage nach dem Wesen der echten Entwicklung auch für die Naturwissenschaften noch nicht widerspruchslos beantwortet. Ob hingegen das geschichtliche Geschehen als eine solche Entwicklung angesehen und der Entwicklungsbegriff auf die Geschichte angewendet werden kann, ist mehr als zweifelhaft (vgl. II § 7). Wer eine echte Entwicklung annimmt, muß freilich zugeben, daß dieser Begriff von der bisherigen ‚genetischen‘ Geschichtsschreibung nicht folgerichtig zu Ende gedacht

worden ist. Vielfach handelt es sich wohl doch nur um Analogien, um ent-
wicklungsähnliche Vorgänge und nicht um Entwicklungen. Auf der Suche
nach dem Objekt, an dem sich Veränderungen vollziehen, die als echte Entwicklung anzusehen sind, meinte *Karl Lamprecht* die soziale Psyche als ein
solches entdeckt zu haben. Die „Handlungen“ und „Geschehnisse“ sind ihm
nur Symptome für die sich wandelnden, sich „entwickelnden“ Zustände. Im
Sinne Lamprechts und seiner Schule sind die Vertreter der genetischen Geschichtsschreibung gar nicht Genetiker, sondern sind vielmehr „dramatische“
Historiker, denen es nur auf die Handlungen und die Ereignisse ankommt.

Soweit es sich um die Kritik des Entwicklungsbegriffes handelt, wird
man dem Verteidiger der Auffassung Lamprechts *(Erich Rothacker)* wohl bei-
pflichten können. Anders steht es um die Folgerungen, die er aus seinen
Ansätzen zieht. Noch ist die Voraussetzung, daß es im geschichtlichen Geschehen echte Entwicklungen gibt, nicht einwandfrei festgestellt. Aber angenommen, dies wäre erwiesen, so ist damit noch nicht gesagt, daß sie der
e i n z i g e Gegenstand der Geschichtsschreibung sind. Den Menschen als in
Freiheit handelnd zu betrachten, ist allen Gesetzessuchern zum Trotz immer
noch der aussichtsreichste Standpunkt, den der Historiker einnehmen kann.
Alle Versuche, die geschichtlichen Veränderungen in ihrer Notwendigkeit darzustellen, sind bisher gescheitert. Darum auch gerade im Kreise der soziologischen Historiker der Ruf nach einem „Darwin der Geschichte“. Dieses
praktische Mißlingen würde an sich nicht viel bedeuten, regten sich nicht
grundsätzliche Zweifel an den Voraussetzungen, von denen die physikalisch-
mechanische Richtung *(August Comte)*, die statistische *(Buckle)*, die völkerpsychologische *(Karl Lamprecht, F. Müller-Lyer, Herm. Schneider)*, die mate-
rialistisch-biologische *(L. M. Hartmann)* und noch so manche andere Richtung
soziologischer Geschichtsbetrachtung und -theorie ausgehen. Gewiß ist es
wichtig, die gegebenen Bedingungen des menschlichen Handelns (sowohl diejenigen, die im Menschen selbst ruhen wie die der Umwelt) zu erforschen und
festzustellen, aber noch ist es bisher keiner Ursachenforschung gelungen, zu
erweisen, daß der Handelnde gerade die Folgerungen ziehen m u ß t e , die er
zog. An der Grenze zwischen soziologischer und genetischer Geschichtsschreibung bewegt sich neuestens *Edd. Fueter, Geschichte des europäischen
Staatensystems von 1492—1559 = Hdb. der mittelalt. u. neueren G.* 1919 (vgl.
o. S. 120 f.). Mit der Soziologie verbindet ihn die stark kollektivistische Auffassung und die möglichst „wertfreie“ Darstellung, die alle individualpsychologischen Deutungen und jedes Zeichen persönlichen Mitfühlens mit den erzählten Tatsachen grundsätzlich ausscheidet. Von ihr entfernt er sich, indem
er nirgends nach Gesetzen fahndet, das geschichtliche Geschehen nicht auf
irgendein einziges Prinzip zurückzuführen sucht und auch der rein beschreibenden Schilderung ihr Recht werden läßt (vgl. *H. Vjschr.* 19 [1920] 531/8).

VII.

Allgemeine Quellenkunde.

§ 1. Das Allgemeine über Geschichtsquellen.

Zur Geschichtsquelle im weitesten Sinne des Wortes kann alles werden, was uns zur geistigen Rekonstruktion geschichtlichen Lebens den Stoff liefert. Da der Weg des Historikers ein rückläufiger ist, er in seinen Schlüssen stets von der Wirkung ausgehen muß, um zur Ursache zu gelangen, niemals umgekehrt, so sind es eben die Wirkungen vergangenen und gegenwärtigen Lebens, die ihm in dem Grade, in dem sie ihm deutlich werden, als Quelle der Erkenntnis dienen. Der Begriff historische Quelle ist nichts etwas nach allen Seiten hin fest Umrissenes. Ein Stück alten Gewebes wird man nicht von vornherein als Geschichtsquelle bezeichnen. Für den Historiker der Webetechnik kann es aber dazu werden und wird es in ebenso steigendem Maße, als die Fortschritte der Mikroskopie, Chemie usw. ihm über Zusammensetzung, Farbe und Eigenart der einzelnen Fäden Aufschluß geben.

Nun sind wir allerdings gewohnt, gewisse Dinge von vornherein als Geschichtsquellen zu bezeichnen, teils solche nämlich, die mit der Absicht angefertigt worden sind, zur Belehrung künftiger Geschlechter zu dienen, teils solche, die erfahrungsgemäß von der Geschichtsforschung als Erkenntnismittel herangezogen zu werden pflegen. Doch diese herkömmliche Bezeichnung darf den Historiker keineswegs bestimmen, sich just an diese Quellen allein zu klammern. Es wird ihm vielmehr obliegen, sein Augenmerk darauf zu richten, ob sich nicht neue Erkenntnismöglichkeiten erschließen lassen. Was aber als solche herangezogen und verwendet werden kann, hängt jeweils von zwei Umständen ab, a) von der Wahl des zu behandelnden Gegenstandes und b) von dem augenblicklichen Stande der Wissenschaft, und zwar nicht allein von dem der Geschichtskunde, sondern auch von dem der übrigen Wissenschaften.

Was die Wahl des Gegenstandes betrifft, so liegt es auf der Hand, daß für die Behandlung z. B. wirtschaftsgeschichtlicher und politischgeschichtlicher Themen aus der gleichen Zeit eine bestimmte Zahl von Quellen gemeinsam sein wird, daß sich aber ihr Forschungsweg in dem Augenblick trennt, da sie sich ihren Sonderproblemen nähern. Die Rechnungsbücher eines großen Bankhauses werden auch Aufschlüsse über politische Verhältnisse zu geben imstande sein, in erster Linie gehören sie doch in die Reihe wirtschaftsgeschichtlicher Quellen. Aber nicht bloß die inhaltliche Seite des Themas kommt in Betracht, sondern auch die zeitliche und die Kulturbeziehung, in die der zu behandelnde Gegenstand hineingestellt ist. Da die Quellen, wie wir gesagt haben, Wirkungen bestimmter Lebensverhältnisse sind, so wandeln sie sich denn auch je nach der Folge dieser Verhältnisse verschieden ab. Die ägyptische Kultur hat andere Spuren zurückgelassen als die assyrisch-babylonische, der morgenländische Kulturkreis in seiner Gesamtheit, andere als der europäische, die Antike andere als das Mittelalter. Um es an einem krassen Beispiel zu zeigen, sei auf die Zeitung als Geschichtsquelle verwiesen. Sie stellt, wenn man von antiken Vorläufern und ostasiatischen Einzelheiten absieht, eine Hervor-

bringung des europäischen Lebens im 16. bzw. 17. Jht. dar. Es ist ebenso
in wesentlichen Erscheinungen des Kulturdaseins der Antike verankert, wenn
hier die Inschriften für uns eine hervorragende Rolle spielen, indes wir für
die Geschichte des Mittelalters die Urkunden als Quelle bevorzugen. Dabei
soll nicht verschwiegen werden, daß Zufälligkeiten auch mitwirken: der Zufall des Materials und der Erhaltungsmöglichkeit.

Der augenblickliche Stand der Wissenschaft kommt insofern in Betracht,
als von ihm abhängt, welche Mittel uns zur Verfügung stehen, neue Quellen
zugänglich zu machen und die alten besser auszunützen. So hat die systematische Heranziehung der Urkunde als Geschichtsquelle erst mit der Vertiefung rechtswissenschaftlicher Erkenntnisse eingesetzt. Die Sprache trat erst
in den Kreis historischer Erkundungsmittel, seitdem es eine Sprachwissenschaft
gibt. Bevor die ägyptischen Schriftzeichen enträtselt waren, waren die Inschriften des Nillandes noch keine richtigen Geschichtsquellen. Hinwiederum
bedeutet der Ausbau der mittelalterlichen Paläographie, die das überkommene
Schriftenmaterial nach territorialen Provinzen aussondert und damit auch
genauere Zeitansetzungen zu geben in der Lage ist, eine bessere Verwertbarkeit geschriebener Quellen jener Zeit.

„Quelle" im Sinne der Geschichtsquelle ist ein Ausdruck, der in der neueren Zeit
fast in allen europäischen Kultursprachen wiederkehrt. Vermutlich knüpft er an die
humanistische Richtung an, die in ihren historischen wie religiösen Bestrebungen die
Antike an ihrem Ursprung aufsuchen wollte, wo sie in ihrer völligen Reinheit erhalten
geblieben ist. Von *fons* = Ursprung zu *fons* = Erkenntnismittel war nur ein Schritt, zumal
auch im klassischen Latein solche Ueberleitungen sich angedeutet finden, so z. B. bei
Livius 3, 34, 6, wenn er von einem Gesetze sagt „fons omnis publici privatique est juris. —
In dem Bilde der Quelle drückt sich übrigens recht glücklich aus, daß sie nicht so sehr Er-
kenntnisobjekt als Mittel zur Erkenntnis ist.

§ 2. Einteilung der Quellen.

Will man nicht an dem herkömmlichen Begriff der Geschichtsquellen im
engern Sinne allein haften bleiben, so muß man ihren Kreis viel weiter ziehen,
als dies gewöhnlich die Uebung ist. Alles, was uns umgibt, ist allmählich
geworden, also historisch entstanden und ist insofern als Wirkung eines bestimmten geschichtlichen Lebens zu betrachten. So kann *Edd. Fueter, G. des
europäischen Staatensystems von 1192—1559. Hdb. der mittelalterlichen und
neueren G.* (1919) S. 54 bei der Behandlung von Frankreichs Land und Bewohner behaupten: „Die eigentliche Quelle der vorstehenden Ausführung bilden
natürlich die geographischen Verhältnisse, die an dieser Stelle nicht geschildert
werden konnten." Von diesem Gesichtspunkte aus betrachtet können die
T a t s a c h e n der geographischen Umwelt (z. B. Klima, Lage usw.) an sich,
die körperlichen Gegebenheiten (z. B. der Körperbau eines Volkes, typische
Mißbildungen usw.), können die praktischen Betätigungen, Technik, Wirtschaft
als solche, aber auch die Tatsachen, die der Willenssphäre (z. B. Sitte, Recht)
angehören und nicht minder die Gegebenheiten geistigen Schaffens (Wissenschaft) für sich als historische Quelle dienen.

Für die geschichtliche Beurteilung der Araber ist uns ihre Philosophie
als solche ein wichtiges Erkenntnismittel, also Quelle. Die herkömmliche
Terminologie wird freilich unter den Quellen zur Geschichte der Araber nicht
ihre Philosophie, sondern die uns erhalten gebliebenen Schriften ihrer Philo-

sophen u. ä. anführen. Und das mit gutem Grunde, da uns durch diese Schriften erst die Kenntnis von dem System eines *Avicenna* oder *Averroes* vermittelt wird. Aber grundsätzlich müssen wir daran festhalten, daß die Tatsachen an und für sich ebenso Quellen sein können wie das, was uns darüber mündlich, schriftlich oder sonstwie mitgeteilt wird. Wir müssen dies im Auge behalten, um zum Beispiel zu begreifen, wie etwa die Schrift nicht bloß das Instrument ist, mittels dessen fremde Denktätigkeit festgehalten und uns das so Fixierte dargereicht wird, sondern daß schon ihre Existenz, dann aber noch mehr ihre Ausbildung, Verwendungsart, ihre nachweisbare Abhängigkeit von einer anderen Schrift geschichtliche Quelle sein kann. Das gleiche gilt ebenso von der Sprache. Sie ist das Vehikel, auf dem uns der Inhalt der meisten Erkenntnismittel herangebracht wird, zugleich gibt aber die Art, wie dies geschieht, ihre Aehnlichkeit oder Verschiedenheit gegenüber anderen Sprachen dem Geschichtsschreiber Aufschluß über Kulturhöhe, Kulturverbindungen und Schicksale eines Volkes.

Als eigentliche Geschichtsquellen bezeichnet man das, was an erkennbaren Wirkungen dieser Tatsachen auf uns gekommen ist, die Mumie in einer ägyptischen Grabkammer, Geräte, Kleider, Waffen als Ausdruck bestimmter technischer Fähigkeiten; Gebräuche, Feste, gesetzliche Einrichtungen als die Auswirkung gewisser Rechts- und Sittlichkeitsanschauungen und alle die in Sprache, Schrift und bildlicher Darstellung uns überkommenen Aeußerungen geistigen Lebens, wie sie Bezug nehmen auf die praktischen Bedürfnisse, auf die Rechts- und Amtsgeschäfte, auf die Religion und auf das geistige Leben selbst. Hier kommt von den wirtschaftlichen Aufzeichnungen, Kalendern, Gesetzbüchern, Urkunden, Inschriften, Akten, bis zur Predigtniederschrift, Geschichtsdarstellung, Stammbäume so ziemlich alles in Betracht, Memoiren, Tagebücher, Flugschriften, Zeitung, Gedicht, Roman usw. Eine Aufzählung aller einzelner Arten kann hier nicht gegeben werden. Zur besseren Uebersicht dient die folgende Tabelle, die aber ebenfalls auf Vollständigkeit nicht Anspruch machen kann.

Uebersicht über die historischen Quellen.

Tafel 1. Geschichtsquellen im weitesten Sinne.

Gegebenheiten als solche		Aeußerungen dieser Gegebenheiten
Geographische Tatsachen	Klima, Lage	Grenzen, Siedelungsform.
Körperliche Tatsachen	Körperbau, physische Widerstandsfähigkeit	Rassenmerkmale, typische Mißbildungen, Leichenreste.
Tatsachen des praktischen Lebens	Technik, Wirtschaftsform, Bestattungsform	Wirtschaftsabfälle, Geräte, Bauten, Gräber, Kleider, Waffen, Münzen, Siegel, Schmuckgegenstände Wirtschaftliche Organisation
Tatsachen der Willenssphäre	Sitte, Gewohnheit, Recht, Oeffentliche Meinung, Religion	Gebräuche, Feste, Institutionen, Gesetze, Verfassungen, Kulte, Dogmen.
Tatsachen der geistigen Fähigkeiten	Wissenschaft, Kunst	Sprache, Schrift, bildliche Darstellung und alles was durch diese übermittelt wird (s. Tafel 2). Erzeugnisse der Kunst.

Tafel 2. Die mündlich, schriftlich (durch Druck) und bildlich überlieferten Geschichtsquellen im engeren Sinne.

I. Mündlich überlieferte Quellen:
Sage, Anekdote, Sprichwort, Lied. Märchen, Erzählung (Bericht), Rede.

II. Schriftlich (oder durch den Druck) überlieferte Quellen:

1. **Das praktische Leben betreffend:**
Rezepte, wirtschaftliche Aufzeichnungen (Rechnungen, Inventare, Urbare u. ä.), Kalender, Reisehandbücher, Fahrpläne, Orts-, Eigennamen usw.

2. **Die Willenssphäre betreffend:**
   a) Sagen, Sprichwörter, Rechtsaufzeichnungen, Gesetzbücher.
   b) Aufzeichnungen amtlichen Geschäftsganges: Urkunden, Inschriften rechtlichen Inhalts, Gerichts-, Rats-, Reichstags-, Konzilsakten, Stadt-, Grund-, Kirchensteuerbücher, Strafregister, Abgabenverzeichnisse, statistische Aufzeichnungen, Verwaltungsakten. Die aus dem zwischenstaatlichen Verkehr hervorgegangenen Akten, Gesandtschaftsberichte. Militärische Geschäftsakten (Ordre de bataille, Schlachtberichte usw.).
   c) Aufzeichnungen religiösen Inhalts. Liturgien, Predigten, Traktate, Erbauungsbücher, Beichtspiegel, Ablaßbriefe.

3. **Das geistige Leben betreffend:**
   a) Geschichtliche Darstellungen, Inschriften geschichtlichen Inhalts, Stammbäume, Genealogien, Chroniken, Annalen, Biographien, Geschichtswerke überhaupt.
   b) Autobiographische Quellen: Memoiren, Tagebücher, Briefe.
   c) Die besonderen Ausdrucksmittel der Publizistik: Flugschriften, Prognostica, Zeitungen, Zeitungskorrespondenzen.
   d) Literarisch-künstlerisches Schrifttum.
   e) Wissenschaftliches Schrifttum.

III. In bildlicher Darstellung überlieferte Quellen:

1. Geographischen Inhalts: Landkarten, Stadtpläne, Landschaftsbilder.
2. Anthropologischen Inhalts: Porträts.
3. Das praktische Leben betreffend: Abbildungen von Geräten, Kostümen, Waffen, Münzen, Wappen, Kinoaufnahmen, Reklamebilder.
4. Bildliche Darstellung von Festen, Gerichtssitzungen. Kulten, Karikaturen, Kinoaufnahmen.
5. Künstlerisch-wissenschaftlichen Inhalts.

Die durch *J. G. Droysen, Historik*[3] (1882) zuerst angewandte und durch *Ernst Bernheim* weiter verbreitete Einteilung der Quellen in U e b e r r e s t e und in T r a d i t i o n, je nachdem, ob sie ihr Entstehen der Absicht verdanken, als historisches Erkenntnismittel künftig zu dienen (Tradition) oder ob sie absichtslos als Kinder einer vergangenen Zeit in unsere Gegenwart hereinragen (Ueberreste), für ihre eigene und nicht für spätere Geschichtsschreiber in die Welt gesetzt wurden, diese Einteilung ist für die kritische Beurteilung jeder Quelle im Einzelfalle der Benützung von Bedeutung, nicht aber für eine logische Unterscheidung und Einordnung. Der Brief, der als ein Stück geistigen Verkehrs zwischen Menschen uns vorliegt, zählt von vornherein und im allgemeinen zu den Ueberresten. Man kennt es aber sehr wohl einzelnen Briefen an, daß ihr Verfasser sie mit Rücksicht auf die künftige Veröffentlichung niedergeschrieben hat und darin sein historisches Bild zurechtrichten will. Urkunden gehören den Ueberresten an, auch jene, die gefälscht worden sind, um auf Grund der Fälschung rechtliche, wirtschaftliche oder Ehrenvorteile erschleichen zu können. Anders jene Fälschungen, die zur Irreführung künftiger Geschichtsschreiber angestellt worden sind. Sie sind offenbar der

Tradition zuzurechnen. Kurz, es zeigt sich, daß diese Unterscheidung wohl einen Maßstab für die methodische Verwertbarkeit einer vorliegenden Quelle gibt, nicht aber für die allgemeine Einteilung der Quellen überhaupt. Vgl. X § 1.

§ 3. Die technischen Voraussetzungen der Quellenbenützung.
Beiziehung anderer Wissenschaften.

Damit der Geschichtsschreiber in die Lage kommt, die Quellen zu benützen, sie gegeneinander zu werten, die Schlüsse, die er aus ihnen zieht oder das, was sie ausdrücklich aussagen, miteinander zu verknüpfen, müssen sie erst aufgedeckt und zugänglich gemacht und in ihrem inneren Zusammenhange überprüft werden. Dieses „Aufdecken", das im wörtlichsten Sinne die Urgeschichte und Altertumskunde leisten muß, setzt eine bestimmte Technik, bestimmte Werkzeuge, Erfahrungen und Handgriffe voraus. Wer etwa ein Hügelgrab dadurch öffnen will, daß er von oben her in der Mitte des Hügels einen Schacht abteuft, benimmt sich in der Regel selbst die Möglichkeit, Einrichtung und Aufbau zu übersehen und den Inhalt herauszuschaffen. Aber es ist nicht der Endzweck einer Ausgrabung, daß nur der Fundgräber diese Denkmäler sieht, vielmehr sollen sie in musealer oder sonst welcher Form möglichst gut aufbewahrt, konserviert und damit anderen Forschern zugänglich gemacht werden.

Was aber von den urgeschichtlichen Ueberresten gilt, das hat auch für die mündlich, schriftlich oder bildlich überlieferten Quellen ebenso Geltung. Und zwar kommt auch da zunächst in Betracht: 1. die wissenschaftliche Feststellung des Befundes und 2. die kunstgemäße Konservierung des Objektes, 3. die Zugänglichmachung bzw. Vervielfältigung des Inhalts (unter Umständen auch der Form) der Quelle. Erst wenn dies alles geschehen oder wenigstens die Feststellung des Befundes erfolgt ist, erst dann kann an die kritische Ueberprüfung und Verwertung des durch die Quelle übermittelten Inhalts geschritten werden.

1. Feststellung des Befundes. Hier handelt es sich um genaue Aufnahme des Bestandes, wie er dem Forscher augenblicklich vorliegt, mit Angabe von Zeit und Ort des Fundes, dann aber auch um die Untersuchung der zeitlichen und örtlichen Herkunft des Objektes und die Geschichte seiner Schicksale. — So wird eine Handschrift erst genau beschrieben, ihr Alter und ihr Herkunftsort bestimmt und nachgeforscht werden müssen, auf welchem Wege und wann sie an ihren augenblicklichen Aufenthaltsort gelangt ist.

2. Kunstgemäße Konservierung des Objekts. Sie fällt in das Gebiet museums-, bibliotheks- und archivwissenschaftlicher Erfahrung. Für die lautlich getreue Aufbewahrung mündlich verbreiteter Quellen kommt neuerdings die phonographische Aufnahme in Betracht.

3. Zugänglichmachung bzw. Vervielfältigung der Quelle. Soweit es sich um geschriebene, gedruckte oder bildliche Darstellungen handelt, besteht die Zugänglichmachung in der „Herausgabe" (Edition) des Stückes. Das heißt, die Quelle wird in einer solchen Form vervielfältigt, die dem Historiker eine mühelose kritische Benützung und Verwertung gewährleistet. Näheres S. 205 ff.

Was nun die kritische Bearbeitung sowohl der äußeren Form wie des Inhaltes der Quellen betrifft, so genügt dem Historiker die Kenntnis und Erforschung geschichtlicher Tatsachen keineswegs. Er muß vielmehr sehr oft bei anderen Wissenschaften eine Anleihe machen, wobei keine einzige grundsätzlich ausgeschlossen bleibt. In der Schilderung vergangenen Lebens kommt es eben zum Ausdruck, daß darin die Betätigung der verschiedensten geistigen wie praktischen Fähigkeiten zusammenwirkt, und daß man infolgedessen den zu beschreibenden Vorgängen nicht gerecht zu werden vermag, eignet man sich nicht Einsicht in diese Betätigungen und Spezialkenntnisse von jenen Sondergebieten des Könnens und Wissens an, die für die Geschichte einer bestimmten Kultur oder der bestimmten Seite einer Kultur besonders in Betracht kommen. Der wird es nie zu vollem Verständnisse des mittelalterlichen Lebens bringen, der nicht mit den Einrichtungen und der Denkart der katholischen Kirche vertraut ist und sich nicht die germanischen Rechtsvorstellungen zu eigen gemacht hat. Ohne Kenntnis der Aufklärungsphilosophie wird einer im Begreifen der französischen Revolution stets ein Stümper bleiben. Es ist aber ein aller gefesteten Grundlagen bares Wissen, das ein Forscher von der Geschichte Friedrichs des Großen oder Napoleons besitzt, wenn er nicht wenigstens oberflächlich in die Technik der Heeresführung jener Zeiten und Feldherrn eingeweiht ist.

Man wird auch nicht behaupten dürfen, daß es historisches Fachwissen ist, wenn *Alf. Dopsch* in seinem Werke *Die Wirtschaftsentwicklung der Karolingerzeit, vornehmlich in Deutschland* 1 (1912), (² 1921) 42 ff. die Pflanzen- und namentlich die Obstkultur Deutschlands und Südfrankreichs im 8. Jht. miteinander vergleicht. Ob die Meerzwiebel je in unseren Gegenden gezogen wurde und hier gedeiht, darüber vermag nur der Botaniker von Fach Aufschluß zu geben, ebenso ob die Koloquinte sich nach Deutschland verpflanzen lasse, ob Diptamnum, Rosmarin usw. hier gedeihen. Und doch hing für *Dopsch* von der Lösung dieser landwirtschaftlich-botanischen Frage der Nachweis für den Geltungsbereich des *Capitulare de villis* ab. Jedenfalls waren diese Feststellungen ein Bestandteil seiner Beweisführung, derzufolge das *Capitulare de villis* nicht, wie man bisher angenommen hat, von Karl dem Großen selbst herrührt, sondern als Wirtschaftsordnung anzusehen ist, die Ludwig der Fromme ungefähr 794 oder 795 für Aquitanien erlassen hat.

Andererseits gibt es in der Geschichtswissenschaft eine Reihe von Fragen, zu deren Lösung eine Anleihe bei anderen Wissenschaften nicht genügt. So z. B. bei der Untersuchung von Papier und Tinte. „Die Untersuchung des Papiers“, sagt *Jul. Wiesner* in seiner grundlegenden Arbeit *Die mikroskopische Untersuchung des Papiers* 1887 (auch erschienen in den *Mitt. aus der Sammlung des Papyrus Rainer* 2. u. 3. Bd.) S. 12, „ist schwieriger als es den Anschein hat, und wenn vor mir die Lösung der betreffenden Grundfrage nicht geglückt ist, so liegt dies wohl in dem Umstande, daß die früheren Untersucher die Gesamtheit jener naturwissenschaftlichen Methoden nicht so zu handhaben verstanden, als dies zur Erreichung endgültiger Resultate erforderlich gewesen wäre. Die Forscher der historischen Richtung werden wohl einräumen müssen, daß sie zur Lösung von so schwierigen, rein naturwissenschaftlichen Fragen die Eignung nicht besitzen. . . .“ Das gleiche gilt etwa bei astronomischen Berechnungen, wie dies etwa zur Feststellung von Daten über Beobachtungen, die mit den Vorgängen auf dem gestirnten Himmel in Beziehung stehen (Sonnen- und Mondesfinsternisse, Kometen usw). Aber selbst auf den uns viel näher stehenden Gebieten wie denen der Sprachwissenschaft kann sich der nicht besonders vorgebildete Historiker nicht selbständig bewegen. Auch eine Mitarbeit von Aerzten kann unter Umständen notwendig werden. Man denke bloß an den Cäsarenwahnsinn der spätrömischen Kaiser. *Karl Joh. Neumann* bemerkt darüber in der *Dt. Lit.-Ztg.* 38 (1917) 536: „Ueberhaupt leiden die psychologischen Arbeiten über die römischen Kaiser an einem doppelten Dilettantismus, an dem psychiatrischen der Historiker und dem historischen Dilettantismus des Psychiaters. Beseitigen und heben kann diesen doppelten Dilettantismus lediglich das planmäßige Zusammenarbeiten zweier Fachleute, des Psychiaters und des Historikers. Zur Feststellung der Tatsachen hat die Quellenkritik des Historikers den Grund zu legen und auf dem Grunde der sicher festgestellten Tatsachen kann dann der Psychiater seine Diagnose stellen." Vgl. auch *Herm. Vierordt, Medizinisches aus der G.* ³ 1910.

Für die Beurteilung *Herodots* und *Diodors* ist es nicht ganz gleichgültig, wenn ein moderner Forscher durch Untersuchungen an ägyptischen Mumien feststellen konnte, daß die Angaben dieser Schriftsteller über die Art der Einbalsamierung mit den Ergebnissen seiner chemischen und biologischen Analysen übereinstimmen. *W. A. Schmidt, Chemische und biologische Untersuchungen von ägyptischem Mumienmaterial* in *Ztschr. f. allg. Physiologie* (1907) 369 ff. Um sich über Einzelheiten des Baues der ägyptischen Pyramiden klar zu werden, kann die Mithilfe eines Architekten, selbst eines Geologen, von Wichtigkeit sein. Dem Geschichtsschreiber der Eisenindustrie kann der Rat eines Fachmannes für Berg- und Hüttenwesen von Vorteil sein, und wie einzelne auf der Papyrusforschung aufgebaute Darstellungen beweisen, kann in diese nur mittels der Volkswirtschaftskunde Licht gebracht werden.

§ 4.　Die sogenannten „Historischen Hilfswissenschaften".

Herkömmlicherweise bezeichnet man Schriftenkunde (Paläographie), Urkundenlehre (Diplomatik), Inschriftenkunde (Epigraphik), Siegelkunde (Sphragistik), Zeitrechnungskunde (Chronologie), Wappenkunde (Heraldik), Münzenkunde (Numismatik) und Genealogie als historische Hilfswissenschaften. Mit dem gleichen Rechte könnte man auch Memoiren- oder Zeitungskunde, Historiographie unter die historischen Hilfswissenschaften einreihen, denn die Schrift oder Urkunde, die von der Paläographie bzw. Diplomatik behandelt wird, ist ebenso eine Quelle wie das Tagebuch oder die Zeitung. Bei der Schriftenkunde und Chronologie besteht insofern eine gewisse Berechtigung, sie „Hilfswissenschaft" zu nennen, als Schrift und Zeitrechnung von uns seltener als Quelle, viel öfter als der Weg zur Erschließung und zum Verständnis der Quellen benützt wird. In gleichem Maße dient aber zu diesen Zwecken Linguistik und historische Grammatik, Volkswirtschaftslehre, Statistik, Rechtswissenschaft, Verfassung- und Verwaltungskunde, Militärwissenschaften, Religionskunde, Völkerkunde, Kunstwissenschaft usw., je nach dem verschiedenen Inhalt der einzelnen Quellen und Quellenarten. Eine besondere Stelle nimmt schon dank der traditionellen Zusammenarbeit die sog. historische Geographie ein. Sie verdient neben der Sprachwissenschaft deshalb auch eine eigene Betrachtung. Wenn man aber von historischen Hilfswissenschaften im engeren Sinne sprechen will, insofern als es sich da nicht um Wissenszweige handelt, die eigene Wissenschaften für sich, sondern ein Teil der Geschichtskunde selbst sind, da sie von jedem Historiker, der weiterforschen will, gekannt und im eigenen Wirkungskreise betrieben werden müssen und die uns bei der Benutzung der Quellen behilflich sind, so können als solche nur Paläographie und Chronologie gelten. Archäologie, Inschriftendeutung, Papyrusinterpretation, Urkundenlehre, Münzen-, Wappenkunde sind hingegen nur besondere Kapitel der historischen Quellenkunde und stellen bloß besondere Anwendungsarten der für die Geschichtswissenschaft im allgemeinen gültigen Regeln kritischer Prüfung dar. Genealogie, die man ebenfalls gewohnt ist, als historische Hilfswissenschaft zu bezeichnen, ist nur ein besonderes Anwendungsgebiet der Geschichtswissenschaft selbst. Sie wurde als solche S. 131 ff. behandelt.

§ 5. Historische Geographie.

Ursprünglich waren Geographie und Geschichte als eine fast untrennbare Einheit miteinander verbunden. Erst seit den Tagen *Alexanders v. Humboldt* und besonders seit *Osk. Peschel* löste sich die Geographie als eine eigene Wissenschaft ab und stellte sich zugleich auf eine neue Grundlage, indem sie sich jetzt enger an Geologie, Geophysik, Meteorologie, Paläontologie, an Biologie usw. anlehnte und zu einer völlig naturwissenschaftlich gerichteten Wissenschaft zu werden schien. Doch die alten Zusammenhänge waren nicht so einfach zu zerreißen und gerade einer der Erneuerer erdkundlicher Forschung, *Karl Ritter* († 1858), ist es, der den Weg zu *Hch. Kiepert* und *Fch. Ratzel* wies. Immer mehr zeigte es sich, daß die Geographie die Verbindungslinie zum Menschen nicht ganz außer Acht lassen darf, hat er doch auf die Gestaltung und räumliche Einteilung der Erdoberfläche in mehr als einer Hinsicht bestimmend eingewirkt. Es hat sich nämlich gezeigt (vgl. III § 2) daß sich die Wechselbeziehungen zwischen dem Menschen und dem Raume, den er bewohnt, zwischen Kultur und Natur nicht rein naturwissenschaftlich behandeln, sich nicht in Gesetzesform bringen lassen. Vielmehr zeigen gleiche Naturbedingungen nicht selten verschiedene Kulturentwicklungsreihen. Der Mensch steht den Naturgewalten nicht unbedingt wehrlos gegenüber, er vermag sie vielmehr für sich umzugestalten oder sich ihnen anzupassen, auch antworten verschiedene nationale oder individuelle Charaktertypen auf die Einflüsse der Natur verschieden. So kehrte die Geographie, freilich in anderer Form wie ehedem, zur Geschichte als ein besonderer Zweig, als „historische" Geographie wieder zurück. Wie alle Grenzgebiete hat auch die historische Geographie sehr lockere und bewegliche Grenzen.

Man wird historische Geographie als jenen Zweig der Erdkunde bezeichnen dürfen, der die Zustände und Veränderungen der Erdoberfläche im Zusammenhang mit dem geschichtlichen Geschehen darstellt. Es handelt sich hiebei nach *Kötzschke* 1. um die sog. geschichtliche Landschaftskunde, die die Veränderungen einer Landschaft im Laufe der Geschichte untersucht, 2. um die geschichtliche Siedelungskunde, 3. um die historisch-politische Geographie als die Lehre von der Aufteilung des Raumes nach staatlichen Gesichtspunkten und 4. um die historische Kulturgeographie, in der die Erde nach der Verbreitung menschlicher Kulturtätigkeit betrachtet wird. Nicht leicht ist die Unterscheidung zwischen historischer Geographie und der von *Friedrich Ratzel* geschaffenen Anthropogeographie (Géographie humaine), die mit den Mitteln der Erdkunde das geschichtliche Geschehen zu erklären versucht. Vgl. S. 46. — Der historischen Geographie stehen zwei Betrachtungsarten zur Verfügung, sie kann 1. die geographischen Verhälnisse in einem bestimmten Zeitalter darstellen, wie dies z. B. *Konr. Kretschmer* für Mitteleuropa tut, der sechs Querschnitte legt u. zw. Mitteleuropa im Altertum, um das Jahr 1000, um 1375, um 1550, um 1650 und um 1770, oder man kann die historisch-geographischen Verhältnisse eines bestimmten Zeitpunktes 2. im Längsschnitt untersuchen, wie sie im Laufe der Zeit allmählich geworden sind. In diesem Sinne versucht es *E. A. Freemann* für die europäischen Staaten.

Als besondere Hilfsmittel der Erkenntnis stehen der historischen Geographie neben den eigentlichen Geschichtsquellen (z. B. chronikalische Nachrichten über Naturereignisse, Reiseberichte, Urkunden, Abbildungen usw.) die O r t s n a m e n k u n d e zu Gebote und die k a r t o g r a p h i s c h e Darstellung.

1. Die O r t s n a m e n f o r s c h u n g als solche fällt nicht eigentlich in den Aufgabekreis des Geographen, da die Mittel hiezu einzig und allein die Sprachwissenschaft, aufgebaut auf den Grundlagen der Urkundenlehre, zu liefern imstande ist. Andererseits ist der Ortsname oder, wie man sich richtiger ausdrückt, der geographische Name keineswegs nur Quelle für die historische Geographie, sondern im gleichen Maße auch für die politische Geschichte, die Wirtschafts- und Sprachgeschichte, Rechtsgeschichte usw. Ueber die Richtlinien für die wissenschaftliche Verwertung der Namenkunde s. S. 161. Hier sei nur vorbemerkt, daß die Deutung gerade der Ortsnamen trotz allen Fortschritten noch immer ein Lieblingsfeld für Dilettanten und nationale Tendenzhistoriker bildet. Für den historischen Geographen können sich aus der Form eines Ortsnamens und der Art seiner Ueberlieferung bisweilen Anhaltspunkte für die einstige Bodengestaltung (z. B. Bühel, Pichel), für die Pflanzendecke (z. B. Aich = Eiche), für die Fauna ergeben, für die Lage und Entstehung an Flüssen oder Seen, wo jetzt keine Spur dieser Entstehung mehr zu sehen ist (Wörth, Schütt, Weiher), für die Tätigkeit der Ansiedler (Schlag, Holz, Reith), für den Anbau bestimmter Kulturpflanzen (Hanef = Hanf, Apfaltern von Apfel), für die Tierzucht, für die Art der Ansiedelung (Hof, Burg, Markt usw.), für die Stammeszugehörigkeit der Ansiedler, besonders dort, wo sie, als etwas Fremdes empfunden, sich innerhalb anderer Stämme niedergelassen haben (Schwabenreith, Frankenfels, Saxenödt) usw. Vgl. u. *Max Vancsa*. Aus den Ortsnamen, die wir in den Quellen finden, kann sich aber ergeben, daß die damit bezeichneten Ansiedelungen heute nicht mehr bestehen. Solche Orte nennen wir W ü s t u n g e n oder abgekommene bzw. verödete Orte. Die Gründe für das Auflassen einmal gewählter Siedelungen können in Naturereignissen (Brand, Wasser-, Lawinengefahr) bestehen oder in äußeren Vorgängen (Kriege) oder sie können in wirtschaftlichen Verhältnissen ruhen, indem z. B. benachbarte Stadtbewohner die Güter aufkaufen, durch Raubackerbau, der den Boden erschöpfte, durch Bauernlegen usw. Vgl. darüber *Alf. Dopsch, Oesterr. Urbare 1. Die landesfürstl. Urbare Nieder- und Ober-*

österreichs 1904 S. CXLVII, ferner *Hs. Beschorner, Wüstungsverzeichnisse Dt. G.-Bll. 6* (1905) 1—15, *K. Haff, Verödete Dörfer und Höfe. Dt. Lit.-Ztg.* 1917 Sp. 1459/62. Dort auch weitere Literatur. Hiezu noch *Jos. Lappe, Die Wüstungen der Provinz Westfalen* = Veröff. der Histor. Kommission für die Provinz Westfalen 1916.

Die Verwendung der Ortsnamen für geschichtliche Zwecke systematisch herangezogen zu haben, ist das Verdienst von *Wm. Arnold,* der in seinem Werke *Ansiedelungen u. Wanderungen dt. Stämme besonders nach hessischen Ortsnamen* 1875, [2]1881 glaubte 3 Schichten von Ortsnamen feststellen zu können, jene aus der Urzeit, in der bei den wechselnden Sitzen der Völker und Stämme die Bezeichnung der Lage und Bodenbeschaffenheit im Vordergrunde steht, die Zeit vom 5.—8. Jht. als die Zeit dauernder Besiedelung, da die Benennung nach dem Eigentümer vorherrscht und Wohnortsbezeichnungen (Heim, Haus, Dorf) verwendet werden und schließlich vom 9.—12. Jht., in welcher Zeit sich auch noch besondere Hinweise auf Gründung durch die Kirche, Rodung, Burgenbau finden. Er wollte auch die Endungen -weiler, -bronn, -ingen (alemanisch), -bach, -heim (fränkisch), -büttel, -leben (sächsisch) als Kennzeichen für die Besiedelung durch bestimmte Stämme erklären. Von diesen Theorien ist heute fast nichts übrig geblieben als die Anregung, die wir *Arnold* verdanken und die uns zu wertvollen Forschungen Anlaß gegeben hat.

So hat z. B. *Alf. Dopsch. Wirtschaftl. und soziale Grundlagen der europ. Kulturentwicklung 1* (1918) 233 die Beobachtung gemacht, daß die -ing- und weiler-Orte sehr häufig mit alten römischen Siedelungen zusammenfallen. Daher auch ihre weite Verbreitung im heutigen Baden und Württemberg, weshalb man sie auch als Stammesmerkmal der Alemannen bezeichnen wollte. — Vom sprachwissenschaftlichen Standpunkt hat die Fragen dieses Zweiges grundlegend *Edw. Schröder* in seinem Buche *Ueber die Ortsnamenforschung* 1908 behandelt. Vgl. auch von demselben den Artikel *Flußnamen* in *Johs. Hoops, Reallex. der germ. Altertumskde. 2* (1913/15) S. 72—77. Natürlich kommt es nicht bloß auf die Erforschung von Namen bestimmter Art an, sondern auf die ganzer Länder, Landschaften, Gaue, Bezirke, aber auch auf die von Völkern, Stämmen usw.

Zu einem befriedigenden Ergebnisse wird man nur gelangen können, wenn Sprachwissenschaft und Geschichtskunde sich gegenseitig unterstützen. Für den Historiker muß es dabei als wichtigster methodischer Grundsatz gelten, daß er die älteste, urkundlich belegbare Namenform bereitstellt. Erst wenn man in zeitlicher Folge die Reihe der Namensformen von der ältesten bis zur heutigen zur Verfügung hat, ist die geschichtliche Vorarbeit geleistet.

2. Die historisch-geographische Kartographie. Auch hier ging die alte Geschichte vor. *Hch. Kiepert, Karte von Kleinasien,* für die er auf seiner Reise dahin 1841 und 1842 die Vorarbeiten schuf, hatte auf dem Gebiete der neueren Geschichte nichts, das sich mit ihr vergleichen könnte. Trotz Anläufen verschiedener Art, setzte doch erst in den 80er Jahren des 19. Jhts. dank der Werbearbeit von *Fch. v. Thudichum* das allgemeine Interesse für kartographische Hilfsmittel ein, die man namentlich in den Dienst der deutschen Landeskunde stellen wollte. Von *Thudichum* rührt auch der Name „Grundkarten" her. Das sind deutsche Gene-

ralstabskarten (1 : 100 000), in denen außer den hydrographischen Angaben und den einfachen Ortzeichen nur die Grenzen der gegenwärtigen Gemarkungen aufgenommen werden sollten. Damit bleibt für den landeskundlichen Forscher Raum die verschiedenen kartographisch darstellbaren geschichtlichen Einzelheiten (Grenzen von kirchlichen Verwaltungsbezirken usw.) einzuzeichnen. Der Gedanke *v. Thudichums*, als ob die Gemeinde- und Gutsbezirke (Gemarkungsgrenzen) durch die Jahrhunderte hindurch in ganz Deutschland ziemlich unverändert geblieben seien und deshalb in den Grundkarten einen geschichtlich besonders vorteilhaften Rahmen für weitere Eintragungen bieten würde, dieser Gedanke hat der Kritik (namentlich der *Gerh. Seeligers*) nicht standzuhalten vermocht. Immerhin hat die darin gelegene Anregung den Erfolg gehabt, daß die Aufmerksamkeit der an geschichtlicher Geographie, Rechts- und Wirtschaftsgeschichte interessierten Kreise auf die Notwendigkeit kartographischer Darstellung hinlenkte, daß man Karten anfertigte, die der Einzeichnung historisch wertvoller Tatsachen Raum lassen. Als Frucht dieser Grundkartenbewegung darf der seit 1895 erscheinende *Geschichtliche Atlas der Rheinprovinz* und der durch *Edd. Richter* ins Leben gerufene, von *Osw. Redlich* geleitete *Historische Atlas der österr. Alpenländer* angesehen werden. Ihnen folgte seither eine ganze Reihe Unternehmungen auf deutschem Boden. Vgl. auch IX § 29.

Von den **Aufgaben**, die der historischen Geographie zufallen und die sie nicht ohne die Mittel geschichtlicher Forschung zu bewältigen imstande ist, sind die wichtigsten: 1. Die Darstellung der im Laufe der historischen Zeit stattgefundenen Veränderungen an dem Landschaftsbilde. 2. Die Feststellung der Zahl und der räumlichen Verbreitung der Bevölkerung eines Landes, eines Staates. 3. Die Feststellung der Grenzen eines bestimmten Volkstums bzw. der in der Geschichte erfolgten Veränderungen dieser Grenzen. 4. Die Erforschung der Siedelungsverhältnisse. 5. Die Feststellung der jeweiligen politischen, administrativen Länder- und Territorialgrenzen.

Als Beispiele für die *Geschichte des Landschaftsbildes* sei erwähnt: Karl v. H o f f, G. der durch Ueberlieferung nachgew. natürlichen Veränderungen der Erdoberfläche 1822 f.; Jak. W e i ß, Elementarereignisse im Gebiete Dtlds. 1 (1911): vom Beginn unsrer Zeitrechnung — 580; Jos. W i m m e r, G. des dt. Bodens 1905. Vgl. hiezu Edd. B r ü c k n e r, Klimaschwankungen seit 1700 = Geogr. Abhdlgen. 4/2 (1890).

Ueber die Bedeutung der historischen *Bevölkerungslehre*: Jul. B e l o c h, Die Bevölkerung der griechisch-röm. Welt 1886.

Ueber *Völkergrenzen* vgl. Herm. N a b e r t, Das dt. Sprachgebiet in Europa u. die dt. Sprache sonst und jetzt 1893.

Die *Siedelungsgeschichte* hat in vorbildlicher Weise behandelt Otto S c h l ü t e r. Die Siedlungen im nordöstl. Thüringen. Ein Beispiel für die Behandlg. siedelungsgeogr. Fragen 1903 u. Alfr. G r u n d, Die Veränderungen der Topographie im Wiener Wald u. Wiener Becken = Geogr. Abhdlgen. hg. v. Albr. P e n c k 8 (1901). Vgl. Aug. M e i t z e n, Wanderungen, Anbau u. Agrarrechte der Völker Europas 1896.

Beispiele für die Darstellung *politischer Grenzen* sind etwa: Ernst K r o e h n e r t, Die dt.-russische Grenze von Eydtkuhnen bis Soldau. Diss. Königsberg 1912; Otto S t o l z, Die geschichtl. Entwicklung der bayrisch-tirolischen Landesgrenze. Verhdlgen. des 18. dt. Geographentages zu Innsbruck (1912) 114 ff.

Die **Quellen**, aus denen der historisch arbeitende Geograph seine Erkenntnis schöpft, sind im allgemeinen die gleichen, die auch der Historiker benützt. Vor allem sind es Altertümer, Inschriften, Urkunden, Staatsverträge, Akten (z. B. Grenzverhandlungen, Steuerkataster u. a.), Reisebeschreibungen, alte Kartenwerke, Fahrpläne u. ä., die herangezogen werden müssen. Die Ergebnisse der historischen Geographie reichen vielfach hinein in die Rechts-

und Wirtschaftsgeschichte. Andererseits berührt auch die Anthropogeographie den Boden der Geschichte. Sie sucht die Verbindung zwischen Raum und Völker- bzw. Staatenschicksal ebenfalls herzustellen. Sie langt damit nach soziologischen Problemen, zum Teil auch nach politischen, ja selbst ganz aktuellen Fragen. So z. B. *Arthur Dix, Geographische Abrundungstendenzen in der Weltpolitik* Geogr. Zschr. 17 (1911) oder *Camille Vallaux, Géographie sociale. Le sol et l'état* = Encycl. scientifique Paris 1911. Hierher gehören auch die vielgelesenen Schriften von *Rud. Kjellén, Die polit. Probleme des Weltkrieges* ² 1920, *Die Großmächte u. die Weltkrise* 1920.

So lehrreich die Anwendung geographischer Betrachtungsweise auf geschichtliche Tatsachenreihen ist, so darf man nicht übersehen, daß dies naturwissenschaftlich orientierte Denken der modernen Geographien sie leicht dazu verleitet, alles Geschehen und alle Veränderungen als notwendig und als räumlich bedingt anzusehen. Die Tatsache, daß sich 1526 die böhmischen und Teile der ungarischen Länder mit Oesterreich zu einer staatlichen Einheit zusammengeschlossen haben, wurde von einzelnen Geographen dargestellt, als ob darin eine räumlich verursachte Notwendigkeit zu erblicken sei. Solche Forscher werden leicht zu Propheten ex eventu, die in Kenntnis des geschichtlich Gewordenen aus den Gestaltungen der Erdoberfläche nachträglich herauslesen zu können vermeinen, was sie in Wahrheit nur aus der Geschichte erfahren haben.

Ueber die *Stellung und die Aufgaben der historischen Geographie* vgl. Eug. O b e r h u m m e r, Die Stellung der Geographie zu den hist. Wissenschaften, Allg. Ztg. Beil. 1903 Nr. 147 auch selbständig 1904. — Eine Systematik versucht Rob. S i e g e r, Zur Behandlung der histor. Länderkde. MIOeG. 28 (1907) 209 ff. Kritische Uebersicht über die bisherigen grundlegenden Werke bei Hs. B e s c h o r n e r, Wesen u. Aufgaben der histor. Geogr. HVjschr. 9 (1906) 1—30. — Anregungen zu einer intensiveren Zusammenarbeit der Geschichte u. physikal. Geographie Osw. R e d l i c h, Histor.-geogr. Probleme MIOeG. 27 (1906) 545 ff.

Gesamtdarstellungen der histor. Geographie: H. K i e p e r t, Lehrb. der alten Geogr. 1878; Edw. F r e e m a n n, Historical geography of Europe, ³ London 1903; Wm. G ö t z, Histor. Geographie. Beispiele u. Grundlinien = Die Erdkunde hg. v. M. Klar 19 (1904); Joach. L e l e w e l, Géographie du moyen âge 4 Bde. Brüssel 1850—57; Konr. K r e t s c h m e r, Histor. Geographie von Mitteleuropa = Hdb. der mittelalt. u. neuer. G. Abt. 4 (1904). Nach zeitlichen Schichtungen dargestellt. — Bodo K n ü l l, Histor. Geographie Deutschlands im Mittelalter 1903. Eine ausgezeichnete Uebersicht von Rud. K ö t z s c h k e, Quellen u. Grundbegriffe der histor. Geographie Deutschlands u. seiner Nachbarländer in Al. Meisters Grundr. 1, 2 (1906). Für Frankreich: Paul V i d a l d e l a B l a c h, Tableau de la géographie de la France = Lavisse, Hist. de France 1 (Paris 1903).

Geographische Namenkunde: J. J. E g l i, Nomina geographica. Sprach- u. Sacherkl. von 42000 geogr. Namen aller Länder ² 1893, alphabetisch geordnet. Vgl. desselben Geschichte der geogr. Namenkunde 1886 u. die laufenden Forschungsberichte über Namenkunde im Geograph. Jb. (s. u.); Herm. W ä s c h k e, Ortsnamenforschung Dt. Gbll. 1 (1900) 253 ff. u. Gv. H e y, Zur Ortsnamenforschung. Ebda. 2 (1901) 126 ff.; H. W i t t e, Ortsnamenforschung u. Wirtschaftsg. Ebda. 3 (1902); O. W e i s e, Die dt. Ortsnamenforschung im letzten Jahrzehnt. Germ.-rom. Monatsschr. 2; Joh. Willib. N a g l, Geogr. Namenkunde = Die Erdkunde hg. von Max Klar 18 (1908). Als Anweisung für den Geographielehrer gedacht mit bes. Berücksichtigung der dten., dt.-österr. Namen. — Hs. B e s c h o r n e r, Ueber das Veröffentlichen großer Flurnamensammlungen, Dt.-G.bll. 12 (1911) 215—225.

Ueber *historisch-geographische Kartographie:* Th. v. K a r g - B e b e n b u r g in Ft. zur G. Bayerns 13 (1905) 237 ff.; über Grundkarten: Fch. v. T h u d i c h u m, Histor.-statistische Grundkarten 1892; Karl L a m p r e c h t, Zur Organisation der Grundkartenforschung Dt. G.bll. 1 (1899) 83 ff. und ebda. S. 113 ff.: Rud. K ö t z s c h k e, Die Technik der Grundkarteneinzeichnung; ferner Osw. R e d l i c h u. Karl G i a n n o n i, Korrbl. des Ges. Vers. 57 (1909) Sp. 70, 82; kritische Stellungnahme gegen die Grundkartenforschung von Gerh. S e e l i g e r, Die histor. Grundkarten, Allg. Ztg. Beil. 1900 Nr. 52, 53, 123. — Orientierende Uebersicht: Hs. F i s c h e r, Historisch-statistische Grundkarten, Peterm. Mitt. 64 (1918) 241/2. *Historische Kartenwerke:* Karl v. S p r u n e r. Histor.-geogr. Handatlas 1837—39 die gesamte Weltgeschichte berücksichtigend. Daraus für die alte Geschichte Wm. Sieglin, Atlas antiquus fortg. v. Max Kießling 1893/5 u. für Mittelalter und Neuzeit: Spruner-Th. Menke, Hdatlas für die G. des Mittelalters u. der Neuzeit [3]1880; ferner Gv. Droysen, Allg. hist. Hdatlas 1886. Sonst ganz brauchbar F. W. Putzger, Histor. Schulatlas zur alten, mittl. u. neueren G. bearb. v. A. Baldamus u. E. Schwabe; für das Altertum von Hch. Kiepert der ausgezeichnete Atlas antiquus. Zwölf Karten zur alten G. o. J., bei D. Reimer-Berlin an Stelle der veralteten Weimarer Ausgabe, ferner desselben Formae orbis antiquae 1894 ff.; Alb. v. Kampen, Atlas antiquus 1893, [3]1906; Wm. Sieglin, Schulatlas zur G. des Altertums. Für Mittelalter u. Neuzeit außer den oben angeführten R. L. Poole, Historical atlas of modern Europe, from the decline of the Roman empire, comprising maps of parts of Asia, Africa and the New World connected with European history, Oxford 1896—1902. *Historische Spezialkarten:* Herm. Guthe, Bibelatlas 1911; Fch. Schirmer. Kriegsgeschichtlicher Atlas [2]1912; derselbe, Kriegsgeschichtlicher Atlas der neuesten Zeit 1913. Zur dt. Geschichte vgl. R. Kötzschke, Quellen u. Grundbegriffe S. 415. — Aug. Longnon, Atlas hist. de la France depuis César jusqu' à nos jours, Paris 1884/9.

Historische Topographie: L. Vivien de St. Martin, Nouveau dict. de géogr. universelle 7 Bde. Spl. Paris 1879—1900. Für das *Altertum* neben Hch. Kiepert, Lehrbuch (s. o.) Maur. Besnier, Léxique de géogr. ancienne, Paris 1914; Konr. Bursian, Geogr. von Griechenland 2 Bde. 1862, 1872; W. M. Ramsay, The historical geography of Asia minor. Royal geogr. society. Supplementary papers 4 Bde. London 1890; derselbe, The cities and bishoprics of Phrygia I 2 Bde. Oxford 1895, 1897.

Für das *Mittelalter:* J. G. Th. Graesse, Orbis latinus oder Verz. der wichtigsten Orts- u. Ländernamen, [3]mit bes. Berücksichtigung der mittl. u. neueren Latinität, bearb. v. F. Benedict 1909. Sonst muß man zur Bestimmung eines Ortsnamens Ul. Chevalier, Répertoire des sources hist. du moyen-âge. 2. Teil, Topo-Bibliographie 2 Bde. Paris 1894, 1903 nachschlagen. Für die Auflösung der Namen von Bischofssprengeln P. B. Gams, Series episcoporum ecclesiae cath. 1873, Nachtr. 1886 u. Konr. Eubel, Hierarchia catholica medii aevi 3 Bde. 1898—1910 [2]1 (1913). Vielfach wird aber auch das nicht genügen. Wertvolle Behelfe bieten die Indices zu den MG., zu den neueren Urkundenbüchern, Urbarausgaben usw. — Für Deutschland: Herm. Oesterley, Histor.-geogr. Wb. des Mittelalters 1881/2. Berücksichtigt nur die erzählenden Quellen, indes gerade die urkundlichen für die Topographie am wichtigsten sind; Otto v. Grote, Lexikon dt. Stifter, Klöster und Ordenshäuser 1880 ff.; vgl. Max Vancsa, Histor. Topographie mit bes. Berücksichtigung Niederösterreichs Dt. G.bll. 3 (1902) 97 ff.

Für die *Neuzeit:* Karl Ritter, Geogr.-statist. Lexikon 2 Bde. [9] v. J. Penzler 1905, 1906; für Deutschland: H. Rudolph, Vollst. geograph.-topogr.-statist. Ortslexikon von Deutschland 2 Bde. 1859, 1868; G. Neumann, Geogr. Lex. des Dt. Reiches 1883, [4]als Orts- u. Verkehrslex. des Dt. Reiches hg. v. Broesike u. Keil 1905, [5]als Meyers Orts- u. Verk.-Lexikon 1912; Osk. Brunkow, Die Wohnplätze des Dt. Reiches 8 Bde. 1880/5, [2]1889, [3]1909/10. Verzeichnis topographischer Wörterbücher für Deutschland, Oesterreich, Belgien, Niederlande bei D.-W.[8] S. 8—10; sonst P. Semenov, Geografitchesko-statistitcheskii slovar russiiskoĭ imperii 5 Bde. St. Petersb. 1863—85. Für Frankreich: Dictionnaire topographique = Coll. des doc. inéd. 4. Serie, Paris 1861 ff. nach Departements geordnet; Enzyklopädie des Islam. Geogr, ethnogr. u. biographisches Wb. der muhammed. Völker hg. v. M. Th. Houtsma u. A. Schade, Leiden 1908 ff.

Bibliographisch kann man sich orientieren in der Bibliotheca geographica von Wm. Engelmann (1858): 1850—1856, über Neuerscheinungen in der von der Gesellschaft f. Erdkunde zu Berlin hg. Bibliotheca geogr. bearb. v. Otto Baschin 1 (1895): 1891/2, 2 (1896): 1893 usf. 3—4 Jahre später nach dem Erscheinen der in Bücher- u. Aufsatztiteln wiedergegebenen Literatur, ferner im Geogr. Jb. 1866 ff. alle 2 Jahre erscheinenden Inhaltsangaben. Schließlich der Büchereinlauf u. die Besprechungen in Mitteilungen aus Just. Perthes geogr. Anstalt v. A. Petermann 1855 ff.

§ 6. Sprachwissenschaft.

Hier soll von der Sprache nur in dem Sinne die Rede sein, als ihre Kenntnis unsere Kenntnis von den Quellen ermöglicht. Wir können heute bereits etruskische und lykische Inschriften lesen, aber was nützt uns dies, wenn wir nicht auch die etruskische und lykische Sprache verstehen? Wir sind somit nur auf Nachrichten aus zweiter Hand angewiesen. Die nationale Ueberlieferung der betreffenden Völker und damit die ursprüngliche Kenntnis ihrer Geschichte bleibt für uns stumm und verschlossen. Wenn *Ranke* in seinem Werke *Serbien und die Türkei im 19. Jht.* (jetzt in seinen *SW. 43/4*) den Befreiungskampf der Serben, ohne Serbisch zu kennen, nur auf Grund von Papieren und mündlichen Mitteilungen des *Wuk Stepanowitsch Karadschitsch* verfaßte, wobei zum Teile *Kopitar* den Dolmetscher spielte, so kann dies wohl als Ausnahme gelten, die die Regel bestätigt. Ein ähnlicher Versuch, den die *G. von Japan* von *O. Nachod* (1. Bd. 1906 in *Heeren-Uckerts Staatengeschichte*) darstellt, ist nicht eben sehr gelungen. Uebersetzungen sind doch nur schwache Ersatzmittel, die den Benützer von den subjektiven Auffassungen und gegebenenfalls von den Fehlern, Mängeln, absichtlichen Auslassungen des Uebersetzers in eine für die Selbständigkeit seines Urteils unwürdige Abhängigkeit bringen. Ueberdies kann die für den Geschichtsschreiber so wichtige psychologische Erfassung des in den Quellen zum Ausdruck gebrachten fremden Seelenlebens nur dadurch zu einem glücklichen Ziele geleitet werden, daß er sich mit diesen Quellen in ihrer Urform auseinandersetzt. Er muß sie selbst befragen und abhören. Es ist dies wie mit den Reisen in fremden Landen. Der wird den meisten inneren Gewinn davonzutragen die Möglichkeit haben, der mit den Menschen dortselbst in ihrer Muttersprache sprechen kann. Aber auch dem, der sich nur radebrechend weiterhilft, eröffnet sich immerhin noch ein tieferer Einblick und größeres Verständnis für die Eigenart seiner Umgebung als dem, der sich mit Hilfe von Fremdenführern und Dolmetschern der Mühe entschlägt, in lebendigen Verkehr mit Land und Leuten zu treten.

Die Sprache begreift ja die meisten Kulturbestandteile eines Volkes in ihrer seelisch-natürlichen wie in ihrer geschichtlich gewordenen Besonderheit in sich. Wie das wirkliche Verstehen einer Sprache die Gemeinsamkeit des Denkens und Fühlens voraussetzt, so führt andererseits die eifrige Beschäftigung mit ihr zu dem Verständnis dieses Denkens und Fühlens hin. Und es ist für den Historiker bei der Behandlung der Quellen selbst stümperhafte Kenntnis ihrer Sprache vorteilhafter als die beste Uebersetzung anderer. Schon in der durch die eigene Uebersetzertätigkeit notwendig gewordenen Denkarbeit liegt ein Stück psychischer Bewältigung der in den Quellen niedergelegten seelisch-geistigen Eigenart. Deshalb ist für alles geschichtliche Forschen der ideale Zielpunkt, was die alte Geschichte schon längst erreicht hat. *K. J. Neumann* (*Entwicklung u. Aufgaben der Alten Geschichte*, Straßburger Rektoratsrede 1910) behauptet: „Ohne volle Beherrschung der philologischen Technik wäre alte Geschichte Dilettantismus". Das gilt aber in sinngemäßer Anwendung für alle Teile der Geschichte. Mag in dieser wie in anderer Hinsicht die Altertumswissenschaft das unerreichte, wenn nicht unerreichbare Vorbild für unsere Forschungsrichtung sein, angestrebt muß die Verwirklichung des hier vorgesteckten Zieles werden. Es sprechen schon alle Anzeichen dafür, daß nun das Mittelalter an die Reihe kommt, daß auch da Philologie und Geschichte sich einträchtig in die Hände arbeiten werden. Erst wenn auch für diese Zeit die Sprache der Bildung, der Philosophie und eines großen Teils der schönen Literatur, wenn das Latein, das in diesen Jahrhunderten eine sich weiterbildende, lebende Sprache war, nach allen Richtungen hin durchforscht und gedanklich wie formal ausgewertet sein wird, erst dann wird man die geistesgeschichtlichen Grundlagen gewonnen haben, um zum vollen Verständnisse seiner Kultur zu gelangen. Die Forschungen von *Ldw. Traube* und *Paul Lehmann* bedeuten in dieser Richtung verheißungsvolle Ansätze. Der mittellateinischen Philologie zur Seite, muß natürlich die sprachwissenschaftliche Behandlung der romanischen, germanischen, slawischen u. a. Volkssprachen treten. Von keinem Historiker wird man verlangen können, daß er diese Sondergebiete alle beherrsche, aber die Notwendigkeit einer Zusammenarbeit, gegenseitiger Aushilfe und Anleihen muß als allgemeiner Grundsatz allen Forschern ins Bewußtsein treten, die sich auf das Gebiet mittelalterlicher Quellenkunde begeben. Von Fall zu Fall wird sich ja historische und neuphilologische Bildung in einer Person vereinigen. Dann möge diese Verbindung entsprechend ausgenutzt werden! Man vgl. etwa *Edward Schröder, Urkundenstudien eines Germanisten*, M.JOeG. 18 (1897) 1—52.

Jede Sprache ist ein System von Zeichen. Die Beziehung nun zwischen den Zeichen und dem Bezeichneten drückt sich in dem Verhältnis der „Wörter und Sachen" aus. Dieses Verhältnis, das gerade in neuerer Zeit von der Sprachwissenschaft liebevoller gepflegt wird denn früher, führt aber hinüber zur Geschichte, für die die Realienkunde einen wichtigen Teil der Erkenntnis darstellt. Die Realien bilden ja den kulturgeschichtlichen Hintergrund ohne dessen Feststellung nicht nur die Rechts-, Verfassungs-, Wirtschafts-, Sitten- und Wissenschaftsgeschichte, sondern auch die politische Geschichte flach, gestaltlos und im letzten Grunde unverständlich bleiben muß. Auch hier knüpfen die auf den Ausbau der Realienkunde der jüngeren Zeit gerichteten Bestrebungen an das Vorbild der Altertumswissenschaft an.

Aus dem hier Angeführten (vgl. II § 11) ergibt sich, daß es für den Historiker unabweisliche Pflicht ist:

1. sich praktische Sprachkenntnisse anzueignen. Er braucht sie nicht nur für das Verständnis der Quellen, sondern auch für die Benützung der Literatur. Außer den antiken Sprachen muß er mindestens die großen Weltsprachen so weit beherrschen, daß er die französischen, englischen und italienischen Geschichtswerke fließend übersetzen kann. Hierzu kann ja nach der Wahl der Themen die eine oder andere Sprache hinzukommen. (Vgl. I § 2.)

2. muß er sich mit den Hilfsmitteln der Sprachwissenschaft in jenen Grenzen vertraut machen, die es ihm ermöglichen, wenigstens einfache Probleme im eigenen Wirkungskreise zu lösen.

Allgemeines: Herm. Paul, Prinzipien der Sprachg. [4]1909 (Grundlegende Einführung in das Wesen der Sprache); Berth. Delbrück, Einführung in das Sprachstudium = Bibl. indogerman. Grammatiken [4]1880. [5]1908 (m. bes. Berücksichtigung der G. der vergleichenden Sprachwissenschaft); Th. Benfey, G. der Sprachwissenschaft u. oriental. Philologie in Deutschland = G. der Wissenschaften in Deutschland 8 (1869).

Indogermanische Sprachwissenschaft: Ant. Meillet, Introduction à l'étude comparative des langues indo-européennes [3] Paris 1912; Grundriß der indo-arischen Philologie und Altertumskunde hg. von Bühler 1896 ff.; Grundriß der iranischen Philologie hg. von Geiger u. Kuhn 1895 ff.; Grundriß der indogerman. Sprach- u. Altertumskunde hg. von C. Brugmann u. Bartholomae 1916 f.

Klassische Philologie (vgl. Altertümer): Phil. Aug. Boeckh, Enzyklopädie u. Methodologie der philolog. Wissenschaften hg. v. E. Bratuschek 1877. [2]hg. v. Klußmann 1886 (noch immer heranzuziehen); Emil Hübner, Grundriß zu Vorlesungen über die Geschichte u. Encyklopädie der klassischen Philologie 1876; Bibliographie der klass. Altertumswissenschaft [2]1889; Einleitung in die Altertumswissenschaft hg. v. Alf. Gercke u. Edd. Norden 3 Bde. 1910 f., 1[2](vermehrt 1912); Iwan v. Müller, Hdb. der klass. Altertumswissenschaften 9 Bde. 1885 ff., vielfach neu aufgelegt, 1. 1886, [2]1 (1892); L. Ulrichs, Grundlegung und Geschichte der Philologie; F. Blaß, Hermeneutik u. Kritik, Paläographie, Buchwesen, Handschriftenkunde; G. Hinrichs (in [2]1: W. Larfeld) Griech. Epigraphik; E. Hübner, Römische Epigraphik; G. F. Unger, Zeitrechnung der Griechen u. Römer; H. Nissen, Griech. u. römische Metrologie, 2. 1885, [2]2. 1890 Griechische u. lateinische Sprachwissenschaft; Die griechische und lateinische Literatur

u. Sprache = **Kultur der Gegenwart** 1. Teil. 8. Abt. [3]verm. 1913; Rud. Klußmann, Bibliotheca scriptorum classicorum et graecorum et latinorum 1. Scriptores graeci
2. Scriptores latini 1913 (enthält die deutsche Literatur von 1878 bis 1896 einschl.). —
Fortlaufende Bibliographien: Jahresberichte über die Fortschritte der klass. Altertumswissenschaft hg. v. Konr. Bursian 1875 ff; Berliner philolog. Wochenschrift
1882 ff. — Für die Realienkunde vgl. IX § 2. *Wörterbücher:* Henr. (Estienne) Stephanus.
Thesaurus linguae graecae [2] Parsiis 1831—65, 9 Bde; E. Forcellini, Totius latinitatis
lexicon. Prati 1858—68; Grundlegend wird nach seiner Vollendung der Thesaurus lin-
guae latinae 1900 ff. sein, der den ganzen lateinischen Sprachstoff bis Ende des 6. Jhts. n.
Chr. berücksichtigt. D und E in Bearbeitung. Vgl. Paul Kowald, Repertorium latein.
Wörterverzeichnisse u. Speziallexika 1914. *Lateinische u. griechische Philologie des Mittel-
alters:* Gv. Koffmanc, G. des Kirchenlateins 1 (1879/81): — Augustin-Hieronymus:
Jak. Felder, Die lat. Kirchensprache nach ihrer geschichtlichen Entwicklung 1905;
J. J. Baebler, Beiträge zu einer Geschichte der latein. Grammatik im Mittelalter 1885;
Karl Sittl, Zur Beurteilung des sog. Mittellateins, A. f. lat. Lexikographie 2 (1885) 550—80:
Wm. Meyer-Lübke, Die latein. Sprache in den romanischen Ländern in Gröbers
Grundriß (s. u.) 1; wichtig: Ldw. Traube, Einleitung in die lateinische Philologie
des Mittelalters = Vorlesungen u. Abhandlungen 2 (1911); seit 1905 hg. v. Traube.
fortg. v. Paul Lehmann: Quellen u. Untersuchungen zur latein. Philologie des Mittel-
alters: Sonderarbeiten auf diesem Gebiete bei Bernheim S. 287 f. Vgl. Dictionnaire
de la bible 4 (Paris 1908) Sp. 97 f. Für das hellenistische Griechisch vgl. den Artikel von
Adolf Deißmann in Realencykl. f. prot. Theol. [3]7 (1899) 627—39. — Münchener Archiv f.
Philologie des Mittelalters hg. v. Wilhelm 1915 ff.

    Wörterbücher: Forcellini s. o. u. Thesaurus s. o.; Du Cange [Dufresne.
sieur Du Cange] Glossarium mediae et infimae latinitatis 3 Bde. Paris 1678, [2]bearbeitet v.
Henschel 7 Bde. Paris 1840/50, [3]hg. von Niort 10 Bde. 1883/7 mit altfranzös. Glossar.
Trotz seiner Lücken noch immer das beste Nachschlagewerk; Karl v. Paucker,
Supplementum lexicorum latinorum 1. 1883/5: Louis Quicherat, Addenda lexicis latinis,
Paris 1862; für das bis 1848 in Ungarn als amtliche Sprache gebrauchte Latein: Ant.
Bartal. Glossarium mediae et inf. latinitatis regni Hungariae 1901. Für das *Griechische:*
Hri. (Estienne) Stephanus s. o.; E. A. Sophocles, Greek Lexicon of the roman
and byzantine periods, New York u. Leipzig 1888, für die Zeit von 146 v. Chr. — 1100 n.
Chr.; Du Cange, Glossarium ad scriptores mediae et infimae graecitatis, Paris 1688,
Neuabdr. 1889 f. — Für die *lateinische* Rechts- u. Urkundensprache (auch die deutsche):
Edd. Brinkmeier, Glossarium diplomaticum 2 Bde. 1855/6; sonst noch L. Dieffen-
bach, Glossarium latino-germanicum mediae et infimae aetatis 1857 u. desselben
Novum Glossarium latino-germanicum 1867. — Da das mittelalterliche Latein sehr stark
von der Sprache der Vulgata u. der Kirchenväter beeinflußt wurde und biblische Wendungen unbewußt in die Redeweise der Literatur hinüberfließen. sei auf die sog. *Konkor-
danzen* hingewiesen, in denen, je nachdem sie Real- oder Verbalkonkordanzen sind, alle
Stellen gesammelt, die einen bestimmten Begriff oder ein bestimmtes Wort (in allen seinen
Formen) enthalten. Für die Vulgata: Repertorium biblicum hg. v. Mich. Bechig 2 Bde.
1887 8: für die Septuaginta: Karl Herm. Bruder, Tamieion sive concordantiae omnium
vocum novi testamenti graeci [4]1888; für die dt. Lutherbibel: (Calwer) Bibelkonkordanz
[2]1905: für Ambrosius: [Bartholomaeus v. Urbino] Milleloquium Ambrosii, Lyon
1556; für Augustinus: Lenfant, Concordantiae Augustinianae, Paris 1656—65. *Romanische Philologie:* Gv. Gröber, Grundr. der roman. Philologie 4 Bde. (1888—1901).
[2]1 (1904/6); Wm. Meyer-Lübke, Einführung in das Studium der roman. Sprachwissenschaft [2]1909 = Bd. 1 von Sammlung roman. Elementarbücher 1901 ff. Fortlaufende Bibliographien in Zschr. für roman. Philol. 1877 ff. in Suppl.heften seit 1878:
ferner: Kritische Jberr. über die Fortschritte der roman. Philol. 1892 ff. (behandelt die Erscheinungen seit 1890). Für den Historiker kommt neben den üblichen
Wörterbüchern besonders in Betracht: Französische: Gv. Körting, Latein.-romanisches
Wb. [3]1907; Fch. Diez, Etymologisches Wb. der roman. Sprachen [5]1887; G. Körting, Etymolog. Wb. der französ. Sprache 1907; Dictionnaire historique de la
langue française p. p. l'académie française 4 Bde. Paris 1858—94; Fch. Godefroy.
Dict. de l'ancienne langue française et de tous ses dialectes du 9e au 14e siècle, Paris
10 Bde. 1881—1902; A. Hatzfeld, A. Darmestetter u. Thomas, Dict. de la
langue française du commencement du 17e siècle jusqu' à nos jours 5 Bde. 1894—1901.
Italienische: Vocabolario degli Accademici della Crusca, Florenz [1]1612, [5]1863 ff.:
Tommaseo·Bellini. Dizionario della lingua italiana, Turin 1865—79. *Rumänisch:*
Lexicon valachico·latino hungaricum, Budae 1825. das sog. „Ofener Wörterbuch".
Spanisch: A. de Pagès, Gran diccionario de la lengua Castellana. Madrid 1902 ff. *Germanische Philologie:* Karl v. Bahder, Deutsche Philologie im Grundriß 5 Bde. 1883; für
unsere Zwecke besonders wichtig: Herm. Paul. Grundr. der german. Philologie 3 Bde.
1891/3, [2]1896—1909 4 Bde.. [3]1911 ff. in einzelnen selbständigen Bänden. Fortlaufende

Bibliographien: J b e r r. über die Erscheinungen auf dem Gebiete der g e r m a n. P h i l o-
l o g i e 1877 ff. (Berichtsjahre 1876 ff.) bezieht sich auf die Geschichte der nhd. Literatur
bis 1624; L i t e r a t u r b l. f ü r g e r m a n. u. r o m a n. Philologie 1880 ff.; A n z e i g e r
für das dt. Altertum 1885 ff.; J b e r r. für neuere dt. Literalurg 1892 ff. (Berichtsjahre
1890 ff.); A n g l i a, Zschr. für engl. Philol. 1877 ff. *Wörterbücher:* Osk. S c h a d e Altdt. Wb.
²1872—82; Matth. L e x e r, Mittelhochdt. Wb. 3 Bde. 1869—78 u. dessen Mittelhochdeutsches
Taschenwb. ⁸1906 in einem Band; Alfr. G ö t z e, Frühneuhochd. Glossar 1912, ²1920; Jak.
u. Wm. G r i m m, Dt. Wb. 1854 ff. (unvollendet A—Q; um die angeführten Belege datieren
zu können vgl. man das Quellenverzeichnis zum Dt. Wb. 1910 (Ergänzungen zum Grimm-
schen Wb.: Karl Ldw. W e i g a n d, Dt. Wb. 1857—71, 2 Bde. ⁵1908—10); Lor. D i e f e n-
b a c h u. Ernst W ü l c k e r, Hoch- und niederdt. Wb. der mittleren u. neueren Zeit 1885
(betrifft 15.—18. Jht.); von den Wbb. der deutschen Mundarten, die bei D. W. ⁸ 20—23
gut zusammengestellt sind (vgl. Dt. G.bll. 5 [1904] 169 ff.!), seien hervorgehoben: Karl
S c h i l l e r u. A. L ü b b e n, Mittelniederdt. Wb. 6 Bde. 1873—81 u. J. A. S c h m e l l e r.
Bayerisches Wb. ²1872—77 (nach Wortstämmen geordnet mit alphabetischem Wortregister
am Ende des 2. Bds.); ein neues Wb. der bayer. Mundart von der Wiener Akademie in
Vorbereitung. — Ueber deutsche Fremdwörterbücher u. Wörterbücher deutscher Berufs-
sprachen (für kritische Feststellungen mitunter wichtig) s. R. F. A r n o l d, Allg. Bkde.
²273 ff. Für die *Englische* Sprache ausgezeichneter Behelf, durch Uebersichtlichkeit der
datierten Quellenbelege für den Historiker wertvoll: James A. H. M u r r a y, A new English
dictionary on historical principles, Oxford 1888 ff.; The E n g l i s h D i a l e c t D i c t i o n a r y
von W r i g h t, London 1898. Ein Verzeichnis der gebräuchlichen Glossarien bei Walter
W. S k e a t, Etymological dictionary of the English language ²Oxford 1884 S. XXV—XXX;
F. H. S t r a t m a n n, A dictionary of the old English language, Krefeld 1867 ³1878, hg.
v. Henry B r a d l e y: A middle-English dictionary, Oxford 1891.

Für die *übrigen germanischen Sprachen*: Otto K a l k a r, Ordbog til det aeldre danske
sprog (1300—1700) 7 Bde., Kopenhagen 1881—1907; H. F a l k u. A. T o r p, Etymologisk
ordbog over det norske og det danske sprog, Christiana 1903; O r d b o k öfver s v e n s k a
s p r å k e t utgifen af svenska akademien, Lund 1896 ff.; W o o r d e n b o e k der n e d e r-
l a n d sche taal, Haag 1882 ff. Für die Erforschung der *Wortbedeutung* und ihres für die
Geistesgeschichte symptomatischen Wandels bzw. ihrer Verwendung und zwar nicht nur
einzelner Worte, sondern ganzer Wendungen sind die *Zitatensammlungen* u. die geschichtlichen Nachweise der *Geflügelten Worte* von Bedeutung. Neben Gg. B ü c h m a n n, Geflügelte Worte ¹1864, ²⁵1910. Sehr reich, aber meist ohne geschichtliche Erläuterung das
D i c t i o n a r y o f Q u o t a t i o n s 11 Bde. 1896 ff. enthält klassische, französ., italien.,
deutsche, spanische Zitate, historische polit. Anspielungen usw. Material findet man auch
in den Sprichwörtersammlungen (Ueber diese u. folgende vgl. A r n o l d, Allg. Bk. 99 f.,
168, 175 f. Wichtig Z. f. d t. W o r t f o r s c h u n g, hg. von Friedr. Kluge 1901 ff. Für das
erste Auftauchen der einzelnen *Fremdwörter* in der deutschen Sprache das bisher unvollendet
gebliebene Dt. Fremdwb. von Hs. S c h u l z 1 (A—K) 1913; über die deutschen *Schlagworte* Otto L a d e n d o r f, Histor. Schlagwörterbuch 1906; Fch. L e p p, Schlagwörter des
Reformationszeitalters = Qu. u. Darstellungen aus der G. des Reformationszeitalters 8
(1908); Fritz S c h r a m m, Schlagworte der Alamodezeit Beiheft zur Zschr. f. dt
Wortf. 1914; Rud. R o t h e i t, Die Kernworte des Weltkrieges 1916. — *Nachweise für
einzelne Dichter*: E n c i c l o p e d i a D a n t e s c a 4 Bde., Mailand 1896—1905; A. S c h m i d t,
Shakespeare-Lexikon 2 Bde. ³1902; Ch. L i v e t, Lexique de la langue de Molière, 3 Bde.,
Paris 1895/7. u. a.

§ 7. Schriftenkunde (Paläographie).

Von der Schrift gilt ähnliches wie von der Sprache. Die Ausgrabungen
der Engländer und Italiener zu Knossos und Phaistos haben uns eine Menge
kretischer Denkmäler zugänglich gemacht, Zeugnisse der vorgriechischen
Geschichte Kretas. Diese Denkmäler sind mit Inschriften versehen, aber diese
Inschriften „sagen" uns nichts, denn wir können sie nicht lesen. Die Unent-
rätselbarkeit der Schrift ist fast schlimmer oder mindestens ebenso schlimm
wie die Unkenntnis der Sprache. Das Verhältnis des Historikers zur Schriftenkunde ist aber doch ein anderes als zur Sprachwissenschaft. Es ist insofern
ein engeres, als Paläographie keine selbständige Wissenschaft für sich ist,
sondern in den Rahmen der geschichtlichen Forschung selbst fällt. Wer auf
die Bezeichnung eines „Forschers" Anspruch erhebt und unsere Wissenschaft

weiterführen will, der kann der Schriftenkunde nicht entraten. Sie ist hiefür
eine notwendige Vorbedingung, wenigstens die Beherrschung der allgemeinen
Grundsätze und im besonderen jenes Teils der Paläographie, der mit seinem
Forschungsgebiet in Zusammenhang steht. Hingegen spielt hier das, was in
der Sprachwissenschaft der Uebersetzung entspricht, nämlich die Abschrift,
die Transskription bzw. Ausgabe (Edition), eine ganz andere Rolle. Hat ein
anerkannter Forscher die Abschrift angefertigt und veröffentlicht und liegen
nicht gewichtige innere Gründe für einen Zweifel an der Richtigkeit der Lesung
vor, so besteht kein Hindernis, diese Transskription zu benutzen. Man kann
nicht verlangen, daß der Historiker jede Inschrift, jede Handschrift, jeden
alten Druck, den er verwertet, selbst einsieht, aber verlangen muß man, daß
er gegebenenfalls in der Lage ist, diese Quellen zu lesen, paläographisch zu
werten oder die Abschriften und Ausgaben auf ihre Richtigkeit zu prüfen.

Die Geschichte der Schrift gewährt wie die Geschichte der Sprache Einblick in die kulturellen Verzweigungen und Abhängigkeiten der einzelnen Völker
und Volksgemeinschaften voneinander. Doch kommt das hier nicht in Betracht.
Hier soll nur davon die Rede sein, inwieweit uns die Kunde der Schrift die
Kunde der Quellen vermittelt. Dabei sei der erzieherische Wert der Paläographie nicht vergessen. Die Beschäftigung mit den fremden, oft nur schwer
entzifferbaren Zeichen zwingt zur Einstellung unserer gesamten Aufmerksamkeit auf ein bestimmtes, eng umgrenztes Beobachtungsfeld. Sie verlangt die
größte Genauigkeit und Selbstprüfung und stellt bisweilen an den Scharfsinn
und an die Kombinationsgabe des Enträtslers die allergrößten Anforderungen.
Sie schärft zudem das Beobachtungsvermögen unseres Auges, eine Eigenschaft,
die uns auch bei der Beschäftigung mit anderen Quellenarten (Siegeln, Münzen,
Stichen, Landkarten usw.) zugute kommt.

Die Kenntnis der Schriftenkunde ist Voraussetzung für das geschichtliche Forschen in seinem weitesten Umfange, also auch für das auf sprach-
und literaturgeschichtlichem Gebiete. Der klassische Philologe braucht sie
ebenso wie der Kunsthistoriker. Wer den älteren Zeugnissen germanischer
oder romanischer Sprachentwicklung sein Augenmerk zuwendet, muß diese
Zeugnisse selber zu lesen imstande sein und ihr Alter bestimmen können. Der
Musikhistoriker kommt ohne sie nicht aus und noch weniger der Aegyptologe
oder Assyriologe. Insofern ist sie ein natürliches Verbindungsglied für alle
Zweige historischer Wissenschaft. Was von der geschichtlichen Quellenkunde
im allgemeinen gilt, macht sich in der Paläographie ganz besonders bemerk-
bar: die Verwendung der i n d u k t i v e n Methode. Wir schreiten hier auf
Grund eindringender Beobachtung und einer alle Abweichungen berührenden
Zergliederung zu allgemeinen Erkenntnissen vor.

Seitdem *Mabillon, De re diplomatica* (1681) die Aufmerksamkeit der Geschichtsforscher auf die Bedeutung der Urkunde als Quelle gelenkt hat, seitdem die Wichtigkeit der Ausgrabungen allgemein erkannt wurde und man
die kritische Ausgabe originaler Quellen als Voraussetzung für das Fortschreiten historischer Erkenntnis überhaupt betrachtet, seitdem findet auch
die Schriftenkunde eifrigst Pflege. Sie hat sich allmählich gegenüber der
Urkundenlehre, von der sie vordem als ein Teil angesehen wurde, verselbständigt
und man unterscheidet nun: 1. I n s c h r i f t e n k u n d e (Epigraphik), der,
unabhängig von der Erscheinungsform, auch die Kunde der orientalischen

Schriften zugezählt wird, und 2. die eigentliche Schriftenkunde (Paläographie), als die Wissenschaft von den in Handschriften niedergelegten Schriften. Von der Paläographie zweigt ab 3. die Kunde der Druckschriften, also vor allem die Inkunabelkunde.

Entsprechend der zweifachen Stellung, die die Schrift in den geschichtlichen Quellen einnimmt, einerseits als Mittel der Verständigung und Gedankenfixierung, andererseits als Gradmesser einer bestimmten Bildungshöhe und des Bildungszusammenhanges zwischen den Völkern, verfolgt denn auch die Schriftenkunde eine zweifache Aufgabe, eine praktische und eine kulturgeschichtliche. Diese praktische Aufgabe zerfällt hinwiederum a) in die rein technische, die uns die nackte Kunst des Lesens vermittelt, und b) in die der Alters- und Herkunftsbestimmung der einzelnen Schrift. So wertvoll auch die Lesekunst ist, so trägt sie allein noch nicht den Charakter der Wissenschaftlichkeit an sich. Große Uebung und ein gutes Auge vermögen es da zu einer Virtuosität zu bringen, die oft nur gefühlsmäßig entscheidet. Das ist z. B. der Fall bei den neueren Schriften seit dem 15. Jht., die noch so gut wie gar keiner wissenschaftlich gegründeten Durchforschung unterzogen worden sind. Jeder Archivar weiß eine Schrift des 16. von der des 17. Jhts., eine deutsche von einer italienischen Schrift zu unterscheiden, aber es mangelt noch an jeder systematischen Zergliederung. Es liegt aber auf der Hand, daß die Feststellung des Alters und der geographischen bzw. nationalen Herkunft einer Schrift oder eines Schreibers für die kritische Verwertung der Handschrift von allergrößter Bedeutung ist. In neuerer Zeit hat man es deshalb unternommen, in planmäßiger Weise namentlich für das Mittelalter die Schriften nach ihrer räumlichen Herkunft zu untersuchen und sie in ihrer Gleichartigkeit zusammenzustellen, sie nach *Schreibschulen* und sog. *Schriftprovinzen* auszusondern. Dies ist natürlich bei der verhältnismäßig großen Spärlichkeit von Kulturmittelpunkten, wie diese im Mittelalter der Fall ist, leichter durchzuführen als für die Neuzeit, wo die Schreibkunde sich ungleich größerer Verbreitung erfreut.

So verschieden auch die verschiedenen Schriften und ihre Zeichen sind, so tragen sie doch sehr viele Merkmale an sich, die sich, auch ohne daß man eine unmittelbare Beeinflussung stets nachweisen könnte, wiederholen. So findet sich bei Sumerern, Kretern, Kleinasiaten, Chinesen im Altertum und bei Azteken als älteste die Bilderschrift, die zunächst ideographisch, d. h. durch ihre Bildzeichen nicht Wörter und Sätze darstellt, sondern nur Begriffe und Gedanken andeutet. Erst später drücken sich in dem Zeichen bestimmte Wort- und Satzformen aus. „Das Bild des Auges z. B. bedeutet nicht nur „Auge“, sondern auch ,sehen’, das der Kohle auch ,schwarz’. Der Gedankeninhalt wurde ferner mit dem Lautwert vertauscht. Es war so, als würde z. B. bei uns im Rebus durch das Bild eines Armes nicht nur dieser Körperteil, sondern auch das Adjektivum ,arm’ ausgedrückt“ *[E. Hermann]*. Um das Ideogramm näher zu bezeichnen, um anzuzeigen, daß das folgende Zeichen z. B. einen Götternamen ausdrücken soll, wird ihm ein erklärendes Zeichen ein sog. Determinativ beigesetzt. Späterer Entwicklung gehört dann meist die Ausbildung der Silben- und der Buchstabenschrift an, wobei aber diese neben den Ideogrammen weiterbestehen können. Bei der Buchstabenschrift kann für die Ausgestaltung des Alphabets der Charakter, Vokalismus und Konsonantismus der einzelnen Sprachen maßgebend werden. Für die Formgebung der einzelnen Zeichen und der ganzen Schrift sind neben den Einflüssen nationaler Eigenart (vielleicht auch ab und zu allgemein künstlerischer Formrichtungen) wichtig der Schreibstoff und die Schreibwerkzeuge, ferner die jeweilige Verwendungsart der Schrift. So hat der Gebrauch von Pinsel, Tinte und Papyrus die Umwandlung aus den starren Formen der ägyptischen Hieroglyphen zu den flüssigen, Verbindung suchenden Zeichen der hieratischen Schrift mitbedingt. Stein, Ton, Metall, Papyrus, Wachs oder Pergament und Papier wirken jedes in seiner Art auf die Schriftform besonders ein. Ueberdies verändern sich die Zeichen je nach der praktischen Bestimmung einer und derselben Schrift. Sie nimmt eine andere Gestalt an, wenn sie zu monumentalem Zwecke, zu Zier- und Prachtausstattung dient und eine andere, wenn sie für die Ausfertigung einer Urkunde und eine andere, wenn sie für den flüchtigen Gebrauch des geschäftlichen und brieflichen Verkehrs oder für eigene Notizen verwendet wird. Diese flüchtige, nach Verbindung der einzelnen Zeichen strebende Form der Schrift nennen wir *Kursive*. Die Notwendigkeit rascher Schreibtätigkeit und die Kostspieligkeit des Schreibstoffes bedingen den Gebrauch von Abkürzungen, die im Mittelalter zu einem förmlichen System ausgestaltet wurden und die in verschiedenen Jahrhunderten und Ländern verschieden auftreten. Einen besonderen Zweig der Paläographie stellt die Papyruskunde dar. Die Entzifferung der Papyri fällt freilich vor allem in das Gebiet der griechischen, zum Teil in das der ägyptischen (demotischen) Schriftkunde.

Eine wichtige Rolle spielen im Studium der Schreibkunde die Abbildungen und das Nachzeichnen. Das letztere dient zur Schulung, denn nur der wird der Feinheiten und Eigenheiten einer Schrift inne, der sie nachzubilden sucht, sei es in freier Nachzeichnung, sei es durch Anfertigung von Pausen. Ebenso wichtig zum Zwecke der Vervielfältigung einer Lernvorlage und zur wissenschaftlichen Bearbeitung ist das F a k s i m i l e , das womöglich in natürlicher Größe Schriftproben wiedergibt. Die Verbreitung der photographischen Technik hat in dieser Hinsicht ganz neue Möglichkeiten geschaffen. Heutzutage kommt ein Forscher auf dem Gebiete der Paläographie ohne die Kenntnis des Photographierens gar nicht aus. Freilich wird für ganz exakte Forschungen immer wieder das Original eingesehen werden müssen, doch bringt andererseits das Lichtbild oft getilgte Stellen z. B. an Palimpsesten viel deutlicher heraus, als sie an der ursprünglichen Vorlage zu sehen sind. Vgl. S. 238.

Wer sich also im Selbststudium paläographische Kenntnisse aneignen will, muß neben einem der Lehr- und Handbücher auch Schrifttafeln heranziehen und zwar wird die methodische Leseübung darin den wichtigsten Bestandteil seiner Schulung ausmachen. Diese Schrifttafeln bieten meist zu jedem Stück ganz oder teilweise Transskriptionen, die dem Schüler die Möglichkeit gewähren, sich von der Richtigkeit oder Fehlerhaftigkeit seines Lesens selbst zu überzeugen. Im allgemeinen ist aber gerade Paläographie eine Wissenschaft, die man sich am besten in gemeinsamen, von einem Lehrer geleiteten Uebungen aneignet.

Eine Besonderheit der neuzeitlichen Paläographie bildet die Beschäftigung mit den G e h e i m s c h r i f t e n , deren Auflösung oft zu den schwierigsten Aufgaben des Benützers gehören. Der Gebrauch, schriftliche Mitteilungen vertraulichen Inhalts durch Verwendung verabredeter oder Vertauschung der gebräuchlichen Zeichen allgemeiner Kenntnis zu entziehen, reicht bis ins Altertum hinein. Der antiken Uebung hat auch das Mittelalter seine Geheimschriften entnommen und auf ihr weitergebaut. Verwendung der antiken Schnellschrift der sog. tironischen Noten, wie auch griechischer, bisweilen hebräischer Buchstaben deutet auf die antike Herkunft hin. Freilich systematisch ausgebaut wurde das Geheimschriftenwesen erst mit der Einführung ständiger Gesandtschaften. Der diplomatische Verkehr, wie er sich im 15. Jht. durch die Sforza in Mailand und bald im übrigen Italien und Europa einbürgert, führte notgedrungen zur Ausbildung der Kryptographie. Ueber die Geschichte des Geheimschriftwesens: *Fr. Wagner, Studien zu einer Lehre von der Geheimschrift. Archival.Zschr.* 11 (1886) 156 ff., 12 (1887) 1 ff., 13 (1888) 8 ff.; *Al. Meister, Die Anfänge der modernen diplomatischen Geheimschrift, Beitrr. zur G. der ital. Kryptographie des 15. Jhts.*, 1902 und von demselben *Die Geheimschrift im Dienste der päpstlichen Kurie von ihren Anfängen bis zu Ende des 16. Jht. = Qu. u. Ff. aus dem Gebiete der G.*, hg. von der Görres-Ges. 11 (1906) mit Faksimilesbeigaben.

Für die Entzifferung neuerer Geheimschriften kommen die gleichen Regeln in Betracht, wie sie für Diplomaten und Militärs zu gelten haben. Voraussetzung ist, daß man sich vorerst mit den gebräuchlichen Methoden vertraut macht. Man muß also über die Verwendung der Chiffrier-(chiffre chiffrant) und der Dechiffriertabelle (chiffre dechiffrant) der geheimen Alphabete, der besonderen Namensverzeichnisse (nomenclator, passe partout), über sog. blinde, d. h. irreführende, nichtsbesagende Zeichen (non valeurs) usw. Bescheid wissen. Sehr häufig findet man übrigens, daß die nachträgliche Entzifferung durch den Empfänger dem Chiffernbriefe beigelegt oder über bzw. neben die chiffrierten Zeilen geschrieben wurde. Als Beilage zu den diplomatischen Korrespondenzen sind bisweilen auch die in Gebrauch stehenden Chiffrenschlüssel anzutreffen. — Eine systematische, nach Kanzleien geordnete Sammlung von Chiffren und Chiffrenschlüsseln wäre darum eine dringend notwendige Aufgabe. Die Werke von *Al. Meister* können in dieser Beziehung als Vorbilder dienen. Moderne, aber auch für die Geschichtsforschung verwendbare Hilfsmittel sind: *Edd. Fleißner v. Wostrowitz, Hdb. der Kryptographie* 1881, *G. H. L. de Viaris, L'art de chiffrer et déchiffrer les dépêches secrètes = Encyclopédie scientifique des aides-mémoire* 38 (Paris 1893); *P. Valerio, De la cryptographie.* Paris 1 (1893), 2 (1896); *A. Collon, Étude sur la cryptographie*, Brüssel 1901 f. u. a.

Ueber die *Schriftenentwicklung im allgemeinen*: Th. W. D a n z e l, Die Anfänge der Schrift = Beitrr. zur Kultur- und Universalg. 21 (1912) mit ausführlichen Literaturangaben; Isaac T a y l o r, The Alphabet 1.: semitische, 2.: arische Alphabete, London 1883; Philipp B e r g e r, Histoire de l'Écriture dans l'antiquité [2] 1892 (berücksichtigt das gesamte Schriftwesen im Altertum, das amerikanische, asiatische usw.); die neueren Forschungsergebnisse von Kurt Sethe und Alan H. Gardiner gibt E. H e r m a n n „Der Ursprung des Alphabets" in DLZtg. 40 (1919) 27 ff. u. 51 ff. gut wieder; eine populäre Uebersicht über die Schriften der Mittelmeervölker mit guten Einleitungen u. Abbildungen Arth. B a u c k n e r und Ign. H ö s l, Schrift u. Urkunde 1914; Wm. S c h u b a r t, Einführung in die Papyruskde. 1918.
Geschichte der Schrift und Anleitung zur Lesekunst, *griechische und lateinische Paläographie*, behandelt E. M. T h o m p s o n, Handbook of greek and latin palaeographic, London [3] 1906, erweitert u. in größerem Format als An Introduction to greek and latin Palaeography, Oxford 1912 mit reichem bibliographischem Anhang; Art. M e n t z, G. der griech.-röm. Schrift bis zur Erfindung des Buchdrucks 1920 über Schreibstoff, Ausstattung, Buchwesen usw. im Altertum Th. B i r t, Das antike Buchwesen 1882; Karl D z i a t z k o, Untersuchungen über ausgew. Kapitel des antiken Buchwesens 1900; Wm. S c h u b a r t, Das Buch bei den Griechen u. Römern = Hdbb. d kgl. Museen, Berlin 1907; G. H. P u t n a m, Books and their makers during the middle ages 2 Bde, New York, London 1896/7.

Für das **Mittelalter**: Wm. **Wattenbach**, Das Schriftwesen im Mittelalter [3]1896; über die Paläographie des Mittelalters (ohne Abbildungen) Ldw. **Traube**, Zur Palaeographie u. Handschriftenkunde hg. v. Paul Lehmann = Vorlesungen u. Abhdlgen 1 (1909).

Griechische Paläographie: Adolf **Kirchhoff**, Studien zur Geschichte d. griech. Alphabets [4]1887; Wm. **Wattenbach**, Anleitung zur griech. Paläographie [3]1895; Vikt. **Gardthausen**, Griech. Paläographie [2]1 1911, [2]2 1913; F. G. **Kenyon**, Palaeography of greek papyri. Oxford 1899; **Archiv** f. Papyrusforschung u. verwandte Gebiete 1900 ff. *Lateinische Paläographie:* Wm. **Wattenbach**, Anleitung zur latein. Paläographie [4]1886, vgl. die oben genannten Schriften Ldw. **Traubes**; die beste kurze Einführung bei Berth. **Bretholz**, Latein. Paläographie (— 15. Jht.) in Meisters Gr. Nr. 13 [2]1912; für praktische Zwecke, weil im Anschluß an die Schrifttafeln, gut geeignet Frz. **Steffens** Latein. Paläographie, 100 Tafeln mit einer systematischen Darstellung der Entwicklung der latein. Schrift (bis ins 18. Jht.) 1903 Suppl. 1906 [2]1907/9 3 Hefte; Maur. **Prou**, Manuel de Paléographie latine et française [3]Paris 1910; D. Jesus **Muñoz y Rivero**, Manuel de Palcografia diplomatica española de los siglos 12 al 17, Madrid 1880 (mit 179 Faksimiles). *Runenschrift:* Otto v. **Friesen** in Joh. Hoops Reall. der Germ. Altertumskde. 4 (1918/19) 5—51.

Tafelwerke: Für die erste Einführung die Illustrationen bei M. **Thompson**, An Introduction (s. o.). sonst für die **griechische** Schrift: Pius **Franclin de' Cavalieri** u. Johs. **Lietzmann**, Specimina codicum graecorum Vaticanorum = Tabulae in usum scholarum 1 (1910); Wm. **Schubart**, Papyri Graecae Berolinenses. Ebda. [7](1911); Frz. **Steffens**, Proben aus griech. Hss. u. Urkunden 1912.

Für die **lateinische Schrift:**
Wm. **Arndt**, Schrifttafeln zum Gebrauch bei Vorlesungen und zum Selbstunterricht 2 Hefte, 1874/8, [2]1887/8, unter dem Titel: Schrifttafeln zur Erlernung der latein. Paläographie [3]erw. hg. v. Mich. **Tangl** (Arndt-Tangl) 1897/8, 3 Hefte, davon das letzte Urkunden betreffend, [4]1904—7 u. Frz. **Steffens** s. o.; Maxim **Ihm**, Palaeographia latina 1. Serie, Leipzig 1909 f.; zur Vorbereitung für Archivbesuche mit Rücksicht auf neuzeitliche Hss.: **Unterrichtsbehelfe zur Handschriftenkunde.** Hss. aus dem 16., 17. u. 18. Jht. zusammengestellt von der Direktion des k. k. Kriegsarchivs 1889 (20 Tafeln mit Transkription).

Für eingehendere Studien vgl. das Verzeichnis bei M. **Thompson**, An introduction S. 571 ff. Hervorgehoben sei nur für griechische u. latein. Schriftkde: The **Palaeographical Society**. Facsimiles of manuscripts and inscriptions, hg. v. E. A. Bond u. E. M. Thompson u. später G. F. Warner, 1. Serie 3 Bde., 2. Serie 2 Bde., London 1873—1894; The **New Palaeographical Society**, hg. v. E. M. Thompson. G. F. Warner u. F. G. Kenyon, 1. Serie 10 Hefte, London 1903/7, 2. Serie 1913 f.

Für *griechische Schriftkunde:*
Ulr. **Wilcken**, Tafeln zur alten griech. Paläographie nach Originalen des Berliner Museums 1891; British **Museum**, Greek Papyri in the British Museum, hg. F. G. Kenyon u. H. J. Bell, 4 Hefte, London 1893—1910; Hri. **Omont**, Fac-similés des manuscripts grecs datés de la Bibliothèque nationale du 9e au 14e siècle, Paris 1891; **Sabas**, Specimina palaeogr.-codicum graecorum et Slavonicorum, Moskau 1863.

Für *lateinische Schriftkunde:*
Karl **Wessely**, Schrifttafeln z. älteren latein. Paläographie 1898, Monumenta Palaeographica, Denkmäler der Schreibkunst des Mittelalters, hg. v. Ant. **Chroust**. 1. Serie 3 Bde. 1902/6, 2. Serie 1909 ff. (wichtiges Werk); Monumenta Poloniae palaeographica, hg. Stanisl. **Krzyzanowski**, Krakau 1907 ff.; Archivio paleografico italiano, hg. Ernst **Monaci** 1, Roma 1882—97 2 1884—1907, 3. 1892—1910.

Eine Uebersicht über jene Tafelwerke, in denen Schriftproben aus der *neueren Zeit* gegeben werden, bei Wm. **Bauer**, Dt. G.-bll. 9 (1908) 162 ff., hiezu noch Gg. **Mentz**, Hss. der Reformationszeit = Tabulae in usum scholarum 5 (1912).

Für *germanische Schriftkunde:*
Erich **Petzet** u. Otto **Glauning**, Dt. Schrifttafeln des 10. bis 16. Jhts. aus Hss. der k. Hof- und Staatsbibliothek in München 1910 ff. 1. Abt.: Ahd. Schriftdenkmale, 2. Abt.: Mhd. Schriftdenkmale; Abrah. **Hulshof**, Dt. u. latein. Schrift in den Niederlanden 1350—1650 = Tabulae in usum scholarum 9 (1918); **Atlas palaeografisk**. Kopenhagen 1903 ff., 1. 1903 dänische, 2. u. 3. 1905, 1907 altnord isländische Schriftproben; Walter W. **Skeat**, Twelfe facsimiles of old english Manuscripts, Oxford 1892; Wolfg. **Keller**, 13 Tafeln zur ags. Paläographie 1906; H. **Brugmans** u. O. **Oppermann** Atlas der Nederlandsche Palaeographie, Haag 1910.

Das *Abkürzungs- und Schnellschriftwesen* behandelt:
Ldw. **Traube**, Nomina sacra. Versuch einer Gesch. der christlichen Kürzung = Qu. u. Unters. zur latein. Philol. des Mittelalters 2 (1907); V. **Gardthausen**, G. der griechischen Tachygraphie in Arch. f. Stenographie 57 (1906) 1 u. 39 ff.; Osk. **Leh-**

m a n n , Die tachygraphischen Abkürzungen der griechischen Hss. 1880; Émile C h a t e l a i n, Introduction à la lecture des notes tironiennes. Paris 1900 (mit 18 Tafeln); Gius. Ludov. P e r u g i , Le note tironiane Roma, 1911; W. M. L i n d s a y , Contractions in early latin minuscule mss., Oxford 1908, ferner bei M. Prou Manuel S. 311—473; J. L. W a l t h e r , Lexicon diplomaticum abbreviationes syllaborum et vocum exponens, Göttingen 1747; Adreano C a p e l l i , Dizionario de' abbreviature latine ed italiane = Manuali Hoepli. Mailand 1899, neu hg. als Lexicon Abbreviaturarum = Webers ill. Katechismen 53 (1901) mit Bibliographie am Schlusse, im Wesentlichen ein Auszug aus Walther; Joh. M. H u l á- k o v s k ý , Abbreviature vocabulorum usitatae in scripturis praecipue latinis medii aevi, tum etiam s l a v i c i s et germanicis collectae, Prag 1852.

Zeitschriften: A r c h i v f. U r k u n d e n f o r s c h u n g , A r c h i v f. S t e n o g r a- p h i e 1849 ff., M i t t e i l u n g e n des Inst. f. österr. Geschichtsforschung, Z s c h. des deutschen Vereins für B u c h w e s e n und S c h r i f t t u m 1918 ff.; gute bibliographische Uebersichten über Neuerscheinungen in den Beiheften zum Z e n t r a l b l. f ü r B i b l i o- t h e k s w e s e n 1888 ff.

§ 8. Inschriftenkunde (Epigraphik).

In den Aufgabenkreis des Epigraphikers fällt nicht nur die Lesung, gegebenenfalls sinngemäße Ergänzung, der Inschriften, sondern auch ihre sprachlich-philologische Erläuterung und ihre inhaltliche Auswertung. Diese letztere führt hinüber in die Realienkunde, Urkundenwissenschaft, Rechts-, Verfassungs- Verwaltungsgeschichte usw. Ueberdies scheidet sich diese rein wissenschaftliche Tätigkeit von der praktischen des ‚Epigraphikers im Felde', dessen Aufgabe es ist, die bereits veröffentlichten Inschriften zu überprüfen und neue zu gewinnen. Das Suchen, Freilegen, Beschreiben, die Anfertigung von Abschriften oder eines Abklatsches, eventuell die Reproduktion der in- haltlichen Denkmäler — das alles erfordert eine Reihe allgemein technischer Kenntnisse, körperliche Fähigkeiten, die sich mit dem besonderen Fachwissen verbinden muß.

Die innige Berührung der Epigraphik mit Sprachwissenschaft, Philologie und den anderen geschichtlichen Wissenszweigen führt dazu, daß z. B. auf dem Gebiete der Assyriologie, Aegyptologie und der das Altertum betreffen- den Orientalistik überhaupt Inschriftenkunde und Sprachwissenschaft einst- weilen noch gar nicht recht zu trennen sind, wie denn Papyruskunde und Rechts- geschichte heute fast in eins zusammenfallen (s. o. S. 140). Es spielt eben in der Behandlung gerade dieser jüngeren historischen Hilfswissenschaften ihre eigene Geschichte und der Zufall des sachlichen Inhalts, den sie in den zur Verfügung stehenden Quellen an den Tag bringen, eine bestimmende Rolle. Die Entzifferung der altägyptischen und altassyrischen Inschriften hat uns erst die Erforschung dieser Sprachen ermöglicht; kein Wunder also, daß sich in diesem Falle Epigraphik und Sprachwissenschaft gepaart haben. Aehnlich gingen ursprünglich Schriftkunde und Urkundenwissenschaft unter der gleichen Firma „Diplomatik".

Noch ein weites Feld der Arbeit wird sich der Inschriftenkunde er- schließen, wenn sie energischer als bisher sich dem Mittelalter zuwendet. Uebrigens wird auch eine Erforschung neuzeitlicher Inschriften mancherlei wertvolles Tatsachenmaterial zutage fördern.

Einführungen in das Studium der *altorientalischen* Inschriftenkunde sind mit dem des Schrift- und Sprachstudiums unzertrennlich. Für das *Aegyptische* als erste Einführung: Adolf E r m a n , Die Hieroglyphen in Göschen-Slg. Nr. 608 (1912), von demselben die grundlegende „Aegyptische Grammatik" = Porta linguarum orientalium 15 (1894), dann dazu Chrestomathie u. Glossar Ebda 19 u. 20 (1904); Gg. S t e i n d o r f f , Koptische Gram- matik Ebda 14 (³1904); Günther R ö d e r , Aegyptisch. Prakt. Einf. in die Hieroglyphen =

Clavis linguarum semitic 6 (1913). Eine volkstümliche Uebersicht von Wm. Spiegelberg, Die Schrift u. Sprache der alten Aegypter = Der Alte Orient 8/2 (1907).

Für den *altassyrisch-babylonischen Kulturkreis:* Fch. Delitzsch, Assyrische Grammatik = Porta linguarum orient. 10 (1889); desselben, Die Entstehung des ältesten Schriftsystems oder der Ursprung der Keilschriftzeichen 2 Bde. 1897/8; desselben, Kleine sumerische Sprachlehre für Nichtassyriologen 1914; Bruno Meissner, Kurzgef. assyr. Grammatik = Hilfsbücher z. Kde. des alten Orients 3 (1907).

Für das *Nordsemitische:* Marcus Lidzbarski, Hdb. der nordsemit. Epigraphik 2 Bde. 1898; desselben, Ephemeris für semitische Epigraphik 1902 ff.

Die *Ausgaben griechischer und lateinischer Inschriften* reichen bis ins Altertum zurück, wurden von dem Heidelberger Professor *Janus Gruter* (1560 bis 1627) systematisch gefördert. Die erste wissenschaftliche Sammlung griechischer Inschriften legte der bekannte Berliner Philologe *Phil. Aug. Boeckh* (1785—1867) in dem *Corpus Inscriptionum Graecarum* (als *CIG* zitiert) 1827 an. Da sie aber nicht allen Ansprüchen genügte und die inzwischen erfolgte Befreiung Griechenlands von der türkischen Herrschaft und die Wahl Ottos von Bayern zum König von Griechenland 1832 der Inschriftenforschung neue Wege ebnete, entschloß sich 1873 die Berliner Akademie, dem von *Theod. Mommsen* für das lateinische Inschriftencorpus aufgestellten Plane folgend, zu einer nach Landschaften geordneten Ausgabe, die unter dem Titel *Inscriptiones Graecae* (zitiert als *IG*) erscheint.

Inscriptiones graecae editae consilio et auctoritate academiae Borussicae.

Vol. I. Inscriptiones Atticae anno Euclidis vetustiores ed. A. Kirchhoff 1873. Supplementa. Accedunt indices 1877, 1887, 1891 (bisher als Corpus Inscriptionum Atticarum Vol. I, Vol. IV pars 1 fasc. 1—3).

Vol. II. Inscriptiones Atticae aetatis quae est inter Euclidis annum et Augusti tempora ed M. Koehler. pars 1: Decreta continens 1877; pars 2: Tabulas magistratuum, catalogos nominum, instrumenta juris privati continens 1883; pars 3: Dedicationes, titulos honorarios, statuarum subscriptiones, titulos artificum, titulos sacros, inscriptiones ararum. oracula, similia, titulos sepulcrales continens 1888; pars 4: Indices continens, composuit J. Kirchner 1895; pars 5: Supplementa. (Bisher als Corpus Inscriptionum Atticarum Vol. II pars 1—4 u. Vol. IV pars 2.)

Vol. III. Inscriptiones Atticae aetatis Romanae ed. W. Dittenberger. pars 1: Decreta senatus populique Atheniensium. Societatum et collegiorum decreta. Imperatorum magistratuumque Romanorum epistulae et constitutiones. Orationes epistulae aliaeque litterae privatae. Iterum sacrarum dedicationes. Aedificiorum publicorum et privatorum tituli, termini, similia. Artificum tituli. Statuarum subscriptiones aliique tituli honorarii. Catalogi 1878; pars 2: Tituli sepulcrales. Tituli memoriales. Fragmenta incerta. Indices 1882; pars 3: Appendix inscriptionum Atticarum: defixionum tabellae in Attica regione repertae ed. R. Wuensch 1897. (Bisher als Corpus Inscriptionum Atticarum Vol. III pars 1—2 u. Appendix.) — Von IG II u. III eine Neubearbeitung (Voluminis II et III editio minor) durch J. Kirchner im Erscheinen.

Vol. IV. Inscriptiones Argolidis ed. M. Fraenkel 1902. (Bisher als Corpus Inscriptionum Graecarum Peloponnesi et insularum vicinarum Vol. 1. Inscriptiones Graecae Aeginae Pityonesi Cecryphaliae Argolidis.)

Vol. V. Inscriptiones Arcadiae Laconiae Messeniae. pars. 1: Inscriptiones Laconiae et Messeniae ed. W. Kolbe; pars 2: Inscriptiones Arcadiae ed. F. Hiller de Gaertringen 1913.

Vol. VI. Inscriptiones Elidis et Achaiae.

Vol. VII. Inscriptiones Megaridis et Boeotiae ed. W. Dittenberger 1892. (Bisher als Corpus Inscriptionum Graecarum Graeciae septentrionalis Vol. I. Inscriptiones Graecae Megaridis Oropiae Boeotiae.)

Vol. VIII. Inscriptiones Delphorum; edentur consilio et auctoritate Academiae Franco Gallicae. (Noch nicht erschienen.)

Vol. IX. Inscriptiones regionum Graeciae septentrionalis voluminibus VII et VIII non comprehensae. pars 1: Inscriptiones Phocidis, Locridis, Aetoliae, Acarnaniae, insularum maris Ionii ed. W. Dittenberger 1897. (Bisher als Corpus Inscriptionum Graecarum. Graeciae septentrionalis Vol. III pars 1); pars 2: Inscriptiones Thessaliae ed. O. Kern. Indices composuit F. Hiller de Gaertringen 1908.

Vol. X. Inscriptiones Epiri Macedoniae Thraciae Scythiae.

Vol. XI. Inscriptiones Deli; editae consilio et auctoritate Academiae Franco-

Gallicae. pars. 2: Inscriptiones Deli liberae. Tabulae archontum, tabulae hieropoeorum ann. 314—250 ed. F. Dürrbach 1912; pars 3: Inscriptiones Deli liberae. Tabulae hieropoeorum ann. 250—166 leges, pactiones ed. F. Dürrbach (in Vorb.); pars 3: Inscriptiones Deli liberae. Decreta, foedera, catalogi, dedicationes varia, ed. P. Roussel 1914.

Vol. XII. Inscriptiones insularum maris Aegaei praeter Delum. (Bisher als Inscriptiones Graecae insularum maris Aegaei.) fasc I: Inscriptiones Rhodi, Chalces, Carpathi cum Saro Casi ed. F. Hiller de Gaertringen 1895; fasc 2: Inscriptiones Lesbi Nesi Tenedi ed. W. Paton 1899; fasc 3: Inscriptiones Symes Teutlussae Teli Nisyri Astypalaeae Anaphes Therae et Therasiae Pholegandri Meli Cimoli ed. F. Hiller de Gaertringen 1898; fasc 3: Supplementa Inscriptiones Symes Teutlussae Alimniae Teli Nisyri Astypalaeae Anaphes Therae et Therasiae Pholegandri Meli Cimoli ed. F. Hiller de Gaertringen 1904; fasc 4: Inscriptiones Coi et Calymni ed. R. Herzog (in Vorb.); fasc 5: Inscriptiones Cycladum ed. F. Hiller de Gaertringen. Pars prior Inscriptiones Cycladum praeta Tenum 1903. Pars altera Inscriptiones Teni insulae et totius fasciculi indices 1909; fasc 6: Inscriptiones Chii et Sami (in Vorb.); fasc 7: Inscriptiones Amorgi et insularum vicinarum ed. J. Delamaere. Indices composuit F. Hiller de Gaertringen 1908; fasc 8: Inscriptiones insularum maris Thracici ed. C. Fredrich 1909; fasc 9: Inscriptiones Euboeae ed. E. Ziebarth 1915.

Vol. XIII. Inscriptiones Cretae. (Noch nicht erschienen.)

Vol. XIV. Inscriptiones Siciliae et Italiae additis Graecis Galliae Hispaniae Britanniae Germaniae inscriptionibus ed. G. Kaibel 1890.

Statt IG X einstweilen: Inscriptiones antiquae orae septrentronalis p o n t i E u x i n i Graecae et Latinae iussu et inpensis societat's archaeologicae imperii Russici ed. Basilius Latyschev, Petropoli I 1885, II 1890, IV 1901 (abgekürzt: Inscr. Pont. Eux.).

Für Kleinasien: T i t u l i A s i a e M i n o r i s (TAM) conlecti et editi auspiciis Caesareae academiae litt. Vindobonensis. Vol. I Tituli Lyciae lingua Lycia conscripti enarravit Ernestus Kalinka, Vindobonae 1901. T i t u l i L y c i a e linguis Graeca et Latina conscripti fasc. 1 Pars Lyciae occidentalis cum Zantho oppido enarravit Ernstus Kalinka. Vindobonae 1920.

Die *griechischen Dialektinschriften* liegen bearbeitet vor in S a m m l u n g g r i e c h i s c h e r D i a l e k t i n s c h r i f t e n hg. v. H. C o l l i t z, F. B e c h t e l u. O. H o f f m a n n 4 Bde. 1884—1915.

Sonst „Die Inschriften von Pergamon" hg. von Max Fränkel 1. 2. 1890, 1895. Altertümer von Hierapolis hg. v. Karl Humann u. Walter Judeich, Berlin 1899 = Jb. des deutschen archaeol. Inst. 4. Erg.-Heft. Otto Kern, Die Inschriften von Magnesia am Maeander 1900. Inschriften von Priene hg. v. F. Frhr. Hiller v. Gärtringen 1906. Milet hg. v. Theodor Wiegand. Die Inschriften von Olympia bearb. v. W. Dittenberger und K. Purgold 1896 (Olympia Textbd. 5) The collection of ancient Greek inscriptions in the British Museum I—IV, 1874—1893 (abgek.: Inscr. Brit. Museum).

Für das Studium eignen sich die *Auswahlsammlungen* wie die von W. D i t t e n b e r g e r, Sylloge inscriptionum graecarum [2]1 (1898), [2]2 (1900), [2]3 (1901), [3]1 (1915), [3]2 (1917), [3]3 (1920), [3]4 (1921) (Syll.) mit Suppl.: Orientis graeci inscriptiones selectae 1 (1903), 2 (1905) (OGI); Ch. M i c h e l, Recueil d'inscriptions grecques, Brüssel 1900 mit Suppl. 1 Faszikel 1912 (ohne Kommentar); E. L. H i c k s, A manual of Greek historical inscriptions [2]rev. Hick u. G. F. H i l l, Oxford 1901; Ernst N a c h m a n s o n, Historische attische Inschriften 1913 u. von demselben Historische griechische Inschriften 1913, beide = Kleine Texte für Vorlesungen und Uebungen hg. v. Hs. L i e t z m a n n Nr. 110 u. 121 mit Erläuterungen u. Literaturangaben.

Eine Einführung in Die griech. Epigraphik von Wm. L a r f e l d, Hdb. der klass. Altertumswissenschaft [3]1 Bd. Abt. 5 (1914); ferner E. S R o b e r t s u. E. A. G a r d n e r, An Introduction to Greek epigraphy, 2 Bde. Cambridge 1905.

Neue Funde werden angezeigt in den J a h r e s h e f t e n d e s ö s t e r r e i c h i s c h e n a r c h ä o l o g. Instituts 1898 ff.; B u l l e t i n de C o r r e s p o n d a n c e H e l l é n i q u e, Paris 1877 ff.; R e v u e des é t u d e s Grecques, Paris 1888 ff.; J o u r n a l of Hellenic Studies; Ἐφημερίς ἀρχαιολογική, Athen 1863 ff. Fortlaufende Berichterstattung in (Bursians) J a h r e s b e r r. ü b e r d i e F o r t s c h r r. d e r k l a s s. A l t e r t u m s k d e, 1875 ff.

Die S a m m l u n g der *lateinischen* Inschriften wurde nach längeren Vorarbeiten durch W. Henzen, G. B. de Rossi u. F. Ritschl 1863 mit dem I. Band des C o r p u s i n s c r i p t i o n u m l a t i n a r u m (CIL) von Theod. M o m m s e n herausgebracht, das hg. wird von der Berliner Akademie.

A. Sammlungen lateinischer Inschriften. a) Corpus inscriptionum Latinarum consilio et auctoritate Academiae litterarum regiae Borussicae editum:

CIL. I [1] 1863 = inscriptiones antiquissimae ad C. Caesaris mortem (I—1499) ed. Th. Mommsen, accedunt elogia clarorum uirorum, fasti anni Iuliani, fasti consulares ad a. u. c. 766 editi a Guil. Henzeno.

I ² 1, 1893 = fasti consulares ad a. u. c. 766 cura Guil. Henzen et Chr. Hülsen, elogia clarorum uirorum cura Th. Mommsen et Chr. Hülsen, fasti anni Iuliani cura Th. Mommsen. I ², ¹ 2 (1918) = inscriptiones antiquissimae ad C. Caesaris mortem ed. E. Lommatzsch. II 1869 = inscriptiones Hispaniae (1—5132) ed. Aem. Huebner; S u p p l(e m e n t u m) 1892 = 5133—6350 ed. Aem. Huebner.

III 1. 1873 = inscriptiones Aegypti et Asiae, prouinciarum Europae Graecarum (Achaiae, Macedoniae, Thraciae, Moesiae inferioris). Illyrici (Daciae, Moesiae superioris, Dalmatiae, Pannoniae inferioris, Pannoniae superioris), 1—4711 ed. Th. Mommsen; 2, 1873 = inscriptiones Illyrici (Norici, Raetiae) 4712—6575. res gestae diui Augusti (monumentum Ancyranum), edictum Diocletiani de pretiis rerum. priuilegia militum ueteranorumque de ciuitate et conubio, instrumenta Dacica ed. Th. Mommsen; S u p p l. 1, 1892 = 6576—12035, edict. Diocl. priuileg. mil. edd. Th. Mommsen. O. Hirschfeld, Alfr. de Domaszewski; S u p p l. 2, 1902 = 12036—15220, edict. Diocl. priuileg. mil. edd. iidem.

IV 1871 = inscriptiones parietariae Pompeianae Herculanenses Stabianae (1—3255), edd. C. Zangemeister et R. Schöne; S u p p l. 1, 1898 = tabulae ceratae Pompeis repertae annis 1875 et 1887 (1—155), edd. Aug. Mau et C. Zangemeister; S u p p l. 2 (1909) = addenda 3341—7115 ed. Aug. Mau.

V = inscriptiones Galliae cisalpinae. 1, 1872 = regio X (1—5091), ed. Th. Mommsen; 2. 1877 = regio XI et IX (5092—8097), ed. Th. Mommsen; S u p p l. i t a l i c u m ad regiones X, XI, IX, 1— 1323, ed. H. Pais 1884—1888 in Atti della R. Accademia dei Lincei 1888 IV 5.

VI = inscriptiones urbis Romae. 1, 1876 = 1—3925, edd. Eug. Bormann et Guil. Henzen; 2. 1882 = 3926—15126, ed. Eug. Bormann, Guil. Henzen, Chr. Hülsen; 3. 1886 = 15127—24320, edd. Eug. Bormann, Guil. Henzen, Chr. Hülsen; 4 ¹ 1894 = 24321—30682, ed. Chr. Hülsen; 4 ² (1902) additamenta = 30682—36745, ed. Chr. Hülsen; 5, 1885 = falsae 1* —3643*, edd. Eug. Bormann, Guil. Henzen, Chr. Hülsen.

VII 1873 = inscriptiones Britanniae (1—1355) ed. Aem. Huebner.

VIII = inscriptiones Africae. 1, 1881 = Africae Tripolitanae, Byzacenae, prouinciae proconsularis, Numidiae (1—8366 a), ed. Gust. Wilmanns; 2, 1881 = Mauretaniarum (8367— 10988), ed. Gust. Wilmanns; S u p p l. 1, 1891 = Africae Tripolitanae, Byzacenae, prouinciae proconsularis (10989—17584), edd. R. Cagnat et I. Schmidt; S u p p l. 2. 1894 = Numidiae (17585—20206), edd. R. Cagnat. I. Schmidt, H. Dessau; S u p p l. 3, 1904 = Mauretaniarum (20207—22658. 36), edd. R. Cagnat et H. Dessau; S u p p l. 4, 1916 = Africae proconisularis (22659—28085) ed. H. Dessau.

IX 1883 = inscriptiones Calabriae, Apuliae, Samnii, Sabinorum, Piceni (regionum II, IV, V) 1—6414. ed. Th. Mommsen.

X 1. 1883 = inscriptiones Bruttiorum, Lucaniae, Campaniae (regionum III, I) 1—6975. ed. Th. Mommsen; 2, 1883 = inscriptiones Siciliae, Sardiniae, Corsicae, additamenta 6976 —8422. 6, ed. Th. Mommsen.

XI 1, 1888 = inscriptiones Aemiliae et Etruriae, regionum VIII et VII, 1—4080, ed. Eug. Bormann; 2 ¹ 1901 = inscriptiones Vmbriae, uiarum, instrumenti domestici, regionis VI, 4081—6731. 8. ed. Eug. Bormann; 2 ² (im Druck) addenda ed. Eug. Bormann.

XII 1888 = inscriptiones Galliae Narbonensis, 1—6038, ed. Otto Hirschfeld.

XIII 1 ¹ 1899 = inscriptiones Aquitaniae et prouinciae Lugudunensis, 1—3252, ed. O. Hirschfeld; 1 ² 1904 = inscriptiones Galliae Belgicae, 3253—4740, ed. O. Hirschfeld et C. Zangemeister; 2 ¹ 1905 = inscriptiones Germaniae superioris, 5000—7775, ed. C. Zangemeister; 2 ² 1907 = inscriptiones Germaniae inferioris, 7776—8860, ed. Alfr. Domaszewski; miliaria Galliarum et Germaniarum 8861—9165, ed. Mommsen, Hirschfeld, Domaszewski; 3 ¹ 1901 = inscriptiones trium Galliarum et Germaniarum, instrumentum domesticum (lucernae, amphorae, pelues, uasa Arretina, uascula Gallica), 10000—10010 ⁸³¹⁶, ed. Oscar Bohn; 3 ² 1905 = inscriptiones trium Galliarum et Germaniarum, instrumentum domesticum (uasa Gallica, statunculae, tituli stilo scripti et scariphati, signacula oculariorum, anuli sim. supellex), instrum. domest. in' Germ. magna repertum (10011—10036⁹⁰), ed. Oscar Bohn; 4. 1916 = addenda 11001—12090.

XIV 1887 = inscriptiones Latii ueteris, 1—4278, ed. H. Dessau.

XV 1, 1891 = inscriptiones urbis Romae, instrumentum domesticum (lateres, dolia, pelues cet). 1—2557, ed. H. Dressel; 2 ¹, 1899 = inscriptiones urbis Romae, instrumentum domesticum (amphorae, uasa Arretina. argillacea uaria. lucernae, uascula uitrea, supellex aurea et argentea, supellex aenea, supellex plumbea), 2558—8016, ed. H. Dressel.

E r g ä n z u n g e n z u:

CIL I: Priscae Latinitatis monumenta epigraphica ad archetyporum fidem exemplis lithographis repraesentata ed. Fr. Ritschelius, Berol. 1862, hierzu supplementa I—V Bonn 1862 und in den Tafeln zu Ritschls opucula IV (1878) S. 494 ff.

II—XV: 1) Exempla scripturae epigraphicae Latinae a Caesaris dictatoris morte ad aetatem Iustiniani ed. Aem. Huebner 1885; 2) Ephemeris epigraphica (Corporis inscriptionum latinarum supplementum):

I (1872) (zu I, II, IV*, VI); II (1875) (zu I. II, III); III (1877) (zu I, II, VI, VII*); IV (1879) (zu I, II, III, VI, VII*); V (1884) (zu III, VIII); VI (1885): Glandes plumbeae latine inscriptae ed. C. Zangemeister; VII (1890) (zu VII*, VIII, XIV*): VIII (1891, 1896—98) (zu IX*, X*, II*); IX (1903) p. 1 sqq. Lex Tarentina et add. II*. Die Nachträge zu den mit einem * versehenen Bänden sind noch nicht in den Supplementen des CIL gesammelt bzw. wiederholt.

II. V—VII. IX—XIV: Inscriptiones Graecae Siciliae, Italiae, Germ., Gall., Hisp. ed. G. Kaibel 1890.

II: Inscriptiones Hispaniae christianae ed. Aem. Huebner (1871). suppl. (1900).

VI: Inscriptiones christianae urbis Romae ed. I. B. de Rossi I 1857—1861 (die datiert. Inschr.); Inscriptiones christianae urbis Romae ed. I. B. de Rossi; II 1, 1888 (die Inschriftensammlungen des Mittelalters); I. B. de Rossi: La Roma sotterranea I—III (Roma 1864—1877); O. Maruchi, Roma soterranea, nuova serie fasc 1 u. 2.

VII: Inscriptiones Britanniae christianae ed. Aem. Huebner (1876).

XII. XIII: Nouveau recueil des inscriptions chrétiennes de la Gaule antérieures au VIIIième siècle par Edm. Leblant (1892).

b) Kleinere Sammlungen (in usum scholarum): 1. Inscriptionum latinarum amplissima collectio, ed. Orelli-Henzen 1828 (vol. I, II), 1856 (vol. III); 2. Exempla inscriptionum latinarum in usum praecipue academicum composuit Gust. Wilmanns, 2 Bde., Berl. 1873; 3. Sylloge inscriptionum latinarum ed. Garrucci 1875—77, 2 vol., Nachtrag 1881; 4. Inscriptiones latinae selectae ed. Hermannus Dessau. Berlin I 1892, II 1 1902, II 2 1904, III 1 1914, III 2 1916; 5. Inscriptiones Graecae ad res Romanas pertinentes ed. Cagnat, Paris 1901 ff.; 7. Lateinische altchristliche Inschriften mit einem Anhang jüdischer Inschriften hg. v. E. Diehl. Bonn 1908, ² 1913; Carmina latina epigraphica conlegit Franciscus Buecheler, Lips. I 1895, II 1897; Suppl. 1912 von Einar Engström.

Altlatein. Inschriften ausgew. v. Ernst Diehl = Kl. Texte Vorlesungen und Uebungen 38/40 (1909); Inscriptiones Latinae coll. Ernst Diehl = Tabulae in usum schol. 4 (1912) reicht bis ins 15. Jht.

B. Sammlungen etruskischer und italischer Dialektinschriften: 1. Corpus inscriptionum etruscarum I 1—4917 edd. A. Danielsson et C. Pauli 1893—1902, II sect. 1. fasc 1 (1893) 4918—5210; sect. 2, fasc 1 (1912) ed. G. Herbig 8000—8600; 2. Mommsen, Unteritalische Dialekte, 1850; 3. Corpus inscriptionum Italicarum antiquioris aeui ed. A. Fabretti, Turin 1867, mit 3 Suppl., Tur. 1872—77; 4. Sylloge inscriptionum oscarum ed. Ioh. Zvetaieff, Petersburg 1878; 5. Inscriptiones Italiae mediae dialecticae ed. I. Zvetaieff, 1884; 6. Inscriptiones Italiae inferioris dialecticae ed. I. Zvetaieff, Moskau 1886; 7. Vmbrica interpretatus est Franciscus Buecheler, Bonn 1883; R. v. Planta, Grammatik der oskisch-umbrischen Dialekte 2 Bde. 1897; R. S. Conway, The Italic dialects 1897; C. D. Buck, Elementarbuch der oskisch-umbrischen Dialekte, dt. v. E. Prokosch 1905. Vgl. Bert. Maurenbrecher, Grundzüge der kl. Philol. 1 (1908) 232 ff.

Fortlaufende Berichterstattung: Bullettino della commissione archaeologica municipale die Roma 1872 ff.; Notizie degli scavi di antichità, Roma 1876 ff.; Westdt. Zschr.; Archaeologische-epigraphische Mitteilungen aus Oesterreich. Wien 1877—97; Revue archéologique (L'année épigraphique) Paris; Jberr. über die Fortschritte der klass. Altertumswissenschaft 1873 ff. Kurze Einführung über Schrift, Sprache u. Inhalt der lateinischen Inschriften von Emil Hübner, Hdb. der klass. Altertumsw. ² 1 (1892) 627—710.

§ 9. Inkunabelkunde.

Die Kunde der geschriebenen und der durch bewegliche Lettern vervielfältigten Schrift gleitet gerade zu Beginn des Buchdrucks ineinander. Man kann deshalb bisweilen einzelne Frühdrucke von kalligraphischen Handschriften auf den ersten Blick gar nicht unterscheiden. Erst allmählich ging der Formenschatz der Lettern seine eigenen Wege. Ueberdies wurden vielfach im Druck Initialen, Ueberschriften, Anfangs- und Schlußbemerkungen ausgespart und erst nachträglich von Schreibern ausgefüllt. Auch Miniaturen (kunstvoll mit Bildern ausgeschmückte Initialen oder Illustrationen, so genannt nach dem dazu verwendeten Farbstoff Minium) finden sich bisweilen.

Unter Inkunabeln (= Wiegendrucke) versteht man alle mit beweglichen oder auch unbeweglichen (Xylographie) Lettern vervielfältigten Druckwerke, die·

noch im 15. Jht. entstanden sind, bisweilen wohl auch etwas wenig später erschienenen
Erstlingsdrucke eines Druckortes. — Diese Inkunabeln sind nicht nur wichtig für
die Geschichte des Buchdruckes, sie haben auch ihren Wert für die Literatur-
und Bildungsgeschichte, da zunächst bei den hohen Kosten des Verfahrens
nur solche Werke vervielfältigt wurden, die einen großen Absatz versprachen,
also Bibel, Kalender theologische Lehrbücher, Kompendien, Erbauungsbücher,
dann aber ebenso Volksliteratur, Unterhaltungsbücher, Gedichte, Flugschriften.
Schon bald wurden auf diesem Wege auch amtliche Drucksachen angefertigt
noch vor der Mitte des 15. Jhts. Ablaßbriefe, in politischen Händeln zu Mainz
auch schon Streitschriften. Nürnberg ließ 1478 eine Bettlerordnung (in Plakat-
form) drucken und 1498 fand der Buchdruck Eingang in der Reichskanzlei
Maximilians I., der Mandate, Erlasse, Ladungen zu Reichstagen auf diese
Weise verfertigen ließ. Vgl. *Adolf Schmidt, Amtl. Drucksachen im 15. Jht.*,
Korr.-Bl. des Ges.-Ver. 1911 Sp. 347 f.

Die Inkunabeln unterscheiden sich von späteren Druckwerken durch verschiedene Anfangsmängel, so z. B. durch das Fehlen eines besonderen Titel-
blattes, durch das Fehlen von Initialen am Anfang eines Kapitels, durch
Seltenheit von Kapiteln und Abschnitten, durch Fehlen des Kommas (das
meist als schräger Strich / erscheint) und des Semikolons, durch ungleichen
und groben Schnitt der Lettern – ein Fehler, der sich übrigens bald behebt.
Es fehlen ferner manchmal Seitenzahlen u. ä., Angaben über Druckort, Drucker
und Erscheinungsdatum. Inkunabeln unterscheiden sich ferner von späteren
Drucken durch häufige Verwendung von Abkürzungen.

Die wichtigsten Verzeichnisse von Inkunabeln sind G. W. Panzer, Annales
typographici ab artis inventae origine ad annum 1500 Bd. 1–5, ab anno 1501—1536 Bd. 6
—11, Nürnberg 1788–1802. Nach Druckorten, innerhalb dieser nach Druckjahren und
innerhalb der Jahre nach der Zeitfolge der Offizinen geordnet. Die Titel eines Druckortes
fortlaufend gezählt. Derselbe, Annalen der älteren dt. Literatur 3 Bde., 2 Splte., Nürnberg 1788—1874. Ordnung nach Inhalten der Werke. Ldw. Hain, Repertorium biblio-
graphicum 2 Bde., Stuttgart 1826—1838. Beschreibt die in der Hofbibl. zu München befindlichen Inkunabeln, die anderen mit * versehen. Dazu: W. A. Copinger, A Supplement to Hain's Rep. bil 1. 2 Teile. London 1895–1902; D. Reichling, Appendices ad
Hainii-Copingeri Repert. bibl. 6. Heft 1905—11; Nachträge zu Hains Repert. bibl. u.
seinen Fortsetzungen. Als Probe des Gesamtkatalogs der Wiegendrucke hg. v. der Kommission für den Gesamtkatalog 1910; ferner Konr. Burger, Beitrr. z. Inkunabelbiblio-
graphie. Nummernkonkordanz von Panzers lat. u. dt. Annalen u. Ldw. Hains Repert. bibl.
1908 u. R. A. Peddie, Conspectus incunabulorum. An index catalogue of fifteenth
century books Bd. 1. London 1910. — Von nationalen Inkunabelbibliographien seien außer
Panzer (s. o.) angeführt: M. F. A. G. Campbell, Annales de la typographie néerlandaise au
XVe siècle Mit Spl. 4 Bde., Haag 1874—90; M. Pellechet. Catalogue général des
incunables des bibliothèques publiques de France 2 Bde., Paris 1897—1905; Rob. Proctor,
An index to the early printed books in the British Museum 2 Bde. Supl. u. Register,
London 1898 1906, Catalogue of books printed in the 15th century now in the British
Museum 2 Pde., London 1908—12; Konr. Haebler, Bibliografía ibérica del siglo 15,
Haag. Leipzig 1903; Ernst Voulliéme, Der Buchdruck Kölns bis zum Ende des 15. Jhs.
— Publik. der Ges. f. rhein. G.-kde. 24 (1903); derselbe, Die Inkunabeln der kgl.
Bibliothek u. der anderen Berliner Sammlgen 1906. Vorbildlich! — Ein geschichtliches
Verzeichnis der Druckorte: M. Deschamps Dict. de géographie ancienne et mod. à
l'usage du libraire et de l'amateur de livres, Paris 1870. Nicht sehr kritisch. —

Findet sich ein vorliegender Wiegendruck in einem dieser Verzeichnisse
nicht vor oder stimmt dessen Aussehen mit der dort gegebenen Beschreibung
nicht überein, dann ist es die Aufgabe des Forschers, ihn genau zu beschreiben.
Für eine solche Beschreibung kommen ähnliche Gesichtspunkte in Betracht
wie für die einer Handschrift. Sie seien hier in Kürze angeführt:

1. neben kurzer Anführung des Verfassers, Druckort und Druckdatum (diese vielfach auf der letzten Seite angegeben), Abdruck des Titels mit genauer Wiedergabe der Orthographie, Kürzungen und Kennzeichnung der Zeilenenden durch senkrechten Strich.

2. Formatbezeichnung. Sie ist oft nicht leicht, doch bisweilen durch die Stellung der Wasserzeichen (filigrane, watermark) im Papier. In der Mitte bei Folio, am unteren Ende bei Quart, am oberen Rande Oktav. Wasserlinien senkrecht bei Folio, Oktav und Duodez, wagrecht bei Quart und Sedez.

3. **Zahl der Blätter und Lagenordnung.** Zählung der bedruckten wie unbedruckten Blätter, Angabe, ob Blatt- oder Seitenzählung. Lagenzählung, ob Terne, Quinterne, Sexterne usw., d. h. ob eine Lage aus 3, 4, 5 oder 6 usw. Bogen bzw. 6, 8, 10, 12 Blätter besteht. Bisweilen sind keine Seiten- oder Blatt-, aber Lagenzahlen bzw. Bezeichnung mit A, B, C .. A_1, A_2 usw. — Kustoden oder Reklamen (réclame, catch-word) heißen die Anfangssilben oder Wörter der nächsten Seite am unteren Rande der vorhergehenden, die für den Buchbinder bestimmt sind. Auch die Verwendung dieser muß angeführt werden.

4. **Justierung oder Einteilung des Satzes.** Angabe ob der Satz in mehrere Spalten geteilt, ob Randnoten, ob Figuren im Text oder auf dem Rande. Zahl der Zeilen ist anzumerken.

5. **Typenfeststellung und -beschreibung.** Durch sie wird meist die Zuteilung eines unbekannten Druckes zu einer bestimmten Offizin möglich sein. Den Versuch von *R. Proctor* (s. o.), die Typenuntersuchung auf exakte Grundlagen zu stellen, hat *Konr. Haebler, Typenrepertorium der Wiegendrucke = Sammlg. bibliotheksw. Arbeiten* 19/20; 22/3, 27, 29/30 (1905—10) des weiteren ausgebaut, indem er z. B. für die gotischen Lettern *M*, für romanische Q als Grundform auswählte und sie in allen ihren Abweichungen (Schnörkeln, Querstriche, Sehnen, Punkte usw.) abbildet. — Hieher gehört auch die Beschreibung der Initialen und Versalien (ob eingedruckt oder später handschriftlich eingefügt), die Beschreibung der Interpunktionen, Abkürzungen.

6. Angabe, ob ein Register, ob Randnoten oder ein Druckfehlerverzeichnis vorhanden ist.

7. **Beschaffenheit des Papiers oder Pergaments.** Angabe der Wasserzeichen, die am bequemsten nach *C. M. Briquet, Les filigranes. Dict. hist. des marques de papier 1282—1600*, Genf 1907 zu bestimmen sind. Ueber Papier- und Pergamentbeschreibung vgl. *Wm. Wattenbach. Schriftwesen* (s. S. 186 u. 189).

8. **Beschreibung des Einbandes:** Material, Schließen, Spangen, Wappen, Ex libris oder sonstige Eigentumsvermerke und darauf bezügliche Eintragungen.

9. **Beschreibung des Zustandes,** in dem sich das Werk erhalten hat, ferner ob es eine Erstlingsausgabe (Editio princeps) ist. Außerdem bibliographische Hinweise und Literaturangaben.

Literatur: Ant. Einsle, Die Inkunabel-Bibliographie 1888; Hch. Joh. Kleemeier, Hdb. der Bibliographie 1903. Beide Werke für praktische Buchhändlerzwecke bestimmt. — Karl Dziatzko, Feststellung der typogr. Praxis aller dt. Druckorte des 15. Jhs. in Sammlg. bibliotheksw. Arb. 6 (1894) S. 1—20; Léop. Delisle, Instructions pour la rédaction d'un catalogue de manuscrits et p. l. r. d'un inventaire des incunables, Paris o. J. [1910]. Faksimilewerke: Monumenta Germaniae et Italiae typographica, bearb. v. Konr. Burger, fortgef. v. E. Voulliéme 1892 ff.; Facsimiles from early printed books in the British Museum, London 1897.

In sinngemäßer Aenderung der obigen Gesichtspunkte hat auch die
Beschreibung von Handschriften stattzufinden. 1. äußere Form,
ob Codex- oder (Papyrus-)Rolle. 2. Sprache. 3. Name des Aufbewahrungs-
ortes, Bibliothek, Museum, Archiv. 4. Signatur. 5. Schreibstoff. Papyrus,
Pergament (codex membraneus), Papier (c. chartaceus). 6. Format in cm.,
Anzahl der beschriebenen und unbeschriebenen Blätter. Ob paginiert, foliiert,
ob Lagenzählung. 7. Lagenanordnung. 8. Alter der Hs. 9. Beschreibung
des Einbandes.

§ 10.   Zeitrechnungskunde (Chronologie).

Von der Zeitrechnungskunde gilt dasselbe, was von der Paläographie
gesagt wurde. Sie kann von zweierlei Gesichtspunkten aus betrachtet werden:
1. Ist die Zeitrechnung geschichtliche Quelle für die Kenntnis bestimmter
kultureller Verhältnisse der einzelnen Völker und für die Kenntnis kultureller
Zusammenhänge zwischen den Völkern. 2. Bietet uns die Kenntnis der Zeitrechnung — und das kommt im Nachfolgenden besonders in Betracht — die
Hilfsmittel für das Verständnis der Quellen und die zeitliche Feststellung und
Einreihung geschichtlicher Tatsachen.

Die Zeitrechnungskunde erbringt den schlagenden Beweis dafür, daß die
Menschen unter gleichen und ähnlichen Lebensbedingungen zu gleichen und
ähnlichen Handlungen und Erkenntnissen gelangt sind. So haben zum Teil
unabhängig voneinander die verschiedensten Völker die Zeitmaße nach den
Veränderungen auf dem gestirnten Himmel zu bestimmen gesucht. Ueberall
stehen hiebei Sonne und Mond im Vordergrunde der Betrachtung. Indem
nun zur Gewinnung fester Zeitmaße die Erforschung und Berechnung der
Gestirnbewegungen Voraussetzung ist, so versteht man auch, daß sich Astronomie und Kalenderwesen gerade in ihren Anfängen gegenseitig aufs glück-
lichste befruchteten. Da andererseits die Beziehung der Irdischen zu den
Sternen in geheimnisvoll religiösen Zusammenhang gebracht wurde, Priester
vielfach die Hüter astronomischen Wissens waren und die Einteilung des
Jahres mit den Anordnungen des Kultes, der Feste und Zeremonien zusammen-
fiel, so liegt es zutage, daß die Zeitrechnungskunde mit der Geschichte religiöser Einrichtungen zahlreiche Berührungspunkte aufweist. Das gilt vor
allem für die Frühzeit einzelner Kulturen und für primitive Völker. Natürlich greift aber die Zeitrechnung in alle Verhältnisse des bürgerlichen und
rechtlichen Daseins. Die Einführung eines fremden Kalenders, einer neuen
Jahresbezeichnung kann Symbol eines neuen Herrschergeschlechtes oder der
Uebernahme eines neuen religiösen Bekenntnisses sein. Ein siegreiches Volk,
eine siegreiche Dynastie, eine siegreiche Religion zwingt den Ueberwundenen
ihre Zeitrechnung auf. In der Art, wie man die einzelnen Jahren benamste,
wer ihnen den Namen gab (Eponymos), ob Könige, Statthalter, Archonten,
Konsuln, von welchem festen Zeitpunkte man eine Jahresreihe (Aera) zählte,
wie etwa vom Tode Alexanders, von der Geburt Jesu, der Hedschra oder
vom Schöpfungsjahr an, in dem allen liegt der Weg zu politisch- wie geistesgeschichtlichen Erkenntnissen. Die Art, wie man das Jahr und den Tag
einteilte und die Teile benannte, gewährt tiefe Einblicke in den Volksglauben
und in volkstümliche Anschauungen. In diesem kulturgeschichtlichen Sinne

behandelt diese Fragen *Mart. P. Nilsson, Primitive Time-reckoning, a study in the origins and first development of the art of counting time among the primitive and early culture peoples = Skrifter utgivna ar humanistica vetenskapssamfundet 1 (Lund. 1920).*

Die Zeitrechnungskunde (Chronologie) macht es sich zur Aufgabe, die verschiedenen Zeitmaße sowohl daraufhin zu untersuchen, wie sie errechnet, auf Grund welcher Beobachtungen sie gewonnen worden sind, als auch zu erforschen, in welcher Weise sie angewandt wurden, welche Rolle sie im Leben der Völker spielen, um dann aus beiden Betrachtungsarten die Mittel zu gewinnen, Zeitangaben, die sich in den Quellen finden, zu deuten und aufzulösen. Daraus ergibt sich ungezwungen die Zweiteilung, die durch die Chronologie geht. Sie zerfällt a) in die **theoretische** bzw. in die mathematisch-astronomische und b) in die **technische** oder historische Chronologie. Die erstere behandelt die Gewinnung, die zweite die Anwendung der Zeitmaße. — Die ältere Bezeichnung, wie sie sich noch bei *Comte de Mas Latrie, Trésor de chronologie et de géographie pour étude et l'emploi de documents du moyen âge* Paris 1889 zeigt, rechnete zu den Aufgaben der Chronologie auch noch die Sicherstellung geschichtlicher Daten und „Jahreszahlen“.

Die theoretische und die technische Chronologie greifen vielfach ineinander. So finden sich auf Inschriften und in sonstigen geschichtlichen Berichten Angaben über Vorgänge auf dem Sternenhimmel, namentlich über Sonnen- und Mondfinsternisse, deren zeitliche Fixierung wichtige Anhaltspunkte für die zeitliche Einreihung anderer Tatsachen gibt. Wenn sich z. B. in den Annalen Ašurbanabals die Nachricht von einer Mondfinsternis und von einer Sonnenverdunkelung vorfindet, so ist es nur mit Hilfe mathematisch-astronomischer Berechnung möglich, die Mondfinsternis (3. August 663 v. Chr.) und die Sonnenfinsternis (27. Juni 661) zeitlich zu bestimmen. Es ist aber klar, wie wichtig solche Feststellungen für die historische Verwertung sind. Ja ein Großteil der Datierungen in der älteren Geschichte geht auf derlei chronologisch bestimmbare Fixpunkte zurück. Voraussetzung freilich für die richtige astronomische Rechnung ist die richtige philologisch-historische Deutung. So ist es heute noch fraglich, welche Sonnenfinsternis gemeint sei und wie der Vers des *Ennius* „Nonis Junis soli luna obstitit et nox“, den uns *Cicero* überliefert hat, zu übersetzen ist. Die so bezeichnete Finsternis soll nämlich 350 Jahre nach der Erbauung Roms eingetreten sein und böte damit die Gelegenheit, dieses Datum zu errechnen. *Th. Mommsen* glaubte die totale Sonnenfinsternis vom 21. Juni 400 v. Chr. als die des *Ennius* bezeichnen zu dürfen, doch hängt diese Gleichsetzung von der Ausdeutung sowohl des Sprachlichen jener Stelle wie von sachlich-chronologischen Bestimmungen ab. Beides wird von Neueren bestritten und verschieden erklärt. Vgl. *Ginzel, Hdb. 2,* 211 ff. u. 292.

Auch für die Chronologie des Mittelalters ist der Zusammenhang zwischen Kalender und Kult von grundlegender Bedeutung. Die Anschauungen und praktischen Bedürfnisse der Kirche wirken bestimmend auf die Einteilung des Jahres (Osterfest!), auf die Zählung der Jahre, auf die Wahl des Tages, an dem das Jahr beginnt, auch die Bezeichnung der einzelnen Tage im Jahre usw. Das ganze Leben regelt sich nach den kultischen Einrichtungen. Diese sind freilich nicht überall gleich. Nach Ländern und Bischofssprengeln ändern sich die Feste im einzelnen. Bis zum heutigen Tage ordnet sich das Kalendarium der beweglichen Feste nach dem Osterfeste, das in seinem 35jährigen Zyklus in die Zeit zwischen 22. März und 25. April fallen muß. Es ist dies das Ergebnis eines mehrhundertjährigen Kampfes innerhalb der Kirche und trägt noch deutlich die Spuren des Ausgleichs zwischen jüdischen Traditionen und abendländisch-römischem Wesen an sich. Mit der Reform des julianischen Kalenders durch hervorragende Mathematiker und Astronomen, welche Reform nach dem Papste Gregor XIII., der sie 1582 für die katholische Kirche anordnete, die gregorianische benannt wurde, nimmt die Geschichte des Kalenders von der Kirchengeschichte einstweilen Abschied, es wäre denn, man sähe in der zögernden, erst 1700 erfolgten Uebernahme des gregorianischen Kalenders durch die Protestanten eine kirchengeschichtliche Tatsache. Der kurzlebige Versuch, den Frankreich in der Revolutionszeit unternahm, war eine politische Maßnahme. Jedenfalls spielt in den neueren Jahrhunderten die Zeitrechnung eine ungleich untergeordnetere Rolle als in den früheren Zeiten.

Der Bedeutung, die die Zeitrechnungsfragen für die verschiedenen Perioden besitzt, entspricht es auch, daß es für die Geschichte des Altertums viel mehr chronologische Einzelarbeiten gibt als für die des Mittelalters und gar der Neuzeit. Nichtsdestoweniger böte das Mittelalter noch genug Themen, die der Behandlung würdig wären.

Literatur: Eine Darstellung des *gesamten Zeitrechnungswesens* mit ausführlichen Literaturangaben bietet Fch. Karl G i n z e l, Hdb. der mathemat. u. technischen Chronologie 1 (1906): Babylonier. Aegypter, Mohammedaner. Perser. Inder. Südostasiaten, Chinesen. Japaner u. Zentralamerikaner. 2 (1911): Juden, Naturvölker, Römer, Griechen, 3 (1914): Macedonier, Kleinasien. Syrer, Germanen. Kelten, Mittelalter, Byzantiner. Russen, Armenier, Kopten, Abessinier, Neuzeit. Dieses mit wertvollen Tabellen versehene Werk stellt eine Art Fortsetzung von Ldw. I d e l e r, Hdb. der mathem. u. techn. Chronologie 1825, Neudr. 1883 dar und ersetzt es im allgemeinen auch. Eine gute Einführung in das Wesen der astronomischen Chronologie u. in den Gebrauch der astronomischen Tafeln: W. F. W i s l i c e n u s, Astronomische Chronologie 1895. Die wichtigsten astronomischen Tafeln sind: Th. v. O p p o l z e r, Canon der Finsternisse, Denkschr. Wiener Ak. math. Kl. 52 (1887), der die Elemente von 8000 Sonnenfinsternissen (1208 v. Chr. bis 2161 n. Chr.) u. von 5.00 Mondesfinsternissen (— 2163 n. Chr.) enthält. Eine Vereinfachung der da gebotenen Rechnungsarbeit bedeutet Rob. S c h r a m. Tafeln zur Berechnung der näheren Umstände der Sonnenfinsternisse, Denkschr. Wiener Ak math. Kl. 51 (1886, ferner d e r s e l b e, Reduktionstafeln für den Oppolzerschen Finsternis-Kanon Ebda. 56 (1889). Eine Spezialtafel ist die von F. K. G i n z e l, Spezieller Kanon der Sonnen- und Mondesfinsternisse für das Ländergebiet der klass Altertumswissenschaften u. den Zeitraum von 900 v. Chr. bis 600 n Chr. 1899. Wertvoll sind von Rob. S c h r a m, Hilfstafeln für Chronologie, Denkschrr. Wiener Ak. math. Kl. 45 (1883). als kalendariographische u. chronolog. Tafeln 1908 für die Umrechnung der Daten von einer Zeitrechnung in die andere.

Zur Chronologie der *altorientalischen* Völker: Edd. M a h l e r, Die Entstehung der Zeit- und Kreiseinteilung, Orient. Lit. Ztg. 6 (1903) 9 ff., Hugo W i n c k l e r. Himmels- u. Weltbild der Babylonier, Der alte Orient 3 (1901); Fch. Karl G i n z e l. Die astronomischen Kenntnisse der Babylonier, Beitrr. zur alten G. 1 (1902); Paul S c h n a b e l, Studien z. babyl.-ass. Chronol. = Mitt. der vorderasiat. Ges. 1908: Frz. K u g l e r. Sternkde u. Sterndienst in Babel 1907 f.; Ernst F. W e i d n e r, Studien zur assyr.-babyl. Chronologie = Mitt d vorderasiat. Ges. 20 (1917); d e r s e l b e, Hdb. der babyl. Chronologie = Assyriolog. Bibl. 23 (1915); Edd. M e y e r, Aegyptische Chronologie, Abh. Berlin Ak. 1904. Nachtrr. ebda 1907. 1908. — L. H. G r a p. Der iranische Kalender in G e i g e r - K u h n Grundr. der iranischen Philol. 2 (1904) — Zur *jüdischen* Chronologie, die für die Weiterbildung im Christentum wichtig ist: Sh. B. B u r n a b i, Elements of Jewish and Muhammedan calendar. London 1901; Edd. M a h l e r, Hdb. der jüd. Chronol. = Schrr. hg. v. der Ges. zur Förderung des Judentums 22 (1916). Vgl. die verschiedenen Artikel in den Realenzyklopädien zur Bibel, des Judentums usw. z. B. unter „Jahr" in RE f. protest. Theol. [3]8 (1900) 525; Edd. S c h w a r t z, Christl. u. jüd. Ostertafeln Abh. d. k. Ges. d. W., Göttingen phil.-hist. Kl. NF. 8 (1905).

Für das *klassische Altertum:* Wm. Ad. S c h m i d t, Hdb. der griech. Chronologie. hg. v. Fr. Rühl 1888; G. F. U n g e r. Griechische Zeitrechnung im Hdb. der klass Altertumsw. [2]1 (1892); E. B i s c h o f f in Pauly-Wissowa RE s. v. „Kalender"; Mart. P. N i l s s o n.

Die Entstehung u. religiöse Bedeutung des griech. Kalenders = Lunds Universitets Årsskrift NF. Ard. 1, Bd. 14 (1918) Nr. 21. — Theod. M o m m s e n , Die röm. Chronologie bis auf Caesar ²1859; Hch. M a t z a t , Röm. Chronologie 1. 1883, 2. 1884; Wm. S o l t a u , Röm. Chronologie 1889; Osk. L e u z e , Die röm. Jahreszählung 1909. — Gv. B i l f i n g e r , Der bürgerliche Tag. Untersuchungen über den Beginn des Kalendertages im klass. Altertum u. christl. Mittelalter 1888. Sonst in den einschlägigen Realencyklopädien.

Für die Chronologie des *Mittelalters* u. der *Neuzeit :* Arth. G i r y , Manuel de diplomatique, Paris 1894, S. 83—275 mit den wichtigsten Tabellen; Fz. R ü h l , Chronologie des Mittelalters u. der Neuzeit 1897. Für die *deutsche* Geschichte am wichtigsten: Herm. G r o t e f e n d , Hdb. der hist. Chronologie des dt. Mittelalters u. der Neuzeit 1870 mit einem systematischen Teil, Tafeln, Glossar usw.; erweitert 2 bändig als Zeitrechnung des dt. Mittelalters 1 (1891): Glossar u. Tafeln 2 (1892): die Kalender der Diözesen Deutschlands, der Schweiz u. Skandinaviens. Heiligenverzeichnis. Ein handlicher Auszug aus obigem Werk für den täglichen Gebrauch und den Besuch in Archiven sehr geeignet: d e s s e l b e n Taschenb. der Zeitrechnung des dt. Mittelalters und der Neuzeit ⁴1915 mit systemat. Teil, Glossar, Regierungsjahre, Tafeln, die 35 Kalender usw. Vgl. d e s s e l b e n Abriß der Chronol. des dt. Mittelalters u. der Neuzeit in Al. Meisters Grundr. der G-w 1, 8 (1912); ein verwendbares besonders für italien. Geschichte geeignetes Taschenbuch: Adriano C a p e l l i Cronologia e calendario perpetuo, Manuali Hoepli, Mailand 1906: Topographisches Verzeichnis für die Jahresanfänge u. die Einführung des gregorian. Kalenders, Konsulenliste, christl. Zeitrechnung 1—2000 Glossar, Heiligenverz. Mohammed. Aera, Verzeichnis der Herrscherlisten für die wichtigsten Staaten Europas usw. — Herm. A i c h n e r , Neuere Forschung auf dem Gebiete der Chronologie des Mittelalters Dt. G.bll. 13 (1912) 83—102.

Nicht nur derjenige, der archivalische Forschungen zu unternehmen die Absicht hat, wird guttun, sich m i t d e n E i n r i c h t u n g e n e i n e s d i e s e r W e r k e — am besten hiezu sind Grotefends Zeitrechnung bzw. Taschenbuch geeignet — a u f s g r ü n d l i c h s t e v e r t r a u t z u m a c h e n . Diese Kenntnis braucht jeder Historiker. Er findet in älteren Ausgaben sehr häufig Urkunden abgedruckt, deren Zeitangaben nicht oder falsch aufgelöst sind Man bestimme etwa Daten wie: crastino die post circumcisionem domini 1261; quarta feria post letare 961; dez mentages zu vesperzyt nach der lichtmesse 1384; geben ze Ens an ertag vor sand Paulstag, als er bechert wart, anno domini millesimo cccmo. octuagesimo usw. Zu Uebungszwecken wähle man ein neueres Urkundenbuch, etwa einen Band der Monumenta Germanica historica, Diplomata, oder F. v. S c h w i n d , A. D o p s c h , Ausgewählte Urkunden zur Verfassungsg. der deutsch-österr. Erblande im Mittelalter 1895 oder ein anderes, schreibe sich die am Ende der Urkunden gegebenen Datierungen ab, löse sie auf und prüfe die Ergebnisse mit den im Kopfregest gegebenen Auflösungen.

VIII.

Vorbereitende kritische Behandlung der Quellen.
(Aeußere Kritik.)

§ 1. Allgemeines.

Die nachfolgenden Paragraphen sollen allgemeine Gesichtspunkte geben für die Beurteilung und Zubereitung der Quellen zum Zwecke späterer Verarbeitung. Hier gilt es eben festzustellen, wann eine Quelle entstanden ist, wo sie entstanden ist, wem sie ihren Ursprung verdankt und ob sie in Wahrheit das ist, was sie zu sein vorgibt. Das Ergebnis dieser vorbereitenden Tätigkeit muß also darin bestehen, daß die Vorfrage beantwortet ist, ob eine

Quelle wirklich als solche verwertet werden darf und, wenn dies der Fall ist, für welche Zeit, für welchen Ort und für welche Persönlichkeit die in ihr enthaltenen Angaben kennzeichnend sind.

Diese Bestimmungen müssen soviel Tatsächliches zum Vergleich heranbringen, daß hier in einem auch gewisse Grundsätze der Tatsachenkritik besprochen werden können.

An einer ausführlichen Geschichte der geschichtlichen Methodik fehlt es noch. Wertvolle Vorarbeiten hiezu lieferte St. Dunin-Borkowski in Stimmen aus Maria Laach 83 (1912) S. 296 ff., 408 ff. und namentlich Fch. von Bezold, Zur Entstehungsg. der histor. Methodik in Intern. Monatsschr. f. Wiss., Kunst u. Techn. 8 (1913/4) 273 ff., ferner Giov. Gentile, Contribution à l'histoire de la méthode historique in Rev. de synth. hist. 5 (1902) S. 129—152; Hch. Wuttke, Ueber die Gewißheit der G, Leipzig Universitätschr. 1865. Eine gute Uebersicht gibt E. Bernheim ⁶1908 S. 206—250.

Die Reihe der neueren Werke beginnt mit Wm. Wachsmuth, Theorie der G. 1820 und Pierre Claude Frç. Daunou, Cours d'études historiques 20 Bde. Paris 1842—49. Mehr aphoristisch Joh. Gv. Droysen, Grundriß der Historik ¹1867, ³1882. Durch Klarheit ausgezeichnet ist Ch. V. Langlois u. Ch. Seignobos, Introduction aux études historiques, ¹Paris 1898, ³1905; Seignobos, La méthode historiqs appliquée aux sciences sociales. Paris 1901; P. Ch. de Smedt, Principes de la critique historique, Lüttich-Paris 1883. Praktische Gesichtspunkte werden in den Vordergrund gerückt von Edw. A. Freemann, The methods of historical study, London 1886. — Das führende deutsche Werk ist das von E. Bernheim. Neuestens Mathews, The spiritual interpretation of history, Cambridge Mass. Harvard Univ. 1920.

§ 2. Feststellung der Entstehungszeit.

Die möglichst genaue Zuordnung einer Quelle zu dem bestimmten Zeitpunkte, in dem sie entstanden ist, wird für den Forscher vor allem wichtig 1. für die Verwertung der Quelle als Zeugnis für die Erkenntnis geschichtlicher Tatsachen, da wir, wenn nicht besondere Gründe dagegen sprechen, annehmen, daß eine Quelle um so wertvoller ist, je näher sie den zu behandelnden Ereignissen steht, 2. für ihre Einstellung an den ihr zukommenden Platz innerhalb der Entwicklungsreihe der betreffenden Quellengattung.

Eine große Anzahl von Quellen ist entweder gar nicht, teilweise oder falsch datiert. Auch handelt es sich zuweilen um die zeitliche Feststellung einzelner Teile von Quellen, bzw. ihrer Entstehungszeit. Der Zeitsinn ist in verschiedenen Epochen und bei verschiedenen Kulturen verschieden ausgebildet. Außerdem sind die ausdrücklichen Entstehungsvermerke, die ursprünglich angebracht waren, manchmal verloren gegangen. Das ist besonders der Fall an nur teilweise erhaltenen Bau- und Kunstdenkmälern, Urkunden, Briefen, Büchern usw. Andere Quellengattungen wie Konzepte, Urkundenformulare, Briefsteller, Sprichwörtern, Sagen, Namen, Sprachen usw. sind zufolge ihrer ganzen Eigenart zumeist undatiert.

Man wird an original erhaltenen Quellen zu unterscheiden haben 1. die äußeren und 2. die inneren Merkmale. Bei Quellen, die nicht in ihrer ursprünglichen Gestalt (in Nachbildungen, Kopien, späteren Drucken) vorhanden sind, kommen natürlich fast nur die inneren Merkmale, der Inhalt, in Betracht, doch kann auch bei nicht im Original vorliegenden Quellen unter Umständen 3. die Untersuchung der zeitlichen Grenzbestimmung oder Schichtung, bzw. der Lage innerhalb eines zusammenhängenden Ganzen zur Erforschung der Entstehungszeit führen.

Am deutlichsten tritt die Schichtung als zeitliches Erkennungsmerkmal bei urgeschichtlichen Denkmälern in die Erscheinung und bei Ausgrabungen überhaupt. Davon bietet *Wm. Dörpfeld, Ergebnisse der Ausgrabungen der vorhistorischen u. historischen Schichten von Ilion* (1902) ein anschauliches Beispiel. Hier handelt es sich um 9 aufeinanderliegende Bauschichten, von denen einzelne durch Inschriften und zeitgenössische Beschreibungen ziemlich genau nach ihrer Entstehungszeit feststellbar sind. Unter Umständen kann für solche Untersuchungen auch die geologische Forschung von Wichtigkeit werden. Ueberdies hat aber die Beobachtung des Schichtungsverhältnisses, wenn man Schichtung im weiteren Sinn des Wortes gebraucht, auch für die chronologische Einreihung schriftlicher Quellen ihre Bedeutung. Nehmen wir an, in einem Kodex fänden sich Eintragungen, die in fortlaufender Folge (wie dies in einem Tagebuch oder Rechenbuch der Fall ist oder sein kann) von Zeit zu Zeit niedergeschrieben wurden, so werden wir, wenn nicht bestimmte Gründe dagegen sprechen, annehmen dürfen, daß sich etwaig vorkommende undatierte Stücke, wenn sie zwischen datierten stehen, darnach zeitlich ungefähr fixieren lassen.

1. **Die äußeren Merkmale.** Diese lassen sich zunächst an dem Material, seiner Verwendungsart und Bearbeitung (Technik, Stil), ferner an dem Stand- bzw. Fundort der Quelle nachweisen. So ist für die ältere griechische Bildhauerkunst die Bearbeitung von Holz charakteristisch, der parische Marmor tritt erst gegen Ende des 9. Jhts. auf. Die Urgeschichte ordnet ihre Perioden geradezu nach der Verwendung des Materials (Stein, Bronze usw.), in der die Mehrzahl der erhaltenen Denkmäler erhalten sind. Die Tatsache, daß eine Papsturkunde auf Papyrus geschrieben wurde, beweist allein schon, daß sie vor Mitte des 11. Jhts. entstanden sein muß. Vgl. *Wm. Wattenbach, Das Schriftwesen im Mittelalter* [3] 1890 S. 110. Bei sprachlich überlieferten Quellen ist in gewissem Sinne auch die Sprache Material. Vermöge der Fortschritte sprachwissenschaftlicher Forschung läßt sich aus ihr auch das Alter der Quelle einigermaßen feststellen, sofern es die ursprüngliche sprachliche Form ist, in der sie uns vorliegt. Sprichwörter, Märchen, Sagen wurden oft erst viel später fixiert. Dann kann aus der Sprache nur die Zeit dieser Fixierung bestimmt werden. Noch wichtiger ist meist die Art, in der der vorliegende Stoff verarbeitet wurde, die **Technik**. Innerhalb jeglichen Betätigungskreises der Menschen lassen sich gewisse Formen dieser Betätigung zeitlich abschichten, gewisse Vervollkommnungen, oder doch bloße Variationen der bisherigen Uebung. Auf dem Gebiete der Kunst und des Gewerbes tritt uns dies sinnfällig in die Augen. Der Technik ist auch die Schrift beizuzählen (vgl. VII § 7). An ihr läßt sich das ungefähre Alter des Geschriebenen unschwer ablesen, doch muß man sich auch da, wie bei der Sprache, vor Augen halten, daß diese zeitliche Feststellung für die Quelle selbst nur dann gilt, wenn deren Entstehung mit der Niederschrift, die uns erhalten ist, zusammenfällt. Es kann sich aber auch um spätere Kopien handeln, die ungleich jünger sind als das ursprüngliche Stück und deren Schriftbefund für den Zeitpunkt der Niederschrift der Quelle nichts oder nur Unbestimmtes aussagen. Zur Technik ist vielfach auch die äußere Anordnung der Dinge zu rechnen. An ältesten Druckwerken (Inkunabeln) findet sich die Angabe des Erscheinungsjahres am Schlusse. Ebenso ist im Laufe der Zeit die Technik der Urkundenausstellung eine verschiedene geworden. Hierher gehört auch die äußere Form. Ein Siegel oder Wappen ist durch seine Form bereits einigermaßen zeitlich bestimmt.

2. **Die inneren Merkmale.** Sie bauen sich auf Einzelheiten auf, die wir aus dem Inhalt einer Quelle gewinnen. Zunächst kommen Zeitangaben in Betracht, die sich über ihre Entstehung in der Quelle selbst finden. Diese brauchen nicht immer eindeutig zu sein. *Arthur Wyß* hat in der Ausgabe

von Tilemanns Limburger Chronik MG. Dt. Chron. 4, 1 (1883) gemeint aus
der Bemerkung des Chronisten, sein Werk von 1347 reiche „bit daz man
schreiben wirt 1402", annehmen zu dürfen, daß der Verfasser in letzterem
Jahr gestorben sei, daß er diese Jahrzahl freigelassen und sie ein anderer
für ihn eingefügt habe. Späterhin machte freilich *E. Schaus* N.A. 32 (1907)
722 ff. durch Abdruck einer Urkunde aus dem J. 1411 wahrscheinlich, daß Tilemann
noch 1411 am Leben war, daß er aber 1402 sein Stadtschreiberamt an einen
anderen abgegeben und damit auch seine Tätigkeit als Chronist beendet habe.

Oft kann auch aus der Erwähnung von Ereignissen, die zeitlich genau
festzustellen sind, die als Erlebnis des Erzählers mitgeteilt werden oder auf
die sonst angespielt wird, ein Anhaltspunkt für die Entstehung einer Quelle
gewonnen werden. Es kann eine Entdeckung, Erfindung, ein Naturereignis
oder ein politischer Vorgang als bekannt vorausgesetzt werden oder es kann
die Neuheit dieser Erscheinungen betont werden. Eine sonst undatierte Urkunde kann durch die angeführten Titel des Ausstellers, des Empfängers
oder Zeugen gewisse Fingerzeige geben. Handelt es sich um die Regierungsjahre, Krönungs-, Wahl-, Absetzungs- und Todesdaten von Kaisern, Königen,
Päpsten, so belehrt man sich am raschesten bei *Herm. Grotefend, Taschenbuch
der Zeitrechnung des dt. Mittelalters u. der Neuzeit* ⁴1915 oder *Adr. Capelli,
Cronologia e calendario perpetuo.* Mailand 1906 (vgl. VII § 10). Für Daten über
Bischöfe, Päpste, Kardinäle und Aebte die VIII § 4 angeführte Literatur. Soweit es die deutsche Geschichte des Mittelalters betrifft, bieten die einschlägigen
Regestenwerke (vgl. IX § 12, S. 239) ein wertvolles Nachschlagemittel.

Aber auch das argumentum e silentio hat hier Geltung. Wird eines
Vorganges nicht Erwähnung getan, den absichtlich zu verschweigen kein An-
laß vorlag, dessen Erwähnung gleichsam von selbst gegeben war, so wird die
Quelle vermutlich nicht zur Zeit dieses Vorganges entstanden sein. Vgl. X § 4.
Gerade diese Erwägung führt bisweilen Fälschungen auf die Spur.

Von Wichtigkeit ist ferner die Erkenntnis der zeitlich unterscheidbaren
Entwicklungsformen der betreffenden Quellenart. Bei Kunstwerken sprechen
wir vom S t i l, der einer Zeit eigen ist. Innerhalb jeder einzelnen Art wandelt
sich die Stilistik eigens ab. Dementsprechend hat die Architektur, das Kunst-
gewerbe, die Dichtkunst, die Urkunde, die Inschrift, die Chronik, das Memoiren-
werk oder die Zeitung als solche ihre eigene Geschichte mit einer für eine
bestimmte Zeil logischen Form. Aus der heraus läßt sich das Alter jeder
Einzelquelle mit ungefährer Sicherheit bestimmen.

3. Die Bestimmung nach den zeitlichen G r e n z p u n k t e n oder nach
dem t e r m i n u s a q u o und t e r m i n u s a d q u e m, mit deren Hilfe wir
nicht nur die Entstehung von Quellen, sondern auch die Datierung von Tatsachen bewerkstelligen können. Der Vorgang hiebei ist der, daß man genau
feststellbare Daten sucht, die mit den zu datierenden Quellen oder Tatsachen
in engerer Beziehung stehen, und nun an der Hand dieser bekannten Daten
festzustellen sucht, welches der früheste Zeitpunkt (terminus a quo) und
welches der späteste Zeitpunkt ist (terminus ad quem), da sich ein Ereignis
vollzogen hat oder eine Quelle entstanden sein oder eine Persönlichkeit gelebt
haben kann. Der ideale Fall ist die genaue Bestimmbarkeit, d. h. daß also
die beiden Zeitpunkte in einen zusammenfallen. Je näher wir sie aneinander
zu rücken vermögen, um so näher kommen wir an unser Ziel.

Lehrreich ist für diese Fragen die Untersuchung jener Fälschungen zugunsten der Habsburger, von denen das als ‚Majus‘ bekannte Stück sich als ein Privileg Friedrichs I. vom 17. September 1156 ausgibt. (Abgedr. bei E. v. Schwind-Alf. Dopsch, Ausgew. Urkk. zur Verfassungsgesch. der dt.-österr. Erblande im Mittelalter 1895 S. 10—13 Nr. 7). In dem Majus wird u. a. von der marchia a superiori parte fluminis Anasi (marchia supra Anasum), also von Oberösterreich gesagt, daß es damals Heinrich der Löwe an Oesterreich abgetreten habe. In Wirklichkeit kam dieses Land erst 1254 an Oesterreich. Das Jahr 1254 ist also ein terminus a quo für das Majus, da es nicht vor diesem Zeitpunkt entstanden sein kann. Nun heißt es ferner in der Urkunde, das Herzogtum Oesterreich solle niemals geteilt werden. Vor der Mitte des 13. Jhts. fanden aber Teilungen von Herzogtümern und Fürstenlehen überhaupt nicht statt. Ein solches Verbot hätte also im 12. Jht. gar keinen Sinn gehabt. Die erste nachweisbare Teilung eines Fürstentums kam erst 1255 vor. Hier rückt also der terminus a quo um ein Jahr vor. Die Erwähnung von principes electores, ein Ausdruck, der nicht vor 1273 in Urkunden vorkommt, — faktisch erscheint ein geschlossener Kreis von Wahlfürsten erst 1256 — und die an einer Stelle ausgedrückte Voraussetzung, daß den Kurfürsten ein Einwilligungsrecht bei wichtigen Regierungshandlungen zusteht, setzt den terminus a quo auf die spätere Zeit, das sog. Interregnum herab. Die Tatsache, daß 1290 zwei Ministerialen mit ihrem Rechtsstreit an das Reich gingen, an König Rudolf appellierten, ohne daß Herzog Albrecht dagegen Verwahrung eingelegt hatte, obwohl nach dem Wortlaute des Majus Entscheidungen des Herzogs in seinem Lande vom Reiche nicht abgeändert werden dürfen, macht das Jahr 1290 zu einem noch nähern terminus a quo. Wenn Herzog Otto 1331 die Belehnung mit den österreichischen Ländern in München, also außerhalb des Landes empfing, so verstößt auch dies gegen die Bestimmungen des Majus. Vermutlich kann sonach die Fälschung nicht vor 1331 entstanden sein. Die Bestimmung des Majus, wonach unter den österreichischen Herzögen stets nur der älteste die Herrschaft haben soll, steht in Widerspruch mit dem Hausgesetz Albrechts II. von 1355, das die Gleichberechtigung aller seiner Söhne festsetzt. Den nächsten terminus a quo gibt ein Vergleich des Majus mit der Goldenen Bulle (1356). Die wörtlichen und inhaltlichen Anlehnungen an dieses Reichsgesetz, das offenbar zur Vorlage gedient hatte, führt den terminus a quo auf Weihnachten 1356 herab, d. h. die Abfassung des großen österreichischen Freiheitsbriefes ist vor diesem Zeitpunkt unwahrscheinlich, wenn nicht unmöglich. Es fragt sich also, wann ist der späteste Zeitpunkt, der in Betracht kommt, der terminus ad quem? Am 11. Juli 1360 waren die Stücke schon vorhanden, da an diesem Tage Herzog Rudolf IV. sich hat amtliche Abschriften von ihnen anfertigen lassen. Doch deutet eine Bemerkung in der Lehensurkunde des Kaisers vom 21. Mai 1360 an, daß Rudolf die genannten Privilegien Karl IV. vorgelegt habe und sich auf deren Inhalt berufen habe. Der terminus ad quem rückt auf 2. September 1359 vor, indem eine Urkunde von Margarete Maultasch von Tirol, die an diesem Tage ausgestellt wurde, einzelne Teile des Freiheitsbriefes in deutscher Uebersetzung fast wörtlich bringt. Wenn sich Rudolf am 18. Juni 1359 in einer von ihm ausgestellten Urkunde palatinus archidux Austriae nennt, so ist das ein neuer späterer Grenzzeitpunkt. Es nähert sich also der aus den Urkunden selbst zu gewinnende terminus a quo von 1356 dem terminus ad quem vom 18. Juni 1359 an bis auf eine Spanne von ungefähr zweieinhalb Jahren. Andere Gründe (vgl. Alf. Huber, Ueber die Entstehungszeit der österreichischen Freiheitsbriefe, SB. Wiener Ak. phil.-hist. Kl. 34 [1860] 17—55) machen den Winter von 1358 auf 1359 als Entstehungszeit des Majus wahrscheinlich.

§ 3. Feststellung des Entstehungsortes.

Hier gelten die für die Feststellung der Entstehungszeit analogen Grundsätze in bezug auf die Untersuchung der äußeren wie inneren Merkmale.

1. Die äußeren Merkmale knüpfen zunächst an die Geschichte der einzelnen Quelle selbst an. Hat sie sich von jeher an der Stelle befunden, an der sie sich jetzt befindet? Woher stammt sie als Ganzes, woher stammen die einzelnen Teile an ihr? Diese Fragen lassen sich bisweilen bereits aus der äußeren Geschichte der Schicksale eines Bauwerkes, einer Münze, einer Hs., eines Druckes beantworten. Sehr oft wird sich jedoch diese Standortsgeschichte nicht bis zum letzten Ursprung verfolgen lassen. Dann bietet sie aber wenigstens einen Anhaltspunkt, der, mit anderen Beobachtungen zusammengenommen, zu einer befriedigenden Lösung führen kann.

Handelt es sich um einen Text unbekannter Herkunft, so kann der Fundort der einzelnen Hss. auf die Spur verhelfen. Freilich bedarf es hiebei großer Vorsicht und eines genauen Ueberblickes über den Gesamtbestand an Hss., die vorhanden sind. Daß hierin selbst Forscher vom Range eines *Gg. Waitz* irren können, beweist das Ergebnis von *Paul Scheffer-Boichorst, Die Heimat der unechten und der Text einer echten Constitutio de expeditione Romana* in dessen *Zur G. des 12. u. 13. Jhts. = Histor. Studien* 8 (1897) S. 1 ff. Die Ueberprüfung des M a t e r i a l s kann einzelne Aufschlüsse geben über die Herkunft einer Quelle. Italienisches Pergament unterscheidet sich vom deutschen. Der Herstellungsort des Papiers verrät sich bisweilen durch die Wasserzeichen. Vgl. *C. M, Briquet, Papiers et filigranes des archives de Gênes 1154—1700*, Genf 1888; *Fch. Keinz, Die Wasserzeichen des 16. Jhts. in Hss. der k. bayr. Hof- u. Staatsbibl.* 1895.

Für sprachlich überlieferte Quellen bietet die Untersuchung der S p r a c h e mit ihren räumlich umgrenzten Mundarten eine wichtige Handhabe. Der genaue Kenner vermag aber auch innerhalb der Mundarten noch weitere, örtlich bestimmbare Unterscheidungen machen. Vgl. *Paul Kretschmer, Wortgeographie der hochdt. Umgangssprache* 1918.

Das gleiche wie von der Sprache gilt auch von der T e c h n i k. Auch sie weist nach Ländern und Gauen und Völkern verschiedene Eigentümlichkeiten auf, die der Kenner wohl zu unterscheiden und zu identifizieren versteht. Wir sehen dies an der S c h r i f t. Die neueren Forschungen auf dem Gebiete der Schriftkunde legen auch auf diese Seite der Erkenntnis ganz besonderes Gewicht (vgl. VII § 7). Geräte, Gräber, Trachten, Waffen, Münzen tragen meist schon in ihrer äußeren Form, in der Vorliebe für eine bestimmte Technik, Gestaltung oder Verzierung einen bestimmten territorialen oder nationalen Charakter.

2. Die i n n e r e n Merkmale. Der Herkunftsort kann in oder an der Quelle ausdrücklich angegeben sein. Münzen tragen bisweilen den Vermerk der Prägestätte. In Urkunden kann es der Gebrauch bestimmter Formeln sein, der deutlich auf die Kanzlei hinweist, in der sie entstanden sind (Verwendung fremder Formeln in anderen Kanzleien ist freilich nicht ausgeschlossen). Die Verwendung einer bestimmten Tages- oder Jahreszählung vermag auch auf den örtlichen Umkreis deuten, dem eine Quelle angehört. Im Mittelalter unterscheiden sich Jahresanfänge und Heiligenfeste nach Kirchensprengeln und Staaten. Die besondere Vertrautheit, mit örtlichen Verhältnissen (geographischen, rechtlichen, politischen, nationalen, religiösen), die auffallende Unkenntnis anderer weiter entfernt liegender Ortsverhältnisse läßt uns oft mit ziemlicher Genauigkeit den Raum umgrenzen, dem ein Verfasser entstammt.

Einen weiteren Fragenbereich berührt es, wenn es sich darum handelt, einen O r t s n a m e n geographisch zu bestimmen, ihn von anderen gleich oder ähnlich lautenden zu unterscheiden. Ein Beispiel, wie man solche Dinge behandeln kann. findet man bei *Paul Scheffer-Boichorst, Ges. Schrr. = Histor. Studien* 43 (1905) S. 2 Anm. 2. Als Hilfsmittel kommen für diese Fragen jene in Betracht, die S. 160 u. 163 als Behelfe der historischen Geographie genannt worden sind.

§ 4. Feststellung des Urhebers. Personalgeschichtliche Nachweise.

Es gibt eine ganze Reihe von Quellen, in deren Eigenart es liegt, daß ihr Urheber ungenannt bleibt. Die Schrift, die Sprache, das Märchen, die Sage, das Sprichwort, Weistümer, die Mehrzahl der Urkunden, Siegeln, sehr viele Flugschriften, Zeitungsartikel verschweigen unabsichtlich oder absichtlich ihre persönliche Herkunft. Außerdem gibt es große Zeiträume und Kulturbereiche und Kulturabschnitte, in denen man auf das Persönliche so wenig Gewicht legt, daß man an eine Nennung gar nicht dachte. Der Entdecker des Stellenwertes ist uns unbekannt. Wir wissen nur, daß er in Indien zu suchen sei. Aus dem Mittelalter ist uns eine ungeheure Zahl anonymer Schriften erhalten, deren Verfasser wir heute noch nicht kennen, ihn vermutlich niemals kennen werden.

Die Urheberschaft an einem Werke kann verschiedener Art sein. Sie kann a) nur in der geistigen Urheberschaft beruhen, wenn uns z. B. eine Hs. vorliegt, die nach dem Diktat des Verfassers von einer fremden Hand geschrieben wurde, b) sie kann bloß den mechanischen Anteil der Herstellung betreffen (Schreiber, der z. B. nach einem Konzept die Urkunde niederschreibt), c) sie kann die geistige Urheberschaft und mechanische Herstellung in einer Person verbinden (Autograph), d) es können sich der geistige Anteil wie der Anteil an der Herstellung auf mehrere Urheber erstrecken und sich in verschiedenen Graden kundtun und auf verschiedene Teile des Werkes verteilen.

Bei handschriftlich erhaltenen Quellen ist es wichtig festzustellen, ob sie Autographe sind. Dies ist leicht, wenn man zum Vergleich irgend eine sicher beglaubigte Schrift von der Hand des Verfassers kennt. Jedenfalls können nur indirekte Beobachtungen Aufschluß geben. Vor allem sind es da Korrekturen, von denen man annehmen kann, daß sie nur der Verfasser selbst anbringen konnte. Wenn von dem Geschichtsbuch des gelehrten Mönches *Richer* eine aus der gleichen Zeit (Ende des 10. Jhts) stammende Hs. vorliegt, in der u. a. sachlich-stilistischen Veränderungen vorkommen, z. B. daß der Schreiber erst *mu-* schreibt, dann absetzt und statt *murum* das gelehrtere griechische Fremdwort *peribolum* schreibt, so deutet dies schon darauf hin, daß hier geistiger und mechanischer Anteil in eins zusammenfallen. Solche Untersuchungen setzen natürlich genaueste paläographische Vorbildung voraus. Man muß sicherstellen, daß die Hs. wirklich zur Zeit, da der Verfasser gelebt hat, auch geschrieben wurde und daß sie nach der örtlichen Herkunft (Schriftprovinz) mit jener des Autors zusammenstimmt. Dann erst kann man sich den inneren Merkmalen zuwenden. Dies ist um so reizvoller, als man hiebei in die geistige Arbeitsweise des Verfassers Einblick nimmt. Wenn man in einem vatikanischen Kodex der *Summa* des *Thomas von Aquino* beobachtet, wie in einer flüchtigen, an Abkürzungen reichen Schrift die Sätze rasch hingeworfen erscheinen, erst später mancher Ausdruck durch einen klareren, zutreffenderen ersetzt wurde, ganze Spalten gestrichen, am Rande längere Zusätze gemacht wurden, so erweist sich die Hs. sicher als Autograph.

Die eigenhändige Teilnahme an der Herstellung eines Werkes kann aber auch nur in teilweisem Ausmaße sein. Von *Johannes Scottus* liegt ein Werk vor, das 875 von einem Rheimser Schreibkünstler niedergeschrieben wurde, das aber wichtige Einschübe, Verbesserungen, Aenderungen und Glossen aufweist von einer anderen Hand und zwar in einer Schrift, die auf angelsächsische Herkunft raten läßt. *Ldw. Traube, Autographa des Johannes Scottus. Abhdlgen kgl. bayer. Ak. phil.-philol.-hist. Kl.* 26 (1912) hat nachgewiesen, daß wir es hier ohne Zweifel mit der Handschrift des großen irischen Gelehrten selbst zu tun haben. Solche Nachweise können nur auf Grund eindringender Sachkenntnis und vorsichtigster Erwägungen gelingen. Bei dem antiquarischen wie wissenschaftlichen Interesse, dem ein solches Ergebnis stets begegnet, lassen sich die Forscher oft allzuleicht von dem ersten Eindruck leiten und nehmen für eigenhändig an, was sich später als von anderer Hand geschrieben zeigt. So hat *G. H. Pertz* einen Münchener Kodex irrtümlich für das Autograph *Liudprands von Cremona* gehalten. Vgl. *Jos. Becker, Textg. Liudprands von Cremona* = *Quellen u. Unters. zur lat. Philol. des Mittelalters* 3, 2 (1908). *Edd. Heyck* ging von der gleichen falschen Voraussetzung in bezug auf die Pariser Hs. von *Nicolaus de Butrinto, Relatio de Henrici VII itinere Italico* aus. Vgl. darüber *Harry Bresslau* NA 31 (1896). Irreführend kann in dieser Hinsicht zuweilen die Tradition sein, die an einer Hs. haftet und sie zum Autograph abstempelt, indes sie es in Wahrheit gar nicht ist. — Ueber diese Fragen unterrichtet in guter Uebersicht und allgemein verständlich *Paul Lehmann. Autographe und Originale namhafter lateinischer Schriftsteller des Mittelalters* in *Zschr. d. dt. Vereins f. Buchwesen u. Schrifttum* 3 (1920) S. 6—16.

Die Feststellung der eigenhändigen Niederschrift allein sagt freilich noch nichts aus über den Namen des Verfassers. Man könnte aus den Zusätzen und Verbesserungen auf ein Autograph mit Sicherheit schließen dürfen und brauchte deshalb noch nicht den Namen zu kennen. Immerhin kann die Untersuchung des Autographs wertvolle Einblicke in die Denk- und Arbeitsweise des Verfassers gewähren. Solche anonyme Autographe liegen uns in vielen Urkunden vor, wo wir die Hand des Schreibers genau individualisiert feststellen, aber nicht seinen Namen wissen. Das gleiche gilt von den Akten, Registern usw. Andererseits erledigt sich mit der Feststellung, ob eine Hs. eigenhändig ist oder nicht, noch keineswegs die Frage der Urheberschaft. Es gibt Schriften, die niemals von ihrem Verfasser eigenhändig niedergeschrieben worden sind, die eben auf Grund eines Diktates von einem zweiten hergestellt wurden. Dies offenbart sich bisweilen aus „Verhörungen“, Mißverständnissen, die beim Nachschreiben eines Diktats vorkommen können: In der Pariser Hs. der *Relatio de Henrici VII itinere Italiano* von *Nicolaus de Butrinto* finden sich außerordentlich häufig Verwechslungen von a statt e in Worten wie *petundum* statt *petendum, quedam* statt *quedam, radans* statt *radens, mandacium* statt *mendacium.* In 93 von 100 Fällen findet diese Verwechslung statt, wo das e vor n oder m steht. *Harry Bresslau* a. a. O. S. 143 ff. zieht daraus den Schluß, daß der Schreiber französisch als Muttersprache gesprochen haben müsse. Da sich durch Homoioteleuta bedingte Auslassungen finden, andererseits sich Konstruktionsfehler der Lateingrammatik häufen, so kann nicht, wie *Edd. Heyck* angenommen hat, ein Autograph vorliegen, sondern es handelt sich um die Niederschrift, die auf Grund eines Diktats durch einen minder gebildeten, französisch sprechenden Schreiber hergestellt wurde. Die durch den Gleichlaut oder Gleichheit von Wörtern hervorgerufenen irrtümlichen Auslassungen lassen auf eine erste Redaktion schließen, nach der diktiert wurde.

Da sich in den nachträglichen Veränderungen bestimmte Tendenzen und Absichten persönlicher Natur nachweisen lassen, an denen nur *Nicolaus de Butrinto* selbst Interesse haben konnte, werden sie wohl von ihm stammen.

Da die Mehrzahl der uns überkommenen Hss. nicht eigenhändig ist, so sind wir bei deren Zuteilung zu einem bestimmten Verfasser auf i n n e r e Merkmale angewiesen. Diese können sich unter Umständen schon auf die R e c h t s c h r e i b u n g beziehen. Wenn ein Urkundenschreiber *horta fuerit* statt *orta fuerit* schreibt (vgl. *Eng. Mühlbacher, Die Urkunden Karls III.* in S.-B. Wr. Ak. phil.-hist. Kl. 92 [1879] S. 403) h schreibt, wo es nicht hingehört und an passender Stelle ausläßt, so deutet dies leicht auf romanische Herkunft. Romanen stehen mit der Schreibung deutscher Eigennamen auf gespanntem Fuße. Vgl. *Wm. Erben, Exkurse zu den Diplomen Ottos III.* in MJÖG. 13 (1892) 580 ff.

Die Tatsache ferner, daß jede Persönlichkeit, je schärfer umrissen desto deutlicher, eine gewisse Vorliebe für bestimmte Worte, Wortverbindungen und Wortwendungen, für einen bestimmten Satzbau, für bestimmte Redefiguren nachweislich besitzt, diese Tatsache ist die Grundlage für die S t i l v e r g l e i c h u n g. Mit Hilfe der Wortstatistik und Phrasenvergleichung läßt sich manches erreichen, doch mit Erfolg wird man sich dieser Mittel nur bedienen, wenn man a) einen Ueberblick über den gesamten Wortschatz und die gesamte Phraseologie einer Zeit besitzt, b) wenn man die Lieblingsworte und Lieblingsredefiguren einer bestimmten Zeit (Modeausdrucks) kennt, c) wenn man die Eigenart der Literaturgattung in Betracht zieht, der das zu untersuchende Schriftwerk angehört, d) wenn man in diesem Werke selbst Eigenes von Entlehntem ausgesondert hat. — Seit *Theod. v. Sickel* hat man die Methode der Stilvergleichung mit großem Erfolge für die Erforschung der mittelalterlichen Urkunde angewandt und damit die Verwandtschaft einzelner Stücke miteinander (als von gleichem Diktator herrührend) nachzuweisen vermocht. Hiebei ist aber zu beachten, daß die Urkunde mit ihrem verhältnismäßig geringen Wortschatz und starrem Formelwesen ein besonders günstiger Boden für derartige Untersuchungen ist, da sich hier jeder Versuch individueller Färbung der stilistischen Mittel besonders stark abhebt von dem sonstigen sprachlichen Einerlei.

Vermutlich liegen nicht nur den dichterischen Aeußerungen, sondern auch den Prosaschriften jedes einzelnen gewisse r h y t h m i s c h e G e s e t z e zugrunde, die mit seiner ganzen Individualität zusammenhängen. Die Versuche, diesen Zusammenhang wenigstens für dichterische Werke methodisch herzustellen, die vor allem *Edd. Sievers, Rhythmisch-melodische Studien* 1912 ins Leben gerufen hat (vgl. *R. Blümel, Germ.-roman. M.schr.* 4 [1912] 389—410), sind nicht ohne Widerspruch geblieben. Vielleicht wird es aber doch gelingen, den Weg zu finden, der zu halbwegs exakten Ergebnissen führt.

Die Anwendung der stilvergleichenden Methode ist nicht nur für die Quellen des Altertums und Mittelalters von Wichtigkeit, sie hat auch für jene der Neuzeit ihre Bedeutung. Auch hier haben wir mehr anonyme (Akten, Zeitungsartikel) Stücke zur Verfügung als solche, die mit dem Namen des Urhebers bezeichnet sind. Eine folgerichtige Durchführung stilkritischer Untersuchungen würde hier gewiß zu wertvoller Erweiterung unserer Kenntnisse führen. Selbstverständlich wird hier stets die Philologie und Sprachwissen-

schaft vorangehen müssen. Vgl. *Edd. Norden, G. der antiken Kunstprosa* 2 Bde.
1898 ² 1909; *Harry Bresslau. Hdb. der Urkundenlehre* ² 2 (1915) S. 355 ff.
Auf Vergleichung gemeinsamer Merkmale beruht auch die für die Kunstgeschichte so ungemein wichtige Methode von *Giovanni Morelli*, die darauf
ausgeht, die Formeinzelheiten eines Meisters zu untersuchen und zwar gerade an Teilen seiner Darstellung, die dem Künstler weniger wichtig erscheinen
und in denen deshalb seine individuelle Schaffenseigenart stärker zum Ausdruck kommt, als in jenen Teilen, wo die Nachbildung nach dem Modell, die
Wiedergabe eines bestimmten seelischen Ausdrucks, der Einfluß der Mode mehr
zum Ausdruck kommt. In der Darstellung also sogenannter Nebensächlich-
keiten (Ohrläppchen, Fingernägeln, Faltenzügen) enthüllt sich die Eigentümlichkeit des Malers. Vgl. *Hs. Tietze, Die Methode der Kunstg.* 1913 S. 333 ff.
Die Feststellung des Namens allein sagt uns über den Urheber verhältnismäßig noch wenig. Wissen wir von ihm nicht mehr als diesen, oder auch
ihn nicht, so müssen wir aus dem Werke selbst Näheres zu finden suchen.
Man wird den Inhalt also daraufhin prüfen, ob sich der Verfasser durch besondere Kenntnisse auf irgendeinem Gebiet oder durch eine besondere Vorliebe für bestimmte Verhältnisse und Dinge verrät. Die Psychologie der einzelnen Stände, Berufe, gesellschaftlichen Schichten, politischen, nationalen und
religiösen Zugehörigkeiten gibt einem meist den Weg an, in welchem Kreise
man den Verfasser zu suchen hat. Der Geistliche, Lehrer, Soldat, der Aristo-
krat, der Bürger, Bauer, der Großstädter oder Provinziale — jeder spricht
seine Sprache, sieht die Welt mit anderen Augen an. Vor allem muß man
darauf achten, was dem Verfasser auffällt und was ihm als selbstverständlich
erscheint, worin er die Durchschnittskenntnisse seiner Zeit und seiner Standes-
bzw. Berufsmitglieder übersteigt. Abneigungen, Voreingenommenheiten und
Sympathien decken ebenfalls oft die Stellung des Urhebers auf, desgleichen
Redefiguren und termini technici, die auf besondere Berufskenntnisse schließen
lassen. Stets muß auch darauf geachtet werden, was ein Autor n i c h t bemerkt. Gerade das ist oft kennzeichnender als das, was er sagt. Vgl. o. S. 127.
Bisweilen wissen wir von zwei ähnlichen oder sich ergänzenden Werken
zwar den Autor des einen, es handelt sich uns aber das Verhältnis zu dem
zweiten festzustellen. Gleichheit der Ausdrücke, die unwillkürlich bei Behandlung gleicher Gegenstände dem Verfasser in die Feder fließen, andererseits Auslassungen, die sich auf das schon anderweits Besprochene beziehen,
können in Zusammenhang mit anderen Anhaltspunkten auf die richtige Spur
weisen. Vgl. hiezu *Paul Scheffer-Boichorst, Die ältere Annalistik der Pisaner*
in dessen *Ges. Schrr.* 2 = *Histor. Studien* 43 (1905) S. 132. — Wiederholung
von Angaben läßt mitunter auf spätere Kompilation mehrerer Quellen schließen.
Nicht selten versteckt sich der Verfasser aus äußeren oder inneren
Gründen hinter einem falschen „D e c k n a m e n", gibt nur die Anfangsbuchstaben seines Namens (richtig oder falsch) an. Man unterscheidet da anonymes,
pseudonymes, pseudepigraphes Schrifttum, zu dem noch Kryptonyme (Initialen)
hinzukommen. Das alles zusammen fassen die Literaturhistoriker unter dem
Namen „m a s k i e r t e L i t e r a t u r" zusammen, von deren Standpunkt aus
auch die meisten Zusammenstellungen angefertigt worden sind.
Mich. H o l z m a n n n u. Hs. B o h a t t a, Dt. Pseudonymenlexikon 1906 und deren Dt.
Anonymen-Lexikon Bd. 1—4: 1501—1850. Bd. 5: 1851—1908, Bd. 6: Nachtrr. 1501—1910 =

Veröff. der Ges. der Bibliophilen 1902—11. Die wichtigsten ausländischen Sammlungen sind: A. A. Barbier, Dict. des ouvrages anonymes 4 Bde. 1. Spl. ³ Paris 1872—89; G. d'Heylli, Dict. des pseudonyms, Neue Ausg. Paris 1887; Wm. Cushing, Anonyms. A dictionary of revealed autorship 2 Bde. London 1890; Derselbe, Initials and pseudonyms, New York 1885/8; S. Halkett u. I. Laing, A dictionary of the anonymous and pseudonymous literature of Great-Britain 4 Bde. Edinburgh 1882/8; J. J. van Doorninck, Bibliotheek van nederlandsche anonymen en pseudonymen, Utrecht 1875; J. Delecourt, Essai d'un dict. des ouvrages anonymes et pseudonymes publiés en Belgique au 19e siècle = Le belge Bibliophile 18—21 (Brüssel 1866); Hjalmar Pettersen, Anonymer og pseudonymer i norske literatur: 1678—1890, Kristiania 1890; J. Zeitheim, Pseudonimy i kryptonimy pisarzów polskich = Ksiażki dla wszystkich 153 (Warschau 1905). Für das Altertum vgl. A. Boeckh, Enzyklopädie u. Methodologie der phil. Wissenschaften ² hg. v. R. Klussmann 1886. Für das Mittelalter: Alfr. Franklin, Dictionnaire des noms, surnoms et pseudonymes latins de l'hist. littéraire du moyen âge: 1100—1536, Paris 1875.

Hat man den richtigen Namen des Urhebers einer Quelle festgestellt oder kommt in ihr ein Name vor, der uns bedeutungsvoll erscheint, so wird es unsere Aufgabe sein, aus der Literatur oder aus anderen Quellen Kenntnis über die näheren Lebensumstände jener Persönlichkeit zu gewinnen. Diese Aufgabe fällt zum Teil mit jener der **Genealogie** (s. V § 12, S. 132 f.) zusammen, doch reicht sie doch auch über diese hinaus.

Die wichtigsten **personalgeschichtlichen** Hilfsmittel sind folgende:

Allgemeines: G. Wolf, Einf. 421 ff.; E. Heydenreich, Hdb. d. prakt. Genealogie 1, 119 ff. (vgl. Rob. F. Arnold, Allg. Bücherkunde ² 1919 S. 203); Louis G. Michaud, Biographie universelle ancienne et moderne 65 Bde. ² 1843—55; Edd. Marie Oettinger, Bibliographie biographique ¹ Leipzig 1850, ² Paris 1866 als Bibl. biogr. universelle erweitert mit einer Uebersicht über allgemeine biographische Literatur als Anhang; J. Chr. Ferd. Hoefer (auch nach dem Verleger Didot genannt), Nouvelle biographie générale depuis les temps les plus reculés jusqu' à nos jours 46 Bde. Paris 1857—67; E. M. Oettinger, Moniteur des dates 6 Bde.) 1866—68 alphabetisch Suppl. 1 (1873), 2 (1880) mit durchlaufendem Alphabet, 3 (1883) eigenes Alphabet; Lawrence Barnett Philipps, The dictionary of biographical reference, together with a classed index of the biographical literature of England and America ³ 1889; Charles Dezobry u. Jean L. Theod. Bachelet, Dictionnaire général de biographie et d'histoire de mythologie, de geogr. hg. v. Darsy ¹² Paris 1898 Spl. 1902; G. Garollo, Dizionario biografico universale 2 Bde. Mailand 1907; A. de Gubernatis, Dictionnaire internationale des écrivains du jour, Florenz 1888—91.

Gute Uebersicht in Brockhaus' Konversations-Lexikon unter Biographie.

Für das *Altertum:* Prosopographia attica hg. v. Joh. Ernst Kirchner 2 Bde. 1901—3 (wird als PA mit Nummerangabe zitiert). Verzeichnis sämtlicher in attischen Inschriften und in literarischen Quellen vorkommenden Namen samt genauen Nachweisen, Stammbäumen u. der Archontenliste. Zeitliche Grenze bis Augustus. — Paul Poralla, Prosopographie des Lakedämonier bis auf Alexander d. Gr., Diss. Breslau 1913. — Prosopographia imperii Romani saec. I, II, III hg. v. Elimar Klebs, Herm. Dessau u. Paul v. Rohden u. H. Dessau 3 Bde. 1897/8 als PIR zitiert, bringt in alphabetischer Reihenfolge die auf Inschriften, Münzen, Papyrusurkunden u. bei Schriftstellern zwischen 31 v. Chr.—284 vorkommenden Namen aller römischen Senatoren, kaiserlichen Beamten aus dem Ritterstande samt ihren Frauen, Kindern und nächsten Verwandten. Von Griechen nur die römischen Beamten und die mit ihnen in näherer Verbindung stehen. Von fremden Völkern Könige u. Fürsten u. in der Geschichte genannte Persönlichkeiten, Personalien aller Dichter und Schriftsteller. Geordnet nach Geschlechtsnamen, Nichtrömer nach Individualnamen. Ein 4. Bd. soll die „Fasten" bringen, d. h. die chronolog. Verzeichnisse der Konsuln u. eponymen Magistrate; vgl. H. Peter, NJb. f. kl. Alt.G. u. dt. Lit. 1 (1898); Aug. Pauly u. Gg. Wissowa, Realencykl. der klass. Altertumswissenschaft ² 1862—66, ³ 1894 ff.; Vinc. De-Vit begann nach der Neuherausgabe von Forcellini mit einem Totius Latinitatis Onomasticon (AO.); Bd. 7 von Egidio Forcellini, Totius latinitis lexicon 1859—87, die Indices für das CIR; vgl. Wm. Smith, Dictionary of greek and roman biography 3 Bde. London 1873.

Ein Verzeichnis der römischen Praefecti praetorio von Maecenas bis Constantin in Bd. 10 der Oeuvres complètes de Bartolomeo Borghesi, Paris 1897.

Für die *nachdiokletianische Zeit:* Joh. Kasp. Orelli, Onomasticon Tullianum = Cicero opera 6—8 (1836/8); Thesaurus linguae latinae; vgl. Felice Ramorino, De onomastico latino elaborando in Atti del Congresso internaz. di scienze storiche 1903 Bd. 2 (1905) 141 ff.

Für das *Mittelalter:* Wm. Smith and Hry. Wace, A Dictionary of christian biography, literature, sects and doctrines 4 Bde. 1877/87; Hry. Wace and Wm. Piercy, A Dictionary of christian biography and literature to the and of the sixth century, London 1911 (nach dem Verleger Murrays D. of Christian Biography genannt); Ulysse Chevalier, Répertoire des sources hist. du moyen âge, Bio.-bibliographie m. Suppl. 1877—88 (alphabetisch angeordnet). — Heranzuziehen sind ferner die Indices der verschiedenen Urkundenbücher, MG·Bände usw. Für die Feststellung von Daten über Bischöfe: B. P. Gams, Series episcoporum ecclesiae cathol., Regensbg. 1873, Nachtr. 1886 enthält die Bischofsreihen nach Kirchenprovinzen geordnet; für die Zeit von 1198—1600 benützt man jetzt Konr. Eubel, Hierarchia catholica medii aevi (Päpste, Kardinäle, Bischöfe) 3 Bde. 1898 —1910, ²1 (1913). Bischofs- bzw. Aebteverzeichnisse enthalten: Stef. Alex. Würdtwein, Diocesis Moguntina 4 Bde. Mannheim 1769—1790; derselbe, Monasticon Palatinum, Ebda. 1793/6; ein modernes Nachschlagewerk ist Firm. Lindner, Monasticon metropolis Salzburgensis antiquae 1908 Splt. 1913; Dordsworth u. Dugdale, Monasticon Anglicanum, London 1655/73, ²1682; Monasticon: an account of all the abbeys, priories. collegiate in Scotland von Gordon = Eccl. chronicles for Scotland 3 (Glasgow 1868); Gallia christiana von Dion. Sammarthanus 16 Bde. Paris 1716—1874, ²1 hg. v. J. H. Albanès 1895/9, ²2 hg. v. Ul. Chevalier 1899; Ursm. Berlière, Monasticon belge 1: Namur u. Hennegau (Maresdsous 1890/7); Fed. Savio, Gli antichi vescovi d'Italia —1300 Turin 1898. — Für die neuere Zeit ziehe man die Diözesanschematismen heran. Sonst vgl. man auch die Nekrologien und Verbrüderungsbücher (vgl. IX § 19). Ferner die Regestenwerke. Vgl. o. S. 239.

Für die *Neuzeit:* Adolf Frh. v. Schlichtegroll, Nekrolog. in diesem Jahr [zuerst 1790] verstorbener Personen 1791—1793 von da an (bis 1854) nur deutsche Persönlichkeiten berücksichtigend; F. K. G. Hirsching, Historisch literar. Hdbuch des 18. Jhts. 17 Bde. 1794—1815; Die Zeitgenossen, Suppl. zu Brockhaus Konversationslex. 18 Bde. 3 Reihen zu je 6 Bde. 1816—41; Männer der Zeit, 1860/2: Biographien von 1858 noch lebenden Persönlichkeiten; Gv. Vapereau, Dictionnaire universal des contemporains ⁶1893—95 m. Suppl.; Arnault, Biographie des contemporains 20 Bde., Paris 1820—25; Wer ist's? Unsere Zeitgenossen 1905 ff. (nachgeahmt dem englischen Who's who, London 1849, dem dann folgten: Men of America. A biographical Dictionary hg. von John W. Leonard. New York 1908: Who's who in America hg. v. J. W. Leonard, Chicago 1899/1900 ff.; Canadian Who's who. Ottawa 1910 ff.; Qui êtes-vous? Paris 1908; Chiè? hg. v. Guido Biagi, Rom 1908: The catholic Who's who hg. von Sir F. C. Burnand. London 1909: Wie is dat? Biografische naamlist, Amsterdam 1902 ff.).

Für *Deutschland:* am ausführlichsten die Zusammenstellg. bei Rob. F. Arnold, A. Bkde. ² 210 ff. von demselben in den Dt. G.-Bll. 14 (1913) S. 130—145. Das führende von Ranke angeregte, von der Münchener Histor. Kommission hg. Werk die Allgemeine Deutsche Biographie 56 Bde. 1875—1912. Die ersten 45 Bde. (— 1900) ein durchlaufendes Alphabet mit einigen Nachzüglern an späterer Stelle Bd. 46—55, ein zweites Alphabet mit Nachträgen; Bd. 56: Generalregister; seit 1897 Biographisches Jb. u. Dt. Nekrolog. hg. von Ant. Bettelheim mit Biographien u. Totenlisten der im Berichtsjahr verstorbenen Deutschen; Franz Brümmer, Lexikon dt. Dichter u. Prosaisten —18. Jht. 1884 (Reclam); derselbe, Lexikon der deutschen Dichter und Prosaisten des 19. Jhts. ⁶1913 8 Bde. (Reclam); Gg. Christof Hamberger, Das gelehrte Teutschland oder Lexikon der jetztlebenden teutschen Schriftsteller, Nördlingen 1771, 1767 —70, meist nach Joh. Gg. Meusel, der die 3. A. bearbeitet 1776 ff. benannt, ⁵Lemgo 1796—1834; Joh. Gg. Meusel, Lexikon der vom J. 1750—1800 verstorbenen teutschen Schriftsteller 15 Bde. 1812—16; Christian Gottl. Jöcher, Allg. Gelehrten-Lexikon 4 Bde., Leipzig 1750/1 fortges. von Joh. Christof Adelung 2 Bde. ebda 1784/7 bis J reichend; neu hg. v. H. W. Rotermund, Bremen 1810—22 6 Bde., der 7. Bd. von O. Günther, Leipzig 1897; Jos. Kürschner, Allgemeiner dt. Literaturkalender 1879 ff. alljährlich erscheinend, zusammen mit Hch. Keiter, Kathol. Literatur-Kalender 1901 ff und Wer ist's? auch für den Nachweis wissenschaftlicher Literatur wichtig, wenn man den Verfasser einer Schrift kennt, aber nicht deren Titel. Badische Biographien hg. v. Friedr. v. Weech 5 Bde. 1875—1906 betrifft nur seit 1806 in Baden wirkende oder verstorbene Persönlichkeiten: Edd. Sitzmann, Dictionnaire de biographie des hommes célèbres de l'Alsace 1, 1909 2. 1910; Konst. v. Wurzbach, Biographisches Lexikon des Kaisertums Oesterreich 1856—91 60 Bde. betr. Persönlichkeiten die von 1750—1850 in Oesterreich (damaligen Umfangs Ungarn, Lombardei, Venedig usw. inbegriffen!) gewirkt haben. Zahlreiche Nachträge. Heranzuziehen sind ferner Nachrufe in Zeitungen und Zeitschriften, ferner Behördenverzeichnisse, Dissertationen.

Für *England:* Austin Allibone. A critical dictionary of English literature and British and American authors, London 1859—71 3 Bde. 2 Splt. 1891; Leslie Stephen S. Lee Dictionary of national biography 63 Bde., London 1885—1900, 3 Bde. 1. Suppl. 1903, 2. Suppl. 3 Bde. 1912, 1 Bd.: Index 1903, Errata 1904; Re-issue Bd. 1—22 Suppl. 1—3,

1908—12 (wichtig für die Identifizierung der Namen, da der einzelne Engländer diese bisweilen wechselt); R. F. S h a r p, A dictionary of english authors biographical and bibliographical: 1400—Ggw., [2] London 1904.

     Für *Frankreich:* Ldw. L a l a n n e, Dictionnaire historique de la France, Paris 1872:
L a   F r a n c e   l i t t é r a i r e   1752 ff.

     Für *Italien:* Aug. F a b r o n i, Vitae Italorum doctrina excellentium qui saeculis 17
et 18 floruerunt, Pisa u. Lucca 1778 ff.; E. de T i p a l d o, Biografia degli Italiani illustri
nelle scienze, lettere ed arti del sec. 18 e de contemporanei 10 Bde., Venedig 1834—45:
Ces. C a n t ù, Italiani illustri 8 Bde., Mailand 1873/4: (S o r g a t o), Biografia universale
italiana 77 Bde., Venedig 1822—51; Leone C a r p i, Il risorgimento; biografie storicho-
politiche d'illustri Italiani contemporanei 4 Bde. Mailand 1884/8. T. R o v i t o, Dizionario
bio-bibliografico dei letterati e giornalisti italiani contemporanei, Neapel 1907—1908.

     Für die *Niederlande und Belgien:* A. J. v a n   d e r   A a, Biographisch woordenboek
der Nederlanden, Haarlem 1852—79. 12 Bde.; Biographisch Woordenboek der noord- en
zuidnederlandsche letterkunde door F. van den B r a n d e n, Amsterdam 1890—92; B i o-
g r a p h i e   n a t i o n a l e, Brüssel 1866 ff. 20 Bde.; D o n o, Nos contemporains (belges)
Brüssel 1901. — Für *Skandinavien:* Jens E. K r a f t, Norsk forfatter-lexicon 1814—50
ordnet .. of Chr. L. A. L a n g e, Christiania 1863 ; J. B. H a l v o r s e n, Norsk forfatter-
lexicon 1814—1880, 6 Bde., Christiana 1885—1902; K r a k's, Blaa Bog. Tre tusinde nule-
vende danske mænd og kvinders levnedslob (für noch Lebende), Kopenhagen 1911 ff. Bd.
9 (1918).

     Für *Rußland:* R u s s k i j   S l o v a r   b i o g r a f i č e s k i j. Izdan pod nabljudeniem
A. A. P o l o v c o v a, Petersburg 1896 ff. — Für *Ungarn:* Osk. v. K r ü c k e n - Emm. P a r-
l a g h i, Das geistige Ungarn 2 Bde. 1918.

     Für *Amerika:* vgl. E. C h a n n i n g u. A. B. H a r t, Guide to the study of American
history 1898 S. 86 ff.; J. S p a r k s, The library of American biography 2 Reihen 25 Bde..
Boston 1834—48; N a t i o n a l   C y c l o p a e d i a   o f   A m e r i c a n   b i o g r a p h y 4 Bde..
New York 1892—1906; A p p l e t o n's Cyclopaedia of American biography hg. J. G. W i l s o n
u. J. F i s k e 7 Bde. [2] New York 1900.

§ 5. Feststellung der Echtheit.

     Die erste Vorbedingung für die Verwertung einer Quelle ist es, daß wir
uns vergewissert haben, ob sie das ist, was sie zu sein vorgibt, ob sie also
e c h t ist. Diese an sich erste und wichtigste Frage stellen wir hier aber an
das Ende der kritischen Darstellungen, weil diese nur mit Hilfe der in § 2—4
angeführten methodologischen Grundsätze beantwortet werden kann.

     Es gibt keine Quellenart, die nicht gefälscht werden könnte und die
nicht auch in der T a t   g e f ä l s c h t oder v e r u n e c h t e t worden wäre. Von
Verunechtung spricht man im allgemeinen, wenn zur Fälschung echtes Material verwendet wurde. Der kritische Weg ist ziemlich der gleiche, wenn es
gilt festzustellen, ob eine Quelle falsch oder ob sie etwas anderes ist, als das,
wofür sie die Wissenschaft bisher gehalten hat. In letzterem Falle liegt eben
ein I r r t u m vor.

     Wie kommt man zunächst auf den Verdacht der Fälschung oder des
Irrtums? Indem die Untersuchungen über Entstehungszeit, Entstehungsort
und Urheber zu Widersprüchen führen, die sich mit dem, was die Quelle zu
sein vorgibt, was sie über sich selbst aussagt, oder was die Forschung bisher
über sie ausgesagt hat, unmöglich in Einklang bringen lassen. Natürlich ist
bei solchem ersten Ergebnisse noch keineswegs ein Urteil zu fällen. Erst
umsichtigste Ueberprüfung aller Für und Wider kann halbwegs Sicherheit gewähren.

     Auch hier wird man zunächst die ä u ß e r e n Merkmale zu untersuchen
haben. Wir werden also fragen: Stimmt der verwendete Stoff mit Zeit und
Herstellungsort zusammen? Die chemische Untersuchung von Legierungen,
von Tinte, Papier usw. kann wichtige Aufschlüsse geben, doch muß man bei

dem Raffinement moderner Fälscher damit rechnen, daß sie sich altes Papier und auch alte Tinten zu verschaffen wissen. Oft sind es da äußere Beobachtungen, die auf die Spur leiten. In einem Exemplar der 1516 zu Rom erschienenen Ausgabe der Schrift *De amore divino* von *Johannes Franciscus Picus Mirandola* findet sich auf dem letzten leeren Blatte eine, wie es schien, von *Luther* eigenhändig niedergeschriebene Eintragung vom Gedichte *Ein feste Burg ist unser Gott* mit Veränderungen und Varianten von der gleichen Hand. Für die Entlarvung dieser Fälschung war es wichtig, daß dieses Blatt Wurmlöcher aufweist, die sich auf dieses allein beschränkt haben, was wohl schon dafür spricht, daß dieses Blatt später eingefügt wurde. *Max Herrmann, Ein feste Burg ist unser Gott* 1905 S. 9 f.

Bei schriftlich erhaltenen Quellen kommt der Schriftuntersuchung ein hervorragender Platz zu. Sie hat zu erweisen, ob ein Stück wirklich zu jener Zeit entstanden ist, in der es vorgibt, entstanden zu sein. Dem Verfertiger der angeblich aus dem 9. Jht. stammenden *Grüneberger* Hs. sind a-Formen hineingeraten, die frühestens dem 13. Jht. angehören können. Ueberdies hat er sich hier wie bei der *Königinhofer* Hs. im Gebrauch gewisser Abkürzungen geirrt.

Besonders an gefälschten Urkunden läßt sich die Vorlage nachweisen, die der Fälscher nachgezeichnet hat. An der Unsicherheit der Schriftführung ist oft für den Kenner auf den ersten Blick hin die Nachzeichnung als solche zu ersehen. Freilich kann es sich hier um eine diplomatische Fälschung handeln, die geschichtlich als echt zu bezeichnen ist, wenn nämlich ein Urkundenbesitzer eine an sich echte Urkunde, die ihm verloren gegangen ist, nachher an der Hand anderer aus der gleichen Zeit und Kanzlei stammenden Diplomen, vielleicht mit Zugrundelegung einer Abschrift des Originals, künstlich nachzubilden versuchte.

Oft wird auch die Untersuchung der Sprache Aufschluß zu geben vermögen. In der oben angeführten Lutherfälschung hat sich der Autographenfabrikant durch das Wort „wortleyn" verraten, da Luther als Verkleinerungsform fast ausnahmslos noch „—lin" verwendet. Wie bei der Schrift, so enthüllt auch in der Sprache der Fälscher durch eine gewisse Aufdringlichkeit, mit der er alle Formen anbringt, zuweilen seine Absicht. Das gleiche ist bei der Rechtschreibung der Fall. So hat in der genannten Gedichtfälschung der sehr scharfsinnig arbeitende Fälscher durch die ausnahmslose Verwendung von y statt i, den Verdacht auf sich gezogen. Luther bevorzugte tatsächlich das y, aber er gab den Druckern, die gegen den Gebrauch des y ankämpften, bereits nach und vermied schon *myr, wyr, eyn* zu schreiben. Eine Durchsicht der Briefe und Manuskripte Luthers aus dem Jahre 1526 ergab, daß er damals schon zu i überging und im Jahre 1527, in dem dieses Gedicht entstand, nur mehr *mir, wir, ein* schrieb.

Die inneren Merkmale beziehen sich auf inhaltliche Widersprüche, die im Gegensatze stehen 1. zu der Zeit, aus der die Quelle stammen will, oder 2. zu dem Orte, von dem sie herzurühren vorgibt, oder 3. zu der Person, die ihr Urheber zu sein scheint. Ueberdies ist 4. der Widerspruch mit dem Wesen und der Entwicklungsstufe jener Quellengattung möglich, der die Fälschung angehört. 5. Unvorhergesehene Versehen.

Der Verstoß gegen das Zeitmerkmal (Anachronismus) ist der häufigste

Fehler, den ein Fälscher begeht. Wenn Rudolf IV. von Oesterreich zur Bekräftigung des von ihm gefälschten „Majus" u. a. eine Urkunde Heinrichs IV. vorlegte, die die wörtliche Wiedergabe von Urkunden „Kaiser" Julius Cäsars und Kaiser Neros in sich schloß, die Heinrich IV., wie es darin heißt, aus der lingua paganorum ins Lateinische habe übersetzen lassen, so liegt schon in diesen Angaben ein schlüssiger Beweis dafür vor, daß diese Urkunden nie bestanden haben können. — Oft bietet uns der Anachronismus eine Handhabe, die Zeit, da die Fälschung hergestellt wurde, in Erfahrung zu bringen. Dies ist namentlich bei Urkunden der Fall, wo der Fälscher die Verfassungs- oder Rechtsverhältnisse, die seiner eigenen Zeit entsprechen, in eine längst vergangene Vergangenheit zurückverlegt, um damit Ansprüche, die er geltend macht, rechtlich zu begründen. In einer Urkunde für den späteren Kanzler Ks. Siegismunds, Kaspar Schlick, vom 16. Juli 1422 wird von der Mutter Schlicks gesagt, sie sei eine Tochter des Grafen Roland von Collalto und der Vater der ‚edle und namhafte' Heinrich Schlick gewesen, der aus ritterlichem Geschlechte gewesen sei. Aus den Egerer Stadtbüchern — Schlick stammte aus Eger — geht aber hervor, daß Heinrich Schlick ein gewöhnlicher Bürger war. *Max Dvořák* MJÖG. 22 (1901) 54 f. Meist ergeben sich alle übrigen Widersprüche schon aus einem einzigen dieser Verstöße. Die Feststellung dieser Fehler, die fast jeder Fälscher nach der einen oder anderen Richtung begeht, lassen sich nur durch den Vergleich mit anderen Quellen bewerkstelligen. Wie dies gemacht werden kann, zeigt z. B. *Hch. v. Sybel*, HZ. 13 (1865) 164—178, wo er an der Hand von *A. v. Arneth, Maria Theresia u. Maria Antoinette. Ihr Briefwechsel während der Jahre 1770—1780* (1860) nachweist, daß die *Correspondance inédite de Marie-Antoinette*, hg. v. *Paul Vogt d'Hunolstein* Paris 1864 und *Louis XVI., Maria Antoinette et Marie Élisabeth*, hg. v. *F. Feuillet de Conches* 6 Bde. Paris 1864—73 Fälschungen seien, die vermutlich mit Benützung der Memoiren der *Campan* angefertigt worden sind.

Hat man diese äußeren und inneren Widersprüche aufgedeckt, so sind damit meist nur die Verdachtsgründe gegen die Echtheit einer Quelle gegeben. Zum vollständigen Nachweis der Fälschung gehört noch, daß man 1. die Geschichte dieser gefälschten Quelle selbst verfolgt, 2. die Persönlichkeit ihres Urhebers klarstellt und 3. den Zweck der Fälschung bloßlegt.

Meist gibt schon die G e s c h i c h t e d e s S t a n d o r t e s und e r s t e n E r s c h e i n e n s der Fälschung wichtige Anhaltspunkte. Hat z. B. der Fälscher eine ihm vorliegende echte Quelle durch die Fälschung ersetzen wollen wie etwa Rudolf IV. von Oesterreich das sog. Minus (den Freiheitsbrief Friedrichs I. vom 17. September 1156) durch eine viel weitergehende Fassung (das „Majus"), so hat er natürlich das echte Original beseitigt. Von diesem liegen zwar Abschriften vor, aber nicht die Urschrift. Sehr oft zeigt es sich bei dem Nachforschen nach den früheren Standorten, daß solche Fälschungen plötzlich unter auffälligen Umständen auftauchen und daß damit die Spuren gewiesen werden, die zu dem Fälscher hinführen. Der Bibliothekar am tschechischen Nationalmuseum in Prag, *Wenzel Hanka*, will 1817 auf einem Ausflug nach Königinhof in dem Kirchturm dortselbst jene Handschrift gefunden haben, die darnach als *Königinhofer Hs.* benannt wird. Ohne Zweifel ist *Hanka* selbst der Fälscher. Die Tatsache, daß eine so wichtige Urkunde, wie das Majus, das 1156 entstanden sein·soll, erst 1359 zur Grundlage für

sehr weitgehende, bis dahin unerhörte Ansprüche von dem österreichischen
Herzog dem Kaiser vorgelegt wird. lenkt unseren Verdacht nicht nur auf die
Zeit der Entstehung, sondern auch auf die Person des Fälschers.

Die Persönlichkeit des Fälschers mußte auf jeden Fall möglichst genau umrissen und festgestellt werden. Man wird hiebei zu unterscheiden haben zwischen a) dem geistigen Urheber der Fälschung und
b) dem Verfertiger der Fälschung. Bisweilen werden sie beide in einer
Person zusammenfallen, manchesmal aber auch nicht. So hat sich der
Wormser Bischof *Hildibald* in der Zeit, da er Kanzler war, von dem ton-
angebenden Kanzleibeamten eine Reihe von Fälschungen bzw. Verunechtungen zugunsten des Wormser Bistums verfertigen lassen. *Joh. Lechner,
Die älteren Königsurkunden für das Wormser Bistum u. die Begründung der
bischöflichen Fürstenmacht.* MJOeG. 22 (1901) 361 ff. — Freilich ist die Feststellung der Person des Fälschers, auch wenn die Unechtheit der Quelle außer
Zweifel steht, nicht immer leicht. Vgl. den Streit über das sog. *Stralendorfsche Gutachten* zwischen *Fch. Meinecke, Das Stralendorfsche Gutachten u.
der Jülichsche Erbfolgestreit* SA. aus Märkische Ff. 19 (1880) und *Fel. Stieve*
SB. der bayr. Ak. philos.-philol.-hist. Kl. 1886 S. 445—70.

Die Entlarvung der Fälschungen geht den gleichen Weg wie die Krimi-
nalistik. Und wie diese stets die Erfahrung macht, daß Verbrecher sich auf
eine unvorherzusehende Art vielfach verraten, so trifft dies auch bei
Fälschern von Quellen zu. Der Lilienfelder Zisterzienser *Chrysostomus Hanthaler* hatte sich in seinen *Fasti Compililienses,* deren 1. Band 1747 erschien,
auf die tagebuchartig abgefaßten Annalen eines angeblichen Lilienfelder Mönches
Ortilo berufen, die bis 1230 reichen. Dieser *Ortilo* spricht von einem „Ulricus
praeceptor ducis Liupoldi". Im Urtext der Melker Annalen heißt es dagegen:
„Ulricus s c r i p t o r ducis L." Wer von beiden hat recht, *Ortilo* oder der
Melker Annalist? Der Widerspruch löst sich, wenn man erfährt, daß bei
H. Pez, Scriptores rerum Austriacarum veteres et genuini 1 (Regensburg 1745)
S. 237 ein Druck- oder Lesefehler vorliegt und dort wirklich praeceptor statt
des richtigen scriptor steht. *Mich. Tangl, Die Fälschungen des Zisterziensers
Chrysostomus Hanthaler* MJÖG. 19 (1891) S. 45 f. Derlei unfreiwillige Selbst-
enthüllungen kommen auch dem geriebensten Fälscher in die Quere. So
unterläuft es dem Verfertiger der in der Kanzlei selbst fabrizierten falschen
Diplome für Kaspar Schlick, daß er ihn erst *cancellarius* nennt, sich dann
erst besinnt, daß 1422, aus welchem Jahre diese Urkunde stammen will,
Schlick nur *secretarius* gewesen ist und nun *cancellario* tilgt. Auf Rasur
steht jetzt *secretario. Max Dvorák* a. a. O. S. 62.

Hat man aber Stellung und nähere Lebensumstände des Fälschers festgestellt, dann löst sich meist die wichtige Frage über den Z w e c k der Fälschung von selbst. Der Zweck kann sehr verschiedener Natur sein : Eigennutz, Gewinnsucht, persönliche oder nationale Eitelkeit, krankhafter Heimats-
oder Familienstolz, aber auch politische Beweggründe im weitesten Sinne des
Wortes. Die Frage des Zweckes wird da besonders von Wichtigkeit sein,
wo Zweifel über die Tatsache der Fälschung selbst bestehen. Kann nicht
von bloßer Spielerei die Rede sein, so muß entschieden werden, ob es sich
in dem Fälscherwerke nicht um ein Mittel handelt, irgendwelche Vorteile
zu erreichen und seien sie auch nur die Befriedigung der Eigenliebe oder

Eitelkeit. Bei *Hildibald* von Worms (s. o.), der durch seine Urkunden sich in planmäßiger Weise für sein Bistum die weltliche Regierungsgewalt errungen hat, liegt die Absicht auf der Hand. Das gleiche ist bei dem Emporkömmling *Kaspar Schlick* (s. o.) der Fall. Gelehrteneitelkeit, Heimatstolz und Freude an genealogischer Spielerei waren für *Chrysostomus Hanthaler* die Beweggründe, Annalen zu fabrizieren, die im 13. Jht. angeblich in dem Kloster Lilienfeld, dem auch er angehörte, von jenem Mönche *Ortilo* angefertigt worden sind. *Mich. Tangl* a. a. O. S. 1 ff. Politische Absichten leiteten den ehemaligen Sekretär *Chévremont* zugunsten Frankreichs ein politisches Testament herzustellen, das der bekannte Feldherr Karl V. von Lothringen 1687 verfaßt haben soll und das die politischen Pläne Oesterreichs aufdecken sollte. *Reinh. Koser*, HZ. 48 (1882) 45—94. Aehnliches verfolgte ein polnischer Emigrant, vermutlich ein gewisser *Sokolnicki*, der das angebliche *Testament Peters des Großen* herstellte. *Harry Bresslau*, HZ. 41 (1879) 385—409. — Auch publizistisch-polemische Tendenzen können den Fälscher leiten. So erschienen 1864 *Denkwürdigkeiten des Domherrn Grafen von W.*, die offenkundig den Zweck verfolgten, gewisse Zustände der 60er Jahre zu ironisieren. — Besonders bei Urkunden bestimmte bisweilen der praktische Gesichtspunkt, verloren gegangene echte Stücke zu ersetzen oder wirklich innegehabte Rechte zu bekräftigen, den Zweck der Fälschung.

V e r u n e c h t u n g d. h. Benutzung echter Quellen zum Zwecke der Fälschung kommt so häufig vor wie Fälschung selbst. Echte Münzen, Siegel, Bilder, Pläne, Urkunden, Geschichtsdarstellungen und Memoiren haben es sich gefallen lassen müssen, verfälscht zu werden. *Trithemius* hat Verse, die er seinem angeblichen Gewährsmann *Meginfried* zuschreibt, einer Hs. aus dem Kloster St. Riquier entlehnt. *Ldw. Traube, Abhdlgen. bayer. Ak. phil.-philos. Kl.* 19 (1893) 313 ff. Das Mittel zu solcher Verunechtung bei schriftlichen Quellen ist sehr oft der nachträgliche Einschub, die sog. I n t e r p o l a t i o n. Sie findet sich in den Schriften des Alten und Neuen Testamentes nicht selten und sie war im Mittelalter ein beliebter Kunstgriff der Urkundenfälscher. Liegt das Original vor, so läßt sich sehr oft die eingeschobene Stelle unschwer erkennen. Diese steht meist auf Rasur, die Schrift in zeitgerechter Nachahmung der übrigen Schrift sucht sich ihrer Umgebung anzupassen. Ist der Einschub umfangreicher als die getilgte Stelle, so drängen sich die Schriftzüge und Zeilen notgedrungen enger zusammen.

Die Interpolation ist am sichersten nachzuweisen, wenn von dem noch nicht verunechteten Original in seiner ursprünglichen Form eine Abschrift vorhanden ist. Sonst ist man auf Stilvergleichung und Sachkritik angewiesen. Hiebei ist freilich die allergrößte Vorsicht geboten, da es sich auch um fahrlässige Einschübe handeln kann, die ein Abschreiber unabsichtlich verursacht haben kann, der Rand- oder Interlinearbemerkungen in den Text aufgenommen hat.

§ 6. Feststellung des gegenseitigen Abhängigkeitsverhältnisses der Quellen.

Die Ergebnisse der in § 2, 3 und 4 angeführten Untersuchungen müssen die Grundlage für den Vergleich zweier oder mehrerer Quellen miteinander abgeben. Namentlich die Feststellung der Zeit und des Urhebers bieten oft schon allein die Möglichkeit, die ursprüngliche von der abgeleiteten Quelle zu scheiden. Als Schulbeispiel für das Folgende sei nochmals auf *Paul Scheffer-Boichorst, Die ältere Annalistik der Pisaner* in dessen *Ges. Schrr. 2 = Histor. Studien* 43 (1905) S. 126—153 verwiesen.

Finden wir in mehreren Quellen über ein und dasselbe Ereignis gleichlautende oder in der Form einander sehr nahestehende Berichte, so kann nach den allgemeinen psychologischen Erfahrungen — sofern es sich nicht um formelhafte Wendungen, Mode- oder Schlagworte handelt — der eine Bericht der ursprüngliche sein, ein zweiter den ersten, ein dritter den zweiten usw. benützt haben, oder es können zwei oder mehrere den ersten oder zweiten unabhängig voneinander herangezogen haben. Sie können einzeln oder gruppenweise miteinander zusammenhängen. Es ist aber auch der Fall denkbar, daß sie alle aus einer uns unbekannten Quelle, getrennt voneinander, den Bericht geschöpft haben. Der möglichen Stammbäume gibt es hier also eine Menge.

Hat man sich zunächst vergewissert, daß die Gleichartigkeit nicht auf Formelhaftigkeit oder auf Zufall beruht, so muß 1. die Eigenart der betreffenden Verfasser, 2. die Eigenart der in Betracht kommenden Quellen ins Auge gefaßt werden und müssen 3. die Anschauungen festgestellt werden über geistiges Eigentum, die zur Zeit herrschten, aus der diese Quellen stammen. Je nachdem ein Verfasser von schärferer oder minder scharf ausgeprägter geistiger Art ist, wird auch die Uebernahme fremder Berichte mit selbständiger oder wenig selbständiger Verarbeitung erfolgen. Was nun die Individualität der einzelnen Quellengattungen betrifft, so sind Urkunden, Inschriften, Akten, gewisse amtliche Aufzeichnungen und Kundmachungen zum größeren oder geringeren Teile von formelhaften Teilen durchsetzt. Ebenso können Briefe der verschiedensten Persönlichkeiten durch Benutzung des gleichen Briefstellers oder durch Verwendung derselben konventionellen Wendungen in größerem Ausmaße miteinander übereinstimmen. Zeitungen von sonst verschiedener Parteirichtung und an verschiedenen Orten besitzen bisweilen einen und denselben Berichterstatter oder werden von den gleichen Nachrichtenstellen und Korrespondenzen gespeist. Im übrigen ist man erst seit dem Humanismus, seit dem damals aufkommenden Berufsgelehrtentum und der Erfindung der Buchdruckerkunst zu dem Begriffe geistigen Eigentums vorgedrungen. Im Altertum und Mittelalter bezeichnet man die Herkunft seiner Quellen höchstens, um damit die Glaubwürdigkeit seiner Aufstellungen und Behauptungen zu erhöhen, nicht aber um den geistigen Anteil eines anderen zu wahren. Mit naiver Unbekümmertheit schrieb man wörtlich Nachrichten aus fremden Werken ab und setzte sie mitten hinein in das eigene Werk ohne jede Bezeichnung oder Unterscheidung des Eigenen von Fremdem.

Kommt es nun bei Untersuchung ziemlich gleichlautender Nachrichten in zwei verschiedenen Quellen darauf an festzustellen, welche von beiden Quellen die ursprünglichere ist, so können äußere Gründe allein oft entscheidend für unser Urteil sein. Wenn die *Annales Pisani* und die aus Unteritalien stammenden *Annales Lupi protospatarii* bis zum Jahre 937 in gewissen Nachrichten über Vorgänge in Bari und Capua und Unteritalien überhaupt bisweilen wörtlich übereinstimmen (von 937 an hören diese süditalienischen Berichte in den *Annales Pisani* auf), so wird man von vornherein annehmen dürfen, daß die *Annales Lupi* die ursprünglicheren sind. Hier sprechen die Gründe der **lokalen Herkunft** ein so großes Wort, daß selbst Tatsachen, die sonst für den Vorrang der Pisaner Annalen ins Treffen geführt werden müßten, zu einem anderen Erklärungsversuch zwingen. Bei *Lupus* fehlt zu 936 die Nachricht, daß die Griechen im Februar d. J. Apulien verwüstet haben, während die *Annales Pisani* sie bringen. Sie besitzen also ein Mehr gegenüber *Lupus*. Da wir nicht annehmen können, daß *Lupus* aus den *Annales Pisani* geschöpft hat, so sind wir zur Ueberzeugung gedrängt, die Annalen haben sich zur Vorlage nicht den *Lupus*, wie er uns jetzt vorliegt, sondern entweder eine Quelle gewählt, aus der sie beide die gleichlautenden Nachrichten genommen haben oder der Pisaner Annalist hat eine Fassung des *Lupus* benützt, die noch unvollständig war, und er hat sie aus anderen Quellen ergänzt.

Entscheidend ist natürlich die **Entstehungszeit** für die Erkenntnis der Ursprünglichkeit oder Abhängigkeit im Verhältnisse zweier Quellen zueinander. Wenn es in den Annalen des *Marangone* zu 751 heißt: „Carulo defuncto, Carulus et Pipinus regere ceperunt insimul", zu 917: „Exierunt Saracini de Gareliano", in den *Annales Pisani* aber: 751 „Carolo defuncto, Carolus et Pipinus regnare coeperunt insimul" und 917 „Exierunt Saraceni de Gariliano", so löst sich das Rätsel von selbst, wenn wir erfahren, daß der Annalist vor 1120, Marangone aber erst nach 1180 geschrieben hat.

Der Abschreiber verrät sich nicht selten durch mißverständliche Auslegung dessen, was er in seiner Vorlage fand, durch das Bestreben, seine Vorlage stilistisch umzuarbeiten, wodurch vielfach die Klarheit der ursprünglichen Fassung verloren geht. Bei inhaltlichen Veränderungen, die auf eine tendenziöse Ueberarbeitung abzielen können, übersieht der Bearbeiter zuweilen Einzelheiten in der Quelle, die seinem Standpunkte widersprechen und nimmt sie gedankenlos mit herüber.

Die gleichen Beobachtungen sind anzustellen, wenn es sich darum handelt, das gegenseitige Abhängigkeitsverhältnis zwischen mehr als zwei Quellen klarzulegen. Die Möglichkeiten, die hier bestehen, wurden schon oben angedeutet. Die methodischen Grundsätze müssen sich in entsprechender Weise diesen Aufgaben anpassen. Allgemeine Anweisungen darüber sind von verhältnismäßig geringem Werte.

Die beste Schulung im Gebrauche der kritischen Mittel und Kunstgriffe wird man sich aneignen, wenn man Arbeiten anderer auf diesem Gebiete mit möglichster Heranziehung der gesamten Literatur nacharbeitet, etwa Theod. M o m m s e n, Die Chronik des Cassiodorus Senator in Abhdlgen der sächs. GesWiss. 8 (1860) 547 ff.; Alfr. v. G u t s c h m i d. Kl. Schrr. hg. v. Frz. Rühl 5 Bde. 1889—1894; Wm. v. G i e s e b r e c h t. Annales Altahenses. Eine Quellenschrift des 11. Jhts. 1841 und deren Ausgab ein MG.SS. 520 S. 772—824; Paul S c h e f f e r - B o i c h o r s t = Histor. Studien 8 (1897) 42 (1904), 43 (1905) dann die verschiedentlichen Abhandlungen im Hermes, in der F. z. dt. G., im NA, in der MJOeG. usw. Für die Anschaulichkeit des Gleichlautes verschiedener Quellen pflegt man die betreffenden Teile in Kolumnendruck nebeneinander zu stellen und womöglich auch typographisch das Bedeutungsvolle herauszuheben. Vgl. P. S c h e f f e r - B o i c h o r s t a. a. O. S. 151.

Marangone.	Chronicon breve aliud.	Annales rerum Pisaarum.
1063 Pisani (profecti) fuerunt Panormiam; gratia dei vicerunt illos in die S. Agapiti.	1063 Pisani fuerunt Panormi et fractis catenis portus, gratia dei vicerunt illos et coperunt in die S. Agapiti et ibi sex naves ditissimas ceperunt. Saracenis plurimis interfectis etc.	1063 Iverunt Panuremium et fractis catenis portus civitatem ipsam ceperunt ibique sex naves ditissimas ceperunt. Saracenis plurimis interfectis etc.

§ 7. Die Textvergleichung.

Eine notwendige Vorarbeit für die Verwertung und Herausgabe geschriebener Quellen ist die Herstellung des möglich besten Textes. Zu diesem Zwecke müssen womöglich alle erreichbaren Handschriften, die diese Quelle wiedergeben, herangezogen und miteinander verglichen werden. Voraussetzung hiefür ist a) gründliche paläographische Schulung, b) gründliche Sprachkenntnisse, e) Sachkunde. Erfahrungsgemäß widerfahren bei größeren Werken jedem Schreiber gewisse Irrtümer, sei er der Verfasser selbst oder nur der Abschreiber. Diese Irrtümer können Verschreibungen (Flüchtigkeitsfehler) sein: der Diktierende kann sich versprechen, der Schreiber verhören oder er kann die geschriebene Vorlage schlecht entziffern, Abkürzungen falsch auflösen, Zahlzeichen für Wörter nehmen, erklärende Zusätze (Glossen, Scholien) für Teile des Textes halten, absichtlich den Text verbessern wollen, Zeilen oder Teile davon auslassen usw. Der Paläograph wird . es begreifen, wenn ein Schreiber statt des richtigen terga das falsche cerga, statt tectos testos, statt tam jam, statt exsilit extulit schreibt. Umstellungen wie omnia statt omina sind ebenfalls verständlich. Psychologisch läßt es sich leicht begreifen, wenn einmal si multorum für simul totum sich findet oder quidam et für quid amet, ininditam für inditam. — Oft wirken aber auch andere Umstände mit wie fehlerhaftes Einbinden, so daß die Blätter nicht in der richtigen Reihenfolge gebunden wurden, Fehlen, Zerstörung einzelner Handschriftenteile oder einzelner Blätter usw.

Alle diese Mängel werden aber von den Abschreibern, die vielfach als Berufskopisten mechanisch arbeiteten, von Hs. zu Hs. fortgeschleppt. Diese Fehler bieten nur die Handhabe dazu, die verschiedenen Hss. einer Quelle auf ihre größere oder geringere Richtigkeit und Zuverlässigkeit hin zu prüfen, sie auf Grund charakteristischer gemeinsamer Fehler nach Gruppen zu scheiden. Diese Gruppen nennt man Klassen bzw. Familien und stellt die Verwandtschaft der Familien zueinander und der einzelnen Hss. innerhalb der Familien in Form eines Stammbaumes (Stemma) dar.

Handelt es sich wie bei dem Heidelberger Codex des *Lysias* darum, daß das Inhaltsverzeichnis auf dem ersten Blatte eine Rede anführt, die sich auf einer verlorengegangenen Lage der Hs. befunden haben muß u. zw. zwischen der 25. u. 26. erhaltenen Rede und fehlt diese Rede auch in allen übrigen bis jetzt vorgefundenen *Lysias-Hss.*, so ist es klar, daß der Heidelberger Codex der Stammvater (A r c h e t y p u s) aller anderen Hss. dieser Quelle ist. Die Fälle sind aber nicht immer so einfach und klar. So gibt es von *Ottokars Oesterreichischer Reimchronik* (hg. von *Jos. Seemüller* in *MG. Dt. Chroniken* 5, 1 [1890]) zwar 8 Hss., aber keine einzige gleichzeitige und keine, die den Text des ganzen Werkes enthielte. Um nun die einzelnen Hss. zu unterscheiden, bezeichnet man sie mit Buchstaben oder Zahlen, verlorengegangene mit X oder Y. *Seemüller* z. B. unterscheidet die *Ottokar-Hss.* nach Zahlen 1, 2, .. 8 und die Gruppen nach A und B. Wenn da nun die Hss. 1, 3, 4, 5 (v. 3797) „es pesser“ (1 u. 3) bzw. „es pezzers“ (4 u. 5) statt „daz pezzer“ oder alle vier gleichmäßig (v. 5381) „gotshous“ statt des richtigen „goteshûses“ bringen, so läßt sich daraus schließen, daß sie nicht aus der nicht erhaltenen

Urschrift (X) unmittelbar abstammen, daß ihnen vielmehr schon eine Kopie der Urschrift vorgelegen haben muß, die *Seemüller*, da sie ebenfalls verloren gegangen ist, X1 nennt. Betrachtet man die vier Hss. 1, 3, 4, 5 näher, so zeigt sich, daß sie zwar, wie gesagt, gemeinsame Fehler aufweisen, daß sich aber sonst 1 in der Regel durch richtigere Lesarten von den übrigen drei abhebt. So heißt es in Hs. 1 v. 3851 richtig „der lantliute her", während in 3, 4, 5, „er lantleut ein her" steht. Das kann, zusammengehalten mit vielen anderen ähnlichen Beobachtungen, nur erweisen, daß 1 auf der einen, 3, 4, 5 auf der anderen Seite verschiedenen Familien (A und B) angehören. Aber die Gruppe 3, 4, 5 ist auch nicht gleich geordnet. Gemeinsamkeit der Fehler, Auslassungen und Hinzufügungen kennzeichnen 4 und 5 gegenüber 3 als einander näher verwandt. Die Hs. 3 zeigt in ihren Lesarten Uebereinstimmungen mit 1, die 4 und 5 nicht aufweisen. Z. B. wird in v. 5318 von 1 und 3 richtig „wihen" gebracht, indes in 4 und 5 „weisen" steht, in v. 5350 verwandeln, daß von 1 u. 3 angeführte „bewegen" 4 u. 5 in „wegeben". Offenbar stammen also 4 u. 5 nicht unmittelbar von B ab, sondern von einem Mittelglied, das wir B1 nennen.

Betrachten wir das bisherige Ergebnis, so stellt sich die Stammtafel der Hss. also dar:

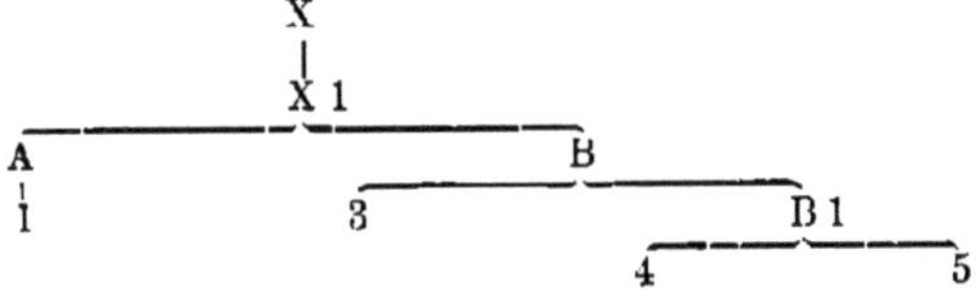

Es kann nicht unsere Aufgabe sein, die Filiation aller acht Hss. hier zu entwickeln. Man lese vielmehr die Ausführungen *Seemüllers* in der Einleitung zur oben genannten Ausgabe selbst aufmerksam durch und schlage jedesmal auch die angezogenen Verse nach. Man wird stets unter dem Strich die verschiedenen Lesarten (Varianten) abgedruckt finden.

Die hier wiedergegebenen Grundsätze gehen auf die Arbeiten der Philologen des 19. Jhts. zurück. Namentlich die Hss.-Genealogie wurde 1840 noch als etwas Neues empfunden. *Immanuel Bekker* (1785—1871) und *Karl Lachmann* (1793—1851) wirkten nach dieser Richtung bahnbrechend.

Die Textvergleichung kann natürlich nur Hand in Hand gehen mit einer kritischen Durcharbeitung des Inhaltes der Quelle und der Prüfung des Verhältnisses dieser Quelle zu anderen ähnlichen Quellen. Die Untersuchung der formalen oder inhaltlichen Abhängigkeit einer Quelle von anderen ihr nahestehender Quellen und die Vergleichung der Hs-Texte ein und derselben Quelle arbeiten vielfach mit gleichen Mitteln. Auch die Form, in der die Ergebnisse zum Ausdruck kommen (Stammbäume), sind die gleichen. Ueber die Technik derartiger Arbeiten wird man sich deshalb ebenfalls am sichersten durch eindringliche Nachprüfung der Quellenarbeiten bewährter Forscher unterrichten. Ein klassisches Beispiel für wissenschaftlich kritisch durchgeführte Textvergleichung bietet Ldw. Traube, Textg. der Regula S. Benedicti in Abhdlgen bayer. Ak. phil.-philos.-hist. Kl. 21 (1898). Lehrreich Jos. Becker, Textg. Luidprands von Cremona = Quellen u. Unters. z. lat. Philol. des Mittelalters 3/2 (1908). — Im übrigen lese man die Einleitungen der Quellenausgaben in den MG. nach und die im vorigen Paragraphen angeführten Zschrr.

Vom philologischen Standpunkt hat' diesen Gegenstand schon Jos. Scaliger. De arte critica diatribe, Leyden 1619 behandelt. In neuerer Zeit Frz. Bücheler, Philologische Kritik 1878. Vgl. Bert. Maurenbrecher, Grundlagen der klass. Philologie = B. Maurenbrecher u. Reinh. Wagner, Grundzüge der klass. Philologie 1 (1908).

§ 8. Die Quellenausgabe (Edition).

Die Ausgabe einer schriftlichen Quelle durch den Druck verfolgt den Zweck, a) den Text in möglicher Reinheit und Vollständigkeit, in der vermutlich vom Verfasser gewollten Form wiederzugeben, b) ihn so übersichtlich, lesbar und verständlich darzustellen, wie das ohne Verletzung des Inhaltes immer nur möglich ist.

a) Um den Text in seiner möglichsten Vollkommenheit wiedergeben zu können, muß das eventuell erhalten gebliebene Autograph, müssen alle aus dem Werdegang der Quelle hervorgegangenen Stadien seiner Entstehung (Konzepte, Reinschrift) oder alle gegebenenfalls vorhandenen Abschriften herangezogen werden. Dies erfordert eine genaue Durchforschung der Bibliotheken, Archive, Museen usw. mittels der in Kap. XII angegebenen Hilfsmittel. Hat man alle erreichbaren Hss. verzeichnet, so gilt es diese selbst zu sichten, zu vergleichen. Zunächst können bisweilen Probekollationen einzelner größerer charakteristischer Stellen auch von anderen (z. B. von Bibliotheksbeamten) als vom Herausgeber selbst, eine kurze Orientierung gewähren über die Verwendbarkeit einzelner Hss. Neuerdings hat die Verwendung der Photographie (Wiedergabe ganzer Hss. oder einzelner Teile) die Vergleichung erleichtert. Vgl. darüber IX § 12, S. 238. Aussendung entsprechender Fragebogen führt für den Anfang auch zum Ziel.

Auf Grund des Hss.-Vergleiches wird namentlich dort, wo das Autograph bzw. Original nicht vorhanden ist, die Textprüfung das Abhängigkeitsverhältnis der verschiedenen Hss. und Hss.-Gruppen voneinander aufzeigen. Die auf diesem Wege gewonnene „beste" Hs. wird dann zur Grundlage des Textabdruckes gemacht, die beim Vergleich der Hss. verzeichneten Textabweichungen (Lesearten, Varianten) werden angemerkt, um vollständig oder in Auswahl ebenfalls veröffentlicht zu werden.

Findet sich das Autograph mit eigenhändigen Korrekturen oder z. B. das Konzept und dessen Reinschrift, so ist es Aufgabe der Edition, die verschiedenen Entwickelungsformen des Textes bis zu seiner endgültigen Fassung, die Arbeitsweise des Autors oder etwa einer Behörde, einer Partei usw. in der Wiedergabe zu veranschaulichen. Oft ist die getilgte, ursprüngliche Fassung für den Historiker wertvoller als die letzte Form, die vielleicht das Ergebnis von Verhandlungen und Kompromissen darstellt. Die Korrekturen leuchten in den Gang solcher Verhandlungen hinein.

b) Als die getreueste Wiedergabe des Textes wäre die auf photographischem Wege gewonnene Abbildung anzusehen. Doch die Faksimile-Ausgabe würde bedeuten, daß der Herausgeber die von ihm auf jeden Fall zu leistende Aufgabe der oft schwierigen Entzifferung einer Hs. auf den Benützer überwälze und damit die Benützung dem Zufall der besseren oder schlechteren Lesekunst des Lesers aussetze. Abgesehen davon fehlt es namentlich bei älteren Hss. an der Gliederung der Texte sowohl innerhalb der einzelnen Sätze wie auch nach Abschnitten, Kapiteln und deren Unterteilungen. Altertümliche Schreibungen hindern ein rasches Verstehen.

Diesen an sich verschiedenartigen Aufgaben zu genügen, ist die sog. Editionstechnik berufen. Sie bedient sich hierzu 1. gewisser konventioneller Zeichen, 2. verschiedener Buchstabenarten, 3. bestimmter Eingriffe in die überlieferte Form der herauszugebenden Vorlage. Natürlich verändert sie sich je nach den Quellen und Quellengattungen, die zu veröffentlichen sind. Sie ist eine andere bei Edition von Inschriften, eine andere bei der antiker Klassiker, bei der mittelalterlicher Urkunden, eine andere bei Ausgabe neuzeitlicher Briefe und Akten. Im allgemeinen bleiben aber da und dort die Grundlagen die gleichen.

1. Die konventionellen Zeichen. Leider ist hier noch keine völlige Einheitlichkeit gewonnen, obwohl sie gerade da am ehesten eingeführt werden könnte. *O Stählin*, S. 414, der vor allem antike Quellen im Auge hat, gibt folgende Zeichen an:

a) Wörter oder einzelne Buchstaben, die der Herausgeber einfügt, während sie handschriftlich nicht überliefert sind, sollen in eineckige (oder spitze) Klammern gesetzt werden ⟨ ⟩.

b) Handschriftlich überlieferte Wörter, die der Herausgeber tilgt, sind in zweieckige Klammern zu setzen [ ].

c) Parenthesen des Autors selbst kommen in runde Klammern ( ).

d) Lücken des Textes sind durch Sternchen zu bezeichnen * *.

e) Verdorbene und noch nicht geheilte Stellen erhalten ein Kreuz †.

Diese Zeichen weichen aber in mehreren Punkten von jenen ab, die in den mittelalterlicher und neuzeitlicher Quellen üblich sind. Vgl. *Grundsätze, welche bei Herausgabe von Aktenstücken zur neueren G. zu befolgen sind*, von *Felix Stieve, in Verbindung mit anderen Fachgenossen* veröff. im *Bericht über die 3. Versammlung dt. Historiker in Frankfurt a. M.* 1895, S. 18—28.

Hiernach werden bei Lücken die gebrochene Linie - - -, bei absichtlichen Auslassungen Punkte . . . . verwendet. Hingegen gebraucht *J. Fraikin, Nonciatures de France* 1 (1906) S. XXVI f. für absichtliche Auslassungen einen langen Strich —, Punkte . . . . für eine Lücke.

2. Verwendungen besonderer Buchstabenarten. Es ist üblich durch Kursivdruck zu kennzeichnen, was außerhalb des Textes Zutat des Herausgebers ist. Petitdruck zeigt an, daß es sich um wörtlich entlehnte Stellen aus anderen Quellen handelt, gesperrter Petitdruck, daß die entlehnte Stelle vom Verfasser verändert worden ist. Durch diese namentlich durch die *MG.* eingeführte Uebung wird z. B. bei einem Annalenwerk für den Benützer auf den ersten Blick sichtbar, welche Stellen dem Verfasser zugehören und welche von anderwärts herübergenommen sind.

Bei neueren Quellen kann es sich darum handeln, chiffrierte Stellen durch den Druck augenfällig zu machen. *Fraikin* a. a. O. bedient sich dazu der Anführungszeichen „ “, von anderen wird Kursivdruck verwendet.

3. Bestimmte Eingriffe in die überlieferte Form des Textes. Diese geschehen vor allem, um den Text übersichtlich zu machen. Man gebraucht hiezu

a) Paragraphenzahlen im Texte, die man durch eckige Klammern kennzeichnet oder an den Rand setzt, wie *Stählin* es rät. Wo es sich um die Wiedergabe des Textes auf Grund einer führenden Hs. handelt, wird man das Ende jeder Seite der Hs. durch senkrechten Strich anzeigen und die Seitenzahl am Rande vermerken. Das kann auch bei Wiedergabe nach einem bisher üblichen Druck geschehen.

b) Man gliedert den Text durch Absätze. Doch ist hier ein Zuviel von gleichem Uebel wie ein Zuwenig.

c) Eine wichtige Frage ist die der Interpunktion. Die Einfügung der Satztrennungszeichen belastet aber auch die Verantwortung des Herausgebers, denn irrtümlich gesetzte Interpunktion kann den Sinn eines Textes in sein Gegenteil verkehren. Bei neueren fremdsprachigen Texten ist es noch unentschieden, ob man die moderne, in jenen Sprachen übliche Interpunktion gebrauche oder die deutsche. Auf jeden Fall wird man aber die bisweilen nach ganz andern Grundsätzen geregelte alte beiseite lassen und eine moderne dafür setzen.

Aenderungen der ursprünglichen in der Hs. sich vorfindenden Schreibweise. Offenkundige Schreib- und Druckfehler in der Vorlage wird der Verfasser stillschweigend verbessern dürfen. Die Anwendung des Rufzeichens in Klammern (!), die früher gebräuchlich war, ist störend. Abkürzungen der Hs. sind aufzulösen, ebenso Chiffren, doch ist es Pflicht des Herausgebers, über alle wichtigeren Eingriffe in den Anmerkungen dem Benützer Rechenschaft zu legen.

Schwieriger ist die Regelung der Orthographie. Auch die *MG.* ändern in den lateinischen Texten u in v und umgekehrt nach dem jetzt üblichen Gebrauch, also ein in der Hs. sich findendes *uir* in *vir*. Ebenso werden Satzanfänge und Eigennamen grundsätzlich mit großen Anfangsbuchstaben begonnen, während andere Wörter, auch wenn sie im Text mit Majuskeln beginnen, klein geschrieben werden. Viel umstrittener ist die Frage der Wiedergabe älterer deutscher Texte. Man kennt die z. T. anarchische Schreibweise, die Wörter mit ſ statt s, mit cz und tz statt z, mit ff und ss beginnen läßt, die im selben Satz *vnnd, unndt, vnndt* schreibt, i, j und y willkürlich vertauscht, Konsonantenhäufungen *(schranckhen)* liebt. Der Versuch, den *Weizsäcker* in den *Dt. Reichstagsakten* 1 (1867) unternommen hat, Regeln für die Vereinfachung dieser ungelenken und unübersichtlichen Rechtschreibung aufzustellen, hat nicht allgemeinen Beifall gefunden und ist namentlich auf den Widerstand der Sprachforscher gestoßen. Immerhin haben aber auch Germanisten für ihre Ausgaben gewisse Aenderungen vorgenommen. Vgl. *Dt. Texte des Mittelalters*, hg. von der preußischen Akademie 1 (1904) S. VI f. und *Jos. Seemüller*, MJÖG. 17 (1896) 602 ff. Die kgl. sächsische Kommission für Geschichte hat denn auch für deutsche Akten nach 1550 festgesetzt, es soll der Vokalismus unverändert bleiben, der Konsonantismus vereinfacht, d. h. die unserer Schreibweise nicht entsprechende Häufung der Konsonanten beseitigt werden. Indessen ist die von unserer Schreibweise abweichende Häufung der Konsonanten dann beizubehalten, wenn sie auf eine Aussprache hinzuweisen scheint, die mit der unsrigen nicht übereinstimmt. Daher wird z. B. für *hafften* nur *haften* gedruckt, weil auch wir das Wort kurz aussprechen, dagegen *vatter* beibehalten, weil der Doppelkonsonant hier auf eine kurze Aussprache des im Neuhochdeutschen lang ausgesprochenen und daher *vater* geschriebenen Wortes hinweist. *Des kursächs. Rates Hans von der Planitz Berichte* ges. v. *E. Wülcker*, bearb. v. *H. Virck* (1899) S. XVII.

Nicht einwandfrei gelöst ist auch die Frage, wie französische Texte früherer Zeit behandelt werden sollen. Soll der moderne Akzent nur dort gesetzt werden, wo es gilt, Mißverständnisse zu vermeiden? Diese Uebung wird in vielen deutschen Ausgaben in dieser Weise gehandhabt, während französische Herausgeber ihn überall anbringen, wo ihn das heutige Französische anbringt. Noch schwieriger ist dies in der späteren Zeit, wo französische Hss. einen anderen (noch schwankenden) Akzentgebrauch pflegen, als es der nun vorgeschriebene ist.

Gebräuchlich sind in neueren Texten bei Titulaturen und stets wiederkehrenden Wendungen **A b k ü r z u n g e n** zu verwenden. E. M^t = Eure Majestät, I. D^t = Ihre Durchlaucht, E. L. = Euer Liebbden, Hrl^t = Herrlichkeit, V^{ra} M^{tas} = Vestra Majestas, M^{te} = Majesté, S^r = Seigneur, V^{ra} M^d = Vuestra Majestad, ill. = illustris, ill^{mus} = illustrissimus. Die *Stierschen* Grundsätze (s. o.) raten auch, vosd., lesd. = vosdit, lesdits zu gebrauchen.

Zu diesen Grundsätzen, die die Textbehandlung betreffen, kommen noch einige Regeln hinzu, die die **G e s a m t e i n r i c h t u n g** der Ausgabe ordnen. Jeder Ausgabe muß eine **E i n l e i t u n g** vorangehen, die über die vorhandenen und für die Ausgabe verwendeten Hss. Aufschluß gibt und das Verhältnis des Hss. zueinander beleuchtet. Auch die editionstechnischen Grundsätze sind dort anzuführen. Unter dem Text steht 1. der textkritische Apparat, der die verschiedenen Lesearten in den einzelnen Hss. anführt, 2. die sachlichen Anmerkungen.

Der textkritische Apparat hat alle wichtigeren Varianten anzugeben und alles, was auf die Textgestaltung bezug nimmt, doch ist auch hier jedes Zuviel von Uebel. Herkömmlicherweise werden diese Varianten mit Buchstaben bezeichnet, während alle Sacherklärungen mit Ziffern die Beziehung zum Text herzustellen haben. Daß man auch da des Guten ein Uebermaß leisten kann, beweist *Aus der Zeit Maria Theresias. Tagebuch des F. Jos. Khevenhüller-Metsch*, hg. v. *Rud. Gf. Khevenhüller-Metsch u. Hanns Schlitter*, 6 Bde. 1907—17.

Handelt es sich um den Abdruck kürzerer Texte wie Urkunden, Akten, Briefe, so ist ihnen eine knappe **I n h a l t s a n g a b e** (Kopfregest) voranzustellen mit dem in unsere Zeitrechnung übertragenen, aufgelösten Datum. Bei längeren Briefen oder Akten, von denen jeder in verschiedene Absätze zerfällt, und wo jeder Absatz einen eigenen Gegenstand behandelt, ist es ratsam, die Nummern der Absätze (sofern man solche anbringt) mit Nummern korrespondieren zu lassen, mit denen man die schlagwortmäßig verfaßten Inhaltsangaben entsprechend bezeichnet. Die im Text vorkommenden Zeitangaben aufzulösen und an den Rand zu setzen, bietet große Vorteile für den Benützer, ebenso die von 5 zu 10, 15 usw. fortschreitende Zeilenzählung am Rande. Manche Ausgaben bringen dort auch aufgelöste klassische oder Bibelzitate, die im Text vorkommen.

Ganz besondere Sorgfalt ist dem **R e g i s t e r** zu widmen. Es ist der wirkliche Schlüssel für eine Quellenausgabe. Wo es sich um eigentlich geschichtliche und nicht um philologische Ausgaben handelt, wird ein **G l o s s a r** nur dort anzubringen sein, wo die sprachlichen Eigentümlichkeiten eine große Rolle spielen und sich auch nur auf sprachliche Besonderheiten beschränken, z. B. in *MG.*, oder in *Die Chroniken der dt. Städte vom 14.—16. Jht.* 1862 ff. — Das **N a m e n r e g i s t e r** wird Eigennamen, die aus der Natur des Textes heraus sich auf jeder Seite fast wiederholen (z. B. *Fulda* in einem Urkundenbuch von Fulda), entweder gar nicht anführen oder nach den verschiedenen Beziehungen,·

in denen er im Texte genannt wird, zu gliedern versuchen. Die Namen sind im Register sowohl in der alten wie in der modernen deutschen Form (sowohl *Antorf* wie *Antwerpen*) zu bringen, doch sind nur zur letzteren die Seitenangaben zu setzen, während bei *Antorf* s. *Antwerpen* auf die moderne Schreibung verwiesen wird..

Als A n h a n g wird bei Ausgabe von Texten, für die es eine weitverbreitete ältere Ausgabe gibt, eine K o n k o r d a n z t a f e l von Vorteil sein, die die Seiten- und Kapitelzählung der verschiedenen Editionen in Beziehung zueinander setzt. Auch ein Verzeichnis von Stücken, die in die Reihe der Texte gehörten, nachweisbar bestanden haben, aber v e r l o r e n gegangen sind, soll nicht fehlen. Unter Umständen kann man diese „Deperdita“ in die Reihe der abgedruckten Texte einstellen.

Dies sind die wichtigsten Ausgaberegeln, die aber keine allzustrenge und knappe Fassung vertragen, da jede Quellenausgabe ihre besondere Aufgabe zu erfüllen hat. Wie schwierig diese Aufgaben oft sein können, beweist z. B. die Weimarer Ausgabe der *Deutschen Bibel* in *D. Martin Luthers Werke. Krit. Gesamtausgabe* Suppl. 1 (1906) S. VII, wo man beabsichtigte, den Text des Druckes in seiner ersten und in seiner letzten Fassung gegenüberstehend mitzuteilen. Man entschloß sich deshalb, die Angaben über Korrekturen in den Text selbst einzufügen, was aber in Wirklichkeit nicht zu einem vollen Erfolg führte.

Die beste zusammenhängende, in erster Linie die Bedürfnisse der Altphilologie berücksichtigende Darstellung der Editionsgrundsätze bietet Otto S t ä h l i n, Editionstechnik: Ratschläge für die Anlage textkritischer Ausgaben, in Neue Jbb. f. das klass. Altertum, G. u. dt. Lit. 23 (1909) S. 393—433. Vgl. ferner den Abschnitt: „Wie soll man Urkunden edieren?“ in F. P h i l i p p i, Einführung in die Urkundenlehre des dt. Mittelalters = Bücherei der Kultur u. G. 3 (1920) 204—220.

Die Editionstechnik ist in ihren Anfängen eng verbunden mit der Geschichte der Philologie. Die Gelehrten Alexandriens im 2. u. 3. Jht. v. Chr., die an den Tausenden von Hss., die sich dort ansammelten, Kritik übten und sich bestrebten, Homer und die Tragiker in ihrer reinsten Form wieder herzustellen, stehen in dieser Hinsicht an der Spitze. Die Herausgabe von Werken fremder Verfasser gedieh in der Antike zu einer kommerziell betriebenen Vollendung, während das Mittelalter sich im allgemeinen begnügte, die mehr oder weniger zufällig vorhandenen alten Autoren abzuschreiben. Mit den ersten Flügelschlägen der Renaissance in Italien erwacht auch wieder das Interesse an den römischen und griechischen Altertümern. Man durchstöbert alle Bibliotheken nach klassischen Hss. und es ist der höchste Ruhm eines Franz P o g g i o (1380—1459), daß er den Ammianus Marcellinus, Celsus. Frontinus, Plinii epistolae, Quintilian u. a. ans Tageslicht befördert hat. In Deutschland dagegen sucht man den nationalen Ueberheblichkeiten der italienischen Humanisten durch Veröffentlichung antiker wie auch von Geschichtsquellen, die nur die eigene, nationale Geschichte betreffen, wirksam zu begegnen. In diesem Bestreben wurden C u s p i n i a n u s (Spießhaymer), Conrad C e l t i s, Konrad P e u t i n g e r von Maximilian I. unterstützt. Und Peutinger half in der Tat 1507 bei der Herausgabe des Ligurinus, gab 1515 das Chronicon Urspergense, Jordanis de rebus Geticis und Pauli Diaconi historia Langobardorum heraus. Wm. P e t i t in Paris besorgte die Ausgabe von Gregor von Tours, Siegebert u. a. Im Reformationszeitalter verwandte man manche mittelalterliche Streitschrift zu publizistischen Zwecken, doch mußte sich die Kampfeslust erst legen und Selbstbesinnung eintreten, ehe man zu weiterer Herausgebertätigkeit schritt. Einen Wendepunkt bedeutet das Unternehmen der A c t a S a n c t o r u m (zitiert als AASS.), von dem 1643 der 1. Bd. erschienen ist. Es haben sich zu dieser nach den Kalendertagen geordneten Ausgabe der Heiligenleben eine Anzahl holländischer Jesuiten Herbert von R o s w e y, Joh. B o l l a n d. Dan P a p e b r o c h u. Gottfr. H e n s c h e n zusammengetan. Diese Ausgabe, die in ihrer Kritik zum Teil übers Ziel schoß, muß noch heute benutzt werden. Die hier veröffentlichten Viten sind bei Potthast angegeben. Auf Aug. P o t t h a s t, Bibl. hist. medii aevi ² 1 (1896) sei für alle folgenden Ausgaben verwiesen soweit sie das Mittelalter betreffen, im übrigen auf Ch. V. L a n g l o i s, Manuel de bibliographie historique ² 2 (Paris 1904). — Die Ueberkritik der Jesuiten namentlich gegenüber den Merowinger Urkunden forderte die Benediktinerkongregation von St. Maur zum Widerspruch heraus.

Jean Mabillon (1632—1707), der auf diese Anregung hin sein Augenmerk der Urkundenkritik zuwandte, wurde dann zum Begründer der modernen Urkundenwissenschaft überhaupt. Die Folgezeit ist gekennzeichnet durch große Quellenausgaben, die meist von einzelnen angefertigt wurden.

In Italien ist es Ferd. Ughelli, Italia sacra 9 Bde. Rom 1644—62, ² umgearb.
v. Nik. Coleti 10 Bde., Venedig 1717—1722 vor allem aber Ldw. Ant. Muratori, Rerum
Italicarum scriptores ab anno aerae christ. 500 ad 1500, 25 bzw. 28 Bde. Mailand 1723—38
bzw. 1751, jetzt in Neubearbeitung unter Leitung von G. Carducci und V. Fiorini
in Città di Castello seit 1900 erscheinend. Muratoris Foliobände der Scriptores, zu denen
noch 6 Bde. Antiquitates Italicae medii aevi ¹ Mailand 1738—42, ² Arezzo 1777—80 in 17 Bden.
hinzukommen, waren die erste große planmäßig angelegte Sammlung und somit das Vorbild für alle folgenden derartigen Unternehmungen.

In Frankreich hat Andreas Duchesne, der schon 1619 zu Paris die Historiae
Normannorum scriptores antiqui, res ab illis per Galliam, Angliam, Apuliam, Capuae
principatum, Siciliam et Orientem gestas explicantes ab a. Chr. 838—1220 herausgab, eine
auf 24 Bde. berechnete Sammlung französischer Geschichtsquellen geplant, von der aber
nur 5 erschienen. Es sind dies die Historiae Francorum scriptores coetanei ab ipsius
gentis origine, Paris 1636—49. Unter den Auspizien Colberts begann mit Hilfe der Mauriner
Martin Bouquet, Rerum Gallicarum et Francicarum scriptores, Recueil des historiens
des Gaules et de la France, Paris 1738 herauszugeben, die bis 1876 dreiundzwanzig
Folianten umfaßte, nach Bouquets Tode 1754 von anderen, zuletzt von de Wailly, Delisle
und Jourdain weitergeführt wurde.

In Deutschland gab namentlich Gottfr. Wm. Leibniz, ein Zeitgenosse
Muratoris, durch seine Scriptores rerum Brunsvicensium, Hannover 3 Bde. 1707—11 Anregung.
Die Melker Mönche Bernhard und Hieronymus Pez gaben den Thesaurus anecdotorum
novissimus, seu Veterum monumentorum, praecipue ecclesiasticorum . . . Augsburg u. Graz
6 Bde. 1721—29 heraus. Wie diese sind auch Joh. Gg. Eccardus, Corpus historicum
medii aevi 2 Bde. ¹ Leipzig 1723, ² Frankfurt 1743, Marquard Freher, Rerum germanicarum
scriptores 3 Bde. ¹ Frankfurt a. M. 1600—11 ² 1624/37 ³ vervollst. von Burkh. Gotthard
Struve Straßburg 1717 und Joh. Burckh. Mencke, Scriptores rerum Germanicarum
3 Bde. Leipzig 1728—30 bereits veraltet.

Immer mehr stellte es sich heraus, daß die Sammlung und Ausgabe der Quellen,
soll sie den stets wachsenden Ansprüchen der Geschichtswissenschaft genügen, nicht Sache
der Einzelarbeit sein kann. Organisation, Arbeitsverteilung und Geldaufbringung erfordert
das Zusammenwirken vieler. Vorbild und Muster für alle neueren Unternehmungen wurden
darum die Monumenta Germaniae historica, die zugleich in der Geschichte der historischen
Kritik Epoche machten.

Die Monumenta Germaniae historica (zitiert als MG) sind aus dem Geiste
der Befreiungskriege entstanden. Am 21. Januar 1819 zu Frankfurt a. M. bildete sich,
einer Anregung des Freiherrn v. Stein folgend, die „Gesellschaft für ältere
deutsche Geschichtskunde", die es sich zur Aufgabe setzte, alle älteren Quellen
zur Geschichte Deutschlands herauszugeben. Der Tatkraft ihres ersten Leiters, Gg. Hch.
Pertz (1795—1876) gelang es, auf ausgedehnten Studienreisen sich einen Ueberblick über
den Umfang des Stoffes zu verschaffen. Im Jahre 1824 wurde der Plan des ganzen Werkes
ausgearbeitet. Man setzte zunächst fest, daß die Sammlung in 5 Abteilungen zerfallen
solle: 1. Schriftsteller (Scriptores), 2. Gesetze (Leges), 3. Kaiserurkunden (Diplomata),
4. Antiquitates (Inschriften, Totenbücher, Traditionsbücher, 5. Briefe (Epistolae). Gleichzeitig mit der Gründung ward 1819 bereits für die Zwecke der Ausgabe eine eigene Zschr.,
das „Archiv der Ges. f. ältere dt. Geschichtskunde" ins Leben gerufen, die
bis 1874 unter diesem Titel weiterläuft und seit 1876 als „Neues Archiv der Ges. usw."
(NA) erscheint. Schon 1826 kam Pertz mit dem 1. Bd. der Scriptores heraus bzw. mit
den ältesten karolingischen Annalen. Unter seiner streng einheitlichen wissenschaftlichen
Führung wurden 20 Bde. Scriptores und 21 Bde. Leges herausgegeben. 1821—1831 standen
die MG unter der Leitung von Stein und Pertz, 1831—1842 bzw. 1863 unter Pertz u.
Joh. Hch. Böhmer, 1863—1873 unter der von Pertz allein. Die Jahre 1873—75 waren
Jahre der Umgestaltung. Seit 1875 untersteht das Unternehmen, gefördert durch Geld-
zuwendungen von seiten des Deutschen Reiches und Oesterreichs, einer Zentraldirektion,
an deren Spitze 1875—86 Gg. Waitz, 1886-88 Wm. Wattenbach, 1888—1902 Ernst Dümmler,
1905—1914 Reinhold Koser und jetzt Paul Kehr wirkten und wirken. — Eine ausführliche
Darstellung des Unternehmens in ihrem Werdegang steht uns jetzt zur Verfügung in
Harry Bresslau, G. der Monumenta Germaniae historica = N. A. 42 (1921).

Die Monumenta Germaniae (MG.) gliedern sich in
1. Scriptores (SS.) und diese wieder in Auctores antiquissimi (AA.).
Scriptores rerum Merovingicarum (SS.M.), Scriptores rerum Longo-
bardicarum et Italicarum (SS. r. Lang.) in die eigentlichen Scriptores rerum
Germanicarum, davon Bd. 1—30 in Folio, Bd. 31, 32 in Quart. Unterabteilungen in

Quart: Deutsche Chroniken, Libelli de lite imperatorum et pontificum saec. XI et XII, Gesta pontificum Romanorum.

2. Leges (LL), ältere Serie in 5 Foliobänden, jüngere in Quart. Diese teilt sich in 5 Sectionen. a) Leges nationum Germanicarum 5 Bde., b) Capitularia regnum Francorum 2 Bde., c) Concilia 2 Bde., d) Constitutiones et acta publica imperatorum et regum, e) Formulae Merovingici et Karolini aevi, zu denen noch f) Fontes juris Germanici antiqui kommen. Eine weitere Sektion: Stadtrechte in Aussicht genommen.

3. Diplomata (DD). Mit Ausnahme des verfehlten, von Karl Pertz hg. Merowingerheftes, das in Folio erschien, durchwegs Quart.: Diplomata Karolinorum, Diplomata Konrad—Otto I, Diplomata Otto II, Otto III, Diplomata Heinrich II, Konrad II.

4. Epistolae (Epp) in Quart.

5. Antiquitates (AA), in Quart, zerfallen in Poetae latini aevi Carolini, Libri confraternitatum S. Galli, Augiensis, Fabariensis. Necrologia Germaniae.

Hiezu kommt die Reihe der Scriptores in usum scholarum (in Oktav). Zunächst nur zum Uebungsgebrauch bestimmt, enthält sie jetzt vielfach die besten Ausgaben einzelner auch schon in der Folioreihe veröffentlichter Quellen.

Eine Anzahl der wichtigsten Quellen wurde unter dem Titel Geschichtsschreiber der dt. Vorzeit 1847 ff., zweite Ausgabe 1884 ff. veröffentlicht. — Ueber den Stand der MG. von 1890 berichten die Indices eorum, quae in Monumentorum Germaniae historicorum tomis huiusque editis continentur (1890), sonst die in jedem Band des NA veröffentlichten Berichte.

Die MG berücksichtigen alle auf die deutsche Geschichte sich beziehenden Quellen für den Zeitraum bis 1500, geben sie entweder im Wortlaut oder fremde (französische, italienische usw.) Geschichtsquellen im Auszug. Ihre, sich immer mehr sich vervollkommnende Editionstechnik wirkte seinerzeit bahnbrechend, einmal durch die Anwendung der sonst nur klassischen Schriftstellern gewidmeten philologischen Kritik, wobei stets nur die beste Handschrift zugrunde gelegt, die anderen erreichbaren Handschriften aber zum Vergleich herangezogen werden, dann aber auch durch die kritische Zergliederung der Texte, durch die Feststellung von deren gegenseitiger Abhängigkeit. Die seit SS IV angewandte Uebung alles Entlehnte durch kleineren Druck auf den ersten Blick hin sichtbar zu machen, bedeutete einen ungeheuren Fortschritt.

Von den MG zum größten Teil bereits überholt sind Joh. Fch. Böhmer, Fontes rerum Germanicarum, Geschichtsquellen Dtlds. 4 Bde. 1843—68, wichtiger als diese ist Phil. Jaffé, Bibliotheca rerum Germanicarum 6 Bde. 1864—73.

Außerdem haben sich die verschiedenen Akademien und wissenschaftlichen Gesellschaften die Ausgabe von Geschichtsquellen zur Aufgabe gemacht. So wurde die Bayerische Akademie der Wissenschaften 1759 als eine vorzugsweise historische gegründet. Erst seit 1827 hat sie sich erweitert. Eine ihrer ersten Aufgaben, die sie herausbrachte, war die Edition der Monumenta Boica, München 1763—1829, deren 27 Bände fast nur Klosterurkunden zum Abdruck bringt. Mit der bayerischen Akademie in Zusammenhang steht auch die auf Anregung Rankes von König Maximilian II. 1858 gegründete Historische Kommission bei der kgl. Akademie der Wissenschaften, die sich vorzüglich der Herausgabe jüngerer Geschichtsquellen und großer Sammelwerke (Allg. Dt. Biographie, G. der Wissenschaften, Jahrbücher der dt. G., Forschungen z. dt. G.) zuwandte. Ihre wichtigsten Ausgaben sind die Chroniken der dt. Städte vom 14. bis ins 16. Jht. begr. von Karl Hegel 1862 ff.; Die Rezesse u. andere Akten der Hansetage von 1256—1430 bearb. v. Karl Koppmann 8 Bde. 1870—1897, von 1431—76 bearb. v. Gosw. v. der Ropp 7 Bde. 1876—92, von 1477—1530 bearb. v. Dietr. Schäfer 8 Bde. (— 1524) 1881—1910; Weistümer ges. v. Jak. Grimm 7 Bde. (vom 4. Bd. an von der Hist. Kommission) 1840/3, 1863—78; Dt. Reichstagsakten begr. v. Jul. Weizsäcker, ältere Reihe 15 Bde. 1867 ff.; jüngere Reihe 4 Bde. 1882 ff.; Briefe u. Akten zur G. des 30j. Krieges in den Zeiten des vorwaltenden Einflusses der Wittelsbacher, bearb. v. Mor. Ritter, Fel. Stieve u. Ant. Chroust 11 Bde. 1870—1908, NF. bearb. v. Walther Goetz 1908 ff.; Die histor. Volkslieder der Dten. vom 16.—19. Jht. ges. v. Roch. v. Liliencron 4 Bde. u. Nachtr. 1865—69.

Die (kgl.) preußische Akademie der Wissenschaften zu Berlin hat die Herausgabe der großen Inschriftenwerke des Corpus inscriptionum Graecarum 1825 ff., und des Corpus inscriptionum Latinarum 1863 veranlaßt; ferner z. T. Corpus scriptorum historiae Byzantinae 49 Bde. 1828—78; Preußische Staatsschriften aus der Regierungszeit König Friedrichs II. 3 Bde., davon 1 u. 2 hg. v. Reinh. Koser, 3 hg. v. O. Krauske 1877—1892; Politische Korrespondenz Friedrichs d. Gr. 35 Bde.: 1740—74 (1879—1912); Acta Borussica, Denkmäler der preuß. Staatsverwaltung im 18 Jht. 1892 ff. A. Die einzelnen Ge-

'biete der Verwaltung. B. Die Behördenorganisation, C. Die allgemeine Staatsverwaltung Preußens im 18 Jht. Vgl. D.-W.⁸ S. 755.

Quellen-Veröffentlichungen der Akademie der Wissenschaften zu Wien: Archiv f. Kunde österr. G.quellen 1848 ff. — seit 16 (1865) Archiv f. österr. G., Reg. über 1—100 und das „Notizenblatt" 9 Bde. (1851—9) ist 1912 erschienen. — Fontes rerum Austriacarum 1855 ff. Abt. 1: Scriptores 8 Bde. 1858 ff., Abt. 2: Diplomataria et acta; Reg. über 1—62 (1901). — Monumenta conciliorum generalium s. 15. Concilium Basiliense. Scriptorum tom 1, 2, 3, pars 1, 2, 3. 1857—94. — Monumenta Habsburgica, Abt. 1: J. Chmel, Aktenstücke u. Briefe z. G. des Hauses Habsburg im Zeitalter Maximilians I. 3 Bde. 1854—8, Abt. 2/1: Karl Lanz, Aktenstücke u. Briefe z. G. Kaiser Karls V. 1513—21 (1853). — Oesterr. Weistümer 1870 ff. (vgl. SBer. Wiener Ak. 160) 1. Salzburgische, 2—5. Tirolische, 6. Steirische u. Kärntnische, 7—9. Nieder-österr. — Corpus scriptorum ecclesiasticorum latinorum 1866 ff. mit doppelter Zählung nach den herausgegebenen Verfassern, deren Bde. wieder eigens gezählt sind, und nach der Folge ihres Erscheinens. Letztere jetzt gebräuchlich. — Vene-tianische Depeschen vom Kaiserhofe (Dispacci di Germania) 3 Bde. bearb. v. Stich u. Gv. Turba bzw. Turba 1889—95. 2. Abt. 1 (1901) bearb. v. Alfr. Francis Pribram. — Nuntiaturberr. aus Dtld. nebst erg. Aktenstücken Abt. 2: 1560—72 (Forts. von den vom Preuß. Inst. in Rom hg. 1. Abt.: 1533—59) Bd. 1: 1560—1 (1897). 2: 1562—3 (1903) beide bearb. v. Sam. Steinherz. — Mitteilungen aus den vatikan. Archiven 2 Bde. 1889, 1894. — Mittelalterliche Bibliotheks-kataloge Oesterreichs 1915 ff.

Hiezu kommt eine ganze Reihe amtlich bestellter „historischer Kommissionen" in den einzelnen deutschen Ländern und Geschichtsvereine, die sich 1852 zu einem „Ge-samtverein der dt. Geschichts- und Altertumsvereine" zusammenschlossen und in dem „Korrespondenzblatt" des Gesamtvereines usw. 1852 ff. ein eigenes besonders die dt. Landesgeschichte berücksichtigendes Organ besitzen. Als wichtigste seien genannt die Historische und antiquarische Gesellschaft zu Basel (gegr. 1836), die Allgemeine geschichts-forschende Gesellschaft der Schweiz zu Bern (1840), der Verein für Geschichte u. Altertum Schlesiens zu Breslau, die Reichs-Limeskommission zu Freiburg i. Br. (1892), die Badische Historische Kommission 1883, die Gesellschaft für Rheinische Geschichtskunde (1881), die (kgl.) sächsische Kommission für Geschichte, das (kgl.) preußische historische Institut zu Rom, das Istituto Austriaco di studi storici daselbst (vgl. S. 214), die Görres-Gesellschaft zu München, die Kommission für neuere Geschichte Oesterreichs. — Ihre Veröffentlichungen sind aufgezählt bei Johs Müller, Die wissenschaftl. Vereine u. Gesellschaften Dtlds. des 19. Jhts. Bibliographie ihrer Veröffentlichungen seit ihrer Begründung bis zur Ggw. 1 (1883/7), 2/1 u. 2/2: —1914 (1917). — Als eine wichtige Quellenedition zur neueren Geschichte seien noch erwähnt die Publikationen aus den kgl. preußischen Staats-archiven 1878 ff., die freilich auch Urkundenbücher (z. B. Hessisches Urkundenbuch. Urkundenbuch des Hochstiftes Halberstadt u. seiner Bischöfe) und eine Reihe älterer Universitätsmatrikeln bringt.

Von französischen Unternehmungen sind hervorzuheben die Veröffentlichungen des Comité des travaux historiques près le Ministère de l'instruction publique. (1833 von Louis Philippe angeregt, 1834 von Guizot ins Leben gerufen und 1837 von ihm reorganisiert.) Sie umfassen

A. Die Collection de documents inédits sur l'histoire de France. Sie zerfällt in 6 Serien: 1. Chroniques, mémoires, journaux, récits et compositions historiques. 2. Cartulaires et recueils de chartes. 3. Correspondances et documents politiques et ad-ministratifs, 4. Documents de la période révolutionnaire, 5. Documents philologiques. littéraires. philosophiques, juridiques etc., 6. Publications archéologiques. Das Haupt-gewicht liegt auf den Veröffentlichungen zur neueren Geschichte, also auf den Abteilungen 2, 3 und 4.

B. Die Dictionnaires topographiques 1861 ff. nach Departements geordnet.

C. Publications diverses.

Ueber den jeweiligen Stand der Arbeiten berichtet das Bulletin du comité histo-rique des monuments écrits de l'histoire de France, Paris 1882 ff.

Die Académie des inscriptions et belles-lettres gibt seit 1841 eine monumentale Sammlung in dem Recueil des historiens des croisades heraus, der sich teilt in historiens occidentaux, historiens orientaux, historiens grecs, documents arméniens, lois.

Académie des sciences morales et politiques veröffentlichte Cata-logue des actes de François Ier 7 Bde. Paris 1887—96; Collection des ordonnances. Règne de François Ier Bd. 1: 1515—16 (1902 ff.).

Die Société de l'histoire de France gibt seit ihrer Gründung 1834 zahl-reiche Bände Darstellungen wie Quellen (Gregor von Tours. Einhard, Richer, Chroniken. Memoiren, Lettres du cardinal Mazarin à la reine 1651—1652 Paris 1836, zumeist aber doch ältere Werke heraus). Collection de textes pour servir à l'étude et à l'ensei-.

gnement de l'h stoire, Paris 1886 ff. Collection de documents inédits sur
l'histoire économique de la révolution française, Lyon 1906 ff.
     Vgl. Rob. de Lasteyric u. Eug. Lefèvre-Pontalis, Bibliographie générale
des travaux hist. et archéol. publiés par le sociétés savantes de la France, Paris 1888 ff.;
Ch. V. Langlois, Manuel de bibliographie historique ²2 (1904), der nicht nur für Frankreich Aufschluß gibt.
     In Belgien gibt die im Rahmen der Académie des sciences et belles-lettres de
Belgique stehende „Commission royale" die Collection de chroniques Belges
inédites, Brüssel 1836 ff. heraus. Die Société d'émulation de Bruges gab den
Recueil de chroniques, chartes et autres documents concernant l'histoire et les
antiquités de la Flandre occidentale 56 Bde. Brügge 1839—64 heraus. Vgl. Hri.
Pirenne. Bibliographie de l'histoire de Belgique², Brüssel 1902.
     In Holland steht in erster Linie die Historisch genootschap zu Utrecht
(gegr. 1845), sie läßt die Werken uitgegeven door het H. ge. te Utrecht 1863 ff., wobei
die mittelalterlichen Quellen unter dem Untertitel Bronnen van de geschiedenis der
Nederlanden in de middeleeuwen erscheinen. Daneben ist noch die K. Oudheid-
kundig genootschap te Amsterdam (gegr. 1858) zu nennen und die Vereeniging
tot uitgaaf der bronnen van het oud-vaderlandsche recht zu Utrecht (gegr. 1879).
Vgl. Louis D. Petit, Repertorium der verhandelingen en bijdragen betreffende de geschiedenis des vaterlands in tijdschriften, en mengelwerken tot op 1900 verschenen, Leiden
1907, 2. Teil: 1901—1910 (1913).
     Die großen englischen Quellenveröffentlichungen zerfallen im allgemeinen in
zwei Reihen, in die vom Staate unterhaltenen und in jene, die den großen historischen
Gesellschaften ihren Ursprung verdanken. Vom Staate bestellt ist 1. Die Record Commission (Archiv-Kommission), die seit 1800 als ständige Einrichtung besteht, aber nach
langer Untätigkeit erst 1852 zu Bedeutung kam, als man alle öffentlichen Archive dem
Master of the rolls unterstellte. Die Veröffentlichungen begannen aber schon 1825, in
welchem Jahre man mit dem Abdruck der Dokumente des State Paper Office anfing, es ist
dies die Reihe der State Papers. Die ersten waren die State Papers during the reign
of Henry VIII, London 1830 ff. Seit 1856 erscheint dann die Reihe der Calendars of
State Papers (Chronologisch und nach sachlichen Gesichtspunkten angeordnete Auszüge
aus Akten, Urkunden, stets in englischer Sprache). Diese Calendars zerfallen a) in die
Domestic- (innere Geschichte, b) Foreign-, c) Colonial-Reihe. Hiezu kommen der Calendar
of State Papers relating to Scotland, der Calendar of State Papers relating to Ireland u. a.
Besonders für die Geschichte des 16. Jhts. (auch Deutschlands!) wichtig, da auch aus-
ländische Archive Wien, Venedig, Simancas u. a. besucht wurden.
     2. Die Rolls' Commission gibt seit 1857 die sog. Rolls Series heraus. Es
ist dies eine Sammlung von Quellen zur Geschichte Englands von der Ankunft der Römer
bis Heinrich VIII. Der Titel dieser im einzelnen oft recht ungleichartigen Sammlung lautet
Rerum Britannicarum medii aevi scriptores or Chronicles and memorials
of Great Britain and Ireland during the middle ages, London 1858 ff. (Inhaltsangaben
bis Bd. 97 [1891] bei Potthast² Bibl. hist. S. CXXVII). S. R. Scargill-Bird,
A guide to the public records 1908.
     Sehr wichtig sind auch die Veröffentlichungen historischer Vereine. Vgl. N. H. Nicolas,
Observations on the state of historical literature an on the society of antiquaries and
other institutions for its advancement in England, London 1830. Für Schottland Charles
Sanford Terry, A catalogue of the publication of Scottish historical and kindres clubs
and societies and of the volumes relative to Scottish history 1780—1908, Glasgow 1909.
Die englische Kirchengeschichte berücksichtigt die Anglia christiana society (gegr. 1846). Sehr wertvoll wirkt die Camden Society (gegr. 1838), die Chroniken, historische Lieder, Rechtsquellen besonders aus dem Mittelalter herausgegeben hat.
Von 1844—54 gab zu London die Caxton Society (gegr. 1843) 16 Bände meist mittelalterlicher englischer Quellen heraus. Mehr den neuzeitlichen Quellen wendet sich Maitland Club, 1828 zu Glasgow gegründet, zu. Zu erwähnen ist ferner die Surtees'
Society, die 1834 zu Durham begründet wurde.
     Vgl. Th. D. Hardy, Descriptive catalogue of materials relating to the history of
Great-Britain and Ireland (— 1327) 4 Bde. London 1862—71; Charles Gross, The sources
and literature of English history (— 1485) London 1906.
     In Italien kommt in Betracht die 1833 zu Turin gegründete Regia deputa-
zione sopra gli studi di storia patria, die die Monumenta historiae
patriae, Turin 1836 ff. herausgab, in der Scriptores und Urkundenbücher veröffentlicht
wurden. Diesem Beispiele folgten Bologna (Regia deputazione per le provincie di
Romagna), Modena (Monumenti di storia patria delle provincie Mo-
denesi. Parma 1861 ff.) und Parma. In Florenz gab eine Privatgesellschaft seit
1842 die wertvolle Ergänzung zu Muratori in Gestalt des Archivio storico Italiano
heraus, das 1864 von der sich dort gründenden Regia deputazione sopra gli studi di storia

patria per le provincie **T o s c a n e** e per l'**U m b r i a** übernommen wurde, die auch die **D o c u m e n t i d i s t o r i a I t a l i a n a**, Florenz 1867 ff. (meist Chroniken) in guten Ausgaben besorgt. Im Jahre 1873 erstand eine Regia deputazione di storia patria de **V e n e t a**, welche die wichtigen **M o n u m e n t i d i s t o r i a V e n e t a** 1876 ff. in 5 Reihen herausgibt. Neben diesen und etlichen provinziellen Geschichtsvereinen (Società **L i g u r e**, società **N a p o l e t a n a**, regia società **R o m a n a** di storia patria, società storica **L o m b a r d a**) wurde 1883 vom Staate das **I s t i t u t o s t o r i c o I t a l i a n o** ins Leben gerufen, von dem die **F o n t i p e r l a s t o r i a d'I t a l i a** 1887 ff. (Chroniken, Tagebücher, Annalen, Briefe u. a.) ediert werden. Im Verhältnis des NA zu den MG steht das **B u l l e t i n o** dell' Istituto 1886 ff. zum Istituto; bringt Vorarbeiten, Berichte usw.

Die Eröffnung des **V a t i k a n i s c h e n A r c h i v s** 1881 hatte die österreichische Regierung zur Gründung des Istituto Austriaco di studî storici (1881), Preußen zu des Preußischen Historischen Instituts (1888) veranlaßt. Die Görresgesellschaft gründete daselbst ein eigenes Institut. Belgien, Ungarn, Amerika folgten nach. Die drei deutschen Institute teilten sich in die Herausgabe der **N u n t i a r b e r i c h t e a u s D t l d.** Das Preußische Institut gab überdies die wertvolle, auch durch ihre Literaturübersicht sehr brauchbare Zeitschrift **Q u e l l e n u. F o r s c h u n g e n a u s i t a l i e n. A r c h i v e n u. B i b l i o t h e k e n**, Rom 1898 ff. heraus. Vgl. Minerva, Jb. d. gelehrten Welt, 1891 ff.

S p a n i e n. Das Werk eines einzelnen (Eugenio de **L l a g u n o A m i r o l a**) ist die Herausgabe der **C o l e c c i ó n** de las crónicas y memorias de los reyes de Castilla, Madrid 1779—1787. — Vom Staat und Hof wurde dagegen die Bearbeitung der **C o l e c c i ó n d e d o c u m e n t o s i n é d i t o s** para la historia de España. Madrid 1842 ff. (Für die Zeit seit dem 16. Jh. wichtig) veranlaßt. Daneben wurde begründet die **N u e v a c o l e c c i ó n d e d o c u m e n t o s i n é d i t o s** para la historia de España y de sus Indias, Madrid 1892 ff. **C o l e c c i ó n d e d o c u m e n t o s i n é d i t o s** relativos al **d e s c u b r i m i e n t o, c o n q u i s t a** y **c o l o n i z a c i ó n** de las posesiones españoles en **A m e r i c a** y en Oceania hg. v. J. F. Pacheco, Fr. de Cárdenas u. L. Torres de Mendoza 42 Bde. Madrid 1864—84. Vgl. Raf. **A l t a m i r a**, La eseñanza de la historia. Madrid 1895.

P o r t u g a l. Die Academia real das sciencias de Lisboa veranlaßte u. a. die **C o l l e c ç ã o d e l i v r o s i n e d i t o s** de historia portugueza 5 Bde. Lissabon 1790—1824. **C o l l e c ç ã o d e o p u s c u l o s r e i m p r e s s o s** relativos á historia das **n a v e g a ç õ e s.** viagens e conquistas dos Portuguezes 3 Bde. Lissabon 1844—58. **P o r t u g a l i a e m o n u m e n t a h i s t o r i c a** a saeculo octavo post Christum usque ad quintum decimum. Den MG nacheifernd, kamen seit 1856 nur wenige Bände heraus. **C o l l e c ç ã o d e m o n u m e n t o s i n e d i t o s** para á historia das conquistas dos Portuguezes em **A f r i c a, A s i a e A m e r i c a**, Lissabon 1858 ff. — Vgl. Innoc. da **S i l v a**, Diccionario bibliographico Portuguez. Lissabon 20 Bde. 1883—1911.

Erwähnt seien außerdem noch einzelne Sammelwerke, so die unter dem Schutze Ludwigs XIV. begonnene **B y z a n t i n a e h i s t o r i a e s c r i p t o r e s** 39 Bde. Paris 1645 —1819, die von Jos. Emler begründeten **F o n t e s r e r u m B o h e m i c a r u m**, Prag 1873 ff., die von der ungarischen Akademie der Wissenschaften zu Budapest herausgegebenen **M o n u m e n t a H u n g a r i a e h i s t o r i c a**, Budapest 1857 ff., ferner **M o n u m e n t a historica S l a v o r u m m e r i d i o n a l i u m** 1863 ff.

Zum Schluß ist noch das wegen seiner Vollständigkeit und Handlichkeit vielbenützte, aber wegen seiner Flüchtigkeiten und Unvollkommenheiten nur mit Vorsicht zu gebrauchende Ausgabewerk zu nennen: J. P. M i g n e, Patrologiae cursus completus sive Bibliotheca universalis ... omnium patrum, doctorum scriptorumque ecclesiasticorum, qui ab aevo apostolico ad usque Innocentii III. tempore floruerunt. Es zerfällt in 2 Serien a) Patrologiae l a t i n a e 121 Bde. Paris 1844—64, die bis zum Jahre 1216 reicht, b) Patrologiae g r a e c a e 165 Bde. Paris 1857—86, die bis 863 reicht.

IX.

Die wichtigsten Geschichtsquellen.

§ 1. Ethnologische Quellen.

Die Geschichtsquellen, die im folgenden besprochen werden, sind vom Standpunkte des praktischen Bedürfnisses der Geschichtswissenschaft ausgewählt. Abgesehen mußte werden von jenen, die S. 54 kurz gekennzeichnet wurden und die man auch als ethnologische Geschichtsquellen bezeichnen könnte und die z. B. für die Erkenntnis der ältesten Wirtschaftsgeschichte eine große Rolle spielen, also Wirtschafts- und Gesellschaftsformen, Kunstfertigkeiten (Techniken), dann aber auch abergläubische und religiöse Vorstellungen usw. Dank den Forschungen von *F. Graebner*, die *W. Koppers* weitergeführt hat, wissen wir, daß sich an alle diese Erscheinungen mutatis mutandis die Grundsätze geschichtlicher Kritik anwenden lassen und angewendet werden müssen wie an andere Geschichtsquellen.

F. G r a e b n e r , Methode der Ethnologie = Kulturg.liche Bibliothek 1/1 (1911); Wm. K o p p e r s , Die ethnologische Wirtschaftsforschung. Eine historisch-kritische Studie, in Anthropos, Intern. Zschr. f. Völker- u. Sprachenkde. 10/11 (1915/6) S. 611—51, 971—1079, auf dessen reiche Literaturangaben verwiesen sei. Vgl. X § 4.

§ 2. Altertümer.

Die auf der Uebersichtstafel 1 (S. 154) angeführten Quellen fallen, sofern sie nicht ethnologischer Natur sind, in das Gebiet der A l t e r t u m s k u n d e . Diese umfaßt herkömmlicherweise die Beschreibung des öffentlichen und Privatlebens der Völker des Altertums und die Ur- bzw. Vorgeschichte der übrigen Völker. So reicht in diesem Sinne das deutsche Altertum von den Zeiten, da deutsches Land zuerst bevölkert wurde bis zur Vollendung der Christianisierung und Romanisierung, d. i. bis ins 8. Jht. n. Chr. Das Hauptgewicht liegt in der Altertumskunde auf der Zustands- und Sachschilderung. Als Quellen dienen ihr einerseits die Sprache, dann aber vor allem die sog. „Altertümer", also Bau- und Kunstwerke, Waffen, Werkzeuge, Geräte, Kleider, Münzen usw., überdies aber auch alle mündlichen und schriftlichen Nachrichten darüber und jene Erscheinungen des Volkslebens (Sitten, Gebräuche, Feste, Kulte), die einen Rückschluß auf die Verhältnisse der Vergangenheit gestatten. Die Behandlung der Kunstaltertümer hat sich in der A r c h ä o l o g i e als einem besonderen Fache davon abgezweigt. Die übrigen nichtkünstlerischen Quellen pflegt man in Staats-, Religions-, (Sakral-) und Privataltertümer einzuteilen. Ihren Ausgangspunkt hat die Altertumskunde von der Philologie aus genommen, indem sie neben der Sprachwissenschaft die notwendige Ergänzung in einer S a c h wissenschaft darstellte. In ihrer Methode ist sie aber eine ganz und gar historische Disziplin. Kein Vertreter der alten Geschichte kann ihrer entbehren und, wie fruchtbringend auch die deutsche Altertumswissenschaft für die Erhellung geschichtlicher Verhältnisse werden kann, hat neuerdings *Alf. Dopsch, Wirtschaftliche und soziale Grundlagen der europ. Kulturentwicklung* 2 Bde. 1918 und 1920 gezeigt. Ihr Charakter ist ein mehr beschreibender (statischer), indes die Geschichte den Ton auf das Werden der Dinge (dynamisch) legt und das einzelne nur innerhalb dieses Werdeganges als das Glied einer größeren Kette von Veränderungen betrachtet.

Die Altertümer gehören in ihrer überwiegenden Mehrzahl den Ueberresten an. „Nicht aus historischen Berichten und schriftlichen Quellen ist die Kunde von dem Leben geschöpft", bemerkt *Sophus Müller* im Vorwort seiner *Nordischen Altertumskde.* 1 (1897), „die sich hier mit wechselndem Inhalt und in vorwärtsschreitender Entwicklung regte, sondern aus anderen ebenso zuverlässigen und stets gleichzeitigen Zeugnissen, den erhaltenen Altertümern aller Art". — Wie bei jeder anderen Quelle ist auch hier Zeit der Entstehung, Ort der Entstehung und ihre Echtheit festzustellen, seltener der Urheber. Bei völkerkundlichen Quellen steht die Frage nach dem Herkunftsorte meist im Vordergrund. Hierbei werden sehr oft die Naturwissenschaften zu Hilfe gerufen werden müssen. Fast noch wichtiger wird die Kenntnis der Technik sein. Gewisse Techniken sind nach unserer Erfahrung räumlich genau zu umschreiben. Zur Untersuchung des Materials, der Art der Verarbeitung tritt die der Form hinzu. Auch die Formen sind als Ausdruck eines bestimmten Stilgefühls an bestimmte örtlich umschriebene Kulturkreise gebunden (Ornamente, Geräteformen). An Fälschungen teils aus Entdeckerehrgeiz, teils aus Händlerhabsucht, fehlt es auch hier nicht. Und auch hier gilt es, zuerst die äußeren Merkmale (Materialuntersuchung), dann die inneren (Stilvergleichung) und schließlich die Art der Ueberlieferung festzustellen. Beispiele von Fälschungen: *Paul Eudel, Die Fälscherkünste* [2] *1909*, *Adolf Furtwängler, Neuere Fälschungen von Antiken 1899.*

Im übrigen ist die Art der Untersuchung und Technik von so viel Sonderkenntnissen abhängig, die nicht in das Gebiet der eigentlichen Geschichtskunde fallen, daß sich die Altertumswissenschaft als ein eigener Zweig aufgetan hat. Das gilt auch im besonderen von der U r g e s c h i c h t e (weniger zutreffend ‚Prähistorie‘ genannt), die sich technisch immer mehr verselbständigt. Der Zusammenhang zwischen ihr und der Geschichte im engeren Sinne des Wortes muß aber trotzdem grundsätzlich gewahrt bleiben. Deshalb legen auch mit Recht neuerdings die Darsteller von Landesgeschichten Wert darauf, den von ihnen behandelten Raum bis in ihre urgeschichtliche Vergangenheit zurückzuverfolgen. So z. B. *Max Vanesa, G. von Nieder- und Oberösterreich* 1 (1905), *Karl Pirchegger, G. der Steiermark* 1 (1920). — Gegenüber *Edd. Meyer, G. des Altertums* [2] 1/2 (1909) bekennt sich *Mor. Hoernes, Gesch. und Urgesch.* Intern. Wochenschr. f. Wiss., Kunst und Technik 4 (1910) 865 ff. zur Ansicht einer selbständigen Stellung der Urgeschichte.

L i t e r a t u r: Für die Altertumskunde der a n t i k e n V ö l k e r: Hdb. der klassischen Altertumsw. hg. v. Iwan M ü l l e r 1885 ff. (1 [2] 1895) G. der Philologie, Hermeneutik u. Kritik, Paläographie, Buchwesen, Inschriftenkunde, Zeitrechnung, Metrologie — 2 [2] (1890) Griech. u. Lat. Sprachwissenschaft — 3. Geogr. u. polit. Geschichte. Davon wie 3/2 W. J u d e i c h, Topographie von Athen [2] 1905; 3/1 Jul. J u n g, Grundr. der Geogr. von Italien u. dem Orbis Romanus 1897; 3/2 Otto R i c h t e r, Topogr. der Stadt Rom; Rob. P ö h l m a n n, Grundr. der griech. G. nebst Quellenkde. [4] 1910; Ben. N i e s e, Grundr. der röm. G. nebst Quellenkde. [4] 1910; 4/1 Die griechischen Staats-, Kriegs- u. Privataltertümer [2] 1892: 1. G. B u s o l t, Die griech. Staats- u. Rechtsaltertümer; 2. J. M ü l l e r, Die griech. Privataltertümer; 3. Ad. B a u e r, Die griech. Kriegsaltertümer; [2] 4/2 Die röm. Staats-, Kriegs- u. Privataltertümer: Hs. S c h i l l e r, Die röm. Staats-, Rechts- u. Kriegsaltertümer 1893; Hugo B l ü m n e r, Die röm. Privataltertümer 1911 — 5/1 Wm. W i n d e l b a n d, G. der alten Philosophie nebst Anhang und G. der Mathematik u. Naturwissenschaft [2] v. S. G ü n t h e r 1894; 5/2 Griech. Mythologie v. Otto G r u p p e 1906; 5/3 Die griech. Kultaltertümer von Paul S t e n g e l [2] 1898; 5/4 G. W i s s o w a, Religion u. Kultur der Römer 1902, Ergbd. 1904; 6. Karl S i t t l, Archäologie der Kunst nebst antike Numismatik 1895/7; 7. Wm. C h r i s t, G. der griech. Literatur [5] 1912; 8. Mart. S c h a n z, G. der röm. Literatur [3] 1909; 9/1 Karl K r u mb a c h e r, G. der byzant. Literatur [2] 1897; 9/2 Max M a n i t i u s, G. der latein. Literatur des Mittelalters 1911. — Als ausgezeichnete E i n f ü h r u n g ist A. G e r c k e u. E. N o r d e n, Einleitung in die Altertumswissenschaft 1910, [2] 1912 zu empfehlen. Beiträge von ersten Fachmännern. — Von Spezialwerken sei erwähnt: C. F. H e r m a n n, Lehrb. der griech. Antiquitäten (1/1—2 Staatsaltertümer von Thumser [6] 1889—92; 2/1 Rechtsaltertümer [2] v. Thalheim 1895; 2/2 Hs. D r o y s e n, Heerwesen u. Kriegsführung 1889; 3/2 A. M ü l l e r, Bühnenaltertümer 1886; 4. Privataltertümer v. H. B l ü m n e r [3] 1882). — Joach. M a r q u a r d t u. Th. M o m m s e n, Hdb. der röm. Altertümer (1—3 Th. M o m m s e n Staatsrecht [3] 1886; 4—6 M a r q u a r d t, Staatsverwaltung 1881, bearb. v. Dessau u. Domaszewski 1884 bzw. v. Wissowa 1885); 7. M a r q u a r d t, Das Privatleben der Römer [2] hg. v. A. Mau 1886).

Lexikalische Werke: Aug. Pauly, Realencykl. der klass. Altertumswissenschaft [3]hg. v. Gg. Wissowa 1894 ff., der 1. Teil bis Ky reichend, parallel beginnt eine 2. Reihe I Hlbbd. (1914) Ra-Ryton 3 Sppl. — Dictionnaire des antiquités grecques et romaines hg. v. Ch. Daremberg u. Edm. Saglio, Paris 1877 ff. A Dictionary of Greek and Roman antiquities hg. v. Wm. Smith, W. Wayte u. G. E. Marindin 2 Bde. [3]London 1890, 1891. — Rob. Forrer, Reallexikon der prähistor., klassischen u. frühchristlichen Altertümer 1908. — Sonst sind für bibliographische Zwecke Emil Hübner, Bibliographie der klassischen Altertumswissenschaft [2]1889 u. fortlaufend Jberr. über die Fortschritte der klass. Altertumsw. hg. v. Kießling u. v. Wilamowitz-Moellendorff, Berlin 1880 ff. — Zeitschriften: Mitteilungen des kais. dt. archäol. Instituts, I. athen. Abt. Athen 1886 ff., II. röm. Abt. Rom 1886 ff.; Jb. des kais. dt. archäol. Inst. hg. v. Conze, Berlin 1886; Archäologisch-epigraphische Mitteil. aus Oesterreich hg. v. Benndorf u. Bormann, Wien 1877 ff.; The classical review, London 1887 ff.; American journal of archaeology, Princeton 1885 ff.; Mélanges d'archéologie et d'histoire, Paris 1880 ff.; Revue archéologique, Paris 1884 ff. u. a. — Ein Verzeichnis der wichtigsten Fundstätten von Denkmälern der Architektur, Plastik und Malerei samt Literaturangaben bei Bert. Maurenbrecher, Grundlagen der klass. Philol. = Grundzüge der klass. Philol. hg. v. B. Maurenbrecher u. Reinhold Wagner 1 (1908) S. 236—266.

Ueber die frühchristlichen Altertümer orientiert die Realencyklopädie der christl. Altertümer hg. v. Frz. X. Kraus 2 Bde. 1882/6; Dictionnaire d'archéologie chrétienne et de liturgie hg. v. F. Cabrol, Paris 1907 ff. Vgl. R. Forrer (s. o.), ferner A Dictionary (s. o.). — Orazio Marucchi, Elemens d'archéologie chrétienne, Paris 1900 ff. Römische Quartalschrift f. christl. Altertumskde. u. Kircheng. hg. v. de Waal, Rom 1887 ff.

Für die prähistorische und mittelalterliche Altertumskunde vgl. Rob. Forrer (s. o.), ferner Jul. Schlemm, Wb. der Vorg. 1908; Zentralbl. f. Anthropologie, Ethnologie u. Urg. hg. v. Buschan, Breslau 1896 ff.; Prähistor. Zschr. hg. v Schuchhardt u. Schumacher, Berlin 1909 ff.; Beitrr. zur Anthropologie u. Urg.. Bayerns 1877 ff.; Westdt. Zschr. 1882 ff.; Mitt. der antiquar. Ges. in Zürich (Pfahlbautenberichte!) 1863 ff.; Aarbøger for nordisk oldkyndighed og historie, Kopenhagen 1866 ff. — Ein ausgezeichnetes Nachschlagewerk für prähistorische u. frühmittelalterliche Altertumskde.: Reallexikon f. german. Altertumskde. hg. v. Johs. Hoops 4 Bde. 1911—19. Berücksichtigt die nordischen Länder eingehend. — Mor. Hoernes, Urg. des Menschen nach dem heutigen Stande der Wissenschaft 1892; Sophus Müller, Nordische Altertumskde. nach Funden u. Denkmälern aus Dänemark u. Schleswig, dt. v. O. L. Jiriczek 1897/8; derselbe, Urgeschichte Europas 1905; Fch. Kaufmann, Dt. Altertumskde. 1 = Hdb. des dt. Unterrichts V/1, 1 (1913). — Für französische Altertümer Dictionnaire archéologique de la Gaule 2 Bde. Paris 1875, 1878; für byzantinische: Gust. Schlumberger, Mélanges d'archéologie byzantine, Paris 1895; für Ungarn: Jos. Hampel, Altertümer des frühen Mittelalters in Ungarn 3 Bde. 1905. — Mor. Hoernes, Urg der bildenden Kunst in Europa [2]1915.

Die Technik der Aufdeckung u. Bewahrung von Altertümern, behandelt kurz das Merkbuch, Altertümer aufzugraben und aufzubewahren. Eine Anleitung bei Aufgrabungen, sowie zum Konservieren vor- und frühgeschichtlicher Altertümer 1888; ausführlicher das Manual de recherches préhistoriques publ. p. la Société préhist. de France, Paris 1906; Fch. Rathgen, Die Konservierung von Altertumsfunden = Hdbb. der kgl. Museen zu Berlin [1]7 (1898), [2]18/1 (1915).

§ 3. Münzen.

Unter Münzen versteht man Metallstücke, die im Auftrage und nach Vorschrift eines Gemeinwesens in einer bestimmten Form gegossen oder geprägt werden, die ein von dem Gemeinwesen gewährleistetes Gewicht und einen bestimmten Feingehalt erhalten und mit einem bestimmten Zeichen versehen werden, damit sie als Geld verwendet werden können, d. h. damit sie bequem den Tauschverkehr an Gütern vermitteln, verhältnismäßig wertbeständig sind und die Anhäufung von Werten leicht ermöglichen.

Die Verwendung von Münzen setzt nicht nur eine ziemlich hohe Stufe der Technik (Metallgewinnung, Metallverarbeitung), eine entwickelte Verkehrswirtschaft, geordnete öffentliche Verhältnisse, sondern auch die Fähigkeit der

Abstraktion voraus. Die gebräuchlichen Tauschgüter waren ursprünglich je nach den wirtschaftlichen Verhältnissen Naturalgüter, Getreide, Vieh, (pecunia, peculium!) aber auch Metalle, so in Italien durchwegs, in Griechenland zumeist Kupfer, aber auch Eisen (Peloponnes) und gelegentlich auch Edelmetalle, die in mehr oder weniger roher Form zugewogen wurden. In dieser Art ging mit Silber, Gold und Elektron (Weißgold) das vorderasiatische Handelsgebiet, besonders Babylonien voran, wo bereits die Edelmetallbarren nach Bruchteilen der Gewichtseinheiten geteilt und für den Verkehr handlich hergerichtet wurden. Die Einheit bildete der Schekel, 60 Schekel waren 1 Mine, 60 Minen ein Talent. Gewicht und Einteilung wurden von andern Völkern anders gestaltet und gerechnet, aber erst in Lydien im 7. Jht. v. Chr. scheint man zur Ausgabe von Gewichtsteilen Edelmetalls (Elektron) in bestimmten Formen unter Aufsicht des Staates gelangt zu sein. Damit war die Münze geschaffen. Im P e r s e r r e i c h hat dann Darius I. die Münzprägung zu einem königlichen Vorrecht (Regal) gemacht, wobei sowohl Gold- wie Silberwährung herrschte. G r i e c h e n l a n d wird durch die vorherrschende Handelsstellung, die Aegina im 7. und 6. Jht. einnimmt, in seinen weitesten Teilen bestimmt, die aeginetische Silberwährung anzunehmen. Daneben herrscht auch der euböische Fuß vor. In A l t r o m ist der Uebergang vom zugewogenen Kupferbarren oder schon geformten Pfund Kupfer zur Münze (As als Einheit) im Jahre 300 v. Chr. bereits vollzogen. Hier scheint auch zum erstenmal die Anbringung einer Wertbezeichnung auf der Münze aufgekommen zu sein. 269 v. Chr. kommt in Rom die Silbermünze auf, denarius, quinarius sestertius (= semis tertius), jeder mit dem Kopf der Roma und den Dioskuren mit den Wertzeichen X, V IIS. Letzteres, in Ausgaben HS gedruckt, bedeutet $2^1/_2$ Semi = As. Sulla, Pompejus prägten kraft feldherrlichen Rechtes Goldmünzen, was Caesar, der den aureus einführt, späterhin als Alleinherrscher ebenfalls tat. Augustus teilt sich als Princeps mit dem Senat in das Recht der Münzherstellung, behält sich die Prägung der Gold- und Silbermünzen vor und überläßt dem Senat, die mit SC (= senatusconsulto) versehenen Bronzemünzen. Für die durch die Verschlechterung des Metalls in der späteren Kaiserzeit hervorgerufene Entwertung des Geldes war die Reform Diokletians, der wieder reines Silber prägte, zwar von Bedeutung, doch erst die Neuordnung der Münzverhältnisse unter Konstantin, der Gold zur Grundlage (an Stelle des aureus tritt jetzt der solidus) des Geldwesens machte, stellte das Gleichgewicht wieder her. Unter Valentinian I. kam die Uebung auf, durch ein eigenes Zeichen den Feingehalt der Münzen (OB = obryziacus bei Gold, PS = pusillatum bei Silber) zu vermerken. Der Drittel-Solidus (triens oder tremissis) war das Vorbild für die M e r o w i n g e r , die ebenfalls die Goldwährung einführten und den Goldsolidus (= Schilling, soldo, sou) zur Grundlage nahmen. Wie unter Konstantin zählte man hier ebenfalls 72 solidi auf ein Pfund. Daneben gab es in der vormerowingischen Zeit eine Silbermünze, siliqua, von der 144 auf ein Silber- und 1728 auf ein Goldpfund gingen. Der Denar war eine halbe Siliqua. Aus wirtschaftlichen und anderen Gründen bildet sich im Frankenreich allmählich im 8. Jht. neben der Gold- auch die Silberwährung aus, bis diese letztere um 755 unter Pippin zur alleinigen Geltung kommt. Karl der Große führt dann, um den Kurs der Silbermünzen gegenüber den noch immer im Umlauf gewesenen Goldstücken zu stützen, ein schwereres Pfund zu 20 Schilling und 240 Denaren (= Pfennigen) ein. Die Pfundrechnung, die sich in England am längsten erhielt, aber auch in Westdeutschland bis ins 11. Jht. vorherrschte, wurde infolge nordgermanischer Einflüsse seit dem 9. Jht. vielfach durch die „Mark‟ abgelöst. In Deutschland steht die Kölnische Mark = 12 Schillinge = 144 Pfennige (aber auch 11¼ Schilling oder 135 Pfennige) im Vordergrund. Nach etlichen Schwankungen setzt sie sich mit dem Gewichte von 233,85 g fest, wird 1559 zur Grundlage des gesamten deutschen Münzsystems und blieb es bis 1857. Von da an tritt das Zollpfund von 500 g an seine Stelle.

Seit den Kreuzzügen und mit der Verschlechterung des Silbergeldes kommen allmählich wieder Goldmünzen auf. Friedrich II. prägt 1231 in Sizilien den Augustalis. 1252 folgt Florenz mit seinem Gulden (florenus), später Venedig, Ungarn, Frankreich, England. Im 14. Jht. kommt er in Böhmen und in den Rheinlanden auf. Die Reichsmünzordnungen von 1524, 1551 und 1559 suchen durch Einführung eines Reichsmünzfußes und einer Reichsgulden-münze einheitliche Verhältnisse zu bringen, ohne freilich hindern zu können, daß Landesherren und Städte nach wie vor das Münzwesen zu ihrem Vor-teil ausnützten. Das geeinte Deutschland bekam 1873 seine Reichs-währung. Oesterreich, das 1867 aus dem deutschen Münzverein ausschied, nahm 1892 die Krone als Einheit an. England bekennt sich seit 1816 zur Goldwährung. In Frankreich wurde das Livre = 20 sols = 240 déniers von der Revolution abgeschafft, 1803 von dem Franken abgelöst, der ungefähr in gleichem Gewicht vom Lateinischen Münzbund (Frankreich, Belgien, Italien, Schweiz und Griechenland), seit 1865 bzw. 1868 übernommen wurde.

Die Behandlung der äußeren Merkmale der Münzen richtet ihre Auf-merksamkeit 1. auf den Stoff, aus dem sie bestehen. Hiezu gehört die Be-stimmung des Feingehaltes, 2. Beschreibung von Gestalt, Größe und Gewicht. Genaue Größenangabe, genaue Gewichtsfeststellung sind un-erläßlich. 3. Beschreibung des „Münzbildes‟, d. i. die Ausstattung, die der Münzherr seiner Münze gibt, womit das halbfertige Metallstück (der „Schrötling‟) erst zur Münze wird. In Betracht kommt Schrift und bildliche Darstellung auf Haupt- und Rückseite und gegebenenfalls auf dem Rande, der entweder Kerbe, Zierraten oder Schriftangaben enthält. Die Aufschrift, „Legende‟, kann Umschrift sein, wenn sie längs des Randes geht, Inschrift, wenn sie die Mitte des Geldes bedeckt oder Randschrift, wenn sie statt der Kerbe läuft. Sie kann erhaben oder vertieft, recht- oder rückläufig sein. In diesem Zusammenhange sind palaeographische Untersuchungen über Alter, territoriale oder nationale Zugehörigkeit der Schrift von Bedeutung.

Um die äußeren Merkmale der Münzen würdigen und beschreiben zu können, gehört die Kenntnis von der Technik ihre Herstellung. Erst dadurch ist man in der Lage, gewisse Eigentümlichkeiten in ihrer äußeren Erscheinung richtig zu deuten. Unterscheidungen, ob durch Hammer, Walze oder durch Presse die Prägung stattfand, kann von Wichtigkeit werden. Für die Er-forschung der Hohlmünzen (Brakteaten) ist die Untersuchung ihrer Her-stellungsweise nicht minder bedeutungsvoll als für die der gegossenen Münzen.

Die Betrachtung der Münzen nach ihren inneren Merkmalen unter-sucht das Münzbild nach seinem symbolischen oder sonstigem Inhalt. Hiebei ist es wichtig festzustellen, ob das Bild als ursprünglich oder ob es als eine

heimische oder fremde Nachbildung anzusehen ist. Die inhaltliche Deutung
der Auf- oder Umschrift, die auf Grund der Vermerke erfolgte Zuweisung
zu einer bestimmten Münzstätte fällt in diesen Aufgabenkreis. Hier muß
auch die Frage gestellt werden, welche Funktion die zu untersuchende Münze
innerhalb des Geldwesens, dem sie angehört, ausgeübt hat. Es muß also die
Münze als G e l d behandelt werden, d. h. sie muß in den ungleich größeren
Begriff als ein besonderer Bestandteil eingegliedert werden. Nur dadurch
gelangt sie aber aus dem engen Rahmen der bisher vorzüglich von Sammlern
betriebenen Numismatik in den weiteren der Wirtschaftsgeschichte. Als Geld
können alle möglichen Gegenstände vom Rind, von dem Stück Leinwand, von
Pelz, Leder, von der Muschel bis herab zum Papier verwendet werden und
sind bei verschiedenen Völkern und zu verschiedenen Zeiten auch verwendet
worden.

Festzustellen ist in diesem Zusammenhange, ob es sich um eine h a r t e
oder K u r a n t m ü n z e handelt, bei der der Marktwert des dazu verwendeten
Metalls von dem vom Münzherrn bestimmten „äußeren" oder „Nennwert"
nicht wesentlich abweicht. H a n d e l s m ü n z e n sind solche, für welche zwar
der Metallwert verbürgt ist, die aber (wie die noch im 19. Jht. in Oesterreich
für den Levantehandel geprägten Maria-Theresiathaler) im eigenen Lande
keinen Zwangskurs besitzen. Bei den K r e d i t m ü n z e n ist der „Nennwert"
gegenüber dem Metallwert ungleich höher. Dies ist z. B. bei der für den
Kleinverkehr bestimmten „S c h e i d e m ü n z e" der Fall, die verhältnismäßig
erst spät aufkam.

Die Münze muß in ihrem Verhältnis zur W ä h r u n g beurteilt werden,
das heißt welcher Wertbetrag durch die Münze staatlich gewährleistet wird
und welcher Wertmesser (Gold, Silber) festgesetzt ist. Sie muß auch einer
gewissen Werteinheit, die zugleich als R e c h n u n g s e i n h e i t den Bedürfnissen
des Geldverkehrs entsprechen. Die Z ä h l w e i s e besagt, wie viele Untereinheiten
die Obereinheit eines Münzsystems umfaßt. In Kleinasien wurde das Elektron-
stater in Sechsteln ausgemünzt, Griechenland näherte sich dem Duodezimal-
system. Erst 269 v. Chr. geht mit Einführung der Silberwährung Rom zum
Quartalsystem über. In der Folge ändern sich die Zählweisen, bis die französische Revolution mit dem Dezimalsystem den Ton angibt. Das gesetzlich
festgesetzte Verhältnis, in dem der Münzberechtigte aus einer Gewichtseinheit
Metall Münzstücke (Währungseinheiten) herstellen läßt, heißt der M ü n z f u ß.
Der Münzfuß ist „leicht" oder „schwer", je nachdem das Verhältnis von
Schrot oder Raubgewicht (das Gewicht der Münze) zum Korn (im Mittelalter
Witte, Brand, Gelöt, albeds genannt), d. i. der Feingehalt höher oder
niedriger ist.

D i e M ü n z e a l s G e s c h i c h t s q u e l l e. In gewissem, übertragenem
Sinne könnte man die Münze als Urkunde bezeichnen und die kritischen
Methoden (vgl. IX § 12) auf sie anwenden, die dort gang und gäbe sind. Im
übrigen spielen hier F ä l s c h u n g e n und V e r u n e c h t u n g e n ebenfalls
eine große Rolle. Nur ist numismatisch der Begriff ‚falsch' und ‚unecht' etwas
anders gefaßt. Unechte oder gefälschte Münzen sind anderer Herkunft als
sie angeben, wollen als Geld dienen, falsche dagegen sind Nachahmungen, die
sich als echte ausgeben, um den Sammler zu täuschen. Vgl. *Jul. Friedländer,
Verzeichnis von griech. falschen Münzen*, 1883.

Die münzwissenschaftliche Bearbeitung, die bisher zum größten Teile die
Arbeitsdomäne der Sammler und Numismatiker war, hat erst in der jüngeren
Zeit mehr und mehr die Beachtung der Historiker gefunden. Nicht nur für
die Geschichte von wirtschaftlichen Verhältnissen und·Beziehungen, auch für
allgemeine Kulturverhältnisse kann uns die Münzkunde Aufschluß geben.
Preis-, aber auch Rechtsverhältnisse lassen sich durch sie erschließen.
Künstlerische und religiöse Vorstellungen offenbaren sich uns im Münzbilde.
Die politische Geschichte kann an ihnen ebensowenig achtlos vorübergehen.

Umgekehrt wird sich der Historiker hüten müssen, die Münze als etwas
zu betrachten, das für sich, das losgelöst vom wirtschaftlichen, rechtlichen,
kulturellen Leben besteht. Er kann all den Fragen der Münz- und Geld-
geschichte nur Herr werden, wenn er sie auf Grund gediegener volkswirt-
schaftlicher, rechts-. verfassungs- und wirtschaftsgeschichtlicher Kenntnisse
mit den Mitteln der Numismatik behandelt. Erst auf diese Weise werden
die Münzen wirklich als Quellen ausgewertet werden können.

Zu den Münzen im eigentlichen Sinne des Wortes kommen die Ge-
schichts-, Denk-, Schau-„Münzen“. Geschichtsmünzen sind solche, die außer
ihrer Eigenschaft als Kurantgeld zu dienen, auch noch jene zu erfüllen haben,
die Erinnerung an ein geschichtliches Ereignis zu verherrlichen. Aus dem Charakter der „Ueberreste“ fallen sie somit in den der „Zeugnisse“, hier bisweilen
in den der Publizistik, vgl. X § 1. Diese schon in der Antike nachweisbare Uebung hielt sich auch im Mittelalter und Neuzeit. Hochzeits- und
Sterbefälle, Krieg und Frieden und Belagerung werden zum Anlaß der
Prägung. Damit findet aber auch schon die Münze den Uebergang zur
Medaille, die zwar in der äußeren Form der Münze gleich, in ihrem
inneren Wesen aber mit ihr nichts gemein hat. Vgl. *Ferd. Friedensburg,
Die Münze in der Kultur*. 1909. Für die Deutung der Um- und Aufschriften
mittelalterlicher Münzen, die sich zum Teil mit folk-lore berührt, mit religiösen Anschauungen, aber auch mit Anspielungen an Literaturerzeugnisse, ist
heranzuziehen vom gleichen Verfasser *Die Symbolik der Mittelaltermünzen* 1: Die
einfachsten Sinnbilder (1913).

Literatur: Für die erste Einführung: Herm. Dannenberg, Grundzüge der
Münzkde. ³ v. F. Friedensburg 1912 (in Webers Illustr. Hdbb. Nr. 131); H. Halke,
Einleitung in das Studium der Numismatik ³ 1905 und dessen Hdwb. der Münzkde.
u. ihrer Hilfswissenschaften 1909; Ernst Alfr. Stückelberg, Der Münzsammler ² 1919;
Arnold Luschin v. Ebengreuth, Grundriß der Münzkde. 1: Die Münze nach Wesen,
Gebrauch u. Bedeutung = Aus Natur u. Geisteswelt 91 (1918), der 2. Bd.: Die Münze in
ihrer g.lichen Entwicklung vom Altertum bis zur Ggw. v. Hch. Buchenau = Ebda. 657
(1920). Dieser 2. Band viel zu zusammengedrängt, um übersichtlich zu sein. Literaturangaben. — Zur Einführung gut geeignet: Jul. Menadier, Die Schausammlung des Münzkabinetts im Kaiser Friedrich-Museum. Eine Münzg. der europ. Staaten = Führer durch
die staatl. Museen zu Berlin ⁶ 1919. — Edd. Martinori, La moneta. Vocabulario, Rom
1915. Vgl. Hdwb. d. Staatsw. ³ 6 (1910) 816 – 853.
    Für das Altertum: Joh. Jos. Eckhel, Doctrinae nummorum veterum, Wien
1792, ² 1828. Grundlegendes Werk; Ernest Babelon, Traité des monnaies Grecques et
Romaines, Paris 1901. dessen Recueil général des monnaies grecques d'Asie mineure,
Paris 1904—1910; Barklay V. Head, Historia nummorum. A Manuel of Greek numismatics,
Oxford 1887; Wm. Kubitschek, Römische Medaillons der Kais. Münzsammlung in
Wien 1909; Theod. Mommsen, G. des röm. Münzwesens 1860. Die französische Uebers.
v. Duc de Blacas, Paris 1865—75 mit Nachträgen; G. F. Hill, Handbook of Greek
and Roman coins 1899; Hry. Cohen, Description gén. des monnaies de la république
romaine, Paris 1857; Hch. Willers, G. der röm. Kupferprägung vom Bundesgenossen-
krieg bis auf Ks. Claudius 1909.
    Geldgeschichtlich: Franç. Lenormant. La monnaie dans l'antiquité 3 Bde. (un-
vollendet) Paris 1878/9.

Für Mittelalter u. Neuzeit grundlegend: Arn. Luschin v. Ebengreuth. Allg. Münzkde. u. Geldg. des Mittelalters u. der Neueren Zeit in Hdb. des Mittelalt. u. Neueren G. Abt. 5, 1905, wo auch reiche u. ausführliche Literaturangaben zu finden sind. Arth. Engel u. Raim. Serrure, Traité de numismatique du moyen âge 1 (Paris 1891), 2 (1894), 3 (1905); dieselben, Traité de numismatique moderne et contemporaine 2 Bde. 1897, 1899. — Die deutsche Münzkunde behandelt Ferd. Friedensburg, Dt Münzg. in Al. Meister Grundr. der G.w. 1/4 ²1912. — Oesterreich. Münzprägungen 1519—1918, zusammengest. v. Viktor v. Miller zu Aichholz 1920 (Mustergültiges Werk). Für die französische: Ad. Blanchet, Manuel de numismatique française, Paris 1912. — Für Italien: das vom König von Italien hg. Corpus nummorum italicorum, Rom 1910 ff. Für die englische Münzkunde: Herbert Grueber, Handbook of coins of Great-Britain an Ireland in the Brit. museum, London 1899; für Dänemark: P. Hauberg, Myntforhold og udmyntninger i Danmark 1: — 1146 (Kopenhagen 1900), 2: 1146—1241 (1906) = Det Skrifter kong. Danske videnskabernes selskabs, histor. filos. V/1 u. V/3; für Schweden: Bror Emil Hildebrand, Sveriges mynt under medeltiden, Stockholm 1887; für Norwegen: Schiwe, Norges mynter i middelalderen, Christianie 1858—61; für Polen: Max Kirmis, Hdb. der polnischen Münzkde. 1892.

Die wichtigsten numismatischen Zschrr. sind: Blätter für Münzfreunde 1865 ff., Revue belge numismatique 1842 ff.; Revue suisse de numismatique, Genf 1891 ff.; The numismatic chronicle, London 1836 ff.; Rivista italiana di numismatica, Mailand 1888 ff.; Wiener Numismatische Zschr. 1870 ff., Zschr. f. Numismatik 1874 ff., Tijdschrift voor munt- en penningkunde, Amsterdam 1893 ff., Revue numismatique 1836 ff.

Bibliographien: Lipsius, Bibliotheca numaria sive catalogus auctorum, qui usque ad finem s. XVIII de re monetaria ant numis scripserunt 2 Bde. Leipzig 1801; Leitzmann, Bibliotheca numaria: 1800—1866 (²1867); Numismatisches Literaturblatt 1880 ff.; Friedländer, Repertorium zur antiken Numismatik hg. v. R. Weil 1885; A. Engel u. R. Serrure, Répertoire des sources imprimées de la numismatique française 3 Bde. Paris 1887/9; Delgado, Bibliografia numismatica española, Madrid 1886; Franc. u. Erc. Gnecchi, Saggio di bibliografia numismatica delle zecche italiane, Mailand 1889.

Ueber Medaillen: Th. Edm. Mionnet, Description des médailles antiques grecques et romaines 6 Bde. Splt. Paris 1806—13, 9 Bde. 1819—37; Alfr. Armand, Les médailleurs italiens des 15me et 16me siècles 3 Bde. Paris 1883/7; Jul Friedländer, Die ital. Schaumünzen des 15. Jhts. 1881/2; Karl Domanig, Die dt. Medaille in kunst- u. kulturhist. Hinsicht 1907; Gg. Habich, Die dt. Medaillen des 16. Jhts. 1916.

Ueber Geldwesen: Karl Menger im Hdwb. der Staatw. ³4 (1909) 555—610 u. Knapp, Ebda. S. 610—618; Aug. O. v. Loehr, Modernes Geld. M.blatt der Num. Ges. in Wien 9 (1913) 135 ff., 143 ff.

§ 4. Siegel.

Siegel (lat. sigillum, frz. sceau, engl. seal, griech. σφραγίς) bedeutet im Deutschen a) die Matrize, das sog. Typar und b) dem positiven Abdruck, das eigentliche Siegel. Das Siegel ist Verschluß-, Erkennungs- oder Beglaubigungsmittel. Der Gebrauch von Siegeln reicht ins Altertum zurück, wo er zur Versiegelung der verschiedensten Dinge und zur Untersiegelung von Urkunden verwendet wird. Im Mittelalter kommt nun die Verwendung des losen Siegelabdruckes auf, der den gleichen Zwecken dient.

Die Siegel bekommen als Geschichtsquelle Bedeutung erst im Mittelalter und da vor allem im Rahmen des Urkundenwesens. Für sich allein können sie zwar für die Geschichte der Technik und namentlich der Kunst von Wert sein, aber diese Interessen stehen doch in zweiter Linie. Die Rolle, die das Siegel spielt, besteht darin, daß sein unverletztes Vorhandensein, die Echtheit einer Urkunde beweist oder, was meist der Fall ist, den Beweis der Echtheit unterstützt. Vgl. IX § 12.

Die äußeren Merkmale betreffen den Stoff, aus dem die Siegel hergestellt sind. Dieser kann Metall (Gold, Silber, Blei) sein. Dann spricht man jetzt von Gold-, Bleibullen. Ferner können die Siegel aus Wachs, Ton,

Siegellack, Oblaten bestehen. Die Tatsache der Stoffverwendung kann in Beziehung zur Bedeutung zum Aussteller der Urkunde stehen. Zur Betrachtung des Stoffes kommt jene der Siegelformen. Man unterscheidet da: rund, oval, queroval, spitzoval, schildförmig, herzförmig, rautenförmig, Drei-, Vierpaß u. a. Für verschiedene Zeiten, Stände und Gebiete ändert sich die Mode im Gebrauch der Siegelformen. Natürlich kommt kritisch auch das Größenausmaß der Siegel in Betracht, ferner ob sie ein- oder doppelseitig geprägt sind. — Wichtig ist überdies die Befestigungsart. Es wird da unterschieden, ob sie vorn oder rückseitig aufgedrückt, ob sie eingehängt (d. h. das Siegel ist auf einem Pergamentstreifen aufgedrückt, der durch zwei Schnitte in der Urkunde hindurchgezogenen wurde), ob sie zum Verschluß aufgedrückt oder eingehängt, ob sie angehängt sind und zwar entweder an Pergament, Lederstreifen, Bindfaden, Schnüren oder Bändern.

Die inneren Merkmale nehmen auf den Inhalt und Sinn des Siegelbildes Bezug, denn dieses kann aus bildlichen Figuren oder Schriftzeichen oder aus beiden bestehen. Seit dem 14. Jht. treffen wir auch schon porträtähnliche Darstellungen. Die Typen trennen sich zum Teil nach den Ständen, man kennt den des Majestätssiegels, der adeligen Herren, der Damensiegel, der bürgerlichen, bäuerlichen, städtischen, der Zünfte, der Päpste, der geistlichen Fürsten und Korporationen. Innerhalb jedes dieser Typen lassen sich verschiedene Entwicklungen nachweisen. Die Inschriften teilen sich wie die auf den Münzen in Umschriften (Legenden), Aufschriften, Randschriften.

Hieher gehören auch die inneren Merkmale des Siegels, d. h. seine innere Beziehung zur Urkunde, an der es angebracht ist. Ob sich z. B. der Zeitpunkt feststellen läßt, in welchem bei der Entstehung der Urkunde die Besiegelung stattgefunden hat.

Selbstverständlich kommt wie bei allen Geschichtsquellen die Frage der Echtheit in Frage. Als wichtiger Bestandteil der Urkunde sind natürlich Siegel auch so häufig wie diese gefälscht oder verunechtet worden. Häufig hat der Fälscher eigene Typare anfertigen lassen, Nachschnitte nach echten Siegeln oder auf Grund einer Matrize, die über einen echten Abguß geformt wird. Anachronismen in bezug auf Form, Technik und Befestigungsart verraten vielfach den Fälscher leicht, doch gibt es bei gleichzeitiger Anfertigung der Fälschung Fülle, wo es schlechterdings unmöglich ist, zu einem endgültigen Urteil zu gelangen.

Das beste und umfassendste Werk über Siegelkunde ist jetzt Wm. E w a l d , Siegelkunde (Hdb. z. Mittelalterl. u. Neueren G. 4 Abt.) 1914. Vgl. hiezu F. P h i l i p p i , MJOeG. 36 (1915) 511—9. Ein Abriß Th. I l g e n , Sphragistik in Meister, Grundr. der G.w. 1/4 (1912). Heranzuziehen sind auch noch die Werke über Urkundenlehre (s. d.), wo die Beziehung des Siegels zur Beurkundung behandelt wird, also Harry B r e s s l a u , Hdb. d. Urkundenlehre ²1 (1912) 677 ff.; Wm. E r b e n , Die Kaiser- u. Königsurkunde des Mittelalters S. 170 ff., 225 ff., 270 ff.; F. P h i l i p p i , Einführung in die Urkundenlehre des dt. Mittelalters = Bücherei der Kultur u. G. 3 (1920) 123—202; Osw. R e d l i c h , Die Privaturkunden des Mittelalters S. 104—52; Ldw. S c h m i t z - K a l l e n b e r g , Die Lehre von den Papsturkunden in Meister, Grundr. der G.w. 1/2 ²1913.

Sondergebiete auf dem Gebiete der Siegelkunde behandeln J. Adrien B l a n c h e t , Sigillographie française (= Bibliothèque des bibliographies critiques) Paris 1902; Franç. L e n o r m a n t u. C h a m b o u i l l e t , Trésor numismatique et glyptique, Paris 1834/7 mit vorzüglichen Siegelabbildungen; Manuel Fernández de M o u r i l l o , Apuntos de sigilografía española, Madrid 1895; Theod. B ü h l e r , Reproduction d'anciens cachets russes, sceaux de l'état, des zsars, de provinces, villes, institutions gouvernementales, personnages ecclesiastiques et séculiers. Moskau 1880; Emil **Hildebrand**, Svenska sigiller från medeltiden. Stockholm 1862 ff.; H. J. **Hintfeldtkaas**, Norske sigiller fra middelalderen, Christiania 1899; H. **Petersen**, Danske geistliche sigiller fra middelalderen, Kopenhagen 1883 ff., Danske adelige sigiller 1897 ff.; A. **Thiset**, Danske adelige sigiller fra det 15te—17te jarhundert, Kopenhagen 1905; A. B. u. A. **Wyon**. The great seals of England, London 1887; W. de Gray **Birck**, Catalogue of seals in the department of manuscripts in the British Museum. London 1887—1900. Für die **deutsche** Siegelkunde noch immer heranzuziehen Karl **Heffner**, Die dt. Kaiser- u. Königssiegel 1875; F. M. **Haberditzl**, Ueber Siegel der dt. Herrscher vom Interregnum bis Ks. Sigmund MIOeG 29 (1908) 625—661. Die westfälischen Siegel von F. **Philippi**, G. **Tumbült** u. Th. **Ilgen** 1882 ff., Wm. **Ewald**, Rheinische Siegel 1: Siegel der Erzbischöfe von Köln 948—1795 (1906), 2: Die Siegel der Erzbischöfe von Trier 956—1795 (1910); Karl v. **Sava**, Die mittelalterl. Siegel der Abteien u. Regularstifte im Erzherzogtum Oesterreich ob u. unter der Enns 1859, Die Siegel der österr. Regenten bis zu Ks. Max I. 1871; Alfr. **Anthony** v. **Siegenfeld**, Das Landeswappen der Steiermark = Die Ff. zur Verfassungs- u. Verwaltungsg. von Steiermark 3 — (1900), Innerösterreichische Rosensiegel S. A. aus Jb. der k. k. herald. Ges. „Adler“ 5 (1895).

Für das **Studium** sehr geeignet ist **Urkunden u. Siegel** in Nachbildungen für den akadem. Gebrauch hg. v. Gerh. Seeliger, Heft 4: Siegel bearb. v. F. Philippi 1914.

§ 5. Mündlich überlieferte Quellen.

Man kann hiebei unterscheiden solche, die

1. auf bestimmte (genannte oder ungenannte) Persönlichkeiten zurückzuführen sind und entweder zu privaten oder amtlichen Zwecken schriftlich niedergelegt und in ihrem Wortlaut erhalten geblieben oder in verarbeitetem Zustande auf uns gekommen sind,

2. solche, deren persönlicher Ursprung nicht mehr festzustellen ist, die sich, mehr oder weniger sich selbst überlassen, fortgepflanzt haben. Die 1. Form dieser Ueberlieferung nennen wir den mündlichen **Bericht**, indes der 2. Form das **Gerücht**, der **Mythos**, die **Sage**, die **Legende**, die **Anekdote**, das **Sprichwort**, das **Volkslied** usw. angehören. Für die kritische Verwertung mündlich überlieferter Quellen kommt im allgemeinen noch in Betracht, ob sie autobiographischen Stoff enthalten und ob sie publizistische Interessen verraten. Dann trifft für sie zu, was über die schriftlichen Quellen dieses Inhaltes zu sagen ist.

§ 6. Die unpersönlichen Formen mündlicher Ueberlieferung.

Ihr gehören an, wie gezeigt wurde, das *Gerücht*, der *Mythos*, die *Sage*, *Legende*, die *Anekdote* (das *Bonmot*), das *Sprichwort* (*Geflügelte Worte*), das *Volkslied*. Sie alle sind gekennzeichnet durch eine von keiner amtlichen oder wissenschaftlichen Tatsachenüberprüfung kontrollierte Weitergabe einer Nachricht, eines Nachrichtenkomplexes oder einer Erfahrungstatsache von Mund zu Mund. Diese Art der Vorbereitung hat aber zur Folge, daß es all diesen Ueberlieferungsformen an innerer Festigkeit der Gestalt gebricht. Unbestimmtheit und Wandelbarkeit des Inhalts ist für sie nachgerade kennzeichnend. Die Umformungen nun, die die ursprüngliche Gestalt einer Nachricht im Volke erfährt, beruhen zum größten Teil auf Erscheinungen im Einzel- wie im Massenseelenleben und vollziehen sich in bestimmten Typen. Dem einzelnen, ist er ein Bestandteil der Masse, gebricht es nicht so sehr an der Fähigkeit denn an dem Willen zur Kritik. Vgl. o. S. 56 ff. Für ihn ist das allgemeine Gefühl, die

„Stimmung" das Maßgebende: Begeisterung oder Entrüstung, die Freude an der Verherrlichung eines Helden, das kindliche Bedürfnis nach einem Ausgang, der so verläuft, wie man wünscht, daß die Dinge verlaufen — durchwegs Einflüsse, die der geschichtlichen Treue zuwiderlaufen. Zu diesen Wirkungen des Massendaseins kommt die Ungenauigkeit des ursprünglichen Einzelberichtes, auf den ja jede mündliche Ueberlieferung letzten Endes zurückgeht. Abgesehen von individuellen Gehör-, Gesichts- oder Gedächtnisfehlern und eventuellen Intelligenzmängeln oder gar bewußten Täuschungsabsichten, spielt die Phantasie fast jedem Berichterstatter einen Streich. Keine größere Tathandlung läßt sich von einem einzelnen voll überblicken. Dieser Mangel braucht aber dem Beobachter oft gar nicht erst klar zum Bewußtsein zu kommen, selbsttätig ergänzt ihm die Einbildungskraft die fehlenden Glieder. Ueberdies spielen sich in der Regel die Dinge viel nüchterner ab, als es dem Neuigkeitsbedürfnis der Zuhörer und dem Selbstgefühl, beziehungsweise der Erzählerfreude des Erzählers genügt. Je öfter einer seine Erlebnisse zum besten gibt, um so „interessanter" werden sie. Man braucht sich nur gegenwärtig zu halten, welche Schwierigkeiten es bisweilen einem Richter bereitet, aus an sich subjektiv „wahren" Zeugenaussagen den objektiven Tatsachenbestand festzustellen. Und dabei stehen die Zeugen noch unter dem Druck einer erhöhten Gewissenspflicht, die bei der volkstümlichen Weitergabe von Nachrichten so gut wie ganz wegfällt. Vgl. X § 1. Zur mündlichen Mitteilung, die sich gehen läßt, gehört es überdies, daß sie, um Glauben zu finden, mit einer gewissen Bestimmtheit ihre Behauptungen vorbringen muß. Unbekümmert um geschichtliche Treue wird eine Tat, ein Vorgang mit dem Namen einer bestimmten Person oder Oertlichkeit in Verbindung gebracht. Nicht zu übersehen ist, wie schon angedeutet wurde, die mittelbare Mitarbeit der Zuhörer. Ihre Neigungen und Stimmungen wirken auf den Erzähler, ohne daß dieser es vielleicht selbst zu merken braucht. Er paßt sich ihnen an. Der mittelalterliche Legendenverfasser kommt dem Verlangen nach Wunderausschmückung entgegen. Der moderne Anekdotenverbreiter kann das Unwahrscheinlichste vorbringen, stimmt es mit der Sympathierichtung der Hörer zusammen, und läuft es auf eine witzige Antithese hinaus, ist er des Beifalls und der kritiklosen Aufnahme eines auch sonst urteilsfähigeren Publikums gewiß. Gerade deshalb sind diese Formen der Ueberlieferungen wichtige Quellen für die Erkenntnis herrschender Geistesströmungen.

Wie der einzelne oft erst nach einer wichtigen Unterredung die richtige Zuspitzung (Pointierung) findet, die ihm in Wirklichkeit während des Redens nicht eingefallen war, erst gleichsam auf der Treppe, beim Weggehen („Treppenwitz"), so schmückt die Phantasie des Volkes ebenfalls erst nachher das Tun und Sprechen seiner Lieblinge aus, formt an und für sich gleichgültige Wendungen zu scharf treffenden Witzworten um. Beispiele hiefür bei *W. L. Hertslet, Der Treppenwitz der Weltgeschichte. Geschichtliche Irrtümer, Entstellungen und Erfindungen*[9], hg. von *Hs. Helmolt* 1918. Sonst noch bei *Wachsmuth, Ueber die Quellen der Geschichtsfälschung. Berr. u. Verhdlgen der kgl. sächs. Ges. d. Wiss. phil.-histor. Kl.* 8 (1856) 121—153; *F. Zeller. Wie entstehen ungeschichtliche Ueberlieferungen? Dt. R.schau* 74 (1893) 189—219; gute Beobachtungen allgemeiner Art bei *Hippolyte Delehaye, Légendes hagio-*

graphiques, Brüssel 1905, ²1906 = dt. von *E. A. Stückelberg* u. d. T.: *Die
hagiograph. Legenden* 1907.

§ 7. Gerüchte.

Das Gerücht unterscheidet sich von den anderen unpersönlichen Formen
mündlicher Ueberlieferung, daß es aus der jeweiligen Gegenwart stammt und
nur für diese berechnet, also nur von ganz kurzem, vorübergehendem Dasein
ist. Für die Entstehung von Gerüchten besonders günstig sind Zeiten öffentlicher Erregung, namentlich dann, wenn schlechte Verkehrsverhältnisse, obrig-
keitliche Einschränkungen freier Berichterstattung (Zensur) und mangelhafte
Nachrichtenorganisation der Mitteilung glaubwürdig gesicherter Berichte
hinderlich sind. — Man hat neuerdings mittels experimenteller Untersuchungen
über das Wesen der Gerüchte festgestellt, daß die Verteilung der bei dieser
Ueberlieferungsform vorkommenden Fehler eine ziemlich gleichmäßige ist, so
zwar daß jeder folgende Bericht von dem vorhergehenden in 2 bis 3 Punkten
abweiche. Was aber die Art dieser Fehler betrifft, so finden Verwechslungen
Verschiebungen und Aenderungen besonders bei Namen- und Zahlenangaben
statt. „Fürs tägliche Leben liegt in solcher Verflüchtigung ins Nebellose
natürlich eine besondere Gefahr, weil später gelegentlich ein falscher Name
an dieselbe Stelle gesetzt wird“. *Rosa Oppenheim, Zur Psychologie des
Gerüchtes = Zschr. f. angewandte Psychol.* 5 (1911) 344—355.

Für den Historiker kommen Gerüchte im allgemeinen nur als Bestandteil anderer Quellen in Betracht. Vor allem also in solchen, die aus Zeiten
absolutistischer Regierungsweise, aus Kriegszeiten und Revolutionen stammen,
oder aus Epochen eines noch unentwickelten Verkehrs. Bisweilen hat sich
die Vermittlung beglaubigter wie unbeglaubigter Berichte und Gerüchte zu
einem förmlichen Gewerbe organisiert. Und dies selbstverständlich nur in
Großstädten, im alten Rom, im Paris des ausgehenden 18. Jhts. Vgl. darüber
Wm. Bauer, Die öffentl. Meinung und ihre gesch. Grundlagen 1914 S. 126 f. —
Kennzeichnend für die Rolle, die diese unkontrollierte und unkontrollierbare
mündliche Nachrichtenübermittelung in Paris z. B. in den Jahren vor Ausbruch der Revolution gespielt hat, sind die Tagebucheintragungen von *S. P.
Hardy* in seinen *Mes Loisirs* hg. v. *Maur. Tourneux* und *Maur. Vitrac* 1.
Paris 1912. Wendungen wie ‚il se répand dans le public‘, ‚il se distribuait dans
le public‘, ‚on apprend‘, ‚on racontrait dans tous les cercles une anecdote‘ kehren
hier immer wieder.

§ 8. Die Sage, Legende, Anekdote.

Von allen unpersönlichen Formen mündlicher Ueberlieferung ist die Sage
die am meisten bemerkte und untersuchte, obwohl sie als Quelle keinen hohen
Rang einnimmt. Sie unterscheidet sich vom Mythos darin, daß sie an ein
geschichtliches Ereignis anknüpft. Wie aber der Mythos der wissenschaftlichen
Naturlehre vorangeht, so ist die Sage fast regelmäßig die Vorläuferin eigentlicher Geschichtsdarstellung. Zwar besteht und entsteht die Sage auch in
der Gegenwart, doch der Boden, auf dem sie am üppigsten erblüht, ruht in
der Vorstellungswelt noch junger Kulturen, wo dem freien Spiel der Ein-

bildungskraft ein ungleich größerer Bewegungsraum gewährt wird als dem
verstandesmäßig gerichteten Denken. Die Tatsachen der Massenpsychologie
erklären uns auch die seelische Entstehungsweise jener Umformungen, die die
Sage an den übermittelten geschichtlichen Nachrichten vollzieht. Das Ver-
ehrungsbedürfnis der Menge und die Enge ihres geistigen Blickfeldes, die
Unsicherheit in allen kritischen Unterscheidungen, ja eine gewisse Abneigung
gegen Kritik, wenn sich diese gegen gewisse volkstümliche Vorstellungen, d. h.
gegen die allgemeine Stimmung wendet — das sind die Grundlagen jener
Veränderungen. Mit ihnen vermengt sich und verträgt sich ganz gut die
Neigung zu verstandesmäßig geleiteten Deutungsversuchen wie auch das Streben, sich den Verlauf der Geschehnisse auf eigene Faust hin zu erklären und
zu begründen. Aus diesen Voraussetzungen ergibt sich als besonders kennzeichnende Umformung:

1. Die Zusammendrängung der geschichtlichen Tatsachen auf einen leicht
übersehbaren Zusammenhang sowohl nach der zeitlichen, örtlichen wie per-
lichen Seite hin und auch nach den Eigenschaften, die von der Sage zur
Ausschmückung (Verherrlichung wie Verdammung) der Tatsachen verwendet
werden.

2. Die Unbestimmtheit und Veränderlichkeit der Namen und Dinge.

3. Die Veränderung der Motive zugunsten volkstümlicher Lieblingsvorstellungen.

Im engen Verbande mit diesen Umformungsarten steht die Bildung neuer
Sagen, die an Erscheinungen der Natur, der Kunst und des menschlichen
Lebens überhaupt anknüpfen als Versuche, sich diese Erscheinungen verständ-
lich zu machen.

Es ist bisweilen eine der schwierigsten Aufgaben der Kritik, Sagenhaftes
vom Geschichtlichen zu scheiden. Das kommt namentlich bei der Verwertung
von Ueberlieferungen in Betracht, die in die ältesten Zeiten zurückreichen,
z. B. des Alten Testamentes, kann aber auch bei Ueberprüfung neuerer
Quellen von Bedeutung sein. Bei diesen geht freilich Sage und Anekdote
oft ineinander. So z. B. bei der dem 14. Jht. entstammenden Chronik des
Matthias von Neuenburg, wo die landläufigen Geschichtchen und Sagen über
Rudolf von Habsburg Aufnahme fanden.

Im allgemeinen wird man zu diesem Zwecke (vgl. *Herm. Gunkel*, in *Die
Religion in G. u. Ggw.* 5 (1913) 179—199, s. v. *Sagen*) jedesmal zu fragen
haben: 1. Läßt sich ein Weg denken, der von dem ursprünglichen Augen-
zeugen bis zum Berichterstatter führt? 2. Verstößt der Bericht gegen sicher-
gestellte geschichtliche Tatsachen? 3. Sind die Angaben des Berichtes aus
inneren Gründen unglaubwürdig?

Kann auf diese Fragen keine bejahende Antwort gegeben werden, dann
fällt von selbst ein Bericht aus dem Bereich des streng Geschichtlichen heraus.
An solchen Maßen gemessen wird die Erzählung des *Livius* über die Abstammung der Römer unter die Sagen eingereiht werden müssen. Für die
Frühzeit wird der Vergleich mit den Ergebnissen der Altertums- und der
Sprachwissenschaft vielfach die Entscheidung bringen, für die späteren Jahrhunderte bieten die Angaben urkundlicher Quellen eine Handhabe, das Tatsächliche feszustellen.

Wenn *Herodot* das Doppelkönigtum der Eurypontiden und Agiaden in

Sparta darauf zurückführte, daß der König Aristodemos Zwillingssöhne, Prokles und Eurysthenes, gehabt habe, so hat diese Erklärung schon im Altertum Zweifeln begegnet. Offenbar spielte hier Sagenhaftes herein. Das gleiche gilt z. B. von der theatralischen Aufmachung, die der Schlacht bei den Thermopylen (480 v. Chr.) zuteil wurde. Vgl. *Wecklein, Ueber die Tradition der Perserkriege* in Sitz.-Berr. der bayer. Ak. phil.-hist.-Kl. 1876 S. 278, 290 ff. Die schön zugespitzten, auf die Begeisterung der Zuhörer oder Leser hinarbeitenden Erzählungen zerflattern meistens, wenn man sie mit den Angaben vergleicht, die in gleichzeitigen Urkunden, Inschriften oder Geschichtsdarstellungen sich finden. Meist zeigt es sich, daß sie an pointierter Fassung gewinnen, je mehr sich der Erzähler zeitlich von dem Ereignisse entfernt, daß sie aber in gleichem Maße an Tatsachengehalt und innerer Wahrheit einbüßen. Andererseits neigen manche Schriftsteller aus dem Bestreben, zu wirken und Eindruck zu machen oder aus Naivität zur Aufnahme von A n e k d o t e n, die ihrem ganzen Wesen nach der Sage die Hand reichen. „Jede Tradition“, sagt *Wecklein* a. a. O. S. 293, „weist solche Ansätze ernster und heiterer Volksdichtung auf.“ Und er weist nach, wie *Herodot*, der 60 bis 70 Jahre nach der Schlacht von Marathon schrieb, aus der sich eifrig um die Perserkriege rankenden Sagen Züge dieser Art in sein Werk aufgenommen hat. Die moderne Kritik hat bekanntlich eine ganze Reihe von Helden und dramatischen Szenen, die *Livius* aus der älteren Geschichte Roms überliefert hat, in das Gebiet der Sage verwiesen.

Eine lehrreiche Zusammenstellung der Sagen, Anekdoten, absichtlich und unabsichtlich erfolgten nachträglichen Verschlimmbesserungen geschichtlicher Tatsachen findet sich bei *Wm. Levis Hertslet* a. a. O. Vgl. IX, § 6. Es gilt hier dasselbe, was schon oben über die Gerüchte (IX § 7) gesagt wurde. Auf Grund der gleichen massenpsychologischen Auswirkungen (Verwechslungen von Namen, Zahlen und Ortsangaben) lassen sich auch die Eigentümlichkeiten der meisten Sagen erklären. Der Stimmungsgehalt (Tendenz) ist die Hauptsache. Dazu kommt eine gewisse Nachahmungssucht und Mangel an Kritik. Diesen Umständen verdankt auch die sog. W a n d e r s a g e ihr Entstehen. Hier ist ebenfalls die Anekdote ein Abbild der Sagenentstehung im kleinen. Auch da merken wir, wie gewisse packende Szenen, interessante Situationen und zugespitzte Worte und Wendungen, die eine sichere Wirkung auf den Hörer ausüben, für den Erzähler offenbar die Hauptsache sind und oft bewußt und unbewußt den Helden, der im Mittelpunkt dieser Szene steht, dem das Wort in den Mund gelegt wird, ohne Bedenken wechseln. In neuen Verkleidungen, den verschiedenen Zeit- und Kulturverhältnissen angepaßt, „wandern“ solche Sagen von Volk zu Volk. Aus Gilgamos-Nimrod wird später Alexander d. Gr. (*Frz. Kampers Alexander d. Gr. und die Idee des Weltimperiums in Prophetie und Sage = Studien und Darst. a. d. Gebiete der G. 1/1 u. 2 [1901] S. 26, 98*), in den Legenden von der hl. Pelagia kehren charakteristische Züge der an den Küsten des Mittelmeers ganz besonders verehrten Aphrodite wieder, die, ursprünglich Göttin des Meeres, als Venus Pelagia gefeiert wurde. Vgl. *Herm. Usener, Legenden der Pelagia, Festschr. f. d. 34. Vers. dt. Philologen und Schulmänner* 1879. Welche Wege die Sintflutsage genommen und welche kritischen Gesichtspunkte bei einer solchen Untersuchung ins Auge zu fassen sind, findet man bei *Herm. Usener, Religionsgeschichtl. Untersuchungen* 3 (1899).

Lehrreich, wenn auch nicht unbestritten, sind die Forschungen von *Theod. Benfey, Pantschatantra. Fünf Bücher indischer Fabeln, Märchen und Erzählungen*
1 (1859). Ueber das indische Grundwerk und dessen Ausflüsse, sowie über
die Quellen und Verbreitung von dessen Inhalt vgl. auch *Jos. Bédier, Les
fabliaux. Études de littérature populaire et d'hist. litt. du moyen-âge = Bibl. de
l'école des hautes études* 98 (Paris 1893); *Emmanuel Cosqin, Les Mongols et
leur prétendu rôle dans la transmission des contes indiens vers l'occident européen*
SA. Niort 1913, *T. S. Clouston, Popular tales and fictions, their migrations
and transformations*, 2 Bde., 1887.

Die massenpsychologische Wirksamkeit an der Bildung von Legenden
hat besonders *H. Günter, Legenden-Studien* 1906 herausgearbeitet. Der christliche Heilige ist nach ihm ein „Produkt wie des christlichen Glaubens, so
auch seiner Zeit. Die Legende ist die ererbte Brille, durch die man die
Heiligenbilder anzusehen sich gewöhnt hat". Und er sagt geradezu, daß der
Name des Heiligen nur ein Zeitbegriff sei, der uns ein Hilfsmittel für die
Datierung der einzelnen Entwicklungsschwankungen darbietet. Der Sage wie
der Legende genügt nicht die nüchterne Tatsache, sie setzt ins Leben um,
was ursprünglich nur als Vergleich, als Bild, als Hyperbel gedacht war (das
Kamel, das durchs Nadelöhr geht). Die Sagenbildung folgt einem psycho-
logischen Gesetze, das von dem Verlangen nach moralischer Befriedigung und
Nervenentspannung diktiert ist. Der Bösewicht muß seine Strafe erhalten.
Dieses psychologische Gesetz ist nicht für alle Zeiten feststehend. Für das
Mittelalter war das Wunder Zeitbedürfnis. Und *Günter* sagt mit Recht S. 133,
daß das Leben des hl. Benedikt im zweiten Buche der Dialoge Gregors des
Großen nicht eben sein Werk sei, sondern das seiner Zeit. Das Außer-
ordentliche bleibt auch späterhin der Sage liebstes Kind, doch man vergleiche
mit den Heiligenlegenden etwa die Tellsage oder die Sage von den treuen
Weibern zu Weinsberg. Kritiklosigkeit auch da, aber doch in allem natürlicher und möglicher.

Neben der naiven Sagenentstehung, die im letzten Grunde natürlich
immer auf individuelle Phantasietätigkeit zurückgeht, gibt es auch eine bewußte Sagenerfindung, die aus bloßer Freude am Fabulieren, aus Ruhm-
begierde, aus genealogisch, literarisch oder sonstwie gerichteter Eitelkeit oder
aus selbstsüchtigen Zwecken Sagen in die Welt setzt.

Als ein Beispiel bewußter Sagenerfindung mag die Sage von Susanna und
König Wenzel erwähnt werden, die von dem Priester *Wenzel Hagek* aus Libořan in
seiner *Kronyka česká* (1541) angeführt wird. Sie knüpft einerseits an die Miniaturen der
sog. Wenzelbibel an, einer für den König bestimmten Hs., in der er verschiedentliche Male
in recht verfänglicher Weise mit einem Bademädchen dargestellt erscheint, und zweitens
an die stürmischen Vorgänge zu Prag im Jahre 1393 (Ertränkung des erzbischöflichen
Generalvikars Johann von Pomuk in der Moldau). Der Nachweis, daß diese Sage von
Wenzel Hagek herrührt, wurde von *Adalb. Horčička* MIOeG 1 (1880) 107 ff. erbracht. —
Der Weg, den eine solche Forschung zu gehen hat, ist zunächst der, daß man den Zeitpunkt festzustellen sucht, wann zuerst diese Erzählung in der Literatur auftaucht. Wenn
gleichzeitige Berichte nichts von einer so bedeutsamen Handlung, wie es die Gefangen-
nahme Kg. Wenzels gewesen wäre, zu melden wissen und sie erst 148 Jahre später in
einer sonst nicht besonders unterrichteten Quelle auftaucht, so ist damit ein Fingerzeig
gegeben. Unterstützt wird der Zweifel an der Geschichtlichkeit des Berichtes, wenn von
seinem ersten Auftreten an andere Schriftsteller ihn übernehmen und ihn noch weiter aus-
bilden und ausschmücken. Kann man, wie in diesem Falle nachweisen, daß der Urheber
mit dem, was zu der Sagenerfindung den äußeren Anlaß bot (hier die Miniaturen), in
persönliche Berührung kam, so schließt sich ziemlich deutlich der Kreis der Beweisstücke.

Literatur findet man bei Karl W e h r h a n , Die Sage = Hdbb. zur Volkskde. 1
(1908); Charles N i s a r d , Histoire des livres populaires 2 Bde. [2] Paris 1864. Vgl. R. F.
A r n o l d , A. Bkde. [2] S. 53, 95.

§ 9. Geschichtliche Volkslieder, Sprichwörter.

Man ist heute dank den Fortschritten massenpsychologischer Erkenntnisse über die von der Romantik genährte Anschauung hinaus, im Volkslied
etwas unpersönlich Gewordenes, das Werk des „Volksgeistes" zu erblicken.
Wir wissen, daß es wie jedes andere Lied einen einzelnen zum Urheber hat
und daß es zum Volkslied wird, indem sich die Masse seiner bemächtigt, es
vielleicht auch umformt. In einer großen Anzahl von Liedern wird der Name
des Verfassers oder wenigstens seine Lebensstellung ausdrücklich genannt.
Dabei muß freilich betont werden, daß es in jedem Einzelfalle nicht immer
leicht ist, festzustellen, ob es sich um ein geschichtliches Volkslied oder um
politische Volksdichtungen handelt. Natürlich ist uns auch das einfache
Volkslied, das nichts sein will als der Ausdruck eines erhöhten Stimmungs-
inhaltes, eine erwünschte Quelle, aber wir nehmen im besonderen als g e s c h i c h t -
l i c h e (historische) Volkslieder jene heraus, die an ein bestimmtes geschichtliches Ereignis anknüpfen.

Für die Verwertung dieser geschichtlichen Volkslieder im eigentlichen
Sinne kommen folgende Gesichtspunkte in Betracht: 1. Ihre U r h e b e r sind
Einzelpersonen und zwar je nach den verschiedenen Zeiten Geistliche, fahrende
Schüler, Schreiber, Sänger, Spielleute, Gaukler, Landsknechte. 2. Den A n l a ß
zur Abfassung bilden mit Vorliebe Kriegsvorgänge, Schlachten, Belagerungen,
Friedensschlüsse, aber auch der Tod berühmter Persönlichkeiten. 3. Der
Z w e c k der Lieder ist nicht die Berichterstattung über einen Vorfall als über
etwas Unbekanntes, vielmehr setzt der Sänger voraus, daß seine Hörer die
Einzelheiten kennen. Er will in der Regel nicht erzählen, sondern begeistern,
spotten, verhöhnen, Mitleid oder Haß erregen. Infolgedessen setzt 4. der
I n h a l t der Volkslieder meist die Kenntnis der besungenen Vorgänge als
selbstverständlich voraus, ist erfüllt von Anspielungen zeitgeschichtlicher Natur.
Dies kann aber 5. auf die Form der U e b e r l i e f e r u n g von Einfluß sein.
Anspielungen, die nicht mehr verstanden werden, treten allmählich zurück,
werden eine Zeitlang mitgeschleppt und später ausgeschieden. Es läßt sich
die ursprüngliche Form des Liedes meist nicht mehr sicherstellen, denn sehr
oft ist der Zeitpunkt, da die erste Niederschrift stattfand, dem Zufall anheimgestellt gewesen. Auf die Spur können natürlich mundartliche Verfärbungen,
zeitgeschichtliche Anspielungen, örtliche Sonderkenntnisse führen.

Ihrer ganzen inneren Natur nach sind die geschichtlichen Volkslieder
der p u b l i z i s t i s c h e n Literatur beizuzählen. Sie sind Ausdruck bestimmter Stimmungen und geben das Tatsächliche, von dem sie zu melden wissen,
im Lichte gewisser tendenziöser Willens- und Meinungsrichtungen wieder.
Sie verkörpern in sich eine auf eine bestimmte Richtung eingestellte Werbearbeit. Vgl. *Wm. Bauer, Die öffentl. Meinung* 1914 S. 44 und 159 ff. Der
Wert des Volksliedes überhaupt als der einer geschichtlichen Quelle liegt
andererseits in der Ursprünglichkeit volkstümlichen Empfindens, in der un-
gekünstelten Art, wie sich in ihnen sittliches Gefühl, die Kraft volkstümlicher
Neigungen und Abneigungen kundgibt. Das Verhältnis eines Volkes zu der

sie umgebenden Natur, zur Gottheit, seine abergläubischen Vorstellungen, die Stärke seiner Erotik, Gatten- und Kindesliebe, das alles spiegelt sich in den Liedern wieder. Haftet ihnen auch manches Klischeehafte an, so ist auch dieses für das Denken der Massen eines Volkes kennzeichnend.

Wir finden Volkslieder entweder zufällig in gleichzeitigen oder späteren Geschichtswerken ganz oder teilweise angeführt. Meist wurden sie erst ziemlich spät schriftlich festgehalten. Eine systematische Sammlertätigkeit setzte erst mit den Tagen der Romantik ein, doch hat die Erfindung der Buchdruckerkunst zur gleichzeitigen Verbreitung eben entstandener Gedichte viel beigetragen.

Eine Quelle mehr untergeordneten Ranges sind die S p r i c h w ö r t e r. Immerhin spiegeln sich auch in ihnen sittliche Anschauungen, Stimmungen, Neigungen (nationale, religiöse Sympathien und Antipathien), Rechtsvorstellungen, Gewohnheiten wieder. Der individuelle Ursprung des Sprichwortes ist sicher. — Als Quelle für das ältere deutsche Recht sind die sog. R e c h t s s p r i c h w ö r t e r von Bedeutung.

A l l g e m e i n e s über das Volkslied: Otto B ö c k e l , Psychologie der Volksdichtung 1906, ²1913; d e r s e l b e , Hdb. des dt. Volksliedes 1908; Otto S c h e l l , Das Volkslied = Hdbb. zur Volkskde. 3 (1908), wo S. 188—204 reiche Literaturnachweise zu finden sind.
D a r s t e l l u n g e n der Entwicklung des Volksliedes einzelner Nationen: O. Böckel, (s. o.); Jul. T i e r s o t , Histoire de la chanson populaire en France, Paris 1889; G. K a l f f , Het lied in de middeleeuwen, Leiden 1883; Paul F r e d e r i c q , Onze historische volksliederen van vóór de godsdienstige beroerten de 16de eeuw, Gent u. Haag 1894; Gerold M e y e r v. K n o n a u , Die schweizerischen hist. Volklieder des 16. Jhts. 1870.
S a m m l u n g e n von Volksliedern: Die histor. Volkslieder der Dten u. vom 13.—16. Jht. ges. v. Rochus v. L i l i e n c r o n 4 Bde. 1865—69 mit allgemein orientierender Einleitung und g.licher Erläuterung jedes einzelnen Gedichtes. Fortsetzung hiezu: Histor. Volkslieder u. Festgedichte vom 16.—19. Jh. ges. u. erl. v. Aug. H a r t m a n n , 1: —1648 (1907), 2: 1650—1750 (1910), 3: 1756—1879 (1913); Die histor. Volkslieder vom Ende des 30j. Krieges bis Beginn des 7j. Krieges ges. v. Fch. Wm. v. D i t f u r t h 1877; Histor. Volkslieder von 1756—1871 hg. v. D i t f u r t h 1871/2; Die hist. Volkslieder des bayerischen Heeres 1620—1870 hg. v. D i t f u r t h 1871; Die histor. Volkslieder des österreichischen Heeres von 1630—1849 hg. v. D i t f u r t h 1874; Recueil de chants historiques françaises 12—18 siècle hg. v. Ant. L e r o u x d e L i n c y 2 Bde. Paris 1841; E. d e C o u s s e m a k e r , Chants populaires des Flamands de France, Gent 1856: Ad. L o o t e n s u. I. M. E. F e y s , Chants populaires flamands recueillis à Bruges, Brügge 1879; Lieder der niederländischen Reformierten aus der Zeit der Verfolgungen im 16. Jh. hg. v. Phil. W a c k e r n a g e l 1867.
Rud. W o l k a n , Zu den Türkenliedern des 16. Jhts. 1898; d e r s e l b e , Dt. Lieder auf den Winterkönig = Bibliothek dt. Schriftsteller aus Böhmen 8 (1899); R. M ü l l e r , Ueber die histor. Volkslieder des 30j. Krieges in Zsch. f. Kulturg. 2 (1895): E. W e l l e r , Die Lieder des 30j. Krieges 1855; J. O. O p p e l u. Ad. C o h n , Der 30j. Krieg. Eine Sammlung von histor. Gedichten 1862; H. M. R i c h t e r , Oesterr. Volksschriften u. Volkslieder im 7j. Krieg 1869; Louis D a m a d e , Histoire chantée de la première république 1789—99, chants patriotiques, révolutionnaires et populaires, Paris 1892.
B i b l i o g r a p h i e n : Pierre A u b r y , Esquisse d'une bibliographie de la chanson populaire en Europe, Paris 1905; John. M e i e r in Pauls Grundriß ²2/1 (1909).
Ueber S p r i c h w ö r t e r im a l l g e m e i n e n : Osw. Roh. K i r c h n e r , Parömiologische Studien, Jber. über die Realsch. zu Zwickau 1879/80; Ign. Vinz. v. Z i n g e r l e , Das dt. Sprichwort im Mittelalter 1864; Jul. Hubert H i l l e b r a n d , Dt. Rechtssprichwörter 1858; E. G r a f u. Matth. D i e t h e r s , Dt. Rechtssprüchwörter 1864, Ergänzungen hiezu von Rich. S c h r ö d e r , Zschr. f. Rechtsg. 5 (1866) 28.
Eine Sammlung allgemeinen Inhalts alphabetisch nach Gegenständen auf die sich die Sprichwörter beziehen, angeordnet, K. F. W. W a n d e r , Sprichwörterlexikon 5 Bde. 1867—80. Dort sind auch reiche Literaturangaben. — Ant. L e r o u x d e L i n c y , Le livre des proverbes, précédé de recherches hist. sur les proverbes français et leur emploi dans la litt. du moyen âge et de la renaissance ²Paris 1859.
B i b l i o g r a p h i e : Christian Konr. N o p i t s c h , Literatur der Sprichwörter 1823, ²1833. C a t a l o g u e des livres parémiologiques composant la bibliothèque de Ignace

Bernstein 2 Bde. 1900 alphabet. nach Autoren. John M e i e r in Pauls Grundr. der germ. Phil. 2/1 ² 1909 S. 1258 ff.
  Als Beispiel geschichtlicher Verarbeitung der Sprichwörter sei erwähnt G. M. K ü f f n e r, Die Deutschen im Sprichwort, Heidelberger Diss. 1899.

§ 10. Der mündliche Bericht.

Geschichtsschreiber aller Zeiten haben, wenn sie Ereignisse einer ihnen nahen Vergangenheit zum Gegenstande wählten, auch mündlich überlieferte Nachrichten verwertet. So hat *Herodot* Leute ausgefragt, die die Perserkriege noch erlebt haben, so bekennt *Hch. Friedjung, Das Zeitalter des Imperialismus* 1 (1919) S. VII, daß es ihm vergönnt gewesen sei, „bei vielen an den Ereignissen beteiligten Staatsmännern Belehrung zu holen". Ein größerer Teil anderer schriftlicher Quellen, wie z. B. die Zeitungen (s. o.), geht auf mündliche Berichterstattung zurück.

Für die kritische Verwertung des mündlichen Berichtes sind im allgemeinen keine anderen Grundsätze maßgebend wie für schriftlich überlieferte Berichte. Hier wird man 1. besonderes Augenmerk darauf zu richten haben, ob der Berichterstatter wirklich Augen- bzw. Ohrenzeuge der geschilderten Ereignisse war und 2. welche Frist zwischen seiner Aussage und den Ereignissen verlaufen ist. Bei der leichten Veränderlichkeit aller mündlichen Weitergabe von Nachrichten ist gerade die letztere Feststellung von Wichtigkeit. Im übrigen vgl. IX § 6. Es wird hiebei 3. stets im Auge zu behalten sein, ob die mündlich mitgeteilten Angaben auf die e i g e n e B e o b a c h t u n g zurückgehen oder ob sie auf fremden Beobachtungen fußen, bzw. ob sie nicht durch inzwischen gemachte Mitteilungen (auch gedruckte Veröffentlichungen) beeinflußt worden sind. Man wird schließlich 4. z. B. durch Abhören von Ohrenzeugen womöglich zu überprüfen suchen, ob der Bericht den u r s p r ü n g - l i c h e n E i n d r u c k wiedergibt oder ob er nicht ex eventu umgeformt und im Sinne der Folgeereignisse nachträglich geändert wurde.

Das alles kann mit Erfolg nur auf Grund eingehender Kenntnis der Tatsachen und geübter Menschenbeurteilung geschehen, welche letztere nicht bloß die allgemein charakterologischen (Temperamente!) Erfahrungen, sondern auch im besonderen Psychologie der verschiedenen gesellschaftlichen Stände und Berufe ins Auge faßt und das persönliche Verhältnis des Berichterstatters zu den von ihm geschilderten Ereignissen in Rechnung zieht.

S a m m l u n g und s c h r i f t l i c h e F i x i e r u n g mündlicher Mitteilungen sind von der Umgebung hervorragender Persönlichkeiten nicht selten ausgeführt worden. Als Beispiele seien erwähnt: Die Evangelien, Luthers Tischreden, die „U n t e r h a l t u n g e n m i t F r i e d r i c h d. G r, Memoiren und Tagebücher von Hch. de K a t t." hg. v. Reinh. K o s e r = Publl. aus den kgl. preuß. Staatsarchiven 22 (1884), ferner die Bismarck-veröffentlichungen von Hch. v. P o s c h i n g e r wie: Fürst B. u. die Parlamentarier 3 Bde. 1894/6, Fürst B. u. die Diplomaten 1852—90 (1900), Fürst B. Neue Tischgespräche und Interviews 2 Bde. 1895/9. Solche Aufzeichnungen fallen vielfach mit denen der Tagebücher zusammen.

§ 11. Schriftlich überlieferte Quellen.

Die Mehrzahl auch der ursprünglich mündlich überlieferten Quellen wird heute schriftlich oder durch den Druck festgehalten. Das ist in Zeiten mangelnder oder unentwickelter Schriftkenntnis natürlich auch für den Bestand der Quellen von Wichtigkeit. Mündliche Berichte, die nicht niedergeschrieben worden sind, können in ihrer ursprünglichen Form zwar eindrucksvoller sein als solche, die man geschrieben oder gedruckt vorfindet, aber ihre unmittelbare Wirkung reicht nicht über den Kreis der Zuhörer. Jedes Weitererzählen entstellt. Der mündliche Bericht erstirbt für die Geschichte in dem Augenblicke, da er von den Zuhörern vergessen wird, es sei denn, daß er niedergeschrieben wurde, d. h., daß der lautliche Ausdruck in den Bereich des Gesichtssinnes übertragen wird und Dauerhaftigkeit erhält.

Die Wirkungen der Schrift sind: 1. Entlastung, aber vielfach auch Rückbildung des Gedächtnisses, 2. Fixierung der Tradition sowohl zeitlich wie auch formal, 3. die Möglichkeit größerer räumlichen Verbreitung eines Gedankens, 4. Gesellschaftliche Aussonderung der Schriftkundigen zu einem eigenen Kreis mit besonderen Ueberlieferungen und besonderen geistigen Interessen. Nicht wesentlich anders, aber zumeist nur graduell verstärkt, beziehungsweise abgeschwächt wirkt sich die Veröffentlichung einer Schrift durch den D r u c k aus.

Heymann S t e i n t h a l, Die Entwicklung der Schrift = Ges. sprachw. Abh. 5 (1852); Rud. S t u e b e, Grundlinien zur Entwicklungsg. der Schrift (SA. aus Grapholog. M.hefte) 1907; Wm. B a u e r, Die öffentliche Meinung u. ihre geschichtlichen Grundlagen 1914 S. 190 ff.

§ 12. Urkunden.

Im Sinne der geschichtlichen Quellenkunde verstehen wir unter Urkunden schriftliche Zeugnisse über Vorgänge rechtlicher Natur, die in bestimmten, nach Person, Zeit, Ort und Inhalt wechselnden Formen niedergelegt sind. Es ist selbstverständlich, daß der Gebrauch und die Verwendung von Urkunden zur Voraussetzung hat: 1. ein höher entwickeltes und geregeltes öffentliches wie privates Rechtsleben und 2. die Verbreitung der Schreibkenntnis. Dementsprechend stellt sich auch bei allen Völkern, die einen bestimmten Kulturgrad erreichen, das Bedürfnis ein, den an gewisse Regeln gebundenen Rechtsverkehr zwischen Behörden und einzelnen Parteien und jeden von ihnen untereinander in festen schriftlichen Formen festzulegen. Hiebei wird der jeweils übliche Schreibstoff, vielfach in besonders dauerhafter Ausführung, angewandt. Auch die Schriftzeichen selbst passen sich in ihrer Formgebung zuweilen den besonderen Zwecken an. So treffen wir Urkunden auf Tonzylindern, als Inschriften auf Stein und Metall, auf Papyrus, Pergament, Papier usw. Dieser Vielfältigkeit der Erscheinungsformen und Beziehungen entspricht es auch, daß die wissenschaftliche Behandlung der Urkunden in den Bereich der verschiedensten Wissenschaften fällt, in den der Rechtsgeschichte, Inschriften-, Papyruskunde und, für das Mittelalter, in den der eigentlichen Urkundenlehre (Diplomatik). Die Urkunden der Neuzeit harren noch einer einheitlichen methodischen Zusammenfassung und werden von der Verwaltungs-, Verfassungs-, Rechtsgeschichte, vom Staats- und Völkerrecht nebenbei mitbehandelt. Es ist im allgemeinen daran festzuhalten, daß die Verwendung der Urkunde als geschichtlicher Quelle die Vertrautheit mit den ganz besonderen Verhältnissen (Rechts-, Verwaltungsgeschichte, Kanzleigebrauch) erfordert, aus denen sie allein zu verstehen ist, ferner daß in jedem Falle die genaue Kenntnis der Schrift (Paläographie), der Datierungs- (Chronologie) und der Beglaubigungsformen (Siegelkunde) notwendig ist, daß aber im übrigen die Urkunde keinen anderen methodologischen Grundsätzen unterworfen ist wie alle anderen Geschichtsquellen.

Wie bei allen anderen Quellen, nur hier noch etwas schärfer, unterscheidet man zwischen äußeren und inneren Merkmalen. Die Frage der Echtheit und Fälschung, der Entstehung, der Ueberlieferungsart, all das muß bei historiographischen Zeugnissen ebenso ins Auge gefaßt werden. Die Eigenart der Urkunde liegt vor allem darin, daß innerhalb der einzelnen zeitlich, inhaltlich und nach ihrer Herkunft bestimmten Gruppen eine verhältnismäßig große Gleichartigkeit in den einzelnen Stücken vorherrscht. Dementsprechend lassen sie sich leicht zu solchen Gruppen zusammenfassen und es bietet sich damit die Möglichkeit, die einzelne Urkunde, nach Ort, Zeit und Herkunft ihrer Entstehung zu bestimmen. Es liegt eben im Wesen dieser Quelle, daß von ihr jeweils eine verhältnismäßig große Anzahl gleich oder ähnlich ausgestatteter Exemplare ähnlichen Inhalts angefertigt wird.

Aus der Tatsache, daß die Urkunde als Zeugnis über ein Rechtsgeschäft zwischen zwei oder mehreren Parteien anzusehen ist, geht hervor, daß für jede Urkunde in Betracht kommen 1. der Urheber der Rechtshandlung und 2. derjenige, für den die Urkunde ausgestellt wurde, also der „Empfänger" (Destinatär). In der Regel wird die Urkunde im Namen und Auftrag des Urhebers ausgestellt, doch muß Urheber und „Aussteller" nicht eine und dieselbe Person sein. Die Verfertigung der Urkunden erfolgt an Mittelpunkten staatlicher, rechtlicher oder sonstiger Verwaltungstätigkeit. Die organisierte Beurkundungsstelle, die die Aeußerungen dieser Tätigkeit in bestimmte schriftliche oder rechtliche Formen bringt, nennen wir Kanzlei. Naturgemäß entwickelt sich in jeder Kanzlei ein bestimmtes Herkommen von längerer oder kürzerer Dauer, das sich in einer gewissen Aehnlichkeit und Gleichartigkeit der Merkmale aller in einem bestimmten Zeitraum aus der gleichen Kanzlei hervorgehenden Urkunden ausdrückt. Die Summe aller dieser Merkmale macht die Kanzleimäßigkeit einer Urkunde aus.

Wie jede historische Quelle, so suchen wir auch die Urkunde in ihrem Werden zu begreifen. Wir unterscheiden dementsprechend das Konzept, das ganz oder teilweise den Wortlaut der auszustellenden Urkunde enthält. Als Vorlage hat vielfach eine frühere Urkunde gedient und die Fassung der folgenden beeinflußt. Eine solche Vorlage heißt Vorurkunde. Sonst geht die formelle Stilisierung des Diktats (dictare = konzipieren) vielfach auf vorliegende Muster, Formulare zurück, die bisweilen in eigenen Formelbüchern niedergelegt wurden. Fand das vielfach korrigierte Konzept die Genehmigung des Ausstellers, so wurde auf Grund des Beurkundungsbefehles die Reinschrift angefertigt. Nach erfolgter Vollziehung und Beglaubigung wird das Stück unter Umständen registriert und dann an den Empfänger ausgehändigt. Diesen verschiedenen Stadien ihres Werdegangs entspricht die Unterscheidung nach der Art, wie die einzelne Urkunde uns überliefert ist, die „Ueberlieferung". Jene Ausfertigung oder Ausfertigungen einer Urkunde, die auf Anordnung oder mit Genehmigung des Ausstellers dem Empfänger ausgehändigt wurde, nennen wir Original (autographa). Sie kann also entweder als Original, als Konzept, als Registereintragung (die vielfach nach dem Konzept geschah) oder als Abschrift (Kopie) oder in jeder dieser drei Ueberlieferungsarten vorliegen. Die Kopie kann je nach der Vervielfältigungsart eine mechanische Reproduktion (Faksimile), eine Nachzeichnung oder eine handschriftlich angefertigte Abschrift sein. Sie kann in eigene Rollen (rotuli) oder Bücher (Kopiare, Kopialbücher, Cartularien) eingetragen sein. Es kann aber auch sein, daß die Eintragung in derartige Bücher (wie dies seit dem 10. Jht. in die sog. Traditionsbücher und später in die Stadtbücher, geschah) an Stelle einer eigenen Urkundenausstellung tritt. Aehnlich wie bei den modernen Grundbüchern. In gewissem Sinne gehören hieher auch die Urbarialaufzeichnungen (Urbare, Salbücher), die als Zeugnisse über die rechtlichen wirtschaftlichen Zustände einer Grundherrschaft anzusehen sind, die Lehenbücher, in denen die verschiedenen Belehnungen verzeichnet werden usw. Außerdem hat man Kopien, um sie gleich Originalen als Rechtsmittel zu gebrauchen, von Behörden, Gerichten oder eigenen öffentlichen Urkund-Personen (Notaren), wie sie seit dem 12. Jht. in Italien aufkommen, beglaubigt. Solche beglaubigte (vidimierte, transsumierte) Kopien werden auch Vidimus oder Transsumte genannt. Seit dem Ende des 11. Jhts. geschah die Bestätigung des Rechtsinhaltes einer Urkunde von dem Rechtsnachfolger des Ausstellers durch wortwörtliche Aufnahme der zu bestätigenden Stücke in die Bestätigung (Confirmatio). Diese wörtliche Aufnahme heißt Inserierung. Man spricht hier nicht von Vidimus, sondern von Insert.

Diese Terminologie, die zum Teil an die antike Rechtssprache anknüpft, kam durch die wissenschaftliche Ausbildung der Lehre von den Urkunden des Mittelalters in Umlauf. Von ihr rührt auch die Einteilung der Urkunden in 1. Kaiser- bzw. Königs-, 2. Papst- und 3. Privaturkunden, her. *Harold Steinacker* hat in *Meisters Gr.* 1/1 (1906) diese letzteren als „nichtkönigliche (Privat-)Urkunden" bezeichnet, womit auch schon angedeutet wird, daß der Name Privaturkunden, wie *Osw. Redlich* bemerkt, ein Notbehelf ist. In dem Ausdruck „privat" soll kein Gegensatz zu „öffentlich" gemeint sein, sondern nur zu den von Kaisern (Königen) und Päpsten ausgestellten, also z. B. Urkunden, die Rechtsgeschäfte zwischen Klöstern, Bischöfen, Grundbesitzern, Städten untereinander oder ihren Hintersassen u. a. Persönlichkeiten in die entsprechende schriftliche Form bringen.

Die „bestimmten Formen" in die eine Urkunde gefaßt ist, sind für die Kritik zugleich die „Merkmale". Man unterscheidet wie bei allen anderen in authentischer Form überlieferten Geschichtsquellen auch hier a) äußere und b) innere Merkmale.

Die äußeren Merkmale betreffen 1. den Schreibstoff, 2. Größe und Form, 3. Liniierung, 4. Schrift (Tinte, nachträgliche oder gleichzeitige Aenderungen, Zeichen usw.), 5. Siegel, 6. Faltung oder Verschluß, 7. äußere Erhaltung. — Diese äußeren Merkmale sind natürlich nur an der im Original (bis zu einem gewissen Grade auch an einer in Nachbildung) uns überlieferten Urkunde festzustellen.

Die inneren Merkmale, die sich auch an der Abschrift nachweisen lassen, sind a) die Formeln, ihre Fassung, Anordnung und Reihenfolge, b) die sprachliche Eigenart der Urkunde („Diktat") und c) der rechtliche und sachliche Inhalt der Urkunde. Die Formeln werden danach unterschieden, ob sie zur Kennzeichnung des Ausstellers und Empfängers bzw. zur Beglaubigung

und Datierung dienen. Diese meist zu Anfang und zu Ende der Urkunde
stehenden Formeln nennt man seit *Sickel* das Protokoll (die Schlußformeln
auch Eschatokoll), während jene, die den Rechts- und Sachinhalt zum Ausdruck bringen, als Text oder Kontext bezeichnet werden.

Aufgabe der Urkundenlehre ist es, „den Wert der Urkunde als historische
Zeugnisse zu bestimmen" *(Breßlau).* Der Eigenart der Urkunden, die für
den Empfänger und für seine Rechtsnachfolge auch materiell wertvolle Rechts-
ansprüche darstellte, entspricht es, daß Eigennutz, Ehrgeiz, aber auch geänderte
Rechtsverhältnisse oder praktische Augenblicksbedürfnisse dazu geführt haben,
vorhandene Originale nachträglich abzuändern, zu „verunechten" oder sie mit
verändertem Inhalt diesen nachzubilden oder überhaupt aus der Phantasie
heraus, Urkunden herzustellen, die den Schein der Echtheit tragen sollten.
Daher kommt es, daß bei den Urkunden mehr als bei anderen Geschichtsquellen die Frage nach der Echtheit oder Unechtheit erörtert werden
muß. Die Tatsache nun, daß die einzelne Urkunde für die Dauer der Rechtsverhältnisse, aus denen sie entstanden und für die sie bestimmt ist, eine rechtliche Aufgabe zu erfüllen und sie andererseits für uns über geschichtliche
Verhältnisse etwas Bestimmtes auszusagen hat, bringt es mit sich, daß man
zwischen geschichtlicher und ‚diplomatischer‘ Echtheit unterscheidet. Die getreue Nachbildung eines verlorenen Originals, die zum Zwecke angefertigt
wurde, das Original selbst vorzutäuschen, ist diplomatisch eine Fälschung, für
den Historiker ist sie als Quelle ebenso verwertbar wie eine echte Urkunde.

Die Kritik der Urkunden ist so alt wie die Urkunden selbst. Sie hatte,
wie sie es auch in der Gegenwart zum Teil hat, einen vorwiegend prozessualen
bzw. kriminalistischen Charakter; wenigstens dort, wo es sich um die Prüfung
von Urkunden für praktische Zwecke handelt. Mit dem Humanismus stellt
sich dann auch der wissenschaftlich interessierte Zweifel ein. *Petrarca*, der
1361 Karl IV. über die gefälschten österreichischen Freiheitsbriefe ein Gutachten lieferte, bildet den Uebergang von der rein praktischen zur historischen
Kritik. Aehnlich *Lorenzo Valla*, der 1440 die Echtheit der konstantinischen
Schenkung bestritt. Die besonders durch den westfälischen Frieden entfachten
Rechtsstreitigkeiten führten zu verschiedenen Kämpfen (bella diplomatica) über
Echtheit und Unechtheit der vorgewiesenen Urkunden. Einigermaßen methodische Sicherheit in diese Untersuchungen zu bringen, gelang auf deutschem
Boden zuerst *Herm. Conring* (1672). Um die gleiche Zeit erwuchs aus den
Anwürfen, die der holländische Jesuit *Daniel Papebroch* (1628—1714) in den von
ihm nach *Johann Bolland* geleiteten *Acta Sanctorum* (s. S. 209) gegen die Mehrzahl der Merowinger- und Karolingerurkunden erhob, der Anlaß zu wissenschaftlicher Prüfung der Urkunde als Geschichtsquelle. Diese Kritik, die den An-
griffen der Protestanten gegen die Leichtgläubigkeit katholischer Wissenschaft
die Spitze abzubrechen suchte, schoß nicht nur sachlich übers Ziel, sie ver-
letzte auch die materiellen Interessen der französischen Benediktiner. Diesen
erstand in *Jean Mabillon* (1632—1707) ein Anwalt, der, gestützt auf die reichen
Schätze des Klosters St. Denis und der anderen französischen Stifter, in seinem
1681 erschienenen Werke *De re diplomatica libri VI* zum ersten Male in die
bisherige Willkürlichkeit der Urkundenkritik System und Regel brachte. Die
von ihm begonnene Richtung wurde von anderen seiner Genossen, die, wie er,
der Mauriner Benediktinerkongregation angehörten, weitergeführt. So be-

gannen 1750 *Chr. Fr. Toustain* und *R. Fr. Tassin* den sechsbändigen *Nouveau traité de diplomatique, où l'on examine les fondemens de cet art*, der, nach *Toustains* Tode 1754 von *Tassin* allein bearbeitet, 1765 vollendet wurde. Trotz seinen Mängeln bleibt der *Nouveau traité* ein Werk von bleibendem Wert. Die Schätzung, die man von jeher in Frankreich diesem Wissenszweige entgegenbrachte, drückt sich auch darin aus, daß man in der 1821 von Staatswegen gegründeten *École des chartes* künftigen Archivaren und Gelehrten zum Studium der Paläographie, Urkundenlehre usw. Gelegenheit bot. In Zusammenhang mit dieser ausgezeichneten Fachschule steht die seit 1840 erscheinende Zeitschrift *Bibliothèque de l'école des chartes*. Die Führerschaft aber auf dem Gebiete der Urkundenlehre haben in der Folge zwei deutsche Gelehrte an sich gerissen, die, beide aus Deutschland kommend, in Oesterreich ihren dauernden Wirkungskreis fanden. Der Westfale *Julius Ficker* (1826—1902) und der aus Thüringen stammende *Theodor Sickel* (1828—1908).

Hat *Ficker* besonders in seinen *Beiträgen zur Urkundenlehre*, 2 Bde., 1877, 1878 das Hauptaugenmerk auf die Entstehungsweise der Urkunde gerichtet, die verschiedenen Stadien ihres Werdens untersucht und nachgewiesen, daß einzelne Mängel und Unstimmigkeiten an einem Stücke noch nicht genügen, dieses für unecht oder gefälscht zu erklären, so hat *Sickel* für *Fickers* Forschungen den Weg gebahnt und hat der Erkenntnis des mittelalterlichen Urkundenwesens erst die wissenschaftlichen Grundlagen geschaffen. An seiner vorbildlichen Untersuchung über *Die Urkunden der Karolinger*, 2 Bde., 1867 hat er gezeigt, wie die Diplomatik nur durch Heranziehung des gesamten in Betracht kommenden Materials gefördert werden könne. Er war der erste, der systematisch durch Schrift- und Diktatvergleich den Zusammenhang zwischen den für verschiedene Empfänger ausgestellten, in verschiedenen Archiven ruhenden Urkunden durch die gemeinsame Herkunft aus gleichen Kanzleien nachwies und damit erst den Begriff der „Kanzleihaftigkeit" fand. Dadurch war die Bahn frei für die weitere Ausgestaltung, aber vor allem für die organische Einordnung der Urkundenlehre in die historische Quellenkunde. *Sickel*, der 1850 die École des chartes kennen lernte, wurde 1856 für das zwei Jahre vorher in Wien gegründete *Institut für österreichische Geschichtsforschung* (seit 1920: Oesterreichisches Institut für Geschichtsforschung) gewonnen und baute diese Anstalt zu einer Musterlehrstätte für die Heranbildung künftiger Archivare und Forscher aus, wo Paläographie, Diplomatik, Chronologie, die sog. historischen Hilfswissenschaften, ganz besonders gepflegt wurden. Im Zusammenhang damit erstand 1880 die allgemeingeschichtliche Zeitschrift der *Mitteilungen des Instituts für österreichische Geschichtsforschung*, die *Engelb. Mühlbacher*, dann *Osw. Redlich*, jetzt *Wm. Bauer* leitet. Vgl. *Rich. Rosenmund, Die Fortschritte der Diplomatik seit Mabillon, vornehmlich in Deutsch-Oesterreich* = Hist. Bibl. 4 (1897) und *Emil v. Ottenthal, Das k. k. Inst. f. österr. G.forschung*, Festschr. Wien 1904.

Die folgende Zeit schien vorerst zu übersehen, daß der Ertrag der Forschungen *Fickers* und *Sickels* vor allem darin bestand, daß man nun 1. die Mittel in der Hand hatte, an den mittelalterlichen Urkunden eine bis in alle Feinheiten gehende Kritik zu üben, die erst ihre wissenschaftliche Verwertbarkeit sicherstellt und damit 2. in der Urkunde eine die schriftstellerischen Quellen an geschichtlichem Werte meist weit übersteigende Quelle gewann, die durch ihren inneren Zusammenhang mit den Tatsachen viel untrüglicher über diese Auskunft geben kann als jeder sonst rein erzählende Bericht.

Die Urkundenlehre entwickelte sich zunächst als ein eigenes Wissenschaftsgebiet für sich. Das war dadurch gegeben, daß es vorerst galt, die großen urkundlichen Stoffmassen zu sichten und der Verarbeitung durch den Historiker zugänglich zu machen. Freilich stieg damit die Achtung für diese Quelle zusehends und sie bildet heute das Rückgrat der geschichtlichen Darstellungen des Mittelalters. Aber erst allmählich hatte man die Urkunde in den verfassungs-, verwaltungs- und wirtschaftsgeschichtlichen Zusammenhang, aus dem sie ja hervorgegangen ist, wieder einzufügen versucht. In diesem Sinne wurde 1908 von *Karl Brandi, Harry Breßlau* und *Mich. Tangl* das *Archiv für Urkundenforschung* gegründet. Andererseits haben z. B. *Alf. Dopsch* in *Wirtschaftliche Entwicklung der Karolinger, vornehmlich in Dtld.*, 2 Bde., 1912/3 (jetzt in 2. Aufl. erscheinend) und *Hs. Hirsch* in *Die Klosterimmunität seit dem Investiturstreit. Untersuchungen zur Verfassungsg. des Dt. Reiches und der dt. Kirche* 1913 durch die in größerem Stile und planmäßig durchgeführte Verwendung der Urkunde für wirtschafts- und verfassungsgeschichtliche Zwecke praktisch Vorbilder geschaffen. Dieses Ziel wurde noch gefördert durch die systematische Hereinbeziehung der sog. P r i v a t u r k u n d e in den Bereich der Diplomatik. Dieses Gebiet neu ausgebaut zu haben, ist das Verdienst *Osw. Redlichs* und *Harald Steinackers*.

Die nächste Aufgabe wird es sein, Anschluß zu suchen einerseits an die antike Urkunde und andererseits an die durch das Verwaltungsleben der Neuzeit geschaffenen Weiterbildungen, wie sie sich in dem Register- und Aktenwesen am deutlichsten dartun. Prüft man zum Beispiel die Terminologie der Papyrusforscher, so ergibt sich, daß sich ihr Begriff von der Urkunde mit dem der mittelalterlichen Diplomatik keineswegs deckt. Diese Grenzen müssen in Zukunft fallen oder wenigstens überbrückt werden. Vorangegangen in dieser Hinsicht ist bereits *Wm. Erben, Kaiser- und Königsurkunde im Mittelalter*, S. 71 ff.

Jeder, der sich mit Urkundenforschung als solcher beschäftigt, muß von der Untersuchung der Urkunden selbst, so wie sie uns erhalten sind, ausgehen. Er muß sie in den A r c h i v e n (s. XII § 12) aufsuchen und mit eigenen Augen überprüfen. Nachbildungen, seien sie technisch auch noch so vollkommen, können stets nur ein Ersatz sein. Da es aber wertvoll ist, zum Zwecke des Vergleiches der äußeren Merkmale, die oft an sehr verschiedenen Fundstätten ruhenden Stücke nebeneinander zu vergleichen, die Verschickung der Stücke aber beschwerlich oder unmöglich ist, so ist es Aufgabe jedes modernen Forschers, sich die T e c h n i k　d e s　P h o t o g r a p h i e r e n s anzueignen. An großen Archiven und in größeren Städten gibt es ja meist wohleingerichtete Anstalten oder geübte Berufsphotographen, doch hat der Diplomatiker aber auch mit entlegenen Privatarchiven zu rechnen, wo er in dieser Hinsicht auf sich selbst angewiesen ist. Anleitungen hiezu: *Karl Krumbacher, Die Photographie im Dienste der Geisteswissenschaften*, Neue Jbb. 17 (1906) 601—60. Neuere Literatur bei *Vikt. Gardthausen, Bibliothekskunde* 2 (1920) 112.

Der Historiker, der nicht eigentlicher Urkundenforscher ist, muß sich aber von Diplomatik immerhin so viel zu eigen machen, daß er die allgemeinen Grundsätze der Urkundenlehre inne hat. Ihm genügt es, wenn die

Urkunde gut und zuverlässig abgedruckt ist oder wenn sie ihm in einem sachlich richtigen Auszug vorliegt. Als Muster moderner Urkundenausgaben können die Diplomatabände der *MG.* gelten oder das von *Edm. E. Stengel* herausgegebene *Urkundenbuch des Kl. Fulda* 1/1 = *Veröff. der hist. Kommission f. Hessen u. Waldeck* 10/1 (1910).

Was die Urkundenauszüge, ‚R e g e s t e n' genannt, betrifft, so treffen wir solche schon im 17. Jht. z. B. bei Steph. B a l u z i u s, Miscellaneorum libri VII, Paris 1678—1715, J. C. L ü n i g, Dt. Reichsarchiv 24 Bde. Leipzig 1710—22, St. A. W ü r d t w e i n, Subsidia diplomatica 13 Bde. Heidelberg 1772—80. Der Name Regesten knüpft an den Titel der von Peter G e o r g i s c h verfaßten Regesta chronologico-diplomatica usw., Frankfurt 1740/4. Darnach nannte Joh. Fch. B ö h m e r (1795—1863) seine Regesta chronologico-diplomatica regum atque imperatorum Romanorum, deren 1. Bd. (1831) Auszüge aus deutschen Königs- u. Kaiserurkunden von 911—1313 enthielt. Diese noch ganz auf gedrucktem Material beruhende Sammlung hat Böhmer selbst späterhin auf ungedruckte, archivalische Stücke ausgedehnt. Mit der Zeit wurde es Uebung, auch die aus gleichzeitigen Geschichtsschreibern entnommenen Daten zu verwerten, so daß moderne Regesten ein fertiges Grundgerüst des in Betracht kommenden Teiles der Geschichte darstellen. .

Dieses Werk, das jetzt den Titel „Regesta Imperii" trägt, bearbeitete Böhmer auch für die Zeit der Karolinger und burgundischen Könige (1833) und setzte es bis 1347 (1839) fort und ließ dem Zeitraum von 1198—1313 noch eine Neubearbeitung (1844—49) zuteil werden. Eine weitere Ergänzung bietet der 2. Bd. von Karl Fch. S t u m p f - B r e n t a n o, Die Reichskanzlei vornehmlich des 10., 11. u. 12. Jhts., der den Titel führt „Die Kaiserurkunden des 10., 11. u. 12. Jhts." (1865—1883) und die Zeit von 919—1197 berücksichtigt. Da die neuesten Bearbeitungen durch Engelb. M ü h l b a c h e r, Die Regesten des Kaiserreichs unter den Karolingern (mit Ausschluß der italien., burgund., westfränkischen u. aquitan. Karolinger, denen ein eigener Band gewidmet werden soll) [2] beend. v. Joh. L e c h n e r – J. F. B ö h m e r, Regesta imperii I/1 (1908) die Jahre 751—918 umfassen und von den RRI. II, Die Regesten .. unter den Herrschern aus dem sächsischen Hause bearb. v. Emil v. O t t e n t h a l nur die 1. Lieferung (906—973) erschienen ist und von da an bis RRI. V, Die Regesten des Kaiserreichs unter Philipp, Otto IV., Friedrich II., Heinrich (VII.) Conrad IV., Heinrich Raspe, Wilhelm u. Richard 1198—1272 bearb. von Jul. F i c k e r u. Edd. W i n k e l m a n n 5 Abteil.gen 1881—1894 eine Lücke klafft, so ist für die Zeit von 973—1197 noch immer S t u m p f - B r e n t a n o (St.) heranzuziehen. Von RRI. VI Die Regesten des Kaiserreichs unter Rudolf, Adolf, Albrecht, Heinrich VII. liegt bloß die 1. Abt. 1273—1291 bearb. von Osw. R e d l i c h (1898) vor. Dann setzt sich erst wieder mit RR. VIII Die Regesten unter Kaiser Karl VI. bearb. von Alf. H u b e r (1877) 1 Erg.Heft (1889) die Reihe fort. Lose angegliedert als RRI. XI Die Urkunden Kaiser Sigmunds verz. v. Wm. A l t m a n n 1: 1410—1424 (1896/7), 2: 1424—37 (1897—1900). Außer der Reihe: J. C h m e l, Regesta chronologico-diplomatica Ruperti regis Romanorum 1400—1410 (1834) und von d e m s e l b e n. Regesta chronologico-diplomatica Friederici IV. 1440—1493 (1838/40).

Die RR. wurden beispielgebend für eine Reihe ähnlicher Veröffentlichungen. Für die päpstlichen Urkunden Phil. J a f f é. Regesta pontificum Roman, —1198 (1851), [2] 2 Bde. 1881, 1888; Aug. P o t t h a s t, Regesta pont. Rom. 1198—1304 2 Bde. 1874; Paul F. K e h r, Regesta pontificum Romanorum 1906 ff. territorial geordnet 1. Abt.: Italia pontificia 1 (1906), 2 (1907), 3 (1908), 4 (1909), 5 (1911), 6/1 (1913), 6/2 (1914), Abt. 2: Germania pontificia 1: Provincia Salisburgensis et episcopatus Tridentinus 1911. Die Päpsturkunden von 1198—1378 berücksichtigt die große französische noch nicht abgeschlossene Régistre-Ausgabe, die teils Auszüge teils Abdrucke bringt. Darüber hinaus noch Leonis X. Regesta hg. v. H e r g e n r ö t h e r 1 (1884), 2 —1515 (1891) u. Innocentii XI. epistolae ad principes hg. v. J. J. B e r t h i e r 2 Bde. Rom 1891, 1896. — Nähere Angaben bei S c h m i t z - K a l l e n b e r g. Papsturkunden in Meisters Gr. [2] 1/2 (1913) S. 61 f. — Außerdem gibt es jetzt eine große Zahl nach Ländern. Landschaften, Fürsten, Fürstengeschlechtern, Bistümern usw. geordneter Regestenwerke, die man, soweit sie die deutsche Geschichte betreffen, bei D.W. [8] S. 68—83 verzeichnet findet.

Die Einrichtung der modernen Regestenwerke hält sich im allgemeinen an die Worte *Böhmers*, wonach Urkundenregesten den „wesentlichen Inhalt der Urkunde" wiedergeben sollen, „aber doch auch nicht allzu weitläufig sein, weil dadurch einerseits die Uebersicht erschwert wird, welche den eigentlichen Vorzug der Regesten bildet, und weil es andererseits zweckmäßiger wäre, noch einen Schritt weiterzugehen und die Urkunden vollständig abzudrucken". Nach dem Muster *Böhmers* teilt sich jede Seite eines Regestenbuches in drei

Kolumnen; die erste ist der Jahreszahl bzw. dem Datum (in der aufgelösten modernen Form), die zweite dem Namen des Ortes wo eine Urkunde ausgestellt wurde und die dritte dem eigentlichen Regest gewidmet. Oberhalb des eigentlichen Textes steht fettgedruckt der Name des Ausstellers. Die zweite Kolumne gibt zusammen mit der ersten das sog. „Itinerar" des Ausstellers, indem sich an der Hand dieser Angaben die Reihe der im Mittelalter sehr oft wechselnden Aufenthaltsorte der Herrscher, Fürsten usw. zusammenstellen läßt. Dieses auch für andere kritische Fragen wichtige Itinerar wird jeweils durch Angaben nichturkundlicher, historiographischer u. a. Quellen ergänzt. Spätherhin, da die Urkundenausstellung hauptsächlich Sache der Behörden mit festen Standorten ist und mit dem Aufenthalt der Herrscher nicht zusammenzustimmen braucht, geben die Datierungen der Briefe die Grundlage für die Itinerare ab. So für Maximilian I. und Ferdinand I. *Ff. z. dt. G.* 1 (1863) 352—383, 384—395 bzw. 646 f. und Karls V. ebda. 5 (1865) 563 bis 587.

Das eigentliche Regest soll in bündigster Form, also mit Hinweglassung aller nicht charakteristischen Formeln den wesentlichen Inhalt der Urkunde bieten, wichtige Personen- und Ortsnamen (letztere womöglich in der heutigen Form) anführen, die handschriftliche Ueberlieferung vollständigst wiedergeben, Drucke, Abbildungen und die einschlägige Literatur verzeichnen. Die Regesten eines Bandes sind fortlaufend numeriert und werden nach dieser Nummer zitiert. Geschichtliche Uebersichten, Darstellungen des Urkunden- und Kanzleiwesens, genealogische Bemerkungen, Verzeichnisse verlorener Urkunden (Deperdita), Uebersichten nach Empfängern, alphabetische Sach- und Namenverzeichnisse ergänzen diese wichtigen Behelfe und machen sie zu wahren Fundgruben historischen Wissens. — Die kurzen Inhaltsangaben der in Urkundenbüchern oder sonst wörtlich abgedruckten Urkunden nennt man ebenfalls (Kopf-)Regesten, doch sind diese, den besonderen Zwecken entsprechend, nur auf die knappste Form beschränkt. Ueber das Regestenwesen, seine Anlage und Bearbeitung vgl. *Gg. Waitz, HZ. 40* (1878) 280—295 und Vorbemerkungen *E. Mühlbachers* in den von ihm hg. *Regesten unter den Karolingern* RRJ.² 1 (1908) XX—XXXVI.

Ein weites Gebiet nimmt in der Urkundenlehre die Feststellung von Fälschungen (vgl. VIII § 5) ein. Ja man kann sagen, an diesen Untersuchungen hat sich ihr ganzer Entwickelungsgang emporgerankt. Beispiele von Arbeiten zur Entlarvung von Urkundenfälschern: Karl Uhlirz, Die Urkundenfälschung zu Passau, MIOeG 3 (1882) 177—228; Karl Brandi, Die Osnabrücker Fälschungen, Westdt. Zschr. 19 (1900) 120—73; Mich. Tangl, Die Osnabrücker Fälschungen, A. f. Urkundenf. 2 (1909) 1—6—326; Joh. Lechner, Schwäbische Urkundenfälschungen des 10. u. 12. Jhts. in MIOeG 21 (1900) 28—105. Die älteren Königsurkunden für das Bistum Worms und die Begründung der bischöflichen Fürstenmacht, Ebda. 22 (1901) 361—419, 529—574; Hs. Hirsch, Die echten u. unechten Stiftungsurkunden des Abtes Banz in SB. der WrAk. phil.-hist. Kl. 189 (1919) 1—31; Max Dvořák, Die Fälschungen des Reichskanzlers Kaspar Schlick, MIOeG 22 (1901) 51—107.

Das Urkundenwesen verliert mit dem Beginn der Neuzeit in Europa für den Historiker an Bedeutung. Mit der Entfaltung der nach Behörden geordneten Verwaltungseinrichtungen tritt immer mehr das Registerwesen in den Vordergrund. Den Weg zu dieser neuen Gestaltung weisen die schon im Mittelalter sich findenden Stadtbücher, die aus der städtischen Verwaltung entspringenden Steuer(Losungs-)bücher, Adelsmatrikeln, Universitätsmatrikeln usw. (vgl. IX § 19).

Dagegen hat eine vorher keine besondere Rolle spielende Urkundenart in den neueren Jahrhunderten an Bedeutung gewonnen. Das sind die **Staatsverträge**. Für sie gelten zum Teil ganz andere (historisch-praktische) Grundsätze wie für die mittelalterlichen Urkunden. So entfällt für sie der Begriff der Kanzleimäßigkeit, da sie ja zumeist durch das Zusammenwirken mehrerer Kanzleien entstanden sind. Trotzdem fehlt es bisher an einer eigenen Staatsvertragslehre. Das Wertvollste findet sich bei *Ldw. Bittner*, *GGA*. 1914 S. 449 ff. Ausführlich, aber zu wenig präzis *Gv. Wolf, Einleitung* S. 482—525.

Die Entwicklung der Staatsvertragstechnik hängt enge zusammen mit der Entwicklung des modernen Völkerrechtes. Zwar haben auch im Altertum verschiedene Staaten miteinander Verträge abgeschlossen, doch war da die Rolle des Vertrages eine ganz andere. Der Staatsfremde galt an sich als Feind und durch den Vertrag trat der einzelne wie der Staat erst in Verkehrsgemeinschaft. Vgl. *Eug. Täubler, Imperium Romanum* 1: *Die Staatsverträge* (1913). Die moderne völkerrechtliche Anschauung von einer Gemeinschaft voneinander rechtlich und kulturell gleichstehender Staaten wurde erst durch die Auflösung des römischen Reiches in die Bahn geleitet.

Die ältere, besonderes im Mittelalter übliche Form der Staatsverträge ist die der **gemeinsamen Beurkundung**. Bis ins 12. Jht. erschöpft sich die eigentliche Rechtshandlung in dem formalen Akte der Eidesleistung, Zeugen- und Bürgenstellung, worüber dann eine einfache Beweisurkunde ausgestellt wurde. Vom Ende des 12. Jht. an wird es zwischen englischen und französischen Königen häufiger, daß die Verträge in der Form von Geschäftsurkunden von den Parteien gemeinsam ausgestellt und durch deren Ausfertigung und Austausch rechtlich vollzogen wurden. Diese Form ist seit dem 19. Jht. nur in Ausnahmefällen vorgekommen, so 1815 bei der Hl. Allianz und 1859 beim Präliminarfrieden von Villafranca zwischen Napoleon III. und Franz Josef I. Sie setzt die persönliche Anwesenheit der betreffenden Staatsoberhäupter voraus. — Wichtiger, weil heute noch in Uebung, ist der **Austausch** der entsprechenden Geschäftsurkunden durch jeden der Vertragsgegner. Geschieht dies durch Beauftragte, so lassen sich drei Stadien unterscheiden: 1. die Ausstellung der Vollmachtsurkunden für die Unterhändler, 2. die Aufzeichnung des vereinbarten Vertragsinhaltes, das sog. Unterschriftsexemplar oder die Unterhändlerurkunde und 3. die Ratifikation, durch die das Rechtsgeschäft erst vollzogen und rechtswirksam wird. Diese Form, die sich 561 in Byzanz schon nachweisen läßt, die sich in einem englisch-französischen Vertrag von 1193 wiederfindet, dann im 15. Jht. in Deutschland häufiger wird, gestaltet sich späterhin immer mehr aus. Zusatzartikel (besonders geheime), Beilagen, Ausführungsbestimmungen, Grenzkarten, Grenzbeschreibungen, Tarife usw. treten als Beilagen zur Unterhändlerurkunde hinzu.

Im 19. Jht. werden die **Schlußprotokolle** üblich, die die anläßlich der Unterzeichnung von den Unterhändlern abgegebenen Erklärungen und Auslegung zu einzelnen Vertragspunkten enthalten. Gleichzeitig tritt mit der Ausgestaltung eines lebhafteren zwischenstaatlichen Verkehrs seit 1815 die Mitwirkung der Staatsoberhäupter zurück und an ihrer Stelle vereinigt als eigene Behörde, das Ministerium des Aeußeren, die Fäden des diplomatischen Verkehrs in ihrer Hand. Damit wird das Urkundenwesen erheblich verein-

facht und es erübrigt sich ein großer Teil davon in der Ausstellung von Protokollen oder im Austausch von Erklärungen oder Noten.

Für die Herausgabe von Staatsverträgen kommt a) neben dem wissenschaftlich-
geschichtlichen Standpunkt, b) der völkerrechtliche und damit eng verbunden der praktische in Betracht, c) für Verträge mit der Kurie (Konkordate) noch der kirchenrechtliche.
Auf diesen drei Gebieten bewegt sich auch die einschlägige Literatur. Eine Sammlung abgedruckter Staatsverträge bringt Jean D u M o n t, Corps universel diplomatique du droit de
gens 8 Bde. Haag 1726—31 u. 5 Bde. Splte. Haag 1739. (Reicht bis 1730, bzw. 1738.) Eine
Fortsetzung hiezu Fch. Aug. W e n c k, Codex juris gentium recentissimi 2 Bde. 1735—1772
Leipzig 1781—1795. Eine weitere Fortsetzung Gg. Fch. v. M a r t e n s, Recueil des principaux traités d'alliance, de paix, de neutralité, de commerce, de limites, d'échange etc.
des puissances et états de l'Europe [1] 7 Bde. Göttingen 1761—1801. Supplément au recueil
4 Bde. Ebda. 1801—8, [2] 8 Bde., davon Bd. 1—4 v. Gg. Fch. v. M a r t e n s, Bd. 5—8 v.
Karl v. M a r t e n s, Göttingen 1817—35. — Nouveau recueil de traités . . depuis 1808.
jusqu'à présent 16 Bde. v. G. F. u. Karl M a r t e n s, F. S a a l f e l d, F. M u r h a r d,
Ebda. 1817—42. — Nouveaux suppléments au recueil v. F. M u r h a r d 3 Bde. 1839—42,
Table générale 2 Bde. 1837, 1843. — Nouveau recueil g é n é r a l de traités . . 1. Serie 20 Bde.
v. F. M u r h a r d, K. M u r h a r d, J. P i n h a s, Ch. S a m w e r u. J. H o p f 1843—75,
hiezu Table générale 2 Bde. 1875/6. — Nouveau recueil général de traités 2. Serie 35 Bde.
v. S a m w e r, H o p f u. F. S t o e r k 1877—1908 mit Table générale 1910. — Nouveau
recueil général 3. Serie v. Hch. T r i e p e l 8 Bde. 1909 ff. Das Werk, das nur in Druck
veröffentlichte Staatsverträge seit 1761 berücksichtigt und nur solche in dt. oder französischer Sprache, wird zitiert als Martens Recueil, Martens Nouveau Recueil usw.
     Für das 19. u. 20. Jht. kommen hiezu die alljährlich erscheinenden A r c h i v e s
d i p l o m a t i q u e s, Paris 1861 ff., ebenso D a s S t a a t s a r c h i v, Sammlung der offiziellen
Aktenstücke zur G. u. Ggw. begonnen v. L. K. A e g i d i 1861 ff., Jul. B a s d e v a n t, Recueil
international des traités du 19e siècle contenant l'ensemble du droit conventionnel entre
les états es les sentences arbitrales hg. v. D e s c a m p s u. L. R e n a u l t 1: 1801—1825,
Paris 1914 und D e s c a m p s u. L. R e n a u l t, Recueil international des traités du 20e
siècle 6 Bde.: 1901—1906 Paris 1905 ff. Ein ausführliches Verzeichnis der gedruckten
Staatsvertragssammlungen zur neueren Geschichte Europas bei Ldw. B i t t n e r, Chronolog.
Verz. der österr. Staatsverträge 4: Register = Veröff. der Komm. f. neuere G. Oesterreichs
13 (1917). Als Muster für die Herausgabe neuerer Staatsverträge darf auf die von der
Kommission für neuere Geschichte Oesterreichs veranstaltete Veröffentlichungen hingewiesen
werden. — Daß es auch g e f ä l s c h t e S t a a t s v e r t r ä g e geben kann, beweist das Bei-
spiel, das Th. S c h i e m a n n HZ. 91 (1903) S. 334 f. gibt.
     Für die Staatsverträge im A l t e r t u m haben natürlich nur rein wissenschaftliche
Interessen Raum. Als Ausgaben neben den Inschriftenausgaben „Die Staatsverträge des
Altertums" hg. v. Rud. S c a l a 1 (1898). Eine bestimmte Art dieser Verträge behandelt
H. F. H i t z i g, Altgriech. Staatsvertrr. über Rechtshilfe in Festgabe Ferd. Regelsberger
dargebracht, Zürich 1907 S. 1—70.

Für die V e r w e r t u n g d e r U r k u n d e n a l s G e s c h i c h t s q u e l l e n
kommt zunächst in Betracht, daß die formelhaften von dem individuellen Teil
der Urkunde zu scheiden sind. Um also eine bestimmte Wendung für eine
bestimmte Zeit, für den Aussteller oder eine Kanzlei als charakteristisch feststellen zu können, müssen wir erst nachweisen, daß diese Formel in dieser
Zeit, Kanzlei usw. zum ersten Male verwendet worden ist, denn Tatsache ist
es, daß einzelne dieser Urkundenbestandteile sich von Geschlecht zu Geschlecht
vererbt, ja Jahrhunderte hindurch in Uebung geblieben sind. Die Päpste
nennen sich heute noch im Titel *servus servorum Dei*, wie dies zum ersten
Male Gregor I. (590—604) tat und wie es seit Gregor VII. (1073—1085) alle
Päpste taten. Man wird sich also hüten müssen, aus dieser Formel bei Leo X.
etwa den Ausdruck besonderer Demut oder besonderer politischer oder kirchlicher Absichten herauslesen zu wollen. Dagegen kennzeichnet diese Tatsache
deutlich das Wesen und die Absichten Gregors I. und auch Gregors VII.
Andererseits kann der Gebrauch, vielfach die Anmaßung eines Titels über die
Pläne und den politischen, aber auch allgemeingeistigen Vorstellungskreis des
Ausstellers Aufschluß geben. Ist es nicht charakteristisch für Otto III., wenn

er sich gelegentlich *servus Jesu Christi* nennt? Für den Historiker am wertvollsten ist natürlich jener Teil, der den dispositiven Inhalt wiedergibt. Dieser wird vielfach von einem Bericht eingeleitet über die Vorgeschichte des in der Urkunde niedergelegten Rechtsgeschäftes. Er wird ‚Narratio‘ genannt und bietet bisweilen sehr individuelle rechtsgeschichtliche, aber auch sonst wichtige Angaben (vgl. *Wm. Erben* S. 346 ff.).

Die individuellen Teile der Urkunde, der besondere Inhalt des Rechtsgeschäftes, die Namen der in ihr angeführten Persönlichkeiten und Orte, die Sprache, die Art der Zeitangabe sind für die Erkenntnis der Rechts-, Standes- und Verwaltungsverhältnisse von allerwichtigster Bedeutung. Auch die Wirtschaftsgeschichte und Numismatik schöpft aus den Angaben der Urkunden wertvolles Wissen, für die Ortsnamenkunde sind sie eine Quelle ersten Ranges, Familien-, Personengeschichte und Genealogie fußen auf ihnen fast einzig und allein. Aber auch die politische Geschichte findet in ihnen das sicherste Gerüst für ihren Aufbau. Hiebei muß man sich freilich vor Augen halten, daß zur psychologischen Rekonstruktion des geschichtlichen Geschehens die in den Urkunden ausgesprochenen Motivierungen nicht immer den Tatsachen zu entsprechen brauchen. Auch diplomatisch echte Stücke können geschichtlich Falsches enthalten. Hinter den konventionell gefärbten oder absichtlich falsch angegebenen Beweggründen, die den Aussteller einer Urkunde zu deren Ausstellung veranlaßt haben, können ganz andere verborgen sein. Man hat im Mittelalter sehr realpolitische Absichten mit religiösen Motiven verdeckt. Aehnlich werden in den späteren Jahrhunderten Menschlichkeitsgrundsätze vorgeschützt, wo es sich in Wirklichkeit um Eigennutz und Erreichung politischer Vorteile handelt.

Schließlich muß untersucht werden, ob die in der Urkunde ausgesprochenen Absichten auch verwirklicht wurden. Das gilt namentlich bei Verträgen, die oft gar nicht geschlossen wurden, um gehalten zu werden. Bisweilen werden die darin enthaltenen Bestimmungen absichtlich unklar gefaßt, um das augenblickliche Zustandekommen der Abmachungen nicht zu verzögern. So ließ das Wormser Konkordat unentschieden, ob unter der kanonischen Wahl, die Heinrich V. zugestanden hatte, die altkanonische oder die nach dem Kanon von 1080 zu verstehen sein sollte. *Ernst Bernheim, Ff. z. dt. G.* 20 (1880) 368.

Natürlich können auch verunechtete oder gefälschte Urkunden als Quelle dienen. Sie legen für bestimmte Rechtsanschauungen, für die politischen oder rechtlichen Bestrebungen des Fälschers oder des Instituts, in dessen Interesse gefälscht wurde, für das, was man zur Zeit der Fälschung für möglich hielt usw., Zeugnis ab.

Im Zusammenhange mit dem Urkundenwesen steht auch die Herstellung von F o r m u l a r s a m m l u n g e n , die als Behelfe für die Kanzleibeamten dienten. Es handelt sich hiebei um Texte von erfundenen Urkunden oder um Texte, die aus wirklichen Urkunden entnommen sind. Im letzteren Fall wurden die individuellen Teile (Namen, Zahlen) ganz oder teilweise weggelassen oder durch andere konventionell oder frei erfundene Namen, Pronomen, Abkürzungen ersetzt. Solche Formularsammlungen finden sich bereits in Altrom, kamen auch bei den Merowingern auf und waren das tägliche Nachschlagebuch *(Liber diurnus)* in der päpstlichen Kanzlei. Seit dem 11. Jht. treffen wir in

Italien förmliche theoretische Anweisungen zur Herstellung von Urkunden und Briefen, die als Anhang Musterbeispiele (Formularbücher und B r i e f - s t e l l e r) von diesen bringen: *Rationes dictandi, Ars dictandi, Summa dicta- minis.* Die Zahl dieser Arbeiten ist ziemlich groß. Sie sind nach zwei Richtungen hin als Quellen zu verwerten, 1. für die Urkundenlehre, indem sie über den Kanzleibrauch Aufschluß geben, 2. aber dadurch, daß die Reste individueller Züge, die sich in ihnen vorfinden, zur Rekonstruktion verlorener Urkunden dienen. Vorher muß jedoch in jedem einzelnen Fall festgestellt sein, ob wir Texte von tatsächlich vorhanden gewesenen Stücken vor uns haben oder freie Erfindungen, ferner ob das Buch in amtlichem Auftrage oder doch von einem Mitglied der Kanzlei oder von einem Privatmann aus eigenem An- triebe angefertigt worden ist. Am ausführlichsten mit reicher Literaturangabe handelt darüber *H. Breßlau*[2] 2/1 (1915) 225—282.

Ueber *antikes* Urkundenwesen fehlt noch eine zusammenhängende Darstellung. Das meiste findet sich in den einschlägigen Geschichten des antiken Rechtes, der Papyrus- u. Inschriftenkunde. Mor. H. M e i e r - G. F. S c h ö m a n n - L i p s i u s, Der attische Prozeß 1883—7; Otto K a r l o w a, Römische Rechtsg. 1885 ff.; Karl F r e u n d t, Wert- papiere im antiken u. frühmittelalterl. Rechte 1 (1910); Ldw. M i t t e i s, Röm. Privatrecht bis auf die Zeit Diokletians 1908. G r u n d z ü g e u. Chrestomathie der Papyruskunde von Ldw. M i t t e i s u. Ulr. W i l c k e n 1: Histor. Teil (1912). — V e r ö f f e n t l i c h u n g e n antiker Urkunden in: Aegypt. Urkunden aus dem kgl. Museum, Berlin 1895 ff.; Urkunden des ägypt. Altertums hg. v. Gg. S t e i n d o r f f 1903 ff.; D o c u m e n t s juridiques d'Assyrie et de la Chaldée hg. v. Jul. O p p e r t u. Joach. M e n a n t, Paris 1877; S u m e r i a n ad- ministrative documents hg. v. David W. M y h r m a n, Philadelphia 1910, B a b y l o n i a n legal and business documents, Ebda. 1906/9. Beide in The Babylonian Expedition of the University of Pennsylvania. Sonst in den hebräischen, arabischen und klassischen In- schriftensammlungen. Eine gute Probe für die diplomatische Behandlung antiker Ur- kunden: B. F a ß, Studien zur Ueberlieferungsg. der Römischen Kaiserurkunde, A. f. Ur- kundenforschung 1 (1908) 185—272. Fortlaufende Beiträge in Zschr. der Savigny-Stiftung f. Rechtsg., (Roman. Abt.), Archiv f. Papyrusforschung s. u.

Für das *mittelalterliche* Urkundenwesen die noch nicht abgeschlossene Darstellung von Harry B r e ß l a u, Hdb. der Urkundenlehre für Dtld. u. Italien [1] 1 (1889), [2] 1 (1912), [3] 2/1 (1915), [1] 2 ist nie erschienen. Der ausstehende [2] 2/2 Teil soll das Formelwesen der Königs- und Papsturkunde, das Schrift- und Besiegelungswesen behandeln. — Im Hdb. der mittelalterl. u. neueren G. Abt. 4: Urkundenlehre v. Wm. E r b e n, Ldw. S c h m i t z - K a l l e n b e r g u. Osw. R e d l i c h 1. Teil: Allg. Einleitung v. O. R e d l i c h, Die Kaiser- u. Königsurkunden des Mittelalters in Dtld., Frkch. u. Italien v. W. E r b e n (1907) u. 3. Teil: Die Privaturkunden des Mittelalters v. Osw. R e d l i c h (1911). Die Papsturkunde fehlt noch. Hiefür ist Breßlau einzusehen u. Meisters Gr. Bd. [3] 1, Abt. 2. Urkundenlehre 1. Teil Rud. T h o m m e n, Grundbegriffe. Königs- u. Kaiserurkunden, 2. Teil L. S c h m i t z - K a l l e n b e r g, Papsturkunden (1913). Harold S t e i n a c k e r, Die Lehre von den nicht- königlichen (Privat-)Urkunden ist nur in [1] 1 (1906) erschienen. Die 2. Aufl. in Vorbereitung. Neuerdings F. P h i l i p p i, Einführung in die Urkundenlehre des dt. Mittelalters = Bücherei der Kultur u. G. 3 (1920), populär gehalten. Die besonderen französischen, aber auch die dt., englischen u. spanischen Verhältnisse berücksichtigt Arth. G i r y, Manuel de diploma- tique. Diplômes et chartres, chronologie technique usw., Paris 1894. — Ueber das byzan- tinische Urkundenwesen Ernst v. D r u f f e l, Papyrolog. Studien zum byzantin. Urkunden- wesen 1915.

Faksimilewerke: F. G. K e n y o n, The palaeography of greek papyri with 20 facsi- miles and a table of alfabets, Oxford 1899; Karl W e s s e l y, Schrifttafeln zur älteren latein. Paläographie 1898; Hch. v. S y b e l u. Theod. v. S i c k e l, Kaiserurkunden in Ab- bildungen 1880 ff. Urkunden u. Siegel in Nachbildungen f. d. akadem. Gebrauch hg. v. Gerh. S e e l i g e r 1914 f. Davon erschienen 2. Papsturkunden bearb. v. A. B r a c k m a n n, 3. Privat- urkunden bearb. v. Osw. R e d l i c h - Loth. Groß, 4. Siegelbearb. v. F. P h i l i p p i. — U r k u n d e n u. A k t e n. Für akadem. Uebungen zsgst. v. Karl B r a n d i [2] 1921; Diplomi imperiali e reali delle cancellerie d'Italia veröff. v. Reale società Romana di storia patria, Rom 1892; Archivio paleografico italiano geleitet v. Ernst M o n a c i 1882 ff. Vol. 9: Dip- lomi dei rè d'Italia; Jules T a r d i f, Fac-simile de chartes et diplômes Mérovingiens et Carlovingiens, Paris 1866; Ph. L a u e r u. Ch. S a m a r a n, Les diplômes originaux des Mérovingiens, Paris 1908; F a c s i m i l e s of ancient charters in the British Museum 4 Bde. London 1873—8; Gge. F. W a r n e r, Hry. J. E l l i s, Facsimiles of royal and other charters in the British Museum, London 1: Wilhelm I.—Richard I. (1903). — Urkunden österr. Landesfürsten 1115—1246 bearb. v. Osk. v. M i t i s in Chroust, Mon. palaeogr. II., Lief. 16/17 (1914).

Bibliographie: Da der Aufbewahrungsort für die meisten Urkunden das Archiv ist, sei hier auf den Abschnitt über die A r c h i v e (XII § 12) verwiesen. Für die erste Orientierung der bis 1888 erschienenen Urkundensammlungen zur G. des Mittelalters Herm. O e s t e r l e y, Wegweiser durch die Lit. der Urkundensammlungen 1: Allgemeines, Formelbücher. Briefe, Kreuzzüge (1885), 2: Frkch., Italien, Iberien, Britannien, Skandinavien, Slaven, Ungarn, Griechenland. Orient (1888). Berücksichtigt gedruckte wie ungedruckte Sammlungen 1. S. 56—59 eigener Abschnitt: Kaiserurkunden u. -briefe, sonst rein geographische Anordnung. Die Papsturkunde z. B. unter Rom 2 S. 241—257. Sonst sehe man bei Ul. C h e v a l i e r, Répertoire (s. IX § 20) nach. Für Deutschland und dessen Nachbargebiete ausführlich D.-W.⁸ S. 68—84. — Viel, wenn auch für die rein urkundenwissenschaftlichen Zwecke nicht hergerichtetes bibliographisches Material findet sich bei Edd. H e y d e n r e i c h, Hdb. der prakt. Genealogie 2 Bde 1913.

Ueber den Fortgang der Urkundenlehre unterrichten das A. f. Papyrusforschung 1901 ff., die Bibliothèque de l'école des chartes, das Neue Archiv, die Mitteilungen des Institutes f. österr. G.forschung 1880 ff., das A. f. Urkundenforschung 1908 ff.

§ 13.   Rechtsaufzeichnungen.

Das Recht beruht entweder a) auf Gewohnheit oder b) auf Vereinbarung oder c) auf dem Gesetz. — Die G e w o h n h e i t (consuetudo), die für primitive Kulturen die Regel bildet, bedarf lange Zeit hindurch keiner schriftlichen Aufzeichnung. Sie lebt im Volke von Geschlecht zu Geschlecht weiter in stiller Pflege. Auch die V e r e i n b a r u n g braucht nicht niedergeschrieben zu werden. Anders das G e s e t z, von den Römern jus scriptum genannt, das vom Staate „gesetzt" wird und als unbedingt verbindlich gilt. Es bedarf der schriftlichen Festsetzung. Auch die Niederschrift des Gewohnheitsrechtes kann zum Bedürfnisse werden (man nennt das dann „Satzung"), doch ist diese nicht so wie das Gesetz gegen den Vorwurf mißverständlicher Aufzeichnung geschützt. — Hier scheidet sich der Begriff der Rechtsquelle (Gewohnheit, Vereinbarung, Gesetz) von dem der Geschichtsquelle, für die natürlich auch in bezug auf das Recht alles sein kann, was mittelbar oder unmittelbar von Rechtszuständen und -anschauungen Zeugnis ablegt.

In Zeiten, da es noch keine Gesetze gibt, beruht die dem jeweiligen Stande der gesellschaftlichen Verhältnisse angepaßte Weiterentwicklung des Rechtes auf der praktischen Rechtssprechung. Mit fortschreitender Differenzierung der Gesellschaft wird die ursprünglich in der Volksversammlung erfolgende Rechtssprechung Vertretern des Volkes (iudex privatus, Schöffen) übertragen. Je verwickelter die sozialen Zustände werden, um so drückender wird die Ungleichheit und Unsicherheit einer derartigen Rechtsüberlieferung empfunden. Sie kann wie in Altrom von einer bestimmten Bevölkerungsschichte zu ihrem Vorteile ausgenützt werden. So kommt der Zeitpunkt, da entweder praktische, oder politische, oder andere Notwendigkeiten dazu zwingen, das bisher angewandte Gewohnheitsrecht aufzuschreiben. Auf diese Weise entstanden z. B. in Deutschland die *Volksrechte.*

Die Entwickelung des Rechtes geht natürlich über diese Satzungen hinaus, spaltet sich unter Umständen je nach Machtgewalten (Territorien, Städten) ab und führt mit der Zeit zu privaten Aufzeichnungen (*Codex Hermogenianus, Sachsenspiegel*), die wie der Sachsenspiegel gesetzliche Wirksamkeit erhalten können. Verhältnismäßig spät tritt die Notwendigkeit einer amtlichen Kodifikation in die Erscheinung. Altrom erlebt dies erst in seinen letzten Tagen. Der *Codex Theodosianus* des Kaisers Theodosios und 529 der *Codex Justinianeus*, der in 3 Büchern die kaiserlichen Verordnungen (constitutiones) zusammenfaßt, dem 533 die zusammengestellten Juristengutachten und Kommentare in den *Pandekten* oder *Digesten* folgen. — Aehnliche Wege schlägt auch das Kirchenrecht ein. Auch hier sammeln zunächst Private die in den Beschlüssen der Kirchenversammlungen (canones) und in den Papstbriefen (decretales) ruhenden Quellen, zum Teil in zeitlicher Reihenfolge, zum Teil nach sachlichen Gesichtspunkten. So sind die ersten 3 von den 6 Büchern des *Corpus juris canonici*, das *decretum Gratiani*, von seinem Verfasser, dem Kamaldulensermöch *Gratianus* um 1145 als Lehrbuch zusammengestellt worden. Die Lehrtätigkeit der Rechtslehrer wirkt also nach verschiedener Richtung hin ebenfalls weiterführend durch Erläuterung, Auslegung und Zusammenschau der bisher geltenden Rechtsnormen und durch Anpassung an die Forderungen des Lebens. In diesem Sinne waren die Glossatoren der Rechtsschule zu Bologna im 12. und 13. Jht. für die Weiterbildung des römischen Rechtes tätig. Die seit der Rezeption dieses römischen Rechtes aufkommende und von ihm unterstützte Ausbildung eines eigenen Beamtenstandes und der Berufsrichter verlangte immer mehr nach Sammlung der bisherigen Gesetze bzw. Verordnungen und nach Kodifikation des geltenden Rechtes. An der Wende vom 18. zum 19. Jht. finden die ersten großen zusammenfassenden Arbeiten dieser Art statt, denen dann im Laufe der letzten 70 Jahre auf breiter wissenschaftlicher Grundlage aufgebaute gesetzgeberische Taten folgen.

Das römische Recht kennt als Quellen a) Volksbeschlüsse, b) Plebiszite, c) Senatuskonsulte, d) Edikte des Praetor und Aedils, e) in der Kaiserzeit kaiserliche Verordnungen und Verfügungen, f) die Gutachten der mit dem jus respondendi bedachten Gelehrten (responsa prudentium). Im Mittelalter kannte man Weistümer, das sind Niederschriften von Mitteilungen des Volkes bzw. erfahrener Männer aus dem Volke. Ein Teil der in der Zeit vom 5.—9. Jht. aufgezeichneten Stammesrechte, der sog. Volksrechte (leges barbarorum), ist Weistum. Einzelne von ihnen sind in Vereinbarung mit dem Volke gesetztes Recht. Hiezu kommen in der fränkischen Zeit die Kapitularien, Einzelgesetze verschiedenen Inhalts. Später gesellen sich ihnen zu Landfriedensgesetze (constitutiones pacis), Landrechte, Stadtrechte, Hofrechte, ferner die eigentlichen Weistümer für ländliche Rechtskreise und die auf Privatarbeit zurückgehenden Rechtsbücher. Ueber Urkunden s. o. IX § 12. Für die Neuzeit treten zwar Privatarbeiten auch in Erscheinung, vor allem aber das rezipierte Corpus juris civilis Justinians und die Ergebnisse der Gesetzgebung.

Für die innere Kritik von Rechtsaufzeichnungen kommt in Betracht 1. ob es sich um Aufzeichnungen amtlicher Herkunft handelt oder ob sie wenigstens unter amtlicher Aufsicht hergestellt worden sind, oder 2. ob sie privatem Interesse ihren Ursprung verdanken. Wir müssen ferner 3. feststellen, wie sie sich zum tatsächlich ausgeübten Rechte verhalten. Erfahrungsgemäß bringt die schriftliche Formulierung lebenden Rechtes gewisse Veränderungen auch des Inhaltes mit sich, betont z. B. die schärfere Fassung

von Strafansätzen. Andererseits unterscheidet sich die Rechtsübung vielfach
von dem schriftlich niedergelegten Recht. 4. Muß der Geltungsbereich des
Rechtes festgestellt werden und damit in gewissem Zusammenhang 5. die
Verwandtschaft bzw. Selbständigkeit des Rechtes.

Allgemeines: Karl v. A m i r a , Vom Wesen des Rechts in Beil. zur Allg. Z. (1906)
Nr. 284; Frz. v. H o l t z e n d o r f f , Enzyklopädie der Rechtsw. [6] hg. v. Jos. Kohler 1904.

Antike Rechtsaufzeichnungen: Paul K o s c h a k e r , Rechtsvergleichende Studien zur
Gesetzgebung Hammurapis 1917; Theod. K i p p , G. der Quellen des röm. Rechts [3] 1909;
Emilio C o s t a , Storia delle fonti del diritto Romano = Nuova Collezione di opere giuri-
diche 151, Turin 1909; Paul K r ü g e r , G. der Quellen u. Literatur des röm. Rechts =
System. Hdb. der dt. Rechtsw. v. Binding 1/2 [2] 1912; Otto K a r l o w a , Röm. Rechtsg. 1885
—1901; Rud. v. I h e r i n g , Der Geist des röm. Rechts auf den verschiedenen Stufen seiner
Entwicklung 4 Bde. [4] 1878—88.

Mittelalter: Karl v. A m i r a , Grundr. des german. Rechts (in Paul, Gr. der germ.
Philol.) [3] 1913; Hch. B r u n n e r , Dt. Rechtsg. [2] 1 (1906), 2 (1892) = Syst. Hdb. der dt.
Rechtsw. hg. v. B i n d i n g 2/1; Rich. S c h r ö d e r , Lehrb. der dt. Rechtsg. [6] hg. v. Eberh.
v. K ü n ß b e r g 1 (1919) die gebräuchlichste Encyklopädie; Klaud. Frh. v. S c h w e r i n ,
Dt. Rechtsg. in Meisters Gr. der G.w. 2/5 [2] 1915; Paul V i n o g r a d o f f , Roman law in
medieval Europe 1909; Otto S t o b b e , G. der dt. Rechtsquellen 2 Bde. 1860/4; Rod. v.
S t i n t z i n g u. L a n d s b e r g , G. der dt. Rechtsw. 3 Bde. 1880—1910; Vito La Mantia,
Storia della legislazione italiana 1: Roma de stato Romano (476—1870) = Nuova Collezione di opere giuridiche 35, Turin 1884.

Neuzeit: Gg. v. B e l o w , Die Ursachen der Rezeption des röm. Rechts in Dtld. =
Hist. Bibl. 19 (1905); Adolf S t ö l z e l , Die Entwicklung des gelehrten Richtertums in dt.
Territorien 2 Bde. 1872; d e r s e l b e , Die Entwicklung der gelehrten Rechtsprechung
2 Bde. 1901, 1910.

Kirchenrecht: Paul H i n s c h i u s , System des kathol. Kirchenrechts 6 Bde. 1869 - 97;
Alb. W e r m i n g h o f f , G. der Kirchenverfassung Dtlds. 1 (1905); d e r s e l b e , Verfassungsg. der dt. Kirche im Mittelalter [2] = Meisters Gr. 2/6 (1913). — Q u e l l e n s a m m l u n g
zur Kircheng. hg. v. Edd. E i c h m a n n 1 (1912 ff.); Adolf T a r d i f , Histoire des sources
du droit canonique, Paris 1887.

Nachweise für Sammlungen von Rechtsaufzeichnungen auf d e u t s c h e m Rechts-
gebiete bei D.-W.[5] S. 122—127, ebenda auch für die einzelnen Zeitabschnitte S. 302—7,
391—3, 474—84, 651—52, 754—56, 899—902, 962—63. Für das Studium sei auf die Aus-
wahlveröffentlichungen hingewiesen, die an der Hand der ausgewählten Quellen (zumeist
Urkunden) die Entwickelung des Rechtes veranschaulichen z. B. Wm. A l t m a n n u. Ernst
B e r n h e i m , Ausgew. Urkunden zur Erläuterung der Verfassungsg. Dtlds. im Mittelalter
[4] 1909; Gg. v. B e l o w u. Fch. K e u t g e n , Ausgew. Urkunden zur dt. Verfassungsg.
2 Bde. 1899; 1901; Ernst v. S c h w i n d u. Alf. D o p s c h , Ausgew. Urkunden zur Ver-
fassungsg. der dt.-österreichischen Erblande im Mittelalter 1895; Wm. A l t m a n n , Ausgew.
Urkunden zur brandenburg.-preuß. Verfassungs- u. Verwaltungsg. 2 Bde. 1897; d e r s e l b e ,
Ausgew. Urkunden zur dt. Verfassungsg. seit 1806, 2 Bde. 1898. Hiezu kommt Karl
Z e u m e r , Quellensammlung zur G. der dt. Reichsverfassung in Mittelalter u. Neuzeit =
Quellensammlung zum Staats-, Verwaltungs- u. Völkerrecht hg. v. T r i e p e l 2 ([1] 1904,
[2] 1913); Walter S c h ü c k i n g , Quellensammlung zum preuß. Staatsrecht = Ebda. 4 (1906).

Jak. G r i m m , Dt. Rechtsaltertümer 1828 [4] hg. v. H e u s l e r u. H ü b n e r 2 Bde.
1899; M. J. N o o r d e w i e r , Nederduitsche regtsoudheden 1853; Hch. Z ö p f l , Altertümer des dt. Reichs u. Rechts 3 Bde. 1860—61; Edd. O s e n b r ü g g e n , Dt. Rechtsaltertümer aus der Schweiz 1858/9; N o r g e s g a m l e l o v e 5 Bde., Christiana 1846—92,
2. Reihe hg. v. T a r a n g e r 1 (1901); Andr. K o l d e r u p - R o s e n v i n g e , Samling of
gamle Danske domme 4 Bde. Kopenhagen 1842—48.

In der *neueren* Zeit beginnen mit dem 17. Jht. die großen G e s e t z e s s a m m -
l u n g e n , die zunächst meist Privatarbeiten (z. T. mit amtlicher Unterstützung) darstellen, die dann von amtlich angeordneten Veröffentlichungen abgelöst werden, zumal
ein Gesetz erst dadurch und in dem Augenblick Gesetzeskraft erhält, in dem es amtlich
publiziert, also im zuständigen Amtsblatt abgedruckt erscheint.

Für D e u t s c h l a n d : Kl. Frh. v. S c h w e r i n , Dt. Rechtsg. S. 30—34 u. Gv.
W o l f , S. 554—78. Auf deutschem Gebiete blieb die Reichsgesetzgebung im Hintertreffen.
Vorangingen die Territorien, die durch Ausgabe ihres L a n d r e c h t e s , Bayern (1616),
Württemberg (1555, 1567, 1610), Preußen (1620), Tiroler Landesordnungen (1526, 1532, 1573)
usw. umfangreiche Aufzeichnungen vorgenommen. Desgleichen wirkten die S t ä d t e durch
kodifikatorische Neuordnung ihrer Rechtsverhältnisse vorbildlich: Nürnberger Reformationen
(1479/84, 1503, 1522, 1564), Hamburger Stadtrecht (1497, 1603/5). Privatarbeiten waren für
S a c h s e n : Joh. Christ. L ü n i g , Codex Augusteus, Leipzig 1724, der das C o r p u s j u r i s
S a x o n i c i 1673 (2. Aufl. von C o r p u s n o v u m S a x o n i c u m oder sämtliche kur- u.

fürstliche sächsische Ordnungen u. Mandate, Dresden 1660) fortführte und später selbst bis 1824 weitergeführt wurde. Für die Mark B r a n d e n b u r g gab Otto M y l i u s das Corpus constitutionum Marchicarum 6 Bde. Berlin u. Halle 1737 ff. mit 5 Spltbänden, die die Nachträge für 1737—1747 enthielten, heraus. Hiezu Register und das Novum corpus constitutionum Borussico-Brandenburgensium, praecipue Marchicarum 13 Bde. (jeder Bd. die Verordnungen der letzten 5 Jahre enthaltend) 1751—1810. In O e s t e r r e i c h kommt in Betracht zunächst für Ober- u. Niederösterreich der C o d e x A u s t r i a c u s eine die Zeit Leopolds I. berücksichtigende, aber bis ins 16. Jht. zurückgreifende Privatarbeit von Frz. Ant. v. G u a r i e n t, dessen Titel lautet: Codicis austriaci ordine alphabetico compilati pars I et II 2 Bde. Wien 1704. Hiezu Splt. 1: Sammlung österr. Gesetze bis auf das Jahr 1720 (Wien 1748), Splt. 2: — 1740 (Ebda. 1752), beide von Seb. Gottl. H e r r e n - l e b e n zusammengestellt. Als 5. Teil Supplementum codicis Austriaci: 20. Okt. 1740— 31. Dez. 1758 u. 6. Teil: 1759—1770 (Wien 1777) in amtlichem Auftrag von Thom. Ign. Frh. v. P ö c k. — [Jos. K r o p a t s c h e k], Sammlung aller k. k. Verordnungen u. Gesetze 1740—80, 8 Bde. Wien 1787, ²1789; d e r s e l b e, Hdb. aller unter der Regierung des Kaisers Josef II. für die k. k. Erbländer ergangenen Verordnungen u. Gesetze in systematischer Verbindung 18 Bde. 1785—1790; D e r s e l b e, Sammlung der Gesetze, welche unter der Regierung des Kaiser Franz II. erschienen sind, Wien 1792—1847. Mit Leopold II. beginnt die amtliche Ausgabe: Sr. Majestät Leopold II. Politische Gesetze u. Verordnungen für die dt., böhm. u. galizischen Erbländer 4 Bde. Wien 1791/3, die als Politische Gesetze und Anordnungen für sämtliche Provinzen des Kaiserstaates mit Ausnahme von Ungarn u. Siebenbürgen 76 Bde. Wien 1793—1851, bis 1848 fortgesetzt wurde. Wertvoll: Alphabet.- chronolog. Uebersicht der k. k Gesetze u. Verordnungen, Wien 1825—27. Vgl. Ernst M a y e r h o f e r, Hdb. f. d. polit. Verwaltungsdienst in dem im Reichsrat vertretenen Königreich u. Ländern ⁵hg. v. Gf. Ant. P a c e 1 (1895) S. 31 f., 433 ff. Arn. L u s c h i n v. E b e n g r e u t h, Oesterr. Reichsg. 1896 S. 511—22.

Mit dem 18. Jht. begannen die großen K o d i f i k a t i o n e n: 1751 Codex juris bavarici criminalis; 1756 Codex Maximilianeus Bavaricus; 1794 Allgemeines Landrecht für die preuß. Staaten; 1769 in Oesterreich die Constitutio criminalis Theresiana; 1781 eine Allgemeine Gerichtsordnung und 1811 Allgemeines bürgerliches Gesetzbuch für das Kaisertum Oesterreich.

Für die neuere und neueste Zeit: Die dt. Staatsgrundgesetze in diplomatisch getreuem Abdrucke hg. v. Karl B i n d i n g 10 Bde. 1893 ff.; Edm. B e r n a t z i k, Die österr. Verfassungsgesetze = Studienausg österr. Gesetze 3 (²1911); Hs. K e l s e n, Die Verfassungsgeschichte der Republik Dt.-Oesterr. 1919.

Das *außerdeutsche* Rechtsgebiet berücksichtigt Wm. A l t m a n n, Ausgew. Urkunden zur außerdt. Verfassungsg. 1897.

England betrifft Fel. L i e b e r m a n n, Die Gesetze der Angelsachsen 1: Text u. Uebers. (1903), 2/1: Wb. 1906, 2/2: Rechts- u. Sachglossar 1912; Statutes of the realm hg. v. A. L u d e r s, T. E. T o m l i n s u. a. (Record Commission) 11 Bde.: 1235—1713 London 1810—28; C o n s t i t u t i o n a l d o c u m e n t s o f t h e P u r i t a n r e v o l u t i o n 1628 —60 hg. v. S. R. G a r d i n e r, Oxford 1890; Wm. S t u b b s, Select chartres of English constitutional history ⁸ 1895.

Frankreich: Vgl. Gast. G a v e t, Sources de l'histoire des institutions et du droit français = Manuel de bibliogr. historique, Paris 1899; J o u r d a n, D e c r u s y u. F. A. I s a m b e r t, Recueil général des anciennes lois françaises depuis l'an 420 jusqu'à la révolution de 1789, 29 Bde. Paris 1822—33; O r d o n n a n c e s d e s r o i s d e F r a n c e de la 3. race jusqu'en 1514, 22 Bde. Paris 1723—1849, Forts.: Règne de François I, 1: 1515—16, Paris 1902; C a t a l o g u e d e s f a c t u m s et d'autres documents judiciaires anterieurs à 1790 hg. v. A. C o r d a 5 Bde. Paris 1891—1900.

Dänemark: C o r p u s c o n s t i t u t i o n u m D a n i a e 1558—1660 hg. v. B. A. S e c k e r 5 Bde. Kopenhagen 1887—99.

Ungarn: M o n u m e n t a H u n g a r i a e juridico-historica. Corpus statutorum Hungariae municipalium 5 Bde. Budapest 1885—97. C o r p u s juris Hungarici hg. v. M a r k u s, Budapest 1899—1905.

Südslawen: M o n u m e n t a historico-juridica S l a v o r u m meridionalium, Agram 1895 ff.

Vereinigte Staaten Nordamerikas: Im Auftrage des Kongresses erschien von B. P. P o o r e, A descriptive catalogue of the government publications of the United States sept. 5. 1776— march 4. 1884, Washington 1885.

§ 14. Akten (Allgemeines).

Akten sind die aus dem amtlichen Geschäftsverkehr der Behörden hervorgehenden Schriften. Sie stehen ihrer Herkunft und ihrem Zustandekommen nach den Urkunden ziemlich nahe, haben mit diesen vielerlei Berührungspunkte und es lassen sich manche Uebergänge von den Akten zur Urkunde nachweisen. In einem freilich unterscheiden sie sich grundsätzlich: während nämlich die Urkunde für sich allein bestehen und verstanden werden kann, ist der einzelne Akt nur im Zusammenhang mit den anderen Akten, die im Zuge des laufenden Geschäftsganges entstanden sind, voll auszuwerten. Jede Urkunde ist eine Individualität für sich, der Akt bloß ein Teil eines Faszikels. Diese Tatsache ist aber ungemein wichtig für die kritische Behandlung der Akten als Geschichtsquelle. Die Urkunde ist ein in sich abgeschlossenes Ding, ein Ganzes, der einzelne Akt aber nur ein Bruchteil im Ganzen des aus dem Amtsverkehr entstammenden Schriftenwechsels.

Die Grundsätze für die kritische Behandlung von Urkunden und Akten sind im allgemeinen die gleichen. Wie bei allen Geschichtsquellen muß auch bei ihnen vor ihrer Verwertung die Frage beantwortet werden: wie ist das vorliegende Stück zustandegekommen? Im besonderen freilich trennen sich die Wege der Kritik. Während es bei den Urkunden verhältnismäßig leicht ist, zu erkennen, welchem Stadium ihres Werdeganges sie entstammen, ob sie Reinschrift, Konzept oder Formular sind, während es hier auch nur verhältnismäßig wenig Abstufungen gibt, weisen die Akten eine Mannigfaltigkeit von Hauptformen und innerhalb dieser eine Verschiedenheit der Entwicklungsstadien auf, die sich nicht leicht in ein festes Schema bannen läßt und je nach Territorien oft im gleichen Zeitraum nach den verschiedenen Behörden verschieden ist.

Die Schwierigkeiten für eine einheitliche aktenkundliche Terminologie liegen auch darin, daß bei dieser großen Verschiedenheit die im Amtsgeschäft selbst üblichen Benennungen ebenfalls nach Aemtern, Territorien und Zeiten wechselt, oft aber überhaupt keine feste Bezeichnung besteht. Für die Akten des politischen Archivs des Landgrafen Philipp von Hessen hat *Fch. Küch, Politisches Archiv des Ldgfen Philipp des Großmütigen von Hessen 1 = Publ. aus den k. preuß. Staatsarchiven 78* (1904) S. XXIX ff. nachfolgende Formen festgestellt:

1. Das Schreiben, 2. die Vollmacht und das Beglaubigungsschreiben, 3. die Instruktion, 4. das Protokoll, 5. die Merkzettel, Memoranden, Gutachten, Deduktionen, 6. Propositionen, 7. Artikelsbriefe für geworbene Soldadeska, Eidesformeln, 8. Prozeßschriften, 9. Zeitungen, 10. Register, Listen, Verzeichnisse, 11. Rechnungen und Rechnungsbelege.

Für die brandenburgisch-preußische Kanzlei von der 2. Hälfte des 17. Jhts. an unterscheidet *Mart. Haß, Ueber das Aktenwesen und den Kanzleistil im alten Preußen* in *Ff. z. brandenb.-preuß. G.* 22 (1909) 201—255: 1. Die Kabinettsordre, 2. Reskripte (Hof- und Ministerialreskripte), 3. Berichte (Immediatberichte und Berichte der Zentralbehörden), 4. Ausschreiben, 5. Schreiben (Briefe), 6. Edikte und Patente.

Für die im 16. Jht. am häufigsten vorkommende Aktenform, nämlich für das ‚Schreiben' (auch ‚Schrift', ‚Ausschreiben') unterscheidet *Küch* an Entwicklungsstadien 1. Das Konzept (auch „Begriff" ‚Copei' genannt) als den Entwurf für das Mundum, 2. Das Mundum, 3. Die Ausfertigung, 4. Die Kopie. — Das Konzept hinwieder kann sein a) das von einer Hand hergestellte Konzept, b) das von einer oder mehreren Personen revidierte, c) das von dem Aussteller (Fürsten) eigenhändig revidierte, d) das eigenhändige, bisweilen nachträglich von Kanzleipersonen geänderte Konzept, e) das als Konzept benutzte Mundum, wenn die Reinschrift nicht vollzogen, sondern ihr Inhalt geändert wurde, und f) das als Konzept benutzte vollzogene (im letzten Augenblick geänderte) Mundum. Der auswärtige Dienst des Deutschen Reiches unterscheidet den oder die Entwürfe vom Konzept als ein Vorstadium des Konzeptes. Hier ist das letztere bereits endgültig korrigiert und entbehrt gegenüber der Reinschrift inhaltlich nur der voll ausgeschriebenen Namen, Titel und formelhaften Wendungen. Das Mundum, die zur Ausfertigung bestimmte Reinschrift, kann sein: a) nicht vollzogen, b) vollzogen, c) vollzogen und verschlossen. Die Ausfertigung (expeditio) unterscheidet sich vom vollzogenen Mundum dadurch, daß sie die Kanzlei verlassen hat. Ob die Ausfertigung den Empfänger erreicht oder von ihm entgegengenommen wurde, ist eine andere Frage. Sie ist aber wichtig für die Feststellung des Fundortes. Man unterscheidet ja in jeder Kanzlei 1. den Auslauf, der von ihr ausgehenden und 2. den Einlauf, der bei ihr einlangenden Geschäftsstücke. Die Ausfertigung eines Aktes wird man also in Regel in dem Einlauf des Empfängers, das Konzept im Auslauf des Ausstellers zu suchen haben.

Wichtig für die kritische Behandlung der Akten ist die Feststellung der an dem Zustandekommen des Stückes beteiligten Persönlichkeiten. Hiebei bietet der Handschriftenvergleich das wertvollste Mittel, die Mitwirkung der einzelnen Personen abzugrenzen. Natürlich gehört hiezu das nötige handschriftliche Vergleichsmaterial. Bisweilen wird dieses überhaupt nicht aufzutreiben sein. Dann muß sich aber der Benützer dessen bewußt sein, daß er es mit einem kritisch nicht vollständig zugerichteten Material zu tun hat. Vgl. o. S. 237. Neben dem Handschriftenvergleich und als unterstützend für diesen wird man als zweites Mittel die Heranziehung der Kanzlei- und Geschäftsordnungen zu betrachten haben, ferner, wo solche vorhanden sind, die Privatkorrespondenzen der Beamten, ihre Ernennungsdekrete und Lebensdaten.

Natürlich hält sich auch der Akt an bestimmte äußere Formen. Die Bittschrift muß z. B. im 18. Jht. vielfach auf gestempeltem Papier geschrieben werden und auch das Format, die Faltung, ob verschlossen oder offen, ob gesiegelt oder ungesiegelt ist nicht gleichgültig. Ebenso wird für das Konzept eine bestimmte Form (halbbrüchiges Papier, das auf der linken Seite beschrieben wird) vorgeschrieben. Für das Mundum wird besseres Papier gebraucht als für das Konzept, doch wird seine Güte je nach Wichtigkeit des Gegenstandes abgestuft. Goldschnitt, Trauerrand kommen in Betracht. Die Verwendung von Folio, Quart oder Cavalierformat ist für bestimmte Fälle vorbehalten. Tinte und Schriftart können sich je nach besonderen Zwecken unterscheiden. Fraktur oder Kanzleischrift sind nach dem Gebrauch in den einzelnen Kanzleien unterschieden, Abkürzungen vermeidet man gegenüber Höherstehenden. Der Rand oben und unten am Mundum muß nach gewissen Regeln eingehalten werden. Eventuelle Versiegelung und die Versiegelungsart müssen untersucht werden.

Die inneren Merkmale der Akten beziehen sich zunächst wie bei den Urkunden auf das Formelhafte. Die Titel- und Anredeform ist sehr zu beachten, weil auf diese jederzeit viel Gewicht gelegt wurde. Jede Kanzlei fertigte zu diesem Zwecke eigene Titulaturbücher an. Auch im Druck erschienen solche, wie von *Joh. Christian Lünig, Neueröffnetes europäisches Staats-Titular-Buch* hg. von *Gottlob Aug. Jenichen*, Leipzig 1743, das zugleich Personaldaten brachte. Jede Kanzlei und Behörde hat ihren oft eigentümlichen Stil, der sich aber nicht nur nach der Eigenart der Geschäfte, die sie erledigte, sondern auch je nach dem Empfänger, an den ein Akt gerichtet war, veränderte. Wir wissen gerade aus der Geschichte des Neuhochdeutschen, wie einflußreich auf die Gestaltung unserer S p r a c h e der Einfluß der Kanzleisprache werden konnte. Man kann da sogar zwischen protestantischem und katholischem Sprachgebrauch unterscheiden. Aber selbst die Verwendung des Deutschen, Lateinischen oder Französischen war an bestimmte Regeln gebunden, die innerhalb der einzelnen Behörden verschieden gehandhabt wurden. Auch darüber· gab es verschiedentliche Anleitungen. Nur aus der Kenntnis des Geschäftsganges einer Behörde lassen sich die A m t s v e r m e r k e, ihre Bedeutung und ihre Urheberschaft feststellen. Bisweilen war es Uebung, daß die Verfertiger des Konzeptes sich unterfertigten, bisweilen finden sich Revisionsvermerke von seiten der mit der Durchsicht und Ueberprüfung betrauten Beamten. Manchmal ist ein Expeditionsvermerk angebracht, manchmal ein Hinweis auf die Registrierung. Wichtig ist auch die Beachtung der Vermerke über den Zeitpunkt der Absendung oder Einlauf (Präsentation) eines Stückes. In neuerer Zeit wird vielfach bei diplomatischen Akten auch die Stunde angegeben.

Besondere Beachtung ist dem Umstande zu schenken, ob ein Akt vor seiner Erledigung vom Herrscher, bzw. seinem Stellvertreter oder von einer Behörde und da wieder ob von einem Kollegium oder nur von dem obersten Beamten u n t e r z e i c h n e t wurde, oder ob nicht die Kontrasignatur eines verantwortlichen höchsten Beamten neben dem eigentlichen Vorstand einer Behörde vorgesehen war. In Preußen unterschied man seit 1699 bzw. 1708 zwischen sog. „Unterschriftssachen", die dem Kurfürsten zur Unterschrift vorgelegt werden mußten und den von den Ministerien allein zu vollziehenden Expeditionen, die den Vermerk trugen „Auf Seiner Majestät allergnädigsten Specialbefehl" (ad mandatum speciale regis, par ordre exprès du roi). Spezialbefehl heißt hier also gerade das Gegenteil von dem, was es von vornherein auszudrücken scheint.

Bei der D a t i e r u n g ist zu achten, ob die von einer Behörde gefertigten Akte als Ort der Ausfertigung ihren oder den Aufenthaltsort des Herrschers anführen, in dessen Namen sie zeichnen. Hier kommt auch in Betracht, daß sich seit der gregorianischen Kalenderreform bis 1700 in Deutschland die protestantischen Kanzleien von den katholischen dadurch unterscheiden, daß sie am julianischen Kalender festhalten.

Für praktisch-historische Zwecke wird man 1. die aus dem z w i s c h e n staatlichen Verkehr hervorgehenden, 2. die V e r w a l t u n g s a k t e n und 3. die M i l i t ä r a k t e n als gesonderte Arten zu betrachten haben. Dazu kommen unter andern auch jene, die aus den s t ä n d i s c h e n oder p a r l a m e n t a r i s c h e n Verhandlungen hervorgehen.

Eine eigentliche wissenschaftliche Aktenkunde gibt es noch nicht. Gv. W o l f, Einführung bringt S. 578—665 in dieser Hinsicht einen Versuch. Sonst sind die oben angeführten Schriften von K ü c h und H a ß einzusehen. Gleichzeitig verfaßte Anleitungen zur Verfertigung von Akten und Einführungen in den Geschäftsverkehr der Behörden sind von S p a t e n (Kasp. S t i e l e r) Teutsche Secretariats-Kunst 1673 und im Anschluß an die zu Hanau 1749—51 von Joh. Jak. M o s e r geführte Staats- und Kanzleiakademie, dessen Einleitung zu den Cantzley-Geschäfften, Hanau 1750.

§ 15. Akten aus dem zwischenstaatlichen Verkehr.

Soweit es sich um Gesandtschaftsakten handelt, kommen in Betracht: 1. die Beglaubigung (Kredenzbrief), 2. die Vollmacht (Mandat), 3. die Instruktion, 4. die Berichte (Relationen, Dispacci, Rapports, Despachos), 5. die Weisungen von seiten des Herrschers oder seines Stellvertreters (z. B. des Ministers für auswärtige Angelegenheiten), 6. Hilfspapiere, wie Erteilung freien Geleites, Chiffrenschlüssel, 7. Rechnungsbelege.

Die Beglaubigung und Vollmacht tragen vielfach streng urkundlichen Charakter und sind deshalb auch meist an ein bestimmtes Formelwesen gebunden. Die Beglaubigung (credencia, crédence, kreditiv, geloubsbrief) enthält einen Hinweis auf die Person des Abzusendenden und in der Regel eine mehr oder minder ausführliche Darstellung des Zweckes der Sendung. Die Beglaubigung kann freilich auch bloß die Form eines Privatbriefes besitzen. Oft ist Beglaubigung und Vollmacht (Gewaltbrief, Plein-pouvoir), in eine Form, in die des Mandats zusammengegossen. Die Vollmachten päpstlicher Nuntien heißen Fakultäten und gehen über die Gesandtschaftsrechte noch hinaus, indem darin meist gewisse kirchliche Befugnisse (Dispenserteilung, Stellenverleihungen usw.) in gewisser Abgrenzung erteilt werden.

Die Instruktion, soweit sie nicht mündlich erteilt wird, macht wie alle anderen Akten verschiedene Stadien vom Konzept bis zum Mundum durch, wobei für die Aenderung der Verhältnisse und Willensrichtungen manches Licht aus den Aenderungen des Wortlautes herausleuchten kann. Man unterscheidet allgemeine und spezielle Instruktionen, die wieder geheim oder ostensibel sein können. Im Laufe der Verhandlungen kann es geschehen, daß diese Weisungen erneuert, eingeengt oder sonst verändert werden. Oft tragen die Instruktionen in den meisten äußeren wie inneren Merkmalen den Charakter von Briefen. Eine eigene Ausgabe von Instruktionen hat die französische Regierung veranstaltet in dem *Recueil des instructions données aux ambassadeurs et ministres de France depuis les traités de Westphalie jusqu'à la révolution française* Paris 1884 ff., die nach Ländern (Oesterreich, Schweden, Portugal, Polen, Rom, Skandinavien, Savoyen-Piemont, Preußen, Bayern und Pfalz, Rußland, Neapel und Parma, Spanien) geordnet ist.

Die Berichte können nach ihren äußeren (formalen) wie inneren (inhaltlichen) Merkmalen sehr verschieden geartet sein. Sie können in aller Form an den Herrscher gerichtet sein, an dessen Kanzler oder später an den Minister für Auswärtige Angelegenheiten. Man kann sie bisweilen von einem Privatbrief kaum unterscheiden, andererseits nehmen sie unter Umständen den Charakter von Zeitungsberichten an, da im 16. und 17. Jht. verschiedene Höfe, die einen eigenen diplomatischen Vertreter nicht besolden konnten oder wollten, den Gesandten einer fremden Macht mit der laufenden Berichterstattung über die Vorgänge in fremdem Lande betrauten. Die Möglichkeit einer Berichterstattung hängt natürlich eng zusammen mit den Verkehrsverhältnissen und der Freiheit des Verkehrs. So vermerkt es *Liudprand von Cremona* ausdrücklich, daß es ihm nicht möglich gewesen sei, aus Byzanz an Otto I. einen Brief oder Boten zu senden. Seit der Mitte des 12. Jht.s wird in Deutschland eine Korrespondenz der gelegentlich abgeschickten Gesandten immer häufiger und mit dem Aufkommen einer selbständigen Politik der Städte zur Regel. Beispiele solcher Gesandtschaftsberichte der Städteboten in Deutschland bringt *Johs. Janssen, Frankfurts Reichskorrespondenz* 1: 1376—1439 (1863), 2: 1440—1519 (1872) und die seit 1887 erscheinenden *Dt. Reichstagsakten* (s. S. 261) in Fülle. Mit der Ausgestaltung des zwischenstaatlichen Verkehrs, der bereits im 8. Jht. zuweilen zu Gesandtschaften führte, die auf längere Zeit ohne größere Unterbrechung an fremden Höfen weilten (so 707—711 fränkische Gesandte an der Kurie), der aber erst im 15. Jht. die Einführung von ständigen Gesandtschaften hervorbrachte, mit dieser Verdichtung des Verkehrs wird natürlich auch die Berichterstattung zu einer ständigen Einrichtung. (Vgl. *Adolf Schaube, Zur Entstehungsg. der ständigen Gesandtschaften,* MJOeG. 10 [1889] 501—552.) Namentlich in Venedig bildete sich im 15. und 16. Jht. eine Schule von Diplomaten aus, die durch praktische Umsicht und durch politisches Verständnis vielfach über das Mittelmaß hinausragten. Etwas später rückte die Ausgestaltung des Gesandtschaftswesens der Kurie nach; allmählich kam auch die Unterscheidung zwischen Nuntius und Legaten auf, wobei Nuntius ein Gesandter hieß, der nicht dem Kardinalskolleg angehörte. — Jeder abtretende Gesandte pflegte seiner vorgesetzten Behörde einen S c h l u ß b e r i c h t (Finalrelation) vorzulegen. Darin faßte er die Ergebnisse seiner Sendung, die Summe seiner Erfahrungen zusammen, vielfach mit Gedanken über die Weiterführung der Politik seines Staates vermischt. Dem Bericht des Gesandten oder Konsuls an seine Auftraggeber steht, wie schon oben angedeutet wurde, die „W e i s u n g" (auch ‚Erlaß' oder ‚Reskript' genannt) der ihm übergeordneten Behörde gegenüber. Solche Weisungen können an eine bestimmte Mission oder als Zirkularerlaß an alle Auslandsvertretungen gesandt werden.

Die Tatsache, daß *Ranke* einen Großteil seiner wissenschaftlichen Arbeiten auf dem Material venetianischer Gesandtschaftsberichte aufbaut, hat diese und die diplomatischen Papiere überhaupt in ihrem Q u e l l e n w e r t e etwas überschätzen lassen. Man übersah, daß eben die Intuition des Meisters die Lücken des Materials ergänzte und Falsches von Wahrem schied. Man wird infolgedessen Gesandtschaftsberichte nicht ohne weiteres verwenden dürfen, bevor man nicht aus archivalischen und anderen Zeugnissen sich über den Charakter und die Fähigkeiten des Berichterstatters ein Bild geschaffen hat. Dann aber muß man die Unterschiede und die Terminologie des gesandtschaftlichen Briefverkehrs kennen lernen. Da spielt die Beförderungsart eine bedeutende Rolle. Vgl. S. 297 ff. Bei der scharfen Kontrolle der Post, die gerade den Briefsachen fremder Diplomaten gegenüber gehandhabt wurde, hatte man eine unchiffrierte Depesche kaum dem gewöhnlichen Postverkehr anvertraut, sondern eigene Kuriere oder sonst welche Gelegenheiten verwendet. Vgl. *Wm. Bauer, Die Taxis'sche Post und die Beförderung der Briefe Karls V.* MIOeG. 27 (1906) 436—459. Andererseits benützte man „ostensible" Depeschen, die mit der Post abgingen, um die anderen, von denen man wußte, daß sie den Bericht auffangen („interzipieren") werden, in die Irre zu führen. Es ist also für die kritische Verwendung jedesmal darauf zu achten, auf welchem Wege ein Bericht abging und ob er chiffriert wurde, ganz oder zum Teil. *Theod. Schiemann* macht ferner darauf aufmerksam, wie abgestuft die Berichte (und Weisungen) in bezug auf ihre Vertraulichkeit sein konnten. In den zwanziger Jahren des 19. Jht.s unterschied man am österreichischen Kaiserhofe zwischen dépêche (oder instruction) officielle, ostensible, confidentielle, réservée, secrète, particulière oder auch secrète et particulière. — Zu einer kritischen Wertung der Berichte gehört aber auch die Kenntnis des Ranges eines Gesandten (Unterscheidung zwischen Legaten und Nuntius, Ambassadeur, Plénipotentiaire, Internonce, Envoyé, Résident, Chargé d'affaires usw.), es gehört die Kenntnis des Zeremoniells und der Etikette, der völkerrechtlichen Anschauungen einer Zeit oder eines Landes und der ganzen Organisation des Außendienstes eines Staates.

Was den Inhalt der Gesandtschaftsberichte betrifft, so ist je nach Uebung, Beförderungsmöglichkeiten und besonderer Wichtigkeit verschieden vorgegangen worden. Häufig sind die Depeschen eine Sammlung aller möglichen Nachrichten, bisweilen gilt aber als Regel, wie Bismarck vorschrieb, daß verschiedenartige Gegenstände nicht in einem und demselben Bericht behandelt werden sollen. Der Inhalt richtet sich auch nach den Interessen der Empfänger, sein Tatsachen-, also Quellenwert nach den persönlichen Fähigkeiten des Gesandten, nach der Wahl seiner Gewährsmänner, nach der Stellung, die er bei den leitenden Stellen des fremden Staates einnimmt und nach seiner geistigen wie moralischen Selbständigkeit. Der Unselbständige läuft leicht Gefahr, seinem Auftraggeber stets nur nach dem Munde reden zu wollen und bloß so zu berichten, wie jener will, daß es sein soll.

Es gilt also auch für die Herausgabe wie für die quellenmäßige Verwertung von Gesandtschaftsberichten, was für alle Akten Geltung hat, man muß sich 1. die Entstehungsweise der Berichte im allgemeinen aus dem jeweils herrschenden Geschäftsgange vergegenwärtigen, man muß 2. die näheren Umstände der Entstehungsweise des vorliegenden Berichtes im besonderen kennen lernen. Ferner muß man sich ähnlich wie beim Brief vor Augen halten, daß 3. an jedem Bericht, gleichsam unsichtbar, auch der Empfänger, an den er gerichtet ist, mitarbeitet, indem der Berichterstatter auf dessen Individualität Rücksicht zu nehmen gezwungen ist.

Wertvolle Gesichtspunkte für die Kritik diplomatischer Berichte bringen *Hch. Ulmann, Ueber den Wert diplomatischer Depeschen als G.quellen* 1874; *Theod. Schiemann, Einige Gedanken über die Benutzung und Publikation diplomat. Depeschen,* HZ. 83 (1899) 243—254.

Außer den eigentlichen Gesandtschaftsakten kommen in neuester Zeit die Akten des Außenministeriums in Betracht. Diese werden sich je nach den großen Abteilungen gliedern, etwa nach Politische, Personal-, Handelspolitische, Rechtsabteilung. Diesen eingeordnet sind Unterabteilungen für Presse, Chiffren, Verkehr, Auswanderungswesen, Auslieferungssachen u. a. Hieher gehört aber auch der unmittelbare Schriftverkehr zwischen verschiedenen Mächten, der meist in Form von *Noten* geschieht. Gehen diese zugleich an mehrere Regierungen, so heißen sie *Zirkularnoten.* Ferner unterscheidet man *unterschriebene* und *nicht unterschriebene* sog. *Verbalnoten.* Letztere sind die weniger feierliche Form. Auch für die Noten sind bestimmte Formen und Formeln vorgesehen. Die Anredeform ist meist in der dritten Person, doch ist dieser Gebrauch je nach den Regierungen verschieden. Ueberreichen mehrere Staaten durch ihre auswärtigen Vertretungen einer fremden Regierung gemeinsam eine Note, so spricht man von einer *Kollektivnote,* überreicht jeder fremde Staat bzw. seine Vertretungen in besonderer Ausfertigung je eine inhaltlich gleiche Note, nennt man dies eine *identische Note*. Bisweilen können amtliche Noten auch in Briefform abgefaßt sein, wie sich dann zwischen befreundeten Mächten der Verkehr — neben oder an Stelle der amtlichen Note — in Privatbriefen der verantwortlichen Staatsmänner abwickelt.

Ueber *Staatsverträge*, die nach ihrer Entstehung auch hieher gehören, ist bei den Urkunden das Nähere angeführt. Vgl. o. S. 241 f.

Das Geheimnis, das über laufende diplomatische Verhandlungen zu schweben scheint, wird von Zeit zu Zeit nach Beendigung größerer Aktionen durch amtliche Veröffentlichungen gehoben. Man nennt sie F a r b b ü c h e r , da man je nach der Farbe des Umschlages, die herkömmlicherweise von den einzelnen Staaten gewählt wird (blau: Großbritannien; weiß: Deutsches Reich; rot: Oesterreich-Ungarn, Spanien; grün: Italien, Rumänien, Mexiko; orange: Rußland; gelb: Frankreich, China; grau: Japan), Blaubücher, Weißbücher, Rotbücher usw. unterscheidet. In ihnen finden sich Abdrücke von Noten, Berichten, Erlassen (Weisungen), Staatsverträgen und Protokollen, die den Parlamenten vorgelegt werden. Im Frieden wird bei fremden Regierungen um die Zustimmung zur Veröffentlichung angesucht, wenn es sich um Stücke handelt, die diese betreffen. Im Kriege, wo auf die feindlichen Staaten solche Rücksichten nicht genommen werden, sind diese Farbbücher mit eine publizistische Waffe wider den Gegner. Aus diesen Gründen (Rücksichten auf das Ausland, Rücksichten auf die politischen Parteien im eigenen Staate) sind diese Bücher geschichtlich nur mit größter Vorsicht zu benützen. Nicht nur daß die einzelnen Stücke oft lückenhaft mitgeteilt werden, ohne daß die Lücken als solche gekennzeichnet sind, so sind sie mitunter falsch datiert, ja sogar in ihrem Wortlaute entstellt. Die Entstellung beruht vielfach in der Art der Auslese, die so getroffen wird, daß nur die für die eigene Regierung günstigen Stücke aufgenommen, daß z. B. von den Berichten eines Gesandten nur jene ausgewählt werden, die sich ex eventu als zutreffend erwiesen haben. — Die Einrichtung der Farbbücher stammt aus E n g l a n d . Die dortigen *Blue-Books* reichen bis in das Jahr 1681 zurück. Es handelt sich hiebei zunächst um alle auf Anordnung des Parlaments gedruckten Berichte und Dokumente. Der Oeffentlichkeit wurden aber diese Veröffentlichungen zuerst 1836 übergeben, F r a n k r e i c h folgte mit seinem *Livre jaune* 1852, das Deutsche Reich 1884. I t a l i e n gibt seine *Libri verdi* seit 1861 heraus, z. B. im Dezember 1865 *Documenti diplomatici presentati al parlamento dal ministro degli affari esteri presidente del consiglio dei ministri* heraus. Hiezu ein Index: *Elenco dei documenti diplomatici (libro verde) presentati al parlamento Italiano dal 27 giugno 1861 al 7 giugno 1890.* Rom 1890.

Herm. M e y e r , Das politische Schriftwesen im Dt. Auswärtigen Dienst. Ein Leitfaden zum Verständnis diplomat. Dokumente 1920.

Die F u n d o r t e diplomatischer Akten sind vor allem die großen Staatsarchive und die Archive der Ministerien des Aeußeren; doch muß man auch beachten, daß Gesandte vielfach ihre Amtskorrespondenz als Privateigentum betrachten und sie nach Beendigung ihrer Sendung in ihren Hausarchiven hinterlegt haben. Man muß sich also nicht bloß der Kritik wegen, sondern auch um der Stoffbeschaffung wegen mit der Biographie der Urheber der diplomatischen Akten beschäftigen. Vgl. XII § 12.

In Betracht kommen besonders: L o n d o n : Public Record Office; P a r i s : Archives du Ministère des Affaires étrangères; W i e n : Haus-, Hof- u. Staatsarchiv; R o m : Archivio della Sante Sede (Vatikanisches Archiv), Archivio di Stato (seit 1871); B e r l i n: Geheimes Staatsarchiv; C h a r l o t t e n b u r g: Kgl. Hausarchiv; B r ü s s e l: Archives générales du royaume; S i m a n c a s: Archivo general; M a d r i d: Archivo histórico nacional; St. P e t e r s - b u r g: Staatsarchiv und Hauptarchiv des Ministeriums; H a a g: Algemeen Rijksarchief; K o p e n h a g e n: Rigsarkivet; S t o c k h o l m: Riksarkivet; B e r n: Schweizerisches Bundes- archiv. Hiezu kommen die Archive einstmals selbständiger Staaten wie M ü n c h e n: Geheimes Staatsarchiv; D r e s d e n: Hauptstaatsarchiv; K a r l s r u h e: Generallandesarchiv; S t u t t g a r t: Geheimes Haus- u. Staatsarchiv; V e n e d i g: R. Archivio di Stato; N e a p e l: R. Archivio di Stato; F l o r e n z: R. Archivio di Stato.

Eine Aufzählung auch nur der wichtigsten V e r ö f f e n t l i c h u n g e n ist unmöglich. Verwiesen sei bloß auf die für die Geschichte Europas im 16. Jht. wichtigen e n g l i s c h e n Publikationen der *Calendars*, in denen aus den wichtigsten Archiven englische Auszüge von Akten wiedergegeben werden, z. B. C a l e n d a r o f s t a t e p a p e r s and manuscripts rela- ting to English affairs, existing in the archives and collections of V e n i c e and in other libraries of N o r t h e r n I t a l y 8 Bde.: 1509—1591 hg. v. Rawdon B r o w n, London 1864—94. Ebenso als C a l e n d a r o f l e t t e r s usw. aus dem Archive zu S i m a n c a s 7 (13) Bde.: 1485—1544 hg. v. G. A. B e r g e n r o t h u. Pascual de G a y a n g o s, London 1862—99; C a l e n d a r o f letters and papers, foreign and domestic, of the reign of H e n r y VIII. hg. v. J. S. B r e w e r, James G a i r d n e r u. R. H. B r o d i e 21 Bde.: 1509—1546, London 1862 ff.; C a l e n d a r o f l e t t e r s . . of E d w a r d VI, M a r y, E l i z a b e t h and J a m e s I. hg. v. Rob. L e m o n u. Everett G r e e n 12 Bde. London 1856—72; C a l e n d a r usw. of E d w a r d V I. hg. v. W. B. T u r n b u l l, London 1861; C a l e n d a r usw. (foreign series) of the reign of E l i z a b e t h hg. v. Jos. S t e v e n s o n u. A. J. C r o s b y, London 1861 ff.; C a l e n d a r o f . . of state papers and manuscripts existing in the archives and collections of M i l a n, hg. v. Allen B. H i n d s 1: 1385—1618 (1912).

Die v e n e z i a n i s c h e n Gesandtschaftsberichte sind außerdem veröffentlicht von Eug. A l b è r i, Relazioni degli ambasciatori veneti al senato durante il secolo 16mo. Florenz 13 Bde. Anhang, Index. 1839—63 in 3 Reihen geteilt a) Europa ohne Italien, b) Italien, c) Türkei. Aufgenommen sind hier nur die Schlußberichte. Eine Fortsetzung hiezu Nic. B a r o z z i u. Gugl. B e r c h e t, Relazioni degli stati europei, lettere al senato degli ambasciatori Veneziani nel secolo XVII. 10 Bde. Venedig 1856—78. Einzelne Aus- gaben noch von Jos. F i e d l e r, Relationen venez. Botschafter über Dtld. u. Oesterreich im 16. Jht. = FRA 30 (1870); d e r s e l b e, Die Relationen . . . im 17. Jht. = Ebda. 26 (1866); 27 (1867); V e n e t i a n. D e p e s c h e n vom Kaiserhofe (Dispacci di Germania) hg. v. Hist. Komm. der Wr. Akad. 1. Abt. 3 Bde. 1538—76 (1889—96) bearb. v. S t i c h u. Gr. T u r b a, 2. Abt. 1 Bd.: 1657—1661 (1901) bearb. v. Alfr. F. P r i b r a m. R e l a z i o n i V e n e z i a n e. Venetiaansche Berichten over de vereenigde N e d e r l a n d e n von 1600—1795, hg. v. P. J. B l o k, Haag 1910. Vgl. Bernh. E r d m a n n s d ö r f f e r in Berr. über die Verhand- lungen der kgl. sächs. Ges. der W. 9 (1857) S. 38—85. Für die Zeit 1496—1533 findet man bei Marino S a n u t o, I Diarii 58 Bde. Venedig 1879—1903. Schlußberichte vielfach im Wortlaut und Auszüge von laufenden Berichten. Vgl. W o l f, S. 610 ff., H a u s e r S. 145 usw.

Ueber die N u n t i a t u r b e r i c h t e vgl. o. S. 212. Hiezu kommen N u n t i a r b e r r. aus der S c h w e i z 1906 ff.; N o n c i a t u r e s [de F r a n c e] de Clement VII. hg. v. J. F r a i k i n = Archives de l'hist. relig. de la France 3 (Paris 1906); N u n t i a t u r b e r r. vom Kaiserhofe Leopolds I. hg. v. Arth. L e v i n s o n 1913; R. de H i n o j o s a, Los des- pachos de la diplomacia pontificia en España, Madrid 1896 ff.

Verwiesen sei auf die C o l l. de d o c u m e n t s i n é d i t s, wo nach diplomatischen Beziehungen die Gesandtschaftsberichte (besonders aus dem 16. Jht.) veröffentlicht wurden, z. B. Abel D e s j a r d i n s, Négotiations diplomatiques de la France avec la Toscane 5 Bde.: 1494—1594 Paris 1859—75; A. G. L e G l a y, Négotiations entre la France et la maison d'Autriche 1501—30, 2 Bde. 1845; Ernest C h a r r i è r e, Négotiations de la France dans le Levant 4 Bde. Paris 1848—60 u. a. F. M. M i g n e t, Négotiations relatives à la suc- cession d'Espagne sous Louis XIV. 4 Bde. 1835—42. Aus Spanien hat die C o l e c c i ó n d e D o c u m e n t o i n é d i t o s für die Zeit Philipps II. beigesteuert, Bd. 98, 101, 103, 110, 111 (Madrid 1891—5), enthaltend die C o r r e s p o n d e n c i a de los p r i n c i p e s d e A l e - m a n i a con F e l i p e II. y de los embajadores de éste en la corte de Viena und Bd. 87, 89—91 C o r r e s p o n d e n c i a d e F e l i p e II. con sus embajadores en la corte de I n g l a t e r r a 5 Bde. (1886/8).

Für die spätere Zeit gibt es eine Unzahl von Veröffentlichungen z. B. P o l i t i s c h e K o r r e s p o n d e n z F r i e d r i c h s d. Gr. 1879 ff. oder C o r r e s p o n d a n c e s e c r è t e inédite de L o u i s XV. sur la politique étrangère hg. v. E. B o u t a r i c 2 Bde. Paris 1866; L e s e c r e t d u r o i, Correspondance secrète de L o u i s XV. avec ses agents diplomatiques 1752—74 hg. v. Alf. Duc de B r o g l i e 2 Bde. 2 Paris 1878/9 oder P r e u ß e n u. F r a n k - r e i c h von 1795—1807. Diplomat. Korrespondenz hg. v. Paul B a i l l e u = Publ. a. d. preuß. Staatsarchiven 8 (1881), 29 (1887), die C o r r e s p o n d a n c e d i p l o m a t i q u e de

Talleyrand hg. v. Gges. Pallain 2 Bde. Paris 1889—91, die Corrispondenze di diplomatici della republica del regno d'Italia dal. 1796—1814 bg. v. Ces. Cantú, Mailand 1884. — Die Mehrzahl der Akten ist nicht veröffentlicht. Eine große Zahl von ihnen wurde zwar schon benutzt und für geschichtliche Darstellungen verwendet, doch sind ihrer zu viele, als daß man an einen Abdruck denken könnte. Eine eigene Bibliographie diplomatischer Akten gibt es nicht. Am erwünschtesten als Vorarbeit wäre eine systematische Zusammenstellung der diplomatischen Vertretung jedes Landes bei anderen Mächten nach Art von Edd. Rott, Histoire de la représentation diplom. de la France auprès des cantons Suisses, de leurs alliés et de leurs conféderés: 1430—1643, 5 Bde. 1: 1430—1559 (1900), 2: 1559—1610 (1902), 3: 1610—26 (1906), 4/1: 1626—33 (1909), 4/2: 1633—35 (1911), 5: 1635—43 (1913).

§ 16.   Verwaltungsakten.

Diese für die Geschichte der Verwaltung wichtigen Quellen setzen behufs geschichtlicher Verwertung voraus, daß man sich wenigstens mit der äußeren Organisation der Verwaltung selbst einigermaßen vertraut macht. Allgemeine Gliederung der Behörden in ihrer gegenseitigen Abhängigkeit, Feststellung ihres Wirkungskreises, ihres rechtlichen und räumlichen Wirkungskreises, Name der Behörden, Titel und Befugnis der Beamten — je genauer man darüber unterrichtet ist, um so erfolgreicher wird man Akten als Quelle verarbeiten können. Umgekehrt ist es Aufgabe des wissenschaftlich tätigen Historikers, dort, wo es an verwaltungsgeschichtlichen Vorarbeiten gebricht, sich aus den Akten selbst die Hierarchie, Titulatur usw. der Behörden und Beamten zu rekonstruieren, ehe er diese Akten heranzieht.

Wichtig ist ferner die bei den Behörden herrschende Uebung für die Bezeichnung der einzelnen Akte. Hiebei wird stets unterschieden zwischen dem Verkehr der oberen zur untergeordneten oder zur gleichgestellten Behörde. In Oesterreich zur Zeit Josefs II. befiehlt die höhere Stelle der ihr untergeordneten durch ‚Bescheide‘, ‚Dekrete‘, ‚Intimationen‘ und ‚Zirkularien‘, die untergeordnete gibt an die höhere Stelle: ‚Anzeigen‘, ‚Berichte‘, ‚Protokolle‘ und ‚summarische Aussagen‘. Gleiche Stellen erlassen an gleiche: ‚Insinuate‘ und ‚Reinsinuate‘, ‚Kompaßschreiben‘, ‚Noten‘, ‚Protokollauszüge‘, an die Oeffentlichkeit wendet man sich durch ‚Edikte‘, ‚Generalien‘, ‚Patente‘ oder ‚Verordnungen‘, ‚Nachrichten‘, ‚Rufe‘.

Der Gang eines Aktes ist hier ungefähr dieser. Die von den Parteien überreichten „Eingaben“ werden zunächst im „Einreichungsprotokoll“ (protocollum exhibitorum) verzeichnet, meist mit Angabe des Datums, der fortlaufenden Nummer, des Inhalts und des Referenten. Später wird auch der Tag der Entscheidung, der Ausfertigung und der Registraturbezeichnung angemerkt. Die Eingabe geht nun je nach Inhalt und Amtseinrichtung ihren vorgeschriebenen Weg, wobei in der Regel der Inhalt der Beschlüsse, die von den einzelnen Departements und Behörden gefaßt wurden, in eigene Protokolle eingetragen wurden. Das von den Konzeptsbeamten erledigte Stück kam in das ‚Expedit‘, wo es reingeschrieben („mundiert“), verglichen („kollationiert“), zur Unterschrift befördert und dann versendet („expediert“) wurde. Das ist ungefähr das Paradigma, nach dem sich bei den meisten Staatsverwaltungen mit größeren oder kleineren Abweichungen der Geschäftsgang abgewickelt hat. Vgl. *Erich Gf. Kielmannsegg, Geschäftsvereinfachung und Kanzleireform bei öffentl. Aemtern und Behörden* 1906.

Wichtig für die Kenntnis des Aemterwesens und des Amtsgebrauches sind die seit der 2. Hälfte des 15. Jht.s mit der Neuordnung des Behördenwesens immer zahlreicher auftretenden Kanzleiordnungen, bei denen freilich jedesmal sichergestellt werden muß, wie weit die Bestimmungen der einzelnen Ordnung auch verwirklicht wurden. Wichtig kann ferner die Frage sein, ob eine solche Ordnung aus dem unmittelbar empfundenen Bedürfnis der Praxis entstanden ist, ob sie fremden Vorbildern entstammt. Keinesfalls darf man von einer Kanzleiordnung deshalb, weil sie einmal erlassen wurde, auch schon annehmen, daß sie wörtlich befolgt wurde und sich im Amtsleben durchgesetzt hat.

Abgedruckt beziehungsweise verwertet findet man Kanzlei- bzw. Behördenordnungen und Verwaltungsakten bei Gv. S c h m o l l e r , Ueber Behördenorganisation, Amtswesen u. Beamtentum im allg. u. speziell in Dtld. u. Preußen bis zum J. 1713 = Acta Borussica, Abt. Behördenorganisation 1894 ff.; Siegfr. I s a a c s o h n, G. des preuß. Beamtentums vom Anfang des 15. Jhs. bis auf die Ggw. 3 Bde. 1874—84 reicht von 1415—1713; U r k u n d e n u. A k t e n s t ü c k e zur G. der inneren Politik des Kf. Friedrich Wilhelm von Brandenburg 1: Kurt B r e y s i g, G. der brandenb. Finanzen 1640—97 (1895) 2: Otto H ö t z s c h, Stände u. Verwaltung von Cleve-Mark 1660—97 (1909); Theod. F e l l n e r, Oesterr. Zentralverwaltung 1. Abt.: Von Maximilian I. — 1749 Bd. 1: Einleitung — 1749 Bd. 2 u. 3 Aktenstücke, bearb. von Hch. K r e t s c h m a y r = Veröff. der Komm. f. Neuere G. Oesterr. 5, 6, 7 (1907); Siegm. A d l e r, Die Organisation der Zentralverwaltung unter Ks. Maximilian I. 1886 (ungünstig und unübersichtlich angelegt); Theod. M a y e r, Die Verwaltungsorganisationen Maximilians I. = Ff. z. inneren G. Oesterreichs 14 (1920); Edd. R o s e n t h a l, Die Behördenorganisation Ks. Ferdinands I. AföG. 69 (1887) S. 51 ff.; E. R o s e n t h a l, G. des Gerichtswesens u. der Verwaltungsorganisation Bayerns 1: 1180—1598 (1889), 2: 1598—1744 (1906); Wolfg. W i n d e l b a n d, Die Verwaltung der Markgrafschaft Baden 1916; Willy A n d r e a s, G. der badischen Verwaltungsorganisation 1: Der Aufbau des Staates (1913). Für E n g l a n d in den C a l e n d a r of State papers (Rolls Series). Für F r a n k r e i c h: Documents relatifs à l'hist. de l'industrie et du commerce en France hg. v. G. F a g n i e z = Coll. de textes pour servir à l'étude . . d'histoire 22 (1888, 31 (1900); C o r r e s p o n d a n c e a d m i n i s t r a t i v e sous le règne de Louis XIV. entre le cabinet du roi, les sécrétaires d'état, le chancelier de France (in Doc. inéd.) hg. v. G. B. D e p p i n g 4 Bde. Paris 1850/5; C o r r e s p o n d a n c e d e s c o n t r ô l e u r s g é n é r a u x d e s f i n a n c e s avec les intendants des provinces hg. v. A. M. de Boislisle 3 Bde. Paris 1874—97 (= Doc. inéd.) M é m o i r e s d e s i n t e n d a n t s hg. v. A. M. de B o i s l i s l e, ebda. 1881 (= Doc. inéd.); C o l l e c t i o n d e d o c u m e n t s inédits sur l'h i s t o i r e é c o n o m i q u e d e l a r é v o l u t i o n f r a n ç a i s e, Paris 1907 ff.

F u n d o r t e für Verwaltungsakten sind die Archive der staatlichen, territorialen, städtischen usw. Verwaltungsbehörden. Vielfach sind die Archive der obersten Zentralstellen wie in B e r l i n im Geheimen Staatsarchiv zusammengelegt. In W i e n verteilen sich die Verwaltungsakten auf die Archive der einzelnen Behörden. Als bedeutendstes in dieser Hinsicht ist das Gemeinsame Finanzarchiv (Hofkammerarchiv) hervorzuheben, daneben das des Ministeriums des Innern, des Finanzministeriums usw. — Man muß z. B. wissen, daß die Chambre des comptes für Flandern in L i l l e war, um in den dortigen Archives départementales die betreffenden Akten zu suchen.

§ 17. Militärische Akten.

Sie unterscheiden sich, soweit es sich um Angelegenheiten der Militärverwaltung handelt, nicht wesentlich von den anderen Akten. Hier ist es von besonderer Wichtigkeit, die in jeder Armee und in jedem Staate übliche Terminologie kennen zu lernen. Geht diese nicht aus den Akten selbst hervor, so kann Einsicht in die Dienstbücher (Instruktionen) Aufklärung geben. Im allgemeinen wird man auch da zu unterscheiden haben zwischen Akten, die hervorgegangen sind a) aus dem Verkehr untergeordneter an übergeordnete Stellen, b) vorgesetzter Personen und Stellen an solche, die untergeordnet sind, c) aus dem Verkehr gleichgestellter Personen und Stellen. In der österreichischungarischen Armee gab es z. B. im ersteren Falle: Rapporte, Anzeigen, Meldungen, Berichte, Relationen, Aeußerungen, Eingaben. Vorgesetzte Personen und Stellen gaben an untergeordnete Stellen Befehle, Verordnungen oder Erlasse, die entweder Entscheidungen oder Erledigungen sein konnten. Eine besondere Stellung nahmen „Allerhöchste Handschreiben" ein. Außerdem gab es Armeebefehle, Zirkularverordnungen, Tagesbefehle, Dienstzettel. Gleichgestellte richteten aneinander ‚Zuschriften' (Ersuchsschreiben), an Zivilbehörden ‚Noten'.

Ein Besonderes ist der S c h r i f t e n v e r k e h r im F e l d e . Hier unterscheidet man Meldungen und Befehle, Situations- und Gefechtsmeldungen (an unmittelbar übergeordnete Kommanden), Gefechtsberichte, Bulletins. In den meisten Armeen war es angeordnet, daß jedes Kommando von Tag zu Tag jedes militärisch wichtige Ereignis aufzeichne. Solche T a g e b ü c h e r waren bereits in dem preußischen Heere König Friedrichs II. eingeführt, vgl. S. 275. Eine wichtige Ergänzung zu den eigentlichen Akten bilden die K a r t e n , Uebersichts-, Spezial- und Generalkarten, Pläne, Detailaufnahme, Schlachtenpläne, Operationskarten, Befestigungs- und Belagerungspläne, Bilder usw. Unterstützt kann die Verwertung von militärischen Akten durch Einsichtnahme in etwa vorhandene P a t e n t e , militärische A m t s b l ä t t e r und S c h e m a t i s m e n werden. Für die ältere Kriegsgeschichte kommen noch die mit der W e r b u n g zusammenhängenden Akten und Urkunden (Soldverträge) dazu.

Die F u n d o r t e der militärischen Akten sind in erster Linie die eigentlichen Kriegsarchive. Solche gibt es in P a r i s (Archives du ministère de la guerre), B e r l i n (Kriegsarchiv des Großen Generalstabes), Geheimes Archiv des Kriegsministeriums, jetzt Reichsarchiv in Potsdam), W i e n (Kriegsarchiv), St. P e t e r s b u r g (Archiv des Marineministeriums und das Militär-Gelehrte-Archiv des Großen Generalstabes), H a a g (Krijgsgeschiedkundig archief van den generalen staf), S t o c k h o l m (Kungl. Krigsarkivet), M ü n c h e n (Kriegsarchiv). Außerdem finden sich natürlich auch in anderen Archiven militärische Akten.

Von V e r ö f f e n t l i c h u n g e n oder eigentlich V e r a r b e i t u n g militärischer Akten kommen vor allem die XII § 19 genannten in Betracht. Dazu noch François de B a s u. F. J. G. ten R a a , Het staatsche leger 1568—1795, Haag 1911 ff.; F. de B a s u. J. de S e r c l a e s de W o m m e r s o m , Le campagne de 1815 aux Pays-Bas d'après les rapports officiels néerlandais 3 Bde. Brüssel 1908 ff.

Laufende Publikationen durch die M i t t e i l u n g e n des k. u. k. K r i e g s a r c h i v s in W i e n 1876 ff.; M i t t e i l u n g e n aus dem A r c h i v des K r i e g s m i n i s t e r i u m s (Berlin) 1891 ff.

§ 18. Akten, die aus ständischen oder parlamentarischen Verhandlungen hervorgehen.

Die Germanen hatten den antiken Staatsgedanken zerbrochen und den Ausgleich zwischen dem einzelnen und dem Staat, zwischen der Gewalt des Gemeinwesens und den Rechten des Volkes bzw. der Freiheit der Persönlichkeit herbeigeführt. In den altgermanischen Anschauungen wurzelt letzten Endes die Idee repräsentativer Staatsformen. In mannigfachen inneren Wandlungen entwickelt sich, vielfach auch durch äußere Verhältnisse (häufiger Wechsel der Herrscher, Wechsel des Herrschergeschlechtes, unglückliche

Kriege u. ä.) beschleunigt, aus dem Lehensstaate allmählich der sog. S t ä n d e -
s t a a t, in dem einzelne Gesellschaftsschichten in verschiedener Abstufung und
in verschiedenem Umfange an der Ausübung der Staatsgewalt Anteil erhielten,
indem diesen Schichten (Stände) das Recht der Beratung in allgemeinen
Landesangelegenheiten durch ihre Vertreter zusteht bzw. die Herrscher an
deren Ratschlag gebunden waren. In dem größten Teile Europas vollzog sich
dieser Uebergang im Laufe des 13. Jht.s und knüpfte in der Regel an die
Bewilligung von Steuern an. Barone (Ritter), Prälaten (Klerus), Städte,
unter Umständen auch freie Bauern schlossen sich zu solchen Ständen zusammen und mußten bei gewissen Gelegenheiten oder zu bestimmten Fristen
einberufen werden auf R e i c h s t a g e n bzw. L a n d t a g e n. Zum Wesen
ständischen Wesens gehörte es überdies, daß die einzelnen Stände zur Beratung und Beschlußfassung über gemeinsame Angelegenheiten eigene Tage
abhielten. Es gab K u r f ü r s t e n t a g e , F ü r s t e n t a g e , es gab S t ä d t e -
t a g e und andere ähnliche Einrichtungen. Mit dem Emporkommen der auf
römisch-rechtlicher Grundlage sich aufbauenden Landesherrlichkeit der Fürsten
in Deutschland gingen die Auswüchse ständischer Sonderpolitik zurück, doch
hielt sich das ständische Prinzip, wenn es auch vom Absolutismus eingeschränkt und bisweilen zur vollständigen Einflußlosigkeit herabgedrückt wurde,
doch im großen und ganzen bis zur Einführung konstitutioneller Regierungsformen. Vgl. *Hs. Spangenberg, Vom Lehenstaat zum Ständestaat = Hist. Bibl.*
29 (1912).

Für die Verwertung der aus der Versammlung repräsentativer Körper-
schaften hervorgehenden Akten ergibt es sich also, daß man sich über ihre
verfassungsmäßigen Befugnisse, über ihre Geschäftsordnung und Zusammensetzung möglichst genau unterrichte. Andererseits sind gerade diese Akten
die wichtigsten Quellen für die Erkenntnis jener Verhältnisse.

Im allgemeinen wird man innerhalb der hier in Betracht kommenden
(Reichstags-, Landtags-)Akten zu unterscheiden haben

1. die B e r u f u n g s s c h r e i b e n , in denen die einzelnen Stände zum
Besuche der Tagung bzw. zur Wahl eines Vertreters eingeladen werden.
Nach Erfindung der Buchdruckerkunst finden sich bereits frühzeitig gedruckte
Ausschreibung mit freibleibendem Raum für die individuellen Teile wie Name,
Datum usw. Vgl. o. S. 179.

2. Die P r o p o s i t i o n , in der die Verhandlungsgegenstände, eventuell
die Reihenfolge ihrer Beratung angegeben wird.

3. V e r h a n d l u n g s p r o t o k o l l e .

4. Der A b s c h i e d bzw. Nebenabschied, der die Beschlüsse der Tagung
enthält.

Um diese vier Hauptbestandteile, die unter verschiedenem Namen und
in verschiedenen Abänderungen erscheinen können, gruppiert sich eine ganze
Reihe weiterer Akten. Dazu gehören zunächst die K o r r e s p o n d e n z e n ,
die die Einberufer mit den Einzuberufenden und diese untereinander aus-
tauschen. Es ist dies der schriftliche Niederschlag der Vorverhandlungen,
wozu noch Entschuldigungsschreiben, wenn ein ständisches Mitglied nicht
kommen kann oder will, zu rechnen sind.

Den zu der Versammlung abgehenden Mitgliedern wird in der Regel eine
I n s t r u k t i o n schriftlich mitgegeben. Leitet nicht der Einberufer selbst,

sondern ein Vertreter von ihm die Tagung, so erhält auch er eine solche Instruktion. Während der Beratung über die Proposition wechseln vielmals die einzelnen Stände ihre „Bedenken" über die Verhandlungsgegenstände aus. Gleichzeitig senden die Versammlungsteilnehmer Berichte an ihre Auftraggeber und erhalten von diesen Bescheide oder neue Instruktionen. Unter Umständen geben die Stände feierliche Erklärungen, z. B. einen Protest ab. Daneben laufen Korrespondenzen der verschiedensten Art zwischen den Beteiligten hin und her, Bittschreiben kommen hinzu, Rechnungen, Werbungen auswärtiger Gesandter usw.

Bei vorliegenden Protokollen und Abschieden — erstere kommen zuerst auf den großen Kirchenversammlungen, die ja der Analogie wegen in diesem Zusammenhang genannt werden dürfen, und zwar schon auf dem Konzil zu Pisa 1409 vor — wird man stets zu untersuchen haben, ob sie amtlicher oder privater Natur sind. Man wird ferner beachten müssen, ob von den Interessenten nachträglich auf deren Abfassung Einfluß genommen werden konnte.

Der Historiker, der solche Akten heranzieht, wird sich stets bewußt sein müssen, daß er ihren Inhalt an den Tatsachen zu prüfen hat. Der Beschluß der Versammlung gewinnt an Bedeutung, wenn wir festgestellt haben, daß er auch ausgeführt wurde. Sehr oft wird die Proposition des nächsten Ständetages oder der nächsten Ständetage auf die Ausführung des vorhergehenden Abschiedes Bezug nehmen.

Beispiele für die Ausgabetechnik und Behandlung dieser Akten sind die Landtagsakten von Jülich-Berg 1400—1610 hg. v. Gg. v. Below 1: 1400—1562 (1895), 2: — 1589 (1907) = Publ. der Ges. f. Rheinische G.kunde 11; Hessische Landtagsakten hg. v. Hch. Glagau 1: 1508 · 1521 (1901) = Veröff. der Hist. Komm. f. Hessen u. Waldeck 1; Ernestinische Landtagsakten hg. v. C. A. Burkhardt 1: 1487—1532 (1902) = Thüring. G.quellen 8. Nicht so sehr durch ihre Editionstechnik als durch den weiten Zeitraum, den sie umfassen und durch die Reichhaltigkeit des Inhalts ausgezeichnet ist die Amtliche Sammlung der älteren Eidgenössischen Abschiede bearb. v. J. E. Kopp, A. P. v. Segesser u. a. 1: 1245—1420 (1839, Register 1864, [2] 1874), 2: 1421—77 (1863), 3/1: 1478—99 (1858), 3/2: 1500—20 (1869), 4/1a: 1521—8 (1873), 4/1b: 1529—32 (1876), 4/1c: 1533—40 (1879), 4/1d: 1541—8 (1882), 4/1e: 1549—55 (1886), 4/2: 1556—86 (1861), 5/1: 1587—1617 (1872), 5/2: 1618—48 (1875/7), 6/1: 1649—80 (1867), 6/2: 1681—1712 (1852/4), 7/1: 1712—43 (1863), 7/2: 1744—77 (1867), 8: 1778—98 (1856). Amtl. Sammlung der neueren Eidgen. Abschiede, 1. Teil: Repertorium der Abschiede der eidg. Tagsatzungen: 1803—13 [2] v. Jak. Kaiser 1886; 2. Teil: Repert. der Abschiede usw.: 1814—48 v. Wm. Fetscherin 2 Bde. 1874/6.

Die Abschiede der Deutschen Reichstage, die seit 1501 (Das buch des heiligen römischen reichs vnnderhaltung) immer wieder von Buchhändlern (später als Corpus recessuum imperii) veröffentlicht als „Neue und vollständige Sammlung der Reichsabschiede, welche von den Zeiten Kayser Conrads II. bis jetzo auf den Teutschen Reichs-Tagen abgefaßt worden hg. v. J. S. Schmauß u. H. Ch. v. Senckenberg, Frankfurt 1747, 4 Bde. (— 1736) durch Akten erweitert und vervollständigt wurden, sind für die Zeit von 1376—1441 bzw. 1519—1524 durch die mustergültige Ausgabe der von der Münchener Historischen Kommission besorgten Dt. Reichstagsakten 1: 1376—87 (1867), 2: 1388—97 (1871), 3: 1397—1400 (1877), 4: 1400—1 (1882), 5: 1401—5 (1885), 6: 1406—10 (1888), 7: 1410—20 (1878), 8: 1421—6 (1883), 9: 1427—31 (1887), 10: 1431—33 (1906), 11: 1433—5 (1898), 12: 1435—7 (1901), 13/1: 1438 (1908), 15: 1440/1 (1914), 16/1: 1441/2 (1921). Jüngere Reihe 1: 1519 (1893), 2: 1521 (1896), 3: 1522/3 (1901), 4: 1523/4 (1905) überflüssig gemacht. Für die hier noch nicht berücksichtigten Jahre Joh. Joach. Müller, Des hl. Römischen Reiches Teutscher Nation Reichstags-Theatrum .. 1440—1493, Jena 1713, J. J. Müller, Reichstags-Theatrum .. 1486—1500 2 Bde. Jena 1718/9; J. J. Müller, Reichstagsstaat unter K. Maximilian I. 1500—1508 Jena 1709; Gv. Gg. König v. Königsthal, Nachlese ungedruckter Reichstags- u. reichsstädtischer Kollegialhandlungen unter K. Friedrich III., Frankfurt 1759 (reicht bis 1474); Joh. Gottfr. v. Meiern, Acta comitialia Ratisbonensia publica 2 Bde. Leipzig, Göttingen 1738/40; Joh. Jos. Pachner v. Eggenstorff, Vollständige Sammlung aller von Anfang des noch fürwährenden Teutschen Reichstages de anno 1663 bis anhero abgefaßten Reichsschlüsse 4 Bde. Regensburg

1740—77; Joh. Christian L ü n i g , Teutsche Reichs-Cantzley .. seit dem Westphälischen bis auf den Rastädtischen Frieden 8 Bde. Leipzig 1714; L ü n i g , Sylloge publicorum negotiorum, Frankfurt u. Leipzig 1694 s. Supplementen 1702 reichen von 1674—1702; [Chr. G. O e r t e l] Reichs-Tags-Diarium 1745—52, Regensburg 1756, Forts. 7 Bde. 1752—1765, Neues Reichs-Tags-Diarum 16 Bde. 1766—1797; J. J. M o s e r , Teutsches Staats-Archiv oder Sammlung derer neuesten und wichtigsten Reichs-, Crays- und anderer Handlungen 1751 —1757 jährlich erscheinend.

Für die K r e i s t a g e kommen in Betracht Sammlung des hl. Röm. Reichs, sämtliche Crais-Abschiede hg. v. Fch. Karl v. M o s e r 3 Bde. (— 1599) Leipzig u. Ebersdorf 1747/8; des Fränkischen Kreises 2 Bde. 1600—1748 Nürnberg 1752; des Obersächsischen Kreises 1601—81, Jena 1752. Ferner D i e R e z e s s e u. a. Akten der H a n s e t a g e von 1256—1430 hg. v. K. K o p p m a n n 8 Bde. 1870—97. Vgl. o. S. 211.

Für S p a n i e n : C o r t e s de los antiguos reinos de L e ó n y de C a s t i l l a , Madrid 1861 ff.; A c t a s de las cortes de C a s t i l l a (von 1563 an), Madrid 1861 ff.; C o r t e s de los antiguos reinos de A r a g ó n y de V a l e n c i a y principado de C a t a l u ñ a , Barcelona 1896 ff.

Für B ö h m e n : D i e b ö h m i s c h e n L a n d t a g s v e r h a n d l u n g e n u. Landtagsbeschlüsse von 1526 bis auf die Neuzeit 1877 ff.

Für U n g a r n : M o n u m e n t a c o m i t i a l i a regni H u n g a r i c i (1526—1606 reichend) 12 Bde. = Mon. Hungariae hist. Abt. 3/1 Budapest 1874—1917; M o n u m e n t a c o m i t i a l i a regni T r a n s i l v a n i a e (:1540—1699) 21 Bde. = M. Hung. hist. Abt. 3/2 Budapest 1875—1898.

Zur n e u e r e n parlamentarischen und halbparlamentarischen Geschichte D e u t s c h l a n d s ziehe man heran die amtlichen Veröffentlichungen wie P r o t o k o l l e d e r Dt. B u n d e s v e r s a m m l u n g , a) nebst den loco dictaturae gedruckten Beilagen 27 Bde. 1817—66, b) ohne die Beilagen [für das Publikum]. Nachträgl. Aktenstücke 5 Bde. 1817—20. Vgl. G. v. M e y e r , Repertorium zu den Verhandlungen der dt. Bundesvers., Frankfurt 1820/2; D i e V e r h a n d l u n g e n d e r B u n d e s v e r s a m m l u n g von den revolutionären Bewegungen des J. 1830 bis zu den geheimen Wiener Ministerialkonferenzen.. 1846 und D i e V e r h a n d l u n g e n .. bis z. J. 1845 (1848); G. K o m b e t , Authentische Aktenstücke aus den Archiven des Dt. Bundes 1835, ²1838; O f f i z i e l l e r B e r i c h t über die Verhandlungen zur Gründung eines Dt. Parlaments 1848; S t e n o g r a p h i s c h e r B e r i c h t über die Verhandlungen der Dt. konstituierenden Nationalversammlung zu F r a n k f u r t a. M. hg. v. F. W i g a r d 9 Bde. 1848—50, vollständiges Inhaltsverz. 1850; V e r h a n d l u n g e n des ö s t e r r e i c h . Reichstages nach den stenogr. Aufnahmen 4 Bde. 1848; P r o t o k o l l e des Verfassungsausschusses im ö s t e r r . Reichstage 1848/9 hg. v. Ant. S p r i n g e r 1885; Alfr. F i s c h e l , Die Protokolle des Verfassungsausschusses über die Grundrechte 1912; D i e V e r h a n d l u n g e n des zum 2. April 1848 zusammenberufenen Vereinigten [p r e u ß.] Landtags, zusammengest. v. E. B l e i c h 1848; V e r h a n d l u n g e n der Versammlung zur Vereinbarung der p r e u ß. Staatsverfassung 2 Bde. 1848/9; V e r h a n d l u n g e n des Reichstages des N o r d d t. Bundes 1867 ff.; V e r h a n d l u n g e n des ö s t e r r . Reichsrats 1860 (1860). Vgl. Gv. K o l m e r , Parlament u. Verfassung in Oesterreich: 8 Bde. — 1904 (1902—14).

Die Akten des e n g l i s c h e n P a r l a m e n t s sind mehrfach veröffentlicht worden. Man findet die darauf bezugnehmenden Akten, soweit sie dem Mittelalter angehören, ausführlich verzeichnet bei Charles G r o ß , The sources and literature of English history, London 1900 S. 344—47. Die politische und gesetzgebende Tätigkeit des englischen Parlaments bis 1808 behandelt Wm. C o b b e t t , Parliamentary history 36 Bde. London 1806 —20, welches Werk von H a n s a r d (dies der Name des Buchdruckers) als Parliamentary Debates (jährlich erscheinend) fortgesetzt wird. Die J o u r n a l s of the house of the L o r d s (beginnend von 1503 an) und die J o u r n a l s of the house of C o m m o n s (beginnend mit 1547) mit gemeinsamem Generalindex für 1765—81 sind zu den obigen Werken eine wichtige Ergänzung.

Eine wertvolle Bibliographie zu den Veröffentlichungen parlamentarischer Akten ist der C a t a l o g u e of p a r l i a m e n t a r y p a p e r s 1801—1900 London s. d. (ca. 1905). Vgl. auch Jos. R e d l i c h , Recht u. Technik des englischen Parlamentarismus 1905.

In F r a n k r e i c h verstand man unter Parlament seit 1239 die aus ständischen Elementen, Hofbeamten und Rechtskundigen, zusammengesetzte, ständige oberste Gerichtsstelle, deren Aemter unter Franz I. käuflich, bzw. erblich wurden, von deren Zustimmung es später abhing, daß königliche Gesetze und Verordnungen Rechtskraft erhielten. Die Eintragungen in die Parlamentsregister („Olim" genannt) und in „Les Olim ou registres des arrets" in Auswahl bei Ch. V. L a n g l o i s , Textes relatifs à l'histoire du parlement jusqu'en 1314 = Collection de textes pour servir à l'étude .. l'histoire de France 5 (1888) veröffentlicht, wo auch die Sonderliteratur kritisch verzeichnet ist. Den modernen Parlamentarismus behandelt Prosper D u v e r g i e r d e H a u r a n n e , Histoire du gouvernement parlementaire en France 10 Bde. Paris 1857—71; Phil. J. B. B u c h e z , Histoire parle-

mentaire de la révolution française 7 Bde. Paris 1845/6. Ueber den modernen i t a l i e n i-
s c h e n Parlamentarismus handelt Ed. A r b i b, Cinquant'anni di storia parlamentare del
regno d'Italia, Rom 1898.

§ 19. Register, Beurkundungs- und Amtsbücher.

Jede geordnete Verwaltung (Verwaltung im weitesten Sinne genommen)
bedarf bestimmter Aufzeichnungen über ihre Geschäfte. Diese können 1. Hilfsmittel sein, die die Gleichmäßigkeit der Handhabung sichern und damit auch
der Arbeitssparung dienen wie Formelbücher, Sammlungen von Vorschriften,
Verordnungen, 2. Dienstordnungen, die den Geschäftsgang regeln, 3. Verzeichnisse, die den Auslauf bzw. Einlauf an Urkunden und Akten (s. o. S. 251) bei
einer Behörde verzeichnen, die die Ausgaben und Einnahmen anmerken, Verzeichnisse, in denen man die Ansprüche auf bestimmte Rechte eintrug u. ä.

Solche zumeist in Bücher bzw. Rollen eingetragenen Urkunden und Akten
treffen wir bereits im Altertum. Hieher gehören die seit Alexander dem
Großen eingeführten „Ephemeriden" (s. S. 268), die Tag für Tag die durch
den Herrscher erfolgten Erledigungen beinhalten (vgl. *Ulr. Wilcken* in *Ldw.
Mitteis und Wilcken Grundzüge und Chrestomathie der Papyruskde.*) 1 (1912)
S. 6), die Steuerkataster, Bevölkerungslisten, die Acta oder Commentarii
(ὑπομνήματα) der staatlichen, die Acta ordinis oder Gesta municipalia der
Munizipalbehörden, die Inventaria und Polyptycha der Großgrundherrschaften
dienten öffentlichen wie privaten Rechtsinteressen im römischen Reiche. Vgl.
Osw. Redlich, Urkundenlehre 3: Die Privaturkde. des Mittelalters in *Hdb. d.
Mittelalt. u. Neueren G.* (1911) S. 8 ff. Diese Ueberlieferung der antiken Verwaltungskunst fand an der Kurie weitere Pflege, wenigstens lassen sich aus
verschiedenen Zeiten in der päpstlichen Kanzlei R e g i s t e r nachweisen, in
denen die von ihr ausgehenden Urkunden eingezeichnet wurden. Aehnliche
Einrichtungen finden wir seit dem Ende des 12. Jhts. in Frankreich, seit
Friedrich II. in Sizilien, seit Heinrich VII. vereinzelt und seit Ruprecht
dauernd in der deutschen Reichskanzlei. *Harry, Breßlau, Hdb. d. Urkunden-
lehre²* 1 (1912) 101 ff. Ueberdies war es besonders im bayerischen und süd-
ostdeutschen Kolonialgebiete schon im 8. und 9. Jht. üblich, die über Rechtsgeschäfte ausgestellten Akte zur Wahrung der Rechtstitel in Bücher einzu-
tragen, welche Eintragungen bei dem Niedergang des Urkundenwesens im
allgemeinen in späterer Zeit bisweilen die Rechtskraft von Urkunden selbst
erhielten. So entstanden die T r a d i t i o n s b ü c h e r. Ueber sie handelt
Osw. Redlich a. a. O. S. 79—92. Ebenfalls praktischen Bedürfnissen verdanken die U r b a r e ihrem Ursprunge. Das Urbar dient dazu die Besitz-
rechte einer Grundherrschaft ständig im Auge zu behalten. Die eigentlichen
Urbare besitzen zwar rechtliche Beweiskraft, ohne wie die Urkunden über
den Zeitpunkt, da das rechtliche Verhältnis entstanden ist, und die näheren
Umstände seines Zustandekommens Aufschluß zu geben. Zum Unterschiede
von Steuerkatastern sind sie nicht territorialer Natur, sondern beziehen sich
auf einen bestimmten in einer Hand befindlichen Grundbesitz ohne Rücksicht darauf, ob dieser räumlich zusammenhängt oder verstreut ist. Urbare
im weiteren Sinne sind Aufzeichnungen rein verwaltungstechnischer Natur
ohne rechtliche Beweiskraft. Vgl. *Jos. Šusta, Zur G. u. Kritik der Urbarialaufzeichnungen.* SBWrAk. phil.-hist. Kl. 138 (1898) u. *Gy. Caro, Zur Quellenkde.*

der Wirtschaftsg. in Dt. Gbll. 11 (1910) 118. Als Muster für Herausgabe und Bearbeitung von Urbaren: *Alf. Dopsch, Landesfürstl. Urbare Nieder- u. Oberösterreichs u. Steiermarks = Oesterr. Urbare* 1, 1 (1904), 2 (1910). Weitere Beispiele bei *Rud. Kötzschke, Dt. Wirtschaftsg. bis zum 17. Jh. = Meisters Gr.* [2] II 2/1 (1921) S. 18.

Der Finanzverwaltung dienen die R e c h n u n g s b ü c h e r (Raitbücher), in denen größere und kleinere Verwaltungsbereiche über ihr Rechnungswesen Buch führten. In Deutschland begannen mit der Anlage solcher Bücher um 1260 die Herzoge von Savoyen und ungefähr um dieselbe Zeit Tirol. Im 13. Jht. tauchen auf deutschem Boden auch S t e u e r b ü c h e r und Steuerverzeichnisse auf. Daneben erscheinen auch die L e h e n b ü c h e r zunächst als Verzeichnisse des Lehenbesitzes für die Bedürfnisse der Grundherrschaft und der Landesverwaltung, dann aber auch als Register über die Lehenakte und -urkunden, die jeweils ausgestellt wurden.

Mit der Ausgestaltung des städtischen Verwaltungswesens nehmen die dieser Verwaltung dienenden Behelfe zu, die man mit dem Gesamtnamen S t a d t b ü c h e r zu bezeichnen pflegt. Sie sind aus dem städtischen Kanzleiwesen emporgewachsen und werden durch den Rechtscharakter ihres Inhaltes bestimmt. Vor allem kommen da jene öffentlichen Bücher in Betracht, die zur Eintragung privater Rechtsakte, besonders des Liegenschaftsrechtes dienten (Grund- und Pfandbücher), als zweite Gruppe die Statutenbücher. Sie differenzieren sich nach mannigfacher Art, was schon ihre Benennungen anzeigen, als Acht-, Einungs-, Brief-, Bürgerbuch, Eid-, Ordnungs-, Erbebuch, Gerichts-Gesandt-, Kämmerei-, Kauf-, Klage-, Kriegsbuch, Renten-, Schöffen-, Schreins-, Schuld-, Spruch-, Urfehdebuch u. a. Sie betreffen 1. die Verfassung der Stadt und ihr Recht, das Aemterwesen, 2. die Verwaltung, 3. die Rechtsprechung von Gericht und Rat in Zivil- und Strafsachen, 4. freiwillige Gerichtsbarkeit, 5. das Finanzwesen. Vgl. *Konr. Beyerle, Die dt. Stadtbücher* in Dt. G.bll. 11 (1910) 145—200, *Paul Rehme, Die Stadtbücher als G.quelle* 1913. — Als Beispiel, wie solche Quellen verarbeitet werden können, diene *Paul Sander, Die reichsstädtische Haushaltung Nürnbergs dargest. auf Grund ihres Zustandes von 1431—1440* (1902), *Bernh. Harms, Der Stadthaushalt Basels im ausgehenden Mittelalter* 3 Bde. 1910.

Die Stadtbücher, soweit sie die Beurkundung des Liegenschaftsrechtes zur Aufgabe haben, sind Vorläufer der modernen G r u n d b ü c h e r, wie sie seit dem 14. u. 15. Jht. gang und gäbe werden. Ihr Charakter ist dadurch bestimmt, daß durch die Eintragung in das Buch die Besitz- oder Eigentumsveränderung erst rechtskräftig wird. Es gibt da zwei Grundformen, indem sie entweder a) nach dem Realfoliensystem geordnet sind, d. h. sie sind nach den Liegenschaften geordnet, b) nach dem Zeitpunkt der Eintragung, wie dies in Tirol die sog. „Verfachbücher" (bis 1896) halten.

Hieran reihen sich die Z o l l b ü c h e r (Zollrollen), in die man alles eintrug, was das Zollwesen betrifft, Tarife, Zolleingänge bisweilen auch Herkunftsort der verzollten Waren, die Namen der Kaufleute oder Transportführer. Es braucht nicht erst gesagt zu werden, welche Bedeutung solchen Aufzeichnungen für die Geschichte des Handels, der Verkehrswege, der Münze, der Warenbezeichnungen, der Preise und damit der Wirtschaftspolitik überhaupt innewohnt. Vgl. die programmatischen Ausführungen von *Herм.*

Büchtold, Ueber den Plan einer Edition der dt. Zolltarife des Mittelalters in Vjschr. f. Sozial- und Wirtschaftsg. 11 (1913) S. 515—32.

Einzelne dieser Quellen sind behandelt bzw. veröffentlicht bei Karl M o l l w o , Die ältesten lübischen Zollrodeln. Diss. Leipzig 1894; Konst. H ö h l b a u m in Beitr. z. Kunde Esth.-, Liv.- u. Kurlands 2 (1880) 492—508; Wm. S t i e d a , Revaler Zollbücher u. -Quittungen des 14. Jhts. = Hansische G.quellen 5 (1887); Theod. M a y e r , Zwei Passauer Mautbücher aus den Jahren 1400—02 in Verhdlgen. des hist. Ver. f. Niederbayern 44 (1908), 45 (1909); Fch. B r u n s , Die lübischen Pfundzollbücher 1492—96 in Hans. G.bll. 11 (1903/5) S. 109—131, 13 (1907) S. 457—499, 14 (1908) S. 357—407; Konr. H ä b l e r , Das Zollbuch der Deutschen in Barcelona 1425/41, Württemb. Vjhefte. f. Landesg. NF. 10 (1901) 111 ff.; Hs. N i r r n h e i m , Das hamburgische Pfundzollbuch von 1369 = Veröffentlichungen aus dem Staatsarchiv der freien u. Hansestadt Hamburg 1 (1910) mit Faksimiles von Pfundzolleintragungen und -quittungen. — Ueber die Ergebnisse neuerer Veröffentlichungen von S u n d z o l l r e g i s t e r n berichtet Dietr. S c h ä f e r , Die Sundzoll-Listen in Hans. G.bll. 14 (1908) S. 1—33. Es wurden nämlich in einzelnen Hafenstädten über die ein- und auslaufenden Schiffe getrennt nach Bestimmungs- und Herkunftsorten oft auch mit Angabe der Ladung regelmäßig Aufzeichnungen geführt zum Zwecke der Zolleinhebung. Ueber die Eigenart dieser wichtigen Quellen vgl. Wm. S t i e d a , Schiffahrtsregister in Hans. G.bll. 5 (1884/6) S. 77—118.

Den Bedürfnissen der in einem geordneten, höher stehenden Gemeinwesen notwendigen Verwaltung entspricht die fortlaufende Buchung der wichtigsten Lebensdaten der einzelnen Staatsangehörigen. Aus dem geschichtlichen Werdegang versteht es sich, daß diese Aufgaben im christlichen Europa zuerst die Kirche auf sich nahm. Es geschieht dies durch die K i r c h e n b ü c h e r (Matriken, Tauf-, Eherodel, parish books), die in Italien seit dem 14. Jht., in Deutschland seit dem Ende des 15. Jhts. zu finden sind. Ihnen gesellen sich seit dem 17. u. 18. Jht. die staatlich geführten S t a n d e s r e g i s t e r bei. In diesem Zusammenhang muß der N e k r o l o g i e n Erwähnung getan werden, die, häufig an Martyrologien anknüpfend, die Todestage derer verzeichnen, deren Gedächtnis in einer Kirche oder einem Kloster gefeiert werden sollte. Diese in das frühe Mittelalter hineinreichenden Bücher (vgl. *Wm. Wattenbach, Dtlds. G.quellen* 1 [1904] S. 69 f. Vgl. *Adalb. Fuchs,* NA. 35 [1910] S. 723 ff.), die personen-, wie sprachgeschichtliche wichtige Aufschlüsse geben und in den *MG.* eine eigene Abteilung bilden, haben ihr Gegenstück in den V e r b r ü d e r u n g s b ü c h e r n (libri vitae, libri confraternitatum), worin ursprünglich nur der Personalstand im eigenen Kloster und der verbrüderten Genossenschaften zur Zeit der Anlage zu finden ist. Ueber ihre Einrichtung, Verwertung und Ausgabe unterrichtet *Paul Piper* in *MG. Libri confraternitatum Sti Galli Augiensis, Fabariensis* (1884) Einleitung, *Siegm. Herzberg-Fränkel* NA. 12 (1887) 55 ff., *Engelb. Mühlbacher* MJÖG 10 (1889) 469 ff. — Vgl. *Edd. Heydenreich* (s. o. S. 132).

Zwar ebenfalls dem kirchlichen Leben entstammend, aber als Quelle nach ganz anderer Richtung verwertbar sind die kirchlichen V i s i t a t i o n s p r o t o k o l l e , die sich vereinzelt schon aus dem 9. Jht. nachweisen lassen, die aber erst mit dem 16. Jht. zu ihrer eigentlichen Bedeutung anwachsen. In der Zeit der Reformation wurden eigene theologisch-juristische Kommissionen beauftragt, Kirchen und Klöster zu besuchen und deren wirtschaftliche wie sittliche Zustände zu überprüfen. Das Ergebnis hieß „Abschied" oder „Rezeß". Damit verbunden war auch vielfach die Visitation von Schulen. So haben von der Durchforschung dieser Akten und Protokolle Wirtschafts-, Personen-, Schul- und Kirchengeschichte ihren Vorteil. Vgl. *G. Liebe, Die Herausgabe von Visitationsprotokollen* im *Korr.Bl. des Gesamtver. der dt. G.*

u. Altertumsr. 51 (1903) 48 *Gg. Müller, Visitationsakten als G.quelle* in *Dt. G.bll.* 8 (1907) S. 287—304, 16 (1915) S. 1—32. Ebda. 17 (1916) S. 279—309.

Zu den Amtsbüchern, die über den engeren Bereich hinaus über Personen-, Wissenschafts- und Geistesgeschichte Aufschluß geben, gehören auch die **Universitätsmatrikeln**. Meist findet sich in ihnen eingetragen das Datum der Aufnahme oft mit Angabe des Rektors, Vor- und Zuname des Studenten, sein Vaterland, bisweilen seine Geburtsdaten, Angabe über die Erfüllung der Eintrittsformalitäten (Eid oder Handschlag). Seltener werden die Exmatrikulation späterer Prüfungen, spätere Tätigkeit usw. angemerkt. Es ist klar, daß sich aus diesen an sich trockenen und dürren Namenlisten die verschiedensten Beziehungen persönlicher und geistiger Art herstellen lassen. So haben die *Acta nationis Germanicae universitatis Bononiensis* hg. von *Ernst Friedländer* u. *Karl Malagola* 1887 vgl. hiezu *Gv. Knod, Dt. Studenten in Bologna. Biographischer Index zu den Acta N.G.* 1899 die Einwirkung der Bologneser Rechtsschule auf Deutschland seit dem 13. Jht. in diesen Namen festgestellt und andererseits für die Beurteilung der darin Genannten eine Handhabe geboten. Aehnliches kann *Marc. Fournier* für die Universität Orléans und ihre Bedeutung für die Rechtswissenschaft in Deutschland im 13. Jht. *Nouv. Revue hist. de droit franç. et étranger* 12 (1888) S. 386 ff. nachweisen. Vgl. *Arn. Luschin v. Ebengreuth, Quellen zur G. dt. Rechtslehrer in Italien* in SBWrAk. 112 (1886) S. 746—69 und Ebda. 127 (1892) oder *Gv. Knod, Oberrhein. Studenten im 16. u. 17. Jht. auf der Universität Padua* in *Zsch. f. die G. des Oberrh.* N.F. 15 (1900) S. 197—258. Neuestens *Ant. Ludwig, Vorarlberger an in- u. ausländ. Hochschulen vom Anfang des 13. bis zur Mitte des 17. Jhts.* = *Ff. zur G. Vorarlbergs u. Liechtensteins* 1 (1920). Für die deutschen Universitäten bietet die besten bibliographischen Nachweise *Wm. Erman* u. *Ew. Horn, Bibliographie der dt. Universitäten* 1. Allg. Teil (1904), 2. Bes. Teil (1904), 3. Nachtrr. u. Index (1905). Berücksichtigt die Literatur bis 1899. Fortsetzung für 1910 und 1911 *Otto E. Ebert* u. *Osk. Scheuer, Bibliogr. Jb. f. dt. Hochschulwesen* 1 (1912).

Zu den obengenannten Registern, Amtsbüchern, Matrikeln kämen nicht nur die in IX § 16 erwähnten Protokollbücher, die aus der Aktenherstellung hervorgegangen sind, in Betracht, sondern auch alle jene, die der privaten Geschäftsführung entspringen. Viel treffender als von „Privaturkunden" wäre von **Privatakten** zu sprechen und in diesem Zusammenhang von privaten **Geschäftsbüchern** als Geschichtsquelle zu handeln. Unter ihnen spielen für die Wirtschafts- und namentlich für die Handelsgeschichte die **Handlungsbücher**, die aus der Wirtschaftsführung kaufmännischer Unternehmer stammen, eine hervorragende Rolle. Sie sind Aufzeichnungen, die man zum Privatgebrauch machte und zwar zum Unterschied z. B. von den Urbaren, die sich auf den Bestand des Vermögens (bei den Urbaren des Grundbesitzes) und der daraus entspringenden Renten beziehen, oder der Haushaltungsbücher, die nur die Ausgaben verzeichnen, findet sich in den Handlungsbüchern der Niederschlag der laufenden Geschäfte. Zunächst erfolgten diese Eintragungen noch systemlos und unvollständig und erst am Ende des 13. Jhts. erscheint in genuesischen Handlungsbüchern die doppelte Buchführung. Zu Anfang des 14. Jhts. begegnen wir diesen Quellen in Frankreich und etwas später im Bereiche der Hanse.

Am ausführlichsten handelt über diese Quelle Hch. S i e v e k i n g, Aus venetianischen Handlungsbüchern in (Schmollers) Jb. f. Gesetzg., Verw. u. Volksw. 25 (1901) 1489—1521 u. 26 (1902) 189—225; d e r s e l b e, Die Handlungsbücher der Medici, SB. WrAk. phil.-hist. Kl. 151 (1906); d e r s e l b e, Aus genuesischen Rechnungs- u. Steuerbüchern, Ebda. 162 (1909); Rob. D a v i d s o h n, Ff. z. G. von Florenz 3 (1901) S. 199 ff. Ausgaben von solchen Handlungsbüchern: Karl M o l l w o, Das Handlungbuch von Hermann u. Johann Wittenborg (um 1330 u. 1346 ff.) 1902; Karl K o p p m a n n, Joh. Tölners Handlungsbuch von 1345— 1350 = G.quellen der Stadt Rostock 1 (1885); Hs. N i r r n h e i m, Das Handlungsbuch des Hamburgers Vicko von Geldersen (1367 ff) 1895; Ott Rulands Handlungsbuch hg. v. K. D. H a s s l e r = Bibl. des Lit. Vereins 1 (1843); Livre journal de maître Ugo Teralh, notaire et drapier à Forcalquier (1330—32) hg. v. Paul M e y e r, Paris 1898; Livre de comptes de Jacques Olivier, marchand narbonnais du XIVe siècle hg. v. Alf. B l a n c, Paris 1899. — Dem Staatsarchiv von B a s e l ist seit 1910 das S c h w e i z e r i s c h e W i r t s c h a f t s - a r c h i v angegliedert, das zur Aufgabe hat, alles wirtschaftsgeschichtliche Quellenmaterial, soweit es die Schweiz betrifft, zu sammeln und zugänglich zu machen.

§ 20. Geschichtsdarstellungen.

Die p s y c h o l o g i s c h e n Wurzeln aller geschichtsschreibenden Tätigkeit sind zweierlei (vgl. VI § 1). Sie weisen 1. nach der Zukunft, indem der Mensch sein vergängliches Ich und dessen Erlebnisse und Handlungen vor der Vergessenheit bewahren, das Wissen davon künftigen Geschlechtern bewahren will. Und sie weisen 2. nach der Vergangenheit, indem der Mensch, der über den Ursprung der Dinge nachdenkt, erkunden will, wie es vor ihm gewesen ist. Es liegt auf der Hand, daß diese der Vergangenheit zugewandte Neugier schon einer entwickelteren Kultur und reiferen Erfahrung entspricht. Einen weiteren Schritt nach vorwärts, der aber bereits geschichtsphilosophische Bildung voraussetzt, bedeutet die Frage, wie das, was uns heute umgibt, geworden ist. Darin verrät sich die Erkenntnis von einem ununterbrochenen Wechsel und Werden der Dinge.

Im allgemeinen gedeiht auch die roheste Form der Geschichtsschreibung nur auf dem Boden höherer Bildung. Damit ist freilich nicht gesagt, daß jede höhere Bildung historiographische Fähigkeiten aufweisen müsse. So scheinen sie den Indern im allgemeinen gemangelt zu haben, obwohl diese an Tiefe und Ursprünglichkeit des Denkens kaum übertroffen wurden. Bei ihnen erschöpfte sich offenbar ihr historisches Bedürfnis in den Heldensagen, die ja auch für Griechen und Germanen lange Zeit Ersatz für Geschichtsdarstellung waren. Auch die Perser, die den Griechen z. B. an staatlicher Organisations- und Verwaltungskunst weit überlegen waren, haben es in der vorislamitischen Zeit zu keiner nennenswerten Geschichtsschreibung gebracht.

Die p r a k t i s c h e n Antriebe zur Geschichtsschreibung knüpfen zu Anfang fast überall an kultischen und (was meist dasselbe ist) an kalendarische und chronologische Bedürfnisse an, später an solche der staatlichen Interessen, um sich von da aus dann mit der Ausbreitung der Kultur auf alle Stände, Wissenschaften, Künste usw. auszubreiten. Typisch in dieser Beziehung ist die Entstehung der römischen *Annales maximi*. Alljährlich zu Jahresanfang pflegte der Pontifex maximus die regia, die weiße mit Gips bestrichene Kalendertafel aufzustellen, auf der die Namen der jeweiligen Magistrate eingetragen wurde. Aber auch die (vermutlich für die Opfer und sonstigen heiligen Handlungen) wichtigeren Ereignisse, Kriegausbruch, Teuerung, Pest, Mondesfinsternisse, später jeder Triumph usw. wurden per singulos dies darauf verzeichnet. Diese Tafeln wanderten nach Ablauf jedes Jahres ins Archiv, wurden in der Folge abgeschrieben, bearbeitet und herausgegeben. Vgl. *Pauly* = *Wissowa RE. der klass. Altertumsw.* 1 (1894) 2248 ff. Aehnlichen Anlässen verdanken wir für die altorientalische Geschichte ähnliche Quellen. Die sog. eponymen Behörden, nach denen die einzelnen Jahre benannt wurden, in Assyrien die ‚limu‘, in Athen und Delphi die Archonten, in Rom die Konsuln, in Aegypten und Babylonien die Könige hatte man in Listen eingetragen (Eponymenlisten) und hatte auf diesen beachtenswürdige Zeitereignisse vermerkt. Die Herrscher des alten Orients pflegten übrigens an ihrer Seite Sekretäre zu haben, die ihre Taten und Werke niederschrieben. So gab es im persischen Reiche ‚Memorandenbücher‘ in denen wichtige Vorgänge oder Entscheidungen des Königs schriftlich festgehalten wurden. Alexander den Großen begleitete ein eigener Beamter, dessen Aufgabe es war, die Ereignisse bei Hof und im Felde in den βασιλικαί ἐφημερίδες zu registrieren. Desgleichen haben ptolomaische Könige ein solches Tagebuch führen lassen. Im Mittelalter ist es wieder die Ostertafel und der Kalender, der die Gelegenheit zur Aufzeichnung zeitgeschichtlicher Ereignisse gibt und hinüberleitet zur Anfertigung eigener Annalen.

Das sind die Wurzeln zur j a h r b u c h a r t i g e n (annalistischen) Form der Geschichtsdarstellung und diese Wurzeln haben sich so tief eingegraben, daß sie bis über *Thukydides* hinaus das ganze Altertum und das Mittelalter hindurch für die größere Anzahl der Geschichtswerke das Gerüst bedeuteten, in das die Historiker ihre Nachrichten einfügten. Es ist klar, daß die Annalen die klassische Form für die referierende Geschichtsschreibung darstellen. Sie waren wie geschaffen für eine einfache Aneinanderreihung der Tatsachen. Es war dies ja auch der Ursprung, aus dem sie hervorgingen. Aber in demselben Maße, in dem sie der referierenden Darstellung angepaßt waren, wurde ihre Form verhängnisvoll für eine nach höheren Zielen, nach innerer Abrundung und kausaler Verknüpfung strebende Geschichtsschreibung.

Die Fragestellung nach dem, wie es gewesen ist, findet z. T. ihr Genüge in den künstlerisch gestalteten Erzählungen und Liedern, die im Gegensatz zu der trockenen Annalistik ins andere Extrem fallen, sich oft mehr nach der Phantasie und formalen Gesichtspunkten richten als nach dem Tatsächlichen. Das Wissen von den Naturgewalten, Welt- und Menschwerdung fließt da mit dem Wissen von der Menschheitsgeschichte in einen einzigen Strom zusammen. Mythos, Sage und Geschichte vereinigen sich z. B. noch in *Hesiod*, während bei *Herodot* schon eine klärende Trennung einzutreten beginnt. Der Mythos mit seinem unmittelbaren Eingreifen göttlicher Gewalten scheidet aus, dafür tritt ein an der jonischen Naturphilosophie geschultes verstandesmäßiges Denken. Diese Herkunft der antiken Geschichtsschreibung aus der Sage im Zusammenhalt mit den stark ästhetisch gerichteten Interessen des Publikums und den Einflüssen der Rhetorik auf die literarische Formgebung — das alles zusammen bestimmt die Eigenart der griechisch-römischen Geschichtsdarstellung. Man wird deshalb bei der Kritik von Geschichtswerken der klassischen Antike diesen nie ganz gerecht werden, wenn man sie nicht auch als K u n s t w e r k wertet. Der einzige Historiker, der darin eine Ausnahme macht ist *Polybios*. Sonst gilt für alle ihre Leistungen das Wort des *Quintilian*: historia est proxima poetis et quodam modo carmen solutum. Wenn auch die grundsätzliche Forderung nach Wahrheit nie bestritten wurde, war doch verlangt worden, daß das Geschichtswerk ein ἐγκώμιον für die Freunde, ein ψόγος für die Feinde sein sollte. Der kunstgemäßen Form wurde das Ganze untergeordnet. Die eingelegten Reden dienten zur Charakterisierung der handelnden Personen. Um die innere stilistische Einheit nicht zu stören, wurden auch Briefe und Urkunden, die man verwertete, nicht im Wortlaut angeführt, sondern in die Form von Reden gegossen.

Alle diese Ueberlieferungen aus der Antike wirken das ganze europäische Mittelalter hindurch weiter, doch lassen sich daneben auch Ursprünge und Anlässe feststellen, die nicht eine bloße Herübernahme aus dem Altertum darstellen. So wird auch da gleichsam von selbst der Kalender, die Ostertafel zum Anknüpfungspunkt annalistischer Geschichtsschreibung. Neben diese mit den Ereignissen entweder gleichzeitig erfolgte oder nach gewisser Zeit geschehene Eintragung tritt die Chronik. Hält sie auch meist an dem annalistischen Rahmen fest, so sucht sie doch das Erzählte einheitlicher zusammenzufassen und nach Ursache und Wirkung zu erklären. Die mittelalterliche Historiographie tritt damit in die Fußstapfen eines *Herodot* und *Thukydides*, sie wird: p r a g m a t i s c h. Zur Chronik führen aber nicht bloß die antiken Vorbilder, sondern ebenso wie bei den Griechen einheimische nationale Sagen und Lieder. Vgl. *Jos. Seemüller, Studien zu den Ursprüngen der altdt. Historiographie*. SA. aus: *Abhlgen z. germ. Philol. Festg. für Rich. Heinzel* 1898; *C. Hainer, Das epische Element bei den G.schreibern des früheren Mittelalters* Diss. Gießen 1914.

Besondere Pflege fand überdies das ganze Mittelalter hindurch die Biographie vgl. V § 11. Auch hier knüpfte man bewußt an antike Vorbilder an. *Einhart* nahm sich *Sueton* zum Muster für seine Lebensbeschreibung Karls des Großen. In gleichem Maße wirkte aber auch *Hieronymus* auf die Abfassung der Heiligenleben ein, die einen gewaltigen Teil der Biographien und der Geschichtsschreibung jener Zeit überhaupt einnehmen.

Die Arbeitsmethode ist oft eine recht rohe, die Verwertung der Nachrichten vielfach kritiklos, wenn sich auch gegenüber Märchen und Wundergeschichten hie und da bereits Ansätze zur Kritik zeigen. Es sind dies freilich meist nur Bedenken allgemeiner Art, die nicht mit den Mitteln historischer Vergleichung, sondern aus allgemeinen Erwägungen heraus entstanden sind. Sonst überwiegt freilich eine für uns gar nicht recht faßbare Leichtgläubigkeit. Allerdings versucht man sich bisweilen, die falsch überlieferten Tatsachen in eine richtige Zeitenfolge anzuordnen, doch begnügt man sich in der Regel die gegensätzlichen Behauptungen der Gewährsmänner und Quellen nebeneinanderzustellen. „Das Eigentum von zwei Autoren zu scheiden und nur was der eine bietet, für die Darstellung zu verwerten, war ein Gedanke, der dem Mittelalter so fern lag als etwa die Erfindungen des neunzehnten Jahrhunderts" *Paul Scheffer-Boichorst, Ges.Schrr. 2 (1905)* S. 145. — Dem entspricht es auch, daß man auf die Namensnennung der benützten Werke wie auch auf die Nennung des eigenen Namens so wenig Gewicht legte.

Der Humanismus hat zwar verschiedentlich bereits historische Kritik geübt. *Petrarca* und *Lorenzo Valla* haben in dieser Richtung an einzelnen Urkunden manches hervorragende geleistet, doch als Geschichtsschreiber haben sie nur ab und zu Falsches von Wahrem zu scheiden gesucht. Das Vorwiegen künstlerisch-formaler Absichten hat sie daran gehindert, ein System in die

Kritik zu bringen. Ueberdies waren sie der Antike gegenüber meist in der gleichen Weise befangen, wie die mittelalterlichen Schriftsteller gegenüber kirchlichen Vorstellungen. Immerhin erwuchs zu Ende des 16. Jhts. eine Zusammenfassung der geschichtsmethodologischen Erfahrungen, 1579 erschien zu Basel *Artis historicae Penus.* Seiner Zeit eilte darin der Franzose *Jean Bodin (Bodinus)* mit seinem *Methodus ad facilem historiarum cognitionem* Paris 1566 voran. Er gibt Anweisungen, Erdichtetes von Tatsächlichem zu scheiden, die Glaubwürdigkeit eines Verfassers zu prüfen, er erkennt auch bereits die Abhängigkeit des geschichtlichen Geschehens von klimatischen, räumlichen und anthropologischen Bedingungen. Vgl. *Fdr. v. Bezold, Zur Entstehungsg. der historischen Methodik* in *Int. M.schr. 8* (1913/4) 273 ff.

Alle diese theoretischen Erörterungen, die fast durchwegs auf die Abfassung und Lektüre der Geschichtsschreiber gerichtet waren, hatten sich zunächst im Praktischen nur sehr wenig ausgewirkt. Der Humanismus hatte in der Historiographie zwei Ziele verfolgt: a) ein politisch-publizistisches, das die Interessen der Fürsten und Staaten vertreten sollte, und b) ein künstlerisch-formales, das dem Ruhmbedürfnis entgegenzukommen suchte. Diese Ziele glaubte man nicht besser verwirklichen zu können als durch die Nachahmung antiker Vorbilder (*Livius*). Gegenüber den mittelalterlichen Geschichtsschreibern, die in ihrer überwiegenden Mehrzahl dem geistlichen Stande angehörten, trat jetzt das Laientum in den Vordergrund. Doch die damit bedingte Erweiterung des Gesichtskreises erlitt durch die Abhängigkeit von der antiken Form (annalistische Einteilung, Einstreuung von Reden, Uebertragung der Ausdrücke des modernen Lebens in klassisches Latein) erhebliche Einbußen an Tatsachenwert.

In der Konzeption reicher, durch die bewußte Pflege der Landesgeschichte das Interessen- und Arbeitsgebiet erweiternd, hat die humanistische Geschichtsschreibung doch nur wenig hervorgebracht, was einen höheren selbständigen Quellenwert besitzt. Im Vergleich zu ihr sind Werke, die sich von den neuen Formgesetzen fernhalten (*Macchiavelli, Guicciardini*), oder überhaupt formlose Nachrichtensammlungen ungleich verwendbarer. In der Folge werden die Erzeugnisse der Historiographie stets mehr als indirekte Zeugnisse herangezogen werden, also nicht so sehr für das, was sie melden, als für das Wie ihrer Meldung. Mit anderen Worten, man wird für die Darstellung der Geschichte Ludwigs XIV. nicht *Voltaires Siècle de Louis XIV.* benützen, um daraus das Tatsächliche für die Kenntnis jener Zeit zu gewinnen. Dazu fehlt es nicht an viel verläßlicherem Stoff (Urkunden, Akten, Memoiren, Tagebücher). Man wird aber für die Geschichte der Gedankenrichtungen im Zeitalter der Aufklärung dieses Werk mit Vorteil zu Rate ziehen. Man wird sich überhaupt gegenwärtig zu halten haben, daß sich für uns ungefähr mit *Niebuhr* und *Ranke* die Grenzlinie ziehen läßt, die die Quellen von der Literatur trennt. Seit *Ranke* ist die moderne kritische Methode gefestigt und es beginnt von da an der Strom der neueren wissenschaftlichen Literatur, die auf Grund strenger Quellenprüfung nicht mehr sich selbst so überlassen ist, wie dies früher der Fall war.

Die Richtung, in der sich die moderne Geschichtsforschung bewegt, geht immer mehr dahin, die Historiographie als Geschichtsquelle in den Hintergrund zu rücken. Seitdem *Louis de Beaufort* in seiner *Dissertation*

sur l'incertitude des cinq premiers siècles de l'histoire romaine, Utrecht 1738,
²Haag 1750 sich mit seiner Kritik an *Livius* heranwagte und *Barth. G. Niebuhr* die von *Beaufort* ausgesprochenen Zweifel bestätigte, war die bisher
behauptete Vorherrschaft der Geschichtsschreiber als Quelle endgültig gebrochen. Heute zieht man sie nur dort heran, wo man keine anderen Nachrichten zur Verfügung hat oder als Quellen für die Geistesverfassung der
Zeit, in der sie entstanden sind. Seit für die antike Geschichte Inschriften
und Papyri zu Gebote stehen, seit die moderne Urkundenlehre die Schätze
der mittelalterlichen Urkunden gehoben und sie uns diese benützen gelehrt
hat, seit die wichtigsten Archive für die neueren Jahrhunderte ihre Akten-
massen allgemein zugänglich gemacht haben, ist das Ansehen der Historiographie als Quelle merklich gesunken. Für die Geistesgeschichte wird sich
allerdings noch manches aus ihnen gewinnen lassen, was bisher unbeachtet
geblieben ist, auch sonst wird die Geschichte des Altertums und des Mittelalters bei der Spärlichkeit sonstiger Nachrichten ihrer nie ganz entbehren
können.

Für die kritische Verwertung der Geschichtsdarstellungen gilt im allgemeinen das, was für die Kritik der Quelle überhaupt gilt. Ja unsere ganze
ältere Methodologie ist auf die Prüfung historiographischer Werke ganz und
gar zugeschnitten. Die Grundsätze der Urkundenkritik sind ungleich jünger.

Die äußeren Merkmale betreffen hier die Ueberlieferungsart. Ist
ein Werk in der vom Verfasser selbst verfertigten Niederschrift vorhanden,
ist es ein Konzept des Verfassers, ist eine Kopie des Autographs oder ist es
eine abgeleitete Abschrift, die Kopie einer Kopie? Steht uns die Urschrift
zur Verfügung, so müssen wir nachforschen, ob sie in einem Zuge niedergeschrieben worden ist oder absatzweise (Tintenwechsel). Nachtragungen und
nachträgliche Veränderungen können lehrreiche Einblicke in die Arbeitsweise
des Geschichtsschreibers gewähren. Aus der Handschrift vermögen wir Anhaltspunkte für die Zeit der Niederschrift, für die nationale beziehungsweise
landschaftliche Herkunft des Schreibers gewinnen. Oft geben Vermerke im
oder an dem Kodex Hinweise auf den Namen oder die Herkunft des sonst
ungenannten Verfassers. Der Vergleich mit gleichzeitigen Urkunden, deren
Schreiber wir festzustellen imstande sind, kann uns die Person des Historio-
graphen verraten.

Die inneren Merkmale berühren zunächst die sprachliche Seite des
Werkes. Von der formalen Prüfung (Satzrhythmus, Wortreichtum, mundartliche Färbung) dringen wir zur inhaltlichen Prüfung vor, die uns die Vorstellungswelt des Autors (Berufskenntnisse und Vorurteile, Weltanschauung)
offenbart. Von da geht es zur Kritik des Tatsachengehaltes, die nach den
allgemeinen Regeln geschichtlicher Kritik (vgl. Kap. X) überhaupt gehandhabt
wird. Auch da muß erst, wo der handschriftliche Befund es zuläßt, in der
Zusammenschau mit diesem der Aufbau des Ganzen (ob einheitlich oder nicht
einheitlich entstanden, ob in einem Zuge vollendet, ob späterhin überarbeitet),
der Zeitpunkt der Abfassung, die geographische Herkunft und der Verfasser
selbst festzustellen versucht werden. Dann erst ist die Glaubwürdigkeit der
Nachrichten zu prüfen und die Stellung des Werkes im Rahmen der ganzen
Historiographie und in der ihrer Zeit zu bestimmen. Für mittelalterliche
Geschichtsschreiber ist es wichtig zu fragen, inwieweit sie in ihren Behaup-

tungen selbständig sind und inwieweit sie fremdes (besonders antikes oder biblisches) Gedankengut verarbeitet oder unbesehen aufgenommen haben.

Auch an gefälschten Geschichtsdarstellungen fehlt es nicht. Ihre Enthüllung als Fälschungen muß sich der Methoden bedienen, die VIII § 5 angegeben worden sind. Und ebenso unterscheidet man auch die Fälschungen und Verunechtungen. Schwieriger ist hier meist die Frage nach dem Zweck der Fälschung. Bei Urkunden und offenkundigen Wertgegenständen liegt der Grund meist auf der Hand, bei genealogischen Aufstellungen ebenfalls, aber bei Geschichtsdarstellungen —? Wozu hat man sie gefälscht? *Theod. Mommsen* macht das Fehlen eines vernünftigen Zweckes gegenüber *Dessau* zugunsten der Echtheit der *Scriptores historiae Augustae* im *Hermes* 25 (1890) 228 ff. ganz besonders geltend. In der Tat treffen wir neben Gelehrteneitelkeit, der in diesem Falle der Vorrang gebührt, noch die verschiedensten Beweggründe. Reliquienschwindel und die Eifersucht von Klöstern, Kirchen und Bischöfen gegeneinander führte zu erdichteten Heiligenbiographien. Auch zu publizistischen Zwecken bediente man sich falscher oder gefälschter Geschichtswerke. An Verunechtung durch Interpolationen sind gleichzeitige Darstellungen aus der Geschichte des früheren Christentums nicht arm. — Eine Uebersicht über gefälschte mittelalterliche Quellen, vorzüglich Geschichtsdarstellungen findet sich bei *Wm. Wattenbach, Dtlds. G.quellen im Mittelalter* [6]2 (1894) 489—500.

Eine übersichtliche Behandlung der gesamten Historiographie liefert G. H e r t z b e r g in Ersch u. Gruber Allg. Enzykl. der Wiss. u. Künste 1. Sekt. 62. Teil (1856) 347 —387. An charakteristischen Beispielen sucht Mor. R i t t e r, Die Entwickelung der G.w., an den führenden Persönlichkeiten betrachtet 1919 die Eigenart der wichtigsten historio‧ graphischen Erscheinungen aller Zeiten aufzuzeigen.

Ueber den *Ursprung* der Geschichtswissenschaft: Edd. M e y e r, Thukydides u. die Entstehung der wissenschaftlichen G.schreibung 1913; Benedetto C r o c c, Zur Theorie u. G. der Historiographie, übers. v. Pizzo 1915.

Die *antike* Geschichtsschreibung behandelt als Ganzes ziemlich ausführlich nach systematisch gewählten Gesichtspunkten Kurt W a c h s m u t h, Einleitung in das Studium der Alten G. 1895; Otto S e e c k, Die Entwicklung der antiken G.schreibung 1898; Wm. S t r e h l u. Wm. S o l t a u, Grundr. der alten G. u. Quellenkde. [2]1 (1913), 2 (1914); Arth. R o s e n b e r g, Einleitung u. Quellenkunde zur römischen G. 1921; Edd. M e y e r berücksichtigt in seiner G. des Altertums [2]1907 ff. die Geschichtsschreibung; Edd. N o r d e n, Die antike Kunstprosa vom VI. Jh. v. Chr. bis in die Zeit der Renaissance 2 Bde. [2]1909; Max B ü d i n g e r, Die Universalhistorie im Altertum 1895; Herm. Wm. P e t e r, Wahrheit und Kunst, Geschichtsschreibung u. Plagiat im klass. Altertum 1911.

Orientalische Geschichtsschreibung: Die o r i e n t a l i s c h e n L i t e r a t u r e n in K u l t u r d e r G g w. 1/7 (1906): Otto W e b e r, Die Literatur der Babylonier u. Assyrer = Der alte Orient Ergbd. 2 (1907); Rud. K i t t e l, Die Anfänge der hebräischen G.schreibung, Breslauer Universitätsschr. 1897; Paul H o r n, G. der persischen Literatur 1901; Herm. O l d e n b e r g, Die Literatur des alten Indien 1903; d e r s e l b e, G.schreibung im alten Indien in Aus dem alten Indien 1910 S. 65—107.

Griechische Geschichtsschreibung: Wm. v. C h r i s t, G. der griech. Literatur bis auf die Zeit Justinians [6] bearb. v. O. S t ä h l i n u. Wm. S c h m i d = Hdb. der klass. Altertumsw. 7 (1912—13); John B. B u r y, The ancient greek historians, London 1909.

Römische Geschichtsschreibung: Wm. T e u f f e l, G. der röm. Literatur [6]3 Bde. 1910/6; Mart. v. S c h a n z, G. der röm. Literatur 4 Bde. [2] = Hdb. der klass. Altertumsw. 8 (1907 —14); Wm. S o l t a u, Die Anfänge der röm. G.schreibung 1909.

Die *mittelalterliche* Geschichtsschreibung, bibliographisch von Aug. P o t t h a s t, Bibliotheca historica medii aevi [2]1896, wo im ersten Band unter jedem nach territorialen Gesichtspunkten geordneten Abschnitt über die betreffenden Quellensammlungen reiche Literaturangaben als „Erläuterungsschriften" verzeichnet sind, und Ulysse C h e v a l i e r, Répertoire des sources historiques du moyen-âge [2]1904—1909 zusammengefaßt, ist über die Grenzen Deutschlands hinaus bei Wm. W a t t e n b a c h, Ottok. L o r e n z u. M. J a n s e n - L. S c h m i t z - K a l l e n b e r g behandelt, ferner von Karl H a m p e in J. Hoops Reallex. der germ. Altertumskde. 2 (1913/5) S. 205—54 u. Karl J a c o b, Quellenkde. der dt. G. [6]1

= Sammlung Göschen 297 (1917). Für Frankreich ist Aug. M o l i n i e r , für England Charles G r o ß , The sources and literature of E n g l i s h history — 1485, London 1900 heranzuziehen. Vgl. Max B ü d i n g e r , Die Universalhistorie im Mittelalter in Denkschr. WrAk. phil.-hist. Kl. 1898; Max J a n s e n , Die geschichtliche Auffassung im Wandel der Zeiten, HJb. 27 (1906) 1—33; Bernh. S c h m e i d l e r , G.schreibung u. Kultur im Mittelalter, A. für Kulturg. 13 (1917) S. 193—219; Ernst B e r n h e i m , Mittelalterl. Zeitanschauung in ihrem Einfluß auf Politik u. G.schreibung 1 (1918).

Einzelne charakteristische Eigenschaften der mittelalterlichen Geschichtsschreibung werden untersucht in Joh. K l e i n p a u l , Das Typische in der Personenschilderung der dt. Historiker des 10. Jhs., Diss. Leipzig 1897 und Rud. T e u f f e l . Individuelle Persönlichkeitsschilderung in den dt. G.werken des 10. u. 11. Jhs. = Beitrr. z. Kulturg. des Mittelalters 12 (1914), vgl. Frz. Rob. M ü n n i c h . Die Individualität der mittelalterlichen G.schreiber bis zum Ende des 12. Jhts., Diss. Halle 1907, ferner Ldw. Aug. S t o r b e c k , Die Nennung des eigenen Namens bei den dt. G.schreibern des Mittelalters, Diss. Halle 1910; G. C i r o t . Études sur l'istoriographie e s p a g n o l e , Les histoires générales d'Espagne entre Alphonse X et Philipp II (1284—1556) = Bibliothèque des Univ. du Midi 9 (1904); Rafael B a l l e s t e r y C a s t e l l , Las fuentas narrativas de la historia de España durante la edad media 417— 1474, Palma 1908; Hch. v. Z e i ß b e r g . Die p o l n i s c h e G.schreibung des Mittelalters = Preisschrr. hg. v. der Jablonowski-Gesellschaft 17 (1873).

Die Geschichtsschreibung der *Neuzeit* ist nach großen geistesgeschichtlichen Gesichtspunkten (ohne Berücksichtigung ihres Quellenwertes) zusammenfassend dargestellt in Edd. F u e t o r , G. der Neueren Historiographie im Hdb. der Mittelalterlichen u. Neueren G. (1911). Damit ist Joh. Fch. Ldw. W ä c h l e r , G. der histor. Forschung u. Kunst seit der Wiederherstellung der literar. Kultur in Europa (Abt. 5 der G. der Künste u. Wissenschaften) 1 (1812), 2 (1816) überflüssig, nicht aber z. B. Frz. X. W e g e l e , G. der dt. Historiographie seit dem Auftreten des Humanismus = G. der Wissenschaften in Dtld. Bd. 20 (1885), der trotz seiner Unübersichtlichkeit in seinen Einzelheiten Wissenswertes bietet. Paul J o a c h i m s e n , G.auffassung u. G.schreibung in Dtld. unter dem Einfluß des Humanismus = Beitrr. zur Kulturg. des Mittelalters 6 (1910). Für die d e u t s c h e Geschichtsschreibung der Reformationszeit Gv. W o l f , Quellenkde. der dt. Reformationsg. 1: Vorref. u. allg. Reformationsg. 1915; Emil M e n k e - G l ü c k e r t , Die G.schreibung der Reformation u. Gegenreformation 1912; Fch. G ü n t h e r , Neuere Beitrr. zur G. der G.wissenschaft im 18. Jht., Dt. G.bll. 13 (1912) 1—10 u. d e r s e l b e , Das Lehrbuch der Universalg. im 18. Jht. Ebda. 8 (1907) 263—278: Ernst S c h a u m k e l l , G. der dt. Kulturg.schreibung von der Mitte des 18. Jhts. bis zur Romantik = Preisschrr. der Jablonswskischen Ges. 24 (1905) Plagiat: eine Art Fortsetzung Fueters für Deutschland: Gg. v. B e l o w , Die dt. G.schreibung von den Befreiungskriegen bis auf unsere Tage 1916, Ergänzungen hiezu K. J. N e u m a n n , Dt. L.-Ztg. 38 (1917) 8 ff., 35 ff., 67 ff.; Gv. W o l f , Dietr. Schäfer u. Hs. Delbrück, Nationale Ziele der dt. G.schreibung seit der französ. Revolution 1918; Ant. G u i l l a u d , L'Allemagne nouvelle et ses historiens, Paris 1899; vgl. Walt. G o e t z , Die dt. G.schreibung des letzten Jhts. = Vortrr. der Gehestiftung 10/2 (1919); dagegen Gg. v. B e l o w , Die parteiamtlich neue G.auffassung = Pädagog. Archiv Nr. 801 (1920).

Die *Geschichtsschreibung im 19. Jht.* behandelt G. P. G o o c h , History and historians in the nineteenth century, London 1913.

Die *französische* G.schreibung seit dem 15. Jht.: Ein bibliographischer Behelf: Gv. L a n s o n , Manuel bibliogr. de la litterature française 1500—1900 3 Bde. Paris 1909—11 ²1911 ff.; H. H a u s e r , Les sources de l'histoire de France 2. Teil 3 Bde., Paris 1906 ff. (Manuels de bibliographie historique); H i s t o i r e d e l a l a n g u e e t l i t t e r a t u r e f r a n ç a i s e des origines à 1900 hg. v. Louis de J u l l e v i l l e 3: 16. Jht. (1897), 4: —1660 (1897), 5: —1700 (1898), 6: 18. Jht. (1898), 7: —1850 (1899), 8: —1900 (1899); Louis H a l p h e n , L'histoire en France depuis cent ans, Paris 1914. Vgl. Erich S t e g e r , Das universalhistorische Denken der großen französischen Historiker des 19. Jhts. unter bes. Berücksichtigung von Thierry u. Renan., Diss. Leipzig 1911.

Die neuere *englische* Geschichtsschreibung berücksichtigt auch Sam. R. G a r d i n e r u. J. Bass M u l l i n g e r . Introduction to the study of English history ⁴ London 1903.

Für die *amerikanische* Geschichtsschreibung: A. B. H a r t , Source-Book of American history, New York 1899; d e r s e l b e , American history told by contemporaries 4 Bde. New York 1904.

Joh. A l b r e c h t , Beitrr. zu der *portugiesischen* Historiographie = Histor. Studien 6 (1915).

Marie F. B r o s s e t , Des historiens *arméniens* des 17 et 18 siècles = Commentarii scientiarum imp. Petropolitanae ac. Ser. 7, tom. 19, Nr. 5 (1873).

Ottok. M. v. S c h l e c h t a - W s s e h r a d , Die *osmanischen* G.schreiber der neueren Zeit, S. A. 1856.

§ 21. Die autobiographischen Quellen.

Die Autobiographie unterscheidet sich von der Geschichtsdarstellung (z. B. Biographie oder Zeitgeschichte) dadurch, daß sie sowohl nach ihrem Erfahrungsinhalt wie auch nach der zeitlichen und stofflichen Begrenzung niemals die Beziehung zum Erzähler aus dem Auge verliert. Die hauptsächlichste Quelle, aus der die Autobiographie schöpft, ist das eigene Erlebnis beziehungsweise die Erinnerung an dieses. Die Formen, in denen sich solche selbstbiographische Aufzeichnungen bewegen, können ziemlich vielgestaltig sein. Von zusammenhanglosen Schlagworten und flüchtig hingeworfenen Notizen können sie sich bis zur künstlerischen Zusammenfassung und phantasievollen Gestaltung des eigenen Gedächtnisstoffes erheben. Der Zweck von deren Niederschrift kann entweder darin bestehen, daß man sie zum eigenen Gebrauche gleichsam als Gedächtnisstütze verfaßt hat oder für bestimmte Personen, für die eigene Familie, für die eigenen Nachkommen oder aber für das Publikum. — Die hauptsächlichsten Grundformen der autobiographischen Quellen sind das Tagebuch, die Memoiren, die autobiographische Dichtung.

Selbstbiographisches findet sich sowohl in Inschriften (z. B. in jenen der assyrischen Könige wie auch in Urkunden, ferner in den sog. Gründungs- oder Bauurkunden, die z. B. bei Grundsteinlegungen verfertigt werden, in Gesuchen und Eingaben, in Dissertationen und in den bei ähnlichen Gelegenheiten verfaßten Schriften. Hier handelt es sich vorzüglich um bloße Tatsachenaneinanderreihungen. Dies gilt auch von jenen Bestandteilen in Gesandtschaftsberichten, Reisebeschreibungen, Rechtfertigungsschriften und Geschichtsdarstellungen, wo der Verfasser eigene Erlebnisse mit in die Erzählung hineinverwebt und sich als Augen- und Ohrenzeuge kundgibt. Geistig und künstlerisch höher einzuschätzen ist es freilich, wenn der Selbstbiograph zur seelischen Selbstzergliederung fortschreitet. Diesem Vorzug steht allerdings die Gefahr eines zu starken subjektiven Gehaltes gegenüber, der der Quelle für den Geschichtsschreiber argen Eintrag tun kann. Auf Rousseaus *Confessions* allein ließe sich trotz ihrer bis zum Zynismus fortgeschrittenen Eigenbeobachtung noch lange nicht eine Lebensbeschreibung des werdenden Rousseau aufbauen. — In gewissem Sinne gehörten in die Reihe der selbstbiographischen Quellen auch die Briefe.

Hch. Glagau, Die moderne Selbstbiographie als histor. Quelle 1903 betont das Bedenkliche dieser Quellenart; Gg. Misch, G. der Autobiographie 1: Altertum (1907).

§ 22. Tagebücher.

Das Tagebuch (Diarium, Journal, Diary, Diario) ist dadurch gekennzeichnet, daß die Eintragungen darin möglichst gleichzeitig mit den erzählten Ereignissen niedergeschrieben werden. Diese Ereignisse müssen in der Regel vom Verfasser selbst erlebt worden sein oder zu ihm in einem näheren Verhältnisse stehen. Im übrigen weichen die einzelnen Tagebücher nach Zweck, Inhalt und Form ziemlich voneinander ab. — Faßt man den Begriff des Tagebuches im weiteren Sinne und wie er tatsächlich zur Anwendung gekommen ist, so gehören auch die Tag für Tag gemachten Aufzeichnungen einer Behörde, einer militärischen Abteilung usw. hieher.

Zu diesen Tagebüchern im weiteren Sinne gehören I Diarii von Marino Sanuto, worin der Verfasser (seit 1486 im Großen Rat, seit 1498 im Senat, † 1535) von 1496 bis September 1533 von Tag zu Tag den Einlauf der venezianischen Staatskanzlei, Auszüge aus den Berichten der Gesandten und die Weisungen an diese, die Ergebnisse der Wahlen, die Vorgänge in Venedig, auch persönliche Bemerkungen in italienischer Sprache niedergeschrieben hat und zwar mit der Absicht nachfolgenden Historikern Material zu bieten. Vgl. Rawdon Brown, Ragguagli sulla vita e sulle opere di Marin Sanuto, Venedig 1837 f.; I Diarii di Marino Sanuto hg. v. Fred. Stefani, Gugl. Berchet und Nicolò Barozzi, Venedig 1879—1903, 58 Bde. — Sprengen die Diarii Sanutos den Rahmen der Autobiographie, so gehört z. B. das Gaudische Journal über den Siebenj. Krieg, das zwar auf Grund eigener tagebuchartiger Aufzeichnungen aber auch mit reichlicher Zuhilfenahme fremder Berichte zusammengestellt wurde, bereits in das Gebiet der Geschichtsschreibung, Ff. z. Brand.-Preuß. G. 4 (1891) 553 ff. — Andere ähnliche Veröffentlichungen, die den Namen Diarien in Anspruch nehmen, wie solche namentlich bei Kaiserwahlen, Reichstagen usw. erschienen, sind mehr publizistischen Charakters.

Zu den Tagebüchern im weiteren Sinne zählen z. B. die Konzilsdiarien, die zu Trient vom Promotor des Konzils Ercole Severoli oder vom Konzilssekretär Angelo Massarelli geführt worden sind. Sie sind hg. v. Seb. Merkle im Concilium Tridentinum, Diariorum, actorum, epistularum, tractatuum nova collectio: Concilii Tridentini diariorum pars 1 (1902) oder die Reichstagsdiarien, wie uns solche aus Polen erhalten sind z. B. Dyaryusz sejmu piotrkowskiego R. P. 1565. Poprzedrony Kronika 1559—1562, Objaśnił Wł. Chomętowski wydal Wł. Hr. Krasiński (Tagebuch des Reichstags zu Petrikau im J. 1565 nebst einer Chronik von 1559—1562) hg. v. W. Gf. Krasiński, Warschau 1863, Dnewnik Lublinskaho Sejma 1569 Goda. Soedinenie Welikaho Kniażestwa Litowskaho s·Korolewstwom Polskim, Tagebuch des Lublinschen Reichstags des J. 1569, St. Petersburg 1869, die freilich nichts anderes sind als Aktensammlungen ohne jeden persönlichen Inhalt, gleichsam Autobiographien einer Reichstagspersönlichkeit.

Das Tagebuch im engeren Sinne wird in der Regel vom Verfasser zu seinem eigenen Gebrauche angelegt. Die Eintragungen sind von der Muße, der Wichtigkeit und Gemütsstimmung des Augenblickes beeinflußt, doch müssen sie nicht bloß Autobiographisches enthalten. Bisweilen mischen sich Korrespondenzen, Zeitungsartikel, Lesefrüchte, Sentenzen, eigene Einfälle, Vermerke praktischen Inhalts, Rezepte usw. in die Aufzeichnung der Erlebnisse. Wie im Heere Friedrichs des Großen die Parolebücher, so bot manchmal ein Kalender (Tagebuch Cuspinians!) Anlaß zu tagebuchähnlichen oder wirklichen Tagebuchaufzeichnungen.

Gesichtspunkte für die kritische Würdigung von Tagebüchern. Im allgemeinen ist der Rang, den das Tagebuch als historische Quelle einnimmt, ziemlich hoch. Er hängt natürlich im einzelnen Falle von vielen erst festzustellenden Momenten ab, doch gibt in der Regel die Unmittelbarkeit des Eindruckes der verzeichneten Erlebnisse und die subjektive Wahrheit dieser Literaturart ihr besonderes Gepräge.

a) Aeußere Merkmale: Zunächst ist zu erforschen, ob ein bestimmtes Tagebuch Autograph, also von der Hand des Verfassers selbst geschrieben ist oder ob es sich um eine Abschrift handelt. Ist es ein Autograph, so kann schon die äußere Anordnung und die Art der Eintragungen anzeigen, wie diese erfolgt sind, ob wirklich Tag für Tag oder etwa wochenweise (Tintenwechsel, Aussparung freien Raumes, Aenderung im Schriftcharakter usw.). Es läßt sich aber auch denken, daß der Verfasser selbst von dem autographen Original später eine Abschrift angefertigt hat. — Ist das Tagebuch nicht in der eigenhändigen Urschrift vorhanden, so wird zu untersuchen sein, ob diese dem Kopisten vorgelegen hat, oder ob es sich nicht um die Kopie einer anderen Kopie (Filiation!) handelt. Der Charakter der Schrift, Vermerke zu Anfang oder zu Ende der Handschrift, Archivnotizen u. ä. können für die Beantwortung dieser Fragen Anhaltspunkte bieten.

b) **Innere Merkmale.** Ein Vergleich dessen, was der Verfasser über sein eigenes Leben sagt, mit Aussagen anderer über die Stellung, Wirksamkeit, den Bildungsgrad des Tagebuchschreibers, namentlich aber mit Akten, Urkunden, Briefen, die von ihm ausgegangen sind oder ihn betreffen, wird uns über Glaubwürdigkeit und Genauigkeit seiner Aussagen belehren, wird auf die zwei Hauptfragen, ob der Autor die Wahrheit sagen hat wollen und ob er sie hat sagen können, die sicherste Antwort geben. Anhaltspunkte für die innere Kritik gibt die Prüfung der Zeit- und Ortsangaben und der Schreibung von Eigennamen. Wichtig ist bei Tagebüchern stets die Feststellung der Gleichzeitigkeit. Daß Verweise auf Ereignisse, die erst später eingetreten sind, den Beweis erbringen, daß die fragliche Eintragung nicht mit dem Eintragungsdatum gleichzeitig erfolgt sein kann oder nachher überarbeitet worden ist, bedarf keiner näheren Erläuterung.

Sehr oft bilden Tagebuchaufzeichnungen die Grundlage für die spätere Ausarbeitung und Ausweitung zu Memoiren. Bisweilen sind sie vermischt mit Notizen, Briefen aller Art und bilden ein Gemengsel der verschiedensten Schriftstücke, die nur durch die Beziehung zu der Persönlichkeit, die sie gesammelt hat, innerlich verbunden sind.

Für die kritische Wertung ist zu beachten, daß nicht immer die Tagebücher von Persönlichkeiten in hervorragender Stellung auch geschichtlich wertvoll sein müssen. Nur wenn ein so scharfer Beobachter und eifriger Tagebuchschreiber wie Fürst *Chlodwig zu Hohenlohe-Schillingsfürst* seine *Denkwürdigkeiten* niederschreibt (hg. v. *Fch. Curtius* 1907) haben sie nicht bloß persönlichen Wert. In der Regel sind Zeitgenossen, die entweder nur in zweiter Reihe stehen, aber doch viel mitanzusehen Gelegenheit haben oder gut unterrichtet sind, ohne innerlich stark beteiligt zu sein, die Verfasser geschichtlich ergiebigerer Tagebücher.

Beispiele: Des Viglius von Zwichem Tagebuch des schmalkald. Donaukrieges. Nach dem Autograph hg. v. Aug. v. Druffel 1877. Reicht vom 10. April bzw. 24. Mai 1546 bis 8. Januar 1547. The diary and letters of gouverneur Morris hg. v. Anne Cary Morris, New York 1888, vgl. HZ. 67 (1891) 193—211. Morris war von 1789—1794 Vertreter der Vereinigten Staaten in Paris und hat als unbeteiligter Ausländer viel unbefangener die Vorgänger der französischen Revolution und die darin wirkenden Persönlichkeiten beurteilen können als ein Franzose oder selbst ein europäischer Ausländer. — Ein an sich nicht sehr urteilsfähiger Kopf wie Mor. Busch (Bismarck. Some secret pages of his history. Being a diary kept during 25 years . . intercourse with the great chancellor 3 Bde. London 1898, dt. verkürzte Ausg.: Tagebuchblätter 3 Bde. 1899) kann sehr brauchbaren Stoff liefern.

Zuweilen reichen derartige Aufzeichnungen in die Auffassung und Lebensführung in Gesellschaftsschichten hinein, deren Eigenart den Blicken des Geschichtsschreibers sonst unzugänglich sind.

Als Beispiele seien angeführt: Joh. Tichtel, Tagebuch 1477—1495 hg. v. Th. G. Karajan in Fontes rer. Aust. 1/1 (1855) betrifft einen Arzt in Wien, das Diary of Henry Machyn von 1550—1563 hg. v. John Gough Nichols Camden Society 1854 stammt von einem Londoner Bürger und Tuchhändler. „Mes Loisirs" von S.-P. Hardy mit dem Untertitel „Journal d'événements tels qu'ils partiennent à ma connaissance 1764—1789 hg. v. Maur. Tourneux u. Maur. Vitrac 1: 1764—1773, Paris 1912 gibt die Aufzeichnungen eines sehr neuigkeitslüsternen Pariser Buchhändlers wieder.

Das Tagebuch als literarische Besonderheit oder als Geschichtsquelle hat noch keine ausführliche Würdigung erfahren. Auch bibliographisch fehlt eine Zusammenfassung. Meist wird es mit den Memoiren zusammengeworfen, obwohl es sich von diesen merklich trennt.

Alle diese Momente können auch von Wichtigkeit sein zur Aufhellung von *Fälschungen* oder Fälschungsversuchen. Wie die innere Kritik in solchen Fällen einzusetzen hat, zeigt in lehrreicher Weise Hch. F r i e d j u n g, Oesterr. Rdsch. 34 (1913) S. 111 ff., der die Mitteilungen, die Wm. A l t e r namentlich in seinem Buche „Feldzeugmeister Benedek und der Feldzug der k. k. Nordarmee 1866“ Berlin 1912 aus einem angeblichen Tagebuch Karls von Tegetthoff, Obersten aus der Umgebung Benedeks, gemacht hat, kritisch nachprüft und eine Reihe von Unmöglichkeiten in den Angaben aufdeckt.

Als *Musterbeispiele* von wissenschaftlichen Tagebuchausgaben seien erwähnt: Das Tagebuch K a i s e r K a r l s VII. hg. v. Karl Th. H e i g e l 1883; Das Tagebuch C u s p i n i a n s .. hg. v. Hs. A n k w i c z MIOeG. 30 (1909) 280—326. — Wenn es irgend angängig ist, wäre bei der Herausgabe von Tagebüchern darauf zu sehen, sofern sie als Autographe vorliegen, Proben davon in Form eines Faksimiles der Edition beizugeben, um dem Benützer an der Möglichkeit kritischer Beurteilung teilhaben zu lassen. Auch die Angabe von Tintenwechsel, unbeschriebenen Seiten und Blättern ist hier besonders wichtig.

§ 23. Memoiren.

Memoiren sind Aufzeichnungen, worin der Verfasser in zusammenhängender Schilderung des eigenen Lebens oder eines bestimmten Lebensabschnittes die Erfahrungen, die er gewonnen, die Ereignisse, die er mitgemacht oder an denen er mitgewirkt hat, beschreibt oder die Gründe des eigenen Handelns aufdecken will und in den Mittelpunkt der Darstellung stellt. Gegenüber den Tagebüchern unterscheiden sie sich, daß bei ihnen wirkliche oder annähernde Gleichzeitigkeit der Eintragung nicht Bedingung ist, daß die Schilderung eine mehr oder weniger abgerundete und ausführlichere zu sein pflegt. Von der autobiographischen Dichtung trennt sie der deutliche Wille nach Wahrheit wenigstens in bezug auf die Wiedergabe des Tatsächlichen.

„Ich habe das französische Wort *Mémoires* beibehalten, weil ich es durch kein deutsches zu ersetzen weiß. D e n k w ü r d i g k e i t e n (Memorabilia) drücken es nur unvollständig aus; beinahe noch lieber möchte man sie — weil sie aus der Erinnerung erlebter Begebenheiten niedergeschrieben werden — E r i n n e r u n g e n, E r i n n e r u n g s b l ä t t e r nennen.“ Durch diese Erklärung *Schillers* ist dem Worte Memoiren ein dauernder Platz in der deutschen Sprache gesichert und damit auch schon angedeutet, wo das unmittelbare Vorbild für diese Quellengattung in der neueren Zeit zu suchen ist. Nun hat es freilich in der Antike nicht an Selbstdarstellungen gefehlt, aber für die abendländische Kultur hat zunächst der hl. *Augustin* in seinen *Confessiones* die klassische Form der auf psychologischer Selbstbeobachtung ruhenden Autobiographie geschaffen. Memoirenhafte Züge trägt die Frankengeschichte *Gregors von Tours*, während den Seelengeständnissen Augustins die Schriften *Ratherius* und des *Otloh*, später *Abälards* näher kommen. Vgl. *Fch. v. Bezold, Ueber die Anfänge der Selbstbiographie u. ihre Entwicklung im Mittelalter*, Univ.-Schr. Erlangen 1893, Zsch. f. Kulturg. 1 (1894), Biogr. Bll. 1 (1895) S. 180—220, *Em. v. Ottenthal, Das Memoirenhafte in G.quellen des früheren Mittelalters*, 1905. Stark autobiographische Elemente enthalten die Schriften *Dantes*, wie denn überhaupt mit dem Beginn der Renaissance und der humanistischen Strömungen diese Art der Literatur immer größeren Raum fordert. Aber die klassische Form jener selbstbiographischen Aufzeichnungen, die in behaglicher Rückschau des Erlebten, in pikanter, unterhaltsamer Erzählung des Erlauschten und Gesehenen das Wesen der Memoiren ausmacht, gedieh von jeher am besten und reichsten in F r a n k r e i c h. Hier trafen sich die kulturellen Bedingungen, ein gebildeter, am höfischen Ränkespiel interessierter Adel mit dem Charakter des Volkes, seiner Mitteilsamkeit und naiven Ruhmredigkeit. An vielen Kriegen beteiligt, lange Zeit als hohe Schule der Diplomatie geschätzt, bot Frankreich seinen Heerführern und Vertretern Gelegenheit über vielerlei zu berichten. Die Tradition, memoirenhafter Geschichtsschreibung, die sich bis *Gregor von Tours* zurückverfolgen läßt, spielt in der französischen Historiographie eine wichtige Rolle und durchbrach sogar die humanistischen Vorschriften. Dies zeigt sich gleich bei dem ersten Vertreter dieses Schrifttums, der hier die Brücke vom Mittelalter zur Neuzeit schlägt, bei *Philippe de Commines* (1447—1511) mit seiner *Chronique et Histoire .. contenant les choses advenues durant le règne du roi Louis XI. et Charles VIII.* (1464—1498), die 1524 und 1528 erschienen ist, meist als *Mémoires* bezeichnet wird. Neu hg. v. *Bern. v. Mandrot* in *Collection de textes* 33 (1901) und 36 (1903). Sie gehören in die Reihe der Memoiren, die deutlich belehrenden Charakter tragen. Für die Geschichte und Technik der Memoirenliteratur werden ganz besonders lehrreich die *Commentaires* von *Blaise de Monluc* (gest. 1577 als Marschall von Frankreich), da sie aus einer Rechtfertigungsschrift entstanden sind, die *Monluc* an Karl IX. 1570 richtete, später zu dem *Discours de ma vie* in Memoirenform erweitert, um sie hernach zu einer zeitgeschichtlichen Darstellung, den *Commentaires* (hg. v. *A. de Ruble* in der Société de l'hist. de France 1864—72) umzuformen. Lehrreich für die verschiedenen Erscheinungsformen, in denen die Memoiren damals noch nach ihrer endgültigen Form tastend suchten, sind besonders auch jene von *Saint-Simon* (1675—1755), dessen *Mémoires* (hg. von *Boislisle* in den *Grands Écrivains de la France* 1879 ff.), sich auf fremde Tagebuchaufzeichnungen, auf *Dangeaus Journal de la cour de Louis XIV.* aufbauend und es verwertend, eigentlich publizistischen Charakter tragen und sich gegen die Regierungsweise des Sonnenkönigs kritisierend, oft nörgelnd richten. Vgl. über diese ersten französischen „Memorialisten" *Edd. Fueter, G. der Neueren Historiogr.* 148—160, über Saint-Simon: *Rob. Arnold* HZ. 56 (1886) 219—37.

Die gesellschaftliche Kultur des 18. Jhts. in Frankreich, der Pariser Salon brachte den leichten Plauderton in diese Literaturgattung. Der Erzählerkunst dieser Memoirenschreiber verdanken wir einen guten Einblick in die Stimmungen und Gedankenrichtungen der herrschenden Kreise in der Vorrevolutionszeit. So wenig wir den einzelnen Tatsachen, die gebracht werden, vertrauen dürfen, so viel Klatsch, Tendenz, bewußte und unbewußte Unwahrheit in ihnen steckt, als Geschichtsquellen, auf deren Mitteilungen man bauen kann, sind sie oft von sehr geringem Wert, betrachtet man sie aber als Ueberreste, als den Niederschlag einer einzigartigen Lebensrichtung (Rokoko) und der geistigen Haltung einer bestimmten Gesellschaftsschichte, dann wird man sie mit Gewinn benutzen können. Immerhin gibt es auch da recht zuverlässige Memoiren wie die *Mémoires du duc de Luynes sur la cour de Louis XV.* hg. von *L. Dussieux* u. *E. Soulié*, Paris 1860 ff. Vgl. *Charles Aubertin, L'esprit public au 18e siècle; étude sur les mémoires et les correspondances politiques des contemporains²*, Paris 1873; *Fél. Rocquain, L'esprit révolutionnaire avant la révolution 1715—1789*, Paris 1878.

Wie alle großen in das Leben der Völker tief einschneidenden Ereignisfolgen hat auch die französische Revolution und das Kaiserreich eine reiche
Saat von Memoiren aufgehen sehen. Vgl. *Ernest Bertin, La société du consulat
et de l'empire*, Paris 1890. Hier gilt dasselbe wie für den vorher gekennzeich-
neten Zeitraum. So haben die *Mémoires de madame de Rémusat*, hg. v. *Paul
de Rémusat*, Paris 1879/80 einer Tatsachenkritik nicht standzuhalten vermocht.
Vgl. *H. Glagau* (s. u.) und *E. Depuy* in *Revue de Paris* 1904 Augustheft.
Eine kritische Uebersicht über die wichtigsten Memoiren aus der napoleonischen
Zeit bei *Aug. Fournier, Napoleon I.* 3 Bde. ³1913. Die bourbonische Periode,
die Zeit Napoleons III., der Deutsch-Französische Krieg und auch der Weltkrieg brachten eine Unzahl von Memoiren hervor.

D e u t s c h l a n d ist an derartigen Schriften ungleich ärmer. Es ist bezeichnend, daß der erste, der mit memoirenhaften Aufzeichnungen hier hervor-
tritt, der Luxemburger *Karl IV.* ist. Am ehesten erblüht in städtischen Kreisen
die Freude an rückschauender Betrachtung des eigenen Lebens. Der Nürnberger Patrizier *Ulmann Stromer* schreibt ein *Püchel von mein geslecht und
abentewr* (1349—1407), *Eberhards Windecke* reiht eigene Erlebnisse in die Geschichte der Zeit Sigismunds. Die brave *Helene Kottannerin* begleitet in ihrer
treuherzigen Art die Schicksale der Witwe nach Albrecht II., Elisabeth und
ihres nachgeborenen Sohnes Ladislaus in den Jahren 1439 und 40 mit einer
lebendigen Schilderung. Publizistischen Charakter tragen die selbstbiographischen Aufzeichnungen *Maximilians I.* und ebenso tendenzerfüllt sind die
Commentaires Karls V., der, unterstützt von *Granvella* dem Vater, 1550 diese
Aufzeichnungen verfaßt, als er nach Augsburg reist, um auch mit dieser geschichtlichen Rechtfertigungsschrift Ferdinand I. die Zustimmung zur Königs-
wahl seines Sohnes Philipps abzudringen. *O. Waltz, Denkwürdigkeiten Karls V.*
1901. Der Humanismus zeitigt die Erinnerungsbücher fahrender Gesellen wie
von *Hermann von Butzbach, Thomas* und *Felix Platter.* Die Reformation als
zeitgeschichtliches Erlebnis spiegelt sich natürlich in einer Reihe von Denkwürdigkeiten wider: *Götz von Berlichingen, Georg Kirchmair*, Hofrichter des
Klosters Neustift bei Bozen, die Stralsunder Bürgermeister *Nicolaus Gentzkow*
und *Bartholomäus Sastrow* († 1603), *Sebastian Schertlin von Burtenbach,* der
schlesische Junker *Hans von Schweinichen*, dessen Aufzeichnungen bis an die
Grenze des 16. Jhts. reichen. Der Dreißigjährige Krieg hat zwar selbstbiographische Romane, aber wenig wertvolle Memoiren geliefert. Des Burg-
grafen *Fabian zu Dohna* (1550—1621) Selbstbiographie, das Tagebuch des
Fürsten *Christian II. von Anhalt-Bernburg* spien immerhin erwähnt. Dank
G. Wallat, G.schreiber, Memoiren u. Literatur zur G. Friedrich Wilhelms I.,
Gymn.-Progr. Dt. Krone 1899 sind wir über die Memoirenliteratur, die am
preußischen Hofe entstanden ist, näher unterrichtet. Hier herrscht bereits
das Französische vor. Beeinflußt von *Voltaire*, aber auch sonst von der
französischen Memoirenliteratur, ist namentlich *Friedrich der Große*, der in
seiner *Histoire de mon temps*, die er zweimal überarbeitete, praktisch belehrende
Gesichtspunkte ständig vor Augen hat.

Im allgemeinen nimmt aber diese Quellengattung erst im 19. Jht. in
Deutschland einen Aufschwung, der den Franzosen schon längst zuteil wurde.
Die großen Ereignisse der Befreiungskriege und das Diplomatenspiel in der
Zeit des Vormärz haben reichlich Anlaß geboten zu Selbstbetrachtungen.

Freiherr von Stein, der preußische Staatskanzler *Fürst von Hardenberg,* Minister *Theodor von Schön,* Generalfeldmarschall *Herm. von Boyen,* Erzherzog *Johann von Oesterreich,* die österreichischen Staatsmänner *Karl Fch. Kübeck, Fch. Gentz, Metternich,* ferner *K. A. Varnhagen von Ense* sind bloß eine kleine Auswahl. Hernach war es wieder das Jahr 1848, das eine Reihe handelnder oder doch bloß betrachtender Persönlichkeiten wie *Edd. v. Simson, Jul. Fröbel, Rud. Haym, J. K. Bluntschli, Peter Reichensperger, Hs. Blum, Hs. Vikt. v. Unruh* u. v. a. zur Niederschrift von Denkwürdigkeiten veranlaßte. Die Kriege von 1866, 1870/1 und die Persönlichkeit Bismarcks bilden in der Folge Kristallisationspunkte für Memoiren: *Hch. Abeken, Ein schlichtes Leben in bewegter Zeit* 1898, [3] 1904; *Ldw. Bamberger, Erinnerungen* 1909; *Aug. Bebel, Aus meinem Leben* 2 Bde, 1910/11; *Fürst u. Fürstin Bismarck, Erinnerungen aus den Jahren 1846—1872* von *Rob. Keudell* (1901); *The diplomatic reminiscences of Lord Augustus Loftus:* 1862—1879, 2 Bde. London 1894; *Freiherr v. Mittnacht, Erinnerungen an Bismarck* 1904/5; *Rückblicke* von *Frh. v. Mittnacht* 1909, [4] erw. 1910; *Rückschau* des kgl. württ. Generals u. Kriegsministers *Albert v. Suckow* hg. v. *Wm. Busch* 1909; *Erlebtes. Meine Memoiren aus der Zeit von 1848—1866 u. 1873* von *Herm. Wagener* 1884. Nachträge hiezu: *Die kleine, aber mächtige Partei* 1885: *G. v. Wilmowski, Meine Erinnerungen an Bismarck* 1899; *Ch. Tiedemann, Aus 7 Jahrzehnten* 1: Schlesw.-holst. Erinnerungen 1905, 2: Sechs Jahre Chef der Reichskanzlei unter Bismarck [2] 1910. Vor allem *Bismarck* selbst mit seinen *Gedanken u. Erinnerungen* 2 Bde. 1898, (der 3. Bd. 1921 zuerst in London erschienen), die trotz der Unzuverlässigkeit einzelner Angaben ein Werk von wuchtiger publizistischer Gewalt sind. Halb Memoiren, halb Geschichtsdarstellung sind sie eine einzige Rechtsfertigungsschrift des großen Staatsmannes. — Der Weltkrieg hat fast alle führenden Männer auf den Plan der Memoirenliteratur gerufen. Für die früheren Werke finden sich die bibliographischen Angaben bei *D.-W.* [5].

E n g l a n d. Bewegte Zeiten wie jene der Königin Elisabeth, der Stuarts, der großen Revolution boten Anreiz zu Erinnerungen. Ein Sekretär der Maria Stuart, *Claude Nau,* schrieb memoirenhaft *The history of Mary Stewart from the murder of Riccio until her flight into England* hg. v. *Jos. Stevenson.* Edinburgh 1883. Vgl. HZ. 52 (1884) 259 *Wallingtons Diary* hg. v. *R. Webb* 2 Bde. London 1869 führt in die Zeit Karls I., die *Memoirs of Henry Guthry, late bishop of Dunkeld,* [2] Glasgow 1747 schildern die kirchlichen Zustände Schottlands von 1637—1649, die *Memoirs of Edmund Ludlow* 1625—1672, hg. v. *C. H. Firth* 2 Bde. Oxford 1894 beleuchten Cromwells Politik in Irland. Den letzten zwei Jahren Karls I. widmet *Sir Thomas Herbert,* Genf 1646 seine *Memoirs.* Jetzt tauchen Selbstbiographien in Fülle auf: *The autobiography and correspondence of Sir Simonds d'Ewes* (reicht bis 1636) hg. v. *J. O. Halliwell* 4 Bde. 1845. Die *Memoirs* von *Robert Carew* (London 1759), reichen bis 1639. Reich an Einblicken: *The life of Lord Herbert of Cherbury,* London 1827. Für die Regierung Karls II. ist wichtig das *Diary and correspondence of John Evelyn* hg. v. *W. Bray* 4 Bde. 1850 und ebenso *Diary and correspondence of Samuel Pepys,* hg. v. *Minors Bright* 6 Bde. 1875/9, ferner das *Diary of Narcissus Luttrell:* 1678—1714, 6 Bde. Clarendon Preß 1857. Das *Diary of T. Burton* hg. v. *S. T. Rutt* 4 Bde. 1828 betrifft die Geschichte des Parlaments von 1654/6 u. 1659.

Die Jahre 1615—1685 umfassen die *Reliquiae Baxterianae*, London 1696, für den schottischen Aufstand von 1666 sind die von 1632—1670 reichenden *Memoirs of his own life and times* by *Sir James Turner*, Bannatyne Club 1829 wichtig. Die Regierung Georgs II. findet ihren Erzähler in *John Lord Hervey's Memoirs of the reign of George II. from his accession to the death of queen Carolina* hg. v. *Croker* 2 Bde. 1848. Die auswärtige Politik beleuchten die *Memoirs of John Ker of Kersland*, London 1726 und die *Mémoires du maréchal de Berwick, écrits par lui-même* in *Petitot et Monmerqué*, Collection Bd. 65 u. 66. Für die Folgezeit besonders wertvoll sind von *Horace Walpole Memoirs of the last ten years of George II.* 2 Bde. 1822 und seine *Memoirs of the reign of George III.* hg. v. *Sir Denis Le Marchant* 4 Bde. 1845, die zwar 1772 beendet, aber 1784 nochmals redigiert wurden. Vgl. HZ. 107 (1911) 211. Kulturgeschichtlichen Wert besitzt *My own life and times* 1714 —1814 (Edinburgh 1861) von *Thomas Somerville* (gest. 1832), der mit David Hume, Franklin, Burke, Erskine, Walter Scott in Verkehr stand. Zu beachten ist ferner die Selbstbiographie von *Lord Cochrane, The autobiography of a seaman by Thomas, tenth earl of Dundonald* 2 Bde. London 1860, die *Memoirs of the court and cabinets of George III.* 4 Bde. London 1853 vom *Hg. v. Buckingham*, die die Jahre 1782—1800 umfassen. Ein Freund des jüngeren Pitt ist *George Rose*, dessen *Diaries and correspondence* von *L. V. Harcourt*, London 1860 ff. herausgegeben wurden.

Italien brachte in neuerer Zeit eine reiche Memoirenliteratur hervor. Erwähnt seien z. B. *Silvio Pellico, Le mie prigioni*, Turin 1832. Vgl. *Pietro Maroncelli, Addizioni alle Mie prigioni* 1883; *Franc. Predari, I primi vagiti della libertà italiana in Piemonte*, Mailand 1861; wichtig für die Vorgeschichte des Jahres 1848! *Luigi Settembrini, Erinnerungen aus meinem Leben*, ital. 1880, dt. 1892, schildert das Neapel Ferdinands II.; *Garibaldi, Memorie*, hg. v. *Nathan*, Turin 1907; *Mémoires du cardinal Consalvi sécrétaire d'état du pape Pie VII.* hg. v. *J. Cretineau Joly* 2 Bde. Paris 1864; *Gius. Galdi, Ricordi impressioni* 1866/7; Turin 1899; *Umberto Govone* hat die Memoiren seines Vaters, eines Unterhändlers bei den Bündnisverhandlungen mit Preußen 1866, *Gius. Govone* als *Frammenti di memorie*, Turin 1902, erweitert in der französ. Ausgabe Paris 1905 veröffentlicht; *Carlo Corsi*, 1844—69, 2 Bde. Florenz 1870; *Franc. Crispi, Politica estera. Memorie e documenti*, Mailand 1912.

Die Memoiren als Geschichtsquelle. Was die äußeren Merkmale betrifft, so handelt es sich hier um gleiche oder ähnliche Gesichtspunkte wie bei den Tagebüchern (s. d.). Bei Memoiren kann es freilich wie bei denen *Katharinas II.* (vgl. *Th. Schiemann* HZ. 104 [1910] 178 ff.) der Fall sein, daß verschiedene Redaktionen vorliegen, die auch handschriftlich unterschieden sind. Zwei Redaktionen sind z. B. auch bei den *Commentaires et lettres de Blaise de Monluc* nachzuweisen. Vielfach sind Memoiren von dem Verfasser anderen in die Feder diktiert worden. So von *Ignatius von Loyola* (s. u.), von *Kardinal de Bernis* seiner Nichte.

Die Beobachtung der inneren Merkmale muß uns im Zusammenhang mit den äußeren zunächst die Frage beantworten, wie das vorliegende Werk entstanden ist. Da gilt es aber vor allem zu erforschen, wann ist es niedergeschrieben worden, beziehungsweise wann sind die einzelnen Abschnitte des Werkes fertiggestellt worden. Ist es in einem Zuge verfaßt worden, so ist die Zeit festzustellen, innerhalb der dies stattfand. So muß man von *Talleyrands* Memoiren wissen, daß ihr Verfasser vermutlich 1815 mit der Niederschrift begonnen und sie 1816 abgeschlossen hat. Vgl. *Paul Bailleu* HZ. 68 (1892) 58—82. Handelt es sich nur um erweiterte eigene oder fremde Tagebuchaufzeichnungen (wie letzteres bei *Saint Simon* der Fall ist), so wird man versuchen müssen, um den Kern von der Hülle zu lösen, festzustellen, was später hinzugefügt worden ist.

Des weiteren stellt sich die Frage ein, v o n w e m rühren die Memoiren her. In der Regel wird ja die eigene Aussage des Verfassers darüber endgültig Aufschluß geben, doch kommt es vor, daß Werke als Memoiren bestimmter Persönlichkeiten von anderen als dem angegebenen Verfasser herrühren. So hat *S. Hellmann, Die sogenannten Memoiren de Grandchamps* usw. = *Hist. Abhdlgen.* hg. v. *Heigel* u. *Grauert* 10 (1897) nachgewiesen, daß es sich bei den *de Grandchamps*'schen Memoiren um Phantasiewerke eines unbekannten Autors handelt. — Es kann auch sein, daß aus Zeitmangel, aus Mangel an schriftstellerischen Fähigkeiten das autobiographische Material einer Persönlichkeit von einem anderen zusammengestellt und bearbeitet wurde. Dies ist z. B. bei den Memoiren des *Barras* hg. v. *G. Duruy* 4 Bde. Paris 1895/6 der Fall, die eigentlich von dem Historiker *Rousselin de St. Albin*, dem Biographen *Hoches*, herrühren und der schon zu Lebzeiten und dann nach dem Tode von *Barras* dessen Aufzeichnungen, Notizen und Korrespondenzen zu geschichtlich ganz wertvollen „Memoiren" verarbeitete. Aehnliches betrifft die *Selbstbiographie Radetzkys* in *Mitt. des k. k. Kriegsarchivs* NF. 1 (1887), die zum Teil auf Grund mündlicher Mitteilungen von Feldzeugmeister Grafen *Thun* niedergeschrieben wurden. Die Selbstbiographie *Ignatius von Loyola* beruht auf mündlichen Mitteilungen *Ignatius*, die er in zusammenhängender Rede seinem Lieblingsjünger *Luys Gonçalves de Camara* (1553 u. 1558) machte. *Gonçalves* notierte soviel er konnte und diktierte, diese Notizen zu einem Ganzen formend, einem Kopisten. Noch vor *Loyolas* Tode scheint er die Ausarbeitung vollendet zu haben. *Jos. Šusta* MIOeG. 36 (1905) 47 ff. — Die *Mémoires historiques sur le ministère du cardinal de Richelieu* scheinen von *Achille de Harlay, Baron de Sancy* herzurühren. *Rev. des études hist.* 70, 449 ff.

Wichtig ist schließlich zu erfahren, w o z u die Memoiren verfaßt worden sind. Es kann vorkommen wie beim Prinzen *Eugen von Württemberg*, daß derselbe Autor für seine Lebenserinnerungen mehrere verschiedene Fassungen nachgelassen hat, eine für die Familie, eine andere für die Oeffentlichkeit HZ. 9 (1863) 23. Hier deutet sich also eine gewisse Absicht bereits an. Nicht selten wollen Memoirenschreiber durch die Niederschrift ihrer Erfahrungen b e l e h r e n d wirken. So hat *Marquis de Beauvais-Nangis* seine Memoiren (hg. von *M. de Monmerqué* u. *A. H. Taillandier*, Paris 1862) verfaßt, um durch die Erlebnisse, die er am Hofe Heinrichs IV. und Ludwigs XIII. gehabt, seinem Sohn Lehrbeispiele für das Benehmen am Hofe zu geben. Viel häufiger verraten sich derartige Werke für den unbefangenen Kritiker deutlich als R e c h t f e r t i g u n g s s c h r i f t e n, sehr oft sind es Kinder unfreiwilliger Muße. Ein abgesetzter Feldherr oder Staatsmann, der aus seinem taten- und entscheidungsreichen Leben auf längere Zeit oder immer zu scheiden und in die Stille der Beschaulichkeit sich zurückzuziehen gezwungen wird, benützt diese Untätigkeit, um seine eigene Tätigkeit ins rechte Licht zu setzen,

die Gegner, die seinen Sturz veranlaßt haben, vor der Nachwelt anzuklagen
oder lächerlich zu machen. Je nach sittlicher Größe, Temperament und geistigen Fähigkeiten gewinnt dann das Werk eine mehr versteckte oder derbe
oder geistreiche Form von Kritik. In solcher Weise hat der einstige Günst-
ling der Pompadour, Kardinal *de Bernis*, als er 1758 von seinem Minister-
posten entsetzt wurde, in dem Zeitraum bis zu seiner Wiederverwendung (1769)
seine *Mémoires et lettres* hg. v. *Fch. Masson*, Paris 1878 diktiert. *Gg. Küntzel,
Ff. z. brandenb.-pr. G.* 15 (1902) kennzeichnet sie als tendenziöses Mach-
werk, in dem der Kardinal alle Schuld auf andere abzuwälzen sucht. Rein
persönlich, voll Ungerechtigkeit gegen seine Nachfolger, ja selbst gegen seinen
eigenen, erfolgreicheren Bruder ist bei näherem Zusehen auch *Argenson*, dessen
Journal von Aeußerungen der Mißgunst und Verbitterung strotzt. 1744—47
Staatssekretär für auswärtige Angelegenheiten, hat er es nie verwinden können,
daß man sich seiner nicht weiter bediente. Vgl. *Karl Durand, Die Memoiren
des Marquis d'Argenson* in *Abhdlgen. z. Mittl. u. Neueren G.* 6 (1908). —
Nach großen politischen wie kriegerischen Niederlagen suchen sich bisweilen
die Männer, die auf der Seite des besiegten Teiles in verantwortungsvoller
Stellung gestanden haben, vor der Oeffentlichkeit in Form von Memoiren von
ihrer Schuld zu reinigen. Z. B. *A. La Marmora, Un po' piu di luce sugli
eventi politici e militari di anno 1866*, Florenz 1873 oder *Em. Ollivier, L'empire
libéral. Études, récits, souvenirs* 14 Bde. Paris 1895—1909.

Führt Männern in leitender Stellung oft Eitelkeit, Selbstüberschätzung,
Eifersucht — also durchaus überspanntes Ichgefühl — die Feder, so sind
schwächere Naturen leicht geneigt, aus Bewunderung für eine große Persönlichkeit, aus Parteibefangenheit vom Wege der Sachlichkeit abzuirren. *Las
Cases, Mémorial de Ste. Hélène*, Paris 1823 und *Montholon, Récits de la cap-
tivité à Ste. Hélène*, Paris 1847 sind auch in jenen Teilen, die nicht auf dem
Diktate Napoleons beruhen, doch so von seinem Geiste erfüllt, daß sie in ihrer
Auffassung wie von ihm selbst niedergeschrieben erscheinen. Parteilichkeit ist
bei einer so stark subjektiv gehaltenen Quelle, wie es Memoiren sind, die Regel
und es muß jedesmal eigens betont werden, daß sie in dem vorliegenden
Falle n i c h t parteilich sind.

Liegen somit die Wurzeln der Unzuverlässigkeit, die den Memoiren in
bezug auf die geschichtliche Treue ihrer Angabe eignet, vorzüglich in dem
gesteigerten Subjektivismus (Rücksichten auf das eigene Ich, Rücksichten auf
ein überindividuelles Ich — Staat, Nation, Religion, Partei —, dem man sich
einordnet), so kommen noch als weitere Fehlerquelle die Veränderungen dazu,
die die Erinnerungsbilder in unserem Gedächtnisse durchmachen je länger die
Frist ist, die zwischen Erlebnis und gedächtnismäßiger Wiedergabe verstrichen
ist. Vorgänge, die an sich richtig im Gedächtnisse haften geblieben sind,
werden in einen falschen ursächlichen oder zeitlichen Zusammenhang gebracht.
Namentlich Zuspitzungen und Anhäufungen zeitlich getrennter Ereignisse auf
einen Punkt kommen häufig vor. Die nachbildende Phantasie arbeitet ohne
bewußtes Zutun des einzelnen auf Effekte und Pointen hin, indes sich die
Dinge viel weniger überraschend und, auf größere Zeiträume verteilt, abgespielt
haben. Auch Widersprüche in intimen Aufzeichnungen brauchen nicht immer
ein Zeichen von Unklarheit oder Unwahrheit zu sein. „Das Hin- und Her-
werfen der Gedanken im Inneren bei geschlossenem Auftreten nach außen hin

ist das Zeichen eines starken und doch nicht starren Geistes und die Schwankungen finden ihre Einheit in der Fähigkeit des Verfassers, die Objekte immer
frisch anzusehen“, *Fch. Meinecke HZ.* 70 (1893) 56.

Aus dem Gesagten ergibt sich für die geschichtliche Verwertung von Memoiren, daß sie in bezug auf die Verwendung des von ihnen
mitgeteilten Tatsachenstoffes nur mit der allergrößten Vorsicht heranzuziehen
sind. Stets müssen ihre Angaben (besonders Zeitangaben!) an der Hand
urkundlicher Quellen oder Akten nachgeprüft werden. Fehlen hiezu die Mittel,
so ist jede Angabe auf ihre innere Wahrscheinlichkeit zu besehen und in Zusammenhang zu bringen mit dem allgemeinen Charakter des Verfassers, seiner
Parteistellung, seinem Temperament und seiner geistigen wie sittlichen Anlage.
Keinesfalls geht es an, ohne kritische Prüfung jedes Einzelfalles Memoiren zu
verwerten, wie dies z. B. *Hippolyte Taine* u. a. bisweilen taten.

Natürlich kommt bei Memoiren auch die Frage der Echtheit in Betracht. Rühren sie von dem Verfasser, der sie als solcher zeichnet, wirklich
her oder hat der angebliche Verfasser mit ihnen gar nichts zu tun? Vielleicht hat er gar nicht gelebt (Mystifikation). Es kann aber auch vorkommen,
daß an sich echte Memoiren „verunechtet“ worden sind, indem nämlich eine
fremde Hand zu Täuschungszwecken Aenderungen vorgenommen hat. Das
letzte geschah z. B. an den Memoiren *Talleyrands*. Offenbar erdichtet sind
die in der Memoiren-Bibliothek 4. Serie Bd. 13 (1913) erschienenen *Erinnerungen eines alten Lützower Jägers* 1795—1819 von *Wenzel Krimer*. Vgl. Dt.
Lit.-Z. 34 (1913) Sp. 3122 f.

Im Zusammenhang mit den Memoiren muß auch der Reisebeschreibungen gedacht werden, sofern es sich nicht um moderne auf wissenschaftlicher Grundlage ruhende und unter Kontrolle fremder Forschungsergebnisse
stehende Werke handelt, die mit Absicht das Persönlich-Subjektive nach Möglichkeit auszuschalten bestrebt sind. Ueber diese auch von der entsprechenden
Geistesrichtung einer Zeit und eines Volkes abhängige Quelle gibt *Rud.
Kötzschke, Quellen u. Grundbegriffe der hist. Geographie Dtlds. u. seiner Nachbarländer* in *Meisters Gr.* 1/2 (1906) Aufschluß.

Memoiren-Sammlungen. Für Frankreich: Allgemeine, meist schon
veraltete Sammlungen: C. B. Petitot [et. M. Monmerqué], Collection complète des
mémoires relatifs à l'hist. de France . . jusqu'en 1763, 1819—29, 2 Serien 52 u. 78 Bde.;
J. Michaud et P. Ponjoulat, Nouvelle Collection des mémoires sur l'hist. de France
. . jusqu' à la fin du 18e siècle 1836—39, 3 Serien 12, 10 u. 10 Bde. Zeitlich begrenzte
Sammlungen: J. A. Buchon, Collection des chroniques nationales françaises écrites en
langue vulgaire, du XIIIe au XVIe siècle 1824—29, 27 Bde.; Collection des mémoires et documents relatifs au 18e et 19e siècle 1909 ff.; Barrière et Lescure,
Bibliothèque des mémoires relatifs à l'hist. de France pendant le 18e siècle 1846—75
30 Bde.; Berville et Barrière, Collection de mémoires relatifs à la révolution française 1820—26, 86 Bde. — England: Guizot, Collection des mémoires relatifs à la révolution d'Angleterre 26 Bde. Paris 1823 ff. Sonst meist Einzelveröffentlichungen oder solche
von der Clarendon Historical Society vom Bannatyne-Club und ähnlichen Vereinigungen. —
Belgien: Die von der Société de l'histoire de Belgique hg. Collection des mémoires relatifs à l'histoire de Belgique 1858 ff., besonders für die Geschichte des
Abfalls der Niederlande wichtige Quellen. — Deutschland: Meist nur zu belletristischen
Zwecken angefertigte Sammlungen, so Fch. Schiller, Allg. Sammlung merkwürdiger Me-
moires vom 12. Jht. bis auf die neueste Zeit 33 Bde. Jena 1790—1708; Memoirenbiblio-
thek Köln 1891 ff. und Stuttgart (Lutz) 1902 ff. — Schweiz: Von unseren Vätern.
Bruchstücke aus schweizerischen Selbstbiographien vom 15.—19. Jht. hg. v. O. v. Greyerz,
Bern 1911. — Polen: Biblioteka pamieztników i podróży Polsce wyd
p. J. J. Kraszewskiego 4 Bde. Dresden 1870 f. — Rußland: Bibliothek rus-
sischer Denkwürdigkeiten hg. v. Th. Schiemann 1893—5.

Sonstige Sammelwerke, in denen sich Memoiren finden: B. L. C i m b e r et F. D a n j o u, Archives curieuses de France depuis Louis XV. jusqu' à Louis XVIII .. 2 Serien 15 u. 12 Bde. 1834—40: C o l l e c t i o n d e d o c u m e n t s i n é d i t s sur l'hist. de France, Paris 1835 ff., 1. Abt. Chroniken, Memoiren, Zeitungen; C o l l e c t i o n d e t e x t e s pour servir à l'étude et à l'enseignement de l'histoire, Paris 1886 ff.; Les grands é c r i v a i n s de la France 1862 ff.; Publikationen der S o c i é t é d e l ' h i s t o i r e d e F r a n c e, G u i z o t, Collection des mémoires relatifs à l'histoire de France depuis la fondation de la monarchie française jusqu' au 13me siècle 31 Bde. 1823 ff.

L i t e r a t u r : Eine allgemeine Uebersicht bei Gv. W o l f, Einführung S. 346—404. Für Frankreich: Charles C a b o c h e, Les mémoires et l'histoire en France 2 Bde. Paris 1863 behandelt feuilletonistisch mit Inhaltsangabe, doch ohne kritischen Apparat den allgemeinen Charakter der Memoiren und die wichtigsten davon einzeln bis ins 19. Jht. Bibliographisches: Alfr. F r a n k l i n, Les sources de l'hist. de France, Paris 1877, wo die in den wichtigeren Sammlungen abgedruckten Werke einzeln angeführt sind. (M o l i n i e r -) Hri. H a u s e r, Les sources de l'histoire de France = 3. Abt. der Manuels de bibliographie historique 3, II, 1: 1494—1515 (Paris 1906), 2: 1515—1559 (1909), III bearb. v. Émile B o u r g e o i s u. Louis A n d r é, besonders Bd. 2 (1913) enthält für die Zeit von 1610— 1715 S. 1—201 einen eigenen Abschnitt Mémoires. Vgl. die Literaturangaben bei E. L a v i s s e, Histoire de France depuis les origines jusqu' à la révolution, Paris 1903 ff.

Für E n g l a n d : Kurze Kennzeichnungen der einzelnen Werke bei S. R. G a r d i n e r and J. B. M u l l i n g e r, Introduction to the study of english history ⁴London 1903. Bibliographisch findet man das Meiste in der Cambridge Modern History.

Für D e u t s c h l a n d : Frz. X. W e g e l e, Die dt. Memoirenliteratur in Vortrr. u. Abhdlgen. 1898. Bibliographische Angaben bei D.W.³ bei dem entsprechenden Zeitabschnitt.

Ueber Memoiren, die k r i e g s g e s c h i c h t l i c h e n Inhaltes: Joh. P o h l e r, Bibliotheca historico-militaris, Bd. 4 (1898), wo die Sammlungen von Lebensbeschreibungen, Briefwechseln u. Denkwürdigkeiten verzeichnet sind und S. 78—183 die einzelnen Werke in alphabetischer Reihenfolge nach den Namen der Persönlichkeiten. Ueber den Weltkrieg vgl. u. S. 362.

Ueber R e i s e b e s c h r e i b u n g e n vgl. man die in VII § 5 angegebenen Hilfsmitteln, Vgl. auch Gottfr. Hch. S t u c k, Verzeichnis der älteren u. neueren Land- u. Reisebeschreibungen, Halle 1784/5. Einzelheiten behandelt Reinh. R ö h r i c h t, Dt. Pilgerreisen nach dem Heiligen Lande 1900. Ein Verzeichnis mittelalterlicher Reiseberichte findet man bei Aug. P o t t h a s t, Bibl. hist. ²2 (1896) S. 1734 f. Eine Sammelausgabe derartiger Quellen bietet J. C. M. L a u r e n t, Peregrinatores medii aevi quattuor: Burchardus de Monte Sion, Ricoldus de Monte Crucis, Odoricus de Foro Julii, Wilbrandus de Oldenborg, Leipzig 1864, ² erw. durch mag. Thietmari peregrinatio 1873; E. B r e t s c h n e i d e r, Notes on Chinese mediaeval travellers to the west, Shanghai 1875. Deutsche Reiseschriftsteller aus dem 15. und 16. Jht. verzeichnet V. H a n t z s c h, Dt. G.bll. 1 (1900) S. 20 f. Voyages and travels mainly during the 16. and 17. centuries by C. R. B e a z l e y = An English Garner 4 u. 5 (Westminster 1903). Zum Teil volkstümliche Uebersetzungen und Bearbeitungen bringt die S a m m l u n g der besten u. ausführlichsten Reisebeschreibungen 35 Bde. Berlin 1764—1813; S p r e n g e l u. E h r m a n n, Bibl. der neuesten Reisebeschreibungen 50 Bde. Weimar 1800—14, an die sich F. J. B e r t u c h, Neue Bibl. der Reisebeschreibungen 65 Bde. Ebda. 1814 —35; B i b l i o t h e k geograph. Reisebeschreibungen u. Entdeckungen 15 Bde. 1868—1892. In England befaßt sich seit 1848 die H a k l u y t S o c i e t y mit der Herausgabe älterer noch unveröffentlichter Reisebeschreibungen.

§ 24. Briefe.

Der Brief gehört verschiedenen Bezirken der Quellenkunde an. Er ist als Ausdruck persönlicher Mitteilungen a u t o b i o g r a p h i s c h e n Inhalts, er kann aber ebenso der P u b l i z i s t i k zuzurechnen sein, wenn er mit der Absicht verfaßt wurde, die Meinung weiterer Kreise zu leiten, auf sie zu wirken. So sehen wir vielfach, daß Memoiren und Briefe in den Ausgaben zusammengespannt sind, und ebenso werden wir beobachten, daß eine der Urzellen des Zeitungswesens eben der Brief ist. Es ist deshalb in jedem Falle zunächst zu untersuchen, ob das vorliegende Stück ein Brief im engeren Sinne oder ob es nur der Form nach ein solcher ist. Denn noch ein Drittes ist möglich. Er kann auch U r k u n d e sein. Das Wort *Brief* stammt vom lateinischen *Breve* her. Man braucht nur an die päpstlichen Breven zu erinnern, um sich dieses Zusammenhanges klar zu werden. In der Tat ist es bisweilen nicht leicht z. B. ein amtliches Beglaubigungsschreiben von einem Privatbrief zu unterscheiden. Oft ist es nur die Ausfertigungsart, die Anführung des Ausstellers mit seinen Titeln, die Gegenzeichnung u. ä., die eine Zuteilung nach der einen oder anderen Seite möglich macht. Die Uebergänge vom vertraulichen, rein persönlichen Brief zur Publizistik nach der einen, zur Urkunde nach der anderen Richtung sind zuweilen kaum merklich. Der Brief kann aber auch den **Akten** beizuzählen sein. Nicht nur als Beilage zu den Akten, er kann auch Akt selbst sein. Ein großer Teil der diplomatischen Akten (s. IX § 15) wahrt die Form des Briefes, enthält eine Fülle persönlicher Meinungen, Berichte eigener Erlebnisse, die bei dem Zusammenhang zwischen gesellschaftlicher Lebensführung und Politik leicht mit den amtlichen Mitteilungen in eins zusammenfließen. Mit den Akten hat der wirkliche Brief überdies gemein, daß er in der Regel für sich allein nur eine unvollkommene Quelle ist, daß er erst voll verstanden werden kann, wenn die Aeußerung vom Briefempfänger vorliegt, also der Antwortbrief.

Diese Gesichtspunkte im Auge zu behalten, ist aber für die kritische Verwertung des Briefes als Geschichtsquelle wichtig. Betrachten wir ihn nach seinen **äußeren Merkmalen**, so haben wir zunächst zu fragen, ob er als Konzept, im Original, oder als Abschrift vorhanden ist. Handelt es sich um ein Konzept oder Original, reiht sich die zweite Frage an, ob er vom Absender ganz oder teilweise eigenhändig geschrieben wurde. Am interessantesten ist es, wenn Konzept und Reinschrift vorliegen und man das Werden des Brieftextes verfolgen kann. Natürlich muß dies ebenso wie Streichungen, spätere Hinzufügungen und andere Veränderungen in der Ausgabe (s. VIII § 8) verzeichnet werden. Zu achten ist ferner auf alle Angaben und Vermerke, die sich auf die Art der Beförderung und das Datum der Ankunft beziehen.

Die **inneren Merkmale** betreffen zunächst das **Formelhafte**. Dieses ist in Zeiten noch unentwickelten Briefverkehrs stärker als in schreibeifrigeren Zeiten, tritt bei Ungebildeten und stilistisch Ungeübten deutlicher hervor als bei geistig selbständigen und gewandten Naturen. Man beachte den Einfluß der Schule und der **Briefsteller**. Auch kommt der Zweck des Briefes in Betracht, ob er nämlich einen amtlichen oder feierlichen oder sonst einen stets wiederkehrenden Anlaß betrifft oder ob er ein vertrauliches Privatschreiben darstellt. Zu untersuchen ist ferner, ob mit diesem Schreiben ein Briefwechsel angesponnen werden soll oder ob er als die Antwort auf eine frühere Mitteilung zu betrachten ist, kurz, welche Stelle er innerhalb einer gegebenen Reihe von Briefen und Antworten einnimmt.

In diesem Zusammenhang sei gleich eine weitere kritische Frage erwähnt, die für die Verwertung des Briefes als geschichtliche Quelle von Wichtigkeit ist. Wo es sich um einen Briefwechsel zwischen zwei oder mehreren Absendern, bzw. Empfängern handelt, muß bei jedem Briefe bzw. bei jeder Antwort festgestellt werden, auf welchen der vorhergehenden Briefe sich die Antwort bezieht. Dies ist bei einem regen, sich vielfach kreuzenden Schriftenverkehr oft nicht leicht zu entscheiden. Bisweilen muß man die verkehrsgeschichtlichen Hilfsmittel zu Rate ziehen, um die Frage zu lösen, ob ein Brief zur Zeit, da die Antwort geschrieben wurde, seinen Bestimmungsort überhaupt

erreichen konnte. Wie wichtig es sein kann, die Schnelligkeit einer Postverbindung festzustellen, leuchtet wohl von selbst ein. Nicht nur für die
Kritik des einzelnen Briefes, sondern auch für die historische Bewertung der
verschiedensten Quellen überhaupt wird es von entscheidender Bedeutung sein,
klarzulegen, ob eine bestimmte Persönlichkeit zu einem bestimmten Zeitpunkt
schon im Besitze dieser oder jener Nachricht sein konnte. Die Tragweite
solcher Feststellungen zeigt z. B. die auch sonst methodologische interessante
Abhandlung von *Aloys Schulte, Kaiser Maximilian I. als Kandidat für den
päpstlichen Stuhl 1511*, Leipzig 1906, wo eigentlich der größte Teil der Beweisführung davon abhängt, ob die Antwort auf einen Brief, den Maximilian I.
am 1. September von Trient an König Ferdinand den Katholischen nach
Burgos sandte, bereits am 17. oder 18. September in Trient eingetroffen
sein kann.

Vgl. für das Altertum: Wolfg. R i e p l , Das Nachrichtenwesen des Altertums 1913;
für das Mittelalter: F. L u d w i g , Untersuchungen über die Reise- und Marschgeschwindig-
keit im 13. u. 14. Jht. 1887; für die Neuzeit die IX § 27 verzeichnete Literatur.

Die Frage der E c h t h e i t spielt auch bei den Briefen eine Rolle, zumal sie als „Autographen" eine begehrte Ware sind. Paläographie und Tatsachenkritik werden da auf die richtige Spur zu weisen vermögen. Bei Briefen
kann aber noch in Betracht kommen, ob sie w i r k l i c h e Briefe sind, d. h.
ob sie zum Zwecke einer bestimmten Mitteilung an eine bestimmte Persönlichkeit verfaßt worden sind. Sie können Teile eines Briefstellers sein oder
Schulübungen. Ueberraschende Gleichheiten des Stiles bei angeblich verschiedenen Verfassern, tatsächliche Versehen, Mangel an Phantasie bei Erfindung
der individuellen Einzelheiten verraten bisweilen die Eigenart solcher Sammlungen. Umgekehrt verfällt man leicht in Versuchung, einzelne Stücke von
Briefreihen für erdichtet zu halten, die in Wahrheit wirkliche Briefe sind.

Beispiele solcher kritischer Untersuchungen sind Arth. L i n c k e , Beitrr. zur Kenntnis
der altägyptischen Briefliteratur, Diss. Leipzig 1879; Wm. W a t t e n b a c h , AfOeG.quellen
14 (1855) S. 29 ff.; Paul S c h e f f e r - B o i c h o r s t MIOeG. 6 (1885) S. 558 ff. u. 13 (1892)
145 ff. = Zur G. des 12. u. 13. Jhts. [= Hist. Studien 8 (1897)] S. 290—325; NA. 18 (1893)
S. 157 ff.; Osw. R e d l i c h , Eine Wiener Briefsammlung = Mitt. aus dem Vatikanischen
Archive 2 (1894).

U n e i g e n t l i c h e Briefe sind außer den oben schon unter Urkunden
eingereihten Stücken auch die für publizistische Zwecke bestimmten Briefe.
Sie kennzeichnen sich durch den Mangel an individuellem Gehalt. Hieher
gehören z. B. die Apostelbriefe im Neuen Testament und die in der neueren
Zeit sich als *Offene Briefe* gebenden Schriftstücke. Zu erwähnen sind in
diesem Zusammenhange auch die erfundenen Briefe, die im späteren Mittelalter namentlich als „Teufelsbriefe" Verbreitung fanden und in satirisch-
lobender Form die Kritik an verschiedenen Uebelständen der Zeit den Teufel
niederschreiben lassen. Vgl. *Wm. Wattenbach, Ueber erfundene Briefe in Hss.
des Mittelalters, bes. Teufelsbriefe* in S.-Berr. der preuß. Ak. der W. 1892.

Zur Geschichte des Briefes findet man Beiträge betreffs *Altägyptens* bei Arth. L i n c k e
(s. o.). Ueber die Briefliteratur in *Babylonien* vgl. Simon L a n d e r s d o r f e r , Altbaby-
lonische Privatbriefe = Studien zur G. der Kultur des Altertums 2/2 (1908); Johs. T h e i s,
Altbabylon. Briefe, Diss. Berlin 1913; Arth. U n g n a d , Babylon. Briefe aus der Zeit der
Hammurapi-Dynastie = Vorderasiat. Bibliothek 6 (1914); *Griechische* Privatbriefe als Epistulae privatae graecae hat Stan. W i t k o w s k i in der Bibliotheca Teubneriana 244 (1907)
veröffentlicht. Ueber *römische* Briefe Herm. Wm. G. P e t e r , Der Brief in der römischen
Literatur in Abhdlgen. der kgl. sächs. Ges. der W. 20 (1904); Joh. B a b l , De epistularum
latinarum formulis, Diss. Bamberg 1893. Gleichzeitig Programm des Altgymn. Bamberg.

Mittelalterliche Briefe sind herausgegeben in der Abteilung Epistolae (Epp.) der MG. Vgl. darüber Wm. W a t t e n b a c h, NA. 12 (1887) S. 239 ff. Ferner Epistolae selectae veröff. in MG in usum scholarum (1916). Gg. S t e i n h a u s e n, G. des dt. Briefes 1: — 1600 (1889), 2: 1600—1800 (1892); d e r s e l b e, Dt. Privatbriefe des Mittelalters 1: Fürsten, Magnaten, Edle, Ritter, 2: Geistliche, Bürger = Denkmale der dt. Kulturg. 1/1 (1899). 2 (1907); Adolf F. M. B ü t o w, Die Entwicklung des mittelalterlichen Briefstellers bis zur Mitte des 12. Jhts., Diss. Greifswald 1908; Gottfr. P e t z s c h, Ueber Technik u. Stil der mhdt. Privatbriefe des 14. u. 15. Jhts., Diss., Ebda. 1913. Beispiele italienischer Geschäftsbriefe des 13. Jhts. bietet die Ausgabe Lettere volgari del secolo 13 scritti da Senesi = Collez. di opere ined. e rare 116 (Bologne 1871). Ueber den Brief in *Renaissance-* und *Humanistenzeit,* in der der moderne Brief erst die Rolle erhalten hat, die er in unserer Gegenwart spielt. Gg. V o i g t, Die Wiederbelebung des klass. Altertums 2 Bde. ³ 1893; Jak. B u r c k h a r d t, Die Kultur der Renaissance in Italien 2 Bde. ¹⁰ 1908. Den *franzö-sischen* Brief behandelt Jul. Amédée B a r b e y d'A u r e v i l l y, Littérature epistolaire in dessen Dixneufième siècle sér. 2 vol. 13 (Paris 1892); Vikt. D u r e t, L'art de correspondance et les maîtres du genre épistolaire au siècle de Louis XIV., Vienne 1866.

   Eine *Bibliographie* älterer Briefausgaben: Silv. J. A r e n h o l d, Conspectus bibliothecae universalis historio-literario-criticae epistolarum typis expressarum et manuscriptarum, Hannover 1746 (nach Nationen geordnet, Verzeichnis auch von Briefsammlungen). Die für die Geschichte der Neuzeit überaus wichtigen Ausgaben von Briefen, die vielfach vereint sind mit solchen von Memoiren, mit Gesandtschaftsberichten u. a. findet man bei D.W.⁸. M o n o d, P i r e n n e, in Hri. H a u s e r, bzw. E. B o u r g e o i s - L. A n d r é, Les sources de hist. de France 2. bzw. 3. Teil (3/3 enthält Mémoires et lettres) und in den übrigen nationalen Geschichtsbibliographien verzeichnet. Fast alle die Neuzeit berücksichtigenden großen Publikationsinstitute (Histor. Kommission, München: Humanistenbriefe; Kommission für neuere Geschichte Oesterreichs: Korrespondenzen der Habsburger; Schrr. der kgl. sächs. Kommission für Geschichte: Polit. Korrespondenz des Herzogs u. Kurf. Moritz von Sachsen. Akten u. Briefe zur Kirchenpolitik Herzog Georgs von Sachsen, Kaiserin Maria Theresia u. Kurf. Maria Antonia v. Sachsen) und Quellensammlungen (Documents inédits, Publikationen aus den preuß. Staatsarchiven, Calendars of State-Papers) enthalten Briefe.

§ 25. Die Publizistik und ihre besonderen Ausdrucksmittel.

Unter Publizistik versteht man schriftstellerische (oder bildliche) Aeußerungen, die 1., offen oder verdeckt, eine bestimmt ausgesprochene Tendenz verfolgen und die 2. mit der Absicht verfertigt worden sind, auf das, was man jeweils als Oeffentlichkeit anzusehen hat, zu wirken und Einfluß zu nehmen. Sie dient stets der „Agitation", d. h. sie sucht die Geister in Bewegung zu setzen, sie in bestimmte Bahnen zu lenken, indem sie vielleicht gegnerische Ansichten bekämpft, auf jeden Fall aber, indem sie die Meinung derer, auf die es ankommt, zu gewinnen und mit sich fortzureißen sucht.

   Diesem Inhalte entspricht keine besondere Form. Vielmehr gehört es gerade zum Wesen der Publizistik und des von ihr betriebenen Anhängerfanges, daß sie in den verschiedensten Verkleidungen und unter den verschiedensten Bildern in Erscheinung tritt. Die im Tempel zu Karnak angebrachten, die Taten Thutmosis III. verherrlichenden Inschriften, die Königsinschriften eines Sanherib oder Assurbanipal tragen ebenso publizistischen Charakter an sich wie Teile der *Histoire de mon temps Friedrichs des Großen* oder *Bismarcks Gedanken und Erinnerungen.* Erbauungsbücher, Landkarten, sprachgeschichtliche Abhandlungen, juristische Deduktionen, Aktenveröffentlichungen, Medaillen, Lieder, epische oder dramatische Dichtungen, Spott- und Tendenzbilder können in den Dienst der Publizistik treten. Kein Gebiet geistiger Betätigung der Menschen ist grundsätzlich davon ausgenommen, die Kunst kann ihr ebenso zinspflichtig werden wie die Wissenschaft. Ganz besonders leidet wohl die Geschichtskunde unter ihrem Einfluß. Begreiflicherweise wählt die Publizistik gern aus der Vergangenheit ihre Beweisgründe, um Tatsachen der Gegenwart oder die in der Zukunft liegenden Ziele ehrwürdig erscheinen zu lassen oder um die Taten der Gegner als eine ununterbrochene Kette von Fehlern und Verbrechen hinzustellen. Das wird ihr nun um so sicherer gelingen, wenn sie sich als Ausfluß strengster Wissenschaftlichkeit gibt. Es braucht dieser Mißbrauch mit geschichtlichen Beweisstücken dem Verfasser selbst nicht immer bewußt geworden zu sein, besonders wenn es sich um einen leidenschaftlichen, vielleicht gar fanatischen Charakter handelt. Im Grunde ruht in der ganzen pragmatischen Geschichtsschreibung (s. o. S. 147 f.) etwas stark Publizistisches.

Frz. v. H o l t z e n d o r f f, Wesen u. Wert der öffentl. Meinung 1879; Wm. B a u e r, Die öffentliche Meinung u. ihre geschichtlichen Grundlagen 1914; d e r s e l b e, Die neue Forschung zur G. der öffentlichen Meinung in Die Geisteswissenschaften 1 (1913/14) S. 1022 ff.

D i e b e s o n d e r e n A u s d r u c k s m i t t e l d e r P u b l i z i s t i k sind für keine Zeit die gleichen. Bei Griechen und Römern arbeitete man mit anderen Mitteln als im Mittelalter und das Zeitalter der Reformation unterscheidet sich deutlich von dem der französischen Revolution und der Gegenwart.

Sieht man von den R e d e n und ebenso von den bildlichen Ausdrucksmitteln ab, so bleiben fast nur zwei Arten übrig, einmal die gelegentlich veröffentlichte Agitationsschrift, die man gemeinhin F l u g s c h r i f t nennt, und außerdem die in bestimmten Zeiträumen fortlaufend erscheinende Veröffentlichung, die je nachdem Z e i t s c h r i f t oder Z e i t u n g heißt. Im weiteren Sinne gehören zu den publizistischen Quellen auch W e i s s a g u n g e n, im 15. u. 16. Jht. „Prognosticon" genannt, die F a r b b ü c h e r, von denen schon IX § 15 gehandelt wurde.

§ 26. Die Flugschriften.

Bei der lebhaften Anteilnahme, die Griechen und Römer allem entgegenbrachten, was mit dem öffentlichen Leben zusammenhing, ist ihr ganzes Schrifttum, namentlich das politische und geschichtliche, stark publizistisch gerichtet. Doch spielte sich die Werbearbeit sicherlich nicht in erster Linie so ab, daß man Flugschriften verbreitete, sondern auf der Rednertribüne von Mann zu Mann. Höchstens zur Unterstützung des gesprochenen Wortes und zu seiner Festhaltung bediente man sich der Schrift. Man muß dabei stets im Auge behalten, wie eng gespannt der Rahmen eines Stadtstaates war, wie klein die Maße sind, mit denen wir zu rechnen haben. Ueberdies, besonders in Athen und in Griechenland, fiel dem Theater als Vertrieb politischer und anderer Meinungen eine wichtige Aufgabe zu. Die attische Komödie nahm da eine hervorragende Stellung ein. Vgl. *Jul. Beloch. Griech. G.* ² 2, 1 S. 16.

Im Grunde war es doch der Volksredner, der in Griechenland die Pflichten des Publizisten auf sich nahm und der auch die technischen Voraussetzungen erfüllte, die auf das Publikum wirkten. Dies beweist am besten das stark Rhetorische in der Literatur der Alten, in der die Form der Rede auch dort noch weiterlebt, wo sie inhaltlich gar nicht am Platze ist, bis sie schließlich erstarrt und nur zu einer stilistischen Konvention wird.

Aus der lebenden Rede erwächst ja auch der D i a l o g, der sich bis zur dramatischen Gestaltung erheben kann. Rede (wie bei *Isokrates*) und

Dialog sind denn auch zu literarischen Formen geworden, deren sich politische und wissenschaftliche Werbetätigkeit am liebsten bediente.

Edd. N o r d e n , Die antike Kunstprosa ² 1909; Rud. H i r z e l , Der Dialog 1895; Rud. S c h o l l , Die Anfänge einer politischen Literatur bei den Griechen. Akad. Festrede, München 1890; A. v. M e ß , Aristoteles' Ἀθηναίων πολιτεία und die politische Schriftstellerei Athens, Rhein. Mus. 66 (1911) 356 ff.; Ernst K a l i n k a , Die pseudoxenophontische Ἀθηναίων πολιτεία in „Sammlung wissenschaftl. Kommentare zu griech. u. röm. Schriftstellern" 1913; Paul W e n d l a n d , Beiträge zur athen. Politik u. Publizistik des 4. Jhts. Nachrr. von der kgl. Ges. d. Wiss. Göttingen phil.-hist. Kl. 1910.

Für die Belebung des politischen Flugschriftenwesens in A l t r o m bot die Zeit von Sullas Tod bis zur Aufrichtung des Prinzipats durch Augustus alle Vorbedingungen. Das Temperament und die Hingabe der herrschenden Schichte an alle Vorgänge im Staate waren ja von jeher gegeben. Jetzt aber kam noch hinzu die durch die stärkere Uebernahme griechischer Bildung bedingte Schulung der Form, die räumliche Erweiterung des Interessenkreises und damit auch die Steigerung des Wertes aller jener materiellen wie geistigen Güter, um die man kämpfte.

Aus der a l t c h r i s t l i c h e n Literatur leitet sich die m i t t e l a l t e r l i c h e P u b l i z i s t i k herüber. In der Form von Briefen, Traktaten, von Prophezeiungen und Predigten suchen die geistlichen Verfasser zumeist wieder auf Mitglieder des Klerus meinungsbestimmend zu wirken. Infolgedessen bewegen sich die Beweisführungen, Anklagen und Lobpreisungen durchwegs in theologischen Gedankenkreisen, spielen auf augustinische, eschatologische und der Heiligen Schrift entnommene Ideen an. Selbst politische Streitschriften erscheinen im Kleide dieser Fachliteratur. Höchstens, daß die Predigt eine Verbindungslinie herstellt zwischen geistlichem und weltlichem Publikum. Auf dieses letztere nimmt nur der „fahrende Sänger" Einfluß, den *Wm. Scherer* deshalb geradezu als „wandernden Journalisten" bezeichnet hat. Der Spielmann, Troubadour, ist in der Tat eine Art Publizist, der den Weg zu dem sonst vernachlässigten Laientum findet, zumal er auch im Gegensatz zum Latein des kirchlichen Verfassers seine ‚Serventes' oder ‚Sprüche' in der Sprache des Volkes singt und sagt. Für Deutschland erreicht diese politische Meinungsbeeinflussung durch die reisenden Minnesänger ihren Höhepunkt in der Person *Walthers von der Vogelweide.*

Namentlich der Kampf Gregors VII. gegen die Salier, der sog. Investiturstreit entfesselte eine publizistische Tätigkeit von bedeutendem Umfang und Schärfe, die in den L i b e l l i d e l i t e imperatorum et pontificum saec. XI et XII conscripti 1 (1891), 2 (1892), 3 (1897) in MG. abgedruckt erscheinen. Vgl. Karl M i r b t , Die Publizistik im Zeitalter Gregors VII. 1894 u. Ant. S c h a r n a g l , Der Begriff der Investitur in den Quellen nach der Literatur des Investiturstreites = Kirchenrechtl. Abhdlgen. hg. v. Ulr. Stutz 56 (1908); Hch. W e r n e r , Wochen- und sozialpolitische Publizistik im Mittelalter, Dt. G.bll. 6 (1905); Wm. S c h r a u b , Jordan v. Osnabrück u. Alexander van Roes = Heidelberger Abhdlgen. 26 (1910). — Für die Folgezeit Fch. G r a e f e , Die Publizistik in der letzten Epoche Ks. Friedrichs II. = Heidelberger Abhdlgen. 24 (1909); Hch. G r a u e r t , Aus der kirchenpolit. Traktatenliteratur des 14. Jhts. in HJb. 29 (1908) S. 497 ff.; Rich. S c h o l z , Die Publizistik zur Zeit Philipps des Schönen = Kirchenrechtl. Abhdlgen. 6—8 (1903); Ernst Z e c k , Der Publizist Pierre Dubois 1911; Herm. M e y e r , Lupold von Bebenburg = Studien u. Darst. auf dem Gebiete der G. 7/1 u. 2 (1909); Joh. L o s e r t h , Die ältesten Streitschriften Wiclifs, SB. Wiener Ak. 160 (1908). Vgl. Ebda 166 (1910); Rich. S c h o l z , Unbekannte kirchenpolit. Streitschr. aus der Zeit Ludwigs d. Bayern 1 = Bibl. des preuß. hist. Inst. in Rom 9 (1911); Siegm. R i e z l e r , Die literar. Widersacher der Päpste zur Zeit Ludwigs des Bayern 1874. — In vieler Hinsicht für den Ausgang des Mittelalters in dieser Hinsicht richtunggebend: Konr. B u r d a c h , Vom Mittelalter zur Reformation 1 (1893) 2/1 u. 2 (1912).

In der Geschichte der Publizistik macht das 15. Jahrhundert einen deutlichen Einschnitt. Der Kampf um den konziliaren Gedanken, die mit dem Anwachsen der Renaissance verbundene Verweltlichung des Denkens, die Zunahme der allgemeinen Bildung auch in Laienkreisen, die bewußtere Scheidung der Menschen nach nationalen Zugehörigkeiten, die Stärkung des Bürgertums, all das erhöht die allgemeine Anteilnahme an den Vorgängen in der Oeffentlichkeit. Die Unzufriedenheit vieler mit den schon erstarrten Formen rein theologischer Weltauffassung zusammen mit einem neuen, immer mehr zum Durchbruch gelangenden Lebensgefühl, die Scheidung zwischen Gebildeten und Ungebildeten, das schafft naturgemäß auch neue Reibungsflächen und damit Stoff für den Kampf der erregten Geister. In diese gärende Zeit fällt nun die E r f i n d u n g   d e s   B u c h d r u c k e s. Mit ihr bekommen die bis nun auf enge Grenzen beschränkten Schriften plötzlich Flügel. Die Agitation bemächtigt sich alsbald dieses neuen Vervielfältigungsmittels und die Möglichkeit, in ungehemmter Zahl von Exemplaren eine Schrift herzustellen, sie allein regt schon das Interesse vieler an zur Anteilnahme, die ihnen sonst fremd geblieben wäre.

Eine jener Zeit eigentümliche Form, die öffentliche Meinung im Sinne gewisser Anschauungen zu bearbeiten, war im 15. Jht. die P r o p h e t i e. Man liebte es, an den herrschenden Zuständen Kritik zu üben, indem man sie in ihrer Wirkung auf die Folgezeit aufzeigte, man malte die Zukunft in mehr oder weniger düsteren Bildern und geißelte damit die Gegenwart. Auch tat man damit dem besonders im deutschen Gemütsleben stark eingewurzelten Hang zur Mystik sein Genüge. Der Stammbaum dieser Literaturart reicht ja weit zurück, doch knüpfte man im 15. und 16. Jht. zumeist an die Weissagungen *Joachims de Floris* und *Methodius* aus dem 12. Jht., an die der *hl. Birgitta* aus dem 14. Jht. an. Diese Verbindung sozialpolitischer Forderungen mit visionären Verkündigungen zeigt am deutlichsten und schroffsten der sog. *Oberrheinische Revolutionär* in seiner „Reform“, die neben der Forderung nach Säkularisation des Kirchengutes kommunistisch-sozialistische Tendenzen vertritt. Mehr den astrologischen Standpunkt kehrt der höfisch dienende *Joseph Grünpeck* in seinen verschiedenen Prognosticons heraus. Den Lieblingstraum damaliger Zeit, die Hoffnung auf einen starken Kaiser, der Rom züchtigen und die Türken vertreiben werde, begeistert den Basler Dichter *Pamphilius Gengenbach* in seinem *Nollhart* (1517). In ähnlichem Sinne weissagt *Jakob Pflaum*. Interessant als Wiedergabe der Stimmungen in katholischen Kreisen im Jahre 1519 ist die prophetische Flugschrift *Onus ecclesiae*, die Bischof *Berthold von Chiemsee* verfaßt hatte. Wir finden übrigens auch noch späterhin im 16. und 17. Jht. verschiedene Prophezien. Vgl. *J. Rohr, Die Prophetie im letzten Jht. vor der Reformation*, H.Jb. 19 (1898) S. 29 ff. u. 447 ff *Hch. Werner, Die Flugschrift ,onus ecclesiae'* 1901.

War bisher die Flugschrift bloß auf einen erlesenen Kreis Gebildeter beschränkt, so bildet das Auftreten *Luthers* einen Wendepunkt in der Entwicklung dieser Literatur, was schon aus der Statistik der erhaltenen Drucke annähernd erhellt. Aus der Zeit 1513—1517 sind uns 527 Titel deutscher Druckschriften bekannt, aus den Jahren 1518—1523 aber nicht weniger als 3113. In diesen letzten sechs Jahren kamen einzig in Wittenberg bei 600 aus der Presse. Diese Angaben beruhen auf *G. W. Panzer, Annalen der älteren dt. Literatur*. Nürnberg 1788 ff. und *Annales typographici*, ebenda

1793—1803, *Emil Weller, Die ersten deutschen Zeitungen* in *Bibl. d. Stuttg. lit. Ver.* 111 (1872) dazu Nachträge in *Germania* 26 (1831), im Zbl. f. Bibliotheksw 5 (1888), 7, 9, und im Beiheft 5 zum Zbl. f. Bibliotheksw. (1889), *Arnold Kuczynski, Thesaurus libellorum hist. ref. III. Verzeichnis einer Sammlung von nahezu 3000 Flugschriften Luthers.* 1870. —

Die Kampfschriften der folgenden Zeit kleiden sich gern in die Form des D i a l o g e s („Gesprächsbüchlein"), wo nach kurzer Einleitung und Einführung der sprechenden Persönlichkeiten (meist Mönch, Bauer, Ritter u. ä.) sofort auf den Gegenstand eingegangen wird. Auch P r e d i g t e n (Sermone), D i s p u t a t i o n e n und P r o z e ß a k t e n, fingierte B r i e f e und liturgische Parodien kommen vor, ebenso die Schilderung beliebter Spiele, namentlich das Kegelspiel. Vgl. *Gottfried Niemann, Die Dialogliteratur der Reformationszeit* in *Probefahrten* 5 (1905).

Kennzeichnend für das überaus reiche Flugschriftentum im Dreißigjährigen Kriege ist die der diplomatischen Enthüllung, mit der sich die gegnerischen Parteien auf Grund erschlichener oder aufgefangener Akten zu bekämpfen suchen. Seither gibt es fast kein politisches Ereignis, das nicht von einer Flut von Flugschriften begleitet würde. Berufspamphletisten, die um ihres persönlichen Vorteils willen zur Feder greifen, stehen neben Staatsmännern, Höflingen, Gelehrten, neben *Frz. Paul von Lisola* († 1674) und *Gottfr. Wm. Leibniz* († 1716). Der Kampf zwischen Friedrich dem Großen und Maria Theresia wird zum Teil in Motivenberichten, Manifesten, Deduktionen, „ohnvorgreiflichen" Gutachten, Ratschlägen, also in hochamtlichen Druckschriften, zum Teil in populären Schmähpamphleten ausgekämpft. *Pierre Marteau* in Köln a. Rh. oder *Peter Marteaus* Erben und Söhne erscheinen am Titelblatt solcher Veröffentlichungen als fiktive Verleger. Vgl. *Preuß. Staatsschriften aus der Regierungszeit Kg. Friedrichs II.*, hg. von *Reinhold Koser* u. *O. Krauske* 3. B. 1877—92. Die großen Erlebnisse in der Folge, Napoleon, Befreiungskriege, 1848, 1866, 1870/71 bleiben nicht ohne Widerhall in der Flugschriftenliteratur, *Fch. v. Gentz, Görres, Herm. Baumgarten, Aug.* und *Peter Reichensperger, Ferd. Lassalle, Konst. Rößler* bezeichnen den Weg, den die deutsche Publizistik im 19. Jht. genommen hat. Seit dem Emporkommen einer politisch unabhängigen Presse reißt diese alle Publizistik an sich.

Diesen Entwicklungsgang nimmt die Flugschrift in fast allen anderen europäischen Kulturländern in ähnlicher Weise. Geheime Pressen arbeiteten in F r a n k r e i c h wie in E n g l a n d bald zugunsten der Jesuiten, bald zugunsten der Hugenotten, Puritaner, je nach dem augenblicklichen Stande der politischen Lage. Die gewaltigen Bewegungen in England im 17. Jht. drängen die größten Schriftsteller auf die Bahn des politischen Kampfes. *John Milton* ficht an der Seite Cromwells, *Daniel Defoe, Jos. Addison* und *Rich. Steele* greifen in den Streit des Tages ein, *Jon. Swift* und *Hry St. John Bolingbroke* verteidigen die Sache der Tories.

Auch in F r a n k r e i c h schwoll die Zahl der Flugschriften unter der Herrschaft strenger Gedankensperre und Zensur ungleich heftiger an als etwa in der Zeit, da die Revolution selbst in voller Blüte stand. Am Eingang der Pamphletenliteratur jener Tage stehen die Veröffentlichungen *Neckers,* die einen Strom von Vorschlägen, Beschwerden, Anklagen und Schmähungen entfesselten. Zwar haben späterhin *Mme de Staël, Franç. René de Chateaubriand*

u. a. ihren Schriftstellerruhm auch als Publizisten ausgekostet, doch schied
sich hier im allgemeinen schöne Literatur und Politik strenger als in England.

Eine überaus reiche Publizistik entfalten die Niederländer. Indes
die Regierung Philipp II. ihre amtlichen Erklärungen und Verordnungen
öffentlich in *Plakkaten* kundmachte, antworteten die Niederländer mit Rechtfertigungsschriften, aufgefangenen Briefschaften (*lettres interceptes, afghewoorpene
brieven*) und finden in *Phil. v. Marnix* († 1598) einen der geistreichsten Sa-
tiriker. Im 17. und 18. Jht. begannen die inneren Zwistigkeiten. Damals
kamen auch die sog. „Blauhefte" (*blaeuboeexskens*) auf, das sind auf groben
Quartblättern gedruckte, in blauem Umschlag gehüllte Schriften, die alle bedeutenderen Vorgänge besprechen und so den Uebergang zur Zeitung darstellen.
Die Niederlande waren es auch, wo eine große Zahl der gegen den französischen
Absolutismus gerichteten französischen Flugschriften erschien.

Fundorte flugschriftartigen Materials. Nur die wenigsten
durch Inhalt oder Form ganz besonders ausgezeichneten Schriften sind in
neueren, allgemein verbreiteten Drucken und Ausgaben überall leicht zugänglich. So etwa die *Luthers, Miltons, Lassalles* usw. Sonst wird man die in
Betracht kommenden historischen und persönlichen Beziehungen aufs genaueste
verfolgen müssen und zwar nicht nur die des zu behandelnden Gegenstandes
als auch eventuell die des Verfassers. Zunächst werden die örtlich zuständigen
Bibliotheken in Betracht kommen, wobei man freilich den Kreis der Nachforschungen so weit als möglich ziehen wird, denn die Zahl der erhaltenen
Exemplare, besonders aber der verschiedenen Auflagen und Nachdrucke kann
erst einen kritischen Maßstab abgeben für den Einfluß, den eine Schrift auf die
öffentliche Meinung ausgeübt hat. Wer also einen wichtigeren Fundort übersieht, dem entgeht nicht nur Material, sondern auch die Möglichkeit, die
großen Linien der Volksstimmung zu verfolgen. So konnte *Paul Schmidt*
(MIOeG. 28 (1907) 577 ff.) das Bild, das *Joh. Haller* von der deutschen Publizistik in den Jahren 1668—1674 entworfen hat, an verschiedenen Punkten umzeichnen, da es ihm gelang, aus der Jenaer Universitätsbibliothek für
die Jahre 1668—1671 dreißig von *Haller* nicht berücksichtigte Flugschriften
für seine Arbeit heranzuziehen.

Außer auf den öffentlichen **Bibliotheken** wird man auf **Privatsamm-
lungen** sein Augenmerk zu richten haben. Zum Teil sind solche jetzt
freilich den Bibliotheken einverleibt, werden aber meist als Sonderbestände
geführt. So verdanken die so wichtigen Schätze des Britischen Museum an
englischen Pamphleten des 17. Jhts. ihre Erhaltung dem Sammeleifer des
königlichen Kaplans *Charles Burney* (1757—1817) und des Buchhändlers
Gge. Thomason. Wer aber die französische Flugschriftenliteratur aus der
Zeit der großen Revolution behandeln will, darf sich nicht bloß auf die Bibliothèque Nationale in Paris beschränken, sondern muß auch die Sammlung
von *John Wilson Croker* im Britischen Museum in seinen Forschungsbereich einbeziehen. So enthält die Wiener Stadtbibliothek in der Sammlung von *Ludw.
Aug. Frankl* und die Hofbibliothek daselbst in dem Nachlaß nach *Joh. Alex.
Freiherrn von Helfert* wichtiges Material an Wiener Flugschriften aus dem
Jahre 1848.

Schließlich sei auch auf die **Archive** hingewiesen. Nicht selten
finden sich nämlich in den Berichten diplomatischer Agenten Flugschriften

und Zeitungsartikel erwähnt, manchesmal legte man sie wohl auch bei oder gab doch nähere Angaben darüber. — Nicht übersehen dürfen ferner die Kataloge der großen Antiquariatsbuchhändler werden, die oft dankenswerte Zusammenstellungen und Nachweise bieten. Verzeichnisse der Antiquariatskataloge im *Zentralbl. für Bibliothekwesen* 1888 ff. — Wohl zu beachten sind die Akten von P o l i z e i - und Z e n s u r stellen, wo sich als Beilagen vielfach die betreffenden Flugschriften vorfinden.

Für die Flugschrift als h i s t o r i s c h e Q u e l l e kann natürlich für den Fall, daß wir sie handschriftlich als Autograph oder als Kopie besitzen, die Betrachtung der ä u ß e r e n M e r k m a l e von Wichtigkeit sein. Freilich läßt sich auch an Druckerzeugnissen über Herkunftsort und Urheber der eine oder andere Anhaltspunkt gewinnen, die Feststellung der Fundorte können ebenso wie die Zahl der Auflagen für die Verbreitung einer Flugschrift einen Gradmesser abgeben. In der Regel werden wir uns aber mit der Untersuchung der i n n e r e n M e r k m a l e begnügen müssen. Die Frage nach dem Verfasser wird sehr oft dunkel und ungeklärt sein. Nennt er sich selbst, so werden sich dank den S. 132 f. und 194 ff. gegebenen Hilfsmitteln die näheren Lebensumstände und damit dessen Parteistellung und Gesinnung feststellen lassen. Oft handelt es sich freilich um einen Decknamen oder um eine Mystifikation (*Epistolae virorum obscurorum!*). Ebenso häufig ist aber Anonymität. Nicht selten (namentlich bei offiziellen oder sonstigen Parteiveröffentlichungen) kann die Zusammenarbeit mehrerer Urheber in Frage kommen. Die Mittel, die uns zu Gebote stehen, sind natürlich die gleichen, die wir bei anderen Quellen in Anwendung bringen: Stilvergleichung, Feststellung, auf welche Weise der Verfasser zur Kenntnis der von ihm mitgeteilten Tatsachen gelangt sein konnte und in welchem Sinne er diese Mitteilungen verwendet hat. Unter Umständen kann auch eine ganze Reihe von Flugschriften auf den gleichen Urheber zurückgehen. Als Musterbeispiel für die kritische Behandlung dieser Literaturgattung kann *Hch. v. Srbik, Wallensteins Ende* 1920 angeführt werden. — Man wird von Flugschriften nicht verlangen, daß sie' „objektiv" und abgeklärt in der Tatsachenwiedergabe verfahren. Stets ist zu bedenken, daß sie nach irgendeiner Richtung wirken, bestimmte Stimmungen erzeugen wollen. Deshalb ist es wichtig, nicht bloß die Parteistellung des Urhebers zu kennen, sondern unter Umständen auch den Kreis derer, an den sie gerichtet ist. Meist wird sich der Verfasser, der ja zu Zeitgenossen spricht, davor hüten, den Tatsachen allzustark Gewalt anzutun. In der ursächlichen Verknüpfung und psychologischen Deutung der Tatsachen wird er sich dagegen desto größere Freiheit gestatten. Hier muß also die Kritik einsetzen.

Mit dieser Untersuchung des Inhalts ist aber die geschichtliche Würdigung einer Flugschrift nicht abgetan. Wir dürfen uns nicht darauf beschränken, zu erkunden, ob ihre Angaben den Tatsachen entsprechen oder nicht, sondern müssen überdies feststellen, ob diese Angaben, Beweisgründe damals für wahr gehalten wurden und von wem, ob sie auf die Meinungsbildung Einfluß genommen haben. Dies zeigt sich in der Wirkung, die eine Flugschrift ausgelöst hat in Gegenschriften, in der Uebernahme der Beweisgründe, Schlagworte usw. durch andere Schriftsteller, Verbreitung, Uebersetzung in andere Sprachen, behördliche Maßnahmen und ähnliches. Archivalische Forschung ist deshalb meist unerläßlich.

Die *Bibliographie* zur Flugschriftenliteratur ist verhältnismäßig zerstreut. Eine Uebersicht bei Wm. B a u e r a. a. O. Da Flugschriften meist größeren Umfangs sind, findet sich eine Ausgabe davon nur in den wichtigsten Fällen. Meist trifft man in Arbeiten über die „öffentliche Meinung", über politische Literatur, über Satire, über Parteiwesen und ähnliche Gegenstände Flugschriften erwähnt. Bibliothekskataloge z. B. C a t a l o g u e of the three collections of books, pamphlets etc. in the B r i t i s h M u s e u m o n t h e F r e n c h R e v o l u t i o n. London 1899; C a t a l o g u e of t h e p a m p h l e t s, books, newspaper, and manuscripts relating t o t h e c i v i l w a r, the c o m m o n w e a l t h, a n d r e s t o r a t i o n, collected by G e o r g e T h o m a s o n 1640—61, 2. B., London 1908; B i b l i o t h e e k v a n N e d e r l a n d s c h e p a m f l e t t e n, 1. Abt. ges. v. Fred. M ü l l e r, hg. v. P. A. T i e l e, 1: 1500—1648 (Amsterdam 1858)?; C a t a l o g u s v a n d e t r a c t a t e n, p a m f l e t t e n over de geschiedenis van N e d e r l a n d .. in de bibliotheek van Isac M e u l m a n n hg. v. J. K. van der W u l p, Amsterdam 1866. Diese beiden letzte ren Kataloge beziehen sich auf Sammlungen, die in der Universitätsbibliothek zu Gent aufbewahrt werden. B i b l i o t h e e k v a n N e d e r l a n d s c h e p a m f l e t t e n. Ver zamelingen van Johannes T h y s i u s en van de bibliotheek der rijksuniversiteit te Leiden, hg. v. Louis D. P e t i t, Haag 1882; C a t a l o g u s v a n d e p a m f l e t t e n. Verzame ling .. in de koninklijke bibliotheek te 'sGravenhage, hg. v. W. P. C. K n u t t e l, 6 Teile, Haag 1889 ff.

Für *Deutschland* suche man die Literatur bei D.-W[s] unter den obengenannten Stichworten.

Für *Frankreich*: M o n o d, M o l i n i e r - H a u s e r - B o u r g e o i s. Les sources de l'hist. de France. Ferner bei L a n s o n s. o. S. 273. Eine übersichtliche Darstellung bei P. L a r o u s s e, Grand dict. universel du 19e siècle 13, 91 ff. Für das 16. Jht.: C. L e n i e n t, La satire en France .. au 16e siècle 2 B. Paris 1877. Einzelfragen behandelt G. F a g n i e z, L'opinion publique .. au temps de Richelieu in Rev. des questions hist. 60 (1896) S. 442 ff; C. M o r e a u, Bibliographie des Mazarinades Paris 1850/1, der auch eine Choix de Mazarinades = Ouvrages p. p. la Société de France 61. 63, 67, 73, 74 (Paris 1853) herausgegeben hat. A. G e r m o n d d e L a v i g n e, Les pamphlets de la fin de l'empire. des cent jour et de la réstauration, Paris 1879; L. W a c h l e r, P. L. Courier im Ver hältnis zu seiner Zeit in Raumers hist. Tschb. 1 (1830) 225 ff.

Für *England* bietet eine gute Uebersicht T h e E n c y c l o p a e d i a B r i t. [11] 20· S. 659 ff. Eine Auswahl wichtiger Flugschriften mit Erläuterung abgedruckt bei Arth. W a u g h, The Pamphlet library (2 Bde. Literary pamphlets hg. v. Ernest R h y s, 1 Bd.; Political pamphlets hg. v. A. F. P o l l a r d, 1 Bd.; Religious pamphlets hg. v. Percy D e a r m e r) London 1898.

Für die *Niederlande*: Paul F r e d e r i c q, Het Nederlandsch proza in de zestien deeuwsche pamfletten .. 1566—1600 in Ac. royale de Belgique: Classe de lettres, mémoires, 2. Serie, Bd. 3 (1908) mit einer Blumenlese abgedruckter Flugschriftentexte.

Für *Italien*: Ferd. C a v a l l i, La scienza politica in Italia, Venedig 1865—81 (SA. aus Mem. dell' Istituto Veneto) verzeichnet die wichtigsten politischen Theoretiker Italiens vom 13. Jht. bis 1848. Ein Verzeichnis aller möglichen kleinen Schriften und Broschüren alphabetisch nach Verfassernamen geordnet bringt Gior. C i n e l l i C a l v o l i, Biblioteca volante, 4 Bde., [2]Venedig 1734—47.

§ 27. Das organisierte Nachrichtenwesen. Die Zeitung.

Die moderne Presse vereinigt in sich gegenwärtig eine ganze Reihe von Aufgaben, die ursprünglich von verschiedenen Einrichtungen bewältigt wurden und die sich erst allmählich in der Zeitung zu einer Einheit zusammenwuchsen. Diese Aufgaben sind 1. die der Nachrichtenübermittelung, 2. der Agitation, 3. der Geschäftsvermittelung, 4. der Verbreitung allgemeiner Bildung, 5. der öffentlichen Ankündigung.

So sind im römischen Altertum die Wege zur Zeitung a) der Privatbrief, der ja überhaupt die Urzelle alles Nachrichtenverkehrs und der Zeitung im besonderen darstellt, b) das aus dem Privatbriefverkehr sich entwickelnde, gewerbsmäßig betriebene schriftliche Nachrichtenwesen, c) die behördliche Ver breitung der für das Staatswohl notwendigen Mitteilungen. — Als Mittel der Benachrichtigung gab es neben dem Brief nur noch den öffentlichen Anschlag und die mündliche Mitteilung, die die sog. subrostrani, deren Platz auf dem Forum neben der Rednertribüne war, zum Gewerbe gemacht hatten. Eingelangte Briefe aktuellen Inhalts gingen vielfach von Hand zu Hand, wurden wohl auch öffentlich angeschlagen (in publico propositae) oder durch eigene Sklaven (tabellarii) in mehreren Exemplaren abgeschrieben. Einen Schritt weiter auf dem Wege zur Zeitung scheint Caesar gegangen zu sein, indem er nach *Sueton* im Sinne seiner demokratisierenden Herrschaftspläne als Konsul i. J. 59 bestimmte, daß die bisher geheimgehaltenen Protokolle der Senatsverhandlungen sowie jene der Volksversammlung täglich redigiert und veröffentlicht werden sollen (instituit, ut tam senatus quam populi diurna acta confierent et publicarentur). Unter publicare ist dabei an keine Vervielfältigung, sondern nur an eine Veröffentlichung durch Anschlag zu denken. Es sind dies die *Acta senatus, populi, urbis, τὰ (κοινὰ) ὑπομνήματα*. Daneben waren die „operarii" am Werk, die sich die schriftliche Zusammenstellung und Verbreitung des Stadtklatsches und der Neuigkeiten (Leichenbegängnisse, Gladiatorenspiele, Hochzeitsfeierlichkeiten usw.) zum Berufe gemacht hatten. An Stelle der *Acta senatus*, deren Publikation Augustus wieder verbot, trat nun eine ebenfalls amtliche, täglich (durch Anschlag) erfolgende Bekanntmachung von Senatsbeschlüssen (nicht Verhandlungen), behördlichen Dekreten, Briefen der Kaiser, Reden der Kaiser, Empfängen des Kaisers, Naturereignissen, lehrreichen Geschichten, Spenden usw. (*Acta urbana*), für die es, wie *Otto Hirschfeld SB. preuß. Akad. phil. hist.* (1905) inschriftlich nachweisen konnte, im 2. Jht. n. Chr. einen eigenen procurator ab actis gab. Nennt man diese Acta eine „Zeitung", so verzichtet man auf das Merkmal der Vervielfältigung, das wir mit ihr heute zu verbinden gewohnt sind, denn es war den Privaten anheimgestellt, diese auf einem belebten Orte angebrachten Nachrichten abzuschreiben. Vgl. *Wm. Kubitschek* in *Pauly-Wissowa, RE. kl.Alt.* 1 (1904) 290 ff. s. v. acta urbis; *Teuffel-Schwabe, G. der röm. Literatur* 1 (1890) S. 452 ff.; *Mart. v. Schanz, G. der röm. Literatur* ³ 1/2 (1909) S. 190 ff., *Gaston Boissier, Le Journal en Rome* in *Rev. des Deux Mondes* 132 (1895) S. 284—310 (die beste Darstellung); *Wolfg. Riepl, Das Nachrichtenwesen des Altertums* 1903.

Nach unseren heutigen Begriffen waren diese Akte sowenig wie das ins 10. oder 11. Jht. n. Chr. zurückreichende chinesische Amtsblatt, King-pao, eine wirkliche Zeitung. Man mag diese definieren wie immer, so gehören drei Eigenschaften zu ihrem Wesen 1. die P u b l i z i t ä t, 2. die P e r i o d i z i t ä t und 3. die A k t u a l i t ä t, wobei wir diese drei Merkmale historisch auffassen müssen, also im jeweiligen Sinne der Zeit. Die Nachrichtenübermittelung allein genügt nicht, sonst wäre jeder Privatbrief eine Zeitung, sein Inhalt muß allgemein zugänglich sein. Der Privatbrief ist in der Regel nicht an bestimmte Fristen gebunden. Das aber ist ein wichtiges Kennzeichen der Zeitung, die Periodizität des Erscheinens, worin sie sich von den gelegentlich erscheinenden ‚Flugblättern', ‚Neuen Zeitungen' usw. unterscheidet. Wohl aber kann diesen die dritte Eigenschaft zukommen, die Aktualität. Sie ist der Lebensnerv der modernen Presse, in ihr ruht das Agitatorische und Wirksame, das sie zur Lenkung und Beherrschung der Meinungen befähigt. Aktualität heißt nicht nur die Eigenschaft, die sich in zeitgerechter, raschester Berichterstattung darstellt, sondern das bewußte Hinarbeiten' auf ‚Wirkung', gemütserregendes Interesse, und damit auf Einfluß.

Die Vereinigung dieser verschiedenen Erscheinungsformen zu einer Ein-

heit (des Briefes, der Flugschrift, der Affiche, des Pamphlets usw.) war natürlich an ein Zusammentreffen bestimmter kultureller Voraussetzungen geknüpft.
Dieses ist nun an der Wende vom 18. und 19. Jht. erfolgt.

Wegweisend für die theoretische Betrachtung des Zeitungswesens wurde Emil Löbl,
Kultur und Presse 1903; wichtig Karl Bücher in Kultur der Ggw. ²1, 1 (1912) 481 ff.;
Rob. Brunhuber, Das moderne Zeitungswesen, Sammlg. Göschen Nr. 320 (1907); der-
selbe, Das dt. Zeitungswesen, Ebda. Nr. 400 (1908); Tony Kellen, Das Zeitungswesen
= Sammlung Kösel Nr. 17 (1908); Herm. Diez, Das Zeitungswesen = Aus Natur und
Geistesw. Nr. 328 (1916); Wm. Brömer, Grundriß einer konstruktiven Zeitungslehre 1918;
eine wichtige Arbeit ist die von Herm. Bode, Die Entstehungsgeschichte der modernen
Zeitung in Studien über das Zeitungswesen Prof. Adolf Koch gew., Frankfurt 1907; vgl.
Germ.-roman. Wochenschr. 2 (1910) 193 ff. Ueber die moderne Organisation des Nach-
richtenbüros: Hs. Morf, Die Drahtberichterstattung im modernen Zeitungswesen 1912;
Rud. Rotheit, Die Friedensbedingungen der dt. Presse 1915.

Sonst beleuchten die Arbeiten von Max Garr verschiedene Seiten der modernen
Presse, so „Parlament und Presse" = Wiener staatsw. Studien 8/2 (1908); Die Inseratensteuer,
Ebda. 9/2 (1909), Die wirtschaftlichen Grundlagen des modernen Zeitungswesens = Ebda.
10/3 (1912); Ernst Posse, Ueber Wesen und Aufgabe der Presse 1917; Vorschläge zur
bibliothekarischen Sammlung des Zeitungsmaterials macht Mart. Spahn, Intern. Wochenschr.
2 (1908) 1163 ff. und Zentralbl. f. Bibliotheksw. 27 (1910) S. 98 ff.

Die kulturellen Vorbedingungen für die Entwicklung
des Zeitungswesens weisen also bereits ins römische Altertum und in
die Vergangenheit Chinas, im Grunde ist es aber doch wie keine zweite geschichtliche Quelle durch und durch ein Kind der Neuzeit. Nur diese bot ihr
die Möglichkeiten jenes Werdeganges, den sie in den letzten Jahrhunderten
durchgemacht hat. Die Vorbedingungen für das Emporkommen eines eigentlichen Zeitungswesens waren a) die Fortschritte der Vervielfältigungskunst,
b) die Fortschritte im Verkehrswesen, c) die Bedürfnisse des Handels, d) das
Interesse des Publikums und e) eine entsprechend freiheitliche Gesetzgebung.

a) Die Vervielfältigungskunst. Sie hat seit der Erfindung der
Kunst mit beweglichen Lettern zu drucken bis zu dem Augenblick, da Fch.
König (geb. 1774 zu Eisleben) 1810 die erste brauchbare Schnellpresse mit
Maschinenbetrieb erbaut hatte, keine nennenswerte Fortschritte gemacht. Am
28. November 1814 erschienen als erstes auf einer solchen Presse hergestelltes
Blatt die *Times*. Im Jahre 1823 folgte die *Spenersche Zeitung* in Berlin und
1824 die im Verlage Cotta erscheinende *Allgemeine Zeitung* zu Augsburg.
Einen neuen Abschnitt bedeutet die Erfindung der Rotationsmaschine für
endloses Papier, die der Amerikaner Wm. Bullock machte und die 1865 bei
den *Times* Anwendung fand.

b) Die Verkehrsmittel. Die Verbesserung der Verkehrsmittel ist
mit der Verbesserung der Verkehrseinrichtungen aufs engste verschwistert. Die
streng eingehaltene Periodizität des Verkehrs, wie sie durch die Post verbürgt
wurde, ermöglichte erst die Periodizität der Presse. Man kann infolgedessen
kritisch die Presse, namentlich die ältere, nicht verstehen, ohne ihre Geschichte
mit jener des Verkehrs in Verbindung zu bringen.

Die gewaltige für Staatszwecke ins Leben gerufene Verkehrseinrichtung des altrömischen cursus publicus war schon längst zerfallen, als sich im Mittelalter das Bedürfnis
nach einer Organisation der Verkehrsmittel geltend machte. So unterhielten Klöster schon
frühzeitig eigene Boten, späterhin nahmen die Bettelmönche Briefschaften zur Beförderung
mit auf die Wanderung. Berühmt wurde die Botenanstalt der Sorbonne zu Paris, die in
den deutschen Universitäten Nachahmer fand. Viel verbreitet war in Deutschland die
Verwendung der Metzger als Vermittler des Nachrichtenverkehrs. Noch im 17. Jht. waren
die sogenannten „Metzgerposten" im Gange und scheinen besonders von Kaufleuten bevorzugt worden zu sein. Daneben unterhielten die Städte selbständige Boten, die ebenfalls
noch ein Jahrhundert lang den Wettkampf mit der Taxisschen Post aufzunehmen vermochten.

Das Ursprungsland der modernen Post ist aber Italien und dort wieder Mailand, wo im 14. Jht. die Visconti von Staats wegen die Post organisiert und nicht nur feste Stationen für den Pferdewechsel (Relais) eingerichtet haben, sondern wo auch verschiedentlich das Prinzip des Botenwechsels (Beförderung per la stafetta) feststellbar ist. Aus Italien (Bergamo) stammt denn auch das Geschlecht der Taxis, das durch den Kurierdienst in Vendig und dann in Rom reich geworden war. Maximilian I. ließ sich durch Jeanetto de Taxis um 1490 die ersten Posten in Deutschland legen, die die Verbindung mit den Niederlanden herstellten. Das Neue an diesen Posten war, daß man alle 5 (später 3—4) Meilen, meist in Anlehnung an bestehende Wirtschaften, Stationen anlegte, wo ein Bote der Ankunft des andern gewärtig sein mußte, um mit dem Felleisen, das eben angekommen, zur nächsten Station zu reiten. — Für die Ausbreitung des Taxisschen Unternehmens war es von grundlegender Bedeutung, daß 1505 Franz von Taxis sich Philipp dem Schönen gegenüber zur Postverbindung der Niederlande mit dem jeweiligen Hoflager Maximilian I., mit Paris und mit Granada (bzw. Toledo) verpflichtete. Doch erst der Vertrag von 1516 zwischen Karl (V.) und Franz und Baptista von Taxis hatte die neue Verkehrseinrichtung zu einer internationalen gemacht. War bisher diese Post nur für die Zwecke des Staates gedacht, so erkannte der neue Vertrag sie als eine allgemein zugängliche an.

Einen ähnlichen Entwicklungsgang nahm die französische Post, die durch das Dekret Ludwigs XI. 1464 ins Leben gerufen wurde, deren Organisation einerseits der Kontrolle von Briefschaften fremdländischer Mächte und Gesandten, anderseits durch Relaisstationen der staatlichen Brief- und Personenbeförderung dienen sollte. Das Privileg Franz I. von 1527 öffnete dieses Verkehrsmittel auch den Bedürfnissen der Privaten. Für Sendungen, die besonderer Sicherheit oder Eile bedurften, verwendete man aber nicht die regelmäßige Post, die zwar billiger kam, sondern postierende Boten, Kuriere, die sich an den Stationen der unterlegten Pferde bedienten. Schließlich griff dies vom Briefverkehr auch auf den Reiseverkehr Privater über, ein Vorgang, der die „Posthalter" an den einzelnen Stationen im Rahmen des ganzen Unternehmens verselbständigte, bis diese schließlich „Postmeister" wurden. Vgl. Jos. Rübsam, Joh. Bapt. von Taxis 1889; Fritz Ohmann, Die Anfänge des Postwesens und die Taxis 1909. Der gewöhnliche Briefverkehr ging auf der meist wöchentlich abgehenden Ordinaripost, während nur Eilsendungen auf den streng stafettenmäßig sich abwickelnden Extraposten befördert wurden. Doch kam es zur Einrichtung regelmäßiger („Ordinari")-Posten erst in der zweiten Hälfte des 16. Jhts., so z. B. bei der Verbindung Deutschlands mit Italien nicht vor 1550. Während aber die am Samstag Rom verlassende Ordinaripost nach Trient 5 bis 6 Tage brauchte, bewältigte 1545 ein Sonderkurier dieselbe Strecke in 50 Stunden. Wm. Mummenhoff, Der Nachrichtendienst zwischen Deutschland und Italien im 16. Jht Diss. Berlin 1911. — Die Taxis, als treue Anhänger des spanisch-habsburgischen Hauses, wurden mit in die finanzielle Krisis hineingerissen, die die niederländischen Wirren der spanischen Partei brachten. Diese Gelegenheit benutzte Jakob Henot, Postmeister in Köln, zu dem kühnen Versuch, eine von den Taxis unabhängige deutsche Reichspost zu gründen, indem er durch Legung der Linie Köln-Wöllstein einen Sonderanschluß an den niederländischen Postkurs zu gewinnen suchte. In diesem Streben nach Monopolisierung der Post in Deutschland bekämpfte Henot aufs nachdrücklichste das Botenwesen der Städte und Kaufleute. Seine hochfliegenden Pläne scheiterten an Geldmangel. Philipp II. ließ durch Leonhard von Taxis die Verbindung zwischen den Niederlanden und Frankreich, ferner zwischen Augsburg und Trient herstellen. 1595 ernannte Rudolf II. Leonhard von Taxis zum Generalobristpostmeister im Reich. Engelb. Goller, Jakob Henot († 1615) 1910.

Der Gedanke einer Monopolisierung, wie ihn Henot verfochten, fand nun in dem Erlaß Rudolfs II. gewissermaßen seine Verwirklichung, als der Kaiser die Beförderung von Privatbriefen zum kaiserlichen Regal erklärte und die Abschaffung des Nebenbotenwerks anordnete. Doch der Westfälische Friede mit der Verselbständigung der einzelnen Territorien war dem Reichsmonopol nicht günstig. Besonders die preußische Staatspost zwischen Memel, Berlin und Kleve durchlöcherte in Norddeutschland das Taxissche Postnetz. Indem sich nun die Interessen der einzelnen Sonderposten und die der Taxis allmählich miteinander vertrugen, wurde für die innere Ausgestaltung des Postwesens Raum geschaffen. In Spanien, wo 1706 die Postgerechtsame abgelöst und 1716 die Post in Staatsbetrieb genommen wurde, versuchte man es 1727 mit Postchaisen (sillas de postas). In Frankreich gelang es trotz der Zentralisierung der Post erst Richelieu 1623 einen einheitlichen Briefportotarif einzuführen, 1676 wurde die Post verpachtet. Minister Turgot vereinigte die verschiedenen Messagerieunternehmungen zu den Messageries royales, die 4 km in der Stunde zurücklegten, was als besonders schnell empfunden wurde. In England hatte Karl I. 1637 die Post für ein Regal erklärt, aber erst das Gesetz von 1710 sie durch Errichtung des General Post Office auf moderne Grundlage gestellt.

Die technischen Fortschritte des letzten Jahrhunderts schritten alsbald über die Rückständigkeiten des bisherigen Postbetriebes hinweg. Am 27. September 1825 fuhr die erste Eisenbahn zwischen Stockton und Darlington. 1830 bereits eine zwischen Liverpool und Manchester. Amerika folgte 1829 (zwischen Baltimore und Ellicotts-Mill), Deutschland 1833 (Fürth-Nürnberg). Belgien 1834, Frankreich 1837 (Paris—St. Germain). Italien 1839 (Neapel—Portici) usw. — Seit dem Beginn des 19. Jhts. wurde in erhöhtem Maße der Dampfbetrieb auch für die S c h i f f a h r t in Verwendung gebracht.

Einen bis dahin kaum geahnten Aufschwung nahm der Nachrichtenverkehr durch die Einführung der T e l e g r a p h i e. Die von den Brüdern Chappe erfundene optische Telegraphie fand nur in Frankreich allgemeinere Verwendung. Erst die Einführung elektrischer Leitungen, namentlich aber die Erfindung eines praktischen Schreibapparates durch Morse (1836) entschied für die allgemeine Verbreitung. Der Gebrauch der Telegraphie wurde in einzelnen Staaten erst zögernd der Oeffentlichkeit übergeben, in Preußen am 1. Oktober 1849, in Oesterreich am 15. Februar 1850. Mit wenigen Ausnahmen haben fast alle Staaten die Telegraphie ihrem Postregal einverleibt. Bloß Kanada und die Vereinigten Staaten (Großbritannien, nur soweit es den Auslandsverkehr betrifft), haben sich jeder Monopolisierung enthalten. — Aehnliches gilt für die F e r n s p r e c h einrichtungen (Telephon), wie sie auf Grund der Erfindungen des Deutschen Philipp Reis (1861) und des Amerikaners Alexander Graham Bell (1875) in allen Kulturländern Eingang gefunden haben.

Eine wissenschaftlichen Anforderungen genügende *allgemeine Postgeschichte* gibt es nicht. Eine gute Zusammenstellung der älteren und neueren Literatur über das *deutsche* Postwesen bei Fritz O h m a n n in Dt. G.bll. 10 (1909) 261 ff. und G. W o l f. Einleitung 29 ff. Eine populäre Postgeschichte: V e r e d a r i u s, Das Buch von der Weltpost ³ 1894. Eine wichtige Fundgrube das A. f. P o s t u n d T e l e g r a p h i e, Berlin 1876 ff. — Für *Frankreich:* Alexis B e l l o c. Les postes françaises. Paris 1886. Für *England:* W. L e w i n s, Her Majestys Mails. London 1864; James Wilson H y d e, The Royal Mail, its curiosities and romance ³ London 1889. — Hugo W e i t h a s e. Die internationalen Postbeziehungen bis zum Zusammentritt des Berner Postkongresses, Diss. Straßburg 1894.

Wichtiger als alle diese einzelnen Daten ist die Betrachtung der Allgemeinwirkung. die von der Summierung dieser mannigfachen Erscheinungen auf das private und öffentliche Leben ausgeübt worden ist und noch wird. Das Zeitungswesen, das durch die Fortschritte der Verkehrsmittel ungeheuer gewonnen hat, ist nur ein Glied in dieser Kette. Nicht nur der ganze Mechanismus der äußeren Lebensformen, auch die Anschauungsweise, der geistige Aufbau des modernen Menschen erhielt durch die erhöhten Verkehrsmöglichkeiten erst sein Gepräge. Die völkerverbindende Gewalt dieser Einrichtungen hat den Interessenkreis des Einzelnen wie der Gesamtheit bis an die äußersten Grenzen ausgesteckt, aber auch der politischen Gestaltung des modernen Staates neue Wege gewiesen. Das spiegelt sich in der Literatur von heute deutlich ab und kein Historiker, der unsere Gegenwart behandeln will, wird an dieser Erscheinung achtlos vorübergehen dürfen. Noch stehen wir freilich selbst zu sehr unter dem unmittelbaren Eindruck dieser Wandlungen, daß sich mehr als Allgemeinheiten kaum darüber sagen lassen. — Ueber die wirtschaftliche Seite des modernen Verkehrs handelt *Emil Sax, Die Verkehrsmittel in Volks- und Staatswirtschaft* 1878, *Rich. van der Borght. Das Verkehrswesen* in *Frankensteins Hd.- u. Lehrb. der Staatsw.,* 7 (1894). *P. D. Fischer* und *M. Aschenborn* in *Hdb. der Staatsw.* ³6 s. v. „Post.“ Auch die Vergangenheit berührt das geistreich einseitige Buch von *F. C. Huber, Die g.liche Entwicklung des modernen Verkehrs* 1893.

Als p o s t g e s c h i c h t l i c h e Q u e l l e n sind zu erwähnen die P o s t s t u n d e n p ä s s e (italienisch Parte), die als Begleitzettel einerseits für den Boten die Adresse oder Adressen der Sendungen enthielten, andererseits zur Kontrolle der richtigen Abfertigung sowohl vom Absender die Eintragung der Abgangszeit als vom Empfänger den Vermerk über die Zeit des Eintreffens trugen. Vgl. Osw. R e d l i c h, Vier Poststundenpässe aus den Jahren 1496—1500. MIOeG. 12 (1891) 494 ff. und O h m a n n, Die Anfänge der Post 54 f. Aehnlich den Stundenpässen sind auch die P o s t a v i s i, über die Jos. R ü b s a m in Dt. G.bll. 7 (1905) 8 ff. handelt. Zu erwähnen sind ferner die P o s t v e r t r ä g e, nicht nur solche zwischen einzelnen Staaten, sondern auch die zwischen Staatsgewalt und Postunternehmern geschlossenen. Schließlich sei auf die P o s t k u r s b ü c h e r hingewiesen. Das älteste bisher bekannte ist das von dem genuesischen Postmeister in Rom Giovanni da l'Herba (Itinerario delle poste per diverse parte del mondo ... Roma 1563). Vgl. Rübsam in Union postale 14. 96. Ein ähnliches, öfter aufgelegtes Werk ist das *Nuovo itinerario delle poste per tutto il mondo* (Milano 1608, später Venezia 1611, 1666, 1676) von Ottavio Codogno. Darüber Rübsam im Hist. Jb. 13 (1892) 64 ff. und Sickel (s. u.) 108. Für die Schnelligkeit des Postverkehrs lassen sich aber auch durch die Vergleichung mit vorhandenen Briefen und Korrespondenzen aus derselben Zeit Anhaltspunkte gewinnen. In gewissenhaften Kanzleien pflegte man auf der Rückseite der eingelaufenen Briefe das Datum ihrer Ankunft zu verzeichnen, auch in den Antwortsschreiben bezog man sich nicht nur auf das Datum, das der Brief trug, sondern auch auf den Zeitpunkt, da man ihn erhielt. Solche Feststellungen auf Grund von Briefen lieferte Theod. v. Sickel, Röm. Berichte 4 in S.-B. WrAk. phil.-hist. 141 (1899) 105 ff.; Wm. Mummenhoff (s. o.) u. a.

c) Die Bedürfnisse des Handels. Bei jedem höher organisierten Handel fällt die Möglichkeit, sich ohne Schwierigkeiten Nachrichten von außen zu beschaffen, mit der Notwendigkeit, solche zu erlangen, zusammen. Jeder Jahrmarkt, jede Messe wurde zum Sammelbecken für Neuigkeiten aller Art. Mit dem allmählichen Aufkommen des Handels mit Wechselbriefen und des Zusammenschlusses der Kaufleute zu börsenmäßigem Tauschverkehr, wie dies bereits seit dem Ende des Mittelalters festzustellen ist, entwickelte sich das Bedürfnis nach genauen Nachrichten über die Kreditwürdigkeit des Verkäufers, über die Sicherheit der Handelswege u. ä. Als im 16. Jht. die großen Weltbörsen zu Antwerpen und Lyon die Mittelpunkte des Welthandels wurden, wurde die „Börsenmeinung" (ditta di borsa) bald zum beherrschenden Teil der öffentlichen Meinung überhaupt. Ihre Bedeutung wuchs mit der Bedeutung der Schuldner. Als die wirtschaftliche Entwicklung des 16. Jhts. die Fürsten und Staaten zu den Hauptgläubigern der großen Geldmächte jener Zeit (Fugger, Welser usw.) machte, hatte der Interessenkreis des Großkaufmanns überhaupt keine Grenzen mehr. Die Nachrichten über Krieg und Frieden, über neue Steuern, über die Gesundheit eines Fürsten, alles, alles mußte mit in die kaufmännische Berechnung gezogen werden. Nur aus diesem Werdegang heraus ist das große gegenseitige Interesse zwischen den Bedürfnissen des Handels und der Organisation des Nachrichtenaustausches zu verstehen. Vgl. *Rich. Ehrenberg, Das Zeitalter der Fugger*, 2 Bde. 1896.

d) Das Interesse des Publikums. Die Geschichte der Zeitung ist zum Teil eine Geschichte des allgemeinen Bildungswesens. Solange die Kenntnis des Lesens das Vorrecht nur ganz weniger war, konnte für die Zeitung, ja für einen schriftlichen Nachrichtenaustausch überhaupt kein Raum sein. Erst mit der Verweltlichung des Schulwesens und der Verallgemeinerung wissenschaftlicher Kenntnisse, wie sie vom 14. Jht. an die geistige Bewegung der Renaissance und des Humanismus in die Wege geleitet hat, war zumindest eine größere soziale Schichte herangezogen worden, die durch die Gleichartigkeit ihrer kulturellen Interessen zu Abnehmern bzw. Vermittlern eines organisierten Neuigkeitenaustausches werden konnte. Freilich der Nährboden für das Gedeihen der modernen Presse ward erst mit der Anhäufung von Menschen in den Großstädten geschaffen. Hier, wo der einzelne und seine Persönlichkeit mehr als anderswo in der Masse untergeht, sein Heimatsgefühl schwindet, sind die Voraussetzungen für die nervenaufpeitschende, sich vorzüglich an den Verstand wendende, kritisch veranlagte, meist international gerichtete Tätigkeit der Presse geschaffen.

e) Freiheit der Presse. Zu einer vollen Entfaltung des Zeitungswesens ist eine gewisse Freiheitlichkeit der Regierungsformen notwendig. Zwar kann nach dem Gesetze des Widerstandes in lebhaft bewegten Zeiten gerade die Bedrückung der Presse ihren Einfluß vorübergehend noch erhöhen, auf die Dauer wirkt aber der Mangel an gesetzlich gewährleisteter Bewegungsfreiheit lähmend und zerstörend. Der Kampf gegen die Zensur oder zensurähnliche Einrichtungen begleitet die Geschichte der Presse bis zum heutigen Tage.

Die Geschichte der Z e n s u r kann auf die Anregung Platos hinweisen und auf die mannigfachen Bücherverbote der Päpste, wie sie das ganze Mittelalter hindurch bis herauf in die Gegenwart zu verzeichnen sind. Die Bestellung einer eigenen Aufsichtsbehörde, die die einzelnen Werke vor ihrer Drucklegung zu begutachten hatte, kam aber erst mit der Erfindung der Buchdruckerkunst auf. Der Vater der Bücherzensur ist der Mainzer Erzbischof Berthold von Henneberg, der am 4. Januar 1486 eine eigene Zensurkommission errichtete, doch finden sich schon seit 1475 Bücher, die den Zensurvermerk der als Hochburg der Scholastik bekannten Kölner Universität tragen. Vermutlich folgten dem Mainzer Beispiele auch andere deutsche Bischofssprengel. Bald danach 1501 und 1515 machten päpstliche Bullen Alexanders VI. und Leos X. unter den schwersten Kirchenstrafen die Buchdrucker dafür verantwortlich, daß sie die zu druckenden Bücher vorerst der kirchlichen Obrigkeit zur Begutachtung übergeben. Der Kampf gegen die Kirchenneuerung veranlaßte die Reichsgewalten auf dem Reichstag zu Nürnberg gegen die Verbreitung von Schmähschriften und Schandgemälden einzuschreiten. Der Abschied des Erfurter Kreistages von 1567 verbietet, „daß auch nichts schmählichs, p a s q u i l l i s c h o d e r a n d e r e r z e i t u n g s w e i s e, wie das namen haben", gedruckt, gemalt, verkauft oder sonst verbreitet werde. Der Reichstag zu Speier (1570) machte den Betrieb des Buchdruckergewerbes von einer obrigkeitlichen Konzession abhängig und ein Jahr vorher wurde zu Frankfurt a. M. zur Beobachtung der Reichspreßordnungen ein kaiserliches Bücherkommissariat errichtet. Nach dem dreißigjährigen Krieg besonders aber im 18. Jht. war die Reichsgesetzgebung längst nicht mehr stark genug, sich Geltung zu verschaffen. Dafür traten um so stärker die einzelnen Landesbestimmungen an ihre Stelle. Die vom Auslande kommenden Schriften wurden von den Zoll- und Postbehörden dem Zensurkollegium übergeben. Vielfach erhielten dagegen Universitäten das Zensurrecht für Werke ihrer Angehörigen oder Zensurfreiheit.

Während in Oesterreich die Zensur seit der zweiten Hälfte des 16. Jhts. unter Mitwirkung des erzbischöflichen Ordinariats in Wien erfolgte, traten nur unter Joseph II. gewisse Erleichterungen ein, die durch die Preßgesetzgebung Leopolds II. zumeist wieder aufgehoben wurden.

Während S a c h s e n - W e i m a r durch sein Grundgesetz vom 5. Mai 1816 nicht nur die konstitutionelle Regierungsform, sondern auch Preßfreiheit einführte, mußte es gemäß dem Bundespreßgesetz von 1819 (Karlsbader Beschlüsse) wenigstens für alle Druckwerke unter 20 Bogen die Zensur zugestehen. 1848 beeilte sich die Bundesgesetzgebung vollständige Preßfreiheit zu gewähren, die aber später eingeschränkt wurde.

In F r a n k r e i c h mußte die Presse einen langen Leidensweg zurücklegen. 1533 verlangte die Sorbonne von Franz I, er möge zur Rettung der angegriffenen Religion die Buchdruckerkunst in Frankreich unterdrücken. Er ging jedoch darauf nicht ein, bestellte aber 1537 eigene Zensoren. 1547 verpflichtete Heinrich II. die Drucker auf allen von ihnen hergestellten Werken ihren Namen mit der Buchhändlermarke anzubringen. Die Zensurverhältnisse wurden in der Folge noch verschärft, denn außer der Universität den bischöflichen Ordinariaten, den königlichen Zensoren, dem Parlament, hatte auch noch die römische Indexkongregation, vertreten durch den Nuntius, Zensurbefugnisse. 1789 fielen alle Schranken. Erst Napoleon beginnt wieder in vollem Umfang mit Zensurschwierigkeiten. Die Preßgesetze von 1819, 1821, 1822 und 1824 bedeuteten weitere Rückschritte. Nach der Julirevolution 1830 kommt die Presse unter die Gerichtsbarkeit der Geschworenen. Die kurze Freiheit während der zweiten Republik büßt sie unter Napoleon II. ein. Eine gesetzliche Regelung von Dauer brachte erst die dritte Republik mit dem Gesetz vom 29. VII. 1881. Aehnlich dem französischen Preßrecht sind die Bestimmungen des s p a n i s c h e n Gesetzes vom 26. VII. 1883 und des i t a l i e n i s c h e n vom 30. VI. 1889.

In E n g l a n d verbot Heinrich VIII. 1545 die Verbreitung von „books printed of newes" betreffs des schottischen Krieges. Das Dekret vom 23. Juni 1586 schränkt die Druckerlaubnis auf London und die zwei Universitäten und überhaupt die Zahl der Drucker ein und ordnet an, daß vor der Drucklegung die Werke dem Erzbischof von Canterbury oder dem Bischof von London usw. vorgelegt werden müssen. Das Dekret der Sternkammer von 1637 bestimmte, daß Gesetzbücher vom chief justices oder chief baron, Geschichts- und politische Bücher von den Staatssekretären, theologische, philosophische, poetische u. a. Bücher vom Erzbischof von Canterbury oder dem Bischof von London begutachtet werden müssen, bevor sie gedruckt werden dürfen. Aehnliche Bestimmungen traf auch nach Aufhebung der Sternkammer das Lange Parlament. Gegen diese kämpfte

Miltons Areopagitica (1643). Der Licensing Act ward 1695 nicht mehr erneuert und damit die Grundlage für die englische Preßfreiheit gewonnen.

Herm. Rehm im Hdwb. d. Staatsw. ³6 (1910) S. 1193—1206; The Encyclopaedia Britannica ¹¹22 (1911) S. 299 ff.; Frz. Hch. Reusch, Der Index der verbotenen Bücher 2 Bde. 1883/5; derselbe, Die Indices librorum prohibitorum des 16. Jhts. = Bibl. des Lit. Ver. 176 (1886); Jos. Hilgers, Der Index der verbotenen Bücher 1904; derselbe, Die Bücherverbote in Papstbriefen 1907; Gust. Le Pottevin, La liberté de la presse depuis la révolution 1789—1815 Paris 1901; derselbe, Traité de la presse 3 Bde. Paris 1902—04; Herm. Gnau, Die Zensur unter Joseph II. 1911; Adolf Wiesner, Die Denkwürdigkeiten der österr. Zensur 1847.

Was die **Geschichte der Zeitung** betrifft, so gehen die verschiedenen Entwicklungslinien Jahrhundertelang parallel. Der Ausgangspunkt der einen dieser Reihen ist der Brief. Im 15. Jht. wurde es üblich, Teile erhaltener Briefe, die interessante Nachrichten enthielten, mit Auslassung alles Persönlichen als Beilage (*pagella, cedula, novissima Zeitung*) zu Briefen oder Gesandtschaftsberichten, die man weitergab, hinzuzufügen und unter Umständen eigene Neuigkeiten anzuschließen. Großkaufleute, Staatsmänner, Gelehrte, Studenten, die auf Messen, Reichsversammlungen, in Residenz-, Universitäts- oder Handelsstädten weilten, tauschten ihre Mitteilungen auf diese Weise aus. Philipp Melanchthon bildete zu Wittenberg den Mittelpunkt einer solchen privaten, zwanglosen Nachrichtenstelle. Venedig mit seinen *gazette* gilt als Ursprungsgebiet des organisierten Neuigkeitenverkehrs, doch zeigen die sog. *Fuggerzeitungen*, die bis ins Jahr 1568 zurückreichen, daß es damals auch schon zu Augsburg berufsmäßige *Zeitungsschreiber* gab, die gegen eine bestimmte Gebühr, die in ihrer Schreibstube regelmäßig einlaufenden Berichte abschrieben und an ihre ständigen Bezieher verkauften. Vgl. *Theod. v. Sickel* im *Weimarschen Jb. f. dt. Sprache, Lit. u. Kunst* 1 (1854) S. 344 ff.; *Jos. Chmel, Die Hss. der k. k. Hofbibl.* 1 (1840) S. 347 ff.; neuestens *Johs. Kleinpaul, Die Fuggerzeitungen* = Preisschrr. der Jablon. Ges. 49 (1921).

Für die Weiterentwicklung der Briefbeilage zur gewerbsmäßig vertriebenen, handschriftlich verbreiteten Zeitung war die Einführung eines regelmäßigen Postverkehrs, der Ordinaripost, Vorbedingung. In Bibliotheken und Archiven finden sich denn auch aus der 2. Hälfte des 16. Jhts., bis ins 17. und 18. Jht. reichend, Ueberreste solcher geschriebener Zeitungen. Vgl. *Rich. Graßhoff, Die briefl. Zeitung des 16. Jhts.*, Diss. Leipzig 1877; *Jul. Otto Opel, Die Anfänge der dt. Zeitungspresse* im *A. f. G. des dt. Buchhandels* 3 (1879) S. 9 ff. Die Herstellung dieser Zeitungen (news-letters, avvisi) hat sich in ganz Europa, besonders aber in Italien stark entwickelt. Auch in Deutschland fanden sie weite Verbreitung. Aus dem 18. Jahrhundert hat *Ernst Friedländer, Berliner geschriebene Zeitungen* = Schrr. des Ver. f. die G. Berlins 38 (1901) veröffentlicht. — Bisweilen verdangen sich hohe Beamte, Diplomaten zu zeitungsähnlicher Berichterstattung an fremde Herren. Vgl. *Fch. v. Bezold* in *SB. bayr. Ak. hist. Kl.* 1882. — Ein Beispiel für die Kritik an solchen Briefzeitungen bietet *Hch. v. Srbik, Wallensteins Ende* 1920, S. 151 f.

Neben den Brief tritt die „**Neue Zeitung**", die zunächst einen Einzelbericht über denkwürdige Ereignisse darstellt. Wir finden, wie es z. B. bei der *Hofmär von Ungarn* der Fall ist, daß Wien in den Jahren 1454—57 bereits der Sitz einer offiziell gefärbten Berichterstattung ist. Entdeckungen, Naturereignisse, Wunder, Verbrechen, Kriegsvorgänge sind das Lieblingsfeld dieser meist volkstümlich gefaßten, an weite Kreise sich wendenden, in Prosa oder Versen wiedergegebenen Nachrichten. Sie entbehren gegenüber der geschriebenen Zeitung des wichtigen Merkmales der Periodizität. *Paul Roth, Die Neuen Zeitungen in Dtld. im 15. u. 16. Jht.* = Preisschrr. der Jablonowskischen Ges. geschichtl.-ökon. Sekt. 25 (1914).

Den gedruckten, halbjährlich erscheinenden Meßrelationen, die *Mich. v. Aitzing* erstmals 1583 als *Relatio historica* (1580—83) herausgab, und die dann bis ins 19. Jht. weiterlebten, gebricht es an der für die Zeitung notwendigen Aktualität. *Fch. Stieve in Abhdlgen der (III.) hist. Kl. der bayr. Ak.* 16 (1881) Abt. 1, S. 179 ff.

Aus den ersten Jahrzehnten des 17. Jhts. tauchen in verschiedenen Bibliotheken und Archiven Deutschlands Ueberreste der ersten **wirklichen gedruckten Zeitungen**. Keine von diesen ist älter als jene *Relation aller fürnemen und gedenckwürdigen historien*, die 1609 zu Straßburg erschien (*J. O. Opel* a. a. O.) und jetzt in der Heidelberger Universitätsbibliothek aufbewahrt wird. Aus Augsburg, Basel, Wien, Frankfurt a. M. kamen nicht viel jüngere Jahrgänge solcher Wochenblätter zum Vorschein oder läßt sich doch aus jenen Jahren ihr Erscheinen nachweisen. In Frankreich knüpft die Gründung der *Gazette* (1631) an das Wirken des Arztes *Theophrast Renaudot* an, in England erschien 1622 das erste Wochenblatt als *A currant of generall newes*. Im allgemeinen sind diese Blätter nichts anderes als die durch den Druck vervielfältigten geschriebenen Zeitungen, Nachrichtenzusammenstellungen ohne redaktionelle Leitung und ohne den Ehrgeiz, auf die Leser meinungsbildend zu wirken. Sie stehen vielfach hinter den geschriebenen Zeitungen zurück, da diese viel leichter der amtlichen Beaufsichtigung entgingen, während die Druckerzeugnisse unter dem Zwange der Zensur ängstlich alles der Obrigkeit Unangenehme vermeiden mußten. Infolgedessen flüchteten sich höhere geistige Interessen ins Lager der in der zweiten Hälfte des 17. Jhts. entstehenden **Zeitschriften**. Kennzeichnend für die aufkeimende Aufklärung in England und literaturhistorisch wie sittengeschichtlich wertvoll sind die **Moralischen Wochenschriften**, die am Beginn des 18. Jhts. in England unter Mitwirkung und Leitung hervorragender Schriftsteller (*Rich. Steele, Jos. Addison*) mit der Absicht ins Leben gerufen werden, sich selbst zu erziehen, bevor man die Welt verbessern wolle. Deutschland folgt wenig später nach. Aus den Wirtschaftsbedürfnissen des Merkantilismus heraus sind zur gleichen Zeit die sog. **Intelligenzblätter** (Intelligenz = Bekanntmachung) in Zusammenhang meist mit Intelligenzkontoren entstanden. Durch sie sollte Angebot und Nachfrage in Form entsprechender Anzeigen und Ankündigungen geregelt werden. Sie fanden tatkräftige Unterstützung durch die Regierungen des aufgeklärten Absolutismus, brachten schließlich auch unterhaltliche Beiträge, und wurden so aus Inseratenblättern wirkliche Zeitungen und taten den Versuchen, eine politische Presse zu gründen, schwer Eintrag. Vgl. *Hjalmar Schacht in Grenzboten* 61 (1902) 545 ff. und *Beil. zur Allg. Z.* 1899 Nr. 12; *Ldw. Munzinger, Die Entwicklung des Inseratenwesens in dt. Zeitungen* 1902; *Herm. Bode, Die Anfänge wirtschaftl. Berichterstattung in der Presse* 1908; *Vikt. Mataja, Die Reklame* 1910.

Erst aus der Zusammenfassung aller der Aufgaben, die bisher der Brief, die geschriebene Zeitung, die „Neue Zeitung", das Wochenblatt, die moralischen Wochenblätter und die Intelligenzblätter in ihrem besonderen Wirkungskreise zu erfüllen suchten, aus der Zusammenfassung dieser Funktionen und mit starker Betonung der politischen Werbekraft entstand im 18. Jht. die moderne Presse. Ihr Geburtsland ist England. Nicht so sehr die Aufhebung der staatlichen Zensur (1695) als die Tatsache, daß bei dem historischen Streite der zwei mächtigen Parteien, der Whigs und Tories die Zeitung zum ersten Male zum Sprachrohr politischer Anschauungen wurde und die hervorragendsten Schriftsteller der Nation wie *Daniel Defoe, Addison, Wm. Swift. Hry. Fielding* u. a. in ihren Dienst stellte, hatte die Stellung der Presse im öffentlichen Leben befestigt. Der Kampf, den die *Letters of Junius* (Juniusbriefe) 1769—72 im *Public Advertiser* gegen die Korruption des staatlichen Lebens unter Georg III. führten, halfen dazu mit. Das Beispiel Englands wirkte auf Frankreich. Die Tage der Revolution sprengten alle Dämme und Schleußen obrigkeitlicher Ueberwachung. Die Tage unbeschränkter Preßfreiheit dauerten freilich nur von 1789 bis 10. August 1792, aber das Schauspiel dieses in den Blättern fortwirkenden Parteikampfes, der Einfluß der Journalisten auf die Gestaltung des staatlichen Lebens konnte auf die Länder des übrigen Kontinents nicht ohne Eindruck bleiben. In Deutschland gründete *Joh. Fch. Cotta* auch schon 1798 die *Neueste Weltkunde*, die späterhin als *Allgemeine Zeitung* eine große Rolle in der deutschen Publizistik spielte. Napoleon, trotz seiner strengen Pressepolizei, bediente sich doch der Zeitungen als eines Instrumentes politischer Stimmungsmache und erhöhte damit mittelbar deren Bedeutung, indem sie als Machtfaktoren des öffentlichen Lebens anerkannt, in den Kampf gegen Napoleon auch als Bundesgenossen herbeigerufen wurden. In der Zeit bis zum Jahre 1848 war die innere Politik der Staaten des europäischen Kontinents angefüllt mit Versuchen, die Macht der Presse einzudämmen. Von da an datiert ihre heutige Stellung in der Oeffentlichkeit. Eine weitere Entwicklungsstufe auf ihrem Werdegange läßt sich seit den 80er Jahren des 19. Jhts. feststellen. Sie tritt damit in das Zeichen der Industrialisierung. Die ganze Nachrichtenorganisation wird zu einem Teile der großkapitalistischen Organisation überhaupt. Die einzelne Zeitung und damit der einzelne Schriftleiter und Mitarbeiter tritt gegenüber der über die einzelnen Staaten und Länder bisweilen hinausreichenden Einrichtungen (Reuter, Havas, Wolff) zurück. Zum Teil bekommen Geldmächte (Banken, Großunternehmer) den Apparat der Nachrichtenverteilung und -vermittelung in ihre Hand und nützen ihn zu ihrem Sondervorteil aus. Der Ausgangspunkt dieser Bewegung ist Nordamerika.

Die Zeitung als Gegenstand geschichtlicher Forschung. Die Zeitung ist zunächst Quelle für ihre eigene Geschichte. Die Wandlungen ihrer politischen Haltung, ihrer technischen Herstellungsart, ihres Umfanges, Preises, Verlages usw. liest man aus der Zeitung selber heraus. Ueber ihre literarische Bedeutung, über die Zahl, bisweilen auch die Namen ihrer Mitarbeiter gibt schon die bloße Durchsicht ihrer Bände Auskunft. Damit wird sich freilich der gewissenhafte Forscher nicht begnügen. Wo die Zeitung selbst ein Archiv hat, wird dieses ebenso herangezogen werden müssen, wie der Briefwechsel der Herausgeber, Schriftleiter und vorzüglichsten Mitarbeiter. Ebenso wird man die Archive jener Behörden, denen die Preßaufsicht obliegt, Nachschau halten müssen. Als Vorbilder solcher zeitungsgeschichtlicher Einzelarbeiten dürfen *Die Vossische Zeitung, Geschichtliche Rückblicke auf 3 Jhte.* von *Arend Buchholtz* 1904 (auch drucktechnisch ein Meisterwerk !), ferner die Arbeit von *Herm. Dreyhaus, Der Preußische Correspondent von 1813/14 usw.* in den Ff. zur brandenb. und preuß. G. 22 (1909) S. 375—446 gelten. Doch gibt es eine ganze Reihe solcher Monographien (meist Jubiläumsschriften), deren Wert natürlich verschieden ist, die aber zumeist weit hinaus über den augenblicklichen Anlaß, dem sie dienen, Beachtung verdienen.

Nicht nur als Quelle für die eigene Geschichte, auch für die verschiedensten historischen Zustände und Ereignisse bildet die Presse eine Fundgrube des Wissens. Sie ist das Tagebuch ihrer Gegenwart, in dem künftige Geschlechter nur nachzuschlagen brauchen, um selbst die feinsten Regungen vergangenen Lebens aufzudecken. Ein großer Teil des Inhalts wendet sich ja bewußt als Nachrichtenverkündigung an die Zeitgenossen und somit auch an die Nachwelt, bringt nicht minder den Niederschlag mündlicher Ueberlieferung (Anekdoten, Reden, Interviews) als den schriftlicher Ueberlieferung (selbstbiographische Aufzeichnungen, Aufrufe) und schildert bisweilen in Bildern zeitgeschichtliche Vorgänge, handelnde Persönlichkeiten usw. Nicht minder ist die Zeitung unbewußt historische Quelle, doch scheidet sie sich darin nicht wesentlich von dem zweckverfolgenden Teil ihrer Ueberlieferung. So wenig vorbildlich, wenigstens so weit es Deutschland betrifft, die Sprache unserer Zeitungen ist; als Ausdrucksmittel und Trägerin moderner Kulturelemente, als Quelle für das Eindringen bestimmter Modeworte, bestimmter Dialekte, Fremd- und Schlagworte kommt sie hervorragend in Betracht. Auch über Zustände, Bräuche und Sitten gibt sie Auskunft und bringt schließlich den Abdruck amtlicher Verordnungen (Gesetze, Ernennungen, Börsennotierungen, Kundmachungen u. ä.). So ist denn das Gebiet der Presse heute ein unbegrenztes, sie schließt grundsätzlich keinen Stoffkreis aus.

Was die m a t e r i e l l e n Grundlagen unserer Kultur betrifft, so haben die Boden- und Witterungsverhältnisse von jeher die Aufmerksamkeit der Presse auf sich gelenkt und bereits in den sog. Neuen Zeitungen eine große Rolle gespielt. Schon die Harmlosigkeit und politische Unberührtheit solcher Berichte mochte auf deren Pflege günstig einwirken. Wichtiger ist es noch, daß die Zeitung seit Beginn des 18. Jhts. zu einer hervorragenden Quelle für die wirtschaftlichen Zustände geworden ist.

Gerade die I n t e l l i g e n z b l ä t t e r (s. o.) sind in dieser Hinsicht noch lange nicht genug ausgebeutet. Welche wichtigen Daten man aus ihnen gewinnen kann, beweisen die A c t a B o r u s s i c a, Die Getreidehandelspolitik und Kriegsmagazinverwaltung Preußens 1740—1756 Bd. 3 (1910), wo ein großer Teil der Getreidepreistabellen auf Grund der in den zuständigen Intelligenzblättern veröffentlichten amtlichen Notierungen ausgearbeitet worden ist.

Es braucht gar nicht erst gesagt zu werden, daß die Zeitungen von jeher dem politischen Stoffkreis den weitaus größten Platz eingeräumt haben, doch im ganzen Umfange konnten sie dies erst von dem Zeitpunkte an, da ihnen eine freiheitlichere Gesetzgebung weitere Bewegungsmöglichkeiten bot. Der Wert der Preßfreiheit liegt eben darin, daß sie die Zeitung zum Spiegel all der tausend Schwankungen des Parteilebens macht. Während in den älteren Zeitungen Meldungen über Ereignisse des Auslandes vorherrschen, weil man über die Verhältnisse des eigenen Gebiets nichts oder nur wenig berichten durfte, spielt jetzt das staatliche Innenleben eine sehr bedeutende Rolle und wird für die geschichtliche Entwicklung des modernen Verwaltungswesens, der Rechtsanschauungen und nationalen Zustände eine wichtige Quelle werden.

Die Funktion der modernen Presse ist eine so umfassende, daß auch die Wandlungen in **K u n s t** und **W i s s e n s c h a f t** und schließlich auch in den **r e l i g i ö s e n A n s c h a u u n g e n** ihre deutlichen Spuren in dem Inhalte unserer Zeitungen zurücklassen.

Das reiche Nachrichtenmaterial der Zeitungen **k r i t i s c h** zu verarbeiten, ist aber schwieriger als es auf den ersten Blick scheinen möchte. Die Frage nach der **E c h t h e i t** einer Zeitung kommt fast kaum in Betracht, wenn auch z. B. der *English Mercurie*, der sich als ein Preßerzeugnis aus dem Jahre 1588 ausgab, als eine Fälschung des 18. Jhts. entlarvt wurde. Ebenso fällt im allgemeinen die Bestimmung der **E n t s t e h u n g s z e i t** und des **E n t - s t e h u n g s o r t e s** weg, da jedes Blatt diese Angaben in der Regel deutlich zur Schau trägt. Höchstens bei Zeitungsfragmenten oder bei Geheimzeitungen, die in verbotenen Druckereien erschienen sind, können diese Fragen eine Rolle spielen. Ungleich wichtiger, aber auch schwieriger, bisweilen unmöglich ist die Feststellung des **A u t o r s**, zumal jede einzelne Zeitungsnummer meist eine Vielheit von Autoren umfaßt. Dazu kommt noch, daß mit Ausnahme eines Großteils der französischen Presse die einzelnen Artikel anonym erscheinen. Nur genaue Stilvergleichung, Einsicht in das Archiv der Zeitungen, Heranziehung des Briefwechsels jener Personen (Politiker, Journalisten usw.), die dem Betriebe der betreffenden Zeitungen nahegestanden haben, Lektüre gegnerischer Blätter, kann unter Umständen zur Aufklärung führen. In vielen Fällen wird man freilich auf ein positives Ergebnis verzichten müssen. Ein Beispiel für die Schwierigkeiten, die solchen Untersuchungen entgegenstehen, bietet die Frage nach der Verfasserschaft der sog. *Juniusbriefe*, wo man trotz der Schriftvergleichung nur den Beweis der Wahrscheinlichkeit erbringen konnte. Vgl. *Adolf Braun, Die Anonymität in der Presse* in *Annalen f. Soziale Politik u. Gesetzgebung* 5 (1917) S. 456 ff., wo auf die planmäßige Zusammenarbeit hingewiesen wird, die in der Redaktionsstube einer modernen Zeitung gepflogen wird, so zwar, daß auch die stilistische Zugehörigkeit eines Aufsatzes zu einer bestimmten Persönlichkeit noch nicht auch auf deren geistige Alleinurheberschaft schließen läßt. — Aber auch die Grundsätze der **S t i l - v e r g l e i c h u n g** bedürfen einer sehr sorgfältigen und methodischen Verwendung. So hat z. B. *Bernh. Studt, Bismarck als Mitarbeiter der „Kreuzzeitung" in den Jahren 1848—1849.* Diss. Bonn 1903 mit untauglichen Mitteln sich eines solchen Versuches unterfangen. Sehr oft bleibt auch die Frage nach dem **W o h e r d e r N a c h r i c h t e n** so gut wie unlösbar. Manchmal kann ja die Kenntnis der Persönlichkeit des Herausgebers und der Mitarbeiter und deren persönliche Beziehungen, manchmal der Inhalt der Berichte selbst die Richtung weisen, wo die Quelle der Informationen zu suchen ist. Was das rein Tatsächliche an den Nachrichten betrifft, so läßt sich seit den vierziger Jahren des vorigen Jhts. eine zunehmende Uniformität in der internationalen Presse feststellen. Seitdem die großen politischen Korrespondenzen und Telegraphenbüros die Berichte über alle wichtigen staatlichen Ereignisse an ihre Abonnenten verkaufen, seitdem jede Großstadt ihre Hof-, Polizei-, Theater-, Gerichtssaal-, Stadtverordneten- oder Gemeinderatskorrespondenz hat, verschwindet immer mehr das individuelle Gepräge und es bleibt nur übrig zu untersuchen, welche Stellung ein Blatt zu den ihm auf diese Weise gelieferten Nachrichten einnimmt, welche sie eventuell unterdrückte. Und damit sei auch schon auf die für die

innere Kritik so wichtige Frage der **Parteistellung** eines Blattes hingewiesen. War der Verfasser in der Lage, die Wahrheit zu berichten und hat
er die Wahrheit auch berichten wollen? Gerade diese für die Kritik grundsätzliche Fragestellung kann nur auf Grund eingehender Kenntnis der Parteizugehörigkeit einer Zeitung befriedigende Antwort erhalten. Auch muß zunächst untersucht werden, ob sich die betreffenden Blätter in ihren Anschauungen wirklich ganz und gar mit jenen der politischen Parteien decken. Es
kommt nicht selten vor, daß Zeitungen in Einzelfällen aus taktischen oder
lokalen Gründen eine andere Politik machen, wie die ihnen nahestehenden
Parteien. Vgl. die lehrreiche Kritik von *Fch. Thiemme* über *O. Nirrheim* in
der DLZ. 32 (1911) S. 424 ff.

Mit dem fortschreitenden Großunternehmertum auf dem Gebiete der
Presse kommt noch ein zweites Moment für die kritische Beurteilung der
Zeitungsberichte in Betracht: die materielle Abhängigkeit eines Blattes von
einflußreichen Geldmächten. Je mehr die Zeitung zum kapitalistischen Erwerbs-
unternehmen wird, umso enger wird sie sich den Interessen der ihr befreundeten
Bankgruppe anschmiegen, um ihre Anschauungen mit den wirtschaftlichen
Vorteilen ihres Herausgebers in Einklang zu bringen. Das beschränkt sich
natürlich nicht auf die Berichterstattung im Handelsteil, sondern greift auch
über in die Behandlung politischer, literarischer u. a. Fragen. Die historische
Methodik wird hier nicht anders arbeiten wie bei der Feststellung, welcher
politischen Partei ein Blatt angehört. Der Kampf wirtschaftlicher Interessen
geht nicht viel andere Wege als der der politischen und die Stimmen auf dem
Weltmarkte werden heute nicht weniger laut als auf den politischen Kampf-
plätzen. Auch da kann nur ein umfassendes Studium der verschiedensten
Strömungen, ein Abwägen und Vergleichen, ein vorsichtiges Werten alles
dessen, was auf befreundeter wie auf gegnerischer Seite vorgebracht wird zu
einiger Klarheit verhelfen.

In diesem Zusammenhang muß noch auf einen Punkt hingewiesen werden,
der mit der Frage der **Parteizugehörigkeit** eng verknüpft ist, auf
die Unterscheidung nämlich in offizielle und offiziöse Presse. Schwierigkeiten
bereitet natürlich nur die Feststellung, ob ein Blatt offiziös ist und wie weit
es offiziös ist, d. h. ob die Regierung auf die Haltung des ganzen Blattes oder
nur auf einzelne Teile Einfluß nimmt. Es ist z. B. möglich, daß eine Zeitung
auf dem Gebiete der auswärtigen Politik in engster Fühlung mit dem betreffenden Ministerium steht, daß sie aber zu gleicher Zeit im inländischen
Teile eine gegensätzliche Haltung einnimmt. *Wm. Bauer, Die moderne Presse
als G.quelle* in *Zeitungsg.liche Mitt.* (Beibl. zur Zschr. des Dt. Ver. f. Buchwesen u. Schrifttum) 1921 S. 9 f.

Bibliographische Uebersichten bietet Ernst Vikt. Zenker, Bibliographie zu einer
allg. G. des Zeitungswesens 1904. Vollständiger die Zusammenstellungen von Tony
Kellen im Börsenbl. für den dt. Buchhandel 1907 Nr. 184—7 u. 246—52; Katalog
der Bibl. des Börsenvereins dt. Buchhändler 1 (1885), 2: Nachtrr. bis 1901 (1902);
Catalogue of the printed books of the library of the British Museum 1881 ff.
unter Periodical publications (1899 f.; auch besonders erschienen, nach Erscheinungsorten
der Zeitungen und Zschrr. geordnet). Fortlaufende Berichte im Zentralbl. f. Bibliothekswesen 1888 ff. in den Beiheften: Bibliographie des Bibliotheks- u. Buchwesens.
An einer wirklichen *Geschichte des Zeitungswesens im allgemeinen* fehlt es noch.
Knappe aber gute Uebersichten gewährt Fz. R. Quetsch, Die Entwicklung des Zeitungswesens seit der Mitte des 15. bis zum Ausg. des 19. Jhts. 1901 und Tony Kellen, Das
Zeitungswesen = Sammlung Kösel 17 (1908); weniger gut: Ldw. Salomon, Allg. G. des

Zeitungswesens = Sammlung Göschen 351 (1907). Die Geschichte des *deutschen* Zeitungswesens behandelt freilich recht unmethodisch Ldw. S a l o m o n , G. des dt. Zeitungswesens 3 Bde. ²1906; Rob. P r u t z , G. des dt. Journalismus 1 (1845), noch immer nicht ganz veraltet. Vgl. D.-W.⁸ S. 112. Das *französische* Zeitungswesen findet man am ausführlichsten geschichtlich dargestellt von Eug. H a t i n , Histoire politique et littéraire de la presse en France 8 Bde. Paris 1859—61; d e r s e l b e , Bibliographie historique et critique de la presse périodique française, Paris 1866. In Anlehnung an Hatin populär Hri. A v e n e l , Histoire de la presse française depuis 1789 Paris 1900; d e r s e l b e , La presse française au 20e siècle, Paris 1901. Die Geschichte der *englischen* Presse behandelt Alex. A n d r e w s , The history of British journalism 2 Bde. London 1859; H. R. Fox B o u r n e , English newspapers 2 Bde. London 1877. Für die Zeit bis 1665: J. B. W i l l i a m s , A history of English journalism. London 1908; d e r s e l b e , The newbooks and letters of news of the restoration in The English Histor. Review 23 (1908) S. 253 ff. Ueber die *amerikanische* Presse: Fr. H u d s o n , Journalism in the United States from 1690 to 1872 New York 1873. Ueber die *dänische* Presse J. A. J o r g e n s e n , Den danske dagspresse, Kopenhagen 1901. Ueber die *italienische* Zeitungsgeschichte: O t t i n o , La stampa periodica in Italia, Mailand 1875.

Verschiedene größere Zeitungen wurden auch schon Gegenstand von Monographien. Vielfach bieten Jubiläen hiezu den Anlaß: C. A n g e r m a y e r , G. der P r e ß b u r g e r Z e it u n g 1896; Arth. B i e r b a c h , Die G. der H a l l e s c h e n Z e i t u n g 1908; Edd. H e y c k , Die A l l g e m e i n e Z e i t u n g 1798—1898 (1898); M. D u m o n t - S c h a u b e r g , G. der K ö l n i s c h e n Z e i t u n g 1880; O. E l b e n , G. des S c h w ä b i s c h e n M e r k u r s 1785—1885, 1885; G. der F r a n k f u r t e r Z e i t u n g 1856—1906, Frankfurt 1906; J. G r u n o w , Fünfzig Jahre (G r e n z b o t e n), Leipzig 1891; Histoire édifiante et curieuse du J o u r n a l d e s D é b a t s , Paris 1839; S. V. M a k o w e r , Some notes upon the history of T h e T i m e s 1785—1904 London 1904; Adolf M ü l l e r - P a l m , Zum 50j. Jubiläum des N e u e n T a g b l a t t e s in Stuttgart (1843—1893) 1894; A. N e t t e m e n t , Hist. politique, anecdotique et litt. du J o u r n a l d e s D é b a t s , Paris 1842; Karl W e i g e l t , 150 Jahre S c h l e s i s c h e Z e i t u n g 1892; C. D. W i t z l e b e n , G. der L e i p z i g e r Z e i t u n g (200j. Jub.) Leipzig 1860; Zur G. der W i e n e r Z e i t u n g (100j. Jub.) 1903.

Wissenschaftlich ergiebiger sind freilich Arbeiten, die nicht, wie Gelegenheitsschriften dies zu tun gewohnt sind, das Einzelschicksal eines Blattes und zwar meist bloß die innere Geschichte betrachten. Wichtiger ist der Zusammenhang mit der Geistesgeschichte und politischen Geschichte. Vgl. Wm. L e m p f r i e d , Die Anfänge des parteipolit. Lebens u. der polit. Presse in Bayern unter Ludwig I. = Straßb. Beitrr. zur G. 5 (1912); Karl B u c h h e i m , Die Stellung der Kölnischen Zeitung im vormärzlichen rheinischen Liberalismus = Beitrr. zur Kultur- und Universalg. 27 (1914).

§ 28. Die öffentliche Meinung als Geschichtsquelle.

Gv. Droysen war es, der als einer der ersten in Deutschland seine Schüler auf die Bearbeitung und kritische Sichtung der publizistischen Quellen hinwies, besonders in den von ihm herausgegebenen *Halleschen Abhandlungen.* Seitdem ist dies ein beliebter Gegenstand für Dissertationen. In der Regel geschieht dies, indem der Verfasser aus den ihm zugänglichen Flugschriften und Zeitungen die ihm am charakteristischsten erscheinenden Urteile auszieht, diese Bemerkungen nach der Parteistellung gruppiert, die Autoren festzustellen sucht und nun diese Auszüge mehr oder minder gelungen zu den zeitgeschichtlichen Ereignissen in innere Beziehung zu bringen sucht. Mit Vorliebe wird als Titel einer solchen Arbeit dann „Die öffentliche Meinung in X von — bis“ gewählt. Das ist natürlich in neunzig von hundert Fällen eine Irreführung, wobei der Verfasser ebenso wie der Benützer in die Irre geraten ist. Die Gleichsetzung von Publizistik mit öffentlicher Meinung ist eine begreifliche aber gänzlich verfehlte Ansicht. Die volkstümliche, von der Presse selbst natürlich unterstützte und genährte Ueberzeugung, aber auch das von den Gegnern der Presse oft gefällte Urteil geht dahin, daß Zeitung und öffentliche Meinung eins seien, daß wie *Frz. v. Holtzendorff* S. 108 sagt, die Presse „in der Mehrzahl der Fälle“ die öffentliche Meinung „macht“. Mit den selben Worten fast sagt dies auch

Wuttke u. *Schäffle*. Dem steht freilich die Beobachtung gegenüber, die *R. v. Gneist*, *Der Rechtsstaat*, S. 239 wiedergibt, wenn er bemerkt: „Wäre es möglich, die Forderungen, welche an einem einzigen Tage durch Wort und Schrift in einem gegebenen Staate erhoben werden, nebeneinanderzustellen und nach ihrer Ausführbarkeit zu prüfen, es würde ein Chaos so widersprechender Bestrebungen zum Vorschein kommen, daß niemand einem Monarchen oder einem Staatsmann zumuten möchte, die Summe dieser Vorstellungen, d. i. die „öffentliche Meinung" statt seiner regieren zu lassen." Wo aber werden in der neueren Zeit diese Forderungen erhoben, wenn nicht in den Zeitungen? Welche von diesen stellt nun die vox populi dar? In der Zeitung A steht grundsätzlich vielleicht das Gegenteil von der Zeitung B. *Courtilz de Sandras*, der Begründer des *Mercure politique et historique* hat gleichzeitig Flugschriften für und wider Ludwig XIV. verfaßt und mancher Journalist tut vielleicht heute Aehnliches. Wie sollen wir unterscheiden, in welcher Maske er just der Sprecher der öffentlichen Meinung ist?

Man könnte nun glauben, daß zwar nicht das einzelne Presseerzeugnis, nicht die einzelne Zeitung, wohl aber die Zeitungen zusammengenommen, die Presse als solche das repräsentiere, was wir „öffentliche Meinung" nennen. Doch auch das trifft nicht immer zu. In der Schweiz und in den Vereinigten Staaten hat man die Erfahrung gemacht, daß alle Organisationen der Meinungsbildung, wie Presse, politische Parteien und Volksvertretung die Annahme bestimmter Gesetze, die Wahl bestimmter Persönlichkeiten empfohlen haben und daß der Volksentscheid im Referendum bzw. der Ausgang der Wahl zu einem ganz anderen Ergebnis gelangte. Dem Einfluß der Presse sind bei aller Bedeutung, die ihm beikommt, viel engere Grenzen gezogen als man gemeinhin annimmt. Auch der zahlenmäßig feststellbare Abnehmerkreis gibt nicht den Ausschlag, denn lokale Ueberlieferungen, eingewurzelte Gewohnheiten, Vorliebe für gewisse (den nichtpolitischen Teil betreffende) Eigenschaften eines Blattes sind für seine Verbreitung bisweilen entscheidend. Jede Zeitung wendet sich ja an ungleich mehr Leser als an Abonnenten und diese statistisch und soziologisch gar nicht recht zu fassende Lesermenge fällt oft erst letzten Endes ins Gewicht. Entweder für die Verbreitung nach außen hin oder für die Wirksamkeit auf die Meinungsbildung nach innen. Es gibt örtlich festverankerte Zeitungen, an deren politischen Urteilen die Mehrzahl der Leser vorbeiliest, ja mit denen zu hadern ihr ein gewohntes Bedürfnis ist. Andererseits sind es oft Flugschriften und Blätter mit geringen Auflagen, im Geheimen verbreitet, von Hand zu Hand gehend, die die Urteile der Leser am sichersten mit sich fortreißen. Immer aber bleibt der Wirkungskreis der Publizistik mehr oder weniger auf die Intellektuellen beschränkt, denen heute die industriellen Arbeiter zuzurechnen sind, die, selbst noch überlieferungslos, sich der Führung von Intellektuellen anvertraut haben. Die soziale Voraussetzung für jede intensivere Publizistik ist die städtische Kultur auf vorwiegend rationalistisch angelegter Grundlage. So hat sich auch *Christian Garve* in seiner Abhandlung *Ueber die öffentliche Meinung* in *Versuche über verschiedene Gegenstände der Moral* usw. 5 (1802) S. 293 geäußert, wenn er von der öffentlichen Meinung sagt, sie sei „die Uebereinstimmung vieler oder des größten Teils der Bürger eines Staats in Urteilen, die jeder einzelne, zufolge seines eigenen Nachdenkens oder seiner Erfahrungen über einen Gegenstand gefällt hat". Von einer solchen könne nicht die Rede sein, wo nur einer denkt und urteilt und die übrigen ihm aufs Wort glauben, wo die Ueberlieferung ununtersucht Begriffe von Geschlecht zu Geschlecht vererbe oder wo Zwang Einstimmigkeit verursache. Von Meinung könne nur dort die Rede sein, wo einer in seinem Urteile nur seiner eigenen Natur und seinen eigenen Eindrücken folge. *Garve* übersieht hierbei, daß diese Selbständigkeit in einer großen Anzahl von Fällen eine eingebildete ist, die der einzelne sich vortäuscht, an die er glaubt, die aber in Wahrheit das Ergebnis massenpsychischer Einwirkungen, gewohnheitsmäßig eingegebener Gedankengänge, überkommener Lieblingsvorstellungen sind und nur zum kleineren Teil auf logisch entwickelte Denkakte zurückgehen.

In Wirklichkeit besteht die öffentliche Meinung a) aus der eigentlichen öffentlichen Meinung, die am Vorabende der französischen Revolution diesen (gleich zum Schlagwort gewordenen) Namen erhalten hat, die sich scheinbar nur an die Vernunft wendet, in deren Dienst alle die Werbemittel der Volksreden, Flugschriften, Zeitungsartikel und Karikaturen stehen und die vorwiegend die intellektuell denkenden Volkskreise in ihren massenpsychischen Bann hält, und b) aus demjenigen Teile allgemeiner Urteilsbildung, der in zumeist gefühlsmäßig erfaßten, durch das Herkommen übermittelten Vorstellungsinhalten besteht. Dieser Teil bedarf keiner lauten Werbearbeit, überträgt sich durch das Beispiel, die Sitte, durch Gebräuche, drückt sich in Sprichwörtern, alten Liedern, Festen, feierlichen Handlungen aus, er ist wohl vielfach eine alte, versteinerte und erstarrte eigentliche „öffentliche Meinung", die aber, weil sie nicht mehr verstandesmäßig nochmals durchdacht zu werden braucht, als solche nicht erkannt wird. Wurzelt jene in städtischem Boden, so ruht diese in der ländlichen Bevölkerung, ist jene unruhig bewegt, grell, laut, nach neuen Anhängern spähend, so geht diese unreflektiert als etwas Selbstverständliches durch die Gehirne der Menschen, bedarf keiner Agitation und keiner Leitartikel.

Natürlich kommen diese beiden Erscheinungsformen der „öffentlichen Meinung", die sich oft bekämpfen, stets aber ergänzen, nie oder selten ohne jegliche Vermischung vor, vielmehr gibt es tausenderlei Uebergänge, die das Gesamtbild der Volksmeinung erst ins rechte Licht setzen. Erst wenn man beide ins gebührende Verhältnis zueinander stellt, gewinnt ihr Inhalt Form und Gestalt und Körperlichkeit. Es gibt natürlich Zeiten und Völker, wo der rationale Teil der öffentlichen Meinung gegenüber dem historisch-romantisch abgestimmten die Vorherrschaft zu haben scheint und auch wirklich hat, so wie andererseits z. B. lange Strecken mittelalterlicher Geschichte einzig und allein von gefühlsmäßig gewonnenen Urteilen beherrscht erscheinen. Aber ganz ausgestorben ist niemals die romantische und niemals die rationale öffentliche Meinung, sie sind aufeinander angewiesen, können sich jedoch nie vollständig ersetzen.

Dies darzustellen, ist aber mehr erforderlich als ein mehr oder weniger gelungener Auszug aus Flugschriften und Zeitungsartikeln einer Zeit. Vor allem müssen die geistesgeschichtlichen Grundlagen gezeichnet werden, auf denen der Streit der Meinungen, von der sich jede gern als die öffentliche Meinung geben will, hin- und herwogt. Es müssen die inneren Zusammenhänge zwischen ihnen aufgezeigt und ihr Verhältnis zu dem dauernden, gefühlsmäßig betonten Vorstellungskreis der Traditionen klargelegt werden, d. h. es müssen auch

die künstlerischen Bestrebungen, das philosophische Denken, die religiösen
Richtungen einer Epoche die notwendige Berücksichtigung finden. Die stadt-
geborene, flüchtige, vernunftstolze, massenpsychischen Einflüssen leicht zugänglich, ihnen entsprossene, rationalistische öffentliche Meinung ist nur ein Teil
des Stimmungsgehaltes einer Zeit, der in letzter Linie aus den Tiefen einer
gemeinsamen Weltanschauung schöpft. Das zu schildern, ist eine Aufgabe,
der sich nur das gereifte Können eines geschichtsphilosophisch geschulten
Kopfes unterwinden kann. *Jak. Burckhardts, Die Kultur der Renaissance in
Italien, Fch. Meineckes Weltbürgertum und Nationalstaat* mögen als klassische
Beispiele solcher Lösungsversuche angeführt werden. Weniger geistesgeschichtlich gerichtet, aber durch die umfassende Verwertung des archivalischen und
anderen Materials ausgezeichnet, ist etwa *Justus Hashagen, Das Rheinland
und die französische Herrschaft. Ein Beitr. zur Charakteristik ihres Gegen-
satzes* 1908.

§ 29. Bildliche Quellen.

Grundsätzlich unterscheiden sich weder in der Anwendung der geschichtlichen Kritik noch auch nach den Inhalten die durch das Bild dargestellten
Quellen von den übrigen. Es bedarf für ihre Verwertung nur besonderer
fachlicher Vorkenntnisse, die zum größten Teile in das engere Gebiet anderer
Wissenschaften oder doch in das besonderer Zweige der Geschichte fallen.

Die bildlichen Darstellungen von Landschaften, Menschen und Ereignissen zeigen in ihrer ganzen Art die gleichen Unterscheidungsmerkmale und
Einteilungsgründe wie die schriftlichen Quellen und es ergeben sich infolgedessen auch die gleichen kritischen Gesichtspunkte. So konnte *Hs. Tietze* sein
Werk *Die Methode der Kunstg.* 1913 in seinem ganzen Aufbau aufs engste
an *Bernheim* anlehnen. Die Fragen nach Zeit und Ort der Entstehung, nach
der Person des Urhebers, nach Echtheit oder Falschheit stimmen genau mit
dem überein, was uns bei der vorbereitenden Kritik von Urkunden oder Memoiren interessiert. Aber auch die Einteilung der bildlichen Quellen schließt
sich im großen und ganzen den schriftlichen Quellen an. Der Urkunde und
den Akten entspricht ein amtlich entworfener Plan, bzw. eine Landkarte oder
eine amtlich veranlaßte Lichtbildaufnahme, der Geschichtsdarstellung die bildliche Darstellung, der Lebensbeschreibung (Biographie) das Porträt, den Memoiren das Selbstporträt. Außerordentlich reich lassen sich die Ent-
sprechungen auf dem Gebiete der Publizistik gliedern, besonders wenn man
die modernen Verhältnisse zur Grundlage nimmt: die Berichterstattung durch
das Bild, die Karikatur, das Reklamebild, die zum Zwecke politischer Agitation
verbreiteten, zum Teil tendenziös entstellten oder gefälschten bzw. erfundenen
Abbildungen.

Die Mittel, um die Entstehungszeit einer bildlichen Darstellung festzustellen, ergeben sich wie bei den schriftlichen Quellen aus den äußeren und
inneren Merkmalen und aus den Beziehungen zu zeitlich feststehenden Tatsachen. Die Darstellung eines Gebäudes, dessen Erbauungsjahr wir kennen,
gibt damit einen terminus ad quem. Die Kleidung oder die Haartracht einer
abgebildeten Persönlichkeit wird mit Hilfe der Kostümgeschichte für einen
bestimmten Zeitraum, innerhalb dessen das Bild, sofern es nicht eine „historische“ Darstellung ist, geschaffen wurde, Zeugnis ablegen. Die Bestimmung

von Ort und Urheber findet ebenfalls sinngemäß Anwendung der im Kapitel VIII gegebenen kritischen Grundsätze. Eine für malerische Darbietungen besondere Methode ist die von *Giovanni Morelli* VIII § 4.

Für die **Verwendung** der bildlichen Darstellung **als Geschichtsquelle** ist stets zu unterscheiden zwischen den Umbildungen der Wirklichkeit, die a) aus dem **Formwillen (Stil)** einer bestimmten Zeit, Kultur, einer bestimmten religiösen oder nationalen Anschauung, b) die aus technischen Ursachen (Mangel an Kenntnis der Perspektive, Fehler bei photographischen Aufnahmen) und c) die aus individuellen Absichten heraus entstanden sind. Nicht bloß die eigentliche Kunstgeschichte, die geschichtliche Geographie, die geschichtliche Landeskunde, Völkerkunde, Urgeschichte, geschichtliche Trachtenkunde, auch die politische und Geistesgeschichte kann das Bild als Quelle nicht entbehren. Das Bildnis eines Menschen ist die notwendige Ergänzung zu seiner Lebensbeschreibung. Das Schemenhafte unserer geschichtlichen Vorstellungen bekommt erst Form und Leben, wenn wir in der Lage sind, uns wenigstens im allgemeinen ihr äußeres Auftreten, die Welt, in der sie sich bewegt haben, anschaulich in der Phantasie zu gestalten. Dem aber können bildhafte Quellen sehr entgegenkommen. Andererseits führt uns die Form, in der die Menschen ihre Umgebung, ihr Denken und Fühlen im Bilde zum Ausdruck gebracht haben, auf die geheimsten Regungen ihrer geistigen und moralischen Eigenart. Gerade die Geistesgeschichte muß Hand in Hand mit der Kunst- und Literaturgeschichte gehen. Sie werden sich gegenseitig ergänzen und durch Anregungen befruchten. Für die Geschichte der Publizistik werden die Tendenzbilder, unter denen die Karikaturen eine besondere Rolle spielen, stets einen wichtigen Platz einnehmen.

Ein näheres Eingehen auf diese Fragen erübrigt sich, seitdem die Kunstgeschichte zu einer besonderen Wissenschaft geworden ist. So wichtig die **Landkarten** als Geschichtsquelle sein können, so wird doch nur der geschulte Geograph sie voll auszuwerten vermögen. Immerhin stehen sie uns durch die Verbindung, die die Historische Geographie mit unserem Fache verknüpft, näher als andere bildliche Darstellungen. Literatur und kritische Hinweise darüber findet man bei *Rud. Kötzschke, Quellen u. Grundbegriffe der histor. Geographie Dtlds.* in *Meisters Gr.* 1/2, S. 407 f. Vgl. o. S. 161 f.

Hendr. Z o n d e r v a n, Allg. Kartenkunde, ein Abriß ihrer G. u. ihrer Methoden 1901; W. W o l k e n h a u e r, Leitfaden zur G. der Kartographie in tabellarischer Darstellung 1895. Die kritischen Gesichtspunkte, die dabei in Frage kommen, finden sich herausgearbeitet bei Konr. M i l l e r, Mappae mundi, die ältesten Weltkarten 1895/8; d e r s e l b e, Die Peutingersche Tafel 1916; d e r s e l b e, Die Weltkarte des Castorius, genannt die Peutingersche Tafel 1888 (photographische Nachbildung); Frz. v. W i e s e r u. Eug. O b e rh u m m e r, W. Lazius Karten der österreich. Lande 1906. — C a t a l o g u e of the printed maps, plans and charts of the B r i t i s h M u s e u m, London 1886.

In gewissem Sinne gehören auch die W a p p e n hieher. Ihre ersten Ursprünge liegen wohl in den Feldzeichen, doch scheint ihre Verwendung gerade in feudalen Staatseinrichtungen besonders günstige Entfaltungsmöglichkeiten zu finden. Schilde und Fahnen sind die bevorzugten Mittel, symbolische Zeichen für die ein Heer oder gewisse Abteilungen davon umfassende Zusammengehörigkeit oder die Kennzeichen individueller Besonderheit anzubringen. Im 12. Jht. werden die Wappen (= Waffen) zu Zeichen rechtlicher und dinglicher Verhältnisse. Sie werden dann zu Zeichen der mit Fahnlehen ausgestatteten reichsunmittelbaren weltlichen und geistlichen Fürsten (Dynasten), die einen Heerbann führen. Mit der Ausgestaltung der Landeshoheit und Vererblichung dieser Lehen im 13. Jht. kommt es in Deutschland zur Ausbildung von Landeswappen und zu der persönlicher und vererblicher Wappen. Für die Verbreitung des Wappenwesens überhaupt waren vor allem die Kreuzzüge von großer Bedeutung. Was nun die ä u ß e r e n M e r k m a l e der Wappen betrifft, so besteht jedes Wappen in der Blütezeit (12.—16. Jht.) a) aus dem Schild, b) aus dem Helm, dem sich die Helmkleinode und Helmdecken beigesellen. Die Formen dieser beiden Stücke machen je nach dem Wandel der Mode verschiedene Umgestaltungen durch, die für die Zeit- und Ortsbestimmung wertvolle Anhaltspunkte geben. Die Lehre der Heraldik und das heraldische Herkommen kennt nur eine bestimmte Anzahl von Farben (rot, blau, grün, schwarz, silbern, golden), die sie in besonderer Weise andeutet und benennt. Die i n n e r e n Merkmale beziehen sich auf die dingliche und rechtliche Beziehung, in der die Wappenträger zu den Wappen stehen. — Es ist klar, daß die Verwendung der Wappen a l s G e s c h i c h t s q u e l l e einerseits für die genealogische, siegel- und münzkundliche und personalgeschichtliche Forschung von Bedeutung ist, dann aber auch für Rechts- und Kulturgeschichte wertvolle Beiträge bietet und nur im Zusammenhange mit diesen Gebieten erfolgreich behandelt werden kann. Methodologisch nach mancher Richtung hin bahnbrechend hat *Alfr. Anthony v. Siegenfeld, Das Landeswappen der Steiermark = Ff. zur Verfassungs- u. Verwaltungsy. der Steiermark* 3 (1900) gewirkt.

Die besten Gesamtdarstellungen mit ausführlichen Literaturangaben sind: Fel. H a u p t m a n n, Wappenkunde im Hdb. f. Mittelalterl. u. Neuere G. 1914 u. Er. G r i t z n e r, Heraldik in Meisters Gr. ²1/4 (1912). — Edd. Frh. v. S a c k e n, Katechismus der Heraldik = Webers ill. Katech. ⁶1899; A. v. K e l l e r, Leitfaden der Heraldik ²1908; J. H. J u n i u s, Heraldiek. Amsterdam 1894: wertvoll ist Paul G a n z, G. der heraldischen Kunst in der Schweiz im 12. u. 13. Jht. 1899. Die rechtliche Seite behandelt Fel. H a u p t m a n n, Das Wappenrecht 1896. Gv. A. S e y l e r. G. der Heraldik 1885/9 = Siebmacher Bd. A.

Zeitschriften, die sich ganz oder teilweise mit Wappenkunde befassen, sind D e r dt. H e r o l d 1873 ff., damit verbunden die V j s c h r. f. H e r a l d i k, S p h r a g i s t i k u. G e n e a l o g i e, die H e r a l d.-g e n e a l. Z s c h r. Wien 1871—73 von 1881 an M o n a t s b l. d e r h e r a l d. G e s e l l s c h a f t „A d l e r", daneben seit 1891 J b. d e r k. k. G e s. A d l e r; J b. f. G e n e a l o g i e, H e r a l d i k u. S p h r a g i s t i k 1895 ff.; A r c h i v e s h é r a l d i q u e s u i s s e s 1886 ff.; B u l l e t i n d e l a s o c i é t é h é r a l d i q u e e t g é n é - a l o g i q u e d e l a F r a n c e, Paris 1879 ff.; R i v i s t a a r a l d i c a, Rom 1902 ff.; D e n e d e r l a n d s c h e H e r a u t, Haag 1885 ff. — Das umfangreichste neuere Wappenbuch mit Abbildungen ist J. S i e b m a c h e r s Wappenbuch, Nürnberg 1605—09, ²1655, ³1722, neuerdings von O. v. Hefner u. a. seit 1853 auf breitester, zum Teil genealogischer Grundlage weitergeführt. — Vgl. V § 12 und IX § 4.

--

<h1 style="text-align:center">X.</h1>

<h1 style="text-align:center">Die Feststellung des Tatsächlichen (Innere Kritik).</h1>

<h2 style="text-align:center">§ 1. Ueberrest und Tradition.</h2>

Es wurde bereits in VII § 2 des Unterschieds zwischen Ueberrest bzw. Ueberbleibsel und Tradition gedacht, doch erst hier ist der Platz, diese Unterscheidung näher ins Auge zu fassen. In jedem einzelnen Falle müssen wir die Feststellung machen, ob eine Quelle in ihrer Gesamtheit oder nur in einzelnen Teilen Ueberrest oder Tradition ist. Die Memoiren eines Staatsmannes, die in einer Zeitung erscheinen, sind Tradition, indes die Zeitung als Ganzes den Ueberresten zugehört. Es gibt auch Uebergänge zwischen beiden Begriffen und es kann jeder von den beiden von verschiedenen Gesichtspunkten aus verschieden Geltung haben. *Luthers* Schrift *Wider die mörderischen und aufrührerischen Rotten der Bauern* ist als unmittelbarer Ausdruck einer bestimmten Zeitstimmung Ueberrest, als Quelle für das Tatsächliche des Bauernkrieges muß sie kritisch ebenso behandelt werden wie eine Tradition. Und damit nähern wir uns einer Erkenntnis, die für die Kritik der Quellen den Begriff der Tradition schärfer umschreibt, indem sie ihn differenziert. *Bernheim* S. 255 f. nennt Tradition alles das, „was mittelbar von den Begebenheiten überliefert ist, hindurchgegangen und wiedergegeben durch menschliche Auffassung". Er kennzeichnet aber selbst die Relativität dieser Definition. Tatsache ist es, daß namentlich der Begriff „Tradition" schon auch wegen seiner Vieldeutigkeit in der Literatur nicht durchgegriffen hat und in der Forschung praktisch nie angewendet wird. Es wäre vielleicht besser zwischen U e b e r r e s t und Z e u g n i s zu unterscheiden, wobei Ueberrest nur im engeren Sinne des Wortes („Ueberbleibsel") zu gebrauchen wäre. Die Zeugnisse aber wären unterzuteilen in a) kontrollierte, b) unkontrollierte. Das kontrollierte Zeugnis wäre jede Quelle oder jene Teile an ihr, die unter dem Drucke erhöhter moralischer Verantwortlichkeit verfertigt wurden wie Münzen, Urkunden, amtliche Protokolle, gerichtliche Zeugenaussagen, wissenschaftliche Forschungen. Unkontrollierte Zeugnisse aber müßten in sich begreifen 1. mündliche oder schriftliche Berichte, die den individual- wie massenpsychischen Einflüssen mehr oder weniger frei ausgesetzt sind, also Gerüchte, Sagen, Anekdoten usw. und die auf ihnen beruhenden Geschichtsdarstellungen, ein großer Teil der Memoiren, 2. alle Quellen publizistischen Charakters, die zwar ebenfalls unter Kontrolle stehen können, aber nicht unter der der Wahrheit. sondern eines bestimmten Parteiwillens, die höchstens sachlich erscheinen wollen, aber niemals wirklich sachlich sein können.

Im allgemeinen wird man deshalb in den Ueberresten die für die Feststellung des Tatsächlichen zuverlässigere Stütze zu suchen haben. Andererseits erfordert deren Verwertung eine erhöhte Kraft des Schließens und Kombinierens, also ebenfalls erhöhte subjektive Anteilnahme des Forschers. Man prüfe etwa das Kapitel „Römer und Germanen in der Völkerwanderungszeit" in *Alf. Dopsch, Wirtschaftliche u. soziale Grundlagen* 1 (1918) S. 91 ff., wo die verschiedensten Ueberreste (Ausgrabungen, Ortsnamen usw.) herangezogen werden und zugleich gezeigt wird, wie verschiedene, zum Teil falsche Schlüsse aus ihnen bisher gezogen wurden. Gegenüber den der Tradition zugehörigen Quellen stehen die Ueberreste auch noch darin im Nachteil, daß sie für die Behandlung größerer Fragen nur dann ausgenutzt werden können, wenn eine größere Anzahl von ihnen vorhanden ist. Die einzelne Münze, die einzelne Steuerquittung oder Urkunde besagt nicht mehr als ihr zufälliger Inhalt besagt. Erst der Vergleich von Quellen der gleichen Art miteinander u. zw. einer großen Reihe früherer und späterer läßt auf Grund einer gewissen statistischen Untersuchung bestimmtere Schlüsse zu. Man sehe zur Erläuterung des hier Gesagten den Abschnitt „Urkunden" (IX § 12) durch.

Bei allen Quellen, die den „Zeugnissen" zuzurechnen sind, müssen wir in Abzug bringen, was sich in der Schilderung des Tatsächlichen als s u b j e k - t i v e s E l e m e n t zwischen Wirklichkeit und Widergabe schiebt. Um nun das Ausmaß dieses subjektiven Anteils kennen zu lernen, müssen zunächst zwei Vorfragen beantwortet werden: a) War der Verfasser in der Lage, über die Tatsachen die Wahrheit auszusagen? b) Hat er die Wahrheit berichten wollen?

§ 2. War der Verfasser in der Lage, die Wahrheit zu berichten?

Die Lösung der Frage, ob der Berichterstatter in der Lage war, die Wahrheit auszusagen, muß 1. bei Betrachtung der äußeren Möglichkeit an die VIII § 2, 3 und 4 gewonnenen Feststellungen über die näheren Lebens- umstände und Bildungsstand anknüpfen und den Grad der Anteilnahme an den geschilderten Tatsachen aufzeigen. War er Augenzeuge, war er mithandelnde Person? Die eigenen Angaben darüber müssen nicht immer auf Wirklichkeit beruhen, Großsprecherei oder konventionelle Redensarten können solches vor- täuschen. Konnte er sich Einblick in das Getriebe der Welt verschaffen? Oft schließt Seeleneinfalt treue Wirklichkeitswiedergabe nicht aus. Mag Ein- falt des Herzens auch allenfalls irrige Schlüsse ziehen, das Tatsächliche in den Mitteilungen wird vielleicht darin unberührter zum Vorschein kommen als bei einem weltläufigen Verfasser. Zu den äußeren Möglichkeiten bzw. Schranken gehören schließlich auch die Zensurverhältnisse. Für die Beurteilung von Zeitungsnachrichten, oder selbst für Privatkorrespondenzen z. B. aus dem Vormärz wird man in Rechnung ziehen müssen, daß bei Erwähnung aller das staatliche Leben, den Hof und die Beziehungen zum Auslande betreffenden Stellen die Verfasser besonders behutsam verfahren, oft das Wichtigste ver- schweigen mußten, vieles nur in Andeutungen bringen konnten. Andererseits verrät sich gerade in Zeiten oder in Ländern strenger Zeitungsüberwachung durch die Veröffentlichung einer Nachricht über die sonst ängstlich behüteten Dinge der inneren oder äußeren Politik die Willensmeinung der Regierung um so deutlicher.

Die i n n e r e n M ö g l i c h k e i t e n der Wahrhaftigkeit ruhen in dem Maße der Freiheit, die sich der Berichterstatter gegenüber den Einflüssen der Umgebung zu wahren imstande ist. Diese Einflüsse des Ortes und der Zeit wirken stärker oder schwächer auf das Urteil des Verfassers und formen ihm das Bild, das er sich von den Tatsachen macht, entsprechend um. Um infolge- dessen eine Quelle richtig zu werten, müssen wir vorerst die ganze Kultur- eigentümlichkeit einer Zeit kennen, der sie entstammt. Man vergegenwärtige sich nur das Verhältnis der Renaissance und Aufklärung zum Mittelalter und etwa das Verhältnis des Mittelalters zum Wunderglauben, der in dem Glauben des modernen Menschen an die Allmacht der Technik sein Seitenstück besitzt. *Rich. Baerwald* faßt in seiner Abhandlung *Psychologische Faktoren des moder- nen Zeitgeistes* in *Schrr. der Gesellschaft für psychol. Forschung* 15 (1905) S. 17 ff. die Goethezeit als eine abstrakte im Gegensatz zur Gegenwart als einer kon- kreten Epoche auf und zeigt diesen Zug zur Abstraktion nicht nur in der Dichtung, sondern auch in der Philosophie, Wissenschaft und bildenden Kunst.

Mag es auch unbewiesen sein, daß diese zwei Gegensätze ständig abwechseln,
so ist es sicher Tatsache, daß eine bestimmte Zeit in ihrem Vorstellungsleben
nach dieser Richtung hin verschieden gerichtet sei. Aehnliche Unterschiede in
den Gefühls- und Denkrichtungen lassen sich auch auf den Gebieten der Sitte,
des Rechts, lassen sich in dem Verhältnis des einzelnen zur Masse, zum Staat,
zu Gott unterscheiden. Vgl. oben S. 86 f.

Zu diesen ganze große Zeiträume beherrschenden Gefühls- und Denk-
einstellungen kommt noch die augenblickliche Lage hinzu, in der ein Bericht
entstanden ist. Das Schwankende, Unruhige, Unbestimmte, von zufälligen
Einflüssen der Umgebung Abhängige und Widerspruchsvolle, das jeder einzelne
in Zeiten allgemeiner Erregung an sich selbst beobachten kann, es spiegelt
sich auch in den Quellen wider. Man wird deshalb an Schriften aus den
ersten Tagen des Christentums, an Schriften Luthers oder an solche aus dem
Frankreich der Revolutionszeit einen andern Maßstab anlegen als an Berichte,
die der Zeit des Augustus oder Ludwigs XIV. entstammen. Dort greifen
eben die S. 56 f. geschilderten Massenerscheinungen ein und wirken umge-
staltend auf die Auffassung der Verfasser ein.

Macht sich die geistige und moralische Struktur einer Zeit in der Wiedergabe des Tatsächlichen geltend, so ist dies auch der Fall in bezug auf den
literarisch-künstlerischen Stil. Um ihm zu genügen, muß die Wirklichkeits-
schilderung jeweils umgeformt, „stilisiert“ werden. Die Antike und, ihr folgend,
hat die Renaissance das Hauptgewicht auf ästhetische Rücksichten gelegt.
Unbekümmert um das Tatsächliche eines Vorganges wurden den handelnden
Personen Reden·in den Mund gelegt, wie sie sie vielleicht nie oder nicht
in der mitgeteilten Form je gehalten haben. Aus künstlerischen Interessen
verschwieg man absichtlich gewisse Einzelheiten, die die Harmonie des Ganzen,
die große Linie stören konnten. (Vgl. IX § 20.) Während primitive Zeiten
sich geschichtliche Ereignisse nur als Folge persönlicher Entschlüsse und der
individuellen Eigenschaften einzelner vorstellen können (Heldensage), fallen
kollektivistische, wie die gegenwärtige, in das andere Extrem, indem sie auch
dort Massenkräfte suchen, wo nachweisbar Individuen wirksam sind. Deshalb
sind oft kunstlose Darstellungen für den Geschichtsforscher wertvoller als
literarische, dem Geschmack ihrer Gegenwart huldigende Berichte. Die von
der humanistischen Form weniger berührten Geschichtsschreiber schätzen wir
als Quelle höher ein als ausgesprochene Humanisten.

Neben dem literarischen kommt der Lebensstil und die Konvention in Betracht. (Vgl. VIII § 4.) Wenn uns in mittelalterlichen
Quellen von Kirchenoberen immer wieder gemeldet wird, daß sie bei Annahme
ihres Amtes gezögert und ihre Unwürdigkeit beteuert haben, obwohl wir von
anderer Seite oder auf Grund ihrer Handlungen wissen, daß sie nach diesem
Amte ehrgeizig gestrebt haben, so ist dieses Zögern und Beteuern auf Rechnung der damaligen Konvention zu setzen. Hinzu kommt noch die Besonderheit des geistlichen Berufes. Der Soldat, der Priester, der Bürger, der Bauer,
jeder von ihnen stellt sich zu den Dingen dieser Welt je nach seinem Berufe
anders, in der Wiedergabe der Wirklichkeit drückt sich die ihnen eigene Vorstellungswelt auch verschieden aus. Jeder von ihnen sieht die Tatsachen anders,
er sieht aber auch an den Tatsachen etwas anderes. *Paul Scheffer-Boichorst,
Der kaiserliche Notar und der Straßburger Vitztum Burchard, ihre wirklichen·*

u. angeblichen Schriften in *Zschr. f. die G. des Oberrh.* NF. 4 (1889) S. 456—77 und in dessen *Gesammelte Schriften* 2 [= *Hist. Studien* 33 (1905) S. 325—47] sagt bei Gegenüberstellung der zwei miteinander bisher verwechselten und in eine Person zusammengeworfenen Schriftsteller:

„Der Notar hatte die kaiserliche Korrespondenz zu führen, als Kapellan las er dem kaiserlichen Hofe die Messe, war der geistliche Berater desselben; der Vitztum war der erste Oekonom des Bischofs, unter ihm standen die Höfe, die Wälder, aber auch die Finanzen. Es sind also an und für sich durchaus heterogene Berufsarten, und ungern möchte ich glauben, daß jemals nur ein Uebergang aus dem einen Amte in das andere vorgekommen sei, geschweige denn eine Verbindung beider. Verschieden wie die Berufsarten sind die Richtung und der Stil der Autoren. Man kann ja sagen, daß die ganz andere Absicht auch ganz anders geartete Produkte hervorbringen mußte: der Notar will in seinen beiden Briefen als Historiker erzählen, der Vitztum aber in seinem Reiseberichte als Geograph schildern. Dadurch sind unzweifelhaft Unterschiede in der ganzen Haltung der Schriftstücke bedingt ... Der Notar kommt nach Venedig; er durchstreift, wie er sagt, das Sumpfgebiet gen Treviso hin; er gelangt in die Sprengel von Aglei und Salzburg, dringt durch Kärnten, Krain, Istrien, die slawischen Marken bis Ungarn vor: von Land und Leuten ist mit keinem Worte die Rede! Der Vitztum beschreibt alle Merkwürdigkeiten Aegyptens; man erwartet von ihm, wenn er der ehemalige Notar ist, daß er eine Fülle historischer Notizen einstreue. Wieviele Vergleiche hatte der Kölner doch herangezogen, um den Fall Mailands zu veranschaulichen: Troja, Rom, Karthago, Aglei, Ravenna! Was dagegen der Straßburger an historischen Daten beibringt, ist das Jahr 870, in welchem ein nun wundertätiges, ölspendendes, teils zu Fleisch gewordenes Bildnis der Jungfrau nach Saidanäja gekommen sei ... Um nun zur Darstellung zu kommen, so ist der Notar lebhaft, er schildert anschaulich, er weiß die Ausdrücke mannigfach zu wählen; umgekehrt der Vitztum: wie schätzenswert auch seine Mitteilungen sind, sie gehen nur mühsam über die Lippen und ihr Klang hat etwas klappernd Monotones“. Ges. Schrr. 2 S. 236 f.

Nicht nur die Mitglieder verschiedener Berufe und Gesellschaftsschichten unterscheiden sich in ihrer Auffassung der Tatsachen, auch die Vertreter der verschiedenen Charaktere gestalten sich das Bild, das sie sich von Gegenwart und Vergangenheit machen, verschieden. *L. Wm. Stern* hat in *Ueber Psychologie der individuellen Differenzen = Schrr. der Ges. f. psychol. Forschung* 12 (1900) mit den Mitteln der modernen Psychologie die schon längst betriebene „Charakterkunde“ methodisch aufzubauen gesucht. Auf ihm fußt *Rich. Müller-Freienfels*, der in seiner *Persönlichkeit und Weltanschauung* (1919) vgl. o. S. 66, die in Betracht kommenden Typen in ein System einzuordnen unternommen hat. Was an Schöpfern künstlerischer, philosophischer und religiöser Werte sich nachweisen läßt, gilt natürlich auch für die Verfasser geschichtlicher Berichte. In der Tat wirkt der Charaktertypus, dem einer zuzuzählen ist, auf die Art seiner Tatsachenschilderung und diese Art verdient volle wissenschaftliche Beachtung bei Kritik der Quellen. (Vgl. VIII § 4.)

Schließlich sei noch auf jene Fehler hingewiesen, die durch die Lücken unserer Sinneswahrnehmung hervorgerufen werden und entweder Mängel der Wahrnehmung oder des Gedächtnisses sein können. Sie hängen aber auch mit der sprachlichen Ausdrucksfähigkeit des Aussagenden zusammen und mit dem Grade seiner Beeinflußbarkeit durch andere (Suggestibilität). Außerdem kommt natürlich der Geschlechtsunterschied, die geistige Anlage, sein körperliches Befinden in Betracht. Auch da sind es die individualpsychologischen Forschungen von *L. Wm. Stern*, die die wichtige Frage der „Psychologie der Aussage“ aufgeworfen haben. Zunächst hat sich dieses neuen Zweiges besonders die Kriminalpsychologie (*Hs. Groß*) für ihre praktischen Zwecke bemächtigt. Es ist aber offenbar, daß für die Wertung der Quellen die Berücksichtigung dieser Gesichtspunkte von Wichtigkeit ist. Sie

muß sich aber mit der wissenschaftlichen Betrachtung der Charaktertypen ver-
bünden, denn je nach den Typen verschieden werden die einzelnen die Lücken
ihrer Wahrnehmung bzw. ihres Gedächtnisses auszufüllen versuchen oder nicht.
Die Art dieser Ausfüllung ändert sich natürlich nach der seelischen Eigenart
des Verfassers.

Beiträge zur Psychologie der Aussage, hg. v. L. W. Stern 1903 f.; Adolf
Stöhr, Psychologie der Aussage = Das Recht 10 u. 11 (1911).

Diese Erkenntnis darf uns an der Möglichkeit, zu gesicherten Ergebnissen
zu gelangen, nicht irre werden lassen. Zu Pauschalanklagen gegen die Quellen
der Geschichte und damit gegen die Geschichte selbst ist deshalb kein Anlaß.
Meist betrifft der Vorwurf mangelhafter Wahrnehmung und mangelhaften Gedächtnisses doch nur einzelne Teile einer Quelle. Im Zusammenhalt mit der
Betrachtung der äußeren Möglichkeiten wahrhaftiger Berichterstattung wird
es sich unschwer ergeben, wo die Ursachen fehlerhafter Berichterstattung liegen,
ob sie sich auf das ganze Werk beziehen oder nur auf Teile davon und auf
welche. Ist freilich der Charakter des Gesamtwerkes z. B. einer Sage als
unzuverlässig bestimmt, dann ist es methodologisch ein Fehler, einzelne Mitteilungen daraus ohne weiteres zu verwenden.

§ 3. Hat der Verfasser die Wahrheit berichten wollen?

Wo es sich nicht um einen mit Absicht arbeitenden Fälscher handelt,
wird man annehmen dürfen, daß der Verfasser eines geschichtlichen Berichtes
die Wahrheit hat sagen wollen. So lange es eine förmliche Geschichtsschreibung
gibt, kehrt immer die Forderung nach Wahrhaftigkeit wieder und auch
deren Beteuerung von seiten der Geschichtsschreiber. Nicht allein aus sittlichen Erwägungen, sondern auch um des eigenen Ansehens willen, wird das
der Fall sein. Freilich etwas anderes ist es, ob er die volle Wahrheit berichten will. Von den Hemmungen, die ihm hiebei entgegentreten, sowohl
durch äußere Einflüsse wie auch durch solche, die in ihm selbst wirksam sind,
wurde in dem vorigen Paragraphen bereits gesprochen.

Der Antrieb zur Unwahrheit kann liegen 1. in der Rücksicht auf die
eigene Person, um die eigenen Verdienste hervorzuheben, um sich zu rechtfertigen, oder um einen Vorteil zu erringen, 2. in der Absicht, dem Gegner
zu schaden, 3. in der Rücksicht auf Interessen, die dem Verfasser höher
scheinen als das Wahrheitsgebot und 4. in angeborener (krankhafter) Lügen-
haftigkeit. — Insofern gewiß menschliche Charakterformen leichter, andere weniger
leicht diesen Antrieben ausgesetzt sind, verschwistert sich Charakterkunde mit
der Untersuchung nach dem Wahrheitswillen des Verfassers. Der Ehrgeizling,
der von leidenschaftlicher Selbstsucht Ergriffene, der Fanatiker, wird sich
eher an der Wahrhaftigkeit versündigen (vgl. IV § 7) als ein ruhiger be-
sonnener, gemäßigter Betrachter.

Von den Quellen, die sich ihrer ganzen Eigenart nach leichter als andere
vom Boden der Tatsächlichkeit entfernen, kommen ganz besonders in Betracht:
einmal Prozeß- und Rechtfertigungsschriften (wozu unter Umständen auch
Memoiren gehören), Huldigungsschriften, dann aber, zum Teil mit den genannten zusammenfallend, alle Quellen, die publizistischen Charakter an sich
tragen, also Werbezwecken im weitesten Sinne des Wortes dienen, nicht nur

Flugschriften, Zeitungsartikel, Kriegsberichte, Parteiprogramme, öffentliche
Reden, sondern auch diplomatische Farbbücher, Karikaturen u. ä. Aber auch
Predigten, Erbauungsbücher, Legenden, Denkwürdigkeiten, die sich auf eine
vom Verfasser verehrte Persönlichkeit (z. B. einen Religions- oder Ordens-
stifter, Monarchen) beziehen, fallen vielfach der Wahrheitswidrigkeit zum Opfer
(vgl. IX § 25).

Im allgemeinen wird man solche Quellen nicht von vornherein abweisen,
vielmehr enthalten sie meist doch auch Tatsächliches. Besonders die aus der
Zeitgeschichte geholten Tatsachen sind an sich nicht unwahr, sondern nicht
vollständig oder in falsche ursächliche Beziehungen zueinander gesetzt. Wer
einen Prozeß führt, wer sich gegen Anwürfe rechtfertigt, wer auf ein weiteres
Publikum wirken will, der darf schon aus eigenem Interesse gegen die Wahrheit der Tatsachen nicht allzusehr verstoßen. Er würde sonst verlacht werden
oder seinen Gegnern zu viel Angriffspunkte bieten. Der Volks- oder Kanzel-
redner liebt dagegen Uebertreibungen, er zieht im Sinne der Gefühls- und
Denkrichtung seiner Zuhörer falsche Schlüsse. Derlei tendenziöse Verzerrungen
und Verstöße gegen die Logik läßt sich auch der Schreiber einer Flugschrift
oder eines Zeitungsartikels mit Absicht zuschulden kommen. Je reicheren
Tatsachenstoff er aber bringt, umso erfolgreicher kann er seine Sache vertreten. Abträglicher als Uebertreibung und unlogische Schlüsse ist für die
Verwertung einer Quelle das absichtliche Verschweigen von Tatsachen.

Will man also den Grad objektiver wie subjektiver Wahrhaftigkeit einer
Quelle untersuchen, um so an die Feststellung des Tatsächlichen zu schreiten,
so kann dies nur durch gegenseitige Kontrolle, d. h. durch die inhaltliche
Vergleichung der Quellen geschehen.

§ 4. Die inhaltliche Vergleichung der Quellen.

Adolf Rhomberg hat in seiner Schrift *Die Erhebung der G. zum Range
einer Wissenschaft* 1883, S. 21 als erstes „historisch-kritisches Axiom" den
Satz aufgestellt: „Wenn zwei oder mehrere zeitgenössische (Augen- oder
Ohren-)Zeugen unabhängig voneinander ein und dasselbe Faktum mit mehreren
gleichen Details berichten, die zum Faktum nicht in einem notwendigen oder
gewöhnlichen, sondern in einem nur zufälligen Zusammenhange stehen, dann
müssen die übereinstimmenden Berichte, insoweit sie übereinstimmen, wahr
sein, wenn die Tatsache samt den betreffenden Details so klar wahrnehmbar
war, daß über dieselbe keine Täuschung möglich wurde." Dieser Grundsatz
ist in der Tat die Achse aller höheren Quellenkritik. Um ihn aber anwenden
zu können, muß natürlich vorerst sichergestellt werden, daß die Gleichheit der
Berichte a) nicht auf kontagiösen Zeitmeinungen, Täuschungen, Voreingenommenheiten, Parteianschauungen beruhen, und daß b) die Unabhängigkeit nicht bloß eine scheinbare, sondern eine wirkliche ist.

Auf dem Gebiete der Völkerkunde ist freilich durch *Adolf Bastian* das
Auftreten gleichartiger Kulturerscheinungen auf die allen Völkern innewohnenden gleichartigen Grundvorstellungen, d. i. auf den sog. „Völkergedanken" oder,
wie *Bastians* Anhänger neuerdings ihn nennen, auf den „Elementargedanken"
zurückzuführen. *Jul. Eisenstädter, Elementargedanke u. Uebertragungstheorie
in der Völkerkunde = Studien u. Ff. z. Menschen- u. Völkerkde.* 11 (1912).

Und wirklich gibt es Anschauungen, Urteile, Entdeckungen, Erfindungen, die sozusagen in der Luft liegen, die von verschiedenen zur gleichen Zeit gedacht bzw. erdacht werden. Beispiele hiefür bei *Alfr. Vierkandt, Die Stetigkeit im Kulturwandel* 1908, S. 56 ff. Immerhin handelt es sich in diesen Fällen nicht um Tatsachenschilderungen, sondern um Dinge, die schon längst nach dem ganzen Gange ihres Werdens längst vorbereitet waren und ziemlich gleichzeitig in verschiedenen Köpfen reif geworden sind, oder um die Deutung von Erscheinungen in der Natur und im Leben (Mythen und Legenden), die ziemlich allgemeiner Art sind. Ueberdies ist die Lehre vom Elementargedanken nicht unbestritten. Vgl. *F. Graebner, Methode der Ethnologie = Kulturg.liche Bibl.* 1 (1911) S. 108 ff. und *Wm. Koppers, Die Anfänge des menschlichen Gemeinschaftslebens im Spiegel der neueren Völkerkunde* 1920, welch letzterer aber in der Unterscheidung zwischen der „evolutionistischen" und „genetisch-historischen" Methode zu einseitig vorgeht. Damit wird also die Richtigkeit des obigen Grundsatzes nicht in Frage gestellt. Es ist für uns der sicherste Weg die Tatsächlichkeit eines Ereignisses festzustellen, indem wir verschiedene gleichzeitig mit dem Ereignis entstandene, voneinander unabhängige Quellen miteinander vergleichen. G l e i c h z e i t i g k e i t mit dem Ereignisse ist dabei das erste Erfordernis. Gegen dieses wird von Dilettanten und Tendenzhistorikern sehr oft verstoßen. Man hat mit Recht gegen *Johs. Janssen* den Vorwurf erhoben, daß er zur Bekräftigung seiner Aufstellungen Quellenzeugnisse aus verschiedenen, auch viel späteren Zeiten nebeneinandergestellt und, wo es ihm gepaßt hat, sie gleich gewertet hat. Es kann ja der Fall sein, daß vereinzelt eine später entstandene Quelle auf älterem, inzwischen verlorengegangenem besserem Berichte beruht als eine gleichzeitige. Dies wird nur durch eingehende Quellenvergleichung (VIII § 6) ermittelt werden können.

Diese Vergleichung kann innerhalb von Ueberresten stattfinden, wenn von ihnen eine so große Zahl vorhanden ist, daß das Zufällige möglichst ausgeschieden ist. In dieser Weise arbeitet z. B. fast ausschließlich die Urgeschichte. Gerade sie ist aber ein Beispiel dafür, daß der Vorrang der Ueberreste vor den Zeugnissen nicht als unbedingt gelten muß, denn die durch Induktion- und Analogieschlüsse gewonnenen Ergebnisse hindern nicht, dem Subjektiven des Forschers, seiner Phantasie, bisweilen einen ziemlich großen Spielraum zu gewähren und zur Phantastik zu verführen. Mangelhafte geschichtliche Durchbildung verführt leicht vorschnell auf Grund eines zu geringen Materials oder nur scheinbarer Uebereinstimmung der Merkmale verallgemeinernde Schlüsse zu ziehen. Namentlich die Rechtsgeschichte hat bisher an diesem Uebel gelitten.

Was in einer Quelle an unkontrollierten Zeugnissen (sagenhaft, gerüchtweise, tendenziös oder stimmungsgemäß mitgeteilte Nachrichten) vorhanden ist, muß der Geschichtsforscher nun seinerseits kontrollieren. Dem Verfasser von Memoiren verschiebt sich in der Erinnerung leicht die zeitliche Aufeinanderfolge der Tatsachen. Stellt man diesen Angaben die Daten von Urkunden und Akten gegenüber, so haben wir das Mittel in der Hand, jene Mitteilung richtigzustellen. Beispiele hiefür bei *Hch. Ulmann, Kritische Streifzüge in Bismarcks Memoiren,* HVjschr. 5 (1902), der an der Hand von Briefen die Gedächtnisirrtümer Bismarcks nachweist.

Aber auch Quellen, die den kontrollierten Zeugnissen beziehungsweise

Ueberresten zuzuzählen sind, dürfen nicht unbesehen verwendet werden. Ein Gerichtsurteil gehört den Akten und Urkunden an und seine Aussagen sind sicher unter dem Drucke besonderer Verantwortlichkeit entstanden. Liegt uns aber etwa aus dem 17. Jahrhundert eine große Reihe solcher Urteile aus Hexenprozessen vor, so werden wir diesen Quellen wohl die Angaben über das Verhör, über den Zeitpunkt der Festnahme, der Untersuchung und Urteilsfällung, über die Namen der Angeklagten, der Zeugen, der Richter, sofern kein triftiger Grund dagegen spricht, als den Tatsachen entsprechend annehmen dürfen. Die Aussagen aber über den Verkehr der Angeklagten oder Verurteilten mit dem Teufel und alle aus dieser angeblichen Tatsache gezogenen Folgerungen werden wir ablehnen, weil ihnen die innere Wahrscheinlichkeit abgeht. Hier tritt eben eine die Beglaubigung einschränkende Erscheinung kontagiöser Zeitmeinungen zutage. Ueberhaupt muß man sich darüber klar sein, daß auch amtliche Zeugnisse dem Irrtum unterworfen sind und daß sie manchmal aus Tendenz oder publizistischen Gründen absichtlich Falsches berichten. So drückt der Titel von Urkundenausstellern bisweilen nicht die tatsächlichen Herrschaftsrechte, sondern angemaßte oder angestrebte und schon vorweggenommene Rechte aus. Aus politischen Gründen können Vordatierungen vorkommen. Dies war, wie es scheint, z. B. beim *Wormser Edikt* zum Teil der Fall. *A. Wrede, Das Datum des Wormser Edikts* HZ. 76 (1896) S. 449 bis 453.

Wenn es wahr ist, daß die Tatsächlichkeit eines Dinges dadurch am sichersten gewährleistet ist, wenn mehrere gleichzeitige voneinander unabhängige Berichte sie bezeugen, so drängt sich von selbst die Frage auf: wie steht es mit der Tatsächlichkeit von Erscheinungen, die ein Berichterstatter n i c h t erwähnt und die durch ihre allgemeine Bedeutung oder die Bedeutung für ihn unseres Erachtens von ihm hätten mitgeteilt werden müssen, an denen er mit Stillschweigen nicht vorübergehen konnte? Es ist dies das sog. A r g u m e n t u m e s i l e n t i o (argument negatif), vgl. S. 187. So erwähnt der Corveyer Mönch *Widukind* in seinen *Res gestae Saxonicae*, die eigentlich eine Geschichte Heinrichs I., Ottos I. sein wollten und durch nahe Beziehungen des Verfassers zum Hofe wertvolle Nachrichten enthalten, nichts von der Lieblingsschöpfung Ottos, von der Gründung des Erzbistums Magdeburg. Ist deshalb das Erzbistum Magdeburg vom Kaiser gar nicht gegründet worden? Wäre *Widukind* die einzige Quelle aus jener Zeit, so könnten in der Tat ernste Zweifel entstehen. Wir sehen aber schon an diesem Beispiele, wie vorsichtig man mit diesem kritischen Beweismittel umgehen muß. *Jean de Launoy* hat einst die Regel aufgestellt: „Wenn ein Ereignis, das nicht ohne Wichtigkeit ist, unter Stillschweigen aller Schriftsteller vorübergegangen ist und kein Denkmal besteht, das die Erinnerung daran übermittelt und zwar ungefähr 200 Jahre seit der Zeit, da es sich ereignet haben soll, ist die Nachricht davon als falsch zu betrachten." *P. Ch. de Smedt, Principes de la critique historique.* Lüttich-Paris 1883, S. 216 f. Mit Recht hat man gegen diese allzuweite Formulierung Einwendungen erhoben. Vor allem muß festgestellt werden, ob uns wirklich alle Quellen der Zeit, in der sich ein Ereignis abgespielt hat, überkommen sind. Das Merkmal des Nichterwähnens muß auch nach der Richtung des Bedeutungswandels der Worte gesichert werden. Vielleicht versteckt sich eine geschichtliche Tatsache hinter einem Ausdruck, der späterhin etwas anderes bedeutet hat. Ferner muß untersucht werden, ob das Schweigen der Quellen über einen Gegenstand nicht ein absichtliches, tendenziöses Verschweigen ist aus Partei-rücksichten, aus nationaler Eitelkeit oder ähnlichen Gründen oder ob es nicht verschwiegen wurde, weil man dessen Dasein als etwas so Selbstverständliches empfand, daß man es, trotzdem es uns heute wichtig erscheint, damals gar nicht erwähnenswert fand. Nur, wenn diese Vorsichtsmaßregeln getroffen sind und diese Vorfragen einwandfrei beantwortet worden sind, wird man das argumentum e silentio mit Erfolg anwenden können. Jedenfalls kann es dann die Schlußfolgerung, die wir aus anderen Beweisgründen zu ziehen geneigt sind, unterstützen.

§ 5. Aufbau und Zusammenfassung.

Die Gewinnung der geschichtlichen Tatsächlichkeit vollzieht sich auf dem Wege der Quellenvergleichung. Man legt die gleichzeitigen Quellen gleichsam übereinander und stellt fest, wie weit sich ihre Angaben decken. Dabei bleiben größere oder geringere Flächen frei, diese betreffen dann Angaben, deren Tatsächlichkeit entweder nachweisbar nicht besteht oder sonst von anderen Quellen weiter nicht bezeugt ist. Die ersteren fallen von selbst weg. Sie sind Erzeugnisse der Täuschung oder des Betruges, der Phantasie, der freien Erfindung. Anders steht es um die nur von einer Quelle bezeugten Mitteilungen. Sie können an sich ebenso wahr als falsch sein. Wir haben aber gesehen, daß schon den einzelnen Quellenarten als solchen ein verschiedener Grad von Wahrscheinlichkeit in Betreff ihrer Aussagen innewohnt. Insoweit das Dasein einer Quelle allein etwas aussagt, als „Ueberreste“ genommen, ist die dadurch bezeugte Tatsächlichkeit unbestreitbar. Mögen die französischen Memoiren des 18. Jhts. noch so viel Unrichtiges, Falsches, Erlogenes enthalten, als das Erzeugnis der Rokokokultur im allgemeinen, spiegeln sie deren Eigenart so wahrhaft wider wie kaum eine andere Quelle. Was die Aussagen kontrollierter Zeugnisse betrifft, so war von der Art ihrer Verwertung die Rede. Schwieriger steht es um die Aussagen nichtkontrollierter Zeugnisse, um die Behauptungen z. B. einer Autobiographie in bezug auf Vorgänge, denen nur der Verfasser dieses Werkes beigewohnt haben konnte, um Beweggründe, um Vorstellungen und Anschauungen, die einzig und allein sein seelisches Eigentum sind.

Um nun der Schwierigkeiten Herr zu werden, die der Verwendung solcher sonst nicht bezeugter Quellenstellen entgegentreten, bedient man sich eines Mittels, das für die Verwendung anderer Quellenangaben auch gilt: Man muß nämlich jede Nachricht, die man verwertet, in den a) sachlichen und in den b) seelischen Zusammenhang einordnen, in den sie geschichtlich hineingehört.

Der sachliche Zusammenhang ist gegeben 1. durch den Einfluß der Natur bzw. der Rasse, also durch die äußeren Lebensbedingungen, die sich im gegebenen Falle geltend machen, und 2. durch das aus der geistig-sittlichen Zusammenarbeit der Menschen zustandegekommene „Kulturmilieu“, das sich in bestimmten religiösen, künstlerischen, wissenschaftlichen Vorstellungen, in einer bestimmten Weltanschauung kundgibt, und ist 3. gegeben durch die Besonderheit der zeitgeschichtlichen Verhältnisse, die sich durch

Vergleichung der gleichzeitigen politischen, rechtlichen, sozialen und anderen
Erscheinungen am gleichen oder anderem Orte nachweisen läßt. Wir gehen
hiebei von der Erkenntnis aus, daß es im geschichtlichen Sein nichts gibt, was
für sich allein bestehen kann und daß für die Erforschung historischer Tatsachen nichts schädlicher ist als die Vereinzelung der Ergebnisse (vgl. IV
§ 6). Was sich an geschichtlichen Mitteilungen in den sachlichen Zusammenhang nicht einfügen läßt, ist verdächtig. Die Grundsätze, die zur Aufdeckung
einer Fälschung in VIII § 5 aufgestellt wurden, sind nichts anderes als eine
besondere Anwendung jenes hier ausgesprochenen Gebotes.

Der seelische Zusammenhang läßt sich nur aus unserer eigenen
seelischen Erfahrung herstellen. Auch da müssen wir die handelnden Persönlichkeiten in ihrer geistigen und psychischen Ganzheit aufsuchen, die Stimmung und seelische Einstellung einer Zeit in ihrer Besonderheit zu erfassen
suchen. Die Eigenart des einzelnen wie des Volkstums, der Gesellschaftsschichte, der er angehört, die dauernden wie die vorübergehenden Massen-
urteile und Ueberzeugungen, sie sind als mehr oder weniger bestimmte Größen
in Rechnung zu ziehen.

Die einzelne Tatsache in diesen seelischen Zusammenhang einzuordnen,
dazu bedarf es jener Fähigkeiten, die in Kapitel IV dieses Buches des näheren
behandelt worden sind. Wenn in einem autobiographischen Werke der Verfasser seine Handlung in dieser oder jener Weise begründet und diese Begründung durch andere Quellen weder in Frage gestellt noch auch beglaubigt
erscheint und wenn sie sich auch in den sachlichen Zusammenhang allenfalls
hineinpaßt, so dreht es sich für den Geschichtsforscher um die Frage: Handelt
ein Mensch in dieser Lage so? Dann schreiten wir zur weiteren Frage vor:
Ist es glaublich, daß der Verfasser dieses Werkes, der sich vielleicht bei
anderen Gelegenheiten als kleinlich, mißgünstig, neidisch und unentschlossen
gezeigt hat, daß der sich plötzlich zu einer Tat des Großmutes und sittlicher
Hochleistung aufgerafft hat? Vielleicht geschah dies allerdings in einer Zeit
allgemeiner Begeisterung, die auch kleine Seelen in die Höhe hebt, vielleicht
ist es aber doch nur ein ungebührliches Selbstlob, das er sich zumißt. Um da
zu einem Urteile zu gelangen, bedarf es zunächst des kritischen Verstandes,
der prüfend und zweifelnd nicht nur die Quellen, sondern auch das menschliche Leben in seiner Fülle der Erscheinungen durchforscht hat. Diese Kritik
muß aber getragen sein von der Fähigkeit, die Empfindungen und Gefühle
anderer nachzufühlen, vor allem aber von der Gabe, sich die handelnde Persönlichkeit als ein einheitliches Ganzes zu vergegenwärtigen. Sie muß ihm als
etwas Lebendiges entgegentreten, das seiner Einbildungskraft nahesteht.

Der Historiker hat sich bei diesem Versuche des Wiederaufbaues einer
vergangenen Welt streng und eng an die aus den Quellen nachweisbaren Tatsachen zu halten. Dazu steht aber keineswegs im Gegensatz, wenn man behauptet, er wird in der Deutung der Dinge bisweilen über das hinausgelangen
müssen, was in seinen Vorlagen ausdrücklich ausgesprochen wird. Die Berichte
sagen eben nicht immer alles und sie sagen es nicht so, wie wir es erwarten.
Sie verschweigen oft gerade das, was uns am wichtigsten zu sein scheint. Sie
verschweigen aber vieles nicht aus Absicht, sondern deshalb, weil sie es als
allgemein bekannt voraussetzen. Nur durch die Kraft unseres Hineinfühlens
in das Denken des Berichterstatters und indem wir damit vergleichen, was

einer unserer Zeitgenossen in diesem Falle gesagt und wie er sich ausgedrückt
hätte, erst dadurch kommen wir mittelbar auf das Unausgesprochene und oft
Wichtigste in den Quellen.

Zwischen den kritisch sichergestellten Tatsachen und den nicht weiter
beglaubigten Mitteilungen über wirklich oder angeblich Tatsächliches bleiben
fast immer irgendwie leere Zwischenräume ausgespart. Sie auszufüllen ist
Aufgabe der ergänzenden Phantasie (K o m b i n a t i o n). Natürlich muß
es Grundsatz sein, daß sich diese Kombination in den sachlich-seelischen
Zusammenhang ohne Gewaltanwendung einfügen läßt. Es ist besser, mit einem
Fragezeichen, einem Non liquet zu antworten, als über die Tatsachen hinweg
ein kühnes Gedankengebäude zu errichten. Nur eine methodisch geübte und
auf genauer Sachkunde beruhende Phantasie vermag uns nützlich zu werden.
Einzelne Quellen, wie z. B. die Ueberbleibsel, die über sich selbst, über ihren
Urheber und was ihn seelisch bewegt hat, nichts aussagen, können nur auf
Grund kombinatorischen Verfahrens verwendet werden. Deshalb gewinnen
wir bei ihrer Verwertung um so gewissere Ergebnisse, je zahlreicher diese
Ueberbleibsel und Ueberreste uns erhalten geblieben sind. Die sicher er-
mittelten Tatsachen müssen wir uns als feste Punkte vorstellen, von denen
aus wir zu den nächsten Punkten Brücken schlagen. Die Tragfähigkeit dieser
Brücken wird um so stärker sein, je mehr solcher Tatsachen sie berühren, je
gesicherter diese Tatsachen sind und je methodischer die Grundsteine gelegt
und die Verbindungswege erbaut sind. Ab und zu kann es freilich begegnen,
daß wir kein festes Land zu sichten vermögen. Dann wird man mit aller
Vorsicht auch ohne ganz sichere Stützen ein Hilfsgerüst errichten. Dieses
nennen wir in der Wissenschaft eine H y p o t h e s e. Ohne diese kommen
wir nicht aus, aber stets muß sie als solche gekennzeichnet sein. Es müssen
gleichsam Warnungstafeln aufgestellt werden, daß hier ungesichertes Terrain
beginne. Ein oft gemachter Fehler ist es, daß man wohl die Hypothese als
solche mit aller gebotenen Behutsamkeit aufstellt, daß man aber dann, unbekümmert um die Ungewißheit ihrer tatsächlichen Begründung, aus dieser hypothetischen Aufstellung Schlußfolgerungen zieht, als ob es sich um eine ganz
sichere Tatsache handle. Namentlich in Thesenarbeiten, die sich auf die Begründung oder Bekämpfung einer Frage oder eines Fragenumfanges zuspitzen.
dann aber auch bei mehr konstruierend (systematischen) als geschichtlich arbeitenden Denkern wiederholt sich diese vorschnelle Art der Beweisführung.

Vorsichtig legt der Geschichtsforscher Stein auf Stein. Ein an geschichtlicher Erfahrung geschulte Phantasie führt ihm hiebei die Hand. Gereifter
Tatsachensinn, der alle Ergebnisse des Quellenstudiums und der nach Verbindung tastenden Kombination in das richtige zeitgeschichtliche Verhältnis
bringt, nicht allgemeine Maßstäbe an die Dinge legt, sondern sie als Erscheinung einer bestimmten Zeit, einer geistig wie gefühlsmäßig besonders gekenn-
zeichneten Kultur wertet, dieser Tatsachensinn muß seiner Arbeit hiebei zur
Seite stehen. Innerhalb dieser so abgesteckten Grenzen darf sich sein Schaffen
allein bewegen. Auch dort, wo es sich auf das Gebiet der Hypothese wagt,
muß es diese Schranken wahren.

Wir kommen zu keinem wissenschaftlichen Ergebnis ohne die kritische
Erforschung und Sicherstellung der Tatsachen. Diese Kritik besteht zunächst
im Zergliedern der Quellen und im Vergleichen. Langwierige Vorunter-

suchungen, deren Technik sich bisweilen zu einem besonderen Wissenszweig
ausgestaltet hat, kennzeichnen die Tätigkeit des Kritikers. Das höchste Ziel,
das aber jedem Forscher vor Augen stehen soll, ist die Zusammenfassung
seiner Einzelarbeiten zu einem geschichtlichen A u f b a u. Wenn er schon
in sich selbst nicht die Fähigkeit oder Neigung hiezu fühlt, so soll er doch
seine Forschertätigkeit in eine Richtung lenken, die zu diesem Aufbau hin-
führt. Nie soll Kritik als solche zum Selbstzweck werden. Jeder Aufbau
bedarf aber einer gewissen Formgewandtheit und eines gewissen Formgefühls
und vor allem auch gedanklich vertiefter Grundfesten, auf denen man ihn
errichtet. Kann man wohl für die kritischen Ausdrucksmittel allgemeine Gesichtspunkte geben, für die Gedankenarbeit lassen sich nicht Anweisungen und
Regeln vorschreiben. Sie gewinnt ihre Richtung und ihr Ziel durch die
Einflüsse der auf uns einwirkenden Ideenströmungen und durch die höchst-
persönliche Eigenart, wie wir unsere Erlebnisse in uns aufnehmen und verarbeiten. Diese Richtung ist die in unserer Darstellung zum Ausdruck
kommende Weltanschauung, die wir auch A u f f a s s u n g nennen. Man kann sie
nicht künstlich erzeugen. Sie ist das Ergebnis von zeitgeschichtlich bestimmten
Erfahrungen und geheimnisvoll in uns tätigen Kräften. Die Zeit und die Un-
welt ist es, die in uns Leben bekommt, mit denen wir uns je nach unserem Charakter und unserer Stimmung und Geistesrichtung auseinandersetzen.

XI.

Die stilistischen Ausdrucksmittel der Geschichtswissenschaft.

§ 1. Allgemeines.

Wie die mittelalterliche Chronik, das Annalenwerk, die Vita sich gegenseitig abgrenzen und wie da jede dieser geschichtlichen Literaturgattungen
ihr Formgesetz in sich trägt, so gilt ähnliches von den historischen Arbeiten
in der Gegenwart. Die wissenschaftliche Abhandlung, die Monographie, das
Handbuch, der Essay und andererseits der mündliche Vortrag, die Vorlesung,
sie folgen ganz bestimmten Regeln. Nicht als einer von außen gesetzten Satzung,
sondern aus dem inneren Wesen der Dinge selbst heraus. Natürlich sind
diese Unterscheidungen nicht immer starr und scharf. Die Grenzlinien fließen
vielmehr sehr oft ineinander über, aber die grundsätzlichen Verschiedenheiten
zu übersehen, rächt sich jedesmal und diese an sich formalen Gesichtspunkte
machen sich auch bald dort geltend, wo es die Sache angeht. Man halte sich
darum stets vor Augen, was man mit einer wissenschaftlichen Arbeit bezwecken
will. Der Zweck bestimme auch die Form. Man wird die ganze Anlage
anders einzurichten haben, wenn man mittels neuen Materials eine bisher
noch nie oder nur nebenbei aufgeworfene Frage zu beantworten strebt,

und anders, wenn man einen als allgemein feststehend angenommenen
Lehrsatz umzuwerfen sucht, sei es, daß man neuen Stoff gefunden hat, sei
es, daß man aus dem alten Material neue Schlüsse zieht. Verschieden wird
die Darstellung sein müssen, je nachdem es sich um eine breit ausladende
Untersuchung handelt oder um eine knappe Uebersicht der Ergebnisse, um
einen Aufsatz oder um einen Vortrag. Welche Zwecke aber auch eine Arbeit
verfolgt, immer sei sie in ihrer Art ein Kunstwerk. Damit sollen ihr
nicht ästhetische Ziele untergeschoben werden. Wir verstehen hier unter
Kunstwerk eine in den Maßen und Mitteln wohl abgewogene, architektonisch
aufgebaute Schöpfung, die überall die geistige Durchdringung von seiten des
Verfassers zeigt. Es muß deutlich werden, daß er über dem Stoffe steht,
daß er seiner Herr geworden ist, geistig wie formal.

Daß dies leider nicht immer der Fall ist, erweist die Erfahrung zur
Genüge. Namentlich die Benützer neuzeitlicher Akten lassen sich, wie es
scheint, sehr oft von ihren Quellen leiten, statt daß sie die Führung in der
Hand behielten. Man geht an der Seite des Autors Faszikel um Faszikel
durch, es wird einem Aktenauszug um Aktenauszug vorgelegt. Der Verfasser
überläßt es dem Leser die Schlüsse zu ziehen. Dagegen wäre unter Umständen
nichts einzuwenden, wenn es sich um eine Edition handelte, aber von Fall zu
Fall springt dann diese Reihe von Exzerpten wieder ab und der Autor mar-
kiert den Abhandlungston, vermischt die Pflichten des Herausgebers mit jenen
des Bearbeiters, ohne den einen noch den anderen zu genügen.

§ 2. Aufbau und Gliederung der Arbeit.

Man hat ehedem großes Gewicht darauf gelegt, daß man jede Arbeit
mit einer ‚Disposition‘ beginne und die Scholastiker haben dafür auch schon
ein fertiges Schema entworfen, das sich mit entsprechenden Aenderungen
mindestens bei jeder Thesenarbeit verwenden läßt. Heute sind wir von dieser
Mechanisierung des Schaffens zurückgekommen, freilich hat damit auch eine
Zuchtlosigkeit eingerissen, die zu den schlimmsten Auswüchsen führt. Je
formloser desto „gelehrter“, scheint der Wahlspruch vieler Wissenschaftler zu
sein. Sie ahnen nicht, daß auch eine Quellenuntersuchung anmutig geschrieben
sein kann. Was aber die Anordnung und den Aufbau betrifft, so ist Uebersichtlichkeit die erste Forderung, die wir an eine Arbeit zu stellen haben.
Es muß schon aus der Gliederung des Stoffes hervorgehen, daß sich der Verfasser bei der Niederschrift bewußt war, was er wollte. Der Prüfstein dafür,
ob ein Werk richtig aufgebaut ist, offenbart sich in der Tatsache, ob es
spannend ist. Spannend kann aber für den, der der Wissenschaft überhaupt Anteil entgegenbringt, alles dargestellt werden, eine Abhandlung über
die *Kleine Lorscher Frankenchronik* ebenso wie eine Biographie Napoleons.
Auch da, wo wir (wie in geschichtlichen Darstellungen) die großen Umrisse
bereits kennen, vermag eine wohlangelegte und durchdachte Schilderung in
uns Spannungsgefühle zu erregen. Wir blicken dann auf die Entfaltung des
Endschicksals mit dem gleichen inneren Interesse wie ein Naturfreund einer
aufbrechenden Knospe zusieht. Er kennt genau das Bild der reifen Blüte,
aber, wie sich Blatt um Blatt aufschließt und zum Kelche rundet, wird ihm
jedesmal von neuem zu einem überraschenden Schauspiel. Das gelingt in der

Schilderung geschichtlicher Vorgänge ebenfalls, wenn die wirkenden Kräfte zwar aufgezeigt und beschrieben, aber ihr Ineinandergreifen nur schrittweise verfolgt und in richtiger Aussparung das Nebensächliche und Minderwichtige als verzögerndes Moment in eingelegten Episoden dargestellt wird. Die Geschichtsschreibung greift da zu denselben Mitteln, zu denen die epische Kunst greift. Weist auch die soziologisch gerichtete Historik eine solche Gleichstellung von sich, so hängt doch auch die reinste Wissenschaft mit formaler Darstellungsgabe viel enger zusammen als viele ahnen.

Die Gliederung jeder wissenschaftlichen Arbeit muß übersichtlich sein, sie soll das Gefühl von einem organischen Ganzen erwecken, bei dem jeder Teil aus dem anderen wie etwas Selbstverständliches herauswächst. In der Art, wie ein Verfasser seinen Gegenstand einteilt, verrät sich meist auch schon seine Auffassung. Die naheliegendste Form für ein Geschichtswerk ist die zeitliche, aber sie ist auch die äußerlichste. Darum kann die Annalistik nie zu einer höheren Ansprüchen genügenden Darstellung emporsteigen. Erst, wo sich der zeitliche und der sachliche Gesichtspunkt in einer Einheit trifft, beginnt die tiefere Einsicht in das Wesen der Geschichte. Doch auch da läßt sich keine allgemeingültige Regel aufstellen, zumal jede Einteilung von der allgemeinen geschichtlichen Auffassung abhängt. Ein Vergleich zwischen *Leop. v. Ranke, Dt. G. im Zeitalter der Reformation* = SW. 1—6 und *Edd. Fueter, G. des europäischen Staatensystems von 1492—1559* in *Hdb. d. Mittelalt. u. Neueren G.* 1919, die beide in vielem gleiche Fragenbereiche behandeln, mögen die verschiedenen Möglichkeiten der Gliederung beleuchten. Meist ist schon die Einleitung bezeichnend. *Fueter* beginnt freilich gleich mit einer ausgedehnten Systematik, *Ranke* mit einem kurzen darstellenden Unterbau, der mit den Karolingischen Zeiten anhebt. Diese geschichtliche ·Unterkellerung der Darstellung ist die klassische Form. Sie ist aber nicht die einzige. Es kann unter Umständen packender wirken, mitten im Flusse der Ereignisse zu beginnen und irgendeine Persönlichkeit, irgendeine wichtige Tatsache unvermittelt herauszugreifen. So beginnt *Edd. Meyer, Caesars Monarchie und das Principat des Pompejus. Innere G. Roms von 66 bis 44 v. Chr.* 1918, S. 3: „Dem Besiegten gerecht zu werden, ist eine der schwierigsten Aufgaben, die dem Historiker gestellt sind. Das hat in einem Maße wie wenige andere Pompejus erfahren." Für den Darsteller einer Landesgeschichte ist es naheliegend, den Leser mit der Schilderung der geographischen Verhältnisse einzuleiten. Dies tut z. B. auch *Theod. Mommsen* in seiner *Römischen G.* Für die Geschichte eines kleineren Territoriums oder eines Stammes oder Volkes liegt es nahe, volkskundliche Tatsachen voranzuschicken. Vgl. etwa *Sigm. Riezler, G. Baierns* 1 (1878). Viel hängt auch davon ab, welche Zwecke man mit seiner Arbeit verfolgt. *Eng. Mühlbacher* fängt seine *Dt. G. unter den Karolingern* 1 = *Bibl. dt. G.* 2 (1896) mit einem Abschnitt „Quellen" an. Da sein Werk Teil eines Sammelwerkes ist, kann er auf einen allgemeinen Rückblick verzichten, dagegen muß er natürlich in dem folgenden Kapitel ausholen zu einer Darstellung über das „Herkommen und Emporkommen des karolingischen Hauses". Daß andererseits eine von hohem Pathos getragene Leistung wie die *Dt. G. im 19. Jht.* von *Hch. v. Treitschke* in dem 1. Abschnitt „Deutschland nach dem Westfälischen Frieden" die ganze deutsche Vergangenheit in kurzen Zügen stimmungsvoll umfaßt („Die deutsche Nation ist trotz ihrer alten Geschichte das jüngste unter den großen Völkern Europas"), paßt vorzüglich zur Gesamthaltung des Werkes.

Ebenfalls an die tiefsten geschichtsphilosophischen Ueberzeugungen rührt die **Stoffverteilung**. Es handelt sich nämlich stets darum, was der Verfasser als das Mittelpunktsproblem betrachtet und ob es ihm gelingt, alles andere mit diesem in ungezwungenem Zusammenhang zu bringen und dies dann in entsprechender Weise zu gruppieren. Hält er die staatlichen Dinge für das Wesentliche, dann wird er, wie dies häufig geschieht, Wirtschaft, Recht, Literatur, Kunst, sofern er diese Dinge überhaupt berücksichtigt, gleichsam im Anhang, in eigenen Abschnitten nachfolgen lassen.

Zur Frage der Stoffverteilung gehört auch die der **Anmerkungen** bzw. der **Zitate**. Wir unterschieden zwischen beiden insofern, als das Zitat nur den quellenmäßigen oder literarischen Beleg für eine Angabe im Text bringt, während die Anmerkung den Text sachlich erläutert oder auch erweitert. Da es in der wissenschaftlichen Welt als Ehrenpflicht gilt, in reinen Facharbeiten die Leistungen und Beiträge der Vorgänger als fremdes Gedankengut zu kennzeichnen, ist es Pflicht, dies zu vermerken. Das darf allerdings nicht in dem Sinne mißbraucht werden, daß das Zitieren Ausdruck von Gelehrteneitelkeit wird, indem der Verfasser mit Zitaten „prunkt", um seine Belesenheit zur Schau zu tragen. Auf jeden Fall ist zu verlangen, daß Zitate möglichst genau die Stelle anführen, die man benützt hat: Name des Verfassers samt Vornamen, Erscheinungsjahr (bei allen ausländischen und bei deutschen vor 1800 auch den Erscheinungsort), Auflage bei Beiträgen, die innerhalb eines Sammelwerkes oder in einer Zeitschrift erschienen sind, Titel des Beitrages und des Sammelwerkes samt Angabe des Bandes oder Teiles. Zeitschriftenaufsätze müssen mit genauem Titel der Zeitschrift, Jahrgang und Erscheinungsjahr (gegebenenfalls Neue Folge) verzeichnet werden. Selbstverständlich ist stets auch die Seitenzahl der angezogenen Stelle anzugeben. Vgl. XII § 3.

Bei Zitaten, die sich auf archivalische Quellen beziehen, ist der Fundort und die möglichst genaue Archivsignatur bzw. Kodexnummer samt Blatt- bzw. Seitenzahlangabe zu vermerken (f 5' = folio 5 und zwar die Rückseite des 5. Blattes, während f 5 die Vorderseite des Blattes bezeichnet. Man unterscheidet dies auch durch f 5^r und 5^v).

Die gebräuchlichen Abkürzungen sind S = Seite; p = pagina; Bl. = Blatt; f = Folio; Sp. = Spalte; col. = columna; Z = Zeile; a. a. O. = am angegebenen Orte, wenn es sich um schon zitierte Werke handelt, l. c. = loco citato; s. v. = sub voce, Hinweis auf ein Schlagwort in einem alphabetisch angeordneten Werke. Bibelstellen zitiert man 2 Kön. 13, 2 = 2. Buch der „Könige", 13. Kapitel, 2. Vers. — s. o. = siehe oben; s. u. = siehe unten; vgl. = vergleiche; cf. = confer; f nach (Seiten-, Jahres-)Zahlen bedeutet, daß auch noch die nächste Zahl, ff, daß auch noch die nächsten Zahlen in Betracht kommen; sequ. = sequens; seququ. = sequentes.

Wo es nicht unumgänglich ist verwende man arabische Ziffern. Sie sind ungleich übersichtlicher und bequemer, desgleichen zieht man heute deutsche Verweisungen den lateinischen vor. Der genaue Titel braucht nur das erstemal angegeben zu werden, doch schadet hier ein Mehr nie, stets ein Zuwenig.

Die **Anmerkung** dient ganz anderen Zwecken als das Zitat. — Sie ist ein Notbehelf, ein Mittel, um die Uebersichtlichkeit der Arbeit zu ermöglichen. Unter dem Strich spielt sich meist der wissenschaftliche Kampf mit anderen Gelehrten ab, hier werden Behauptungen, die oben aufgestellt wurden, erst näher begründet oder eingeschränkt. Feste Grundsätze lassen sich auch da nicht geben, denn auch hier ändert sich das Bild je nach der Eigenart und den Zielen der Arbeit. In einer Abhandlung, die rein der Forschung gewidmet ist, wo jede Frage und Seitenfrage möglichst gründlich erörtert werden muß, da hat die Anmerkung eine viel größere Rolle inne als in einer auf leicht lesbare Form hinarbeitenden Darstellung. *Ranke* zum Beispiel war sehr sparsam mit Anmerkungen. Man wird wohl sagen dürfen, daß die Ueberfülle von Anmerkungen mit einem Mangel an Fähigkeit zu disponieren in innerem Zusammenhange steht. Undisziplinierte Schriftsteller, die sich frei gehen lassen, die sich von Problem zu Problem tragen lassen, werden vom Rechte der Anmerkung ungleich ausgiebiger Gebrauch machen als der klare, zielstrebige Denker, der das, was er niederschreibt, erst in seinem Kopfe durchdacht und sich selber deutlich gemacht hat. Vgl. *Mich. Bernays, Zur. Lehre von Zitaten u. Noten* in dessen *Zur neueren u. neuesten Literatur* 2 (1899) S. 255—344.

Als eine vergrößerte Anmerkung stellt sich der E x k u r s dar. Fast in jedem Bande von *Rankes* Werken finden sich längere oder kürzere Exkurse teils quellenkritischen Inhalts, teils zur sachlichen Erläuterung. So ein Exkurs ist bisweilen eine ganze Abhandlung. *Er. Brandenburg,* dessen Werk *Die Reichsgründung* 2 Bde. 1916 durch eine geradezu ausgezirkelte Disposition gekennzeichnet ist, hat in einem eigenen umfangreichen dritten Bande, (unter dem Titel *Untersuchungen und Aktenstücke zur G. der Reichsgründung* 1916 erschienen) die kritischen Erörterungen zu einigen wichtigen in der *Reichsgründung* behandelten Fragen zusammengefaßt.

Unter B e i l a g e n versteht man in der Regel den Abdruck von Quellen, die bisher nicht oder unvollkommen herausgegeben, oder schwer zugänglich waren. Exkurse und Beilagen zusammen bilden den A n h a n g (Appendix) zu einer wissenschaftlichen Arbeit.

§ 3. Die Grundformen wissenschaftlicher Arbeiten.

Man kann das Ergebnis wissenschaftlicher Arbeit unterscheiden 1. nach dem Inhalt, 2. nach der Form.

Ist der I n h a l t überwiegend kritischen, quellenkundlichen Untersuchungen gewidmet, so sprechen wir von F o r s c h u n g, tritt aber diese mehr vorbereitende Arbeit zurück zugunsten einer Zusammenfassung, sei es eigener, sei es fremder Forschungsergebnisse, so nennen wir dies D a r s t e l l u n g (im engeren Sinne des Wortes). Selbstverständlich lassen sich hier keine festen Grenzen ziehen. Immerhin äußert sich die Tatsache, ob eine Arbeit Forschung oder Darstellung sein will, schon in der Art und Weise, wie sie den Stoff zu bändigen sucht. Drängt der Verfasser alles, was uns zeigt, wie er zu seinen Ergebnissen gelangt ist, in den Hintergrund, dann war es jedenfalls sein Ziel, eine Darstellung zu liefern. Lädt er uns hingegen förmlich ein, die Eigenart der Quellen und den Gang seiner Beweisführung mit ihm zu prüfen, ihn auf diesem Wege zu begleiten, dann haben wir es mit einer Forschung zu tun. Zwischen beiden Arten fehlt es nicht an verschiedenen Misch- und Uebergangsformen. Auch die Vereinigung beider ist möglich, indem der Verfasser die Ergebnisse seiner Forschung als Darstellung in dem fortlaufenden Text wiedergibt, die Forschung selbst als Anhang oder als Anmerkung beischließt. Vgl. oben § 2.

Der Form nach wird man am besten zu unterscheiden haben zwischen 1. Abhandlung (Untersuchung), 2. Monographie, 3. Handbuch. Hiezu kommt für das nicht streng wissenschaftliche Schrifttum 4. der Essay und 5. das Feuilleton — Außerdem verdient noch die Besprechung (Rezension) fremder Leistungen in Betracht gezogen zu werden.

Eine eigene Form für sich, durch die Besonderheit der Ausdrucksmittel gekennzeichnet, stellt der mündliche Vortrag dar, der sowohl der Forschung wie Darstellung angehören und ebenso praktischen (lehrhaften) wie rein wissenschaftlichen Zwecken dienen kann.

Die Abhandlung ist am wenigsten einer festen Form unterworfen, was viele Gelehrte verleitet, auf alle Form zu verzichten. Ein arger Fehler. Schließlich verfaßt niemand eine Abhandlung nur für sich selbst, auch soll ihr Inhalt doch nicht so gleichgültig sein, daß er nicht von anderen verarbeitet werden müßte. Vielleicht will man durch sie auf den Gang der Forschung überhaupt Einfluß nehmen, andere zur eigenen Meinung bekehren, gar die bisherigen Ergebnisse in Zweifel ziehen. Dazu gehört aber mehr, als daß man sich zur Not verständlich macht und sich darauf verläßt, es würden die vorgebrachten Tatsachen allein ins Gewicht fallen. Ohne einer sophistischen oder advokatorischen Beweisführung das Wort zu reden, liegt es auf der Hand, daß derjenige, der seine Gründe klar und deutlich, in gewinnender Form vorzubringen versteht, daß der auch der Sache einen Dienst leistet, auf einfacherem Wege zum Ziele kommt als wer durch eine holperige oder dunkle, nur ihm verständliche Sprache Mißverständnisse und lästige Auseinandersetzungen heraufbeschwört, die im Grunde nichts als Kraftvergeudung bedeuten. Auch eine Abhandlung kann ein Kunstwerk sein, selbst dann, wenn sie, mit allem gelehrten Rüstzeug behangen, auf den Plan tritt. Sie soll es sogar sein.

Ein Künstler in dieser Hinsicht war *Paul Scheffer-Boichorst*. Man prüfe daraufhin seine schon oft genannte Abhandlung *Die ältere Annalistik der Pisaner*, zuerst erschienen in den *Ff. zur dt. G.* 11 (1871) S. 506—527, neuerdings abgedr. in dessen *Ges. Schrr.* 2 (1905) S. 126—153. Der Satz: „Taten, wie Pisa sie im 11. und 12. Jahrhundert vollbrachte, scheinen mir die Geschichtsschreibung gleichsam herauszufordern", leitet stimmungsvoll eine kurze Betrachtung über die Bedeutung dieser Stadt in jener Zeit ein. Unsere Neugierde wird rege. Dann folgt die Erklärung, daß es dem Verfasser nicht um eine erschöpfende Behandlung des Stoffes zu tun sei und er sich vornehmlich mit dem Material der Darstellung und dem Verhältnis der einzelnen Annalen zueinander beschäftigen werde. Der Aufgabenkreis ist sohin vorgezeichnet. Nun folgen, durch Ziffern eigens bezeichnet, vier Unterabhandlungen.

Ein Nur-Gelehrter hätte sich die Einleitung über Pisas Weltstellung geschenkt. Aus Scheu, etwas zu sagen, was ohnehin in jedem Hand- und Lehrbuch steht. Er hätte vielleicht begonnen: „Von Pisaner Annalen des 11. und 12. Jhts. sind uns erhalten ...". Dagegen ist an und für sich nichts einzuwenden. Ehrliche Nüchternheit ist in der Wissenschaft immer erwünschter.

als falscher Schein, aber mit Nüchternheit und Hausbackenheit zu prunken,
dazu ist auch kein Grund vorhanden. Das muß gerade jenen deutschen Gelehrten ganz besonders ans Herz gelegt werden, die in der Formverachtung
nachgerade das Kennzeichen der „Wissenschaftlichkeit" zu erblicken meinen.
Uebrigens beachte man, wie *Scheffer-Boichorst* dieser kurzen Einleitung — sie
füllt kaum mehr als eine Seite — einen selbständigen Inhalt zu geben weiß.
Mit ein paar Strichen zeichnet er das Bild und verhütet damit, in das andere
Extrem zu verfallen, das nämlich darin besteht, sein gesamtes Wissen samt
allen eben erst gepflückten Lesefrüchten vor dem erstaunt-verdutzten Leser
auszuschütten. Auch das gilt vielen als Beweis der „Wissenschaftlichkeit",
um so mehr als leider in gewissen Kreisen bei der Bewertung von Arbeiten
auch deren Umfang ins Gewicht fallen kann. Man beachte ferner, mit
welchem Geschick *Scheffer-Boichorst* seine Untersuchung führt. Ich spreche
dabei nicht von dem kritischen Spürsinn, der ihn bei dieser Arbeit leitet, ich
verweise nur auf das Formale. Es gilt, Ordnung zu machen in der Reihe
von etwa acht Quellen und ihr gegenseitiges Verhältnis festzustellen. Im ersten
Teile werden zunächst zwei dieser annalistischen Erzeugnisse verglichen, wobei
der in diesen Fällen übliche Kolumnendruck die Anschaulichkeit der nebeneinander wiedergegebenen Stellen glücklich erhöht. Erst in den letzten zehn
Zeilen wird das überraschende Ergebnis dieses Vergleiches mitgeteilt. Auch
der zweite Teil, der uns schon tiefer in das Geäst und Gestrüpp der ineinander
verschlungenen Pisaner Annalistik hineinführt, auch er endet mit einem uner-
warteten Abschluß. Der ist aber nicht aus Effekthascherei so gewählt, sondern
er ist vielmehr danach angetan, den bis dahin geleiteten Gang des Beweises in
ein helleres Licht zu rücken. Der dritte Teil bedeutet eine kurze Rast: eine
bis dahin wohl empfohlene Chronik wird als „unglückliche Kompilation" enthüllt. Im vierten und letzten Abschnitt marschieren wieder vier dieser Quellen
auf. Sie werden gegenseitig abgewogen und dabei wird die eine als zu leicht
befunden. Mit einer heiteren Wendung schließt das Ganze. — Was dem
Verfasser gewiß unendlich viel Denkarbeit gekostet hat, was vermutlich Gegenstand langer Seminarübungen war, hier wird es auf nicht ganz dreißig Druck-
seiten zusammengefaßt. Trotz der anmutigen, durchsichtigen Form wird es
dem Anfänger nicht immer leicht sein, den Gedankengängen *Scheffer-Boichorsts*
zu folgen. Er wird aber vielleicht kaum ahnen, wie viel schweres Ringen mit
einem ziemlich widerspenstigen Stoff sich hinter dieser glänzenden Außenseite
verbirgt.

Ueber die Eigenart der Abhandlung unterrichtet am einfachsten die
Durchsicht der geschichtlichen Fachzeitschriften.

Die M o n o g r a p h i e ist dadurch gekennzeichnet, daß sie ihren Gegenstand, handelt es sich nun darin um eine Einzelfrage oder um ein größeres
Fragengebiet, in einen weiteren Zusammenhang bringt. Ferner legt sie mehr
als die Abhandlung Gewicht auf innere Abrundung, so zwar, daß sich alle
Glieder harmonisch um einen Mittelpunkt gruppieren. Sie kann der Forschung
wie der Darstellung dienstbar werden und erreicht ihre höchste Form, wenn
es dem Verfasser gelingt, in edlem Gleichmaß alle Sonderteile in das Ganze
einzuordnen. Manche wollen deshalb auch die Monographie als die vorzüg-
lichste Gestalt erkennen, in der eine wissenschaftliche Arbeit erscheinen kann.

Monographien sind die meisten Werke R a n k e s oder z. B. Alexis de T o c q u e -
v i l l e , L'ancien régime et la révolution 1 (Paris 1856) und d e r s e l b e , La démocratie
en Amerique, Paris 1835—40; Numa-Denys F o u s t e l d e C o u l a n g e s , Cité antique,
Paris 1864; Fch. M e i n e c k e , Weltbürgertum u. Nationalstaat ⁵1918; Alfr. v. D o m a -
s z e w s k i , Römische Kaiserg. 2 Bde. 1909. — Hieher zählen natürlich in ihrer Mehrzahl
auch die Biographien, ein großer Teil der Landesgeschichten, sofern sie nicht den Hand-
und Lehrbüchern zuzurechnen sind, die besonderen Abarten der Monographie darstellen.
Aber auch sehr viele Forschungsarbeiten gehören hieher.

Das H a n d b u c h ist in gewissem Sinne auch Monographie, aber seiner
ganzen Anlage nach strebt es nicht so sehr nach einem wohlgegliederten Aufbau als nach Zusammenfassung der wissenschaftlichen Ergebnisse. Das praktische Ziel alles dessen, was sich über einen Gegenstand in der Literatur
vorfindet, „handlich" beisammen zu haben, dieses Ziel ist es, das dem Handbuch das Gesetz seiner inneren Anordnung vorschreibt. Vielfach besteht es
heute aus der Sammelarbeit einer Anzahl von Gelehrten.

Als Beispiele von Handbüchern seien erwähnt: J. v. H e r g e n r ö t h e r , Hdb. der
allg. Kircheng. 3 Bde. ⁴1902—7; Ant.. S p r i n g e r , Hdb. der Kunstg. ⁸1905/9; Max N e u -
b u r g e r u. J. P a g e l , Hdb. der G. der Medizin 3 Bde. 1901/5.—Das H d b. d. m i t t e l -
a l t e r l. u. n e u e r e n G., hg. v. Gg. v. B e l o w u. Fch. M e i n e c k e 1903 ff.; die
H i s t o i r e g é n é r a l e du 4. siecle jusqu'à nos jours hg. v. E. L a v i s s e u. A. R a m -
b a u d , T h e C a m b r i d g e m o d e r n h i s t o r y , hg. v. Lord A c t o n 1902 ff. seien als
Beispiele von Sammelwerken angeführt.

Dem Handbuch steht das L e h r b u c h nahe, nur muß das Lehrbuch
nicht so nach Vollständigkeit streben wie jenes, sondern folgt vielmehr er-
zieherischen Zwecken. Diese stehen im Mittelpunkte. Durch sie wird die
Auswahl, die Anordnung und Einrichtung des Stoffes bestimmt, so zwar, daß
der Forderung nach wissenschaftlichem Gehalte die nach pädagogischer Verwendbarkeit gleichberechtigt zur Seite steht. Diese in das Gebiet der Unterrichts-
und Erziehungslehre fallenden Fragen werden zuvörderst in deren Fachliteratur
eingehend behandelt. Lehrreich nach dieser Hinsicht sind die Besprechungen
neuerer Lehrbücher in *Vergangenheit u. Gegenwart. Zschr. für den G.unterricht
u. staatsbürgerliche Erziehung in allen Schulgattungen* 1911 ff.

Für die Hochschulzwecke seien erwähnt W e b e r - B a l d a m u s , Lehr- u. Hdb. der
Weltg. 4 Bde. ²¹1900/8 jetzt neu von Ldw. R i e ß bearbeitet; J. H. K u r t z , Lehrb. der
Kircheng. 1849 ¹³hg. v. G. N. B o n w e t s c h u. P. T s c h a c k e r t 1899; Frz. X. K r a u s ,
Lehrb. der Kircheng. ⁶1909. Lehrzwecken ist auch K. H e u s s i , Kompendium der
Kircheng. 1909 gewidmet. Nach Stoffverteilung und Stoffauswahl ausgezeichnet ist Gg. M e n t z ,
Dt. G. im Zeitalter der Reformation, der Gegenreformation u. des 30j. Krieges 1403—1648.
Ein Hdb. für Studierende 1913.

Der E s s a y (so genannt nach *Montaignes .Essais·* 1580) sucht durch
reizvolle Behandlung des Stoffes unsere Aufmerksamkeit anzuspannen. Ueberall
öffnet er nur halb die Türen und überläßt es uns, selbst den Weg zu finden.
Immer sind es Ausschnitte aus einem Wissensgebiete, die niemals fest umrissen werden. Der Verfasser entläßt uns mit der Einladung, das von ihm
Entworfene zu Ende zu zeichnen.

Die Meister des Essays sind in England und Frankreich zu suchen. Thom. C a r l y l e ,
Thom. B. M a c a u l a y , Hipp. T a i n e sind unter den Geschichtsschreibern des letzten
Jhts. an erster Stelle zu nennen. R a n k e in einigen seiner Zeitschriftenaufsätze,
T r e i t s c h k e , Franz X. K r a u s , Alfr. D o v e , Karl Th. v. H e i g e l , Herm. O n c k e n ,
Er. M a r c k s , Fch. M e i n e c k e haben unter den neueren auf diesem Gebiete Hervor-
ragendes geleistet. Wie sich z. B. eine Biographie essaymäßig behandeln läßt, dafür ist
Fch. v. B e z o l d , Konrad Celtis, der „dt. Erzhumanist" in HZ. 49 (1883) S. 1—45, 193—228
ein Musterbeispiel.

Noch mehr als der Essay ist das F e u i l l e t o n bestrebt, alles Klobige
und Wuchtige, das naturgemäß der Wissenschaft anhaftet, aus der Darstellung

auszumerzen. Wie der Akrobat das Publikum durch ein Lächeln über die
Schwere seiner Leistung hinwegzutäuschen versteht, so der Feuilletonist durch
die Leichtigkeit und Durchsichtigkeit des Stiles. Freilich besteht umgekehrt
das Kunststück oft auch darin, daß der Verfasser Alltägliches, längst Bekanntes durch geistreiche Formulierung und Wortkünste wie etwas Neues,
Nie-Gehörtes zu geben weiß. Es ist klar, daß solche Wirkungen nur durch
Zuspitzung, ja Ueberspitzung auf These und Gegenthese erreicht werden kann.
Ein Kind der Zeitung, teilt das Feuilleton mit ihr die Flüchtigkeit des Daseins,
womit freilich nicht gesagt sein soll, daß es im Einzelfall nicht wertvoll, in
seiner Bedeutung nicht von Dauer sein kann.

Von neueren deutschen Vertretern dieser Darstellungsart seien Gv. Freytag,
Ges. Aufsätze 2 Bde. 1888; Konst. Rößler, Ausgew. Aufsätze 1902; Karl Hillebrand,
Zeiten, Völker u. Menschen 7 Bde. 1874 ff.; Herm. Grimm, Fragmente 3 Bde. 1900/2;
Wm. Scherer, Hs. Delbrück, August Fournier, Karl Glossy genannt.

§ 4. Die Besprechung.

Die Besprechung fremder Werke geht aus der wissenschaftlichen Forschungsarbeit wie von selbst hervor. Im Grunde besteht ein großer Teil aller
Abhandlungen und Untersuchungen in der Besprechung der Bücher und Aufsätze, die von anderen über den gleichen Gegenstand verfaßt worden sind.
Aus diesen Auseinandersetzungen mit Vorgängern und Gleichstrebenden ist
vielleicht auch so mancher der ständig wiederkehrenden Mängel in unserem
Besprechungswesen zu erklären. Dieses ist ein integrierender Bestandteil
unserer wissenschaftlichen Zeitschriften, die damit ihren Lesern a) den Inhalt
und b) den Wert der Neuerscheinungen vor Augen führen. Gegen beide
dieser Forderungen verstößt eine große Zahl der erscheinenden Besprechungen.
Einer der feinsten Kritiker in den älteren Jahrgängen der HZ., *Reinh. Koser*,
hat es glänzend verstanden, dem Leser mitzuteilen, was er in dem behandelten
Werke zu finden hat und ob es dem Verfasser gelungen ist, die Aufgabe, die
er sich gestellt hatte, zu erfüllen. Die Voraussetzungen für eine allen Anforderungen genügende Besprechung ruhen 1. in der wissenschaftlich gegründeten Schulung des Kritikers, 2. in der Beherrschung des Stoffes durch
ihn, 3. in der Gabe, seine Gedanken klar und logisch zu entwickeln, und
4. in der sittlichen Kraft, nur der Sache, d. i. der Wahrheit, dienen zu wollen.

Je methodisch geschulter und sachkundiger ein Kritiker ist, um so leichter
wird es ihm fallen, eine vorliegende Arbeit nachzuarbeiten. Er sieht dann
meist nach kurzer Durchsicht, ob die wichtigste, einschlägige Literatur benützt
und ob der in Betracht kommende Quellenbestand herangezogen worden ist.
Aber erst eine eindringende Nachprüfung aller Für und Wider und vor allem
eine Nachprüfung dessen, was der Verfasser mit seiner Arbeit gewollt hat
und ob er die für seine Absichten geeigneten Mittel ergriffen und seine Absichten erreicht hat, erst das kann dem Kritiker den richtigen Maßstab für
die Beurteilung leihen. Dagegen wird nur allzu oft gesündigt. Der Verfasser
mag im Vorwort noch so sehr versichern, er habe nur den einen oder anderen
Teil bestimmter geschichtlicher Beziehungen behandeln wollen, der Kritiker
sieht darüber ruhig hinweg. Die Ursache liegt entweder in persönlicher Be-
fangenheit, in der Eitelkeit, auf jeden Fall als der klügere und unterrichtetere

zu erscheinen, oder — was noch öfter der Fall ist — in dem Spezialistentum. Meist beherrscht der Besprecher nur einen kleinen Teil dessen, was in der von ihm besprochenen Schrift behandelt wird. Diesen greift er nun heraus und berührt von einem Werke, das fünfhundert Seiten umfaßt, ein einziges Kapitel, das vielleicht kaum ein Fünftel des Ganzen ausmacht. Für den uneingeweihten Leser der Kritik wird auf diese Weise der Eindruck erweckt, als ob dieses Kapitel die Hauptsache wäre. Der Schaden, der damit angerichtet wird, liegt nicht bloß auf Seiten des ungerecht beurteilten Verfassers, sondern auch auf der des Lesers, der durch den falschen Eindruck irregeführt wird. In Zusammenfassung des Gesagten muß also gefordert werden, daß jeder Besprecher eine gute und getreue Inhaltsangabe der kritisierten Arbeit liefert, daß er sie mit möglichster Zurückdrängung alles unnützen Subjektiven in allen ihren Teilen gleichmäßig werte, daß er seine Urteile zwar deutlich, wo es nottut, scharf herausarbeitet, daß er sie aber in eine gemäßigte und ruhige Form faßt, die schon in dieser Ruhe die notwendige Sachlichkeit widerspiegelt. Unerlaubt ist die jetzt so häufig wiederkehrende Erscheinung, daß in Sammelberichten und „Notizen“ über längere Arbeiten mit wenigen Worten ganz subjektive Werturteile ausgedrückt werden. Schließlich sei noch auf die Notwendigkeit, genaue bibliographische Daten über besprochene Schriften und Aufsätze zu geben (womöglich auch Angabe des Verlegers und Höhe des Preises!) hingewiesen.

Die Pflege des Besprechungswesens liegt in den Händen der Zeitschriften. Der Schriftleiter sendet in der Regel die bei ihm von den Verlegern und Verfassern einlaufenden Bücher und Sonderabdrücke an die ihm zuständig erscheinenden und mit ihm in Verbindung stehenden Gelehrten. Vom Standpunkte der Zeitschriften ist es ebenfalls der Zweck der Literaturberichte, einerseits ein klares und objektives Bild von den augenblicklich herrschenden Bewegungen und Richtungen zu geben und andererseits Stellung zu nehmen zu den wissenschaftlichen Neuerscheinungen. Leider lassen es gerade in Deutschland die Besprechungen so oft an wirklicher „Würdigung“ fremder Leistungen fehlen und gefallen sich in Nörgelei und Besserwissen.

Als Beispiel eines scharfen, aber höchst verdienstvollen Kritikers sei Alfr. v. Gutschmid genannt, der auf dem Gebiete der altorientalischen, alten und altchristlichen Geschichte reinigend und säubernd gewirkt hat. Viele seiner zerstreut erschienenen Besprechungen sind in seinen Kl. Schrr. hg. von Frz. Rühl 5 Bde. 1889 ff. wieder abgedruckt. Auch als Besprecher und Buchkritiker mustergebend ist es, was auf diesem Felde Paul Scheffer-Boichorst geleistet hat. Man lese dessen Gesammelte Schrr. 2 = Histor. Studien 43 (1905). Ein Meister der Form, bewährt er sich durch eine glückliche Mischung kritischer Schärfe, anmutiger, von kaustischem Witz durchleuchteter Darstellungsart. Eine Lektüre der laufenden Zeitschriften unterrichtet am besten über das moderne Besprechungswesen.

§ 5. Der mündliche Vortrag.

Die mündlich vorgetragene Darstellung muß in der ganzen Anlage und in allen ihren Teilen zum Ausdruck bringen, daß sich der Vortragende des Unterschieds bewußt war, der zwischen der Rede und der „Schreibe“ besteht. Der tiefste wissenschaftliche Gehalt eines Vortrages kann für Zuhörer, die den besten Willen mitbringen, zerflattern und wertlos sein, wenn der Redner die Rücksichten außer acht läßt, die er seinem Publikum schuldet. Diese

Rücksichten müssen sich beziehen 1. auf die Aufnahmefähigkeit der Zuhörer, 2. auf die Möglichkeit, die in seinen Ausführungen gegebenen Ergebnisse nachzuprüfen.

Die Aufnahmefähigkeit des Zuhörers ist gegenüber der des Lesers enger begrenzt. Im allgemeinen ist anderthalb Stunden, wohl das Aeußerste, was man einem Publikum zumuten kann, wenn es sich um den ununterbrochenen Vortrag eines einzelnen handelt. Auch rauschen in mündlichen Darlegungen Einzelheiten leichter vorüber als beim Lesen. Und damit berühren wir auch schon die Frage der Nachprüfungsmöglichkeit. Der Leser ist in der Lage, mit der Lektüre innezuhalten, das Gelesene nochmals durchzulesen, die angeführten Beweisgründe des Verfassers mit denen eines anderen zu vergleichen, Zitate nachzuschlagen, also die Arbeit anderer nochmals durchzuarbeiten. Demgegenüber befindet sich der Zuhörer in ungünstigerer Stellung. Freilich ist ein kritisch angelegtes Auditorium im Bewußtsein dieser seiner Schwäche um so mißtrauischer.

Der Vortragende, der naturgemäß die Absicht hat, seine Zuhörer zu überzeugen, muß diesen Tatsachen Rechnung tragen und die entsprechenden Folgerungen daraus ziehen. Was also den I n h a l t betrifft, wird er sich für das Ganze einer besonderen Kürze zu befleißen haben. Im einzelnen wird er aber oft ausführlicher sein müssen als der Schriftsteller, denn er muß Dinge anführen, die der Schreiber durch Verweise auf Literatur- oder Quellenwerke kurz abtun kann. Dieser Zwiespalt zwischen der Forderung nach Kürze und andererseits nach Ausführlichkeit läßt sich überbrücken, wenn der Redner typische Beispiele auswählt und an ihnen die notwendigen Einzelheiten aufzeigt. Im übrigen ist es für ihn nie von Vorteil, alles zu sagen, was er weiß. Nicht nur, weil dies auf die anderen meist ermüdend wirkt, sondern weil jeder wissenschaftliche Vortrag, der nicht Lehr- oder Festvortrag ist, zu nachheriger Aussprache führen soll. In dieser Aussprache lassen sich aber Einzelheiten viel ungezwungener und wirksamer anbringen als im Vortrage selbst. — Gewarnt muß ferner werden vor längerer Aufzählung von Büchertiteln, Namen, Zahlen, von ausführlichen statistischen Reihen. So eindrucksvoll ein paar zahlenmäßig gegründete Gegenüberstellungen sein können, so ertötend wirkt die Aufzählung von Statistiken, die der Leser leicht überblickt, der Hörer aber nicht im Gedächtnis behalten kann. Hier vermögen unter Umständen graphische Darstellungen zu Hilfe zu kommen.

Die F o r m des Vortrages verlangt zunächst möglichste Durchsichtigkeit des Gedankenaufbaus. Diese wird einmal durch streng logische Gliederung aller Beweisgründe am sichersten erreicht, dann aber dadurch, daß die Darstellung sich aller Abschweifungen enthält und die Dinge auf die kürzeste Formel zu bringen sucht. Infolgedessen muß auch alles schärfer zugespitzt sein als in einer Abhandlung. Der Hörer muß sich auf ein bestimmtes Ziel hingedrängt fühlen, um mitgehen zu können. Deshalb wird es sich als wertvoll erweisen, wenn der Sprechende am Schluß eine knappe Zusammenfassung aller Für und Wider gibt und das Ergebnis seiner Darlegungen in bündiger Form wiederholt.

Der S t i l eines Vortrages ergibt sich einerseits aus dem besonderen Zweck, dem er dienen soll, und aus den Forderungen, die an Inhalt und Form der Rede überhaupt zu stellen sind. Stets halte man sich gegenwärtig, daß jeder Vortrag der idealen Gesprächsform sich nähern müsse. Wenn auch nicht in tatsächlichem, so steht der Redner doch in gedanklichem Verkehr mit seinem Auditorium. Die ‚rhetorische‘ Frage ist deshalb nicht bloß als Redefigur zu betrachten, sie stellt auch psychologisch den Zusammenhang zwischen dem Sprechenden und seinen Zuhörern her. Ueberhaupt muß jeder Vortrag so angelegt sein, daß er das Auditorium zur geistigen Mitarbeit auffordert. Dazu kann die Stilistik das Ihrige beitragen, wenn auch hier auf klare Uebersichtlichkeit der einzelnen Abschnitte und Sätze hingearbeitet wird. Wohlausgefeilte Perioden, die sich sehr gut lesen, können in mündlicher Wiedergabe einschläfernd wirken, wenn der innere Aufbau der einzelnen Sätze nicht der Gesprächsform nachstrebt. Infolgedessen sind Wiederholungen desselben betonten Ausdruckes, die in der Schulstilstik für schriftliche Darstellungen als verpönt gelten, hier geradezu geboten. Auf das Prädikat, mit dem die kunstvoll gefügte Periode sich endlich schließt, ängstlich warten zu müssen, ermüdet mit der Zeit. Nur eine lebhaft bewegte Sprache tut da ihren Dienst.

Im übrigen hat sich Form und Stil den besonderen Zwecken des Vortrages anzupassen. Der Lehrvortrag unterliegt ähnlichen Gesetzen wie das Lehrbuch, der Vortrag über neue Forschungsergebnisse entspricht der Abhandlung. Immer muß man sich aber gegenwärtig halten, daß die wörtliche Wiedergabe einer Arbeit, die ursprünglich als mündlicher Vortrag gedacht und in diesem Sinne entworfen war, im Druck viel weniger einbüßt, als umgekehrt ein für den Druck bestimmter und so gedachter Entwurf, der vom Vortragenden dann abgelesen oder aus dem Gedächtnis wortgetreu wiedergegeben wird.

An nachträglichen Veröffentlichungen gehaltener Vorträge mangelt es nicht. Die deutschen Universitätsschriften haben deren eine große Zahl hervorgebracht. Die Nötigung vor einer nicht rein fachlich vorgebildeten Zuhörerschaft Gegenstände weiteren Umfanges vorzutragen, hat manche vorzügliche Leistung hervorgebracht. Freilich für die Form der Rede sind sie nicht alle beispielgebend. — Jak. G r i m m , Auswahl aus den kleineren Schrr. 1871; Hch. v. S y b e l , Vorträge und Aufsätze ³1885; Theod. M o m m s e n , Reden u. Aufsätze ²1905; Ernst C u r t i u s , Altertum u. Ggw. 3 Bde. 1875—89; J. v. D ö l l i n g e r , Akademische Vorträge 3 Bde. 1888—91; Fel. S t i e v e , Abhandlungen, Vorträge u. Reden 1900; Hs. D e l b r ü c k , Erinnerungen, Aufsätze u. Reden 1902; Fr. M a r c k s , Männer u. Zeiten 2 Bde. 1912.

§ 6. Die Sprache als Ausdrucksmittel der Geschichtswissenschaft.

Klar, übersichtlich, den besonderen Zwecken jeweils angepaßt — mit diesen Worten ist eigentlich so ziemlich alles gesagt, was dem Geschichtsschreiber für seine sprachliche Formgebung nottut. Freilich muß man in Betracht ziehen, daß vielleicht keine Wissenschaft auch sprachlich vor so verschiedene Aufgaben gestellt wird als gerade die Geschichte. Als Forschung hat sie das gleiche zu erfüllen wie jede andere geisteswissenschaftliche Forschung, in der Schilderung des Zuständlichen soll sie möglichste Anschaulichkeit aufweisen, in der Darstellung aber des bewegten Lebens muß sie der Leidenschaft, der Begeisterung, dem Jammer und der Enttäuschung der handelnden und leidenden Menschen Worte zu leihen vermögen. Und zu alledem muß sie es verstehen, ohne gespreizt und gekünstelt zu sein, doch den besonderen Duft, den jede Zeit ausatmet, die Stimmung anzudeuten und wiederzugeben, aus der heraus die Gefühle und Denkweise und Handlungen der geschichtlichen

Menschen allein verständlich werden. Dieser letzten Forderung glauben manche am besten dadurch gerecht zu werden, daß sie die „Quellen selbst sprechen lassen". Das ist aber ein rein äußerliches Hilfsmittel, das noch dazu höchst unschön wirkt, wenn es öfter angewendet wird. Ein solches Kunterbunt von veralteten, vielleicht sogar unverständlichen Wort- und Gedankenfolgen verrät weniger den Geist einer vergangenen Zeit als die Geistesarmut des Verfassers. Ab und zu angewandt, sparsam und stets an richtiger Stelle verwendet, kann freilich der Gebrauch eines Ausspruches oder Ausdruckes, der in seiner ursprünglichen Form gebracht wird, die Eigenart einer Persönlichkeit, einer Zeit oder eines Volkes dem Leser deutlicher werden lassen als lange Umschreibungen.

Der bestimmten Farbe, die einer Kultur eigen ist, muß sich die Sprache namentlich im Gebrauche von Bildern einfügen. Es ist ein Zeitverstoß (Anachronismus), wenn *Ulr. v. Wilamowitz-Moellendorff, Griech. Tragödien* ⁵3 (1909) S. 15 von Euripides sagt, daß er das „Gedicht zu Papier warf". Solche Verfehlungen stören die Stimmung, die von jeder geschichtlichen Schilderung ausgehen soll. Der Historiker muß bei seinen Darlegungen möglichst im Bilde der Zeit bleiben, die er schildert. Das hindert natürlich nicht, daß er uns in gutgewählten Analogien vergangene Verhältnisse dadurch näherzubringen sucht, daß er Fach- und Kunstausdrücke der Gegenwart auf ähnliche Erscheinungen aus der Geschichte anwendet (vgl. o. S. 82). *Th. Mommsen* hat vielleicht hierin des Guten zu viel getan. Er spricht vom „Generalstab" und von „Adjutanten" des Pompejus, von einem „Tempelkonsistorium" von „Konservativen" und von „liberalen Konservativen" in Altrom, von „Industrierittern" und einer „bürgerlich liberalen Opposition". Gegenüber dem steifleinenen Schulmeistertum, mit dem vor ihm von Philologen die alte Geschichte betrieben wurde, bildete für viele diese neue Art, die altrömische Welt zu erleben, eine wahre Erlösung. Natürlich lauert in dem Versuche, sich die Vergangenheit gleichsam mit Gewalt sprachlich anzueignen und an sich zu reißen, manche Gefahr. Man erweckt leicht falsche, ungeschichtliche Vorstellungen. Ganz besonders bedenklich wird es, wenn aus der sprachlichen Analogie sachliche Folgerungen gezogen werden.

Einen Vorteil besitzt die Geschichtswissenschaft, sie ist nirgends gezwungen undeutsch zu schreiben. Im Gegensatz zur Medizin, Rechtswissenschaft oder Physik ist sie als Wissenschaft nirgends durch fremdsprachige Fachausdrücke erheblich gehemmt. Die einzelnen Forschungszweige wie Schriftenkunde oder Urkundenlehre haben zwar herkömmlicherweise solche Kunstwörter, doch spielen diese keine allzugroße Rolle. Dieses Vorteils soll sich der Darsteller auch bedienen. Wenn z. B. *Edd. Fueter* noch immer mit Wörtern wie „deroutieren", „foudroyant", „Prosperität" herumwirft, so begeht er damit nicht bloß einen Verstoß gegen die deutsche Sprache, sondern bringt sich selbst um die Dauer seiner Wirkung. Bei der fortschreitenden Entwelschung, der unsere Sprache glücklicherweise entgegengeht, wird ein derartig mit Fremdwörtern gespicktes Buch in kürzester Zeit ungenießbar werden. Ist es fast schon jetzt. Freilich umfaßt die Geschichte so verschiedene Gebiete, daß sie an deren Ausdrucksweise vielfach gebunden ist. Das staatliche Leben mit allen seinen Einrichtungen, Behörden, Aemtern, das religiöse und kirchliche und vor allem das politische mit seiner Gliederung und seinen Schlagworten gibt der Geschichte eine Fülle von sprachlichem Material zur Verfügung und Verwaltung, das schlechterdings unübersetzbar ist. Man kann nach dem Beispiele *Mommsens* die eine oder andere Bezeichnung modernisieren, aber eine allzu entschiedene und weitgehende Verdeutschung würde oft das feinste verwischen. Wir dürfen nicht vergessen, daß gewissen im öffentlichen Leben gebrauchten Worten (besonders Schlagworten) ein bestimmter Gefühlswert innewohnt, der sich nur diesem und keinem anderen Worte eignet. Diese Worte brauchen nicht aus der Zeit zu stammen, die wir schildern, sie können aus unserer Gegenwart stammen, aber gerade deshalb vermögen sie blitzhell manche dunklen Teile geschichtlichen Geschehens zu beleuchten und uns zu verdeutlichen. Die „imperialistischen" Pläne Alexanders des Großen, die „absolutistische" Regierungsweise Diokletians, die „sozialistischen" und „kommunistischen" Tendenzen mancher Wiedertäufer, das sind Wortverwendungen, die, sofern sie in wesentlichen Teilen Aehnlichkeitsmerkmale aufweisen, bisweilen klärend wirken können.

Je nach den kulturellen Interessen des Geschichtsschreibers oder des Zeitraumes, den er zu schildern unternimmt, drängen sich auch Fachwörter aus der Kunst- und Literaturgeschichte, der Philosophie oder aus dem Wirtschaftsleben in das Geschichtliche hinein. Dabei hat natürlich auch die Mode das Wort. *Alf. Biese, Die Entwicklung des Naturgefühls bei den Griechen und Römern 2* (1884) S. 191 spricht davon, daß sich mit Hadrian und Apulejus das „Rokoko" römischer Literatur eröffne. *Paul Joachimsen, Aus der Entwicklung des italien. Humanismus* in HZ. 121 (1920) S. 198 nennt Mussato einen „barocken Gotiker". *Wm. Schmid* schreibt *Ueber den kulturg.lichen Zusammenhang und die Bedeutung der griechischen Renaissance in der Römerzeit* 1898. Und ebenso wird das Wort „Aufklärung" als ein allgemein kultureller Begriff gebraucht. Vgl. *Wm. Nestle, Politik und Aufklärung in Griechenland am Ausgang des 5. Jhts. v. Chr.* in *N. Jbb. für das klass. Altert. G. u. Dt. Lit.* 12 (1909) S. 1—22. In ähnlicher Weise werden „Naturalwirtschaft", „Kapitalismus", „Sozialismus", „Klassenkampf" trotz ihrem schwankenden und unsicheren Gedankeninhalt und mangelhafter Begriffsschärfe immer wieder gebraucht. Bis jetzt hat sich noch keine feststehende Regel gebildet, die über Zulässigkeit oder Unzulässigkeit dieser Wortverwendung entschiede. Vgl. V § 2.

Ein Wort noch über den Gebrauch der Zeitformen. Die Mehrzahl aller geschichtlichen Darstellungen ist erzählenden Inhalts. Es herrscht also im Deutschen das Imperfekt vor. Wo freilich ein Bild entworfen wird etwa von einer Persönlichkeit (Literarisches Porträt) vgl. XI § 6 oder in Augenblicken der höchsten Spannung, die uns wie etwas Selbsterlebtes vorgeführt werden, da fällt der Erzähler in die Gegenwart. Ein Kunstgriff, den Franzosen und auch neuere deutsche Geschichtsschreiber, z. B. *Aug. Fournier*, verwenden, um diese Gegenwartsvorstellung noch zu erhöhen, besteht in dem Gebrauche des Futurums. Der Historiker weiß selbstverständlich das Folgende. Er will aber dies verwischen, um die Spannungsgefühle nicht zu schwächen, und schildert nun das Kommende ganz vom Gesichtspunkt des Zeitgenossen, wie eine Zweifelsfrage an das Schicksal. Alles das darf aber nur mit Vorsicht und in geringem Ausmaße angewandt werden.

An der richtigen Wahl des Eigenschaftswortes erkennt man aber erst den Geschichtsschreiber. Sie ist der Maßstab für die Reife seines

Urteils. Unfertige und Urteilslose glauben den inneren Mangel durch Uebertreibungen (Superlative) verdecken zu können, Verfasser, denen die Zucht des
Denkens abgeht, gefallen sich in burschikosen Ausdrücken. Die wohlerwogene,
bedachte Art des geschichtlichen Urteils prüft lange, ehe sie ein schmückendes
oder tadelndes Beiwort gebraucht.

An zusammenfassenden Betrachtungen über die Sprache im Dienste der Geschichtswissenschaft mangelt es noch. Systematische Stiluntersuchungen an modernen Geschichtswerken sind selten. Eine Ausnahme macht Albert F r i e s , Aus meiner stilistischen Studien-
mappe 1910, wo im 1. Teil Hch. v. Treitschkes Stil genau behandelt wird. Die beste
Schulung liegt in der Lektüre guter Werke und in der Beschäftigung mit der deutschen
Sprache.

§ 7. Geschichtliche Darstellungskunst.

Die geschichtliche Darstellung folgt den gleichen Gesetzen wie die erzählende bzw. beschreibende Prosa. Es wurde schon erwähnt, daß der Geschichtsschreiber nur dann seine Aufgabe ganz erfüllt, wenn er spannend zu
schreiben versteht. Dementsprechend hebt seine Erzählung mit der vorbereitenden Erklärung der Verhältnisse und Kräfte an, die im folgenden eine
Rolle spielen werden (Exposition), leitet hinüber zu der Verwickelung dieser
Verhältnisse, zum Spiel und Gegenspiel dieser Kräfte, um schließlich auszu-
klingen in der Entspannung, die uns aus dem ringenden Werden der Dinge
das Gewordene vor Augen stellt und mit einem Blick in die Zukunft ahnen
läßt, daß auch das nur eine Atempause ist im Drang zu neuen Gestaltungen.
Das ungefähr ist das Gerüst aller geschichtlichen Darstellung.

Der großen und kleinen Hilfsmittel, um uns dieses Werden zur Anschauung zu bringen, gibt es eine Menge. Um mit der Schilderung des Zuständlichen nicht zu ermüden, indem man Einzelheit an Einzelheit aneinander-
fügt, greift der kundige Erzähler besonders kennzeichnende Merkmale, die
für die Verhältnisse eine gewisse Allgemeingültigkeit haben heraus und formt
sie zu einem abgerundeten Ganzen. So veranschaulicht uns *Ranke* in den
Geschichten der roman. u. germ. Völker in dessen SW. 34 S. 85 die Zustände
in Florenz im 15. Jht. durch das Genrebild, das er uns von dem Leben eines
Florentiner Bürgers entwirft. Die Persönlichkeiten aber, die hernach handelnd
auftreten sollen, werden an geeigneter Stelle in einem l i t e r a r i s c h e n
P o r t r ä t festgehalten. Berühmt in dieser Hinsicht ist jenes, das er uns
ebda. S. 70 ff. von Maximilian I. geschenkt hat. In geschickter Gegenüberstellung der zahlreichen Bilder und Schilderungen des Fürsten und des Mangels
an einer genügenden geschichtlichen Darstellung beginnt er zunächst im erzählenden Tone, um plötzlich innezuhalten und nun im Präsens Maximilians Regsamkeit zu schildern. Das geschieht nicht durch abstrakte Behauptungen. „In
seinen Bergwerken ist er ein guter Schiener, in seinen Rüstkammern der beste
Plattner, der andere in neuen Erfindungen zu unterrichten weiß; die Büchse
im Arm, überwindet er seinen besten Schützen Georg Purkhard mit dem
groben Geschütz, das er zu bohren gelehrt, das er auf Räder geschafft, trifft
er meist am nächsten ans Ziel; er befehligt sieben Hauptleute in ihren sieben
Sprachen; er wählt und mischt seine Speise, seine Arznei selbst“. Und in
der gleichen Art wird seine tägliche Lebensweise, seine Politik geschildert,
stets an konkreten Beispielen, die unserer Phantasie ungleich mehr bieten als

22*

Aussagen allgemeinen Inhalts. Alles das wird an dem bewegten Menschen gezeigt. Diese Schilderung mündet nun in eine kennzeichnende Anekdote, die uns Maximilian als Ritter und als Kaiser in seiner ganzen Herrlichkeit darstellt. Ein einziger, das vorhin Gesagte zusammenfassender und die Zukunft andeutender Satz beschließt in stimmungsvoller Weise dieses Porträt. Vgl. *Hch. Vockeradt, Das Studium des dt. Stils an stilistischen Musterstücken, Jber. des Gymn. zu Recklingshausen* 1897/8. — *Tacitus, Gibbon, Mommsen, Treitschke* waren Meister solcher Charakteristiken. Oft schrumpfen solche Bilder zu ein paar kennzeichnenden Beiworten zusammen. „Für jenen eckigen, vornehmen Mustersoldaten . . ." (Pompejus), „Der Don Quixote der Aristokratie" (Marcus Porcius Cato). „Von Lucius Cassius gar begriff es niemand, wie ein so dicker und einfältiger Mann unter die Verschwörer geraten sei." So schildert *Mommsen* die handelnden Persönlichkeiten.

Der gute Erzähler wird es stets vermeiden, den Leser durch langatmige Beschreibungen zu ermüden. Mag auch für manchen modernen Künstler das Gebot der e p i s c h e n O b j e k t i v i t ä t, das *Lessing* aufgestellt hatte, ungültig sein, für den Geschichtsschreiber wird es um so ratsamer bleiben, als sie mit der geschichtlichen in gewissem Sinne zusammenfällt. Hier hat der Verfasser noch weniger als in der Dichtung ein Recht, mit seinem Ich hervorzuzutreten. Immer wird aber die Anschaulichkeit gewinnen, wenn wir a) die Menschen in der Bewegung schildern, statt sie Zug um Zug zu beschreiben und, b) wenn wir sie in der Wirkung zeigen, die sie auf andere gemacht haben. Gerade dieses Kunstgriffes hat sich *Treitschke* mit großem Erfolge bedient. — Schon aus praktischen Gründen, um die Fülle der Beziehungen und Einzelheiten in das Ganze einordnen zu können, aber auch um die Spannung zu erhöhen, wird der Darsteller E p i s o d e n einstreuen. Sie müssen natürlich ebenfalls nur mit Maß und im richtigen Verhältnis zur Gesamtheit verwendet werden.

Das Hervortreten der Person des Geschichtsschreibers als urteilenden und mitfühlenden Menschen ist natürlich möglichst zu vermeiden, doch wird es nie ganz zu vermeiden sein. Vgl. IV § 1. Wenn man nicht wie *Edd. Fueter* im darstellenden Teil seiner *G. des europ. Staatensystems* zum chronikalischen, reinen Berichterstatterstil zurückkehren will, so wird man unmittelbar oder mittelbar zu den erzählten Vorgängen und abgebildeten Persönlichkeiten Stellung nehmen müssen. Dieser subjektive Anteil kommt nicht bloß in der Verteilung von Licht und Schatten zum Ausdruck, sondern auch vielfach in Form allgemeiner, lehrhafter Behauptungen (S e n t e n z e n), deren Auswahl natürlich in persönlichen Erlebnissen und Erfahrungen ihren letzten Grund hat. „Die demokratische Servilität, die zu allen Zeiten mit der höfischen gewetteifert hat . . ." „Die Pharisäerpartei, der nach Priesterart der Sieg ihrer Partei um den Preis der Unabhängigkeit und Integrität des Landes nicht zu teuer erkauft war . . . ." „So gleichgültig auch an sich dem Advokaten die Rechtsfrage sein mochte . ." „Aus derlei Behauptungen spricht der ganze *Mommsen.* Man könnte aber eine gleiche Blütenlese aus *Tacitus,* aus *Carlyle, Ranke* oder *Treitschke* zusammenstellen. Soziologische Geschichtsschreiber sind vorsichtiger mit allgemeinen Behauptungen, sofern diese nicht in ihren soziologischen Ueberzeugungen ruhen, aber die Art, wie *Edd. Fueter* in seiner *G. der Neueren Historiographie* z. B. *Herder* als „Weimarer Kleinbürger" kennzeichnet, wenn er von Froude behauptet: „Die englische Breite wurde zwar auch er nicht los“, oder wenn er sagt: „Mit der Seelenruhe des Oberlehrers der alten Schule, der normal und pathologisch angelegte Kinder über denselben Kamm schiert, verteilt Giesebrecht seine Zensuren“, so sind das eben verdeckte, verschämte Sentenzen, die die subjektive Meinung des Verfassers über den geistigen Gesichtskreis eines Weimarer Kleinbürgers, über englische Erzählerfreude und Beschränktheit der Oberlehrer alten Stils als allgemeine Wahrheiten voraussetzen. Das schadet auch nichts. Die geschichtliche Darstellung, will sie nicht farblos und gestaltungsarm werden, bedarf der Leitung eines redlichen, wahrheitssuchenden und lebenserfahrenen Führers. Die Wahrheit erlebt jeder in sich selbst anders. Wer aber aus Aengstlichkeit oder wissenschaftlicher Voreingenommenheit nicht wagt, die Wahrheit, wie er sie sieht, auch zu verkünden, der taugt nicht zum Geschichtsschreiber.

XII.

Anleitung zur Benützung der bibliographischen Hilfsmittel.

§ 1. Die Wahl des Themas.

Die Wahl des Themas ist von Bedeutung für den Bearbeiter wie für die Wissenschaft, denn sie bestimmt bisweilen die ganze künftige Arbeitsrichtung des jungen Gelehrten und kann je nachdem unnütze Zeitvergeudung sein oder ein Mittel unser Wissen weiterzuführen. Insofern ist an der richtigen oder unrichtigen Wahl die Wissenschaft als solche ebenfalls beteiligt. Deshalb wird der Neuling gut tun, sich hiebei der Führung seines Lehrers oder sonst eines erfahrenen Fachmannes anzuvertrauen. Andererseits ist eine Pflicht der wissenschaftlichen Organisationen, Akademien, Forschungsinstitute usw. durch Verteilung von Aufgaben, Preisausschreiben und ähnliches die wissenschaftlich Interessierten auf Arbeitsgebiete zu lenken, die einen entsprechenden Ertrag versprechen.

Zu diesen allgemeinen Gesichtspunkten kommen die besonderen, die von der Fähigkeit, den Neigungen, die von der zu Gebote stehenden Zeit, den persönlichen Verhältnissen und Vorkenntnissen des Gelehrten, von den staatlichen, den Bibliotheks- und Archivverhältnissen abhängig sind. Ein mehr kritisch angelegter Kopf wird in Quellenuntersuchungen, einer der formgewandt, aber mehr der Gemütsseite zuneigt, wird eher in Geschichtsdarstellungen sein Genüge finden. Wer in der Umgebung, in der er sich bewegt, mit praktisch-wirtschaftlichen Fragen in ständiger Berührung gestanden und Anteil daran genommen hat, wird vielleicht für wirtschaftsgeschichtliche Themen geeigneter sein als ein anderer. Wer Sprachwissenschaft getrieben, suche sich einen Gegenstand, an dem er sein Fachwissen verwerten kann. Der künftige Archivar in einem Provinzarchiv wird Vorteil daraus ziehen, wenn seine Arbeiten an geschichtliche Ereignisse des Landes anknüpfen, in dem er tätig ist, da für solche Vorwürfe zumeist auch die örtlichen Büchersammlungen und Archive genügend Hilfsmittel enthalten. Verlorene Mühe ist es, wenn etwa die „Finanzverwaltung der Stadt Paris unter der Herrschaft der Commune" einer behandeln will, der keine Aussicht hat, die Pariser Archive je zu besuchen. Jedes Thema muß mit Rücksicht auf das erreichbare Literatur- und Quellenmaterial gewählt werden.

Bei Abhandlungen und Untersuchungen — und die kommen für den Anfänger zunächst in Betracht — ist es wichtig, daß der Umfang des Themas weder zu weit, noch zu eng, also gerade so angelegt ist, daß es dem Verfasser möglich ist, in der ihm gegebenen Zeit den gesamten Literatur- und Quellenstoff selbständig durchzuarbeiten, und er über den Ausgangspunkt hinaus zu neuen Ergebnissen gelangen kann. Im übrigen gleicht der Beginn einer Arbeit jedesmal dem Antritt einer Abenteuerfahrt. Man weiß die Richtung bestenfalls, aber wo man landen wird, ist mehr oder weniger ungewiß. Das Schlimmste ist, wenn man am Ende seiner Entdeckerfahrt entdeckt, daß ein anderer vor einem aus Ziel gelangt ist.

Ueber diese und andere Fragen: Leop. F o n c k, S. J. Wissenschaftliches Arbeiten, Beitrr. zur Methodik des akad. Studiums = Veröff. des biblisch-patrist. Seminars zu Innsbruck 1 (1908); berücksichtigt auch speziell das Geschichtsstudium.

§ 2. Literatur und Quellen.

Für den Bearbeiter irgend eines Themas ist es notwendig zu wissen oder in Erfahrung zu bringen, was darüber von anderen bereits gearbeitet worden ist, wo die Quellen zu finden sind, aus denen seine Vorgänger geschöpft haben und wo unter Umständen neue Quellen zu suchen wären. Wir unterscheiden danach zwischen

a) Literatur, d. h. in unserem Falle alles abgeleitete auf mittelbarer oder unmittelbarer Quellenverarbeitung beruhendem Schrifttum und

b) Quellen (s. darüber VIII § 1), die den ursprünglichen Erkenntnisstoff darstellen, wobei, wie erwähnt, der Quellencharakter kein starrer ist. *Mommsens* Römische Geschichte ist für den Darsteller von Caesars Bürgerkrieg Literatur, für den Geschichtsschreiber der deutschen Historiographie Quelle.

Ist auch die Quelle der ursprüngliche Erkenntnisstoff, so wird der Weg unserer Erkundung zunächst ein umgekehrter sein: erst werden wir die einschlägige Literatur und dann erst die in Betracht kommenden Quellen festzustellen haben. Dabei gilt als oberster Grundsatz, daß wir L i t e r a t u r w i e Q u e l l e n j e d e s m a l i n s e i n e r m ö g l i c h s t e n V o l l s t ä n d i g k e i t h e r a n z i e h e n m ü s s e n.

Um hiebei methodisch vorzugehen und sich vor Lückenhaftigkeit und Versehen zu hüten, ist zunächst ein einfacher logischer Gedankenvorgang wertvoll. Man fragt sich, in welche übergeordnete historische Begriffe fällt das Thema hinein. Zuerst wird man sich einiger besonderer Daten versichern, dann aber geht man vom allgemeinsten Begriffe aus und schreitet allmählich zum speziellen weiter, zieht gleichsam die Maschen des bibliographischen Netzes immer enger zusammen.

Angenommen, ich habe mir als Gegenstand gewählt: „Bernhard von

Clairvaux als Kreuzzugsagitator". Sind mir die Daten über das Leben Bernhards nicht gleich geläufig, so werde ich in einem der üblichen Nachschlagebücher (s. u.) diese zu gewinnen suchen. Ich weiß dann, daß Bernhard von Clairvaux a) ein Heiliger ist, b) daß er von 1090—1153 gelebt hat, daß er c) aus Frankreich stammt und zwar d) aus Fontaines bei Dijon, also aus dem alten Burgund, daß er e) dem Zisterzienserorden angehört hat, f) Abt von Clairvaux wurde, g) Einfluß hatte auf Papst Eugen III., h) für den 2. Kreuzzug wirkte, i) gegen Abälard Stellung nahm, k) wider die südfranzösischen Ketzer predigte, l) selbst Vertreter der Mystik war, m) Predigten, Hymnen, Abhandlungen in diesem Sinne verfaßte. — Aus diesen Tatsachen ergeben sich mehrere Begriffsreihen, die sich bibliographisch auswerten lassen.

I. Allgemeines.

1. Die zeitliche Reihe: Geschichte des Mittelalters, Geschichte der Zeit von ca. 1050—1200.

2. Die räumlich bestimmte Reihe: Geschichte Europas, der romanischen Staaten, Frankreichs, Geschichte des Dijonnais, des Klosters Clairvaux.

3. Die geistesgeschichtliche Reihe: Geschichte der führenden Ideen im europäischen Mittelalter, des Christentums, der kathol. Kirche, des Papsttums, des Mönchtums, der Zisterzienser,

a) religionsgeschichtliche: Geschichte der Theologie, der Mystik, des Ketzertums, der Katharer, der Waldenser,

b) literaturgeschichtliche: Geschichte der christlichen Predigt.

II. Besonderes.

1. Lebensbeschreibung Bernhards.
2. Geschichte der Kreuzzüge, des 2. Kreuzzugs.
3. Geschichte des Papstes Honorius II., Innocenz II., Lucius II., Eugens III.
4. Geschichte Abälards.

Auf Grund solcher systematischer Erwägungen ist es möglich, die Gesichtspunkte zu gewinnen für die Literatur- und dann für die Quellennachforschungen. Natürlich bringt die Durchsicht jedes einschlägigen Werkes neue Hinweise und neue Gesichtspunkte, denn je intimer man sich mit der Literatur beschäftigt, um so klarer treten die Einzelheiten zutage, die wissenschaftliche Beachtung verlangen. Bisweilen werden sich noch mehrere Komplexe solcher Begriffsreihen aufstellen lassen. Natürlich überschneiden sich die Komplexe wie die einzelnen Reihen im Einzelfalle, aber jede von ihnen trägt doch Neues hinzu und zusammen runden sie sich erst zu einem vollen Bilde ab.

Eine solche Systematik gewährt auch die Handhabe für die praktische Anordnung bei der Sammlung der Notizen. Man wird diese auf Zetteln oder in Hefte anbringen. Tut man dies auf Zetteln, was gewisse Vorteile hat, weil man sie bei einer Dispositionsänderung leicht umordnen kann, so schreibt man am besten rechts oben das entsprechende Schlagwort. Verwendung verschiedener Farben der Zettel bzw. Tinte unterstützt die Unterscheidung. Praktische Ratschläge bei *Leop. Fonck*, (s. o.); für die spätere Drucklegung *Karl B. Lorck*. *Die Herstellung von Druckwerken* [3] 1879.

§ 3. Fundorte der Literatur.

Wie alles in der Wissenschaft erfordert auch die Benützung einer **Bibliothek** Erfahrung, Vorkenntnisse, Ausdauer, Takt, Liebe zur Sache und vor allem Genauigkeit und Pünktlichkeit. Das Bibliothekswesen ist eine Welt für sich, eine kleine, aber immerhin eine Welt, in der sich ein großer Teil der Arbeit des Historikers bewegt. Es ist deshalb wohl angebracht, daß sich ein jeder, der darin ein wichtiges Stück seines Lebens verbringt, auch die äußere wie innere Einrichtung sich zu eigen macht. Er erleichtert sich und den Bibliothekaren die Arbeit.

Wo nicht Einführungsvorlesungen abgehalten werden, nehme man *Arnim Graesel, Führer für Bibliotheksbenutzer* 1905 ² 1913 zur Hand und suche sich über Organisation und Wesen der modernen Büchereien im allgemeinen zu unterrichten. Wichtig in dieser Hinsicht ist namentlich die Kenntnis der **Katalogsverhältnisse**. Man unterscheidet allgemeine, die den gesamten Bücherbestand umfassen, und besondere Kataloge, die nur einzelne Gruppen (z. B. orientalische Handschriften) berücksichtigen. Die allgemeinen Kataloge zerfallen hinwiederum in „Nominal"-Kataloge, die nach den Namen der Verfasser alphabetisch angeordnet sind, und in systematische Kataloge, die entweder als „Real"-Kataloge, die einzelnen Bücher nach ihrer Fachzugehörigkeit, oder als Schlagwortkataloge, die die Werke nach alphabetisch geordneten Schlagwörtern einreihen.

Der wichtigste ist der **Nominalkatalog**. Die Werke, deren Verfasser mit ihrem wahren Namen genannt oder sonst bekannt sind (Verfasser ist in diesem Sinne auch derjenige, der Sprichwörter, Lesestücke u. ä. gesammelt herrausgibt), werden hier in alphabetischer Folge nach den Namen der Verfasser geordnet. Unter falschem oder gar keinem Namen erschienene Werke werden dort, wo der richtige Name festzustellen ist, meist unter diesem gesetzt (Voltaire unter Arouet), doch findet sich dann unter dem Pseudonym ein entsprechender Verweis. Adelige erscheinen meist unter ihrem Gentilnamen, Mirabeau unter Riquetti. Abgekürzte Vornamen werden in vielen Katalogen aufgelöst, statt Hans heißt es dann Johann, statt Klaus Nikolaus. Antike Autoren wie Marcus Tullius Cicero findet man unter dem gebräuchlichen Namen Cicero, mittelalterliche wie Gregor von Tours unter Gregorius Turonensis. In der latinisierten Form werden nicht nur die griechischen (Aristides nicht Aristeides) und mittelalterlichen, sondern auch die Namen von Mitgliedern regierender Herrscherhäuser angeführt (Friedrich der Große als Fridericus rex secundus). Titel, die keinen Autor führen, werden, wenn das Ordnungswort im Nominativ steht, unter diesem eingereiht, z. B. *Religionsgeschichtliches Lesebuch*, hg. von *A. Bertholet* unter: *Lesebuch, Religionsgeschichtliches* usw. Hingegen werden Titel wie „An die Regierung" „Dem deutschen Volke" nicht unter „Regierung" oder „Volk", sondern unter „An" und „Dem" zu suchen sein.

Das sind die Grundsätze, nach denen der Nominalkatalog vielfach geführt wird, doch weichen sie im einzelnen verschiedentlich ab. Jedenfalls muß sich der Benützer mit seiner Einrichtung bekannt machen. Wichtig ist auch festzustellen, ob der Katalog die neue oder die alte Rechtschreibung anerkennt.

Welche praktische Folgen dies hat, wird man leicht erfahren, wenn man einen
C. Müller, dessen Werk man irgendwo zitiert vorgefunden hat, zu identifizieren
sucht. Hinter diesem C kann sich ein Kurt, Karl, Krispin, Klaus, Charles,
Kajetan usw. verbergen. Die Auflösung der Vornamen überhaupt ziehe man
in Betracht. Ein H. Maier kann unter Hans = Johann, Heinrich, Hellmut
usw. zu finden sein.

Aus der Bekanntschaft mit diesen Fragen wird der denkende Bibliotheksbenutzer umgekehrt für seine eigene wissenschaftliche Tätigkeit beim Zitieren die
richtigen Folgerungen ziehen. Vgl. u. S. 328. — Andererseits hat jede Bücherei
ihre Besonderheiten, die man in Erfahrung bringen muß, und zwar nicht nur
nach der sachlichen, sondern auch nach der persönlichen Seite hin. Man unterrichte sich auch über die Entlehnungsvorschriften. Es wurde mit Recht (trotz
allen Nachteilen) als ein Vorzug des deutschen öffentlichen Bibliothekenwesens
erkannt, daß sie in ihrer Mehrzahl nicht „Präsenz“bibliotheken sind, daß
sie vielmehr ein Entleihen und die Benützung der Bücher außerhalb ihres
Hauses gestatten. Auf der Möglichkeit, aus den entliehenen Werken alle in
der Literatur gemachten Angaben und Notizen daheim nachzuprüfen, beruht
ein großer Teil der gerühmten deutschen Genauigkeit.

Aufmerksam gemacht sei auf das „A u s k u n f t s b u r e a u d e r d e u t-
s c h e n B i b l i o t h e k e n“, (Berlin, kgl. Bibliothek), das gegen Einsendung
eines bestimmten Betrages für jeden Titel (und Rückporto ins Ausland) nach-
forscht, ob ein verlangtes Werk in einer dem Auskunftsbureau angeschlossenen
deutschen Bibliothek vorhanden ist, in welcher und unter welcher Signatur.
Voraussetzung: möglichst genaue Titelangabe! Für Oesterreich gibt es neuerdings eine „B ü c h e r n a c h w e i s s t e l l e d e r ö s t e r r. B i b l i o t h e k e n“
in der Nationalbibliothek Wien I, Josefsplatz 1, die auch über Bücher in
deutschen Bibliotheken Auskunft gibt.

Verzeichnisse der Bibliotheken: Paul S c h w e n k e , Adreßbuch der dt. Bibliotheken
= Beiheft 10 (1893) des Zentralbl. f. Bibliothekswesen. Nur für die ältere Literatur noch
wertvoll. Sonst Jb. der dt. B i b l i o t h e k e n hg. v. A. H o r t z s c h a n s k y 1902 ff.; Joh.
B o h a t t a u. Mich. H o l z m a n n , Adreßbuch der Bibliotheken der österr.-ung. Monarchie
1900. Fürs Ausland: M i n e r v a , J b. d e r g e l e h r t e n W e l t 1891 ff. alphabetisch nach
Orten und innerhalb der Orte nach wissenschaftl. Anstalten geordnet. Betrifft die gesamte
Kulturwelt. Daneben unter gleichem Titel als H d b. d e r g e l e h r t e n W e l t 1 (1911)
berichtet über Gesch. u. Organisation der Hochschulen. Besondere Hilfsmittel: Paul
S c h w e n k e u. A. H o r t z s c h a n s k y , Berliner Bibliothekenführer 1906; Edd. Z a r n c k e ,
Leipziger Bibliothekenführer 1909; J. G a ß, Straßburger B. 1902; Karl L a n g e , Stutt-
garter B. 1912; Bruno F a ß , Dresdener B. 1915; J. R ö s l i , Verz. der öffentlichen Schweizer
Bibliotheken, Bern 1916; Wm. v. W y s s , Zürichs Bibliotheken 1911; [A. F r a n k l i n],
Guide des savants, des littérateurs et des artistes dans les bibliothèques de Paris, Paris
u. Leipzig 1908; James Duff B r o w n , A british library itinerary, London 1913; The
libraries of London, A guide for students by Reginald Arthur R y e , London 1910; Svend
D a h l , Dansk Bibliotheksfører, Kopenhagen 1915.
Ueber Bibliothekswesen unterrichten Fch. Milkau u. Herm. D i e l s in Kultur der Ggw. 1,
1 (1906) u. die verschiedenen Sachwbb. (vgl. W o l f , Einf. 111 ff.), das durch ausführliche
Literaturberichte (seit 1904) über Bibliothekswesen, Zeitungsgeschichte, Schriftkunde usw.
ausgezeichnete Z e n t r a l b l. f ü r B i b l i o t h e k s w e s e n 1884 ff., ferner die M i t-
t e i l u n g e n (seit 1910) Z s c h r. d e s ö s t e r r. V e r e i n s f ü r B i b l i o t h e k s w e s e n
1898—1911.

§ 4. Gang der Nachforschung.

Aus dem Gesagten ergibt es sich, daß die systematische Gewinnung
des bibliographischen Materials zwei Stadien durchschreiten muß: 1. Die Fest-

stellung der Tatsachenreihen und der Tatsachenzusammenhänge. Erst auf Grund dieser Erkundung gelangt man 2. zu den Gesichtspunkten für die Auswahl und Heranziehung der bibliographischen Daten. Bevor man nicht den Gegenstand des Themas wenigstens oberflächlich in den Wirklichkeitszusammenhang der geschichtlichen Verhältnisse einzufügen vermag, verschwendet man nur seine Arbeitskraft, will man gleich mit der eigentlichen bibliographischen Forschung beginnen. Den Weg zu den Tatsachen zeigen uns aber die Sachwörterbücher, Handbücher usw. Sie enthalten ja zumeist auch schon Literatur, doch reicht diese nur bei ganz neu erschienenen Werken bis zur Gegenwart. Man zeichne sich also die dort gebrachten Literaturangaben auf, führe sie aber mit Hilfe der eigentlichen bibliographischen Nachschlagewerke weiter fort, bzw. baue die Angaben aus.

In Fällen, wo man wohl den Verfasser kennt, aber nicht den genauen Titel, schlägt man die entsprechenden biographischen Wörterbücher, Gelehrten- und Schriftstellerlexika nach (V § 12, VIII § 4), die meist zu jedem Namen auch dessen Werke anführen.

§ 5. Nachschlagewerke allgemeinen Inhalts für die erste Orientierung.

Neben den bekannten Weltgeschichten (S. 116) und Kompendien kommen für den ersten Augenblick die landläufigen Konversationslexika in Betracht, wobei zu beachten ist, daß oft bei Personen oder Geschehnissen, die ein fremdes Volk stärker als das deutsche berühren, die nationalen Enzyklopädien ausgiebiger Aufschluß geben. Handelt es sich um mehr speziell oder zeitlich entlegenere Fragen der Neuzeit, so ist bisweilen die Nachschau in älteren Werken dieser Art von Erfolg begleitet. Nur muß man sich gegenwärtig halten, daß deren Angaben, wo sie über das nackt Tatsächliche hinausgehen, wo sie die Tatsachen in der zeitlich bedingten Färbung ihrer Gegenwart bringen, nicht mehr Literatur, sondern Quelle sind.

Von den bei Wolf, Einführung 414—20, Arnold, A.Bkde. 75/9 und am ausführlichsten von Meyer, Gr. Konversationslex. [6]5 (1903) 850 ff. angeführten Werken seien erwähnt: Großes vollständiches Universallexikon aller Wissenschaften und Künste, meist nach dem Verleger Zedler genannt 64 Bde. u. 4 Spltbde. Halle 1732—50, 1754. Diderot u. d'Alembert, Encyclopédie ou Dictionnaire raisonné des sciences, des arts et des métiers 17 B. 1751—65, 11 Tafelbde. 1765—72, 5 Bde. Splt. 1776, 2 Bde. Register (heute mehr Quelle für die Gesch. der Aufklärung als Nachschlagewerk). Sam. Ersch u. J. G. Gruber, Allgemeine Enzyklopädie 167 Bde. 1818—1889, alphabetisch, aber nach Sektionen u. diese nach Bänden geordnet. Unvollständig A-Ligatur u. O-Phyxios. Wissenschaftlich gediegene Artikel mit Literaturangaben, die noch heute herangezogen werden, so etwa der Artikel „Philologie“ von Friedr. Haase bei Ersch u. Gruber 3. Sekt. Bd. 23 (1847) 374—422, der von Ebert s. v. „Bibliotheken“ 1. Sekt. Bd. 10, 54 ff. Brockhaus' Konversationslexikon 8 Bde. [1]1795—1811 von Ren. Löbel u. Ch. W. Franke begonnen 17 Bde. [14]1898—1904, neuer Abdr. 1908. Ursprünglich Technik u. Naturwissenschaften stärker berücksichtigend, kürzer gefaßte Artikel. Meyers Großes Konversationslexikon 66 Bde. [1]1840—55, [8]1902—08, 20 Bde. u. Splte. Während des Weltkriegs: 1 Bd. Kriegsnachtrag 1. 1916 Nachdruck auf humanistischem Teil, umfangreichere Artikel. Herders Konversationslexikon [1]1853/7, [3]1902—10, 9 Bde. kathol. Tendenz, vielfach Ergänzung zu Brockhaus und Meyer.

Für *Frankreich*: Grand Dictionnaire universel du 19me siècle nach dem Hg. Larousse genannt 15 Bde. Paris 1864—76, 2 Spltc. 1878—90 als Ergänzung Revue encyclopédique 1890—1900; La grande Encyclopédie 31 Bde. Paris 1886—1903. hg. von C. F. Dreyfuß und M. Berthelot.

Für *England* und *Amerika*: The Encyclopaedia Britannica 3 Bde. [1]Edinburg 1771, [11]1910 ff., 28 Bde. u. Register. Ausgez. Nachschlagebehelf; The Encyclopaedia Americana 1903, [2]1912, 16 Bde.

Für *Italien*: Nuova Enciclopedia italiana 14 Bde. Turin 1841—51. [6]1845 ff. Splte. 1885 ff.

Für *Spanien*: Enciclopedia universal illustr. europeo-americana, Barcelona. José Espasa 1908 ff. Sehr groß angelegt.

Für die *Niederlande*: Geïllustreerde Encyclopedie hg. v. A. Winkler-Prins 15 Bde. Amsterdam 1868—82, [2]1883—88, 16 Bde.

Für *Skandinavien*: Nordisk familijebok hg. v. Linder. Westrin u. a. 18 Bde. Stockholm 1875—94, 2 Splte. 1895—99, [2]1903 ff.

Für *Polen*: Encyklopedyja powszechna 28 Bde. Warschau 1859—68; Encyklopedyja wielka powszechna illustr. Warschau 1890 ff.

Für *Böhmen*: Slovnik naučný hg. v. F. L. Rieger 10 Bde. Prag 1860—72: Ottův Slovnik naučný hg. v. J. Otto 21 Bde. Prag 1860—72.

Historische Sachwörterbücher betreffen meist nur die Randgebiete der Geschichtswissenschaft. Sie finden je nach den entsprechenden Kulturbelangen einer bestimmten Zeit oder eines bestimmten Kulturkreises ihre Ergänzung in den Sachwörterbüchern der Nachbarwissenschaften.

Wm. Herbst, Enzyklopädie der neueren G. 5 Bde. 1880—90; Ldw. Lalanne, Dict. historique de la France [2]Paris 1877. — Adolf Chéruel, Dict. historique des institutions, mœurs et coutumes de la France. [4]Paris 1899. — Jhn. Frz. Robinet, Adolf Robert u. J. Le Chaplain, Dict. historique et biographique de la révolution et de l'empire 2 Bde. Paris 1899. — J. J. Lalor, Cyclopaedia of political science, political economy and of the political history of the United States 3 Bde. Chicago u. New York 1881—84; J. F. Jameson, Dictionary of United States history 1492—1894 Philadelphia 1901.

· Sonst kommen in Betracht Realenzyklopädien wie Pauly-Wissowa, Johs. Hoops, Wetzer-Welte, Hauck usw. s. u.

Sachwörterbücher nicht rein geschichtlichen Inhalts. Zur Feststellung der Tatsachen, ehe man zur besonderen historischen Fachliteratur greift, leisten die verschiedenen Sachwörterbücher gute Dienste, von denen im folgenden eine Auswahl gegeben ist.

Erdkunde (vgl. VII § 7). Nouvelle dictionnaire de géographie universelle von Louis Vivien de Saint-Martin fortges. von Rousselet 7 Bde. 2 Splte. Paris 1875—1900; Ritter (Pseudonym) Geographisch-statistisches Lexikon [9]1905—6.

Kriegswissenschaft: (vgl. § 10). Wm. Fch. Rüstow, Militärisches Hdwb. 2 Bde. Zürich 1859 Splt. 1868; Militärlexikon. Hdwb. der Militärwissenschaften hg. v. Herm. Th. Wm. Frobenius 1901 Erghfte. 1902, 1904; Dictionnaire militaire 2 Bde. 1901, 1907; Gaston Bodard, Militär-historisches Kriegslexikon (1618—1905) 1908.

Landwirtschaft: Thiels Landw. Konversation-Lexikon red. von Karl Birnbaum u. H. Vogel 7 Bde. 1876—81.

Pädagogik: Enzyklopädie des ges. Erziehungs- u. Unterrichtswesens hg. von Karl Adolf Schmid 11 Bde. [2]1876—87; Enzyklopäd. Hdb. der Pädagogik hg. v. Wm. Rein 7 Bde. 1895—99, [2]1903 ff.; Enzyklopäd. Hdb. der Erziehungskunde hg. von Jos. Loos 2 Bde. 1906/8. [2]1911; A Cyclopedia of education hg. v. P. Monroe. New York 1911 ff.; Nouveau dictionnaire de pédagogie et d'instruction primaire hg. von G. Buisson. Paris 1911.

Philosophie: Ldw. Noack, Historisch-biogr. Hdwb. zur G. der Philosophie 1877/9; J. M. Baldwin, Dictionary of philosophy and psychology 3 Bde. London 1901/6; Fch. Kirchner, Wb. der philos. Grundbegriffe = Philosoph. Bibliothek hg. von Kirchmann 94 (1866), [5]Nr. 67b (1910); Rud. Eisler, Wb. der philos. Begriffe 1899, [2]2 Bde. 1904, [3]3 Bde. 1910.

Rechtswissenschaft: Rechtslexikon für Juristen aller teutschen Staaten hg. von Jul. Weiske 16 Bde. 1839—62; Enzyklopädie der Rechtswissenschaft hg. v. Frz. v. Holtzendorff [6]bearb. v. Kohler 1906 neben systemat. allgemeinen Teil alphabetisches Sachwb.: Lexikon des dt. Rechts hg. v. J. Kürschner 2 Bde. 1901; Rechtslexikon, Hdwb. der Rechts- u. Staatswissenschaften hg. v. Paul Posener 2 Bde. 1909; Dt. Rechtswb. hg. von der Hist. Komm. 1914 ff. groß angelegt; Edd. Fuzier-Herman. Répertoire général alfabetique du droit français contenant sur toutes les matières de la science et de la pratique juridique. ... augmenté sous le mots les plus importantes des notions de droit étranger comparé et de droit international privé 37 Bde. Paris 1886—1906. Reiche Quellen- u. Literaturangaben in übersichtlicher Anordnung. Bd. 37 enthält chronolog. Tafel. Ueber ältere französische Werke Wolf, Einf. 428 ff. — Karl Wertheim, Wb. des englischen Rechts 1899; Earl of Halsbury. The laws of England being a complete statement of the whole law of England, London 1907 ff. Teils systematisch, teils alphabetisch angeordnet; Pasqu. **Manzini**, Enciclopedia giuridica italiana, Mailand 1884 ff. Behandelt auch Geschichtliches; **Il digesto italiano**, Turin 1884 ff. Mehr praktischen Zwecken dienend, doch für den Historiker von reicher Belehrung, vgl. Wolf, Einf. 435 ff.

Staats- u. Verwaltungskunde (vgl. o. *Rechtswissenschaft*). Karl W. **Rotteck** u. Karl Th. **Welcker**, Staatslexikon. Enzyklopädie der sämtl. Staatswissenschaften für alle Stände [2]1845/8, [3]14 Bde. 1856—66. Heute hauptsächlich als Quelle für die Kennzeichnung des vormärzlichen Liberalismus wichtig; **Dt. Staatswb.** hg. v. J. C. **Bluntschli** u. **Brater** 11 Bde. 1857—70; **Staatslexikon** hg. v. der Görres-Gesellschaft durch A. **Bruder** 5 Bde. 1889—97, [2]durch J. **Bachem** 1901—04, [3]1908 ff. Katholische Richtung. Gute Artikel; **Hdwb. der Staatswissenschaften** hg. v. J. **Conrad**, L. **Elster**, Wm. **Lexis**, E. **Loening** 8 Bde. 1890—95, [2]7 Bde. 1898—1901, [3]8 Bde. 1909—11. Einzelne Artikel förmliche Abhandlungen wie 1. S. 52—188 von Max Weber. Das Register nicht immer zuverlässig, die Auswahl der Schlagwörter nicht geschichtlicher Fragestellung entsprechend. Verlangt Einarbeitung. Die biograph. Artikel wegen der Literaturangaben wertvoll, 4. Aufl. im Erscheinen; **Wb. des dt. Staats- u. Verwaltungsrechts** hg. v. Max **Fleischmann** [2]1910 ff.; **Oesterreichisches Staatswb.** hg. v. E. **Mischler** u. J. **Ulbrich** 3 Bde. 1895—97, 4 Bde. [2]1905—09; **Wb. des dt. Verwaltungsrechts** hg. v. Karl v. **Stengel** 2 Bde. 1890, 3 Ergbde. 1892/7; **Dictionnaire de l'administration française** von Maur. **Block** [5]bearb. v. Edd. **Maguero**, Paris u. Nancy 1905. Ausführliche Beiträge, auch dem Historiker wertvoll; **Dictionnaire général de la politique** hg. v. Maur. **Block**, [2]Paris 1884. Berücksichtigt auch das Ausland; **Dictionnaire des finances** hg. v. Léon **Say**, Louis **Foyot** u. A. **Lanjalley**, Paris u. Nancy 1889; **Diccionario de la administración española** hg. v. Martinez **Alcubilla**, [4]Madrid 1886 ff. Hauptsächlich praktische Zwecke verfolgend.

Volkswirtschaftslehre: **Wb. der Volkswirtschaft** hg. v. Ldw. **Elster** 2 Bde. 1898, [2]1906/7, [3]1911; **Dictionary of political economy** hg. v. R. H. J. **Palgrave** 3 Bde. London 1894—1900; **Nouveau dictionnaire d'économie politique** hg. v. Léon **Say** u. **Chailley-Bert** 2 Bde. Paris 1891/4, [2]m. Splt. 1904.

Theologie u. Religionswissenschaft: **Die Religion in G. u. Ggwart.** Hdwb. hg. v. Fr. M. **Schiele** 5 Bde. 1909—13. Ausgezeichnetes Nachschlagewerk. Reiche Literaturangaben; **Encyclopaedia of Religion and Ethics** hg. v. J. **Hastings** u. J. A. **Selbie**, Edinburgh 1908 ff.; **Ausf. Lexikon der griech. u. röm. Mythologie** hg. v. W. H. **Roscher** 1884 ff.; W. **Smith**, A dictionary of Greek and Roman biography and mythology 3 Bde. London 1873; **Realencykl. des Judentums**. Wb. für Bibelfreunde, Theologen, Juristen v. J. **Hamburger** 3 Abt. 1896—1901; **The Jewish Encyclopedia.** A descriptive record of the history, religion, literatur and customs of je jewish people, New York 1901; **Kirchenlexikon oder Encykl. der kathol. Theologie** hg. von Hch. **Wetzer** u. Ben. **Welte** 13 Bde. 1847—60, [2]1882—1903; **Realenz. für protest. Theologie u. Kirche** [1]hg. v. **Herzog** 1854, [2]v. **Herzog** u. **Plitt** 18 Bde. 1877—88, [3]v. A. **Hauck** 1896 ff. Mit starker Betonung der Kirchengeschichte. Ausgezeichnete Beiträge. Vgl. z. B. von Troeltsch den Artikel „Aufklärung" [3]2 (1897) 225—241; **Handlexikon für kathol. Theologie** hg. v. J. **Schäfler**-J. **Sax** 4 Bde. 1881—1900; **Kirchliches Handlexikon** hg. v. Mich. **Buchberger** 2 Bde. 1907 (gute Ergänzung zu Wetzer-Welte); **Dict. de théologie catholique** hg. v. A. **Vacant**, fortg. v. E. **Mangenot**, Paris 1903 ff.; **The Catholic Encyclopaedia**, on intern. work of reference on the constitution, doctrine, discipline and history of the catholic church, hg. v. Ch. G. **Herbermann**, New York 1907 ff. Kürzer gefaßt als Vacant-Mangenot. Gute Literaturangaben; **Dizionario di erudizione storico-ecclesiastica** da S. Pietro ai nostri giorni hg. v. Gaet. **Moroni**, 109 Bde. Venedig 1840—79.

§ 6. Allgemeine Bibliographie.

Der Historiker, der sich nicht auf dem engsten Gebiete seines Fachwissens bewegt, findet mit seiner Fachbibliographie nicht immer sein Auslangen. Doch selbst, wenn er ganz in den Grenzen der Historie bleibt, nötigt ihn die Auflösung fehlerhafter, unvollständiger Zitate, oder die Tatsache, daß ihn seine Hilfsmittel für ältere oder neueste Werke im Stich lassen, zu einem Einblick in die Nachschlagewerke, die sonst vor allem den Bibliothekar angehen. Ausführliche Angaben in den Hdbb. der Bibliothekswissenschaft. Vgl. Arn. *Graesel, Führer für Bibliotheksbenutzer* [2]1913 S. 98 ff. und *R. F. Arnold, A. Bkde.* 237 ff. — Nicht nur die Frage z. B.: Was ist in der allerjüngsten

Zeit über Mme de Stael erschienen? erfordert die Benützung der allgemeinen Bibliographie, sondern auch ein Thema wie etwa „Das Geschichtsbild Karls des Großen im Wandel der Zeiten", „Der Einfluß des Krieges von 1870/1 auf die deutsche, auf die französische Geschichtsliteratur", „Cromwell im Urteil der deutschen Zeitgenossen". Oder man sucht etwas über die Rolle der Eunuchen im Altertum usw.

a) *Bibliographien der Bibliographien:* Jul. Petzholdt, Bibliotheca bibliographica 1866. Kritisches noch nicht veraltetes Verzeichnis der Literatur über Bibliographie, diese selbst, sowohl die allgemeine, die nationale und fachliche; Hri. Stein, Manuel de bibliographie générale = Bibliotheca bibliogr. nova. Paris 1897. Ergänzung zu Petzholdt; Aksel G. S. Josephson, Bibliographies of bibliographies [2] im Bulletin of the Bibliographical Society of America, Chicago 1913 f.; R. A. Peddie, National bibliographies, London 1912.

b) *Verzeichnisse der Wiegendrucke (Inkunabeln)* s. S. 179.

c) *Allgemeine Bücherlexika.* In Betracht kommen vor allem für das 16. Jht.: Konr. Gesner, Bibliotheca universalis seu catalogus omnium scriptorum locupletissimus in tribus linguis, Graeca, Latina, Hebraica existentium 1 (Zürich 1545). Gelehrtenlexikon mit Bibliographie latein., griech. u. hebräischer Werke, 2 (1548): Pandectae sive partitiones universales). Systematisches Verzeichnis. — Nachträge: Lycosthenes (Konr. Wolffhart), Elenchus scriptorum omnium ante annos aliquot a Conr. Gesnero editus, nunc vero in compendium redactus et auctus, Basel 1551 u. Josias Simler, Epitome bibliothecae C. Gesneri, Zürich 1555. — Joh. Clessius, Unius seculi... elenchus locupletissimus librorum (1602) 1: lat., franz., ital., span., 2: dt. Literatur; Gg. Draud, Bibliotheca classica sive catalogus officinalis, Frankfurt 1611, [2] 1625.

Für die Zeit bis ins 18. Jht.: Theophil Georgi, Allg. Europäisches Bücherlex. 5 Bde. 3 Spltbde. (1742—58) 1—4: nach Verff. alphabet. geordnetes Verzeichnis dt. u. lat. Werke von 1450—1739 durch 3 Spltbde. bis 1757 ergänzt. 5: die französ. Literatur seit 16. Jht. Auf Grund der Meßkataloge für Buchhändlerzwecke bearbeitet. Wichtig für das 17. Jht. — Hch. Wm. Lawätz, Hdb. f. Bücherfreunde und Bibliothekare 1788—95. Betrifft Bibliographie der Pädagogik, Philologie, Buchwesen, Zschrr., Biographien von Gelehrten; die der Staatswissenschaften unvollendet. — Ein ausgezeichnetes Hilfsmittel der Bücherkatalog des Britischen Museums, Catalogue of the printed books of the library of the British Museum, London 1881—1904, 84 Bde. u. 13 Spltbde. nach Namen wie nach sachlichen Schlagwörtern geordnet. so daß unter dem Namen eines Verf. nicht nur das steht. was er geschrieben hat, sondern auch was über ihn geschrieben wurde. Ergg. u. Nachtrr. v. Gge. A. Fortescue, Subject index of the modern works added to the library of the Br. M. Bd. 1—3: 1801—1900 (1902/3), Bd. 4: 1900—05 (1906), 5: 1906 —10 (1911) usf.

Für *Deutschland:* Ueber die 1564—1749 in Frankfurt und 1594—1860 in Leipzig zu verschiedenen Terminen (Michaelis-. Oster-. Neujahrsmesse), teilweise von Privaten hg. Meßkataloge in verschiedener sachlicher oder alphabetischer Anordnung: Gv. Schwetschke, Codex nundinarius Germaniae literatae 1: 1564—1765 (1850), 2: 1766—1846 (1877).

Für die Zeit 1700—1750 benützt man W. Heinsius, Allg. Bücherlex. 19 Bde. 1700—1892, Bd. 1—4: 1700—1810 ein teils system., teils alphabet. Bücherverzeichnis mit viel Ungenauigkeiten. Verläßlicher: Christian Gottlob Kayser, Vollständiges Bücherlex. 1750 (1834—1910), Bd. 1—6: 1750—1832 (1834/6) alphabet. Verzeichnis der in Deutschland ersch. Bücher mit einem in der Reihe nicht gezählten Registerband nach sachlichen Schlagwörtern, Bd. 7—8: 1833—40 (1841/2), seit Bd. 9—10: 1841—46 (1848) bis Bd. 21—22: 1877 —82 alle fünf Jahre, seit Bd. 23—24: 1883—86 alle 3 Jahre bis 1910. Bei Joh. Konr. Hinrichs erschien seit Ostern 1798 der ‚H.sche Halbjahrskatalog', seit 1843 die „Allgem. Bibliographie für Deutschland", die seit 1893 „Wöchentliches Verzeichnis der erschienenen u. vorbereiteten Neuheiten des deutschen Buchhandels" heißt, heraus. Seit 1846 ferner erschien bei Hinrichs ein Vierteljahrskatalog. seit 1856 ein Fünfjahrskatalog, der 1906 zu einem Dreijahrskatalog wurde.

Gute Dienste leistete ferner der erschienene von Karl Georg (u. Leop. Ost) hg. Schlagwortkatalog. Verz der Bücher u. Landkarten in sachlicher Anordnung. Bd. 1: 1883—87 (1889), Bd. 7: 1910—12 (1914). Jedes Schlagwort wie etwa ‚England' in sachlichen Unterteilungen. Kayser, Hinrichs u. Georg sind seit Berichtsjahr 1911 vereinigt in dem vom Börsenverein deutscher Buchhändler hg. Dt. Bücherverzeichnis. Eine Zusammenstellung der im deutschen Buchhandel erschienenen Bücher. Zschrr. u. Landkarten. nebst einem Stich- u. Schlagwortregister Bd.: 1911—14 (1916). — Die Durchsicht des ‚Wöchentlichen Verzeichnisses', das seit 1906 vom Börsenverein deutscher Buchhändler geführt wird, nach Wissensgebieten eingeteilt u. mit einem alphabet. Autorenverzeichnis versehen ist, bleibt für die fortlaufende Kenntnis der im Buchhandel selbständig erscheinenden literarischen Neuheiten unentbehrlich.

Nicht enthalten sind in diesen Verzeichnissen z. B. die meisten Schulschriften, das sind Programme, Festreden, Dissertationen usw. Was an Nachschlagebehelfen für einzelne Universitäten in Betracht kommt, verzeichnen Wm. Ermann u. Ewald Horn, Bibliographie der dt. Universitäten. Systemat. geordnetes Verzeichnis der bis Ende 1899 gedr. Bücher u. Aufsätze 3 Bde. 1904/5. Für das J. 1910 findet man bei Otto E. Ebert u. Osk. Scheuer, Bibliogr. Jb. f. deutsches Hochschulwesen 1 (1913) die Nachweise. Für Berlin gibt es das Verz. der Berliner Universitätsschrr. 1810—85 (1899), für Bonn das Verz. der Bonner Universitätsschrr. 1818—85 v. Fch. Milkau 1897, für Breslau v. K. Pretzsch: 1811—1885 (1905). — Seit 1887 (Berichtsj. 1885) erscheint fortlaufend das ‚Jahresverz. der an dt. Universitäten erschienenen Schrr.' Nach Universitäten alphabet. geordnet, alle 5 Bde. ein Register. Ferner das Jahresverz. der schweizerischen Universitätsschrr. 1898 ff. Neuerscheinungen verzeichnet der Bibliographische Monatsbericht über neu erschienene Schul- u. Universitätsschrr. hg. v. G. Fock 1890 ff.

Die *Programme der Gymnasien* und der ihnen gleichgestellten Lehranstalten bis 1910 sind zu finden bei Rud. Klussmann, System. Verzeichnis der Abhandlungen, welche in den Schulschrr. sämtlicher an dem Programmtausche teilnehmenden Lehranstalten seit 1876 erschienen sind. 1: 1876—85 (1889), 2: 1886—90 (1893), 3: 1891—95 (1899), 4: 1896—1900 (1903), 5: 1901—10 (1916); fortlaufend berichtet das ‚Jahresverz. der an dt. Schulanstalten erschienenen Abhdlgen.' 1: 1889 (1890 ff.). Ferner das Verz. von Programmabhdlgen., welche von Gymnasien Dtlds. u. Oesterreichs veröffentlicht worden sind, Leipzig, B. G. Teubner 1876 ff. Es gibt für preußische (J. v. Gruber, S. G. Reiche, F. Winiewski, G. Hahn), für bayerische (J. Gutenäcker), für badische (J. Koehler u. Fesenbeck), für österreichische (J. Gutscher, J. Bittner), für österreich.-ungarische (F. Hübl), für schweizerische (G. Büder) derartige Verzeichnisse. Die österreichischen Schulprogramme (auch nichtdeutsche!) geschichtlichen Inhalts werden bisweilen in den MIOeG. zusammengestellt und besprochen. — Hier sei auch auf andere außerdeutsche Schulschrr.-Verzeichnisse hingewiesen wie A. G. S. Josephson, Avhandlingar ock program utg. vit svenska ock finska akademier ock skolor 2 Bde. 1855—90, Uppsala 1892/8 und A. Nelson, Akademiska afhandlingar vid Sveriges universitet och högskolor: 1890—1910, Uppsala 1911. Die französische Dissertationenliteratur verzeichnet der Catalogue des thèses et écrits académiques 1: 1884/5, Paris 1885 ff. A. Mourier et F. Deltour, Notice sur le doctorat ès lettres .. depuis 1810, ⁴Paris 1880 wird im Catalogue et analyse des thèses françaises et latines admises par les facultés ès lettres 1: 1880/1 Paris 1882 ff. fortgesetzt. Eine alphabet. Zusammenstellung von A. Maire, Répertoire alphab. des thèses de doctorat ès lettres des universités françaises 1810—1900, Paris 1903; neuerdings auch ein Répertoire des thèses de droit soutenues dans les facultés françaises 1: 1910/11 Paris 1912 ff. Vgl. Graesel S. 104 ff.

Die deutschen *Akademie- u. Vereinsschriften* des 19. Jhts., soweit es sich um nicht staatlich privilegierte Gesellschaften u. deren Veröffentlichungen handelt, verzeichnet Johs. Müller, Die wissenschaftl. Vereine u. Gesellschaften Deutschlands im 19. Jht. Bibliographie ihrer Veröffentlichungen 1 (1883/7), 2: —1914 (1917). Für die frühere Zeit, Jer. Dav. Reuß, Repertorium commentationum a societatibus litterariis editarum secundum disciplinarum ordinem 16 Bde. 1801—21, Bd. 8 (1810): Geschichte, Bd. 9 (1810): Philologie, alte Kunst usw. Berücksichtigt die vom 17. Jht. an erschienene Zschrr.-Literatur.

Allgemeine Uebersichten über den Inhalt von *Zeitschriftenaufsätzen*: „Allgemeines Sachregister über die wichtigsten deutschen Zeit- u. Wochenschrr." von [Joh. Hch. Chr. Beutler u. J. C. F. Gutsmuths] 1790 berücksichtigt aber nur 8 Zschrr. — Die „Bibliographie der dt. Zschrr.-Literatur mit Einschluß von Sammelwerken u. Zeitungsbeilagen" hg. v. F. Dietrich, erscheint seit Berichtsj. 1896. Nach Schlagworten die Titel der Aufsätze alphabet. geordnet. Autorenregister. Die bei jeder Zschr. im alphabet. Zschrr.-Verzeichnis beigegebenen Nummern ersetzen den Titel der Zschrr. Seit Berichtsj. 1900 eine ‚Bibliographie der dt. Rezensionen' als Spl.; seit 1909 ein ‚Halbmonatliches Verz. von Aufsätzen aus Zeitungen dt. Zunge'.

Für *Oesterreich:* Bibliograph.-statistische Uebers. der Literatur des österr. Kaiserstaates 4 Bde. ²1853/5, 1: 1853 f. von Konst. v. Wurzbach, 3: 1855 v. Alex. Gigl; Bibliograph. Zentralorgan des österr. Kaiserstaates 3 Bde. 1859, 1860; Oesterreich. Katalog 18 Bde. 1861—88; Oesterreich. Bibliographie hg. v. Karl Junker u. Arth. L. Jellinek 3 Bde. 1899—1901; Oesterr. Buchhändler-Korrespondenz 1860 ff. wöchentlich erscheinend.

Für die *Schweiz:* Bibliographie [u. seit 1878 literar. Chronik] d. Schweiz 23 Bde. Basel 1870—1900. Monatsverzeichnis. Seit 1901 Bibliograph. Bulletin der Schweiz, Basel; Catalogue des éditions de la Suisse romande hg. v. A. Jullien, Genf 1902.

Für *Frankreich:* J. M. Quérard, La France littéraire ou dictionnaire bibliographique 12 Bde. Paris 1827—64 und desselben, La littérature française contemporaine 6 Bde.

Paris 1842—57 sind eine Verbindung von Schriftstellerlex. und Bibliographie für das 18. u. die erste Hälfte des 19. Jhts. Eine für Buchhändlerzwecke bestimmte Art Fortsetzung Quérards bildet Otto Lorenz, Catalogue de la librairie franç. pendant 25 ans (1840—65), Paris 1867—80 fortges. v. D. Jordell seit 1886. Ein wöchentliches Bücherverzeichnis bietet die Bibliographie de la France, die ein Teil des Journal général de l'imprimerie et de la librairie, Paris 1810 ff. ist. Leider ist dieses nicht immer vollständig.

Für *England:* R. A. Peddie u. Q. Waddington, The English Catalogue of books 1801—1836 (London 1914 ff.); The London Catalogue of books published in Great-Britain, London 11 Bde. 1773—64; The English Catalogue of books comprising the contents of the London and the British catalogues and the principal works published in the United States of America von S. Low, London 1858 ff.

Für *Niederlande und Belgien:* W. Nijhoff, Bibliographie de la typographie néer-landaise 1500—1540, 16 Bde. Haag 1901/6; Alphabetische Namlijst van boeken sedert 1790 tot 1875, Haag u. Amsterdam 1835—78. Mit Register: 1858—78; R. van der Meulen, Brinkmans Catalogus der boeken, plaat-en kaartwerken 1850—82 (Amsterdam 1884), 1882—91 (Amsterdam u. Leipzig 1893), 1891—1900, 1901—1910 (Leiden u. Leipzig 1901/10) Register; Nederlandsche Bibliographie. Lijst van nieuw verschenen boeken in het koningkrijk der Nederlanden, Utrecht 1885 ff. (monatlich); Brinkman's Alpha-betische lijst van boeken... Leiden (jährlich); Bibliographie de Belgique. Journal officiel de la librairie, Brüssel 1874 ff.; P. Bergmans Répertoire méthodique décennal des travaux bibliographiques parus en Belgique 1881—90 (Lüttich 1892); Revue bibliographique belge, Brüssel 1888 ff.; F. de Potter, Vlaamsche bibliographie 1830—90 (Gent 1893—1902).

Für *Skandinavien:* Bibliotheca Danica. Systematisk fortegnelse over den danske literatur fra 1482 till 1830. hg. v. Ch. V. Bruun 4 Bde. Kopenhagen 1877—1902; Dansk Bogfortegnelse 1841—58 hg. v. F. Fabrici; Hjalmar Linnström, Svenskt boklexikon, 2 Bde.: 1830—65, Stockholm 1883/4; Svensk Bokhandels-Tidning hg. v. E. Nor-stedt, Stockholm 1863 ff.; Nya Bokhandelstidningen hg. v. Tegnér, Ebda. 1888—1912; Svensk Bok-Katalog (:1866 ff.) Stockholm 1878 ff.; Arskatalog för svenska bokhandeln, Ebda. 1891 ff.; Kvartalskatalog over norsk litteratur, Christiania 1893 ff.; Bibliotheca Norvegica, Christiania 1908 ff.

Für *Italien:* Bibliografia italiana, ossia elenco generale delle opere d'ogni specie e d'ogni lingua stampate in Italia e delle italiane pubblicate all' estero 12 Bde. Mailand 1835—46; Catalogo generale della libreria Italiana dall' anno 1847 a tutto il 1899, Mailand 1901 ff. Ueber die Erscheinungen des italien. Büchermarkt: Bol-letino delle pubblicazioni italiane ricevute per diritto di stampa, Florenz 1886 ff.

Für *Spanien:* Konr. Haebler, Bibliografía ibérica del siglo 15. Haag 1903; J. Rodriguez de Castro, Biblioteca española, 2 Bde. Madrid 1731/6; Dion. Hidalgo, Dic-cionario general de bibliografía española 7 Bde. Madrid 1862—81; derselbe, Boletin bibliografico español 6 Bde. Madrid 1861—65; Bibliografía española. Revista general de la imprenta, de la librería y de las industrias que concurren à la fabricación del libro. Madrid 1901 ff. — Hiezu vgl. man noch als Ergänzung zu VIII § 4 folgende bio-biblio-graphische Wörterbücher: N. P. Diaz y F. de Cardenas, Galeria de Españoles célebres contemporaneos 9 Bde. Madrid 1841—46; N. Diaz y Pérez, Diccionario historico, bio-gráfico, critico y bibliográfico de autores, artistas y extremeños illustres 2 Bde. Madrid 1888; M. Ovilo y Otero. Manuel de biografia y de bibliografía de los escritores espa-ñoles del siglo 19, 2 Bde. Paris 1859; A. E. de Molins. Diccionario biográfico y biblio-gráfico de escritores y artistas catalanes del siglo 19, 2 Bde. Barcelona 1889—95.

Zeitschriften allgemeinen kritischen Inhalts. Eine wichtige Ergänzung zu den Bibliographien, die bloß die genauen Büchertitel anführen, sind die Zschrr., die die Kritik pflegen und damit über Inhalt, Richtung und Wert der Literaturerzeugnisse Aufschluß geben. (Ausführliches Verzeichnis bei *R. F. Arnold, A. Bkde.* [2] S. 19 ff.).

Literarisches Zentralblatt für Dtld. begr. v. Fch. Zarncke 1851 ff. Wochen-blatt nach sachlichen Gruppen geordnet. Kurze kritische, nicht immer gezeichnete Berichte. Der Abschnitt „Vermischtes" bringt die Titel der Akademie-, Universitäts-, Schulschrr., Zschrr.-Schau, Verzeichnis der inzwischen in anderen Zschrr. erschienenen ausführlichen Besprechungen, Personalien, „Literarische Neuigkeiten" (Verlegerankündigungen, Preis-ausschreiben usw.). Jahresinhaltsangabe. — Deutsche Literaturzeitung hg. v. Paul Hinneberg 1880 ff. Wochenblatt nach Sachgruppen geordnet, bei jeder von ihnen Verzeichnis der eingelaufenen Neuerscheinungen u. einschlägigen Personalien. Längere Besprechungen als Leitartikel, sonst nur kürzere kritische Würdigungen. Die geistes-geschichtliche Richtung bevorzugt. Allgemeines (früher [1892—1898] Oesterreichi-

sches) Literaturblatt hg. v. Frz. Schnürer. Halbmonatsblatt. Katholische Richtung.
Göttingische Gelehrte Anzeigen (1739 als Göttingische Ztg. von gelehrten Sachen begr.) 1753 ff. Strebt weniger Vollständigkeit als Ausführlichkeit der Besprechungen an.

In *Frankreich:* Revue critique d'histoire et de littérature 1866 ff.; Bulletin critique de littérature, d'histoire et de philologie 1880 ff.; Polybiblion. Revue bibliographique universelle hg. von der Société bibliographique de Paris 1868 ff. Monatsblatt.

Für *England:* The Academy. A weekly review of literature, science and art, London 1872 ff.; The Athenaeum of (English and foreign) literature, science, the fine arts, music and the drama, London 1827 ff.

Für *Italien:* Rivista critica della letteratura italiana, Florenz 1884 ff.

Anonymen- und Pseudonymenlexika. Ihre Benützung und Anlage ist im allgemeinen mehr für den Literaturhistoriker berechnet als für die Bedürfnisse der eigentlichen Geschichte, doch sind sie auch für uns ein wichtiges Hilfsmittel. Besonders für die Feststellung der Pamphleten- und Flugschriftenliteratur, deren Verfasser mit Rücksicht .auf politische Verhältnisse und strafgesetzliche Bestimmungen Ursache hatten, ihren Namen zu verschweigen oder hinter einem Decknamen zu verbergen. Eine Aufzählung der wichtigsten in VIII § 4.

§ 7. Allgemeine historische Bibliographie.

Unserem Plane entsprechend, sind in den vorhergehenden Abschnitten die Hilfsmittel zur Gewinnung der in der Literatur erreichbaren Tatsachen mitgeteilt worden. Die in ihnen verzeichneten bibliographischen Angaben sind natürlich vom Benützer festzuhalten und zu notieren. Doch muß jetzt erst an die Heranziehung der „eigentlich historischen Bibliographie geschritten werden. Es ist hiezu notwendig, daß man sich mit Anordnung und Einrichtung dieser Literaturbehelfe oder doch der wichtigsten von ihnen eingehend vertraut mache. Zu diesem Zwecke wird es gut sein, daß man ein Buch wie *Dahlmann-Waitz, Quellenkunde d. dt. G.,* (s. S. 359) das für verschiedene ähnliche Werke (*Herre, Monod* u. a.) zum Vorbild gedient hat, einer genauen Einsicht unterziehe und sich selbst Aufgaben daraus setze, indem man z. B. die für seine engere Heimat in Betracht kommende Geschichtsliteratur oder alles zusammenstellt, was sich auf die historischen Beziehungen zwischen Deutschland und Frankreich (England, Rußland usw.) bezieht. Hiebei ist zunächst von den Quellen abzusehen und nur die Literatur zu berücksichtigen.

Das gleiche gilt von den *Jahresberichten der Geschichtswissenschaft.* Auch sie sind von dem Anfänger genau kennen zu lernen und auch aus ihnen mache man zum Zwecke der Uebung Zusammenstellungen. Man verfolge daraus etwa, was seit den letzten fünf Jahren über den 2. punischen Krieg, über die Herkunft der Germanen, über die Wirtschaftsgeschichte der Karolinger, über den Ursprung des Krieges von 1870/1 u. ä. veröffentlicht wurde. Themen ergeben sich von selbst.

Bei allen bibliographischen Hilfsmitteln ist zu unterscheiden zwischen abgeschlossenen, als eine Einheit gedachten Bibliographien und zwischen laufenden Bibliographien. Bei den laufenden Bibliographien beachte man, daß zwischen ihrem Erscheinungsjahr und dem der angeführten Bücher und Schriften, dem sog. Berichtsjahr, eine Spanne Zeit liegen muß. So erschien der 1. Bd. der laufenden *Jber. G.w.* im J. 1880 und berichtete über die

Literatur, die im J. 1878 herauskam, die Spannung zwischen Erscheinungs-
und Berichtsjahr betrug also 2 Jahre. — Bei abgeschlossenen Bibliographien,
wie bei *Dahlmann-Waitz* behalte man sein Erscheinungsjahr (die 8. Aufl. kam
1912 heraus) im Auge, weil damit der äußerste terminus ad quem gegeben ist
(bei D.-W.[8] laut Vorwort Frühjahr 1912!) für die verzeichneten Titel. Was später
veröffentlicht wurde, muß anderswo gesucht werden, z. T. in den laufenden historischen, z. T. in den allgemeinen Bibliographien s. u. Im selben
Maße wie die bibliographischen Hilfsmittel sind auch die quellenkundlichen
zu benützen.

Ein ausgezeichneter Führer durch die historische Bibliographie ist:
Ch. v. Langlois, Manuel de bibliographie historique, 2 Bde. [2] Paris 1901, 1904.

Der praktische Weg, sich über die Literatur zu einer Frage aus der
a l l g e m e i n e n bzw. n i c h t d e u t s c h e n G e s c h i c h t e einen Ueberblick
zu verschaffen, führt zunächst zu *Herre* und *Langlois, Manuel* (s. o.). Genügen
uns die dort angeführten Angaben nicht, so benützen wir die *Jberr. der
G.w.* — Ist es uns aber zu tun, Spezialliteratur zu finden, die vor 1878 erschienen ist, so greift man zur *Bibliotheca historica*. Diese setzt 1853 ein.
Für noch ältere Literatur findet man bei *Oettinger* Hinweise, bzw. bei *Mencke*
und *Enslin*, doch berücksichtigt letzterer nur die in Deutschland erschienenen
Werke. Für das Aufsuchen von historischen Aufsätzen, die in Zschrr. veröffentlicht wurden, benützt man *Koner* bzw. *Walther*, eventuell *Ersch* und *Reuß*.

Ist es einem aber um die neueste Literatur zu tun, die nach *Herre*
(August 1910) erschienen ist, so wird wieder der erste Weg zu den *Jberr.* sein.
Diese reichen bis 1913. Für die Zeit von 1913 zur Gegenwart setzen die
allgemeinen Literaturblätter, die *H. Zschr.*, die *HVjschr.*, das *HJb.* und
die fremden historischen Zschrr., die Bücherkataloge (s. a. Allgemeine Bibliographie), die Bibliographien der Zeitschriftenaufsätze ein. Für die Jahre 1918 und
1919 erschienene Literatur zur deutschen Geschichte die *Jberr. der dt. G.* 1920 f.

Für eine rasche Orientierung über leicht erreichbare, besonders deutsche Literatur
zur *allgemeinen Geschichte:* Q u e l l e n k u n d e z u r W e l t g. Ein Hdb. unter Mitwirkung
von Adf. Hofmeister u. Rud. Stübe, hg. v. Paul H e r r e 1910. Nach dem Vorbilde von
Dahlmann-Waitz (s. d.) eingerichtet, zerfällt sie in 4 Teile. 1. Allgemeiner Teil (Hilfsmittel, Universalgesch., Asien u. Afrika, Europa), 2. Altertum (Gesamtgesch., Urgesch., Alt-
ägypten, Semitischer Völkerkreis, Indogerman. Völker Asiens, Ost- und Zentralasien, Griechen, Iberer, Kelten, Karthager, Italiker u. Etrusker, Rom, Christentum), 3. Mittelalter,
4. Neuzeit (— ca. 1910). Literatur u. Quellen, doch nur Büchertitel ohne Inhaltsangaben
oder Kritik. Schluß der Redaktion ca. A u g u s t 1910. — Eine gute, wenn auch weniger
systematische Uebersicht nur der Literatur (nicht der Quellen) über die allgemeine Geschichte in der W e l t g e s c h i c h t e hg. v. H. F. H e l m o l t 9 (1907). — Literaturangaben
zur Weltgeschichte der Mittelalters u. der Neuzeit in dem Sammelwerk H i s t o i r e g é n é-
s a l e du 4. siècle à nos jours, hg. v. E. L a v i s s e u. A. R a m b a u d, ¹Paris 1893
—1911 (teilw. ²) am Schlusse jedes Kapitels (auch Quellen!); und bei Theod. L i n d n e r,
Weltg. seit der Völkerwanderung 10 Bde. 1901/20. Vgl. S. 116.
Von *älteren Bibliographien zur Universalgeschichte,* die bisweilen heranzuziehen sind,
seien erwähnt: C a t a l o g u e d e s p r i n c i p a u x h i s t o r i e n s avec des remarques
critiques sur la bonté de leurs ouvrages et sur le choix des meilleurs éditions. Nouvelle
édition .. révue et augmentée .. par J. B. M e n c k e, Leipzig 1714 = 2. Bd. zu desselben
Ausg. von Nic. L e n g l e t d e F r é n o y, Méthode pour étudier l'histoire. Ebda. 1714.
Verzeichnis von Anleitungen Geschichte zu schreiben u. zu studieren, von Geschichts-
auszügen, Abrissen, Weltgeschichten, Sitten-, Religions-, Kirchen-, Ordensgesch., ägyptische,
altgriech., assyr., römische Geschichte. Deutsches Reich und einzelne Territorien, Oesterreich, Ungarn, Böhmen, Bayern, Preußen, Sachsen, Braunschweig. Byzanz, Türkei, Frankreich, Spanien, Italien, Schweiz, Niederlande, Großbritannien, Polen, Rußland, die nordischen
Staaten, Asien, Afrika, Reisen, Heraldik und Genealogie. Quellen u. Literatur gemischt
mit kurzen orientierenden Bemerkungen. Dieser 2. Bd. zu Lenglet de Frénoy erschien

1723 selbständig. Die 3. Auflage (bzw. 2. des selbständig herausgegebenen Werkes) betitelt sich Bibliotheca Menckeniana. Autores praecipue veteres graecos et latinos historiae item literariae, ecclesiasticae et civilis, antiquitatum ac rei nummariae scriptores, philologos, oratores, poetas et codices mss complectitur ab Ottone et Jo. Burchardo Menckeniis patre et filio multorum annorum spatio studiose collecta et· justo ordine disposita ed. altera longe emendatior ordinatiosque IV nunc parte aucta et notulis raritatis apporsitis magis ad usum accomodita, Lipsiae 1727. Eine für ihre Zeit ansehnliche bibliographische Leistung, berücksichtigt auch Literatur- und Sprachgeschichte, Sachwörterbücher, Verbotene Literatur, Bibliothekskataloge.

Bibliotheca historica begr. v. Burckh. Gotthilf Struve, vermehrt von Christ. Gottl. Buder, erweitert von Joh. Gg. Meusel 11 Bde. Leipzig 1782—1804 [¹ von Struve (Jena 1705), ² v. Buder (1740) als Bibliotheca selecta historica] nach Verfassern geordnet, wobei entgegen dem ursprünglichen Plan die dt. G. nicht berücksichtigt wurde 1/1: Bibliographien, Universalg., Kompendien usw. (1781); 1/2: Asien, Assyrien-Babyl., Medopersien, Juden (1784); 2/1: Phönizier, Kleinasien, Indien, Islam, Türken (1785); 2/2: Indien, China, Afrika (1786); 3/1: Aegypter, Karthago, Nordafrika, Entdeckung Amerikas (1787); 3/2: Amerika, Griechen; 4/1 u. 4/2: Altrom (1788, 1789); 5/1: Altrom, Byzanz, Kelten (1790); 5/2: Slawen, Gothen, Langobarden, Portugal (1791); 6/1: Spanien (1793); 6/2—10/1 Frankreich, davon 8/2: Ludwig XIV., 9/1: Franz. Revolution (1793, 94, 95, 96, 97, 98, 1800); 10/2 u. 11/1: Verbesserungen u. Nachtrr. zu 1—10/1 (1802); 11/2: Alphabet. Sach- u. Verfasserverz. (1804). — E. M. Oettinger, Historisches Archiv, enthaltend ein systematisch-chronologisch geordnetes Verzeichnis von 17000 der brauchbarsten Quellen zum Studium der Staats-, Kirchen- u. Rechtsgeschichte aller Zeiten und Völker 1841. Quellen u. Literatur nebeneinander. Für die Auffindung älterer Literatur nicht ohne Wert.

Für die in *Deutschland zwischen 1750—1824* erschienene Literatur zur G. u. Geographie u. deren Hilfswissenschaften: Th. Chr. Fch. Enslin, Bibliotheca historico-geographica, Berlin 1825. Jer. Dav. Reuß, s. o. — Joh. Sam. Ersch, Repertorium über die allg. dt. Journale u. anderen period. Sammlungen für Erdbeschreibung, Gesch. u. der damit verwandten Wissenschaften 1 (1790), 2 (1791), nach Autoren u. Inhalt geordnet, 3 (1792) Sachindex nach Schlagwörtern wie z. B. „Kanzleiregeln", „Kriegsgeschichte" u. ä. — Wm. Koner, Repertorium über die 1800—1850 in akadem. Abhdlgen., Gesellschaftsschriften u. wissenschaftl. Journalen auf dem Gebiete der G. u. ihrer Hilfswissenschaften ersch. Aufsätze 1 (1852): Geschichte, Allgemeines. Weltgesch., Spezialgesch. Deutschlands, Oesterreichs-Ungarns, der Schweiz, Asiens, Afrikas. Amerikas, Australiens, 2 (1853): Genealogie, Heraldik, Sphragistik, Biographie, Diplomatik. Geographie, Numismatik, Inschriftenkunde, Mythologie, Sachregister. — Ph. A. F. Walther, Systemat. Repertorium über die Schrr. sämtlicher historischen Gesellschaften Dtlds., Darmstadt 1845. Berücksichtigt die innerhalb des Deutschen Bundes seit ca. 1750 erschienene Zschrr.-Literatur. In systemat. Anordnung. Alphabet. Autorenregister mit Angabe des Berufs der Autoren. Sachregister.

Fortlaufende Bibliographien zur Weltgeschichte. Für die Berichtsjahre 1853—1887 die Bibliotheca historica oder systemat. geordn. Uebersicht der in Deutschland und im Auslande auf dem Gebiete der gesamten G. [u. Geographie] erschienenen Bücher (hg. 1—9 inkl. als Bibliotheca historico-geographica) 1: 1853 begr. von Ernst A. Zuchold 2: 1854—8: 1860 hg. von Gv. Schmid, 9: 1861—29: 1881 von W. Müldener 30: 1882 von E. Ehrenfeuchter. Neue Folge 1: 1887 (1888) hg. v. Osk. Masslow. Nichts weiter erschienen. Umfaßt die gesamte historische Buchliteratur von 1853— Juni 1882 und von 1887 in je 2 paralellaufenden, in je zu einem Bde. vereinigten Halbjahrsübersichten mit Angabe genauer Büchertitel. Jede solche Uebersicht zerfällt in A. Allgemeinen Teil: 1. Zschrr., Akademieschrr., 2. Lexika, 3. G.philosophie, 4. Hand- u. Lehrbücher, 5. Hist. Hilfsw. B. Besonderer Teil, nach Erdteilen u. Ländern geordnet. Zum Schluß Biographien u. Memoiren.

Für die Berichtsjahre 1878—1913: Jahresberichte der Geschichtswissenschaft (Jber. G.w.). Vorbildliche Bibliographie für das Gesamtgebiet der Geschichte der seit 1878 selbständig herausgekommenen, wie auch als Zeitschriftenaufsätze, als Beiträge von Sammelwerken, Gelegenheitsschriften usw. erschienenen Schriften, wobei freilich in jedem Jg. der eine oder andere Teilbericht ausbleibt u. oft erst mehrere Berichtsjahre später nachgetragen wird. Ueber ihre Einrichtung u. Organisation gibt J. Jastrow, Hdb. zu Literaturberichten 1891 ausführlich Aufschluß. — Zu beachten ist, daß zwischen Erscheinungsjahr des einzelnen Bandes u. Erscheinungsjahr der in dem Bande angeführten Werke (also dem Berichtsjahr) eine Spannung von 1—3 Jahren besteht.

Die Anordnung bis Bd. 10 (1889, Berichtsj. 1887) unterscheidet Teile mit selbständiger Seitenzählung: Altertum (I), Mittelalter (II), Neuzeit (III). Hiebei fielen Paläographie u. Diplomatik unter II. — Seit dem Bd. 11 (1891, Berichtsj. 1888) werden 4 Abteilungen mit selbständiger Seiten-, aber durch den ganzen Band laufender Paragraphenzählung unterschieden, wobei je I, II u. III, IV als ein selbständiger Band gedacht sind. Das ungefähre Grundgerüst eines solchen Bandes ist: Abt. I Altertum: § 1 Urgeschichte,·

(§ 2 Aegypter, § 3 Assyrer, § 4 Hebräer, § 5 Juden, § 6 Inder, § 7 Perser, § 8 Griechen, (§ 9 Römer, § 10 Paralipomena. — Abt. II Deutschland: § 11 Germanische Vorzeit (bis 500 n. Chr.), § 12 Merowinger, § 13 Karolinger, § 14 Ottonen (911—1002), § 15 Salier (1002—1125), § 16 Hohenstaufen (1125—1273), § 17 Habsburger u. Luxemburger 1273—1400), § 18 Fünfzehntes Jht. (1400—1517), § 19 Reformation und Gegenreformation 1517—1648), § 20 Das Jht. nach dem Westfäl. Frieden (1648—1740), § 21 Niedergang des Reichs, Aufkommen Preußens (1740—1815), § 22 Deutscher Bund u. Neues Reich (1815—1913). Landesgeschichte: § 23 Oesterreich, § 24 Schweiz, § 25 Bayern, § 26 Württemberg, § 27 Baden, § 28 Elsaß-Lothringen, § 29 Mittelrhein und Hessen, § 30 Niederrhein, § 31 Westfalen, § 32 Braunschweig-Hannover, Oldenburg, § 33 Brandenburg, § 34 Sachsen u. Thüringen, § 35 Schlesien, § 36 Posen, § 37 Hamburg, Bremen, Lübeck, § 38 Hanse, § 39 Schleswig-Holstein, Mecklenburg, Pommern, § 40 West- und Ostpreußen, Deutscher Orden, § 41 Liv-, Est- u. Kurland, § 42 Allgemeine deutsche Gesch. Deutsche Verfassungs- u. Wirtschaftsgesch., § 43 Deutsche Kulturgeschichte. — Abt. III Ausland: § 44 Italien, § 45 Spanien, § 46 Frankreich, § 47 Belgien, § 48 Niederlande, § 49 England, § 50 Dänemark, § 51 Norwegen, § 52 Schweden, § 53 Rußland, § 54 Polen, § 55 Böhmen, § 56 Südslawen, § 57 Ungarn, § 58 Rumänien, § 59 Byzantin. Reich, § 60 Neugriechenland, § 61 Kreuzzüge, § 62 Islam, § 63 Indien, § 64 China, § 65 Japan, § 66 Afrika, § 67 Nordamerika, § 68 Mittel- u. Südamerika, § 69 Australien. — Abt. IV Allgemeines: § 70 Allgem. Weltgeschichte, § 71 Philosophie u. Methodologie der Gesch., § 72 Kirchengeschichte, § 73 Paläographie, § 74 Diplomatik, § 75 Genealogie. — In jedem Paragraph werden die genauen Titel in den Anmerkungen angeführt u. innerhalb des Paragraphs fortlaufend gezählt. Diese Zählung steht zu den im Text gebotenen Inhaltsangaben, die grundsätzlich den Fortschritt der Wissenschaft im Auge behalten sollen, in Beziehung. Da aber nicht alle Schriften u. Arbeiten besprechenswert oder dem Referenten zugänglich sind, werden solche mit *, diejenigen, die dem folgenden Berichtsjahr vorbehalten bleiben mit ** vor dem Titel bezeichnet. Am Schluß jedes Bandes findet sich ein Verzeichnis der Siglen für einzelne bestimmte Zschrr., dann das der allgemeinen Abkürzungen für Zschrr. u. schließlich Bemerkungen für den Gebrauch, die man sich vor der Benützung anzueignen hat. — Wertvoll ist es, daß wichtigere Besprechungen bisweilen mit kurzer Charakterisierung, „lobend“, „ablehnend“, in eckiger Doppelklammer den Büchertiteln beigefügt werden.

Die Jberr. sind erst allmählich herausgewachsen: Bd. 12: 1889 (1891) bietet zum erstenmal einen Bericht über russische Geschichte, Bd. 13: 1890 (1892) einen solchen über Neugriechenland, der folgende einen über Indien usw. Nicht jeder Jg. bringt alle Berichte. Der über mittelalterliche Diplomatik setzt z. B. in Bd. 9: 1886 (1889) u. Bd. 10: 1887 (1889) aus und wird in Bd. 11: 1888 (1891) für die Berichtsjahre 1885/8 nachgetragen.

Mitteilungen aus der historischen Literatur, hg. v. der Histor. Gesellschaft in Berlin 1873 ff. Berichte über neu erschienene Werke (seltener Zschrr.-Aufsätze), die das Hauptgewicht weniger auf Kritik als auf Inhaltsangaben legen; streben auch nicht Vollständigkeit an. Diese führen hinüber zu den historischen Fachzeitschriften.

Die wichtigsten geschichtlichen Fachzeitschriften. In ihnen pulsiert eigentlich das wissenschaftliche Leben der Gegenwart. Sie sind die Vermittelungsstelle des geistigen Verkehres, teils indem sie eigene Arbeiten veröffentlichen, teils durch Berichte über Neuerscheinungen. Sie geben dem modernen Wissenschaftsbetrieb das eigentliche Gepräge. Mit der Aufklärung hebt das Zeitschriftenwesen in Deutschland an. *Joh. Christoph Gatterer* gab die *Allg. histor. Bibliothek* 16 Bde., Halle 1767—71, fortgesetzt durch das *Historische Journal* 16 Bde, Göttingen 1772—81 heraus, daneben veröffentlichte *Aug. Ldw. Schlözer* die *Monatsanzeigen*. Sie alle überragte das von *Fch. v. Raumer* begründete *Historische Taschenbuch* 1830—1892 (und zwar 1.—4. Folge 40 Bde., 5. Folge hg. von *W. H. Riehl* [1871—80], 6. Folge 12 Bde.). — Ein Verzeichnis der geschichtlichen Fachzeitschriften, aber ohne Erscheinungsjahre, bei *Jgn. Jastrow, Hdb. zu Literaturberichten* 1891, S. 177 bis 221.

Die bedeutendste geschichtliche Fachzeitschrift *allgemeinen Inhalts*, wertvoll auch durch seine, freilich bibliographisch nicht immer genau behandelten Literaturübersichten, ist die Historische Zeitschrift (HZ.) von Hch. v. Sybel 1859 begr., jetzt von Fch. Meinecke und Fritz Vigener geleitet. Mit Bd. 37 beginnt die Neue Folge, mit Bd. 97 die 3. Folge, doch zitiert man die Bandzahlen am besten nach der ganzen Reihe. 1. Register (1888) zu Bd. 1—56; 2. Register (1906) zu Bd. 57—96. — Allgemeinen Charakter doch mit Betonung des katholischen Standpunktes und kirchengeschichtlicher Interessen trägt auch das H i s t o r i s c h e J a h r b u c h (HJb.) hg. von der Görres-Gesellschaft begr. durch G. H ü f f e r, jetzt von J. W e i ß geleitet 1880 ff. Ausgezeichnet durch zahlreiche Literaturangaben und Inhaltsangaben der Aufsätze in den laufenden Zschrr. — Inhaltlich allgemeinen Charakters ist auch die H i s t o r i s c h e V i e r t e l j a h r s s c h r i f t (HVjschr.) hg. von Gerh. S e e l i g e r 1898 ff., die als D t. Z s c h r. f. G.wissenschaft von Ldw. Q u i d d e 1889 begründet wurde, der die ersten 12 Bde. (1889—96) leitete. 1897/8 erschienen 2 Bde. Neue Folge, von G. Seeliger geführt, der sie zur HVjschr. umwandelte. Seit 1898 erscheint im Anhang mit eigener Seitenzählung die B i b l i o g r a p h i e z u r d e u t s c h e n G e s c h i c h t e begr. von O. M a s s l o w, die uns am schnellsten über die Titel (nicht Inhalt) der Neuerscheinungen auf dem Gebiete der dt. G. unterrichtet. Fortlaufende Zählung der Titel, die nach der Einteilung von D.-W. angeordnet sind. Man achte, daß diese Bibliographie halbjährlich abgeschlossen wird, jeder Jahrgang aus zwei parallellaufenden, das Gesamtgebiet umfassenden Teilen besteht. Namenverz. nach Verfassern. — M i t t e i l u n g e n d e s I n s t i t u t e s f ü r ö s t e r r. G e s c h i c h t s f o r s c h u n g 1880 ff. von Engelb. M ü h l b a c h e r begründet, 1904 von Osw. R e d l i c h fortges., jetzt von Wm. B a u e r geleitet, legen das Schwergewicht auf Arbeiten kritischer Forschung, besonders des Mittelalters und der Quellenkunde, doch ist kein Forschungsbereich ausgeschlossen. Besprechungen.

Eingegangene deutsche Zschrr. allgemeinen Inhalts sind die H i s t o r.-p o l i t. Z e i t s c h r i f t von Leop. R a n k e 2 Bde. 1832—36, Wm. Adolf S c h m i d t s Z e i t s c h r i f t f ü r G.wissenschaft (Bd. 5—9 [1846/8] Allg. Zschr. f. G.) 1844 ff. Im Register zu Bd. 1—33 die Namen der Verfasser anonym erschienener Beiträge. — Keine Literaturberichterstattung pflegten die von Gg. W a i t z begr. F o r s c h u n g e n z u r D t. G e s c h i c h t e hg. von der Hist. Komm. 26 Bde. Göttingen 1862—86. Reg. (1880) zu Bd. 1—20. Wichtige Forschungsbeiträge. — Z e i t s c h r. f ü r a l l g. G e s c h i c h t e, K u l t u r-L i t e r a t u r- u. K u n s t g. (der 5. Bd.: Zschr. f. G. u. Politik) 5 Jahrgänge, 1884/8.

Allgemeinen Inhalts ist auch die von Gabr. M o n o d mit G. F a g n i e z geleitete begr. R e v u e h i s t o r i q u e, Paris 1876, nach dem Vorbilde der HZ. geführt, doch durch Inhaltsverzeichnisse fremder Zeitschrr. wichtige Ergänzung zu dieser. 1. Reg. (1881) zu Bd. 1—14; 2. Reg. (1887) zu 15—29; 3. Reg. (1891): 30—44; 4. Reg. (1896): 45—52; 5. Reg. (1901): 53—74; 6. Reg. (1906); 75—89; 7. Reg. (1811): 90—109. — R e v u e d e s q u e s t i o n s h i s t o r i q u e s geleitet von P. A l l a r d u. J. G u i r a u d, Paris 1866 ff. Von 10 zu 10 Bänden ein Register. (Katholischer Standpunkt). — R e v u e d e s y n t h è s e h i s t o r i q u e geleitet von Hri. B e r r, Paris 1900 ff. Methodologische und theoretische Geschichtsfragen. Sammelberichte über Literatur.

Durch reiche bibliographische Angaben wertvoll ist T h e E n g l i s h h i s t o r i c a l r e v i e w begr. von Mandell C r e i g h t o n, London 1886 ff. Aehnlich wie die HZ. und Revue hist. geführt. — T h e A m e r i c a n h i s t o r i c a l r e v i e w, New York 1895 ff. auch Literaturberichte.

Das A r c h i v i o s t o r i c o i t a l i a n o, Florenz 1842 ff. begr. v. G. P. V i e u s s e u x begann mit Quellenveröffentlichungen und formte sich allmählich nach dem Beispiele der HZ. zu einer wirklichen Zschr. um, die in ihrer Rassegna bibliografica besonders über Neuerscheinungen zur italien. G. berichtet. In Serien eingeteilt, am Ende jeder Serie ein Register z. B. als Anhang zu Ser. 5, Bd. 50 (1912). — R i v i s t a s t o r i c a i t a l i a n a 1884 ff. geleitet von Costanzo R i n a u d o, Reg. 1884—1901. Nur Besprechungen, Inhaltsangaben über Zschrr. — Die italienische, aber auch die allgemeine G. berücksichtigen die Q u e l l e n u. F o r s c h u n g e n a u s i t a l i e n. A r c h i v e n u. B i b l i o t h e k e n hg. vom Preuß. Hist. Inst. in Rom 1898 ff. Gute Bibliographie.

Sondergebiete der Geschichte bevorzugen Z e i t s c h r. der Dt. M o r g e n l ä n d i s c h e n G e s e l l s c h a f t, Leipzig 1847 ff.; H e r m e s, Zschr. f. klass. Philologie begr. von G. K a i b e l u. R o b e r t, Berlin 1866 ff.; Z e i t s c h r. f ü r d a s G y m n a s i a l w e s e n, Berlin 1847 ff.; Z e i t s c h r. f ü r d i e ö s t e r r. G y m n a s i e n, Wien 1850 ff.; K l i o, Beiträge zur alten G. 1901 ff.

L e m o y e n â g e. Bulletin mensuel d'histoire et de philologie hg. v. A. M a r i g n a n u. W. W i l m o t t e 1888 ff. Literaturberichte. — Der mittelalterlichen Quellenkunde wendet sich vor allem zu die B i b l i o t h è q u e d e l'é c o l e d e s c h a r t e s, Paris 1839 ff. Literaturberichte. — A r c h i v d e r G e s. f. ä l t e r e d t. G.kunde, Frankf. 1820—74 von da an: N e u e s A r c h i v (vgl. u. S. 210). Kurze Inhaltsangabe der die Ausgabe der MG. betreffenden Neuerscheinungen. — B y z a n t i n i s c h e Z e i t s c h r i f t begr. von Karl K r u m b a c h e r 1892 ff. Hieher gehören auch die germanistische (seit 1880) und die kanonistische (seit 1911) Abteilung der Z e i t s c h r i f t d e r S a v i g n y - S t i f t u n g f ü r R e c h t s g. (meist Savigny-Zschr. genannt) Weimar 1861 ff. mit Literaturanzeigen. — R ö m i s c h e Q u a r t a l s c h r i f t f ü r c h r i s t l. A l t e r t u m s k d e. u. f. K i r c h e n g., begr. v. A. d e W a a l, Rom 1887 ff. bringt auch Besprechungen. — A r c h i v f ü r L i t e r a t u r- u. K i r c h e n g. des Mittelalters begr. von H. D e n i f l e u. F. E h r l e 1885 ff.

Vierteljahrsschrift für Sozial- u. Wirtschaftsg. hg. v. Stef. Bauer, Gg. v. Below, L. M. Hartmann 1903 ff., deren Vorläufer die Zeitschrift für Sozial- u. Wirtschaftsg. 1893—1900 war.

Der *modernen Geschichte* wendet sich die Revue d'histoire moderne et contemporaine, Paris 1899 ff. zu. Reiche Bibliographie. — La révolution française begr. v. A. Dide hernach von Aulard geleitet, Paris 1881 ff. — Revue d'histoire diplomatique, Paris 1887 ff. berücksichtigt vor allem die äußere Politik. Literaturberichte. — Archiv für Reformationsg. Texte u. Untersuchungen hg. v. Walt. Friedensburg, Berlin 1903 ff.

Der *Landesgeschichte Deutschlands im allgemeinen* sind gewidmet das Korrespondenzblatt des Gesamtvereins der Dt. Geschichts- u. Altertumsvereine 1853 ff. Gute Literaturberichte. — Deutsche Geschichtsblätter. Monatsschr. zur Förderung der landesg.lichen Forschung, geleitet u. hg. von Arnim Tille, Gotha 1900 ff. Gute allgemeine Uebersichten.

Die der *Landesgeschichte im einzelnen* gewidmeten Zeitschriften sind bei D.-W.³ S. 47—53 ziemlich vollständig angeführt. Ueber den engeren Bereich des eigenen Landes greifen hinaus: Zeitschrift f. G. des Oberrheins begr. v. F. J. Mone 1850 ff. Neue Folge seit 1885. — Westdeutsche Zeitschrift für G. u. Kunst nebst monatl. erscheinenden Korrespondenzblatt 1882 ff. — Seit 1921 erscheinen Anzeiger für Schweizerische Geschichte, Bern 1870 ff. und das Jahrb. f. Schweizerische Geschichte in einem als Zeitschrift für Schweizerische Geschichte.

§ 8. Bibliographie nach Zeitaltern.

Für die Bibliographie des alten Orients ist neben den allgemeinen Bibliographien und jenen zur allgemeinen Geschichte die zur orientalischen Philologie heranzuziehen. Uebrigens berücksichtigt auch *Emil Hübner* ² 1889 den Orient. In Betracht kommen aber ebenso die Hilfsmittel und Reallexika für die christliche Theologie wie *Theol. Jber.* 1881 ff., *Wetzer u. Welte, Kirchenlexikon; Realenzykl. f. protest. Theol.; M. Buchberger, Kirchl. Hdlex.; Die Religion in G. u. Gw.* usw.). Zeitschriften, die das gesamte Altertum betreffen: *Klio, Beitrr. z. alten G.* 1901 ff., *Arch. f. Papyrusforschung* 1901 ff., *Rivista di storia antica* 1895 ff., dann aber ganz besonders die für orientalische Philologie: *Zschr. f. ägypt. Sprache u. Altertumskde.* 1865 ff., *Revue égyptiologique* 1890 ff., *Zschr. f. Assyriologie u. verwandte Gebiete* 1886 ff., *Revue d'assyriologie et d'archéologie orientale* 1884 ff., *Zschr. f. alttestamentliche Wissenschaft* 1881 ff., *Revue sémitique d'épigraphie et d'histoire ancienne* 1893 ff., *Wiener Zschr. f. Kunde des Morgenlandes* 1887 ff., *Rivista die studi orientali* 1907 ff., *Anzeiger f. indogerman. Sprach- u. Altertumskde.* = Beibl. zu den *Indogerm. Forschungen* 1891 ff.

Für Nachforschungen auf dem Gebiete der Bibliographie zur Geschichte des klassischen Altertums sind außer den allgemein-historischen Bibliographien hier die für klassische Philologie, Archäologie, altchristliche Altertumskunde und byzantinische und altgermanische Geschichte zu erwähnen und ebenso die einschlägigen Sachwörterbücher. Eine allgemeine Literaturübersicht bietet *Emil Hübner* ² 1889 und *L. Valmaggi, Manuale storicobibliografico di filologia classica* Turin 1894 (mit einem Abschnitt: Storia e antichità), fortlaufend berichten die *HZ., The English historical review, Revue historique, Revue des questions historiques, Rivista storica italiana,* die oben genannten Zschrr., ferner die *Revue des comptes rendus d'ouvrages relatifs à l'antiquité* v. *J. Marouzeau* 1910 ff., *Revue des études anciennes = Annales de la faculté des lettres de Bordeaux* 1898 ff. — Für Italien: *G. F. Gamurrini, Bibliografia dell'Italia antica* 1 (Arezzo 1905).

Auch für die Bibliographie zur Geschichte des Mittelalters kommt in Betracht 1. die allgemeinen historischen Hilfsmittel (Bücherexika usw.), 2. die allgemeinen historischen Bibliographien (*Langlois, Herre. Jberr.G.w.* usw.), 3. die nationalen Geschichtsbibliographien (für Dtld.: [9] *D.-W.*, für Frankreich: *Monod,* für Spanien: *T. Muñoz y Romero,* für Böhmen: *C. Zibrt,* für Polen: *Ldw. Finkel,* für Rußland: *Bestushew-Rjumin* und *V. J. Mežov,* lür Dänemark: *K. Ersler, Kilderne til Danmarks historie i middelalderen,* Kopenhagen 1892), 4. die Bibliographien zur Territorialgeschichte (s. d.).

5. Von den historischen Zeitschriften, die durch ihre Beiträge oder fortlaufende Literaturberichte der Geschichte des Mittelalters ihr Augenmerk zuwenden, sind zu erwähnen die *HZ.,* die *HVjschr.,* die *Revue historique, Revue des questions historiques,* die *Bibliothèque de l'école des chartes* 1840 ff., *The English historical review,* das *HJb.,* ferner berücksichtigen die Urkundenlehre, Rechts- und Verfassungsg. des europäischen Mittelalter ganz besonders die *Mitteilungen des Institutes f. österr. Geschichtsforschung* (MIOeG.); *Neues Archiv* (NA.); *Le moyen âge* 1880 ff., die *Byzantin. Zschr.* 1892; die mittelalterliche Rechtsgeschichte pflegt die *Zschr. der Savignystiftung f. Rechtsg.* (= Fortsetzung der *Zschr. f. Rechtsg.* 1861—80), a) Germanistische Abt., hg. v. *U. Stutz* 1880 ff., Kanonistische Abt., hg. v. *A. Werminghoff* 1911 ff.; *Arch. f. Urkundenforschung* 1907 ff., das Mittelalter gut vertreten in *Vjschr. f. Sozial- u. Wirtschaftsg.* 1903 ff.; von den Territorialzschrr. wichtig die *Westdt. Zschr. f. G. u. Kunst* 1882 ff., *Zschr. f. G. des Oberrheins* 1850 ff. (vgl. *D.-W.* Nr. 676—854). Die deutsche Altertumskunde behandeln: *Zschr. f. dt. Altertum* begr. v. *M. Haupt* 1841, *Anzeiger f. dt. Altertum u. dt. Literatur* 1876 ff., *Germania, Vjschr. f. dt. Altertumskde.* begr. von *F. Pfeiffer* 1856—92).

6. Man lenke seine Aufmerksamkeit auf die q u e l l e n k u n d l i c h e B i b l i o g r a p h i e, die für das Mittelalter auf das Handlichste ausgestattet ist. S. XII § 15.

Eine zureichende B i b l i o g r a p h i e über alle Gebiete d e r G e s c h i c h t e d e r N e u z e i t gibt es nicht. Das Auffinden der entsprechenden Literatur erfordert hier ungleich größere Einsicht in die Tatsachen und Beziehungen des Gegenstandes, den man behandeln will, und größere Findigkeit als z. B. für das Mittelalter, wo namentlich die quellenkundliche Bibliographie glänzend durchgearbeitet ist. *Gv. Wolf, Einführung in das Studium der neueren G.* (1910) ist keine eigentliche Bibliographie, wenn sie auch auf diese großes Gewicht legt.

Mehr als für Altertum und Mittelalter sind die allgemeinen bibliographischen und biographischen Nachschlagewerke von Bedeutung, auch spielen für die Neuzeit die Bibliographien zur Landesgeschichte eine bedeutendere Rolle, wie ja vielfach die politische und geistige Eigenart unserer Landschaften sich erst in den neueren Jahrhunderten voll ausgebildet hat.

Das gleiche gilt von den Zeitschriften. Auch da reicht das Interesse über die engen Fachgrenzen hinaus; einerseits sind die allgemeinen Revuen (s. o. S. 10) neben den allgemein-geschichtlichen Zschrr. einzusehen, dann aber auch die territorialgeschichtlichen. Besondere Zschrr. für die Gesamtgeschichte der Neuzeit gibt es nicht. Die *Revue d'histoire moderne et contemporaine de la France* 1898 ff. betrifft vor allem Frankreich. Am ausführlichsten unterrichten noch immer die Literaturberichte in der *HZ.* — Einzelne Sondergebiete behandeln die *Revue de la Renaissance,* hg. v. *Séché,* Paris 1901 ff., *Arch. f. Reformationsg. Texte u. Untersuchungen,* hg. v. *Walter Friedensburg* 1903 ff., *La révo-*

lution française 1881 von *A. Dide* begr., von *Aulard* weitergeführt, *Revue historique de la révolution française* hg. v. *Vellay*, Paris 1910 ff., die *Revue napoléonienne* von *Lumbroso*, Turin 1901 ff., *Revue des études napoléoniennes*, hg. v. *Driault*, Paris 1912 ff.

Als Nachbargebiete kommen auch bibliographisch für die Neuzeit sehr stark in Betracht: Wirtschafts-, Verkehrs- (Post-), Sozial-, Philosophie-, Literatur-, Kunstgeschichte.

§ 9. Bibliographie zur deutschen Geschichte.

Das wichtigste Nachschlagewerk, nach dem man zuerst greifen wird, ist *Dahlmann-Waitz*. Die nach dem Frühjahr 1912 erschienene Literatur findet man in der „Bibliographie zur deutschen Geschichte" in der *HVjschr.* In diesen Bibliographien sind aber nur die nackten Titel verzeichnet. Sucht man auch nach Inhaltsangaben, so stehen hier vor allem die *Jber. d. Gw.* zu Gebote. Da diese nur bis 1913 inkl. reichen, das zweite Berichtsj. der *Jberr. der dt. G.* von *V. Loewe* und *M. Stimming* aber 1919 ist, so gilt es, die Lücke der letzten Jahre durch Nachforschungen in den Jgg. der deutschen historischen Zschrr., in den allgemeinen Literaturzschrr. und Bücherverzeichnissen auszufüllen. *Dietrichs Bibliographie der deutschen Zschrr.-Literatur* (s. S. 350) muß, soweit es sich um Zschrr.-Aufsätze handelt, herangezogen werden.

Da die allgemein-deutschen Geschichtsbibliographien die Territorialgeschichte nicht immer voll berücksichtigen, so wird man bei Forschungen, die sich auf lokalem oder landesgeschichtlichem Gebiete bewegen, gut daran tun, in diesen nachzuschlagen. Die *Jbrr. d. Gw.* lassen einen übrigens selbst für diese Einzelfragen selten ganz im Stich. — Für die älteste und ältere deutsche Geschichte kommt auch die Bibliographie zur Geschichte des Altertums (Limesforschung!) in Betracht.

D a h l m a n n - W a i t z, Quellenkunde der deutschen Geschichte (D.-W.) ursprünglich von Fch. Christof Dahlmann [1] 1830, [2] 1838 für seine eigenen Vorlesungen bestimmt, nach dessen Tod von Waitz als 3. bzw. 1. Aufl. 1869 weitergef., erschien in 4. (2.) u. 5. (3.) Aufl. 1875 u. 1883 von W. bearbeitet, die 6. von E. Steindorff 1894, die 7. von Erich Brandenburg 1905, Splt. 1907, die 8. von Paul H e r r e 1912 hg. — D.-W. ist Quellenkunde u n d Bibliographie, zerfällt in einen ‚Allgemeinen Teil' u. in einen chronologisch nach ‚Zeitaltern' geordneten. Der Allgemeine Teil berücksichtigt 1. Hilfswissenschaften, 2. allgemeine u. politische Gesch., 3. Kulturgesch., 4. Rechts-, Verfassungs- u. Verwaltungsgesch., 5. Kriegs- u. Heeresgesch., 6. Wirtschaftsgesch., 7. Kirchengesch., 8. Erziehungs- u. Schulgesch., 9. Literaturgesch., 10. Gesch. der bildenden Kunst, 11. Musikgesch. — Der chronologische Teil gliedert sich in 8 Bücher, von denen jedes zuerst die politische Gesch., Recht, Verfassung, Verwaltung u. Wirtschaft, eventuell Kirche u. Religion, dann geistiges u. privates Leben bibliographisch behandelt. Hiebei ist zu beachten, daß (mit Ausnahme der Abteilung ‚Hilfswissenschaften') jeder Abschnitt und Unterabschnitt mit dem Verzeichnis der Quellenausgaben u. der Literatur über die Quellen beginnt u. dann die Darstellungen bringt. Berücksichtigt ist die gesamte (Buch- u. Zschrr.-)Literatur, soweit sie nicht schon veraltet oder zu speziell ist. Nur die Titel ohne Inhaltsangabe.

J a h r e s b e r i c h t e z u r d t. Geschichte von Vikt. L o e w e und Manfr. S t i m m i n g, 1: 1918 (1920), 2: 1919 (1921). Als Fortsetzung der Jberr.G.w., doch nur für die dt. G. Die Anordnung lehnt sich auch an diese an, jedoch mit Zurückdrängung des Territorialprinzips. Einteilung: A. Allg. Teil: 1. Bibliographie. Histor. Vereine. 2. Historiographie, 3. Hilfswissenschaften, 4. Gesamtdarstellungen. B. Mittelalter: 1. Frühzeit, 2. Karolinger, 3. Ottonen u. Salier, 4. Hohenstaufen, 5. Späteres Mittelalter, 6. Kultur- u. Geistesg., 7. Rechts-, Verfassungs- u. Wirtschaftsg., 8. Kircheng., 9. Kunst- u. Baug., 10. Lokalg. C. Neuere Zeit: 1. Reformation, 2. Gegenref. u. 30j. Krieg, 3. Vom westfäl. Frieden bis zur Thronbesteigung Friedrichs d. G., 4. Bis zum Untergang des alten Reiches. 5. Seit dem Untergang des alten Reiches, 6. Staatslehre u. Staatsanschauung. 7. Verfas-

sungs-, Verwaltungs- u. Rechtsg., 8. Handels-, Gewerbe- u. Industrieg., 9. Agrarg.,
10. Kultur- u. Sozialg., 11. Kircheng., 12. Geistes- u. Bildungsg., 13. Literatur- u. Kunstg.
Bibliographien deutscher Landesgeschichten. Wm. H e y d, Bibliogr. der württemb. G. 1
(1895): Werke allgemeinen Inhalts, 2 (1896): nach Landschaften geordnet, 3 (1907) fortges.
von Theod. S c h ö n, Nachtrr. 4 (1915) von Otto L e u z e: Ortsg. u. biograph. Literatur
1896—1905. — B i b l i o g r a p h i e d e r S c h w e i z e r L a n d e s k u n d e, Bern 1894 ff. In
einzelnen Bden. nach sachlichen Gesichtspunkten geordnet. — Jos. Leop. B r a n d s t e t t e r,
Repert. über die in Zeit- u. Sammelschriften der J. 1812—1890 enthalten Aufsätze u. Mitteilungen schweizergeschichtlichen Inhalts, Basel 1892; für die J. 1891—1900 unter gleichem
Titel fortges. von Hs. B a r t h, Ebda. 1906. — Q u e l l e n z u r S c h w e i z e r g e s c h i c h t e.
4. Folge = Bibliographie der Schweizer G., hg. von Hs. B a r t h. 1914 ff. Bd. 1: — 1912
(1914), 2: — 1913 (1914), 3: — 1914 (1915). — B a d i s c h e B i b l i o t h e k, Abt. 2: Landes-
u. Volkskde. (Bibliographie) von O. Kienitz u. K. Wagner 1901. — Vikt. L o e w e. Bibliogr.
der hannoverschen u. braunschweigischen G. 1908. — Rich. C h a r m a t z, Wegweiser
durch die Literatur der österr. G. 1912. Sehr mangelhaft. — Karl S c h m i t v. T a v e r a,
Bibliogr. zur G. des österr. Kaiserstaates 1 (1858) reicht bis Ferdinand I. Veraltet. —
Heranzuziehen ist noch immer Frz. X. v. K r o n e s, Grundriß der österr. G. 1882. — Hs.
C o m m e n d a, Materialien z. landeskundl. Bibliographie Oberösterreichs 1891. — Ant.
S c h l o s s a r, Die Literatur der Steiermark [2] 1914. — R. B e m m a n n, Bibliogr. der sächs.
G. 1/1 (1918).

   Heranzuziehen sind die einschlägigen landesgeschichtlichen Zeitschriften. Ein Verzeichnis
der wichtigsten Landes- und Ortsgeschichten bei R. F. A r n o l d, A. Bkde. S. 350—376.

§ 10. Bibliographie zur außerdeutschen Geschichte.

   Bibliographie zur französischen Geschichte. Am vollständigsten: M. G. M o n o d,
Bibliographie de l'histoire de France. Paris 1888, berücksichtigt nur die G. Frankreichs bis
1789. Nach dem Vorbilde des D.-W. — Jacques L e L o n g, Bibliothèque historique
de la France, contenant le catalogue de tous les ouvrages tant imprimez que manuscrits
qui traitent de l'histoire de ce roiaume ou qui y ont rapport, Paris 1719. Ein Bd.,
in 4 Bücher zerfallend. 1. Préliminaires généraux de l'histoire de France (Geogr.
Naturg., G. der alten Gallier), 2. Kircheng. (Ursprung der französ. G., die Heiligen Frkchs.,
G. der kirchlichen Provinzen, Häresien, Konzile, Bistümer, Orden), 3. Politische G. (die
einzelnen Könige, Herren, Prinzen, Zeremoniell, Herrscherrecht, Heiratsvertrr., Staatsvertrr.,
Gesandtschaftsberr., Verwaltungsg.), 4. Histoire civile de la France. — Diese Einteilung
ist in der (1768—78) von F e v r e t d e F o n t e t t e besorgten Ausgabe beibehalten, aber
auf 5 Bde. erweitert, so daß von den oben angeführten 4 Büchern Bd. 1 (1768) 1 u. 2,
Bd. 2 (1769) u. Bd. 3 (1771), 3 (Polit. G. Frkrchs.) u. 4 enthalten, Bd. 4 (1775) kommt als
neu hinzu, er enthält die Bibliographie zur französ. Literaturg. Bd. 5 (1778) Nachtrr. Zeitliche wie alphabet. Sachverz. Ein ganz ausgezeichnetes Werk. — Frankreich ist bevorzugt
in der B i b l i o t h e c a h i s t. von S t r u v e - B u d e r - M e u s e l, Bd. 6—10/1 (1793—1800).

   Für die Erscheinungen vor 1875 im C a t a l o g u e d e s i m p r i m é s d e l a b i b-
l i o t h è q u e n a t i o n a l e ein Catalogue des ouvrages relatifs à l'histoire de France. —
R. de L a s t e y r i e u. E. L e f è v r e - P o n t a l i s, Bibliogr. générale des travaux hist. et
archéol. publiés par les sociétés savantes de la France = Coll. des doc. sur l'hist. de France
Ser. 1 Bd. 63 (Paris 1898 ff.). A. G i r a u l t d e S t. F a r g e a u, Bibliographie hist. et
topogr. de la France, Paris 1845.

   Für die G. Frkrchs. seit 1789 Pierre C a r o n, Bibliographie des travaux publiés de
1866 à 1897 sur l'histoire de la France depuis 1789, Paris 1912.

   Fortlaufende Berichte: R e v u e h i s t o r i q u e begr. v. G. Monod u. G. Fagniez
1876 ff.; R e v u e d e s q u e s t i o n s h i s t o r i q u e s 1876 ff. (kathol. Richtung); R e v u e
d e s y n t h è s e h i s t o r i q u e 1900 ff.; R e v u e d'h i s t o i r e m o d e r n e e t c o n t e m-
p o r a i n e 1899 ff. mit Anhang: R é p e r t o i r e m é t h o d i q u e d e l'h i s t o i r e m o d.
e t c o n t. d e l a F r a n c e v. Gaston B r i è r e u. P. C a r o n 1: 1898 (1899).

   Einzelgebiete betrifft M. B a r r o u x, Essai de bibliogr. critique des généralités
de l'histoire de Paris, Paris 1908. — Fch. K i r c h e i s e n, Bibliographie Napoleons 1902.
A. L u m b r o s o, Saggio di una bibliografia ragionata per servire alla storia dell' epoca
Napoleonica, Modena 1894 ff.

   Bibliographie zur englischen Geschichte. Sam. R. G a r d i n e r u. J. Bass. M u l-
l i n g e r, Introduction to the study of English history, [4] London 1903 gibt im 1. Teil kurze
Uebersicht der englischen G. bis 1881. Wichtig, der 2. Teil ‚Authorities‘ mit allg. Einleitung, dann nach Zeiträumen geordnete zusammenhängende knappe Darstellung nach
a) gleichzeit. Berichten, b) nicht gleichzeit. Berichten, c) modernen Historikern eingeteilt.

   Bibliographie zur Geschichte Amerikas. Edw. C h a n n i n g u. Alb. B. H a r t, Guide
to the study of American history, Boston 1897; J. N. L e a r n e d, The literature of American
history. A bibliographical guide, Boston 1902, Splt. 1900/1 von Ph. P. W e l l s, Ebda. 1902.

Bibliographie zur belgischen Geschichte. Hri. P i r e n n e , Bibliographie de l'histoire Belgique, ²Brüssel 1902. Nach dem Muster von D.-W. betrifft die G. der Niederlande bis 1598, von da an nur die Belgiens bis 1830. — Ernst van B r u y s s e l , Table générale du recueil des bulletins de la commission royale de l'histoire, Brüssel 1865. Bezieht die seit 1832 erscheinenden Bulletins ein. — D e r s e l b e , Table gén. des notices concernant l'hist. de Belgique publiées dans les revues belges de 1830—65, Brüssel 1869.

Bibliographie zur niederländischen Geschichte. B i b l i o t h e c a h i s t o r i c a n e e r l a n - d i c a = Antiquariatskatalog von M. N i j h o f f , Haag 1899. — N e d e r l a n d s c h e b i b l i o - g r a p h i e v a n K e r k g e s c h i e d e n i s von W. P. C. Knuttel = Bijdragen tot eene Nederl. Bibliogr. 3 (Amsterdam 1889). — N e d e r l. b i b l i o g r. v a n l a n d - e n v o l k e n k u n d e von Peter Anton Tiele = Bijdragen usw. wie oben 1 (1884). — F. d e B a s , Repertorium voor de nederlandsche krygsgeschiedenis, Haag 1905. — L. D. P e t i t , Repertorium der verhandelingen en bijdragen betr. de geschiedenis des vaterlands in tijdschriften en mengel-werken tot up 1900 verschenen. Leiden 1907.

Bibliographie zur italienischen Geschichte. Emilio C a l v i , Biblioteca di bibliografia storica italiana. Rom 1903. Bibliographie geschichtlicher Bibliographien, alphabet. nach den einzelnen Orten geordnet. — C. L o z z i , Biblioteca istorica della antica e nuova Italia 2 Bde. Imola 1886. — Ant. M a n n o u. Vinc. P r o m i s , Bibliografia storica degli stati della monarchia di Savoia = Bibliotheca storica italiano 3. Teil 9 Bde. Turin 1884 —1913. — Maglione L o t t i c i u. Gius. S i t t i , Bibliografia generale per la storia Parmense, Parma 1904. — Dom M o r e n i , Bibliografia storico-ragionata della Toscana 2 Bde. Florenz 1805. — B i b l i o g r a f i a g e n e r a l e d i R o m a hg. v. Em. C a l v i , Rom 1906 ff., davon 1: Roma nel medio evo. 476—1499 (1906) hiezu Splt. (1908), 2/1: Roma nel cinquecento (1910), 5 1: Roma nel risorgimento 1789—1846 (1912). — B i b l i o g r a f i a d e l l a C a m p a n i a , Neapel 1897/9. — B i b l i o g r a f i a d e l T r e n t i n o von Filippo L a r g a j o l l i , Trient 1897. — Gius. V a l e n t i n e l l i , Bibliografia Dalmata tratta da codici della Marciana. Venedig 1845. — Giustino C o l a n e r i , Bibliografia araldica e genealogica d'Italia, Rom 1904.

Bibliographie zur spanischen Geschichte. Thom. M u ñ o z y R o m e r o , Diccionario bibliografico-historico de los antiguos reinos. provincias. ciudades, Madrid 1858.

Bibliographie zur portugiesischen Geschichte. J. Ces. de F i g a n i e r e , Bibliographia historica Portugueza, Lissabon 1850.

Bibliographie zur Geschichte der nordischen Staaten. C. G. W a r m h o l t z , Biblio-theca historica Suco-Gothica, Bd. 1—7, Stockholm 1782—93, Bd. 8—15, Upsala 1801—17, Reg. Upsala 1889. — K. S e t t e r w a l l , Svensk hist. bibliografi 1875—1900, Stockholm 1907. Literaturbericht in der H i s t o r i s k t i d s k r i f t udg. af den D a n s k e hist. forening, Kopenhagen 1840 ff. — H i s t o r i s k a t i d s k r i f t utg. af S v e n s k a hist. föreninger, Stock-holm 1889. — H i s t o r i s k t i d s k r i f t udg. af den N o r s k e hist. forening, Christiana 1877 ff.

Bibliographie zur russischen Geschichte. Konst. Nik. B e s t u s h e w - R j u m i n , Quellen u. Literatur zur russischen G. von den ältesten Zeiten bis 1825 überl. v. Theod. S c h i e - m a n n 1876. — D i e l i v l ä n d i s c h e G e s c h i c h t s l i t e r a t u r von Konst. M e t t i g , später Arthur P o e l c h a u , Riga 1881 ff. — Edd. W i n k e l m a n n , Bibliotheca Livoniae historica. Verz. der Quellen u. Hilfsmittel z. G. Estlands, Livlands u. Kurlands ¹Petersburg 1869, ²Berlin 1878. — Literaturberichte in A r c h i v f ü r s l a w. P h i l o l o g i e , Berlin 1876 ff. — S b o r n i k der russ. histor. Gesellschaft, Petersburg 1867 ff. — Z e i t s c h r i f t f. osteurop. Geschichte hg. v. Th. S c h i e m a n n , Otto H o e t z s c h , L. K. G o e t z , Hs. U e b e r s - b e r g e r 1910 ff. (eingegangen).

Bibliographie zur polnischen Geschichte. Ldw. F i n k e l , Bibliografia historyi polskiej 3 Bde. Krakau 1891—1905. — Theodor W i e r z b o w s k i , Bibliographia polonica 15 ac 16 saec. Opera quae in biblioth. universitatis Varsaviensis asservantur, Warschau 1889. — B i b l i o g r a f i a p o l s k a , Krakau 1914. — Die Zschr. K w a r t a l n i k h i s t o r y c z n y , Lemberg 1887 ff. gibt eine fortlaufende Bibliographie.

Bibliographie zur tschechischen Geschichte. Čeněk Z i b r t , Bibliografie české historie 5 Bde. Prag 1900—11. Ausgezeichnetes Werk. — Fortlaufende Bibliographie in der Zschr. Č e s k ý Č a s o p i s , Prag 1895 ff.

Bibliographie zur ungarischen Geschichte. Karl M. K e r t b e n y , Ungarns dt. Biblio-graphie 1801—60, 1. Teil: 1801—31, 2. Teil: 1831—60, Budapest 1886. — Fortlaufende Literaturberichte in der Zschr.: T ö r t é n e t i S z e m l e (Histor. Revue), Budapest 1912 ff.

§ 11. Bibliographie geschichtlicher Einzelgebiete und Nachbarwissenschaften.

Bibliographie zur Kirchengeschichte. (Vgl. ⁶D.-W. S. 172 f.) Edd. B r a t k e , Weg-weiser zur Quellen- u. Literaturkunde der Kircheng. 1890. — J. G. R. A c q u o y , Hand-leiding tot de Kerkgeschiedvorsching en Kerkgeschiedschrijving 1894, ²hg. v. F. Pijper

1910. — S. M. J a c k s o n , Bibliography of American church history: 1820—93, New York 1894. — A. C a r a y o n . Bibliographie historique de la compagnie des Jésus, Paris 1864. — X e n i a B e r n a r d i n a (Hss.-Verzeichnisse u. G. der Zisterzienser-Stifte in Oesterreich) 1891. — S c r i p t o r e s o r d i n i s S. B e n e d i c t i qui 1750—1880 fuerunt in imperio Austriaco-Hungarico 1881. — L. G o o v a e r t s , Écrivains, artistes et savants de l'ordre Prémontré. Dict. bio-bibliographique, Brüssel 1899 ff. — T h e o l o g. L i t e r a t u r z t g. begr. von E. S c h ü r e r u. Ad. H a r n a c k 1876 ff. — T h e o l o g. R e v u e begr. von F. D i c k a m p , München 1902 ff. (kath.). — Z e i t s c h r. f. K i r c h e n g. begr. von Theod. B r i e g e r u. B. B e ß, Gotha 1877 ff.;. R e v u e d'hist. ecclésiastique hg. v. A. C a u c h i e , Löwen 1900 ff. — Sonst Wetzer-Welte, Realenzykl. f. prot. Theol. Die Religion in G. u. Ggw. Vgl. auch Paul W e r u l e . Einführung in das theolog. Studium 1908.

Bibliographie zur Wirtschaftsgeschichte. Otto M ü h l b r e c h t , Wegweiser durch die neuere Literatur der Rechts- u. Staatswissenschaften ² 1893, Ergbd. — 1900 (1901). — Fch. Ben. W e b e r , Hdb. der ökonom. Literatur 5 Teile, Berlin 1803—28. — Paul D i e n s - t a g , Sozialwissenschaftlicher Zeitschriftenführer. Ein intern. Hdb. der Fachpresse der Sozial-, Wirtschafts- u. Rechtsw. 1908. — J a h r b ü c h e r f ü r N a t i o n a l ö k. u. S t a t i s t i k gegr. von B. H i l d e b r a n d , Jena 1863 ff. — J a h r b u c h f ü r G e s e t z g., V e r w a l - t u n g u. V o l k s w i r t s c h a f t i m Dt. Reich begr. v. Frz. v. H o l t z e n d o r f f u. Lujo B r e n t a n o , weitergef. von Gv. S c h m o l l e r 1877 ff. — V i e r t e l j a h r s s c h r i f t f ü r S o z i a l - u. W i r t s c h a f t s g. 1903 (vgl. S. 357). — B u l l e t i n t r i m e s t r i e l de la commission de recherche et de la publication de documents relatifs à la v i e é c o - n o m i q u e d e l a r é v o l u t i o n , Paris 1906 ff. — Sonst vgl. man das Hdwb. der Staatsw.

Bibliographie zur Kriegsgeschichte. S y s t e m a t. V e r z. d e r M i l i t ä r l i t e r a t u r D t l.s v o n 1850—61, Berlin 1861. — A. v. S e e l h o r s t , Deutschlands Militairliteratur 1850—60 (1862). — Th. K a r c h e r , Les écrivains militaires de la France, London 1866. — Th. Frhr. v. T r o s c h k e , Die Militärliteratur seit den Befreiungskriegen 1870. — Th. T o e c h e - M i t t l e r , Die dt. Militärliteratur seit 1866 (Berlin 1871), (Aus: Im Neuen Reich). — Allg. Bibliographie der Militärwissenschaften hg. von F. L u c k h a r d t , Jg. 1—5 (1872—76). — J o u r n a l d e l a l i b r a i r i e m i l i t a i r e, Jg. 1—7 (Paris 1875—81). — J. A l m i r a n t e , Bibliografia militar de España, Madrid 1876. — R e p e r t o r i u m d e r M i l i t ä r j o u r n a l i s t i k , Wien 1876—95, (Aus: Organ der milit. wissensch. Vereine 1876—95). — H i r s c h u. K o w a l s k i , Repertorium der neuern Militärjournalistik, Bd. 1—4, 1878—90. — B u l l e t i n d e l a p r e s s e e t d e l a b i b l i o g r a p h i e m i l i t a i r e. Jg. 1—4, Brüssel 1880—83. — L. Gf. U e t t e - r o d t z u S c h a r f f e n b e r g , Die Militairschriftsteller, Kriegshistoriker und Militair- biographen der Vergangenheit wie Gegenwart, ein biographischer und bibliographischer Versuch. (A—Besau). 1884. (Probedruck). — C. A. T h i m m , A complete bibliography of fencing and duelling, London 1896. — Jos. P o h l e r , Bibliotheca historio-militaris. Syste- matische Uebersicht der Erscheinungen aller Sprachen auf dem Gebiete der Geschichte der Kriege und Kriegswissenschaft seit Erfindung der Buchdruckerkunst bis 1880. 1 (1887) Allg. Kriegsg., Altertum, Mittelalter, Neuzeit bis Friedrich d. G., 2 (1891) Fortsetzung. 3 (1895) Kriege einzelner Staaten u. Länder, Kriegsg. einzelner Festungen, Städte, Orte. Heeres-, Truppeng., Kriegskunst, Marine. 4 (1898) Lebensbeschreibungen, Briefwechsel, Denkwürdigkeiten einzelner Personen. — O. L i m a n , Almanach der Militär-Literatur. Nachtr. 1909—10. — Ldw. A. v. S c h a r f e n o r t , Quellenkunde der Kriegswissenschaften für den Zeitraum 1740—1910 (1910). — B i b l i o g r a p h i e d e r n e u e r e n dt. K r i e g s - g e s c h i c h t e. Bearb. von Albert B u d d e c k e. Teil 1: Die Literatur über den Feldzug 1864. Berlin 1915. — K a t a l o g d e r B i b l i o t h e k d e s k g l. p r e u ß. G r o ß e n G e n e r a l - s t a b e s 1879 ff. — K a t a l o g d e r B i b l i o t h e k s v e r w a l t u n g d e s k. u. k. K r i e g s - a r c h i v s i n Wien 6 Bde. 1896/8.

Ueber den W e l t k r i e g : Jos. L. K u n z , Bibliographie der Kriegsliteratur 1920; C a t a l o g u e d u f o n d s d e l a g u e r r e s. Contribution à une bibliothèque générale de la guerre de 1914—1918 = Bibliothèque de la ville de Lyon. Collection des travaux de bi- bliographie hg. v. M. C a n t i n e l l i , Paris 1917 ff.; C o l l e c t i o n H r i. L e b l a n c , La Grande guerre. Iconographie, bibliographie, documents, divers, Paris 1916 ff.; D i e d t. K r i e g s l i t e r a t u r (Hinrichs) 1914 ff.

O r i e n t a l i s c h e P h i l o l o g i e.

O r i e n t a l i s c h e B i b l i o g r a p h i e hg. von A. M ü l l e r zuletzt von Lucian S c h e r m a n n 1887 ff. Berichtsjahre der Bände' bisweilen 1 bis 2 Jahre nach dem Er- scheinungsjahr. Berücksichtigt auch die Volkskunde. — Vikt. C h a u v i n , Bibliographie des œuvres arabes ou relatifs aux Arabes publiés dans l'Europe chrétienne de 1800—1885, Lüttich 1892—1903. — Jul. F ü r s t , Bibliotheca judaica 3 Teile 1849—63. — Z e i t s c h r. d e r d t. m o r g e n l ä n d i s c h e n G e s e l l s c h a f t 1847 ff. Vgl. auch die in dem

Sammelwerk Die Literaturen des Ostens in Einzeldarstellungen 1901 ff. erschienenen Literaturgeschichten, ferner den Katalog der Bibliothek der dt. morgen-
länd. Gesellschaft [zu Halle] ² 1900 ff.

Klassische Philologie.

Sam. Fch. Wm. Hoffmann, Hdb. z. Bücherkde. der beiden alten klassischen
u. dt. Sprache 1838. — Derselbe, Lexicon bibliograph. sive index editionum et interpreta-
tionum scriptorum Graecorum tum sacrorum, tum profanorum 1: A—C (1832), 2: D—I
(1833), 3: L—Z (1836). Enthält auch Verz. der Uebersetzungen. — Derselbe, Bibliogr.
Lexikon der gesamten Literatur der Griechen ² 1: A—D (1838), 2: E—N (1839), 3: M—Z
(1845). — Bibliotheca philologica hg. v. W. Engelmann ³ 1858. Alphab.
Verz. der Grammatiken, Wbb., Chrestomathien, Lesebücher u. a. Werke z. Studium der
griech. u. latein. Sprache, die 1750 bis Mitte 1852 in Dtld. erschienen sind; ⁸ hg. v. E. Preuß
1700—1878 (1880). — Bibliotheca philologica hg. v. Karl Hch. Herrmann 2:
Biblioth. scriptorum classic. et graecorum et latinorum der von 1858 bis inkl. 1869 in Dtld.
erschienenen Ausgaben, Uebersetzungen u. Erläuterungsschrr. (1871), 3: Verz. der 1852 bis
Mitte 1872 in Dtld. ersch. Zeitschrr., Akademieschrr. usw. Enzyklopädien aus der G. der
Philologie u. deren Hilfsw. (1873). — Bibliotheca philologica oder Uebersicht
aller auf dem Gebiete der klass. Altertumsw. in Dtld. u. dem Ausland neu ersch. Bücher
hg. v. C. J. F. W. Ruprecht 1847—97. — Bibliotheca scriptorum classicorum hg.
von W. Engelmann, ⁸ von E. Preuß: 1700—1878, Bd. 1: Scriptores Graeci (1880),
2: Scriptores latini (1882) fortg. v. Rud. Klußmann 1778—1896. — Jahresbericht
über die Fortschritte der klass. Altertumsw., begr. von Konr. Bursian 1: 1875 (1873 ff.)
mit Beiblatt: Bibliotheca philol. classica 1874 ff. — Phil. Aug. Boeckh, Enzykl. u.
Methodologie der philolog. Wissenschaften hg. v. Bratuschek (1877), ² v. Rud. Klußmann (1886). — Bert. Maurenbrecher, Grundlagen der klass. Philologie = Grundzüge der klass. Philologie v. B. Maurenbrecher u. Reinh. Wagner (1908). — Emil
Hübner, Bibliogr. der klass. Altertumsw. ² 1889. — Luigi Valmaggi, Manuale storicobibliografico di filologia classica, Torino 1894. — G. Fock, Catalogus dissertationum
philologicarum. 1894, ² 1910. — Fch. Aug. Eckstein, Nomenclator philologicorum
1871. — W. Pökel, Philolog. Schriftstellerlex. 1882.

Im übrigen die philologischen Zschrr. (verzeichnet bei Bert. Maurenbrecher,
Grundzüge der klass. Philologie 1: Grundlagen der klass. Philol. (1908) S. 3 ff. Dort
S. 22—142 eine G. der Philol. mit Lebensbeschreibungen u. Literaturverz. der bedeutendsten
Vertreter dieses Faches. Die wichtigsten auch für den Historiker in Betracht kommenden
Zschrr.: Jbb. für Philol. u. Pädagogik hg. v. J. Chr. Jahn 14 Bde. 1826—30 fortg. als
Neue Jbb. f. Philol. u. Pädag. 1831 ff., seit 1855 in 2 Abteilungen davon die 1. unter
dem Titel: Jbb. f. klass. Philol. bis 1897, seit 1898: Neue Jbb. f. das klass. Altert., Ge-
schichte u. dt. Literatur u. für Pädagogik hg. v. J. Ilberg. — Zschr. f. die Altertumsw. 24 Bde. 1834—54. — Rheinisches Museum f. Philol., G. u. griech. Philos.
hg. v. A. Boeckh, B. G. Niebuhr u. Chr. A. Brandis in 3 Folgen seit 1827. —
Hermes Zschr. f. klass. Philol. Berlin 1866 ff.

The journal of philology, London u. Cambridge 1868 ff. — American journal of philology hg. v. Gildersleeve 1880 ff. — Revue de philologie, de literature et
d'histoire ancienne, Paris 1877. — Bolletino di filologia classica hg. v. Cortese u. Valmaggi, Rom 1894 ff. — Mnemosyne, Bibliotheca philologica Batava hg. v. S. A. Naber,
J. v. Leeuwen u. J. Valeton, Leiden 1852 ff.

Germanische und romanische Philologie.

Literaturblatt f. german. u. roman. Philologie hg. v. Otto Behaghel und
Frz. Neumann (1880 ff.). Berücksichtigt auch Altertumskde. u. Kulturg. Monatl.
erscheinend. — Jahresberichte über die Erscheinungen auf dem Gebiete der germanischen Philologie. 1: 1879 (1880 ff.). Die Erscheinungen von 1876/8 in Zschr. f. dt. Philologie. Berücksichtigen die Literaturg. bis 1624, die Kulturg. u. Volkskde. — Jahresberichte f. neuere dt. Literaturg., begr. v. Jul. Elias Max Herrmann u. Siegf. Sza-
matólski 1: 1890 (1892 ff.) I. Allg. Teil, II. Von Mitte 15. Jht. bis Anfang 17. Jht.,
III. Anfang 17. Jht. bis Mitte 18. Jht., IV. Mitte 18. Jht. bis zur Ggw. Seit Bd. 13: 1902
(1906) in einen bibliographischen und einen Textteil getrennt. Auch Musik-, Kunst- und
Kulturg.

Ein ausgezeichneter Führer durch die Bibliographie nicht nur der neueren dt.
Literaturg., sondern auch der Nachbargebiete (z. B. Religionsg., Philosophie, Geogr.,
Volkskde., Rechtswissenschaft, Geschichte, Kulturg.): Rob. F. Arnold, Allg. Bücherkde.
z. neueren dt. Literaturg. ³ 1919. — Vgl. auch noch Grundriß der germ. Philol. v. Herm.

P a u l [1] 3 Bde. 1891/3, [2] 4 Bde. 1896—1909, [3] 1911 ff. In selbständigen Bänden 1. Fch.
K l u g e , Die Elemente des Gotischen, 2. D e r s e l b e , Urgermanisch, 3. Otto B e h a g h e l ,
G. der dt. Sprache, 4. Adolf N o r e e n , G. der nord. Sprachen, 5. Karl v. A m i r a , Grundr.
des germ. Rechts, 6. Eug. E i n e n k e l , G. der engl. Sprache usw. Noch unvollendet. —
        A n g l i a , Zschr. f. engl. Philologie hg. v. Wülcker 1877 ff. mit Jberr., die oft
mehrere Jahre nachhinken. — W. D. A d a m s , Dictionary of English literature, [3] London
1878. — C h a m b e r's , Cyclopaedia of English literature 3 Bde. London 1901/3. — L. D.
P e t i t , Bibliographie der middelnederlandsche taal-en letterkunde 2 Teile Leiden 1888,
1910. — Th. M ö b i u s , Verz. der auf dem Gebiete der altnord. Sprache u. Literatur 1855
—79 erschienenen Schrr. 1880.
        Z e i t s c h r i f t f. r o m a n . P h i l o l. 1877 ff. Seit 1878 Jberr. in Beiheften. —
K r i t i s c h e J a h r e s b e r i c h t e über die Fortschritte der r o m a n . P h i l o l. hg. v.
Karl V o l l m ö l l e r 1: 1890 (1892 ff.). — H. V a r n h a g e n , Systemat. Verz. der Programm-
abhandlungen, Dissert. u. Habilitationsschr. aus dem Gebiete der roman. u. engl. Philol.
[2] v. J. M a r t i n 1893. — G r u n d r i ß der roman. Philol. v. Gv. G r ö b e r [1] 1888—1902,
[2] 1904—6.

<h2 style="text-align:center">R e c h t s - u n d S t a a t s w i s s e n s c h a f t e n .</h2>

        J. St. P ü t t e r , Litt. des teutschen Staatsrechts, Göttingen 1776—91, 4 Bde. —
D. H. L. Frh. v. O m p t e d a , Lit. des gesamten sowohl natürlichen als positiven Völker-
rechts. Regensburg 1785—1817, 2 Bde. — B i b l i o t h e c a juridica hg. v. Th. Ch. F.
E n s l i n , [2] v. W. E n g e l m a n n 1: 1750 bis Mitte 1839 (1840), 2: Mitte 1839 bis Mitte
1848 (1849), 3: 1849 bis Mitte 1867 (1867). — O. A. W a l t e r , Handlex. der jurid. Lit.
des 19. Jhts. 1854. — Otto M ü h l b r e c h t , Wegweiser durch die neuere Lit. der Rechts-
u. Staatswissenschaften [2] 1: — 1892 (1893), 2: 1893—1900 (1901). — Rob. v. M o h l . Die
G. u. Lit. der Staatswissenschaften 3 Bde. 1855—58. — J. S t a m m h a m m e r , Bibliogr.
der Finanzwissenschaft 1903. — D e r s e l b e , Bibliogr. der Sozialpolitik 1 (1896), 2: 1895
—1911 (1912). — D e r s e l b e , Bibliogr. des Sozialismus u. Kommunismus 1 (1892), 2: bis
1898 (1900), 3: — 1908 (1909). — M. N e t t l a u , Bibliographie de l'anarchie, Brüssel 1897.
— B i b l i o g r a p h i e générale et complète des livres de droit et de jurisprudence hg. v.
M a r c h a l u. B i l l a r d 1: bis Nov. 1902 (Paris 1903 ff.). — K r i t i s c h e B l ä t t e r für
die ges. Sozialwissenschaften hg. v. Herm. B e c k 1 (1905) bis 8 (1912). — B i b l i o g r a -
p h i e der Sozialwissenschaften hg. v. Herm. B e c k 1906 ff.

<h2 style="text-align:center">§ 12. Allgemeine Bibliographie der Quellen.</h2>

        Im nachfolgenden soll nur von jenen bibliographischen Nachschlage-
werken und Veröffentlichungen die Rede sein, die sich nicht auf eine bestimmte
Quellenart beschränken, da hiefür in Kapitel IX die entsprechenden Belege
bei jeder von ihnen besonders verzeichnet wird, z. B. bei Urkunden, Briefen,
Zeitungen, Memoiren usw. Dagegen finden hier jene Hilfsmittel Berücksichtigung, die sich auf den gesamten Quellenbestand zur Geschichte einzelner
Zeiträume, Völker und Länder beziehen.
        Ein für allemal sei hingewiesen auf den Abschnitt über Bibliographie,
da ja viele der dort angemerkten Werke auch die Bibliographie der Quellen
einbeziehen. So *Jbrr. Gw., HVjschr., D.-W.* usw.
        Die Unterscheidung zwischen Bibliographie der Literatur und Biblio-
graphie der Quellen ist hier grundsätzlich durchgeführt, um auch zu betonen,
daß es für den Historiker vor allem notwendig ist, sich erst mit der Literatur
vertraut zu machen, ehe er an die Quellen geht, namentlich an die noch nicht
veröffentlichten Quellen. Der praktische Vorgang wird der sein, daß man
sich die bibliographischen Notizen auf Zetteln (vielleicht auf solche kleineren
Formats) schreibt (vgl. XII § 1), die Auszüge aus der benützten Literatur
ebenfalls auf solche anmerkt und dort auch die vom Verfasser verarbeiteten
und angegebenen Quellen notiert. Dann hat man meist schon einen gewissen
Grundstock an praktischer Quellenkunde gewonnen. Die genaueren biblio-

graphischen Angaben der bereits im Druck oder Bild herausgegebenen Quellen findet man mit Hilfe der nachfolgenden Hilfsmittel. Wo aber nicht veröffentlichte Quellen in Betracht kommen, muß man sich persönlich an die Fundorte begeben, wo man entweder weiß, daß sie verwahrt sind, oder wo man ihre Existenz vermutet. Der Vorteil aber, den man hat, wenn man bibliographisch wie sachlich über den übrigen Quellenbestand bereits unterrichtet ist, kann gar nicht genug hoch angeschlagen werden. Auch bei schriftlichen oder mündlichen Anfragen an Bibliotheken, Museen oder Archive bekommt man viel schneller und besser Bescheid, wenn man selbst genau bekannt mit dem Gegenstand ist und diese Vertrautheit auch in der Anfrage bekundet.

§ 13. Aufbewahrungsorte der Quellen.

Sofern man von zufälligen Fundorten absieht und jene Quellen ausschaltet, die wie Baudenkmale, Felseninschriften u. a. ihrer ganzen Natur nach unverrückbar sind, kommen in Betracht: 1. Bibliotheken, 2. Museen, 3. Archive.

Von den Bibliotheken war schon oben XII § 2 die Rede. Hier sei von Bibliotheken nur als Aufbewahrungsorten ungedruckter Quellen, also Handschriften, gehandelt. Ueber die Vorschriften bezüglich der Handschriftenbenutzung unterrichtet *Arnim Graesel, Führer für Bibliotheksbenutzer* 1913, S. 79—92, genauer *A. Graesel, Hdb. der Bibliothekslehre* ² 1902 und *Vikt. Gardthausen, Hdb. der wissenschaftl. Bibliothekskde.* 2 Bde. 1920.

Ein für bestimmte Zwecke angefertigtes Verzeichnis von Hss.-Katalogen, das aber auch allgemein wichtig ist: Wm. Weinberger, Catalogus catalogorum. Verz. der Bibliotheken, die ältere latein. Kirchenschriftsteller enthalten 1902. Die wichtigsten Handschriftenverzeichnisse sind: Die Handschriftenverzeichnisse der kgl. Bibliothek (zu Berlin) hg. v. A. Pertz u. a. 1853 ff.; Verzeichnis der Hss. im preußischen Staate 1893 ff.; Die mittelalterl. Hss. in der Stadtbibl. zu Braunschweig v. Hch. Nentwig 1893; Katalog der Hss. der kgl. öff. Bibl. zu Dresden bearb. v. Frz. Schnorr v. Carolsfeld 2 Bde. 1882; Edd. Bodemann, Die Hss. der kgl. öff. Bibl. zu Hannover 1867; Katalog der Hss. der Univ.-Bibl. in Heidelberg 1887 ff.; Die Rechtshss. der Univ.-Bibliothek in Innsbruck v. Ldw. Sprung 1904; Die Hss. der bad. Hof- u. Landesbibl. in Karlsruhe 1891 ff.; Catalogus codicum mscr. bibl. regine et universitatis Regiomontanae (Königsberg) v. Emil Jul. Hugo Steffenhagen 2 Bde. 1861, 1872; Katalog der Hss. der Univ.-Bibl. zu Leipzig 1898 ff.; Catalogus codicum mscr. bibl. regiae Monacensis (München) 1858 ff.; Verz. der Hss. der Stiftsbibl. von St. Gallen 1875; Die Hss. der kgl. öff. Bibl. (Stuttgart) 1889 ff.; Tabulae codicum mscr. praeter graecos et orientales in bibliotheca palatina Vindobonensi (Wien) asservatorum 10 Bde. 1864—1889. — Für ganz Frankreich: Catalogue des manuscrits conservés aux archives nationales. Paris 1892; Catalogue général des manuscrits des bibliothèques publiques de France. Paris 1885 ff. — Für ganz Italien: Inventari dei manoscritti delle biblioteche d'Italia da Mazzatinti, Forli 1890 ff. — In London im Britischen Museum liegt ein reicher Handschriftenschatz, der durch verschiedene Verzeichnisse zugänglich gemacht ist.

Unter Museen verstehen wir einen nach fachmännischen Grundsätzen geführten Aufbewahrungsort von Gegenständen wissenschaftlichen Interesses. Für uns kommen natürlich nur jene in Betracht, die solche geschichtlichen Interesses umfassen, also Kunstwerke, urgeschichtliche Funde, Gebrauchsgegenstände (Trachten, Waffen, Hausrat), Münzen, Medaillen, Siegel usw. Im allgemeinen wird von Historikern die Verwertung musealer Quellen allzusehr vernachlässigt. Erst die neuere volkskundliche und sachwissenschaftliche Forschung hat das Augenmerk der Geschichtsschreiber auf die Museen gerichtet.

Ueber Geschichte und Einrichtung der Museen unterrichtet Dav. M u r r a y , Museums, their history and their use 3 Bde. Glasgow 1904. Sonst vgl. man Gv. K l e m m , Zur G. der Sammlungen für Wissensch. u. Kunst in Dtld. 1888; Jul. v. S c h l o s s e r , Kunst- und Wunderkammern der Spätrenaissance 1908; Val. S c h e r e r , Dt. Museen 1913. Bei Klemm, Murray und Scherer nähere Literaturangaben.

Graesses Z s c h r. f. M u s e o l o g i e u. A n t i q u i t ä t e n k d e . Dresden 1878 ff. jetzt die von Karl K o e t s c h a u hg. Zeitschrift M u s e u m s k d e . Berlin 1905.

Nachweise über den Standort, Anschrift und auch Verwaltungs- bzw. Benützungs-einrichtungen der Museen, Sammlungen usw. der wichtigsten Orte der Kulturwelt findet man in der M i n e r v a , Jb. der gelehrten Welt 1891 ff. im K u n s t b d b. f ü r D t l d 1904 und Wm. Osk. D r e ß l e r , Kunstjahrb. 1906 ff.

A r c h i v e nennt man im weiteren Sinne die Aufbewahrungsstätten von Urkunden und Akten. — Im engeren Sinne bezeichnet man damit die Samm-lungen der aus dem Geschäftsgange von Behörden und Verwaltungsstellen entstandenen Schriftstücke. Sie sind in der Regel ein organisches Ganzes und sind nach diesem Gesichtspunkte auch zu verwalten. Infolgedessen heißt es für den Benützer, der in einem Archive forscht, die ursprünglichen Zusammen-hänge und Beziehungen zwischen den einzelnen Stellen und Behörden, aus denen die Sammlung erwachsen ist, zu verfolgen und gleichsam den ehemaligen Geschäftsgang wiederum zurückzulegen, den einst die Akten gehen mußten. Wo Inventare und Register über die einzelnen Bestände vorhanden und wo sie dem Benützer zugänglich sind, werden ihm diese auf diesem Wege von Nutzen sein. Nur wird sich der Forscher nie ganz auf diese Hilfsmittel ver-lassen können, auch soll er nie die Mühe sparen, auch zeitlich früheres und späteres Material heranzuziehen, da vielfach die Wirkung eines Zustandes oder Ereignisses sich bereits vorher oder nachher in den Akten bemerkbar macht.

Praktische Voraussetzung für erfolgreiche Archivbesuche ist

1. sichere Lesekenntnis. Es ist nichts unangenehmer für die Beamten als die Inanspruchname ihrer Kraft für Entzifferung von Akten durch die Besucher,

2. die genaue Kenntnis dessen, was man eigentlich im Archiv finden will, und das aus der Literatur oder aus Schlüssen gewonnene genaue Wissen bzw. die Ueberzeugung, daß man über den gesuchten Gegenstand in dem besuchten Archiv etwas findet,

3. die Kenntnis der Grundsätze, nach denen Archive geordnet sind,

4. die Unterordnung unter die Bestimmungen, die jedes Archiv für seine Besucher und Beamten angeordnet hat.

Ein schwacher Ersatz für persönliche Benutzung ist die durch schrift-liche Anfrage an die Archivverwaltung. Man wird da in der Regel nur ganz umgrenzte Fragen stellen, da man den Beamten nicht zumuten kann, daß sie tagelang Nachforschungen anstellen und sie auch bei bestem Willen nie die Aufgaben erfüllen können, die nur der Forscher auf Grund seiner besonderen Kenntnisse eines besonderen Falles bezitzen kann.

Den besten Einblick in die Grundsätze, die jetzt für die Ordnung von Archiven gelten, gewährt S. M ü l l e r , J. A. F e i t h , R. F r u i n , Anleitung zum Ordnen u. Beschreiben von Archiven, dt. von Hs. K a i s e r 1905. Praktische Ratschläge gibt Max B ä r , Leitfaden für Archivbenutzer 1896. Vgl. Gv. W o l f , Einführung S. 665.

Die Anschriften der wichtigsten Archive der Welt findet man in der M i n e r v a. Was die Bestände an Urkunden, Kopialbüchern und anderem urkundlichen Material be-trifft gibt Herm. O e s t e r l e y , Wegweiser durch die Lit. der Urkundensammlungen 2 Bde. 1885/8 Aufschluß. — Ungleich, aber durch Verzeichnung auch der Veröffentlichungen der aus den Archiven stammenden Quellen und sonstiger Literatur: A r c h i v a l i s c h e r

Almanach hg. von Aug. Hettler 1904 ff., besonders seit dem 3. Jg. (1910/11), 4 (1912), 5 (1914), wo fast alle öffentlichen Archive Deutschlands und die staatlichen des übrigen Europas angeführt sind. — Auch über Frankreich hinaus wertvoll: Ch. V. Langlois u. Hri. Stein, Les archives de l'histoire de France = Manuels de bibliogr. hist. 1 (Paris 1891).

Ein großer Vorteil für die Benutzung von Archiven sind gedruckte Inventare. Dies ist für Frankreich, nach Departements geordnet der Fall. Man unterscheidet in diesen Inventaires sommaires: Fonds anciens (vor 1790) und da wieder Zivil- und geistliche Archive und dann: Fonds modernes (seit 1790) nach Serien in bestimmter Ordnung. Auf deutschem Boden hat besonders Oesterreich für die Inventarisierung seiner Archive viel getan z. B. in den Mitteilungen der 3. (Archiv-)Sektion der k. k. Zentralkomm. zur Erforschung u. Erhaltung der Kunst u. hist. Denkmale 1888 ff.; Inventare staatlicher Archive 1909 ff.; Archivalien zur neueren G. Oesterreichs Bd. 1 = Veröff. der Kommission für neuere G. Oesterreichs 4 (1913) betreffen besonders adelige Familienarchive. Sonst noch Württemb. Archivinventare 1908 ff.; Inventare Schweizer Archive = Beil. z. Anzeiger f. Schweizer G. NF. 7 (Bern 1893 ff.); Inventare des Großhgl. Badischen Generallandesarchives 1901 ff.; Uebersicht über den Inhalt der kleinen Archive der Rheinprovinz 1899 ff.; Inventare Hansischer Archive des 16. Jhts. von Konst. Höhlbaum u. K. Reussen 1896 ff. — Einen eigenartigen Versuch einen organischen Archivbestand herauszuheben und zu inventarisieren stellt Fch. Küch, Polit. Archiv des Ldgrfen. Philipp d. Großmütigen von Hessen 1 = Publ. aus den k. preuß. Staatsarchiven 78 (1904) dar. — Vgl. IX § 14.

Dem Archivwesen ist die Archivalische Zschr., hg. von Frz. v. Löher 1876 ff. gewidmet. Sonst noch Annuaire des bibl. et des archives begr. v. Ul. Robert 1868 ff.; Revue des bibl. et des archives en Belgique 1903 ff.; Revista de archivos, bibliotecas y museos, Madrid 1871 ff.

§ 14. Bibliographie der Quellen zur Geschichte des Altertums.
(Vgl. XII § 8.)

Die Quellen zur Geschichte des Altertums fallen im großen und ganzen mit jenen der orientalischen und klassischen Philologie, bzw. Altertumskunde zusammen. Soweit es sich um Schriftsteller (vgl. IX § 20) handelt, findet man die Nachweise in den betreffenden Literaturgeschichten. Urkundliche Quellen verzeichnet die in IX § 12 verzeichnete Literatur über Papyri und die in VIII § 7 u. 8 angegebene Literatur über Inschriften. Vgl. auch IX § 2.

Die im Hdb. der klass. Altertumsw. (s. u. S. 216) vereinigten Werke geben reichen Aufschluß. Verwiesen sei da besonders auf Rob. Pöhlmann, Grundriß der griech. G. nebst Quellenkde. ⁴1910 u. Bened. Niese, Grundr. der röm. G. nebst Quellenkde. ⁴1910. Für den Studiengebrauch Wm. Strehl, Grundr. der alten G. u. Quellenkde. 2 Bde. ²mit Wm. Soltau 1913/4, 1901; Kurt Wachsmuth, Einleitung in das Studium der alten G. 1895 ist hauptsächlich Quellenkunde. Diese wird auch berücksichtigt in den geschichtlichen Beiträgen zu Alfr. Gercke u. Edd. Norden, Einleitung in die Altertumsw. 2 Bde. 1910, ²1912. Zur römischen Geschichte bietet sich jetzt in Arth. Rosenberg, Quellenkunde zur röm. G. 1921 ein Hilfsmittel für Anfänger.

§ 15. Das europäische Mittelalter. (Vgl. XII § 7.)

Vor allem sei auf die große Bedeutung der urkundlichen Quellen hingewiesen, die für die politische, aber auch für die Rechts-, Verfassungs- und Wirtschaftsgeschichte das Knochengerüste abgeben. Die Bibliographie dieser Quellenart findet man ausführlich in IX § 12. Hingegen wende man für die Geistesgeschichte seine Aufmerksamkeit dem aus dem kirchlichreligiösen Leben erwachsenen Schrifttum zu. Biographien von Heiligen, sog. Heiligenviten, Leidensgeschichten, Denkschriften anläßlich der Uebertragung (translatio) von Reliquien, aber auch Predigten, Erbauungsliteratur, Streitschriften, Berichte über die Gründung eines Bistums, eines Klosters u. ä. gehören hierher. Nicht zu übersehen ist natürlich auch die philosophisch-theologische und die schöne Literatur. Letztere vielfach auch in den National-sprachen abgefaßt, während sonst das Lateinische und im byzantinischen Kulturkreis das Griechische fast alleinherrschend ist. — Bei der großen Internationalität der mittelalterlichen Bildung lassen sich auch bei Sammlung und Darstellung der Geschichtsquellen nicht so feste Volks- und Landesgrenzen ziehen wie für die Geschichte der Neuzeit. Im Abendlande greift deutsche, italienische, französische Literatur ineinander.

Die nicht urkundlichen Quellen findet man am besten zusammengestellt bei Aug. Potthast, Bibliotheca historica medii aevi. Wegweiser durch die G.werke des europäischen Mittelalters bis 1500, [1]1862 mit Splt. 1888, 2 Bde. [2]1896. Hier sind in Abt. 1 unter „Sammel- u. Miszellanwerke" A. Sammlungen allg. Inhalts für Europa, B. Sammlungen für einzelne Länder und C die unter A und B verzeichneten Werke in alphabet. Reihenfolge nochmals angeführt, so daß die älteren bis 1896 erschienenen Sammlungen historiographischer Quellen des Mittelalters dort leicht zu finden sind. — Die Abt. 2 bringt in alphabetischer Folge die einzelnen geschichtlichen Quellenschriften (samt Erläuterungs-schriften), ob sie nun in Sonderausgaben oder in den in Abt. 1 gebrachten Sammelwerken veröffentlicht wurden. Am Schlusse von Bd. 2, S. 1131—1646 sind unter dem Schlagwort „Vita" alle auf Heilige sich beziehenden Quellen, geben sie sich nun als Gesta, Historia, Acta, Carmen, Oratio, Passio oder sonst unter einem Titel. — Im Anhang folgt als „Quellenkunde" eine nach sachlichen u. chronologischen Gesichtspunkten geordnete Zu-sammenstellung der in Abt. 2 verzeichneten (zumeist historiographischen) Quellen u. zwar nach Literaturg., Universalg., Kircheng., Dtld., Schweiz, Frankreich, Italien usw. (stets mit gesonderter Abteilung „Ortsgeschichte") Kreuzzüge, Publizistik, Fürstenerziehung, Reisen usw. — Will man also z. B. die Quellen für den 5. Zug Kaiser Friedrichs I. nach Italien (Okt. 1174—78) sammeln, so muß man unter Kircheng. Päpste Alexander III. und Calixtus III., unter Dtld., Reichsg., Italien, und da wieder unter Anagni u. Venedig u. unter ‚Publizistik' nachschlagen.

Eine wertvolle Zusammenstellung nicht nur der Quellen, sondern auch der Literatur des Mittelalters besonders der französischen (Buch- wie Zschrr.-Literatur!) findet man bei Ulysse Chevalier, Répertoire des sources historiques du moyen âge I. Topo-Biblio-graphie 2 Bde., Montbéliard 1904, 1909. Alphabetisch nach Orten geordnet u. jeder Artikel wieder nach sachlichen Schlagworten alphabetisch eingeteilt (Akademieschrr., archäolog. Literatur, Bibliotheken, Konzile, Details, Recht, Wirtschaft, Kirche, Allgemeines, Geographie, Druckerg., Literaturg., Münze, Quellen usw.); 2. Bio-Bibliographie 2 Bde. Paris [1]1877, 1888, [2]1905, 1907. Alphabetisch geordnet nach Persönlichkeiten mit Angabe der wichtigsten Lebensdaten.

Heranzuziehen sind ferner die Hilfsmittel und Darstellungen der Literaturgeschichte: J. A. Fabricius, Bibliotheca latina mediae et infimae aetatis cum supplemento Ch. Schoettgenii 3 Bde. Florenz 1858/9. — Adolf Ebert, Allg. G. der Literatur des Mittelalters im Abendlande 3 Bde. 1874—87. — Max Manitius, G. der lat. Literatur des Mittelalters 1: bis Mitte des 10. Jhts. = Hdb. der klass. Altertumsw. 9/2 (1911 f.). — Karl Krumbacher, G. der byzantin. Literatur von Justinian bis zum Ende des oström. Reiches [2]9/1 (1897).

§ 16. Neuzeit. (Vgl. XII § 7.)

Eine Quellenkunde zur Geschichte der Neuzeit gibt es nicht. Der Cha-rakter der neuzeitlichen Quellen ist bestimmt durch die gesellschaftlichen und politischen Veränderungen im öffentlichen Leben Europas. Die „Säkularisation" der Geschichte und des ganzen Daseins, d. h. das Hervortreten der Laien im staatlichen und literarischen Wirken, die Entstehung eines weltlichen Beamten-tums als eines Berufsstandes, hatte die Neuordnung des Verwaltungswesens zur Folge (Akten). Die wachsende Ueberwindung der Verkehrshindernisse durch die Post und das mit der vermehrten allgemeinen Bildung zunehmende Mitteilungsbedürfnis bringen einerseits eine engere Verknüpfung der zwischen-staatlichen Beziehungen (Gesandtschaftswesen), dann aber auch eine regere briefliche Korrespondenz der einzelnen Menschen miteinander hervor, führen

allmählich zu einer Organisation des Nachrichtenwesens (Zeitungen) und zu
einer größeren geistigen Anteilnahme an den öffentlichen Dingen (Publizistik).
Ueber alle diese Erscheinungsformen geschichtlicher Zeugnisse und Denkmäler
gibt es zwar bibliographische Zusammenstellungen, aber keine zusammenfassende
Darstellung. *Gv. Wolf, Einführung*, steht darin als ein nicht vollständig gelungener Versuch einzig da. Ueberdies spielt auf neuzeitlichem Gebiete die
Trennung von Literatur und Quellen eine geringe Rolle, da bei der Fülle des
noch ungehobenen Quellenmaterials, die in den einzelnen Arbeiten heran-
gezogenen Quellen meist an ihrem Standorte selbst (Bibliotheken, Archiven)
aufgesucht werden müssen, will man sie nachprüfen und wieder verwerten.
Es sei darum hier auf die einzelnen Paragraphe von Kapitel IX und auf die
Hinweise betreffs der Aufbewahrungsorte der Quellen (XII § 12) verwiesen.

§ 17. Bibliographie der Quellen zur deutschen und fremden Geschichte.

Für *Deutschland* (aber auch die Nachbarländer) kommt vor allem in Betracht:
Wm. W a t t e n b a c h, Dtlds. G.quellen im Mittelalter bis zur Mitte des 13. Jhts. 2 Bde.
[7] 1 (1904), [6] 2 (1894), der 2. Bd. nicht in 7. Aufl. erschienen. Klassische, wenn auch in
Einzelheiten überholte kritische Darstellung über Herkunft, Inhalt und historischen Wert
der wichtigsten Quellen. — Als Fortsetzung hiezu gedacht: Ottok. L o r e n z, Dtlds.
G.quellen im Mittelalter seit der Mitte des 13. Jhts. 2 Bde. [3] 1886, 1887. Reicht bis ans
Ende des 15. Jhts. — Die neueste, aber knappe Gesamtdarstellung: Historiographie und
Quellen der dt. G. bis 1500 von Max J a n s e n [2] hg. v. Ldw. S c h m i t z - K a l l e n b e r g
in Al. Meisters Grundr. der G.w. 1. Reihe Abt. 2 [2] (1914). — Im wesentlichen ein Auszug
aus Wm. Wattenbach: H. V i l d h a u t, Hdb. der Quellenkde. der dt. G. bis zum Aus-
gang der Staufer 1898, [2] 1906. — Von selbständigem Werte: Karl J a c o b, Quellenkde.
der dt. G. im Mittelalter (bis 1400) [2] 1: bis 1024 = Göschensammlung Nr. 279 (1917). —
N e u e s t e Veröffentlichungen in HVjschr., NA., Jberr. der dt. G. usw. (s. u. S. 354 f.).
— Gv. W o l f, Quellenkde. der dt. Reformationsg. 1 (1915), 2 (1922). — Walther
S c h u l t z e, Die G.quellen der Provinz Sachsen im Mittelalter u. in der Reformationszeit
1893. — Karl K l e t k e, Quellenkde. der G. des preuß. Staates 2 Bde. 1858—61. — Karl
G r ü n h a g e n, Wegweiser durch die schlesischen G.quellen bis zum J. 1550 (1876). —
Gg. v. W y s s, G. der Historiographie in der Schweiz, Zürich 1895. — Wm. O e c h s l i,
Quellenbuch zur Schweizer G. [2] Ebda. 1901; davon kleine Ausg. 1910.
Für *Frankreich:* M. A. F r a n k l i n, Les sources de l'histoire de France, Paris 1877
in 7 Kapiteln: 1. Inventaires de documents, 2. Quellensammlungen, 3. Kircheng., 4. Ge-
setzessammlungen, 5. Genealogie, 6. Finanzg., 7. Literaturg. Wertvoll durch Aufzählung
der in den Sammlungen abgedruckten Quellen, doch unvollständig. — Aug. M o l i n i e r,
Les sources de l'histoire de France (= Manuels de bibliographie hist. III) 1. T e i l Bd. 1—5
behandeln das Mittelalter 1: Urzeit, Merowinger, Kapetinger (Paris 1901), 2: époque feu-
dale bis 1180 (1902), 3: 1180—1328 (1903), 4: Les Valois 1328—1461 (1904), 5: 1461—1494
(1904), 1. Registerbd. 2. T e i l von Hri. H a u s e r 1: 1494—1515 (1906), 2: 1515—59 (1909),
3: 1559—89 (1912). 3. T e i l (1610—1715) von Emil B o u r g e o i s u. Ldw. A n d r é 1:
Geographie u. allg. G. (1903), 2: Memoiren u. Briefe (1913). Unterscheidet; sources narra-
tives (Annalen, Chroniken) und sources indirectes (= Ueberreste: Briefe, Inschriften,
Publizistik). Innerhalb der großen Abschnitte im allgem. chronolog. angeordnet. Daneben
Zusammenstellung der Weltchroniken, Heiligenleben. Am Anfang jedes Paragraphen kurze
Charakterisierung der Quellen. Lehrreich z. B. Einleitung zu Bd. 5 das allgemeine Bild
über die Entwicklung der historischen Literatur Frankreichs im Mittelalter.
Vgl. Gv. L a n s o n, Manuel bibliogr. de la littérature française moderne, 1: 16. Jht.
([2] 1911), 2: 17. Jht. ([1] 1910), 3: 18. Jht. ([1] 1911), 4: Revolution u. 19. Jht. ([1] 1912), Splt.:
Nachtrr. u. Generalindex (1914). Enthält nur Titel.
Neueste Veröffentlichungen in der Revue hist., Revue des questions historiques.
Bibliothèque de l'école des chartes usw.
Für *England:* Thom. Duffus H a r d y, A descriptive catalogue of manuscripts relating
to the history of Great-Britain and Ireland 3 Bde. 1: — 1066, 2: 1066—1200, 3: 1200—1327
(1862—71). Eingehende krit. Uebersicht über die G.quellen zur G. Englands bis 1327. —
Charles G r o s s, The sources and literature of English history from the earliest times to
about 1485, London 1900. Literatur u. Quellen. — H. H a l l, Studies in english official
historical documents, Cambridge 1908. Vgl. Historical review.

Für *Amerika:* Alb. Bushnell H a r t, Source-book of American history, New York 1899; D e r s e l b e, American history told by contemporaries 4 Bde. New York 1904.

Für die *Niederlande:* O v e r z i c h t van de door b r o n n e n p u b l i c a t i e aan te vullen leemten der Nederlandsche geschiedkennis (Commissie van advis voor 's rijks geschiedkundige publicatiën), Haag 1904.

Für *Italien:* Const. R i n a u d o, Le fonti della storia d'Italia dalla caduta dell' impero Romano d'Occidente all' invasione dei Langobardi 476—568, Turin 1883. — Mgo. B a l z a n i, Early chronicles of Europa, London 1883. — Bart. C a p a s s o, Le fonti della storia delle provincie Napoletane dal 568 al 1500 in Arch. stor. per le prov. Napoletane 1 (1876), 2 (1877), Ebda. 5 (1880) S. 437—60 erweitert.

Für *Schweden:* E. H i l d e b r a n d, Svenska publicationer af historiska handlinger in Historisk Tidskrift 6 (1886) 317—67.

Für *Polen:* Hch. Z e i ß b e r g, Die polnische G.schreibung des Mittelalters = Preisschrr. gekr. u. ausg. von der F. Jablonowskischen Ges. 17 (1873).

Für *Ungarn:* Hch. M a r c z a l i, Ungarns G.quellen im Zeitalter der Arpaden 1882; D e r s e l b e (zusammen mit Dav. A n g y a l u. Alex. M i k a, Enchiridion fontium historiae Hungarorum, Budapest 1901 (ung.).

Register.